谢大京
曹仕锋　主编

艺术管理

典型案例研究

法律出版社
LAW PRESS·CHINA
北京

图书在版编目(CIP)数据

艺术管理典型案例研究 / 谢大京, 曹仕锋主编. --
北京 : 法律出版社, 2024
ISBN 978-7-5197-8589-5

Ⅰ. ①艺… Ⅱ. ①谢… ②曹… Ⅲ. ①艺术市场-法律-案例-中国 Ⅳ. ①D922.165

中国国家版本馆 CIP 数据核字(2023)第228485号

艺术管理典型案例研究
YISHU GUANLI DIANXING ANLI YANJIU

谢大京 曹仕锋 主编

策划编辑 毛镜澄
责任编辑 毛镜澄
装帧设计 贾丹丹

出版发行 法律出版社
编辑统筹 法治与经济出版分社
责任校对 晁明慧
责任印制 吕亚莉
经　　销 新华书店

开本 787毫米×1092毫米 1/16
印张 29.25 **字数** 638千
版本 2024年6月第1版
印次 2024年6月第1次印刷
印刷 固安华明印业有限公司

地址:北京市丰台区莲花池西里7号(100073)
网址:www.lawpress.com.cn
投稿邮箱:info@lawpress.com.cn
举报盗版邮箱:jbwq@lawpress.com.cn

销售电话:010-83938349
客服电话:010-83938350
咨询电话:010-63939796

书号:ISBN 978-7-5197-8589-5
定价:118.00元

凡购买本社图书,如有印装错误,我社负责退换。电话:010-83938349

前　言

艺术管理作为一门充满活力的新兴学科，在我国已发展了20余年，其学科地位得以不断提升。2011年在艺术学升格为学科门类后，相关部门决定在艺术学理论一级学科下设置艺术管理二级学科；2017年教育部审批同意在艺术学门类下新增艺术管理本科专业；2020年时任教育部高教司司长吴岩指出，要全面推进新文科建设，大力推动如艺术管理等新兴学科的发展。在国家的大力支持、技术的持续发展、环境的不断演变下，艺术管理的外延也逐步扩展，除传统演艺外，沉浸式演出、综艺制作、音乐平台与厂牌、线上演出、文化企业融资租赁、企业基金会艺术资助等新业态也成为艺术管理的研究焦点。为此，3年里我们的团队成员运用文献梳理法、个案分析法、实地调研法等研究方法，分别对艺术管理的各项新业态、新发展进行十分深入的调研、采访和数据采集，并结合相关理论进行深入解析，撰写了一批有分量的分析报告，亦是对我主编的《艺术管理》第四版的进一步拓展，我们从中选择了9份以供参考。

案例1：观众体验视角下沉浸式戏剧制作研究——以上海版《不眠之夜》为个案

本研究选取在国内具有良好口碑及商业效益的沉浸式戏剧上海版《不眠之夜》作为个案研究对象。首先，本研究梳理了沉浸式戏剧的缘起及发展历程，选取国内外具有代表性的沉浸式戏剧作品体现观众在其中不同的参与方式，并从叙事方式、剧场空间和观众参与三方面阐述沉浸式戏剧的特点。其次，以上海版《不眠之夜》为个案，分析其制作内容与观众体验情况。在此基础上，思考沉浸式戏剧在国内发展中存在的问题，并从观众体验的视角提出沉浸式戏剧制作之构想。

案例2：布迪厄“场域”理论视角下文化类综艺《声临其境》节目制作

本研究第一部分综述了国内综艺节目的发展历程及现状，并从政策、市场、受众需求、文化艺术的他律性等角度剖析综艺模式兴起的社会背景与发展动因；第二部分记述了湖南广播电视台的发展现状与整体架构，在具象化的实践空间中描绘了《声临其境》这一案例的生产实景，以期通过典型的原创节目为今后文化节目的改进制作带来启发；第三部分即本研究的核心部分，突出从布迪厄的理论视角分析《声临其境》这一典型实例所运用的资本整合方式，分析实践者在节目构建实践过程中于场域的实践行为，以及“惯习”带来的影响等，总结正反两方面的经验教训，并结合党的文艺发展方针进行深度解剖，对文化类综艺节目的发展方向、改革创新、优化提质提供借鉴。

案例3：体验营销理论视角下的音乐客户端营销策略研究

本研究依托体验营销理论中的战略体验模块理论，以5种不同的体验营销模块为行文框架，对音乐客户端的营销策略进行研究。首先，本研究对体验营销相关理论进行了梳理。其次，分别从音乐客户端整体的发展历程和市场现状两个方面对音乐客户端的发展概况进行阐述，总结出音乐客户端的市场发展现状。再次，笔者以音乐客户端QQ音乐的各种营销项目为论文案例支撑，分别从内容体验、感官营销、情感营销、思考营销、行动营销、关联营销、媒介营销七个方面分析QQ音乐的体验营销策略，提出音乐客户端通过深耕音乐内容、重视感官设计、深挖情感共鸣、打造体验空间、汇聚跨界合力、搭建音乐社区、整合媒介资源，便可使用户的内容、感官、情感、思考、行动、关联、媒介体验得到有效增强，从而实现音乐客户端营销目的，达到营销预期。最后，笔者从目前的市场背景出发，提出音乐客户端营销应平衡经济和社会双重效益，在追求经济目标的同时，将青少年用户的身心健康与全面发展以及用户审美培育等问题纳入整体考虑。

案例4：独立音乐人生存现状及其发展路径研究

首先，本研究厘清独立音乐人的发展历程，随后以调研结果、业内相关研究数据为材料，分析独立音乐人的群体特征。其次，笔者运用深度访谈法，基于扎根理论对独立音乐人的生存困难进行研究，通过三级编码找出导致独立音乐人陷入生存困难的各项因素，归纳独立音乐人面临的各项困难，识别独立音乐人、相关工作者对独立音乐人困难的反应行为，而后建构出理论模型并对其进行阐释。再次，本研究指出独立音乐人依托数字音乐平台的发展渠道，对腾讯、网易云两大音乐平台及其各项可用资源进行深入分析，对签约、投稿等流程给出相关建议。接着，本研究列举独立音乐人进行短视频平台营销、参加演出及综艺、运营平台账号、成立工作室、依托音乐厂牌、发展其他职业等发展渠道，以网易云音乐喜雨工作室成功推出的《1376心想事成》为例，揭示运用短视频平台进行音乐推广的方法。最后，本研究在下一代互联网——元宇宙的视角下，对独立音乐人的未来发展趋势进行预测，指出元宇宙将是独立音乐人发展的新沃土，并对音乐的生产、流通、宣传、演出环节进行发展趋势分析。

案例5：《又见平遥》旅游演艺项目前期决策风险管理研究

本研究从风险管理视角入手，选取王潮歌导演的国内首部大型沉浸式旅游演艺项目——《又见平遥》作为实证案例进行研究。首先，阐述了项目的基本情况，借助文献资料收集法、历史资料数据法和专家征询法识别出影响项目前期决策的风险因素，包括政治环境风险、市场风险、选址风险、演出质量风险、财务风险5个一级风险指标和12个二级风险指标。其次，构建了层次分析法（AHP）—模糊综合评价风险评估模型，运用AHP求得各层级风险因素的权重向量，采用模糊综合评价法对项目前期决策风险进行综合评估，得出项目整体风险等级为"较低风险"的结论，符合项目实际情况。最后，根据风险评估结果提出项目前期决策风险的应对措施。本研究将风险管理理论和方法应用于旅游演艺行业，有利于项目决策者充分了解风险发生的概率和影响，为项目前期科学决策提供依据。文中运用的风险识别方法、风险评估模型和风险应对策略对其他旅游演艺项目具有一定的参考和借鉴作用。

案例6：北京演艺集团线上演艺项目的风险管理机制构建

本研究第一部分对线上演艺业态的发展趋势进行了梳理，同时介绍了北京演艺集团线上演艺发展的5个阶段和4种做法，并对其中产生的问题进行了梳理，从而说明对线上演艺业态进行风险管理的必要性。第二、第三部分主要根据艺术生产要素理论和北京演艺集团实际项目制作流程进行项目风险识别，对众多风险进行整理和分析，最终形成了47个风险点，然后根据AHP对其进行风险影响的数据评估，同时根据专家提供的数据得出风险概率的评估数值，将二者相乘得出最终的风险值，再将前面3类数据进行风险排序，最终将47个风险点划分为3类优先级从高到低的风险级别。第四部分主要是根据不同的风险级别提出不同的风险应对措施，分为重点风险的应对、一般风险的应对、次要风险的应对；还针对风险的极端情况提出了相应的应对措施，最后将这些方法和措施整合起来，设计北京演艺集团线上演艺项目风险监控流程，从而完成北京演艺集团线上演艺项目风险管理机制的研究和构建。

案例7：品牌生态视角下中国国际儿童戏剧节发展对策研究

本研究主要由三部分构成。第一部分采用文献梳理的方法对品牌生态论、品牌群落论、品牌适应论等相关理论进行梳理。第二部分基于品牌生态视角，对丹麦国际儿童戏剧节、爱丁堡国际儿童艺术节及中国儿童戏剧节进行分析，指出我国儿童戏剧品牌存在生态系统尚未完善、还未将有利资源进行整合、缺乏供应链系统和消费者价值共创系统等问题。第三部分基于品牌生态视角，提出中国国际儿童戏剧节构建的思路，指出中国国际儿童戏剧节品牌生态构建是完善品牌价值链的重点，需要提升整体品牌生态系统的效益，扩大品牌生态系统规模，建设成互联网共享型的生态链网络。

案例8：文化企业融资租赁研究

本研究第一部分综述了文化企业融资租赁的发展概况，根据现状与案例整理文化企业融资租赁的业务模式和标的物，计算文化企业融资租赁的平均融资金额、期限和利息率，并分析了文化企业融资租赁的特点、作用、不足和问题。其中，存在的无形资产融资租赁法律模糊与规章排斥、融资租赁公司业务模式较单一、业务较少涉足文化领域、缺乏专业人才及团队和融资租赁成本相对较高等不足与问题，将制约文化企业融资租赁的发展。第二部分选取了在2017～2018年通过融资租赁获取近8800万元资金的A公司为个案，通过其2013～2019年上半年度的财务报表及融资租赁项目的相关资料，分析A公司融资租赁的业务模式、标的物、动机、风险、效果和作用。第三部分基于上述文化企业融资租赁的不足与问题和A公司的融资租赁项目，从融资租赁公司和政府政策与措施两方面出发，提出了文化企业融资租赁之构想。

案例9：企业基金会艺术资助项目现状及其策略研究

首先，本研究从宏观层面研究我国和德国企业基金会的发展脉络及艺术资助现状，发现德国企业基金会十分重视艺术资助推动社区和城市发展，资助对象多元化。其次，从微观层面出发，从时代基金会和西门子基金会的使命宗旨、组织架构、财务状况、艺术资助项目方面进行分析，归纳了2种在不同运营情况下所制定的艺术资助策略。最后，从我国企业基金会的角度出发，对其艺术资助策略提出构想。在微观层面，笔者提出企业基金会应加强党建工作，为艺术资助策略引领方向。企业基金会在制定艺术资助策略时要多方面综合考量，进行策略品牌差异化，其在实施策略时应加强社区关联性，以及适时调整策略。在宏观层面，企业基金会要努力争取政府的支持，呼吁政府完善和出台相关法律法规，并加大对艺术资助的税收优惠政策力度，为我国企业基金会艺术资助策略打造良好的实施环境。

本书所有的研究案例都由我们的团队成员共同商量确定，并经过至少3～5次的修订，才最终定稿。参加实际调研和撰写的是Qfun Theater儿童实验剧团林依媛，星海音乐学院唐佳妮、林乔苑，北京纳嘉国际教育科技有限公司麦莉莎，广州新华学院冯春萍、谢思源，广东文艺职业学院刘爽，北京出版集团彭梓俊，北京鑫荧教育科技有限公司张琦。

近些年，我们努力把艺术管理专业的理论学习与实践经验相结合，有针对性地选取案例进行分析，以求不断跟进对艺术管理新发展的研究，特别是可以供业内人士及艺术管理专业的教师、硕士研究生和博士研究生借鉴，希望读者能从中获取些裨益。

由于时间、条件、水平等的限制，书中不足之处，恳请读者批评指正。

《艺术管理典型案例研究》负责人

谢大京　曹仕锋

2024年5月

目　　录

案例1

观众体验视角下沉浸式戏剧制作研究

——以上海版《不眠之夜》为个案

在社会经济不断发展、科学技术飞速提升的时代背景下，消费者消费观念和消费意识逐渐变化，给演出市场带来了新的发展方向。沉浸式戏剧作为一种“剧场观众体验的新方式”，打破了观众观看与舞台表演之间的界限，从根本上改变了观众在演出中的角色，变被动接受为主动参与，从而获得独一无二的体验。沉浸式戏剧在国内外发展历程较短，定义的边界尚且模糊，制作体系也尚未完善，本土化的制作更需要不断打磨。基于沉浸式戏剧是一种以体验制作为前提的实践，其不同方面会对观众的体验感与沉浸感产生不同影响。本文选取在国内具有良好口碑及商业效益的沉浸式戏剧上海版《不眠之夜》作为个案研究对象，首先，梳理了沉浸式戏剧的缘起及发展历程，选取国内外具有代表性的沉浸式戏剧作品体现观众在其中不同的参与方式，并从叙事方式、剧场空间和观众参与三方面阐述沉浸式戏剧的特点。其次，以上海版《不眠之夜》为个案，分析其制作内容与观众体验情况；在此基础上，思考沉浸式戏剧在国内发展中存在的问题，并站在观众体验的角度提出沉浸式戏剧制作之构想。

一、研究背景与研究现状

（一）研究背景

近年来，社会经济不断发展，现代科学技术飞速提升，消费者消费观念和消费意识逐渐变化，给我国戏剧演出市场提供了良好的业态环境，戏剧艺术形式呈现多元化发展趋势，戏剧从业者也开始思考：戏剧会有怎样的变革？什么样的戏剧更适合现代人的消费习惯？在经历众多的探索后，一个新的名词逐渐走进公众视野——“沉浸式”。

“沉浸式”是近年来被广泛讨论的热词之一，覆盖了娱乐、科技、游戏、文化等众多领域。

麦肯锡近年的研究报告表明,全球消费者的消费习惯正在从购买商品转向经历体验,人们不再执着拥有多少物品,而更加看重经历了怎样难忘的体验本身。① 消费者开始节省花费在产品、服务上的时间和金钱,转而去寻找更值得回忆、更具有价值的新目标——体验。“沉浸式体验”不仅仅是一种市场营销方式,它更为现代社会带来了一种新的设计思维和叙事哲学。消费者对于“沉浸式体验”的消费需求进一步促进了沉浸式产业的发展,包括主题乐园(如迪士尼乐园)、艺术展览(如 Teamlab 无界美术馆)、电竞游戏(如宝可梦 GO)、混合现实 XR(如索尼集团 Project Lindbergh)、商业零售(如沉浸式主题酒吧)等。据统计,2019 年沉浸式娱乐行业的价值已跃升至 618 亿美元,其中主题公园价值 520 亿美元,行业整体发展速度超过 24%。值得注意的是,在主题公园保持一贯增长率的同时,其他沉浸式子行业亦得到了更快速的发展。② 由此可见,沉浸式产业的发展前景和商业价值不可限量。

本案例所关注的沉浸式戏剧正是沉浸式产业中的一个分支产业,Immersive Theatre(可翻译为沉浸式剧场、沉浸式戏剧、浸没戏剧、浸入式戏剧等,下文均翻译为沉浸式戏剧)的概念最早起源于英国,它打破了传统的观演关系,观众不再是安静地面向舞台而坐,而是走进创作者为他们创设的戏剧环境中,根据自己的喜好、步调选择自己的所到所见,获得独一无二的观剧体验。沉浸式戏剧改变了观众的角色,亦改变了观众与表演者之间的关系:观众从“旁观者”转变为“参与者”,从单向的观看表演转变为互动性交流,创造了一种“沉浸式”体验。2011 年,英国戏剧制作公司 Punchdrunk 制作的沉浸式戏剧《不眠之夜》(Sleep No More)一经上演,便悄然兴起了一股“沉浸式”的热潮。这股热潮不仅席卷了西方文艺界,在国外风靡一时,也在中国取得了巨大成功。自 2016 年大型沉浸式话剧上海版《不眠之夜》(Sleep No More in SHANGHAI),演出票房和关注度仍然持续增长,每场演出一开票更是迅速售罄。截至 2021 年 12 月,《不眠之夜》在中国已连续演出逾 1400 场,吸引了超 44 万名观众,平均上座率高达 95%,总收入达 3.8 亿元,驻演 5 年间,上海版《不眠之夜》开启和见证了沉浸式产业从无到有再到井喷式的爆发,向人们展示了演艺行业拓展边界的更多可能。③

沉浸式戏剧《不眠之夜》的巨大成功令不少投资者看到了潜在的演出市场空间,并引起了诸多演出公司的跟风模仿,各种打着“浸没式”“交互式”“互动式”“体验式”口号的演出喷涌而出。此时,我们不禁思考,作为戏剧消费市场的新形式,沉浸式戏剧的边界在哪里?一部好的沉浸式戏剧作品应该具备什么样的特质?沉浸式戏剧与观众之间又该创造一种怎么样的关系?与其他戏剧种类相比,沉浸式戏剧的观众似乎处于一个更加重要的位置,创作者“把剧情交给观众”,观众在演出活动中需要作出一系列的选择并参与,才有可能构建完整的叙事,

---

① 2019 年全球沉浸式设计产业发展报告—NeXT SCENE。

② 2020 年全球沉浸式设计产业发展白皮书—NeXT SCENE。

③ 包文婷:《〈不眠之夜〉上海驻演 5 年:平均上座率达 95% 总收入 3.8 亿元》,载东方网 2021 年 12 月 21 日,from https://j.eastday.com/p/1640089868044208。

因此没有观众就无法呈现一部完整的作品。由此看来，沉浸式戏剧的观众体验效果与他们的行为习惯息息相关，但无论从观演习惯还是艺术基础来看，中国观众与其他国家的观众都略有不同，因而对作品的反馈也会有所不同。正如余秋雨对“观众”一词的定义：观众作为一个接受者群体，在心理活动上的公共性、预设性、必然的误读性，以及在误读基础上的可塑造性、可影响性，决定了这个群体的深层特征。① 因此，必须深入调查符合中国观众体验的沉浸式戏剧是怎么样的，才能在此基础之上进一步探索沉浸式戏剧制作的发展之路。

笔者将从观众体验的视角入手，依托戏剧学、观众心理学、叙事学等学科理论，对沉浸式戏剧展开研究。同时，笔者以上海版《不眠之夜》这部具有高票房和良好观众口碑的沉浸式戏剧作品作为个案，进而深入探究符合观众体验的沉浸式戏剧制作所需要具备的因素。

（二）研究现状

1. 我国有关沉浸式戏剧的研究

（1）沉浸式戏剧现状及发展层面的研究

杨子涵在《中国式沉浸——沉浸式戏剧在中国的成长》一文中认为，沉浸式戏剧源于环境戏剧，通过类比各国对于环境戏剧的探索与尝试，将沉浸式戏剧理解为环境戏剧的后现代延伸。同时，以英国实验戏剧公司 Punchdrunk 的浸没戏剧《不眠之夜》和中国首部沉浸式戏剧《死水边的美人鱼》为案例，简单分析了沉浸式戏剧的表现形式，认为当下中国的沉浸式戏剧还存在过分重环境轻戏剧、过度商业化的问题。

刘鎏的《浅议浸没式戏剧形式在我国的融通与发展——以上海版〈不眠之夜〉为例》以上海版《不眠之夜》作为浸没式戏剧的典型代表，分析了浸没式戏剧的独创性特征；通过对比纽约版和上海版的《不眠之夜》，剖析中国元素在该剧目中的渗透与影响，为该戏剧形式在中国的发展提供有益借鉴。其《西方“浸没式戏剧形式”在我国的本土化创新及影响》，从剧场空间、剧本文学、戏剧表演、观众参与四个方面深入探讨浸没式戏剧的特征，同时提出，我国要发展本土化的浸没式戏剧，必须具备两点：①表现形式的创新与本土文化内涵相结合；②文本内容及主题回归本土化。

吴丹妮的《艺术与商业之间——沉浸式戏剧现况与发展趋势初探》全文共分为 4 个部分：①根据剧目演出时间顺序，列举了 5 个较典型的沉浸式戏剧作品，并尝试归纳它们的共同特征。②从环境戏剧、偶发戏剧出发，探寻沉浸式戏剧的灵感来源，以及“沉浸式”这种形式在展览、舞台剧方面的尝试。③阐述目前国内沉浸式戏剧存在的问题——一味追求环境营造，而忽视了对文本和表演的雕琢；能够与多种商业元素发生关联，却有过度追求商业性的嫌疑。④提出沉浸式戏剧与儿童剧融合发展的建议。

---

① 余秋雨：《观众心理学》，长江文艺出版社 2013 年版，第 34 页。

张青飞《沉浸之美:“浸没戏剧”的兴起及未来》梳理了“浸没戏剧”的兴起、特征、意义及在我国的实践。文中列举了4个已经上演或正在制作的浸没戏剧。可以看出,国内对这一新型戏剧种类正在进行积极探索与实践,在未来,我国戏剧演出市场逐步趋向良性状态,浸没戏剧必将还有很大的上升空间。

(2)沉浸式戏剧表演层面的研究

吴宇峰在《浅析浸没式戏剧中的表演——以〈不眠之夜〉为例》一文中,以 Punchdrunk 剧团的作品《不眠之夜》为研究对象,从演员的表演、观众的表演、表演的真实性3个维度讨论浸没式戏剧表演的特征。浸没式戏剧为现代戏剧表演带来一种新的观演关系,随着观演关系的变化,演员的表演方式必然会逐步革新。

(3)沉浸式戏剧与受众关系层面的研究

王天艺在《虚拟现实技术应用下戏剧中的“审美沉浸”研究》一文中认为,虚拟现实技术在戏剧中的应用,从根本上改变了观众的审美方式,让观众产生了“身临其境”的审美感受。而这种改变使观众与作品之间达到了一个前所未有的紧密程度,虚拟现实技术手段的应用不仅提高了艺术家对于幻觉的追求,还为观众创造出了另外一个时空。

陈怡《论数字技术在当代戏剧艺术实践中的运用——交互技术对于观演关系的影响》一文从“空间、演员和观众”三方面着重讨论交互技术对于戏剧观演关系的影响。交互技术的交互性特征,使观众可以根据自己的兴趣点自由介入戏剧的情节发展。导演将会利用不同的手段、方式来控制戏剧的叙事沉浸性和虚实互动性,给观众不同的沉浸体验。

欧阳方圆的《基于观演心理的剧场空间研究》全面分析了剧场空间中的观演行为和心理,认为观演行为有其“群体特征”“时空特征”“互动特征”,并从“心理场”“强感知”“剧场性”三个方面分析剧场空间中的观众观演心理特点。

2. 国外有关沉浸式戏剧的研究

(1)著述

20世纪初,国外产生“环境戏剧”的概念,受到许多戏剧浪潮的影响,反对常规演出方式和戏剧空间的必然结果。2001年出版的著作《环境戏剧》([美]理查德·谢克纳著,曹路生译)是作者基于多年戏剧实践工作总结而成的,在该书中不仅涉及表演训练、导演、编创、空间设计、演出地点设置等方面的内容,还总结了环境戏剧的6项原则:①戏剧事件是一整套相关的事物;②所有空间都为表演所用;③戏剧事件可以发生在一个完全改变了的空间里或一个“发现的空间”里;④戏剧焦点是灵活可变的;⑤所有制作组成部分都诉说它们自己的语言;⑥文本对于演出作品来说既不是起点也不是终点,也许没有文字剧本。[①] “环境戏剧”被国内外许多学者视作“沉浸式戏剧”的灵感来源,在沉浸式戏剧发展史上具有举足轻重的作用。

① [美]理查德·谢克纳:《环境戏剧》,曹路生译,中国戏剧出版社2001年版,第1~31页。

凯若琳·海姆(Caroline Heim)2015年出版著作《观众即表演者——21世纪戏剧观众的角色变化》(*Audience as Performer: The Changing Role of Theatre Audiences in the Twenty-first Century*)。作者通过采访英国、美国和奥地利的140多名观众、演员和引座员,揭示了观众在戏剧活动中的体验,探索在21世纪戏剧观众出现的新角色。其中,在第七章"作为共同创造者的观众"中,描述了沉浸式剧场内观众和演员之间的动态关系,以及这种动态关系下所产生的共同创作体验。

英国萨里大学(The University of Surrey)戏剧和表演研究讲师亚当·奥尔斯顿(Adam Alston)2016年出版的著作《超越浸入式戏剧:美学、政治学和制作参与》(*Beyond Immersive Theatre: Aesthetics, Politics and Productive Participation*)认为,浸入式戏剧近年来在戏剧界、新闻界和学术领域均引发了现象级的关注,它的受关注、受欢迎程度是其他戏剧种类在发展过程中所不可比拟的。然而,浸入式戏剧的美学性和政治性仍然缺乏实质性的批判。亚当·奥尔斯顿通过追溯过去40年的新自由主义政治和体验经济的演变,分析Lundahl & Seitl、Punchdrunk、Shunt等剧团的作品,围绕浸入式戏剧的美学性和政治性进行讨论。

兰迪塔·迪尼斯(Nandita Dinesh)2016年出版的著作《剧院实验室备忘录:探索沉浸式剧场的"作用"》(*Memos from a Theatre Lab: Exploring What Immersive Theatre "does"*),通过对比两种同一主题不同形式的表演:一种是"沉浸式"的体验,另一种是更传统的戏剧制作,探讨戏剧形式对演员和观众的影响方式。

罗斯·比金(Rose Biggin)2017年出版的著作《沉浸式戏剧与观众体验——Punchdrunk剧团戏剧作品中的空间、游戏和故事》(*Immersive Theatre and Audience Experience: Space, Game and Story in the Work of Punchdrunk*),是第一本聚焦国际知名戏剧制作公司Punchdrunk的长篇专著。全书通过分析Punchdrunk剧团的排练、表演和数据档案,从认知研究、哲学美学、叙事理论和电脑游戏中提供了新的批判性视角,并围绕3个主题对戏剧的沉浸感展开讨论:①互动性和游戏性;②故事和叙述;③环境和空间。该书为沉浸式戏剧与观众体验的研究提供了一个严谨的理论工具和一套独特的方法,对学者、学生、艺术家和观众都具有重要意义。

(2)文章

加雷斯·怀特(Gareth White)在《在沉浸式剧场》(*On Immersive Theatre*)一文中,以沉浸式剧场"内部设计"作为切入点,讨论沉浸式戏剧的制作。文中考虑了"沉浸式剧场"一词所蕴藏的含义,讨论什么样的"内部设计"才能使观众沉浸在其中。文中,加雷斯·怀特以Shunt和Punchdrunk两家英国戏剧制作公司所制作的戏剧为例,描述沉浸式剧场中物理建筑设计与观众之间的关系,两者是如何成为作品戏剧性的一部分;并运用认知语言学的方法,对"沉浸式"的隐喻特征进行分析。

亚当·奥尔斯顿的《沉浸式剧场中的失误——旁观与错误的沉浸》(*Making Mistakes in*

Immersive Theatre：*Spectatorship and Errant Immersion*）指出，在沉浸式戏剧的体验中，观众往往容易偏离设计者为他们设计的沉浸式的路线，该文探讨了沉浸式戏剧审美的连贯性如何避免受到“错误沉浸”行为的威胁。亚当·奥尔斯顿还曾于2016年写过一篇名为《观众参与与新自由主义价值——沉浸式剧场中的风险、代理和责任》（*Audience Participation and Neoliberal Value*：*Risk*, *Agency and Responsibility in Immersive Theatre*），文章从“沉浸式剧场”的定义开始，着重参与观众的塑造，特别关注参与式自由的相对性和体验式制作的中心性。他将沉浸式剧场的观众参与模式称为“创业式参与”，观众在这种参与模式下，既享有表演的特权，又实现了新自由主义的价值。

在《自我陶醉的沉浸式观赏与一对一的表演》（*Narcissistic Spectatorship in Immersive and One-on-One Performance*）一文中，探讨观众如何被吸引到沉浸式演出中，并把自我消费作为主要的参与模式。以Punchdrunk的观众为例，讨论他们是如何被一种竞争本能驱使，为自己积累一种独一无二的体验，随后比较他们在社交媒体网络上的经历。

综上查阅的研究资料，笔者发现，基于沉浸式戏剧的发展历程较短，国内外对于沉浸式戏剧的研究主要集中在近几年中。国内对沉浸式戏剧的研究较国外稍晚，也罕有专门系统的研究著作，学术论文大多重在讨论沉浸式戏剧发展历程、特点、表演方式、与受众的观演关系等方面。针对沉浸式戏剧的起源，较多国内学者认为，沉浸式戏剧是从20世纪初的“环境戏剧”这一概念发展而来的，并尝试将沉浸式戏剧理解为环境戏剧的后现代延伸。2011年纽约版《不眠之夜》的成功，让国内外戏剧人对沉浸式戏剧开始关注并展开一系列的戏剧尝试；针对沉浸式戏剧的发展现状，许多文章对“沉浸式戏剧”本土化进行探索，介绍性地描述了几个典型的中国原创沉浸式戏剧作品，但此类文章并未深刻挖掘每个剧目的制作特点，无法真正体现它们的“本土化”创新；针对沉浸式戏剧的特点，大多从演出空间、叙事结构、观演关系、表演形式等方面进行研究，并提出了中国沉浸式戏剧仍存在过分重环境轻戏剧、过度商业化的问题，对笔者探析沉浸式戏剧的特点及不足具有意义；针对沉浸式戏剧与受众的关系，主要集中在应用技术手段增强与观众间的审美体验、互动体验、沉浸体验。从整体来看，我国学者针对沉浸式戏剧的研究成果并不多，且缺乏理论深度，鲜有文章站在制作人的角度对戏剧内容创作进行剖析；更罕有从沉浸式戏剧的接受者——观众的视角对其进行解读。

国外学者对于沉浸式戏剧的研究成果较多，从它的起源到发展现状，从审美角度及其蕴含的政治性，从内部设计到技术手段，从观众的体验方式到参与模式，以及沉浸式戏剧制作公司介绍等方面均有涉及，能够为论文的撰写提供较多有价值的参考资料。并且，国外出版的关于沉浸式剧场的书籍和发表的相关学术文章，无论从概念探究还是特点分析，都离不开对“观众”的研究。这令笔者意识到，作为一门与观众互动性极强的戏剧种类，观众在该剧种创作和发展过程中起到了举足轻重的作用。不同年龄、性别、生存环境的观众群体，对于其参与戏剧体验的感知程度是不一样的,沉浸式戏剧的心理需求参与程度也是不一样的。因此,可以运用观众心理学理论,从观众的心理需求出发,探究沉浸式戏剧的特点,加强沉浸式戏剧制作研究的理论深度。

二、沉浸式戏剧的发展历程及其特点

(一)沉浸式戏剧缘起

沉浸式戏剧并非横空出世,获得戏剧爱好者的热捧也并非一夜之间。虽然这一名词在20世纪90年代才出现在公众视野,但它在欧美戏剧发展的历程中早已有颇为丰厚的实践基础。

关于沉浸式戏剧的缘起,笔者在查阅国内外学者的研究成果后发现,大部分学者认为,沉浸式戏剧受到美国戏剧理论家理查·谢克纳所提出的环境戏剧的概念影响是最大的,被看作环境戏剧的后现代延伸。① 环境戏剧将20世纪以来反对传统观演方式的各种理论与实践结合,最后总结出了环境戏剧的6项原则:演员、观众和其他剧场元素可以面对面交流;剧场焦点多元且多变;所有的剧场元素空间是表演区也是观众区;这个空间可能是现成的或经过设计转化过的;所有的剧场元素可以“各自表述”而不需统一;演出剧本可有可无。② 依照环境戏剧的这6项原则可以发现,今天我们所说的沉浸式戏剧的概念在实践过程中多少都与这6项原则有千丝万缕的联系,这一点可以在后文讨论沉浸式戏剧特点的方方面面体现出来。环境戏剧对沉浸式戏剧最重要的影响是对演出空间的运用,而后衍生出的互动戏剧(Interactive Theatre)对沉浸式戏剧的影响则是观演方式的改变,它更强调戏剧的当下性、即时性,以及观众与演员间的直接交流。此外,沉浸式戏剧还融汇了多种先锋戏剧艺术的特点,例如,偶发戏剧(Happening)、生活剧场(Living Theatre)、特定场域表演(Site-specific Performance)等,这些先锋戏剧艺术都在探寻人与人、人与戏剧、人与城市、人与社会之间的关系,不断地对传统戏剧发起挑战与革新,创造和发展出自己的鲜明特征。正是因为这些戏剧艺术理论与实践的摸索,沉浸式戏剧才逐渐出现在公众视野。

在传统戏剧观演方式中,观众和舞台之间存在一堵看不见的“第四面墙”,会使观众与舞台产生“间隔”,沉浸式戏剧正是通过对演出空间的利用改变了观众与戏剧之间的关系。若从观众参与戏剧演出所获得的沉浸式体验、从打破观众席和舞台之间的这种“间隔”的状态来看,笔者认为,沉浸式戏剧的缘起可以追溯至更久以前——中世纪的宗教剧。在公元923年,出现了最早的宗教剧,主要是指那些在教堂中的演出,故事短小简单,通常为描绘耶稣

---

① 杨子涵:《中国式沉浸——沉浸式戏剧在中国的成长》,载《艺苑》2017年第1期。
② 李立亨:《我的看戏随身书》,台北,天下文化出版社2000年版,第137页。

诞生和复活的短剧。宗教剧利用教堂内本身的结构作为舞台空间,现有的陈设作为舞台布景,设置固定不动的"景观站",演员在景观站中进行表演,观众可以自由穿梭在教堂中近距离地观看短剧表演。教堂前的圣殿代表天堂,离天堂越近的景观站所呈现内容越圣洁,越远则越罪恶。

随着演出故事、场景日益复杂,戏剧角色逐渐增多,观众数量不断增加,教堂空间无法满足演出需求,至此,宗教剧开始移出教堂,在教堂大门前廊、户外的街道空地或广场进行演出。户外宗教剧的舞台空间分为景观站和公共表演区域:每个景观站代表不同事件发生的场所,它为故事提供背景帮助观众了解剧情,亦可作为放置演出服装与道具的空间;演员会在景观站中进行特定的表演,但由于景观站的空间有限,演员可以利用景观站附近的区域进行表演(公共表演区域)。以《耶稣受难剧》为例,景观站一字排开,天堂和地狱分置在舞台的两侧,景观站在演出过程中不会移动更换,演员会根据剧情需要走到相应的场景进行表演。与早期教堂内的宗教剧一样,观众可以根据自己步调选择不同的场景观看,并且在户外宗教剧中,观众看戏的位置与方向不会受空间的约束。

可以看出,在中世纪的宗教剧中,观演空间和观演方式已经发生变化。值得一提的是,与沉浸式剧场相似,宗教剧中没有专门为戏剧设计的表演场所,而是利用现成的空间进行展演,观众可以自主选择场景进行观看,在演出场地中"游荡"。当然,笔者将沉浸式戏剧的缘起考虑追溯至宗教剧,仅仅是从观演关系的角度去思考,其两者之间还是存在一定差异的,因此在此仅作参考。

(二)沉浸式戏剧发展现状

1. 沉浸式戏剧国外发展现状

基于欧美先锋戏剧的影响,加之体验经济背景下观众对自主参与和自我价值追求的日益增强,沉浸式戏剧这种戏剧体验形式在英美等国家形成风潮,越来越多的戏剧团体与制作公司开始对沉浸式戏剧进行探索和尝试。笔者于 2018 年前往英国对沉浸式戏剧的实践进行实地考察,亲身体验了几种不同类型的沉浸式戏剧作品,并结合自身所搜集到的国内外相关文献资料,尝试梳理和列举国外重要的沉浸式戏剧制作公司或不同参与方式的沉浸式戏剧作品。

英国率先涌现出一批沉浸式演出团体,使英国走在了沉浸式戏剧发展的前沿,其中贡献最大的当属 Punchdrunk 公司。Punchdrunk 被称为"沉浸式戏剧的先驱者",它的作品拥有一定的国际影响力,例如,本文所举出的案例《不眠之夜》。《不眠之夜》2003 年首演于伦敦;2009 年进入美国波士顿,2011 年登陆纽约后与 Emursive 剧团合作扩大演出规模,迅速引爆全城,给纽约的沉浸式戏剧市场注入了一股强大的力量,作品持续演出至今,堪称美国上演时间最长的沉浸式戏剧;并于 2016 年落户上海并演出至今。《不眠之夜》可谓商业戏剧的成功典范,它为戏剧艺术与商业运作的融合提供了良好的范本。仅 2017 年,它(纽约版《不眠之夜》)就为演出所在场地 McKittrick 酒店共带来 490 万美元的收入,包含了票房、食物、饮料及周边衍生产品。有关 Punchdrunk 及《不眠之夜》的案例内容分析将会在后文详细阐述。作为"沉浸式戏剧的先驱者",Punchdrunk 并不孤单,还有 Shunt、Dreamthinkspeak 等许多其他英国戏剧制作公司也用他们的作品提高了沉浸式戏剧的知名度。

沉浸式体验的浪潮带来了更多形式各样的沉浸式戏剧。2007 年,伦敦出现了一座秘密影院(Secret Cinema),给观众带来沉浸式的观影体验。秘密影院公司引入电影 IP,通常会在空旷的平地上建造一个与电影场景高度还原的封闭空间,并且包含一个能容纳上千人观影的电影院,一经推出,就成为伦敦最受欢迎的沉浸式体验项目。经过 15 年的积淀,他们已经完成超过 50 部制作,吸引了超 60 万观众参与。秘密影院公司相继上演了《银翼杀手》(*Blade Runner*)、《星球大战:帝国反击战》(*Star Wars:The Empire Strikes Back*)等科幻题材影片;《肖申克的救赎》(*The Shawshank Redemption*)、《布达佩斯大饭店》(*The Grand Budapest Hotel*)经典剧情片;《红磨坊》(*Moulin Rouge*)等歌舞类影片。2019 年,《秘密影院:007 大战皇家赌场》(*Casino Royale*)也由上海文广演艺(集团)有限公司引进,于 11 月在上海正式与中国观众见面。从观众参与方式来看,秘密影院的作品相较一般的沉浸式戏剧有所不同且更神秘,就像公司名字那般,从你购票的那一刻开始,一切都充满未知数。在演出开始之前,除了片名和上演日期外,你几乎无法从网络上查找到关于演出内容的信息,也无法提前知道演出的地点,更不知道在封闭的空间中将会发生什么事情。但是,你会收到一封来自秘密影院公司的邮件,邮件内容包含演出线索和任务,以及自己在影片中的"身份"(角色),在正式演出时,观众将会用这个虚拟身份进行体验。在邮件中,还有相关的观众参与规则,例如着装要求(dress code),观众被要求穿上与电影角色相似的服装,成为电影中的一部分。总的来说,秘密影院的沉浸式观影体验分为两个环节:第一个环节为真实的电影场景体验,观众被放置在电影的叙事空间中,成为剧情的一部分,他们既可以隐藏自己的身份寻找线索,也可以跳出来与演员们(电影角色)进行互动,更可以什么都不参与尽情享受里面的美酒美食。通过第一个环节的剧情推动,观众会被演员们引向电影院,从而进入第二个环节——电影欣赏,在观影过程中,某些电影中的精彩场景会从荧幕切换至现实,由真人演员们在舞台上同步还原。秘密影院利用电影 IP 打造沉浸式体验项目,不仅吸引原版影片的忠实粉丝,同时也为那些对沉浸式体验充满好奇心的观众创造了平台。

在美国,沉浸式戏剧的浪潮丝毫不亚于英国。第三铁路小组(Third Rail Projects)是纽约最前沿的戏剧制作公司之一,它成立于 2001 年,最初是一家舞蹈工作室。2005 ~ 2010 年,他们创作的作品主要以特定场域表演(Site-Specific Performance)为主。在创始人汤姆·皮尔逊(Tom Pearson)眼中,沉浸式戏剧作品《坠落的爱丽丝》(*Then She Fell*)改编自小说《爱丽丝梦游仙境》,是第三铁路小组迄今为止上演时长最久也是最著名的作品,与《不眠之夜》的演出时长几乎持平。该项目每年能获得大约130万美元的收入①,被纽约时报评选为2012年度十大表演之一,被Vogue杂志评选为2013年最佳戏剧之一。第三铁路小组还成立了第三铁路国际部(Third Rail International),支持公司内的艺术家与艺术指导在全球范围内开展国际项目合作,以期创作出更多优质的沉浸式表演作品。

沉浸式手法也被运用在音乐剧上,改编自托尔斯泰经典小说《战争与和平》的摇滚音乐剧《娜塔莎,皮埃尔和1812年大彗星》(*Natasha, Pierre and the Great Comet of 1812*)便是一个成功案例。2012年该剧在外百老汇非营利性剧院新锐剧团(Ars Nova)初次亮相,因戏剧性与体验感兼具获得良好口碑,在结束第一轮演出不久后便转化为商业运作模式。全剧充满浓厚的俄罗斯风情,空间布置上真实地还原了莫斯科夜店的场景,演员利用每一寸空间进行表演并且与观众互动,而观众则在享受俄国大餐喝着伏特加的同时,又能近距离聆听和感受托尔斯泰笔下俄罗斯人命运的悲欢。除音乐剧外,沉浸式戏剧还可与流行音乐进行结合,成立于2006年的沉浸式戏剧Woodshed Collective,与Ars Nova以及Ma-Yi剧院合作了KPOP,带领观众进行一场韩国流行音乐的探险。总部位于加利福尼亚州的荒野(Wilderness)公司于2015年制作的《宣告之日》(The Day Shall Declare It)是一部具有导向性的舞蹈沉浸式剧场,由3位演员完成表演,剧场中的空间结合了大萧条时期的装饰与当代城市工业美学,并配合富有共鸣的声音设计,为观众带来一场视听盛宴。

除以上所提到的这些国际知名沉浸式戏剧公司和作品外,众多中小型戏剧团体和公司也在积极地转型和尝试,以期创作出更多更具实验性的作品。例如,2018年阿维尼翁戏剧节的室外剧《独特的夜晚》(*La Nuit Unique*),在长达7个小时的演出中运用了沉浸式元素;2019年爱丁堡艺穗节的小型戏剧《昏迷》(*Coma*)将观众封锁在一个黑暗的集装箱中,通过听觉、嗅觉与虚拟的角色产生互动;融入恐怖色彩的《什鲁斯伯里监狱尖叫公园》(Shrewsbury Prison Scream Park),给观众带来独特而难忘的沉浸式体验。在欧美国家,还有许多独立戏剧艺术也在对沉浸式戏剧作出积极的实验尝试,如住在英国的德国艺术家布瑞特·哈兹祖斯(Britt Hatzius)的超视觉沉浸式作品《盲人电影院》(*Blind Cinema*);纽约多学科表演者阿伊莎·乔丹(Ayesha Jodan)在雷达之下艺术节(Under the Radar Festival)创作的音乐沉浸式剧场Shasta Geaux Pop等。

显然,上文中所提到的案例仅仅是国外众多沉浸式戏剧作品中的一小部分。可以看出,国外的沉浸式戏剧作品已成规模,且不管是国际知名的戏剧制作公司、中小型戏剧团体,还是独立艺术家,都在沉浸式领域下不断寻找着艺术和商业双赢的道路。在众多沉浸式戏剧作品中,既有真正实验性、探索性的作品,也有以"沉浸式"标签作为主要卖点吸引观众的。无论是基于哪种目的的戏剧尝试,无不体现观众对于传统戏剧形式的不满足,以及对自我参与的

① 2019年全球沉浸式产业发展报告—NeXT SCENE。

渴求。

2. 沉浸式戏剧国内发展现状

2011 年纽约版《不眠之夜》的成功，令国内戏剧从业者们敏锐地嗅到了沉浸式戏剧的前景，并展开一系列的戏剧尝试，对沉浸式戏剧的“本土化”进行探索。在 2015 年，国内就已有首部原创的沉浸式戏剧作品——《死水边的美人鱼》，该剧由著名先锋戏剧导演孟京辉与中国美术学院进行跨界合作，将演出空间打造成了“梦境迷宫”。2015 年，上海话剧艺术中心导演何念联合新生代主创团队创作了以婚礼为主题的沉浸式戏剧《消失的新郎》。上海版《不眠之夜》的上演，更是让沉浸式戏剧在国内市场虏获大批的拥趸。2018 年，同样创作于伦敦的另一沉浸式互动大戏《爱丽丝冒险奇遇记》(*Alice's Adventures Underground*)登陆上海，原版作品是由英国 Les Enfants Terribles 戏剧公司联合 edp 制作公司耗时 5 年打造，并迅速被奥利弗奖提名为“最佳家庭娱乐奖”。中文版《爱丽丝冒险奇遇记》由中、英两国制作团队与国际知名建筑与室内设计公司合作，经过 3 年的打磨，最终呈现在中国观众面前。与其他沉浸式戏剧不同的是，这部剧还特别开辟了不同的场次，分为潮人场和家庭场，根据年龄设定了不同的体验路线，真正实现了沉浸式戏剧的全年龄覆盖。2019 年，又有两部令观众耳目一新的大型沉浸式体验项目同时被引进上海，继续掀起沉浸式娱乐的狂潮。其一，即上文提到的《秘密影院：007 大战皇家赌场》；其二，是来自比利时实验剧团 Ontroerend Goed 的互动式戏剧作品《金钱世界(£¥€$)》。此次的互动式戏剧《金钱世界(£¥€$)》与前面提到的几部引进剧目最大的区别在于：在过去的沉浸式戏剧中，观众只是跟随剧情，近距离“浸入”现实场景进行体验。而《金钱世界(£¥€$)》则带来一种全新的互动式体验，他们邀请观众参与“影响剧情”，观众的一举一动将对剧情的走向产生影响。参与整场演出后，观众将产生不可复制的“第一视角”感受，体验“操纵市场、积累资本”的感受。

此外，旅游演艺也受到“沉浸式”的启发，如“又见系列”“印象系列”《知音号》等。2013 年年初，大型实景景观剧《又见平遥》全新亮相，制作方耗资 1.5 亿在平遥古城外兴建了一个全新的剧场空间，偌大的空间被分为 4 个庞大的区域，包括 3 个仿古建筑空间和一个传统剧场空间。观众在观看表演的同时，也进行着一种近似实景的文化游览。漂移式多维体验剧《知音号》(2017 年)则是邀请观众登上一艘具有 20 世纪 30 年代风格的大型主题演艺邮轮，观众既能亲身体验一场“穿越”大戏，又可游览长江沿途的美景。可见，国内的戏剧从业者一直在对沉浸式戏剧的“本土化”进行探索。

(三) 沉浸式戏剧的特点

1. 叙事方式——故事与沉浸

迪士尼的幻想工程师乔・罗德曾言道：“从某个层面来说，沉浸其实是一种非常原始的概念，是一件无论如何都会发生在我们身上的事情。即使一个好的讲述者只是在口头给你讲述一个故事。如果这个故事讲得好,你就完蛋了——你就真的陷进去了。”[①]乔·罗德认为,“沉浸”与我们的生活密不可分,要让人们产生沉浸感并不是一件困难的事情,关键在于设计者如何“讲故事”,通过创造一个故事世界让人们置身其中。同样地,在沉浸式戏剧中,“故事”一直是人们关注的焦点之一。故事是如何在这种戏剧形式中构建起来的?它是否重要?

在戏剧表演中,“故事世界”这个术语在讨论叙事和沉浸式体验时是非常有帮助的。这个术语指的是“通过叙事隐喻地和明确地唤起的世界”;同时它也可以指在特定文本的创作过程中已经存在的故事世界,例如,Punchdrunk 的《不眠之夜》所创造的故事世界即是在莎士比亚《麦克白》中早已存在的。在沉浸式戏剧的故事世界中,采用多线程叙事取代传统戏剧形式中的单一线性结构,剧中所有角色人物都拥有自己的行动线条和故事情节。Punchdrunk 的沉浸式作品《浮士德》(Faust)中的演员设置,与 Punchdrunk 以往的经典作品一样,演员在演出进行中是没有上下场之分的。18 个角色在空间中发生着各自的故事,主角与配角、配角与配角们相互交错、发生纠葛,同时平行于其他任何一个角色,在自己的故事世界中延续着情节。作品的整体结构由一系列精心编排的序列或定时的“循环”来运作,在空间中并行运行,并通过音频或音乐线索进行协调,产生了一种整体叙事结构和有限时间框架的感觉。

构建叙事,还需考虑观众在叙事空间中的角色。在沉浸式的故事世界中,常将观众塑造成事件的叙述者,依据不同沉浸式剧场类别,观众在其中参与方式的不同,又分为两种叙述者的形态:同故事叙述者(homodiegetic narrator)和异故事叙述者(heterodiegetic narrator)。同故事叙述者是处于故事之内的,他们与表演者进行互动,与角色产生叙事;而异故事叙述者则反之,是处于故事之外的,他们以一个外来者的身份观察故事的发展。在沉浸式戏剧中,这两种模式并不是停滞不变的,在特定的时候,两种模式会发生转化。例如,在 Punchdrunk《不眠之夜》中,戴着面具的匿名观众,从外部来体验剧目中的故事世界,就是作为异故事叙述者“游荡”在剧场空间。当一个剧中角色与其进行眼神交流,或邀请其开始一对一的表演时,观众会暂时变成同故事叙述者。因此,叙述者模式的变换可能会吸引观众进入沉浸式体验,但也有可能在体验参与的过程中产生一些冲突。

沉浸式制作宏大的叙事结构与观众在空间中的参与有可能会产生冲突,从而对沉浸式体验产生负面影响,因为它增加了沉浸的障碍,从而中断了心理上“流通”(“心流”)的感觉。在这种情况下,故事和情节之间的冲突关系意味着大型沉浸式戏剧制作给观众带来一项不可能完成的任务,这表明一个充满事件的故事世界,是不可能成功印刻在观众脑海中的。由于无法看清一切,也就无法通过个人话语的路径建立对整个故事的理解:当一个故事的感觉与观众对自身情节的感觉发生冲突时,结果就是一种缺失或不明确的叙事感——对做错事或在错

① Unearthing Pandora, Part 3: “Immersive” is more than a buzz word in in Walt Disney World’s new “Avatar” land in... Retrieved August 4, 2019, https://insidethemagic.net/2017/05/unearthing-pandora-part-3-immersive-buzz-word-walt-disney-worlds-new-avatar-land/.

误的地方而产生焦虑——这是一种糟糕的沉浸式体验。

沉浸式戏剧,尤其是在 Punchdrunk 的作品中往往不包含显性的互动,而且甚至可以被认为完全没有互动,尽管它可能创造出一种真正互动的感觉。就表演者的个人特色和情节而言,Punchdrunk 的许多大型作品倾向采用亚里士多德式的模式,即表演者的动作是预先设定好的,并在整个建筑空间内进行组织,他们坚持遵循这一规定并进行表演活动。① 观众也可能以这种方式体验演出,从更广泛的模式来感知各种表演者的动作。但在表演的时候,观众的虚构故事也可能通过另一种模式实现:通过自由漫步和选择探索带来自己的体验,在发现自我的过程中主导策划自己的一系列事件。一个观众紧紧跟随一个演员,可能主要是在这种模式下体验演出所创造的故事。②

2. 剧场空间——重塑与交叉

剧场表演空间的利用和操纵,是定义戏剧作品是否为"沉浸式作品"最显著的指标之一。③ Punchdrunk 的艺术总监巴雷特曾表达过自己并不喜欢使用"沉浸式戏剧"这一词语,他认为"沉浸式"的作品更多是与建筑空间有关的。沉浸式剧场与普通的剧场最大的区别之一,是打破了所谓的"第四面墙"。④ 沉浸式戏剧是一种非常强调空间设计的戏剧表演形式,设计者往往会从故事世界构建的角度出发,根据故事所需思考其空间布局、环境创设、内置装饰等。"沉浸感"存在于场景搭建(原始建筑或场地)和设计布置(设计、舞台布景等,由艺术家创作和安装)之间的协调中。⑤

实际上,类似戏剧中的空间塑造,颠覆传统的演员与观众之间的相互关系,沉浸式戏剧并不是最早的戏剧形式。理查·谢克纳在表演空间方面,也有非常深入的研究成果。在《环境戏剧》一书中,谢克纳认为,表演空间和生态环境不是被动运作,而是能够相互转化的、主动的运作者。环境戏剧的6项原则之一,所有空间都为表演所用,意味着戏剧所建造的整个空间都是表演的空间,没有一个是"只适用于观看的"空间,并没有明确的"看"和"演"的界限。这一点与沉浸式戏剧不谋而合。

不同凡响的剧场空间设计和布置会让观众自然而然地产生"沉浸感"。从我国上演的几部沉浸式戏剧作品中,都可以看出空间设计举足轻重的地位,故事的核心主题都在非常规场

---

① R. Biggin, *Immersive Theatre and Audience Experience: Space, Game and Story in the Work of Punchdrunk*, Springer, 2017, p. 124.

② R. Biggin, *Immersive Theatre and Audience Experience: Space, Game and Story in the Work of Punchdrunk*, Springer, 2017, p. 124.

③ R. Biggin, *Immersive Theatre and Audience Experience: Space, Game and Story in the Work of Punchdrunk*, Springer, 2017, p. 177.

④ "第四面墙"理论:安瑞认为,剧场中所扮演的,是在有第四道墙围着的房间里所发生的生活片段,导演要让观众感觉像是在看不见的"第四面墙"外,往剧场内看着舞台上真实事件与活动的逐步开展。

⑤ R. Biggin, *Immersive Theatre and Audience Experience: Space, Game and Story in the Work of Punchdrunk*, Springer, 2017, p. 177.

地的大型装置中被重新设计。2015 年,孟京辉导演的中国首部浸没式戏剧《死水边的美人鱼》在北京蜂巢剧场上演,蜂巢剧场依据该剧重新规划、修正戏剧空间;2017 年,孟京辉与中国美院合作,第一次将《死水边的美人鱼》搬到蜂巢剧场以外的空间,其演出空间位于中国美术学院象山校区公共空间艺术系教学楼内,共 3 层,总面积达 2300 平方米;2015 年,英国原版沉浸式戏剧《爱丽丝冒险奇遇记》在伦敦一座由防空洞改造的地下剧场里进行驻场演出;2018 年的中文版《爱丽丝冒险奇遇记》则是将超过 4000 平方米的空间改造成大型互动剧场,拥有 33 个独特设计空间。更有甚者,孟京辉导演为号称"全球最大"的浸没式戏剧《成都偷心》专门打造了一个演出空间——域上和美先锋剧场,该剧场面积超过 8000 平方米,被分割成 3 层共 168 个演出空间。

基于以上列举的这几个例子,可以看出沉浸式戏剧的演出基本都会处在一个独立的不与其他戏剧作品交叉的演出空间,并且占地面积比较大,房间设置精致多样,这与它的叙事空间有极强的联系。浸没式戏剧演员表演主要以肢体动作和表情为主,剧情演绎方式为并联的多线演绎;观众在广阔的空间中可以自主选择不同的剧情路线去探索追寻。正是基于这些原因,沉浸式戏剧需要建立符合剧情的特定剧场空间,辅以宽阔的表演空间和精细化的房间。

3. 观众参与——多感官体验

沉浸式剧场的特点还在于它要求观众的感官行为,例如,视觉、触觉(触摸和被触摸)、味觉(品尝)、嗅觉(闻气味)和听觉(听声音)。在有限范围内,这些感官行为都可以存在于其他戏剧观看模式中。西蒙·贝利(Simon Bayly)曾列举出剧场观众过度活跃的症状和行为,包括"爆笑、咳嗽、大声起哄、喃喃自语、沙沙作响、哭泣"等。在任何戏剧活动中,观众都不是静态的,也不是沉默的,即便是最轻微的动作、呼吸和喘息,都显示出一系列的观众参与:从看剧时打哈欠的冷漠,到全神贯注地俯身向前认真聆听,哪怕是最轻微的呼吸,都有可能打破紧张的戏剧情绪或打扰到其他观众。然而,在沉浸式戏剧中,观众所进行的感官活动会极大程度地放大这种内在的观看品质。例如,在演出过程中,对邻座的观众耳语可能会被视作一种更积极、更清晰的反馈。简言之,观众在沉浸式戏剧活动中对做某事的要求被延伸和放大。

沉浸式戏剧制作者要想让消费者(或观众)进入自己营造的"故事"氛围中,首先会让对方相信"故事"的真实性,通过道具、音乐、气味等方式,多维度、多感官地开发体验,帮助消费者沉浸在营造的氛围中,让他们忘却真实,从而激发出他们强烈的代入感和共鸣感。

三、观众体验视角下沉浸式戏剧上海版《不眠之夜》个案分析

(一)上海版《不眠之夜》

2016 年,上海文广演艺(集团)有限公司(SMG Live)联合英国著名实验戏剧公司

Punchdrunk 制作上海版《不眠之夜》，一经推出，就获得了戏剧爱好者们的喜爱。它所获得的商业上的巨大成功，更是激发了从业者和投资者对沉浸式戏剧的好奇心。由此，2016 年也被称为中国沉浸式产业发展元年，沉浸式戏剧这种具有高冷性质的"精英文化"，也在行业中引发了涟漪效应。与 2011 年开始驻场演出至今的纽约版《不眠之夜》相比，上海版《不眠之夜》在演出内容上有些许改动和差别，它并不是我们通常所说的"引进"，而是"再造"。该剧的制作人 SMG Live 总裁马晨骋也说："《不眠之夜》从纽约版到上海版并非复制，而是一种超越。"本部分将针对上海版《不眠之夜》进行个案分析，并着重对笔者实地调研搜集到的观众体验数据展开研究，聚焦观众在该剧中的体验感。

1. 制作单位

上海版《不眠之夜》的成功运作，得益于制作主体机构与国内各公司的协调管理，它是由英国著名实验戏剧公司 Punchdrunk 创作，Punchdrunk International 和上海文广演艺（集团）有限公司联合制作，上海广播电台、上海文化广播影视集团有限公司、上海静安投资有限公司、上海东方明珠房地产有限公司联合出品，上海尚演文化投资管理有限公司运营管理。其中，Punchdrunk 和 SMG Live 本身良好的运作模式和一路取得的卓越成就，更是为他们的强强联手创造了制作的基本条件。

（1）上海文广演艺（集团）有限公司

上海文广演艺（集团）有限公司是 SMG 旗下的子公司，它衔接了演艺行业的诸多业务，如演艺文化创作生产、剧院管理、艺人经纪、演出市场营销等，并聚焦表演艺术产业发展与产业投资。集团扶持了包括话剧、音乐剧、木偶剧、滑稽戏等多种戏剧形式的不同艺术领域公司；拥有并经营着共 17 座专业剧场，包括上海美琪大戏院、兰心大剧院、艺海剧院、尚演谷（浸入式剧场）等位于上海市中心区域的剧场，总座位数达到 12, 300 座，占据上海市中心专业剧场总座位超过 45% 的市场份额；还拥有自己的舞美制作中心、戏剧培训学校、票务公司、多媒体宣传平台等演艺业后备辅助型机构。真正实现演出作品自产自销，达到现场活动创收最大化。

上海文广演艺（集团）有限公司在过去几年中，连续取得多项演出行业的国家荣誉：2012 年，它被评为文化体系改革中的全国领袖；2013 年，跻身全国文化企业 30 强；2014 年，进入全国演艺机构前三强行列。它所获殊荣与集团旗下制作推出的优质演出密不可分。在音乐剧方面，既有原版引进亦有中文版制作，集团于 2018 年分别引进了《摇滚学校》《芝加哥》，同年制作了中文版《周日恋曲》；2019 年制作了音乐剧《面试》中文版；2023 年 5 月《剧院魅影》中文版问世并进行全国巡演，不断扩大集团的音乐剧版图。除音乐剧外，还投资制作如多媒体杂技魔幻秀《时空之旅》、芭蕾舞剧《朱鹮》、舞台剧《最后一头战象》和话剧《繁花》等不同戏剧类型的演出。参与制作和出品大量的传统戏剧演出为集团积累了良好的口碑，并带来艺术和商业上的双赢。

由此可见，上海文广演艺（集团）有限公司是一个集演艺业产、供、销的全产业链演艺文化集团。他们不仅产出了非常多富有文化内涵的艺术作品，并且不断拓展演艺市场，更重要的是构建了一个良好的演艺生态圈，为他们制作沉浸式戏剧奠定了坚实的基础。

上海文广演艺(集团)有限公司在实现寻求内容创新发展的路上没有停下脚步，他们不断拓宽产业边界，开始将目光投向现场场景化体验演出项目，陆续制作了堪称沉浸式戏剧“神作”的《不眠之夜》上海版(2016 年)，全年龄体验的沉浸式互动戏剧《爱丽丝冒险奇遇记》中文版(2018 年)以及符合大众化审美的强 IP 浸入式电影体验《秘密影院:007 大战皇家赌场》(2019 年)，3 部作品均演出至今。上海文广演艺(集团)有限公司为满足不同观众群体的差异化需求，短短 3 年内就制作与引进了 3 部风格各异的沉浸式作品，让沉浸式戏剧从无人知晓到百花齐放，给观众带来截然不同的沉浸式体验。但 SMG Live 对沉浸式的探索并没有止步于此，早在 2016 年制作上海版《不眠之夜》后，他们就在规划集团未来的沉浸式产业版图，不断延伸沉浸式的产业边界，尝试探索沉浸式体验的各种可能性。我们可以期待，在未来还会看到更多上海文广演艺(集团)有限公司旗下“沉浸式”与其他行业联结，利用“沉浸式 +”模式推出的多元化体验产品。

(2) Punchdrunk 与 Punchdrunk International

Punchdrunk 是英国最重要的实验戏剧公司之一，在过去的十几年里，一直致力于创作史诗级的作品，这些作品的共同之处在于摸索和发掘观众体验。2000 年，菲利克斯 · 巴雷特(Felix Barrett)创办了 Punchdrunk 戏剧公司，并出任该公司艺术总监一职。巴雷特创办 Punchdrunk 的动力源于其对剧院镜框式舞台结构的不满意，他认为这种舞台结构会造成观众和表演者在空间上的分离。观众在进入传统的舞台剧场前，便已深知他们会看到何种剧场形态和舞台结构，他们也许会因此停止对演出的载体(演出场所)，甚至是演出进行探索。在观看表演的过程中，他们的身体在观众席中始终处于静止状态，对剧院的感官体验也仅局限于视觉和听觉。巴雷特希望能把观众从传统剧场的坐席中拉出来，并且将他们放在行动中心，配以某种身份和目的。Punchdrunk 成功颠覆了传统的戏剧观赏方式，将其受众插入到“实时的”戏剧环境中。

公司成立之初，巴雷特及其团队开始着手对一系列的经典文本进行改编，并制作为沉浸式戏剧。2000 年，他们根据安东 · 契诃夫(Anton Chekhov)的戏剧创作了《樱桃园》(*The Cherry Orchard*)，随后改编了索福克勒斯(Sophocles)的《俄狄浦斯王》(*Oedipus The King*)和《安提戈涅》(*Antigone*)，创作出《俄狄浦斯一家》(*House of Oedipus*)。2002 年，他们推出了《仲夏夜之梦》(*Midsummer Night's Dream*)和《椅子》(*The Chair*)，分别改编自莎士比亚的经典文本和尤内斯库(lonesco)的荒诞派戏剧。2003 年，他们制作了改编自莎士比亚《麦克白》(*Macbeth*)的作品《不眠之夜》。在 Punchdrunk 推出的这些作品中，文本和语言被拆解，并重构成新的戏剧语言，将其重新引入到表演的文本中。2003 年，玛克辛 · 道尔(Maxine Doyle)作为舞蹈指导加入 Punchdrunk，参与《不眠之夜》的创排工作，这也标志着巴雷特明显地转向了一种肢体和空间优先于文字的戏剧形式。

在长期的探索与实践下，Punchdrunk 逐渐开创了自己的戏剧模式：解构重塑的经典著作、肢体表演的演出形式、风格各异的演出场景、严谨精致的道具制景，运用这样的戏剧模式创造出大量极具感染力、令观众难以预料的沉浸式作品。Punchdrunk 在当代戏剧表演领域的突出表现，以及他们与沉浸式戏剧这一戏剧形式紧密联系，也使他们的作品成为沉浸式戏剧和观众个案研究的理想选择。

Punchdrunk International 是 Punchdrunk 在 2016 年成立的下属部门，目的是促进国际商业艺术文化合作，向海外观众推出更多崭新形式的戏剧作品。Punchdrunk International 将公司作品带到海外国家演出时，会充分考虑当地文化背景和观众特点，从而对作品进行本土化改编，上海版《不眠之夜》就是公司成立后的第一个项目。

上海文广演艺（集团）有限公司与原版制作方 Punchdrunk 组成联合团队，中英携手合作，由英方负责作品所有的创意部分，包括导演、编舞、舞美设计等，中方则负责前期筹备、运营推广等（主创及制作团队详见表 1－1、表 1－2、表 1－3）。中英制作团队包括演员在内将近 100 人，经过一年多时间的打磨，最终将这个风靡于国外的作品呈现在中国观众面前。

表 1－1　主创团队（Creative Team）

《不眠之夜》主创团队	
导演	菲利克斯・巴雷特、玛克辛・道尔
总设计	菲利克斯・巴雷特、利维・沃恩（Livi Vaughan）、碧翠斯・明斯（Beatrice Minns）
编舞	玛克辛・道尔
音响设计	斯蒂芬・多比（Stephen Dobble）
灯光设计	菲利克斯・巴雷特
服装设计	戴维・伊斯雷尔・诺索（David Israel Reynoso）
创意制作人	柯林・奈廷格尔（Conlin Nightingale）
助理编导	康纳・道尔（Conor Doyle）

表 1－2　上海版《不眠之夜》中方制作团队

上海版《不眠之夜》	
出品人	王建军、高韵斐、滕俊杰
联合出品人	姚芳明、曹志勇
总策划	陈雨人
监制	钟璟
制作人	马晨骋
执行制作人	赵晨琳、陈亮

表 1－3　上海版《不眠之夜》英方制作团队

Punchdrunk 国际部	
艺术总监	菲利克斯·巴雷特
《不眠之夜》联合制作人	菲利克斯·巴雷特、玛克辛·道尔
执行制作人	德斯皮娜·查莎斯(Despina Tsatsas)
制作人	史蒂芬·梅金(Stephen Makin)
统筹	露西·惠特比(Lucy Whitby)
国际统筹	安德鲁·摩根(Andrew Morgan)
财务总监	劳伦·范·齐尔(Lauren van Zyi)
财务经理	朱迪斯·格林(Judith Glynne)
市场经理	乔乔·泰赫斯特(JoJo Tyhurst)
制作助理	尼可·凯(Nicole Kay)、维多利亚·艾顿(Victoria Eyton)

2. 制作内容

(1)创作过程

《不眠之夜》的创作过程有 4 个主要阶段,包括:①研究与策划;②设计与排练;③演出场地试演;④调整表演。在第一个阶段,艺术指导会围绕选定的文本进行研究,研究文本中的人物、形象、地点和其他相关的主题信息。在策划阶段还有另外一个关键点是要创建"角色地图",即为剧中的每个角色绘制戏剧轨迹,也就是我们所说的"动线"。① 每个角色如何各自展开他们的故事?角色与角色之间串联起来的关键场景是什么?在故事设定中,他们之间又有何矛盾与冲突?"角色地图"能够构建更加完整的故事世界观,同时也为观众进入故事世界创造了条件。创建完成后,在第二个阶段,这些"地图"会被带进排练室开始为期 4 周的主要角色排练,演员(舞者)会根据人物和情节设计自己的动作风格,并与其他角色建立关系,逐渐整体构建出"分镜脚本"的形式,并开始开发定时循环。从第三个阶段开始,创作会在团队搭建的新的演出空间中完成,演出正式开幕之前,通常会再花费 3～4 周的时间,在这段时间里,灯光、声音和布景被整合起来。与此同时,演员们开始完善表演,主要解决角色实际移动中的时间问题,例如,角色从这个场景到另一个场景需要多长时间,沿途遇见其他角色、发生某些事件所需要的时间等。在第四个阶段,会邀请观众进行内测,并收集观众反馈,调整表演以适应现场观众。正如 Punchdrunk 执行董事科林·马什(Colin Marsh)总结所说,从研究阶段到最后的首演之夜,制作过程就是"剧中角色在做什么、怎么做,以及在他们的旅程中遇见谁的一系列选择",②并且,Punchdrunk 的作品永远不会完成,直到观众来完成它的最终形态。

① 动线,建筑与室内设计的用语之一。意指人在室内、室外移动的点,联合起来就成为动线。

② A. Eglinton, *Reflections on a Decade of Punchdrunk Theatre*, Theatre Forum (2010).

(2)"本土化"的改编

《不眠之夜》将发生在纽约的故事搬到上海来的过程,并不是一种复制或迁移,而是一种超越。在上海版的制作过程中,制作团队对新的空间进行再造,并创造许多"本土化"的故事情节和人物角色。新的大楼、新的空间、新的角色、新的故事线,都赋予了这个作品新的生命力。

场地的选择和空间的改造是"本土化"改编的重要基础。在决定要启动这个制作之时,SMG Live 团队就在上海物色合适的演出场地,经过长时间调研、筛选与评估,最终选定了位于静安区的一座建筑面积 9738 平方米的 6 层"烂尾楼"。当然,从一座废弃的"烂尾楼"到今天呈现在观众面前的"麦金侬酒店",难度之大可想而知。上海版《不眠之夜》的剧场空间是纽约版剧场的将近 2 倍,在项目初期投入成本即高达 1 亿元。其中,一半是用作"烂尾楼"的改造和加固,另一半则是内容制作与运营成本。《不眠之夜》的空间改造具有强烈的"风格化"特征,创意团队将 6 层楼的空间还原成 1930 年的上海,进行场景设定时也增加了许多东方特有的元素,如竹林、中药铺、石板路、弄堂等。场景的真实感不仅体现在建筑空间的改造,还需要营造相应的感官氛围,正如前文中提到沉浸式戏剧为观众带来的是一种多感官体验。例如在竹林的场景,我们会听到虫鸣鸟叫、看到夜色也无法遮挡的翠绿色;在中药铺的场景,会看到熟悉的中式柜台、闻到浓郁的草药芳香;在医院的场景,空气中弥漫着福尔马林的味道,音乐中隐约飘着医生和病人的声音;在室外场景,可以感受到风、更低的温度,闻见泥土的气味……6000 多平方米的演出空间看似庞大,但在创意团队的反复推敲与探索下打造出来的风格化场景足以令观众为之倾倒。

精致严谨的道具和陈设是"本土化"改编的点睛之笔。在《不眠之夜》6 层楼的演出空间中,共有大大小小 90 多个房间,其中的每一处陈设和装置都与故事的时代背景相符合(20 世纪 30 年代的上海),为此制作团队花费大量精力查阅历史档案。为了保证道具和陈设所呈现的真实效果,制作团队从国内外大量搜罗 20 世纪 30 年代的物品,用了 7 个集装箱将大量的表演布景陈设运至上海,大到一个衣柜一张床,小到一支钢笔一个玻璃杯,物品品类多达 7000 种。每一个道具也许都在叙述着背后的故事,例如在侦探房中,摆放着许多顾客寄给侦探的信,信纸的材质、信的书写方式、信上的字迹、信中的内容都各不相同,背后代表的是不同文化、不同阶层的人的故事。诸如此类的例子比比皆是,所有这些精致严谨的道具和陈设都让场景更加饱满、丰富,甚至有观众说,即使不去看演员表演,光去探索与研究这些道具和陈设,就已经值得看 2~3 遍了。

角色和故事为"本土化"改编构建起更加完整的叙事框架。在讲到角色和故事前,必须先提到创造角色和演绎故事的演员。笔者已讲述了肢体语言在《不眠之夜》中的重要作用,由此可见该剧对演员的要求之高,制作团队横跨欧洲、美洲、亚洲进行全球选角,挑选出一批国内外顶尖舞者。在所有演员阵容中,有 2/3 为外籍演员,1/3 为中国籍演员。中国籍演员的选用并不像其他引进制作般节约成本，而是因为在整体故事构建的过程中，设定了一些只有中国籍演员才能演绎的具有本土文化性质的中国故事，最典型的例子就是融入了《白蛇传》的故事。“白蛇传支线”是从作品主线故事中衍生出来的，是上海版特有的故事支线，因此在作品中会有我们熟悉的许仙、白娘子、小青这些角色设定。此外，选用本土演员还跟他们的身体表演习惯有紧密关系。《不眠之夜》作为一部剔除了文字表达的肢体剧场，舞者的表演创作在其中尤为重要。正是考虑到舞者的表演会因为东西方不同的文化背景而产生差异，并且该作品的主要受众群为中国观众，因此采用中国籍演员才能够在表达中国故事时使观众感受更“真实”，他们在东方文化语境中所创造的表演，也更符合中国观众的审美习惯。

除以上所提到的这些方面外，麦金侬酒店中还有许多“本土化”的设计巧思，如旗袍式礼服、中国水墨画、中式婚礼等，诸如此类的中国元素占总体设计的 20% ~30%，创造了唯有通过上海版《不眠之夜》才能获得的独特体验。

(3)“个人化”的叙事

《不眠之夜》所创造的叙事空间颠覆了传统的观演关系体验，将整个剧场化身成一座秘密的酒店，而观众则是名为“幽灵”的住客，每个住客都会在这里创造属于自己的“个人化”叙事。这种“个人化”叙事从观众订购演出票时就已经开始显现，观众在官网订票后，会收到一封“欢迎入住麦金侬酒店”的提醒邮件（实则为演出观众须知），将观众当作酒店的重要来宾提供相应的服务。由此可见，“个人化”叙事的构建并不仅限于演出本身，演出之外的种种小细节也为构建整体化戏剧体验起到不可或缺的作用。在讨论沉浸式戏剧的叙事方式时提到，观众的个人叙事可能通过自由漫步和选择探索建立自己的体验，在发现自我的过程中主导策划一系列故事。巴雷特将这种个人叙事上升至自我赋权（self-empowerment）的高度，提醒每个人都拥有观看的自主权。因此，对于许多观众来说，个人观演路径的不同，所组合出来的故事也不同；每一次进入观演的时机不同，所获得的体验也不同；观看次数的不同，对剧目所理解的程度可能也有所不同。没有两个观众会在同一时间或同一演出轮次中遇到相同的事件（除非这两个观众始终在一起），而《不眠之夜》所设计出的丰富角色及其故事也给予观众大量的选择机会，这就使得每次的观剧体验都是独一无二的，创造出“反复观看”的条件，从而提高了演出的复购率。

在 Punchdrunk 的作品中，最引人注目的创新就是面具的使用。观众在进入《不眠之夜》的叙事空间前，会被要求戴上具有喜剧特色的白色塑料面具，并被告知在演出过程中必须时刻佩戴。这对观众行为和体验有许多影响：既可在视觉上区分演员与观众，又能让那些不太勇敢的观众进入探索，还能消除观众之间的互动，从而避免观众互相减损彼此的体验感。我们常说，沉浸式剧场打破了传统观演方式中的“第四面墙”，消除观众和舞台之间的间隔。实际上，面具的使用在一定程度上即发挥了“第四面墙”的作用，因为它区隔了演员与观众，虽然没有空间上的间隔，但让观众产生心理的距离。马什（Marsh）说：“我们用面具鼓励人们自己去旅行,创造一种内心世界。"[①]艾格林顿(Eglinton)将这种"内心世界"产生解释为基于面具和佩戴者之间的关系而产生的一种自我意识状态。面具把观众区分为独立的个体,拉开与演员或其他观众之间的距离,同时唤起内心对表演所呈现的故事世界的评价,建构"个人化"的叙事。面具也有被允许摘下的时刻,这是在某些"一对一"互动中才能体验到的。

"一对一"互动可谓《不眠之夜》中表演的精髓,也是促使众多观众复购的一大动力。演出空间中的 90 多个房间都是开放给所有观众的,但"一对一"的房间却是秘密存在的,观众遇见它的方式是相对随机的。所谓"一对一"互动,即演员通过与观众的眼神接触,选择一名"幸运儿"进入一个其他观众无法进入的隐藏空间进行一对一的表演。这种邀请就像给予观众奖励一样,只要你大胆接受,就能享受来自顶尖舞者且专属于你的表演。在某些"一对一"互动中,观众还可能会听到演员对他说一些台词,甚至通过台词获得一些与故事内容相关的信息,幸运的话,还可能会收到演员精心准备的"小礼物"。"一对一"运用更多的是互动与外来叙事者参与,让演员和观众不再是泾渭分明的二元对立,使观众增加对《不眠之夜》在现实世界中的体验感。除 90 多个开放的房间和"一对一"的房间外,麦金侬酒店还有一个售价 4980 元一晚的 802 房间,位于酒店的第 6 层。802 房间延续了麦金侬酒店神秘、古典、华丽的风格,入住宾客可以尽情拍照,还能开启某些隐藏的故事情节。802 房间售价虽高,但还是不乏观众想要进去一探究竟,获取更多讯息以产生个人化的解读。

余庭锋认为,《不眠之夜》的叙事更加符合基于大众文化学者约翰·费斯克(John Fiske)所提出的"生产式文本",这是一种介于"可读性文本"(readerly text)与"可写性文本"(writerly text)之间的文本形式,它不会像可读性文本那样让读者被动接受文本的单一意义,而是承认读者自主解读的权利,在文本的基础上产生个人化的诠释和解读。

3. 运营推广

(1)幕后团队保障观众体验,建立粉丝互动机制

众所周知,上海版《不眠之夜》演出空间巨大、场景丰富、角色动线复杂,且许多场景的灯光较暗,为了保证观众在复杂演出环境下的沉浸感与体验感,剧组在观众管理上做出了非常巧妙的设计。为确保演出的顺利进行,就不得不提到《不眠之夜》的舞台监督团队。剧组的舞监团队一般有 11 人,包含舞监、执行舞监和助理舞监,负责演出整体协调及控场。观众在体验演出的过程中,会在每层楼的某些场景或房间旁见到身着黑衣头戴黑面具、几乎与场景融为一体的工作人员,我们一般称为"黑面具"。黑面具隶属于舞监团队,也是剧组内规模最大的幕后团队。黑面具的职责是保障演出顺利进行和观众安全;熟悉并控制场内动线和观众活动范围;协助解决观众和演员的问题;通报并协助处理剧场紧急状况和其他突发状况。每场演出的黑面具大概有 25 人,岗位不同、各司其职,一般分为固定点站岗、固定动线岗和巡场监

---

① A. Eglinton, *Reflections on a Decade of Punchdrunk Theatre*, Theatre Forum (2010).

督。固定点站岗的黑面具会分布在某些重要的出入口和一对一场景,某些观众可能会因为主动探索而误闯未被开放的重要出入口或房间,固定点站岗的黑面具就起到了相应的提示作用;而针对一对一场景,黑面具的作用则是保护演员,同时确保被一对一的观众不受其他观众干扰。走固定动线和巡场监督的一般是经验较丰富的资深黑面具和助理舞监,走固定动线是为了看顾一些较激烈的表演片段(如打斗),以确保演员和观众的安全,或看顾某些需要控制人数的场景;巡场监督则会在每层楼内进行巡查,及时解决黑面具汇报回来的任何演员、观众问题,防止意外发生。

舞监团队中的黑面具会面向社会招募实习生,让戏剧学习者和爱好者们有机会参与到如此高质量的演出工作中,在获得剧场工作经验的同时,零距离感受沉浸式戏剧的独特魅力。黑面具实习生由助理舞监或资深黑面具对其进行培训,讲解岗位职责和内容。根据个人工作时长和表现,实习生还有机会晋升为资深黑面具,获得更高阶的工作。这样的幕后团队管理方式,以低成本创造了更高的价值,为演出制作培养忠诚的梯队人才,亦为剧目增加了宣传效果。

(2)"1+N"创新文化综合商业体模式

虽然《不眠之夜》剧目内容制作精良,作品本身依靠票房已经为制作公司创造了巨大的票房收益,截至2019年12月,《不眠之夜》累计票房销售金额达2亿元,观演人次逾30.3万,且平均上座率超95%。但上海文广演艺(集团)有限公司没有停止对《不眠之夜》体验拓展的探索,打造了以作品为核心的"1+N"创新文化综合商业体模式。"1为核心",将大IP《不眠之夜》作为内容驱动,聚集拥有共同爱好、价值观和审美观的人群,在作品所创设的时空中邂逅、交流;"N为版图",横向通过商品衍生授权和空间衍生授权为艺术作品和品牌创造更多价值,纵向以剧作和剧场为中心,拓展上下游产业链,带动周边酒店、餐厅、酒吧等商业设施,进行基于目标受众的品牌联合营销和植入营销,实现商业探索与融合。

上海版《不眠之夜》的演出地点尚演谷位于上海的市中心,处于江宁路和北京路路口,并且临近繁华的南京路,地点的选择为都市观众参与演出体验提供了有力的保障和支持。尚演谷中不仅有《不眠之夜》的演出,还有多元化的消费体验,涵盖了5个业态:酒吧、衍生品商店、餐厅、酒店、空中花园,在不同的业态中放入不一样的内容设定,满足观众娱乐、购物、餐饮、轻居、交流的需求,从而使观众对产品产生消费冲动。在《不眠之夜》体验的全过程当中,每个观众必定会经过其中的两个业态,也就是酒吧和衍生品商店,由此看出路线的设定能够促进消费。在观众分批次进入正式的演出空间前,会被带到位于麦金侬酒店二楼的曼德雷酒吧进行等待,你可以在这里点上一杯特调酒水,也可静坐一旁享受老派的爵士乐。曼德雷酒吧的设置,正好抓住了观众的碎片化时间,在舒适惬意的氛围营造下提供高质量的产品,刺激观众消费。即便不消费,这里也是全戏剧体验中唯一可以拍照的地方,观众无意中在社群网站的分享也可能为剧目拓展观众群。衍生品商店是戏剧体验线路中的最后一个环节,推出了价格、风格各异的多样化产品,满足不同消费群体的需求。如表1-4所列举的部分商品中可看出,除售卖现成实体商品外,《不眠之夜》还为观众提供相应的产品定制服务,将个性化体验贯穿始终。此外,《不眠之夜》还通过与知名品牌强强联合,为消费产品附加值创造新的运营点,例如,与BEAST野兽派联合推出香薰蜡烛、真丝旅行套装等衍生产品,并通过线下商店、官方App、品牌官网等多渠道进行推广售卖。

表1-4 《不眠之夜》衍生品商店部分商品售价

品名	单品售价/元
笔记本(白/黑)	118
帆布袋	55
方形陶瓷组合杯垫	136
高级骨瓷茶具套装	650
高级黑色钢笔	230
火漆印章礼盒	288
火漆印章礼盒定制服务	60
铜质钥匙扣	199
铜质钥匙扣定制服务	50
铜质书签	50
雪茄用具礼盒	880

与此同时,运营团队也没有停止对《不眠之夜》体验拓展的探索,结合某些重要节日陆续推出主题活动,Gattiand the Gang"末路狂花"音乐会、浸入式派对"仲夏夜·梦"、万圣节派对Coven:The Wake、跨年夜浸入式派对 A Night of Stars"星途与你"、2019跨年派对 Live The Moment等,主题活动的策划一样离不开《不眠之夜》的整体叙事,将其看作故事内容的衍生品。主题活动既吸引了长期关注参与剧目的超级粉丝,也有许多慕名而来参加派对的"圈外人"。举办纪念场活动,如200场纪念场、周年纪念场等,并同步发售纪念册;举办艺术分享会、主创工作坊,邀请导演、设计师、演员等为观众揭开《不眠之夜》的神秘面纱。

多样化的业态经营让尚演谷成为上海地标性的艺术商圈,不仅吸引了大量粉丝和不同圈层的消费群体,还为自身和周边经营场所带来了商业效益。调研显示,观众对周边的文化娱乐场所的期待中:餐厅居首位,达76%;衍生品商店和咖啡厅茶馆其次,达70%;夜宵为最后,达66%。《不眠之夜》所打造的以夜间观演配合餐饮的夜游模式,也成为上海"夜间经济"发展方面的一个典型案例。[①] SMG Live 总裁马晨骋说:"我们做的不仅是戏剧,更是一种体验,

① 邱俪华:《什么戏?有人刷了134次,有人刷了212次!就在魔都,已经演了3年……》,载周到上海2019年12月13日,http://static. zhoudaosh. com/0F785A8BA9E9F207B88C8DF338AA881DBD6A721E21C697948E294EF3C2D85320。

一种有仪式感的体验。"上海版《不眠之夜》带来的不仅是新型的戏剧体验，更打造了一个引领全球经典的创新艺术文化平台，给观众创造了涵盖吃、喝、玩、乐的"一揽子"解决方案（见表1－5）。

表1－5　上海版《不眠之夜》经营状况

经营板块	收入/万元
票房收入	20,000
酒吧及衍生品	1500
自营业态及租金	3650
品牌赞助/合作	2000
总收入	27,150

资料来源：《SMG Live中国沉浸式产业发展研究报告》，数据截至2019年12月。

2021年恰逢上海版《不眠之夜》在中国驻演5周年，中外主创团队再次破圈、打破壁垒，共同构思特定场域展览"MORE ON SLEEP NO MORE"，以"动态"的舞美效果为灵感，呈现一场颠覆性的"静态"周年特展。更运用这种"戏剧＋"形式推向全国，于2022年分别在长沙、深圳举办特展，因地制宜地输出沉浸式产品。除此之外，还与广州太古汇联袂打造《十号礼铺》、与奢侈品牌联手呈现沉浸式珠宝展等，以演出为驱动、以体验赋能量，实现了商业、地产、零售与艺术之间跨界共生。

（3）多方位宣传提升品牌影响力

上海版《不眠之夜》的成功运营，除依赖其高品质的戏剧内容和成功的商业模式外，还通过多方位的宣传推广提升其品牌影响力。上海版《不眠之夜》自落地至今，通过阶段性宣传周期不断拓宽和巩固自身受众群，并在各宣传期内通过媒体平台发布宣传文章。如表1－6所示，分为发布预热期、预演推广期、首演推广期、常演推广期和常演口碑期。2016年9月22日，上海版《不眠之夜》与其战略合作伙伴中国知名护肤品品牌韩束举办联合发布会，在宣布双方展开战略合作的同时，为剧目的首演提前预热。从发布宣传的数据可以看出，在剧目正式上演之前，利用社交网络及电视媒体等发布了大量的预告和宣传，正式统计共202篇。2016年11月30日预演结束后，上海版《不眠之夜》更是刷爆朋友圈，各种观剧指南、攻略陆续出炉，1万张预售票4天内售罄；结束两周的预演期后，12月14日正式与观众见面，在首演推广期，更是创造了1分钟售出216张、1小时售出1847张的销售奇迹。

表 1－6　上海版《不眠之夜》宣传波段

宣传期	起止时间	发布篇数/篇
发布预热期	2016 年 7 月至 9 月	111
预演推广期	2016 年 9 月至 11 月	91
首演推广期	2016 年 11 月至 2017 年 5 月	199
常演推广期	2017 年 9 月至 12 月	94
常演口碑期	2018 年 1 月至 2019 年 3 月	123

资料来源:《SMG Live 中国沉浸式产业发展研究报告》,数据截至 2019 年 3 月。

从宣传的媒体发布类型来看(见图 1－1),共涵盖了 7 类,分别为电视、广播、平面、网络、视频、新媒体及其他小众媒体类型。其中新媒体是最常使用、发布频率最高的媒体类型。上海版《不眠之夜》建立了自己的微信公众号平台“SleepNoMore 上海”,公众号上首先提供演出简介、票务订购、衍生品售卖等服务,还会向粉丝发布开放预售场次、主题活动预告等信息,且官微上的资讯均为中英文版本,为外籍观众带来便利。其次与主流戏剧平台、娱乐号合作增加曝光度,利用微博、小红书、豆瓣等网络和新媒体平台进行粉丝互动,创建话题,建立与观众、粉丝之间的互动机制。上海版《不眠之夜》的多方位宣传,为其增加了媒体曝光度、拓宽了口碑影响度、提升了舆论好感度。

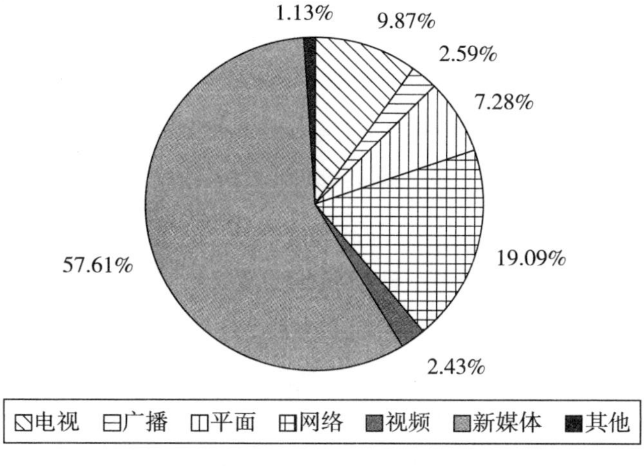

图 1－1　上海版《不眠之夜》宣传媒体类型

资料来源:《SMG Live 中国沉浸式产业发展研究报告》,数据截至 2019 年 3 月。

(二)上海版《不眠之夜》观众体验调查分析

在前文中,笔者多次提到观众在沉浸式戏剧中参与感和体验感的重要性。因无法获取内部实际有效的观众数据,笔者多次前往上海进行调研,并采用调查问卷的方式搜集观众数据,希望了解观众观看演出后的主观感受，问卷的设计内容特别关注观众的体验价值、满意度和行为意向。笔者对上海版《不眠之夜》的观众进行抽样调查，并据此推论所有观众的总体体验情况。但抽样调查数据不足以涵盖所有观众，在某些具体问题上得出的数据也许会与实际情况略有出入。因此，笔者会将依据调查问卷搜集到的观众数据与网络上由上海文广演艺（集团）有限公司提供的公开观众数据作相应的对比分析，确保数据的可参考性。

1. 调查问卷研究设计

（1）调查对象

本问卷的调查对象为观看过上海版《不眠之夜》的观众，为保证数据的相对集中性，笔者于2019年11月28日至12月1日前往上海版《不眠之夜》的演出场地尚演谷，分别向2019年11月28日、29日晚上场，11月30日下午场，12月1日晚上场，共4场演出的观众派发调查问卷，在“问卷星”平台制作问卷并生成二维码，邀请观众通过手机扫码的方式填写问卷。在进行观众调查的过程中，会对被调查者提出的疑问进行及时讲解，并给予一些相应的回馈，以确保调查问卷较高的有效性。

（2）问卷内容编制

调查问卷共分为两个部分：

第一部分为沉浸式戏剧上海版《不眠之夜》观众观剧体验情况收集，其中首先调查了观剧动机、次数、入场时间；其次包含了3个量表，从7个维度去测量观众观剧体验的情况。

第二部分为观众个人基本信息收集，包括性别、年龄、居住地、受教育程度、职业和税后个人月收入。

①观剧体验情况

在调查观众观剧体验情况时，笔者首先希望了解促使大部分观众前来观看剧目的动机是什么；在被测观众群体中，复购的比例大概是多少；具体某一观众在本场演出上花费了多少钱。题项和选项内容详见表1－7：

表1－7　观剧体验调查题项及内容

题项	选项
观看动机	A. 感到好奇　B. 社交需求　C. 休闲娱乐　D. 业务学习 E. 获得沉浸式的独特体验　F. 有喜爱的主演参与演出 G. 基于对原著《麦克白》的喜爱　H. 其他
观看次数	A. 仅1次　B. 2～5次　C. 6～10次　D. 11～30次　E. 30次以上
入场时间	A. 下午3:00/下午7:00　B. 下午3:15/下午7:15 C. 下午3:30/下午7:30　D. 下午3:45/下午7:45

本问卷是基于对沉浸式戏剧上海版《不眠之夜》观众的研究，探讨观众在演出中的体验感，其中量表题的设计是测量体验的关键部分。笔者查阅了大量有关观众体验研究的文献，

并对其进行整理，参考宋明蕊（2018年）为探讨观众体验价值、满意度与行为意向之间的关系而构建的研究模型（量表构建模型见图1－2），根据这3个类别中的7个维度去进行量表题项设计。其中，体验价值参考了Mathwick的体验价值模型，分为消费者投资报酬、服务优越性、趣味性和美感4个维度；满意度为一个独立的维度；行为意向划分为推荐意向和主动参与意向两个维度。[①] 由此设计出具体的量表题项（见表1－8）。

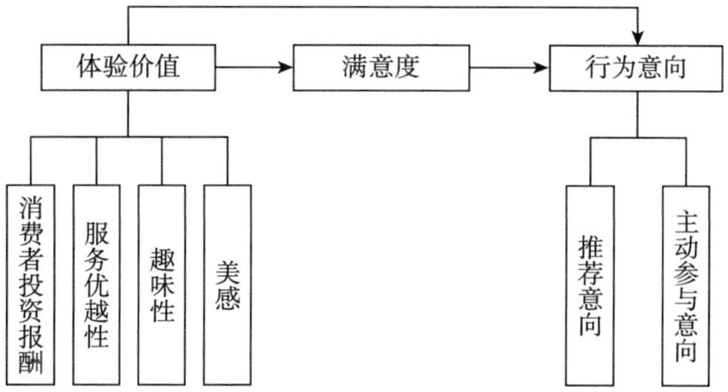

图1－2　量表构建模型

表1－8　调查问卷量表题项

研究变量	测量问题
消费者投资报酬	《不眠之夜》给我带来的感动超出了我投入的时间
	《不眠之夜》给我带来的感动超出了我投入的金钱
服务优越性	观演过程中，黑面具（工作人员）的出现不会影响我的观演体验
趣味性	在观演之前，我会在网络上查找攻略，或主动了解原著《麦克白》的故事情节
	观演过程中，我会主动“跟随”特定的演员
	观演过程中，我会主动“搜寻”有价值的线索
	我期待在演出过程中被邀请与演员互动，进行“一对一”的表演
	我完全沉浸在《不眠之夜》叙述的故事世界中
	观演结束后，我能够准确地梳理出演出中的人物关系并产生个人化的故事解读，无须依赖原著《麦克白》
美感	演出过程中氛围营造（包括气味、烟雾、声光电等元素的使用）令我沉浸在故事世界中，我觉得非常必要且精彩
	演出中布景及道具的设计非常精美，让我感到震撼
	演员的戏剧表演和肢体语言非常赏心悦目，让我能够强烈感受到其情绪表达

① 宋明蕊：《综艺节目观众体验价值、满意度与行为意向研究》，北京交通大学2018年硕士学位论文，第18页。

续表

研究变量	测量问题
满意度	我对演出入场的安排感到满意
	我对现场工作人员的引导和服务感到满意
推荐意向	我会将《不眠之夜》推荐给身边的朋友
	我会在社交软件上发表关于《不眠之夜》的评价
主动参与意向	我会关注或购买《不眠之夜》的周边衍生产品
	我会关注演出中演员的微博或其他动态
	我会再来观看《不眠之夜》
	经过这次观演体验之后，我还希望观看更多沉浸式戏剧作品

同时，运用了李克特五级量表来编写调查问卷选项结果，以数字 5 ~ 1 从大到小进行排列，5 为极大值，1 为极小值，既代表观众所获分值，也代表观众对相关问题选项的赞同程度：5 表示非常同意、4 表示同意、3 表示一般、2 表示不同意、1 表示非常不同意。

②个人基本信息

本研究还需了解被测观众的基本信息，题项和选项内容详见表 1 – 9：

表 1 – 9　个人基本信息

题项	选项
性别	A. 男　　B. 女
年龄	A. 18 岁以下　　B. 19 ~ 30 岁　　C. 31 ~ 40 岁 D. 41 ~ 50 岁　　E. 51 岁以上
来源	A. 上海本地　　B. 长三角地区（除上海外）　　C. 珠三角、京津冀地区 D. 国内其他地区　　E. 海外
受教育程度	A. 高中及以下　　B. 大专　　C. 大学本科　　D. 硕士及以上
职业	A. 学生（艺术院校）　　B. 学生（非艺术院校） C. 艺术专业及艺术机构从业者　　D. 政府机关及事业单位从业人员 E. 企业员工（非艺术）　　F. 个体或自由职业者（非艺术） G. 媒体　　H. 其他
税后平均月收入	A. 3000 元以下　　B. 3001 ~ 5000 元　　C. 5001 ~ 8000 元 D. 8001 ~ 10,000 元　　E. 10,001 ~ 30,000 元　　F. 30,000 元以上

2. 描述性统计分析

笔者对实地考察所收集到的问卷进行分析整理，4 场演出共回收问卷 226 份，剔除掉一些回答选项过度一致、答题时间较短等有缺陷的调查问卷，共收集有效问卷 209 份，有效问卷率为92%。根据调查问卷的回收情况,统计分析主要分为3个部分:第一部分是描述被调查者的观剧体验情况;第二部分是描述被调查者的人口特征情况;第三部分是描述量表调查情况。

(1)观剧体验情况统计分析

从观众观看上海版《不眠之夜》的动机来看(见图1-3),占比最高的是出于对上海版《不眠之夜》的好奇以及获得沉浸式这种独特的戏剧体验。大部分观众都会被"沉浸式"的演出宣传和沉浸式这种新型体验方式吸引。有近乎一半的观众选择了"休闲娱乐",笔者做调查的场次涵盖了3个周末场次和1个工作日晚间,由此看出观众不仅仅将看戏作为目的之一,更将这趟体验视为一种休闲娱乐的方式,融入自己的生活。笔者在调研过程中有与某些观众进行短暂的交流,其中遇见2位与笔者的情况相似,正在做沉浸式戏剧的相关课题研究;有3位结伴而行的观众是旅游演出从业者。国外沉浸式产业的飞速发展以及上海版《不眠之夜》近年来取得的丰硕成果,令许多从业者和研究者对沉浸式戏剧这种新型戏剧体验方式产生兴趣,并将其视作典型案例进行学习与研究。旅游演出作为中国典型且体量庞大的演出业态,在日渐激烈的竞争中寻求新的思路,而上海版《不眠之夜》在尚演谷打造的这种商业模式也成为文旅融合的典范,因而吸引了大批从业者前来调研学习。

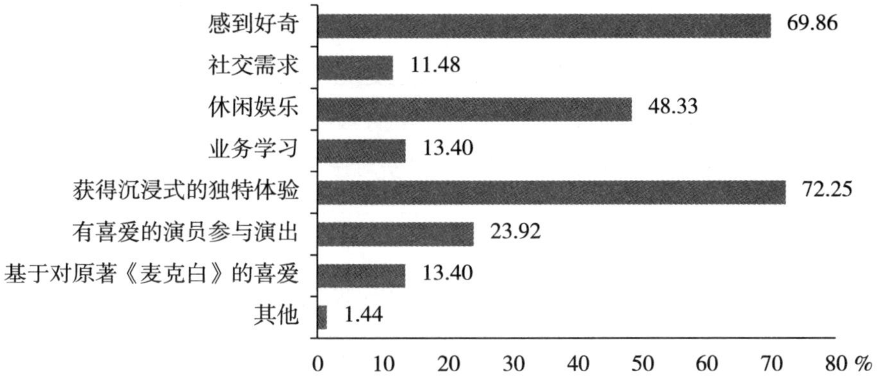

图1-3　观众观剧动机

资料来源:笔者自绘。

在测量观看次数中(见图1-4),首次观看上海版《不眠之夜》的观众超过半数,在209份有效问卷中被调查者中有122人;看过2~5次的观众有53人;看过6~30次的一共有31人;看过30次以上的竟然也有3人。在209名被测者中,有41%是复购观众;从官方公布的数据来看,上海版《不眠之夜》从首演至今,平均复购率超30%。无论是从笔者测量的场次还是从官方长期统计的数据来看,复购观众在观众总人数中都占比较大,可见上海版《不眠之夜》有众多忠实粉丝。

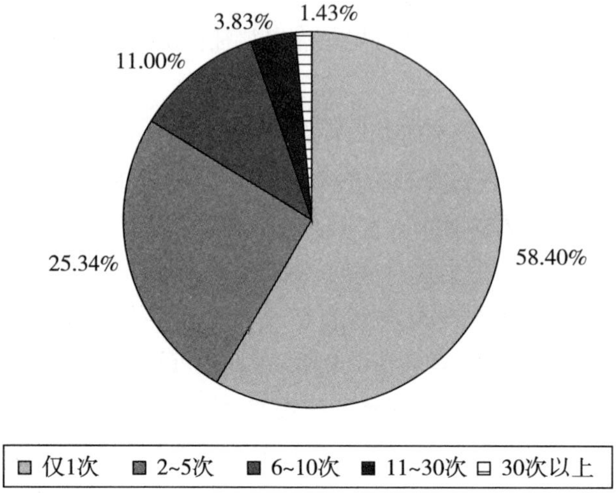

图1-4　观众观看次数

资料来源:笔者自绘。

通过图1-5可知,首先,大多数观众(占比77.51%)选择重复观看上海版《不眠之夜》,是为了获得更多独特的体验,可见该剧目带来的良好体验感确实是吸引观众复购的最重要因素;其次,有64.59%的观众希望通过再次探索构建更完整的故事世界,可见大多数观众都希望通过多次观看理解故事的讲述,产生更加个人化的解读;最后,还有61.72%的观众希望与演员有更多互动,说明对剧中不同角色的探索和"一对一"互动的设置能够激发观众再次观看的欲望。

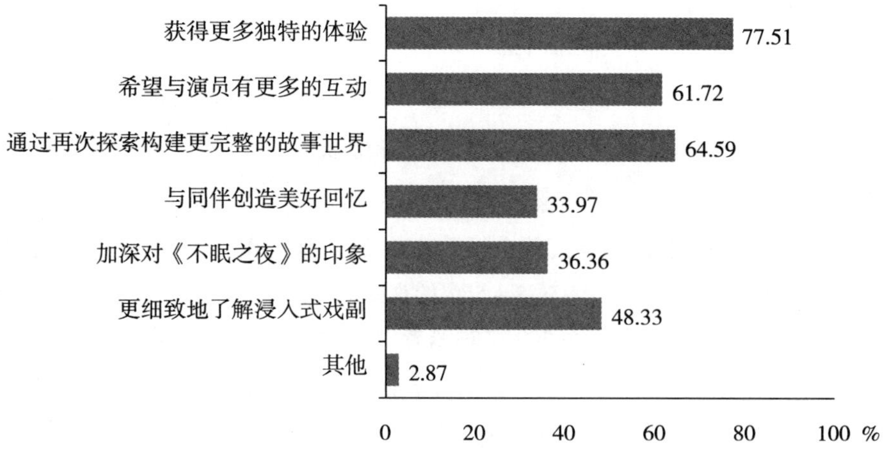

图1-5　观众再次观看上海版《不眠之夜》的原因

资料来源:笔者自绘。

(2)观众基本信息统计分析

第二部分是笔者根据观众个人基本信息调查整理的人口特征情况(见表 1－10)。

表 1－10　人口特征情况

题项	选项	比例/%
性别	男	25.05
	女	74.95
年龄	18 岁以下	2.87
	19～30 岁	68.43
	31～40 岁	26.79
	41～50 岁	1.91
	51 岁以上	0
来源	上海本地	44.98
	长三角地区(除上海外)	22.48
	珠三角、京津冀地区	10.53
	国内其他地区	14.35
	海外	7.66
受教育程度	高中及以下	1.91
	大专	4.31
	大学本科	54.55
	硕士及以上	39.23
职业	学生(艺术院校)	8.61
	学生(非艺术院校)	10.53
	艺术专业及艺术机构从业者	17.7
	政府机关及事业单位从业人员	8.61
	企业员工(非艺术)	33.02
	个体或自由职业者(非艺术)	5.74
	媒体	2.39
	其他	13.4

续表

题项	选项	比例/%
税后平均月收入	3000 元以下	18.18
	3001～5000 元	9.57
	5001～8000 元	14.83
	8001～10,000 元	11.96
	10,001～30,000 元	34.45
	30,000 元以上	11.01

在调查问卷中,男性和女性的占比分别为 25.05% 和 74.95%,女性人数远远高于男性;在官方数据统计中,平均男女比例 3 比 7(男性 27%,女性 73%),与笔者调查所获数据相差无几。在年龄分布上,19～30 岁观众群体占比最大,占总被测人数的 68.43%,31～40 岁的观众紧随其后,占总被测人数的 26.79%。在受教育程度上,超 90% 的观众受教育程度为大学本科及以上,且硕士及以上占比达 39.23%,可见上海版《不眠之夜》在中国吸引了众多高学历的青年学者,这也印证了笔者在本案例开头的时候提到的沉浸式戏剧的"精英文化"属性。在收入水平方面,3000 元以下观众群与学生群体比例相当,月收入在 1 万以上的观众占 45.46%,其他各收入水平的群体均匀分布。

(3)量表统计分析

第三部分是问卷的主要部分,从观众的体验价值、满意度、行为意向三大主体的 7 个维度进行量表调查,各维度情况如表 1－11 所示:

表 1－11　量表统计情况

变量	测量维度	测量问题	均值
体验价值	消费者投资报酬	《不眠之夜》给我带来的感动超出了我投入的时间	4.08
		《不眠之夜》给我带来的感动超出了我投入的金钱	3.79
	服务优越性	观演过程中,黑面具(工作人员)的出现不会影响我的观演体验	3.87
	趣味性	在观演之前,我会在网络上查找攻略,或主动了解原著《麦克白》的故事情节	3.68
		观演过程中,我会主动"跟随"特定的演员	4.28
		观演过程中,我会主动"搜寻"有价值的线索	4.03
		我期待在演出过程中被邀请与演员互动,进行"一对一"的表演	4.34
		我完全沉浸在《不眠之夜》叙述的故事世界中	4.03
		观演结束后,我能够准确地梳理出演出中的人物关系并产生个人化的故事解读,无须依赖原著《麦克白》	3.31

续表

变量	测量维度	测量问题	均值
体验价值	美感	演出过程中氛围营造(包括气味、烟雾、声光电等元素的使用)令我沉浸在故事世界中,我觉得非常必要且精彩	4.44
		演出中布景及道具的设计非常精美,让我感到震撼	4.51
		演员的戏剧表演和肢体语言非常赏心悦目,让我能够强烈感受到其情绪表达	4.59
满意度	满意度	我对演出入场的安排感到满意	4.12
		我对现场工作人员的引导和服务感到满意	4.22
行为意向	推荐意向	我会将《不眠之夜》推荐给身边的朋友	4.42
		我会在社交软件上发表关于《不眠之夜》的评价	3.99
	主动参与意向	我会关注或购买《不眠之夜》的周边衍生产品	3.3
		我会关注演出中演员的微博或其他动态	3.38
		我会再来观看《不眠之夜》	4.08
		经过这次观演体验之后,我还希望观看更多沉浸式戏剧作品	4.39
合计			4.04

从整体来看,量表中所测量的 20 个问题的总体均值为 4.04(最大值为 5),被测观众对上海版《不眠之夜》的体验价值、满意度、推荐意向都是较高的。

在体验价值衡量量表中,趣味性维度的第 2、第 3、第 4 项测量问题,是笔者为了解观众在观演过程中是否趋于“主动”,从笔者在演出现场的观察和以上分析数据可得知(第 2、第 3、第 4 项测量问题均值分别为 4.28、4.03、4.34),观众不仅会在观演过程中主动“跟随”演员或“搜寻”线索,还对被选中进行“一对一”表演有较高的期待,这打破了我们对中国观众羞于主动参与的刻板印象。趣味性维度的最后一个测量问题均值最低(3.31),部分观众无法准确梳理人物关系并产生个人化故事解读的原因可能在于,在被测观众中有 58.4% 为首次观演,故事支线和角色过多、楼层多场景丰富,导致观看频次较低的观众无法清晰地梳理故事内容;美感维度的最后一个测量问题均值最高(4.59),也是整个李克特量表中得分最高的题项,可见演员的戏剧表演和肢体语言在上海版《不眠之夜》的表演中有突出的艺术戏剧效果,深刻地让观众从表演中感受到故事所传达出来的情绪,而非需要依靠语言。从体验价值中的 4 个维度来看,消费者投资报酬维度均值为 3.94,服务优越性维度均值为 3.87,趣味性维度均值为 3.95,美感维度均值为 4.51,可见上海版《不眠之夜》中的趣味性和美感均高于消费者投资报酬和服务优越性,观众在演出中所获得的视觉吸引力、愉悦感、娱乐性和暂时摆脱现实世界束缚所产生的享乐性价值,会稍稍降低他们对投资报酬和服务质量的要求。在观众观看演出后的行为意向中，推荐意向维度均值为4.21，主动参与意向维度均值为3.79，相对主动参与意向，观众的推荐意向更高。

3.问卷检验

由于SPSS分析软件提供了信度和效度的检验程序，因此笔者将调查问卷的数据导入SPSS分析软件，可以直接从程序结果中读取信度与效度的分析结果，从而保证量表测量观众数据的可靠性与有效性。

(1)信度检验

信度分析用于态度量表题回答的可靠准确性(见表1－12)。分析α系数，如果此值大于0.8，则说明信度高；如果此值介于0.7～0.8，则说明信度较好；如果此值介于0.6～0.7，则说明信度可接受；如果此值小于0.6，说明信度不佳。

表1－12 Cronbach信度分析表

项数	样本量	Cronbach α 系数
20	209	0.915

信度系数值为0.915，大于0.9，因而说明研究数据信度质量很高。

(2)效度检验

效度分析用于研究态度量表题的设计合理性。分析KMO值判断是否有效度，如果此值大于0.8，则说明效度高；如果此值介于0.7～0.8，则说明效度较好；如果此值介于0.6～0.7，则说明效度可接受；如果此值小于0.6，则说明效度不佳。效度分析要求需要通过Bartlett检验(对应p值需要小于0.05)。

从表1－13可以看出：KMO值为0.888，KMO值大于0.8，研究数据效度非常好；P值小于0.05，通过Bartlett球形检验，说明该问卷具有效度。

表1－13 KMO和Bartlett检验

KMO值		0.888
Bartlett球形度检验	近似卡方	2461.502
	df	190
	*p*值	0.000

四、观众体验视角下中国沉浸式戏剧制作存在的问题及构想

(一)沉浸式戏剧在中国发展存在的问题

沉浸式戏剧无论在国内还是国外都有无限的前景，在实践的过程中还是会伴随各种各样

问题的。

1. 重环境，轻文本

"沉浸"是一种体验后所产生的心理感觉，"沉浸式"则是一种方式，是一种参与、互动，沉浸式戏剧是建立在叙事内容上，运用沉浸式的形式进行故事演绎。在前文中，笔者讨论了故事叙述在沉浸式戏剧中的重要性，而对于叙事构建、戏剧创作来说，文本又是重中之重。

在前文上海版《不眠之夜》观众体验量表统计情况中（见表1-12），趣味性维度的第1项（"在观演之前，我会在网络上查找攻略，或主动了解原著《麦克白》的故事情节"）均值为3.68分，低于量表总体均值（4.04分），这体现出观众在观剧前主动了解原著文本的意向并不强烈；且笔者也在上文提到《不眠之夜》是一个完全剔除语言的肢体剧场。以上这两点可能会使戏剧制作方产生"沉浸式剧场中的文本并不重要"的想法，其实并不然，尤金诺·芭芭（Eugenio Barba）曾在《剧场人类学词典》中解释过"文本"一词："'文本'这个词代表书写、印刷或手抄本之前，原本含义为'交织'。从此角度来看，任何演出都离不开文本，关于演出'文本'的一切都可视为'演出创作'，也就是行动的作用。"①从其观点中可以看出，表演产生行动，交织出来的产物即称为文本。文本在作品中的体现不仅限于剧本、文字或语言对话，它还可通过表演转化为行动呈现出来。这就解释了为什么观众即便可以在不那么了解原著《麦克白》的情况下，并且在没有语言对话的表演中，也能被它所构建的故事世界吸引。因为通过观看演员的表演，观众即可以感受到文本的行动力。

但在我国，大多数沉浸式制作公司还是将打破"第四面墙"的观演关系和"沉浸式"的形式放在核心位置，大力打造强互动性和华丽的戏剧环境，却轻视了戏剧内容本身，没有将文本视作创作中的基础，造成了弱化文本的现象。例如，2016年在上海出演的多媒体沉浸式舞台剧《一朝一世界·大唐繁影》②，以带领观众"穿越"回到1265年，将大唐盛世重现为主要内容。作品核心是以多媒体影像和真人演出"复原"唐人的生活方式，考据古文古籍，呈现了唐代衣着、发饰、礼仪、音乐等多方面的内容，但是，在观众参与上主要是集中在听和赏。由于演出中的故事被极度弱化，导致观众从进场到出场，更像是看了一场配合多媒体的展览，而非舞台剧。

许多制作方仅仅是借用"沉浸式"的东风吸引观众的目光，观众被"沉浸式"的字眼所吸引，进入体验后惊叹于布景的华丽或令人眼花缭乱的技术，但却可能在观看结束之后落得"一场空"，到头来连讲了什么故事都不知道。这一切都应归咎于创作团队及制作方对文本的忽视，一味追求形式上的"新"，环境上的"大"，而缺乏对构建叙事的"精"雕细刻。长此以往，也许沉浸式戏剧在中国依旧会持续发展，但真正能沉淀下来可以称为经典的作品可能寥寥

---

① [意]尤金诺·芭芭、尼可拉·沙瓦里斯：《剧场人类学辞典：表演者的秘艺》，丁凡译，台北，台北艺术大学、书林出版有限公司2012年版，第272页。

② 由上海字圆奇说工作室制作。导演：蒋震韬，演出时间：2016年11月2~6日。

无几。

2. 重商业效益,轻艺术价值

体验感是沉浸式戏剧中一直强调的重要部分,许多沉浸式制作公司也在积极为观众打造多样化的体验,从感官塑造上营造一种冲击感。他们利用声、光、电等舞台技术手段刺激观众的视觉、听觉、触觉,但在表演艺术方面却略显薄弱。良好的体验感会带来可观的商业效益,但是一部成功的作品除有商业价值外,还应该具备艺术价值。

笔者认为,沉浸式戏剧中观众体验与商业效益是一个作用与反作用的关系。良好的观众体验能够提升作品的口碑,口碑会带来人流,人流会带来商业效益,但是若制作方过于注重商业效益,而没有对人流进行控制,人流过多而导致观演出现过多阻碍与困难,最终只会对观众体验造成负面的影响。例如,2019 年 11 月从伦敦引进上海的《秘密影院:007 大战皇家赌场》,首演时就因为场内观演人数过多导致体验感不佳而受到许多观众的负评。这场演出的演出门票在 588 ~ 1088 元不等,首演场次(2019 年 11 月 23 日至 12 月 6 日)开售之后即被抢购一空,每场演出可容纳 1200 名观众,每场收入近百万元,可见其带来的商业效益是如此可观。一片一万平米三层楼的巨大空间中,容纳超过 1000 名观众本来应该是没有什么压力的,但就因部分观众"好奇""目的性强""看戏要看懂",造成观众大量积压在某些主要任务的所在场景,人流压力过大而导致观众体验感下降。虽然制作方在此之后有对每场演出售卖的数量减少从而实现人流控制,但这也警醒了沉浸式戏剧制作人们,为了商业效益能够可持续性地发展,追求"量"而忽略了"质"是万万不可取的。

正因为沉浸式戏剧是一种"舶来品",给中国观众带来新奇的体验感,且又有《不眠之夜》取得巨大的商业成功在先,因此出现了许多模仿《不眠之夜》《爱丽丝冒险奇遇记》的"山寨"作品,然而,真正能模仿到精髓的却寥寥无几。从前文观众体验调查问卷中观众参与演出的动机中也可以看出,中国观众确实对"沉浸式"这个新词语和形式非常感兴趣,许多制作方正是看中了这一点,仅将"沉浸式"作为一种营销噱头,一种吸引观众或消费者的营利元素。在我国,有许多以"沉浸式""互动式""体验式"为名的沉浸式作品,更有的只是一场表演秀,看似创新,实则只是抓住了大部分消费者的猎奇心理。在所创造的整体作品环境中,过于注重观众在体验过程中的消费行为,在艺术审美上完全迁就了商业利益。为了获得更大盈利,他们往往在借鉴模仿的过程中只是套用了形式,却并未学到精髓。沉浸式戏剧的精髓与传统戏剧形式一样,关键还是艺术内容的打磨。

艺术内容的缺失也许是由于缺乏好的导演构思和优秀的演员,沉浸式制作公司都将沉浸式戏剧作品作为商业剧场,在塑造剧场环境和打造体验中耗费巨大成本,与戏剧表演内容的产出产生巨大偏差。毋庸置疑,沉浸式戏剧具有商业化的属性,但很多驻场演出为节约成本,甚至聘请非表演专业出身的演员,试想在这样的制作下,又怎么会看到令人回味无穷的表演?《不眠之夜》从 2003 年伦敦首演到 2011 年纽约版的爆火,其间经历了多少的打磨与雕琢,又怎是“套模板”就可以做到的?并且,沉浸式戏剧作品本来就拥有一定的实验性,它与音乐、肢体剧场、装置艺术、感官营造等多个领域结合的跨域特色,也决定了它是可以被开发出更多可能性的,但创意的产生与实现往往需要长时间的策划与研究,最终才能在沉淀中产生艺术价值。追求行业内的轰动效应与短平快的产出,观众是否会埋单?笔者相信,时间将会检验一切。

(二)沉浸式戏剧制作的构想

亚当·奥尔斯顿[①]认为,“沉浸式戏剧是一种以体验制作为前提的实践”,[②]它的一切设计都是为了打造体验,让观众参与到沉浸式戏剧活动中。笔者认为,站在观众体验的视角,可以从加强故事叙述、增加悬念设置、转化剧场空间、丰富观众参与形式四个方面对沉浸式戏剧制作提出构想。

1. 加强故事叙述,贴近观众情感

《体验经济》一书中提到,“在营造体验时,经营者要做的最重要的一步就是构思一个恰如其分的主题”,[③]在沉浸式戏剧中也是如此,因为一个合适的主题将会是体验设计的中心环节,而“主题必须以一个统一的故事来推动所有设计元素和体验营造活动,用这个故事来吸引顾客的投入。故事才是主题的核心,其他要素只发挥辅助作用”。[④] 在图 1－7(观众再次观看上海版《不眠之夜》的原因)中显示,有 64.59% 的观众希望通过再次探索构建更完整的故事世界,这是因为《不眠之夜》利用多线程叙事营造的故事世界是不可能通过一次或两次观看即可构建出来的,可见,大多数观众都希望通过多次观看理解故事的讲述,产生更加个人化的解读,这也是这部作品复购率高的重要原因之一。并且在表 1－12 上海版《不眠之夜》的观众体验量表统计情况中,趣味性中的第 5 项测量问题均值为 4.03,可得知观众并不会因为多线程叙事就失去了沉浸感,反倒是能够完全沉浸在《不眠之夜》叙述的故事世界中,激发他们主动探索的欲望。

因此,在进行一个沉浸式戏剧制作时,首先应该考虑到故事设定,你所要打造的是一个怎么样的故事世界,你想要如何叙述故事,观众在故事的叙事中扮演什么样的角色。在打造故事世界时,是基于原有文本的改编重塑还是重新撰写一个新的故事。在这一点上,我们其实可以从 Punchdrunk 的作品中得到一些启发,巴雷特在公司成立之初便开始对经典文本进行改编,无论是《浮士德》(*Faust*,2005 年,改编自歌德同名诗剧)、《红死魔的假面舞会》(*The Masque of the Red Death*,2007 年,改编自美国作家爱伦·坡(Allan Poe)创作的同名短篇小

---

① 英国萨里大学(The University of Surrey)戏剧和表演研究讲师。

② J. Frieze, *Reframing Immersive Theatre. Chapter* 19: *The Promise of Experience*: *Immersive Theatre in the Experience Economy*, Springer, 2016.

③ [美]B. 约瑟夫·派恩、詹姆斯 H. 吉尔摩:《体验经济》,毕崇毅译,机械工业出版社 2016 年版,第 55 页。

④ [美]B. 约瑟夫·派恩、詹姆斯 H. 吉尔摩:《体验经济》,毕崇毅译,机械工业出版社 2016 年版,第 63 页。

说），还是本案例《不眠之夜》，都是根据一些既有文本的故事改编而成的，且观众对其拥有一定的熟悉度。通过将经典文本解构为各个面向（例如，将《不眠之夜》解构为故事与情感、阴谋、爱情等相关），再用不一样的表达呈现每一个面向，重塑经典。观众对原著的熟悉程度可能会影响他们对该剧的情感卷入与沉浸程度，但并不是要为迎合观众而选取他们熟悉的文本，笔者只是希望强调文本在沉浸式戏剧中构建故事世界的重要性。当然，经典的故事或文本如何进行具体解构和重塑，就需要艺术创作家进一步探索和深思了。

除考虑沉浸式戏剧构建故事世界时文本的重要性外，也需要关注文本中的观众参与。在传统叙事结构中有道虚拟的墙壁将观众隔绝于舞台之外，演出与观众是在同一空间中各自存在的群体，观众在这距离外观赏叙事情节的发展。而沉浸式戏剧打破这道虚拟、透明的"第四面墙"，"观众/玩家"（spectator/player，把观众称为"玩家"的概念将会在后文中继续论述）的参与形式改变了剧场观看的互动设计概念与形态。设计者需要思考观众在沉浸式戏剧中的角色是什么，其是否已经成为叙述者，他们在设定的路线中以什么姿态移动。在前文探讨观众在叙事结构中的角色时，提到同故事叙述者和异故事叙述者，我们需要思考观众在不同类型的叙事者之间是如何进行转换的，如果转换以一种不愉快或不受欢迎的方式发生，两种类型的叙述者之间的转换可能会成为沉浸式体验的障碍，从而阻碍观众的情感卷入。上海版《不眠之夜》的观众体验量表统计情况的分析数据显示（见表 1 – 11），体验价值中的服务优越性维度均值为 3.87，未超过量表整体均值，可得知超半数观众认为黑面具提供了良好的服务优越性，黑面具就像一个引座员，他们确实在保障观众体验上提供了很大的帮助（正如笔者探讨过黑面具在上海版《不眠之夜》的作用），但也有少部分观众认为，黑面具多多少少对观众体验产生一些负面的影响。例如，观众被黑面具强行要求移动，导致产生不适或迷失方向的感觉，由此可能会造成空间感知上的错乱，从而影响整体叙事。但若是像中文版《爱丽丝冒险奇遇记》那样，观众的路线、引导、走向均由演员根据故事发展带领他们，演员都是故事世界中塑造的角色而非是像黑面具等第三方人员，也许就不会出现这种不适。因此，需要寻找一种适合的叙述者类型转换的方式及观众引导或管理方式，才能更好地让观众在整体情感上达到沉浸的效果。

沉浸式戏剧在创作过程中会创建演员的"角色地图"，即每个表演者在剧中的表演路线，观众在《不眠之夜》的主动"跟随"和"搜寻"欲望（见表 1 – 11，趣味性中的第 2 项、第 3 项测量问题均值分别为 4.28、4.03），以及上文提到的叙事者类型转换，其实都离不开"动线规划"。"动线规划"不仅能够使表演者清晰地知道自己的表演路径、角色所发生的故事、与其他角色交汇的时间点等，还能在一次次创作的实践中解决多线程叙事中所产生的时间差问题；在演出中，"动线规划"就是一种"导览"，就像是叙事的引导式线性架构，能够诱导观众进行主动地"跟随"或"搜寻"。奥斯曼（Othman）、皮特里（Petrie）、鲍尔（Power）（2013 年）的研究将目前常见的导览类型分为"引导型"（guided tour）与"随选型"（free tour）两类，而且通过实验，显示“引导型”有较佳的学习性与控制性,而“随选型”则较具有互动品质。因此,在沉浸式戏剧的规划与实施上,若单纯使用“引导型”形式,虽能极大地控制观众的移动轨迹,却也可能因此让他们丧失选择体验的多样性;若单纯使用“随选型”形式,又可能因过度自由而产生观众过于堆积或分散的问题。因此,笔者认为,“引导型”与“随选型”相结合,会带给观众更好的体验,因为“引导型”架构具有起始与结束的故事引导效果,所以适合主控路线的行进,能够在错综复杂的多线程叙事的故事世界中给予观众方向感;同时,在导览的过程中,应适时导入“随选型”形式,由观者自由尝试、探索,使每个观众都能获得独一无二的体验。《不眠之夜》也正是“引导型”与“随选型”导览完美结合的典型范例之一。

沉浸式戏剧,最重要的便是如何叙述故事和参与故事。从讲故事的角度出发,文本是基础,一个段落、一个情节,就像是由几个有趣的“节点”,顺着情节发展移动,留下的足迹就串联成“故事线”。“故事线”即设计者心中的“动线”,且从路线结构分析的角度来看,故事也是可以被结构化的。故事叙述是沉浸式戏剧的核心,也是观众体验的决定性因素,不同的叙事方法会影响观众参与体验的方式及效果。只有对文本进行不断推敲,对故事线进行精细地设计、试验、论证,才能在演出中让观众更好地融入故事世界,从而产生沉浸感。

2. 增强悬念设置,激发观众想象

余秋雨曾在讨论戏剧技巧时说:“戏剧家设置悬念,纯粹为着对观众心理的受众驾驭。”①悬念在沉浸式戏剧中的设置,不仅为了紧抓观众的注意力、激发观众的好奇心与想象力,更重要的是,因为它具有多线程的特点,每条戏剧线路上的悬念造就了故事整体巨大的悬念网络,这也是观众会反复观看沉浸式戏剧的重要原因之一。

在讨论《不眠之夜》创作过程时,笔者提到 Punchdrunk 的作品需要观众来完成它的最终形态,没有观众的参与作品将永远无法完成。这一点其实放在任何一个沉浸式戏剧作品中都是成立的。观众在沉浸式戏剧中的重要作用前文已经多次提及,制作方在创作阶段留给观众等待完成的“空白”,本身就是一种悬念设置,这种悬念需要通过现场演员与观众的互动才会被解开,对于戏剧制作方和观众来说都是一个不小的挑战。从上海版《不眠之夜》的观众体验量表统计情况的分析数据可得知(见表 1 – 12),观众向朋友推荐剧目的意向普遍较高(均值为 4.42 分),但在社交软件上发表关于《不眠之夜》评价的行为意向却稍显不足(均值为 3.99 分,未超过量表整体均值),可以看出,沉浸式剧场观众的体验感知是相对比较私密的,一般以朋友间私下交流居多。这也在一定程度上营造了一种神秘感,会给听说过却没看过《不眠之夜》的观众造成悬念,产生探索欲望。

在观众体验量表统计情况中还可得知(见表 1 – 12),观众在观演过程中不仅会主动“跟随”演员或“搜寻”线索,还对被选中进行“一对一”表演有着较高的期待(趣味性中的第 2 项、

① 余秋雨:《观众心理学》,长江文艺出版社 2013 年版,第 134 页。

第 3 项、第 4 项测量问题均值分别为 4.28、4.03、4.34)。因为在《不眠之夜》中,故事还未开始、观众还未开始体验,就已经被巨大的悬念笼罩:麦金侬酒店里面有什么,里面发生着什么样的故事,你会遇到什么人,又将看到什么场景。这并不是通过在社交平台上的简单交流就可以获得的完整资讯,仅有的"已知"与众多的"未知",对即便是看过很多遍的观众而言也有着强大的吸引力,对"未知"的想象将会激发观众强烈的探索欲望。观众在进入演出空间之后,会被引导员随机地拆分成不同的个体,他们需要独自探索属于自己的旅程,因而每个人都不可能在同一个场次里面看到完全一样的表演。而在图 1-7(观众再次观看上海版《不眠之夜》的原因)中,有 61.72% 的观众希望与演员有更多互动,剧中对不同角色的探索和"一对一"的互动设置,是隐藏在麦金侬酒店最深处的悬念,成为观众特别关注的焦点,同时也激发观众再次观看的欲望,这个现象产生的重要原因就是神秘感与悬念感。每场演出仅有极少数"幸运儿"得以揭开这些悬念,而每个"幸运儿"想要在同一场演出中揭开所有的悬念一定是不可能的。

"一对一"互动的悬念设置,使观众的参与机会分配不均衡,正是这种分配不均衡的参与机会,可能会使沉浸式戏剧的体验变得更有意义或更令人兴奋。观众会因为无法通过观看一次演出即揭开所有故事悬念而产生再次观看的想法,再次观看时会依照前一次所看的经验去寻找线索以获得"更佳"的体验。所谓的"Experience"能译作"体验",但因其词性的不同,还可译作经验、经历或阅历等。德语中即有明确区分"体验"的词汇:"体验"(Erlebnis)是一种参与活动的结果,在过程中亲历与反思时获得的认识和感受;"经验"(Erfahrung)则是由亲自实践而来的知识与技能所积累而得到的,经验也往往是即时思考和行动的判断基础。正是这个词的第二种含义,可能会使观众对体验的参与程度产生细微的变化。与大部分 Punchdrunk 的作品一样,在《不眠之夜》中,演员在演出中的"一对一"互动只限定小部分的观众观看。前文中也提到,这就像一种"邀请"与"奖励",将这些幸运的观众与大部分观众区隔开来,以便为他们提供一个更私密的展示。但值得注意的是,对于那些仅仅看过一次两次的观众来说,遇到"一对一"的互动可能只是碰运气,但是那些对《不眠之夜》有丰富经验(Erfahrung)的人来说,似乎可以更清楚地知道"一对一"互动出现的时间、地点,从而提高自己的参与机会,获得更好的体验(Erlebnis)。

3. 转化剧场空间,满足观众求变心理

为了给观众营造沉浸式的体验,还应该特别关注沉浸式戏剧的演出物理空间。在沉浸式戏剧作品中,将非剧场空间转化成沉浸式演出空间的做法得到了广泛实践,表演不再是在传统的舞台(如镜框式舞台、圆形舞台、三面式延伸舞台等)上进行,例如,上海版《不眠之夜》将废弃的大楼改造为六层楼的表演空间、英国版《爱丽丝冒险奇遇记》将防空洞改造为地下剧场,以及笔者讨论沉浸式戏剧的空间特点时所列举的众多例子。沉浸式的剧场空间正是因为打破了"第四面墙",它对于观众来说观看是更加自主化的,我们并不需要购买官方认证的

“最佳”位置来提升自己的戏剧观感,因为观众可以自由地控制自己的视角,引导自己的目光,以及通过多聚焦或局部聚焦,决定自己所看到的表演是什么样的。从艺术的角度来说,无论是室内还是室外,是在类似《又见平遥》的景区还是类似《不眠之夜》麦金侬酒店的封闭空间,这对于艺术家来说都是没有任何边界的。

剧场空间拥有一定的象征意义,它也许是观众区分故事世界的媒介。彼得·布鲁克曾说:“如果舞台是跟生活连接,如果观众席是跟生活相关,那么通道就必须保持开放与自由进出,让外部生活很容易转化成碰面之处。如果剧场的本质是人造的,那么舞台大门就必须提醒演员,他现在已经进入一个需要戏服、化妆、乔扮、变化身份的特殊地方,观众也得穿着得体,好在走过红地毯时从日常生活进入一个尊贵的空间。”①这也就关系沉浸式戏剧剧场空间所选择的地理位置,它往往与故事叙述和观众参与息息相关。从地理位置上看,一个沉浸式戏剧作品有可能被移动到其他任何地方,但剧场空间的地点选择,是制作人需要考量的重要因素之一。这可能会涉及两种不同的情况,一种情况是类似《不眠之夜》在封闭空间中进行的沉浸式戏剧,也就是彼得·布鲁克提到的剧场空间的第二种情况,若要将它移植,则需要思考场地的大小、剧场空间改造需要多少成本等;另一种情况是在开放式的特定场所中进行的演出(如依靠城市建筑空间进行设计的沉浸式戏剧),这类作品因为在创作之初即融入了当地的场景景观与城市文化,若要将其移植,可能要对文本作相当大的修改,亦可能会因此丧失与原有建筑空间之间的共鸣。无论是哪一种情况,演出内容都可以因地点不同而有所改变(如上海版《不眠之夜》在制作内容中增加的本土化特色),需要挖掘城市或建筑的文化功能,进行因地制宜的表演。无论是选择在繁华的闹市区,还是稍微偏远安静的郊区,制作方都需要考量演出地点与周围环境的关系,以及观众最终获得体验的便捷程度。

此外,剧场空间内部的感官刺激也是促进沉浸式体验的关键。上海版《不眠之夜》的现场体验包含了多种感官刺激,场景设计大量运用了音响、光线、氛围和气味,借助这些元素,使演出所呈现的世界既像是时空穿梭,又像是一场梦境。而从观众体验的调查数据中可知,观众对于这样的感官刺激有着良好的体验感。在上海版《不眠之夜》的观众体验量表统计情况中(见表1-11),美感维度所测量的3个问题是整个李克特量表中得分最高的题项,其中,题项1和题项2显示出观众对该演出剧场空间的内部设计拥有极高的评价(美感维度的题项1均值为4.44,题项2均值为4.51),包括剧场空间中运用声、光、电、气味、烟雾等元素所营造的场景氛围,以及布景道具的设计、陈设。

因此,剧场空间内的舞美设计和感官营造同样是值得戏剧制作方关注的,这也是引导观众在演出中主动进行“跟随”或“搜寻”的重要组成部分。剧场空间内多样化的感官体验需要不同种类的印象构成信号,刘易斯·卡蓬(Lewis Carbone)把信号(其称为线索)分为“人文

---

① [英]彼得·布鲁克:《空的空间》,邢历等译,中国戏剧出版社1988年版,第140页。

式”和“机械式”两种，也可以称它们是有生命和无生命两种。[①] 前者是人们身上发出的信号，[②]例如，《不眠之夜》中表演者在剧场空间内通过奔跑、走动、肢体表演、互动等“人文式”的信号吸引观众注意力，引导他们主动“跟随”。后者则是包括事物产生的景象、气味、味觉、声音和纹理，[③]如《不眠之夜》中根据不同的戏剧情绪配合不同的灯光效果、音响效果；注意所用布景、道具应该具有真实性，与作品主题之间的联系，并授予观众能够主动触摸的权利；针对某些特殊场景配以不同的气味；在戏剧体验中加入餐饮消费等。从视觉、听觉、触觉、嗅觉、味觉形成感官刺激，能够给剧场空间带来更多“变化”，让观众体验更加投入，亦给予观众更多选择的机会。但在剧场空间中添加感官因素并非一件易事，因此制作方必须聘请懂得如何调动人们感觉的专业技术/设计人员来指导、完善实践方案，且需注意 5 种感官的相互配合、相互协调，使其更好地对观众体验产生作用。

4. 丰富观众参与形式，实现多维度互动体验

制作公司在设计沉浸式戏剧的观众体验参与时，还可以借助某些道具，将道具作为一种辅助参与的手段，来降低观众的参与障碍，增加观众沉浸感，类似在《不眠之夜》中让观众戴上白色塑料面具。早在 Punchdrunk 公司成立之初他们就在演出中使用面具，面具可以让那些不够勇敢的观众进入探索模式。一方面，它可作为一种隐身装置，一种使观众融入周围环境的方式，戴上面具后观众就是酒店中的“幽灵”而非现实世界中的自己；另一方面，这是一种对主动参与的邀请，正因为戴上了面具，观众才能更加大胆地去触摸布景、坐在沙发上，甚至是与演员互动，让观众能真正地参与其中，从而构建“个人化”的叙事。在戏剧表演中，这样的面具被称为“中性面具”，即无性别与表情表述，面具创造了一种仪式感，这种仪式感源于古希腊戏剧中对角色的扮演。观众戴上面具，代表其是一个“全知”的观看者，可以窥视剧中发生的所有事情。在《不眠之夜》这个没有语言对话的演出中，面具有效区隔了演员与观众、观众与观众，给彼此创造了一个安全区域，观众会因为戴上面具而安静地观看演出，且不会被彼此的喜怒哀乐所影响，如此才能起到前文所说的“第四面墙”的作用。

而在“秘密影院”[④]中，道具是由观众自备而非剧场派发，在观众参与演出之前会收到内含着装要求的邮件，以《秘密影院：007 大战皇家赌场》为例，演出用不同颜色代表故事中的不同阵营，要求观众身着与其阵营相匹配的颜色（可以穿戴相应颜色的衣服、帽子、鞋子等，或佩戴相应颜色的物件），以此进行角色分配参与沉浸式体验。“秘密影院”以一种“观众需配合要求以达到更好的体验”的方式，将观众从被动心理状态转变为主动参与的心理状态，在演出之前就已建立起观众的“自觉”意识，这种“自觉”意识的产生将会调动更高的参与积极性。

---

① ［美］B. 约瑟夫·派恩、詹姆斯 H. 吉尔摩：《体验经济》，毕崇毅译，机械工业出版社 2016 年版，第 65 页。
② ［美］B. 约瑟夫·派恩、詹姆斯 H. 吉尔摩：《体验经济》，毕崇毅译，机械工业出版社 2016 年版，第 65 页。
③ ［美］B. 约瑟夫·派恩、詹姆斯 H. 吉尔摩：《体验经济》，毕崇毅译，机械工业出版社 2016 年版，第 65 页。
④ “秘密影院”是利用电影 IP 打造沉浸式体验项目的制作公司。

除以上提到的这两种简单的道具使用方式外,现在更多沉浸式戏剧正在转向利用高科技手段使观众达到“沉浸”效果。其中,虚拟现实技术(VR)的崛起给沉浸式戏剧从业者们带来了新的设计思路,来自伦敦的《世界之战》(*War of the Worlds*)①就以现场互动演出与VR技术相结合的方式,在观众体验与演员现实互动之后,让观众戴上VR头显,使用动捕技术捕获参与者,并以可信的方式在虚拟环境中呈现。② 戴上VR头显后,观众在戏剧空间中无法观察到其他观众的真实动态,只能通过VR头显看到虚拟世界中的“人物”,这也有效地避免了某些观众羞于参与,从而让沉浸式戏剧体验更加私密化。VR技术在沉浸式戏剧中的使用弱化了空间的属性,完全将沉浸感所需的空间营造交给数字化技术,让观众探险、游戏的本能得到更大的满足。除VR技术的运用外,应用手机导览系统结合表演与环境的沉浸式演出,也是戏剧从业者积极探索的方向。在我国台湾地区的浸润式体验《迷走旅行团》(*City Upside Down*)中,观众将通过声音导览与手机解谜应用程序,在开放的城市空间中完成他们各自的“时空旅程”。制作方为增加观众体验感专门开发了一个导览系统,观众只需要自备手机、耳机,并确保手机达到相应的系统规格即可参与体验。制作方可以通过GPS定位看到观众实时动态,亦可产生大数据供后续演出调整使用。

无论是《不眠之夜》中的面具、“秘密影院”中的着装要求,还是《世界之战》中的VR眼镜和《迷走旅行团》中的手机导览系统,它们的变革性功能既是外在的也是内在的。从外在功能来看,道具的使用往往会改变观众的参与方式,它成为进入故事世界的一个重要物品/设备,使观众与周围环境快速、紧密地结合在一起;从内在功能来看,道具的使用拉开了与其他观众之间的距离,鼓励每个观众开启自己的旅程,从而唤起内心对表演的感受,产生对作品更加个人化的解读。前两种道具是低技术含量的,后两种是运用了高科技技术,两者各有优势各有侧重。对于使用低技术含量的道具,因其对表演、对互动产生的影响并非决定性的,制作方或许需要将制作重心放在表演内容、视觉审美与互动方式上,思考能够引发观众积极主动探索的要素;而对于高科技技术的运用,制作方的侧重点除软件系统开发外,还要突破虚拟系统与现实演出互动结合所带来的挑战。当然,无论使用哪一种方式,它们的目的都是一样的——令观众获得体验感与沉浸感。

五、结语

沉浸式戏剧虽然难以定义,但它无疑是一种以体验制作为前提的实践。体验制作与获得

① 沉浸式体验项目《世界之战》是浸入式戏剧公司Dotdotdot以杰夫·韦恩(Jeff Wayne)的畅销专辑音乐剧版《世界之战》为基础,为伦敦观众带来全新的感官体验。

② 参见《伦敦有三大“沉浸式活动”》,载新民网,http://paper.xinmin.cn/html/xmwb/2019-12-01/23/51043.html。

体验的观众息息相关,沉浸式戏剧最终形态的呈现也离不开观众的参与,观众所产生的感官体验本身就倾向于审美化,审美化与地方文化习惯不可分割。

可以总结出沉浸式戏剧制作的几个关键要素:它重视实体空间设计与环境上的设计细节,讲求特定场域(如仓库、医院、酒吧等);使用多线程叙事或空间游历,强调演出的时间历程;注重观众在空间中的感官/声光体验,容纳任何可能的观演互动形式;追求亲密个人的观演经验,甚至可以是一对一的观演形式。

要活化具有"本土化"特色的沉浸式戏剧,关键还是植根于我们自己的文化土壤。在中国制作的沉浸式戏剧,体验产出对象毋庸置疑是以中国观众为主的。国外沉浸式戏剧的成功案例在引入中国时,需要经过一定的改编以符合受众文化习惯,更何况是本土新创作的沉浸式戏剧,应该多思考制作内容与文化的相关性。在表演艺术市场蓬勃发展的今天,观众与不同种类的艺术作品之间拥有更多交融机会,对表演也有了更多元化的需求,且有更强的包容性以及更高的艺术审美要求。空有形式的作品是无法满足观众的,它也许能够带来一时的热潮,但终将会因缺乏内在价值而被市场淘汰,好的内容才是制作成功的关键要素。因此,制作方在思考沉浸式戏剧如何产出好的"体验"时,切勿遗忘获得体验的是人,体验需要找出与人之间的"关联",而这层"关联"往往可以通过植根文化去找寻。

我们常说,沉浸式戏剧是一门"舶来品"艺术,在笔者看来,"沉浸式"的概念及形式是"舶来",但它的主体"戏剧"并不是。中国的戏剧发展有深厚的文化历史底蕴,在借助"沉浸式"的形式将内容活化的过程中,可以深刻挖掘中国戏剧文化特色,将本土化的戏剧内容转化为沉浸式戏剧的内容。俗话说,"路漫漫其修远兮,吾将上下而求索",沉浸式戏剧在中国才处于起步阶段,无论是艺术实践还是理论研究都还有很长的一段路要走,但笔者也相信,我国的戏剧艺术家能够把握这股沉浸式戏剧浪潮,制作出属于中国自己的沉浸式戏剧。

在沉浸式戏剧"人造"真实的打造下,当然主体围绕于"人",而人所处的文化与象征,俨然成为沉浸式戏剧会有的另类展演平台,这也说明了沉浸式戏剧为何易于通过新媒体的社交平台作为某种"私密性"的宣传方式,体验式的传递也在营销里被运用推广。同时,当沉浸式戏剧作为一种商业手段时,当我们去讨论何者是艺术、何者不是艺术时,当我们去讨论作品是否具有美学、艺术价值或仅只是消费行为时,才是真正进行判断与评价的开始,也是沉浸式戏剧未来创作的挑战。

案例2

布迪厄“场域”理论视角下文化类综艺《声临其境》节目制作

在中国电视节目蓬勃发展的趋势下，一批旨在传承中华优秀传统文化、增强国人文化自信的文化类电视综艺节目正在风行，引起社会各界的热议与点赞。湖南卫视作为国内省级卫视的行业先行者，一直致力节目内容的开拓与创新，特别是2017年推出的文化类声音竞演秀《声临其境》受到大众的广泛喜爱，风行一时，之后便投入了第二季、第三季的制作，但其质量与口碑均呈骤降趋势。本文运用布迪厄的学术理论对湖南卫视的综艺节目尤其是《声临其境》进行剖析，分析影响文化类综艺节目制作的诸多重要因素，以期达到从根本上提高此类电视节目质量和大众吸引力的目的。

一、研究背景与研究现状

（一）研究背景

近年来，中国电视行业蓬勃发展，我国综艺节目市场规模在不断攀升后已趋近稳定状态，且文化类综艺在电视行业上线的多个节目类型中名列前茅（见图2－1）。尽管综艺市场规模不断扩张，但在全球的电视行业竞争视野中还未能得以立足，一度出现大量引进国外优秀节目形式的热潮。然而，我国的电视行业不仅受到“外压”，还面临“内争”，随着社会经济与科技的不断发展，互联网与新媒体逐渐兴起，我国电视媒体行业遭到了冲击，受众逐渐流失，其不仅面临网络自制综艺节目的挑战，还面临其社会价值、精神价值贫瘠的问题。一大批专注争夺市场的制作人，持续生产以娱乐大众来“吸睛”的明星真人秀节目，使得电视行业充斥着“无限制模仿”和“无精神价值”的“电视商品”。

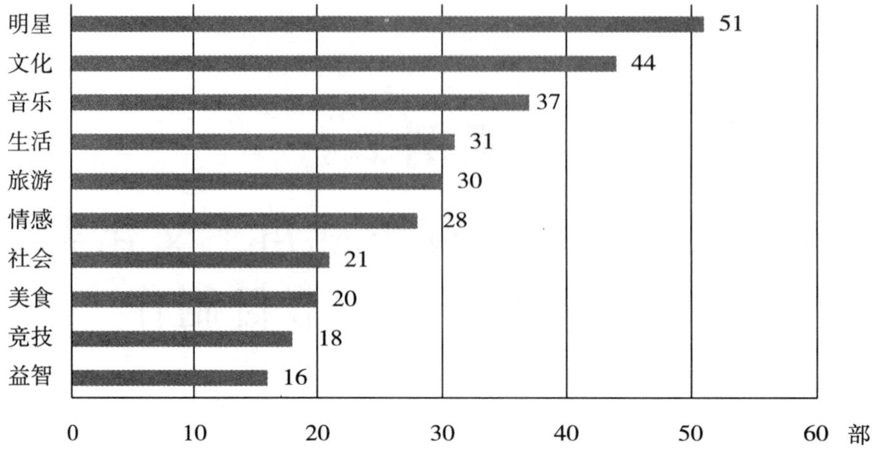

图 2－1　2021 年中国上线综艺题材前十

资料来源:《2021 年中国综艺赞助情况回顾及未来发展趋势:品牌更乐于与成熟的综 N 代合作,未来合作方式更多元化》,载中国产业信息网 2022 年 4 月 23 日,https://www.chyxx.com/industry/1106141.html。

综艺节目的发展历程经历了萌芽期、发展期、井喷期,直至今日的“完善创新期”4 个阶段。为响应国家的要求、遵循国家政策的指导,从 2011 年开始国家新闻出版广电总局陆续出台“限娱令”“限真令”“限模令”,使我国的电视节目从以娱乐化为目的开始转变为具有社会价值的文化作品,从最初的模仿、借鉴、海外引进等模式逐渐转变为能够自主创新的独立制作。在此背景下,文化类综艺节目基于国家政策的引领、人民日益增长的精神文化需求不断涌现,很快演变成电视节目中的一股“清流”,取得了较高的收视率和良好的口碑,成为以传承和弘扬中华优秀传统文化、增强国人文化自信为初衷的新形式。

本文基于社会学家布迪厄的“场域”及相关理论对国内电视综艺节目行业的发展进行研究,结合优秀原创节目制作案例,旨在研究文化类原创电视节目如何在电视场中立足并与其他的行为者甚至场域相互制约、共同发展,以及如何做到垂直领域的模式与内容创新、在保障文化价值的前提下具有吸引力,达到文化输出与文化输入趋近平衡的状态,并指出其在节目制作过程中亟待完善的问题,以所在“场域”为出发点,对其提出相应的措施。

(二)研究现状

笔者通过查阅“中国知网”“Google 学术文献检索”“万方数据库”“维普数据库”等学术平台,选取搜索主题为“电视节目”“综艺节目”“场域”“湖南卫视”“声临其境”的相关文献进行分类与梳理,并以“中国知网”为例,将相关研究内容整理如下(见表 2－1):

表2-1　知网关键词统计(统计截至2020年5月23日17时)

单位:次

搜索字段	"全文"搜索	"主题"搜索	"篇名"搜索	"关键词"搜索
电视节目制作	291,721	5670	2324	2586
综艺节目	518,047	13,242	4723	10,604
综艺节目制作	63,294	1134	121	3
文化类综艺	6503	592	276	52
原创综艺	71,825	128	91	6
原创文化类综艺	25,510	30	19	0
布迪厄社会实践理论	9679	69	24	8
场域	4,753,436	1,077,381	624,228	354,160
湖南卫视	85,988	6730	1329	4115
湖南广播电视台	89,560	231	65	8
声临其境	1179	129	122	20

资料来源:笔者自绘。

由于文化类综艺节目为近年所产生的综艺类型,相关文献并不多见,而研究原创节目的文献更少见,将场域理论与电视节目结合的文献更是屈指可数,因此,笔者将布迪厄这一理论与实际案例结合研究是一次全新的探索,希望能为电视节目制作提供一个创新、独到的视角。

1.国内研究现状

(1)相关电视节目著述

①电视综艺节目概念研究:

陈旭光①认为,媒介是构成人类最基本的生存状态,从广义来说,电视节目除新闻类、经济生活类和文艺类节目及电视剧外,其他都归为综艺节目;从狭义来说,综艺节目是一种借助某些技术手段、运用独特的表现手法和视觉感官、广泛融合多种艺术的特殊形式,能够满足不同受众的多样性需求。

②电视综艺节目制作及创新研究:

杨晓宏、李兆义将电视节目制作流程分为3个阶段:第一个阶段为策划构思阶段,包括节目策划、节目构思、主创人员开会细化分工、制订拍摄计划;第二个阶段为拍摄录制阶段,包括排演剧本、演员排演、演播室准备、正式彩排、正式录像;第三个阶段为编辑合成阶段,需检查所拍摄的素材,素材粗编、节目精编,最后完成审片。

---

① 陈旭光:《当代中国影视文化研究》,北京大学出版社2004年版,第22页。

项仲平①认为，电视综艺节目是发展变化最快、创新形式最多样的节目类型，他提出电视综艺节目的创新必须从规制上、本土化、内容多样化这三个方面入手，要根据国情、国力加强策划创新，在节目的情感、人文关怀等方面下功夫，创作出符合国情国力、接地气、设计精湛、内容有感染力、形式有创新的综艺节目，从而实现既有社会效益又有经济效益，既受国内观众喜爱，又可达成对外文化输出的效果。

陈虹②在书中指出，电视节目创新可以从节目理念、节目内容和节目构成要素入手，推动节目创新的因素包括政策体制、社会与文化及市场与科技的助力，将电视节目创新的战略分为自主创新、模仿创新和合作创新 3 个方式。

林汉坤③提出，电视综艺节目整体收视率的下降，与近年来网络综艺的崛起息息相关，综艺节目的发展必须从创新化、品牌化、IP 化入手。

③文化类综艺节目发展研究：

刘娅蒙④认为，电视节目的发展要以文化作为底蕴和内涵，深厚的文化底蕴可以为电视节目的创新助力，成为主流的传播载体。电视应成为弘扬中国文化的媒介，力争打造国际品牌，塑造文化形象。

诸琦睿⑤提出，文化类综艺节目的品质化发展路径必须以国家政策作为依托，并从节目制作弱化经济体、传达精神内涵，同时抓住受众心理需求——保持新鲜感、多元化、新技术，最终达到提高全民素养、改善文艺生态圈风气的效果。

王丽君⑥强调，文化类电视综艺节目与文化类节目不同，不是一味地以讲述、教育的形式单向灌输，而是更注重趣味性与互动性，这便是结合互动传播的缘由。王丽君提出，电视媒体制作的节目内容必须突破其自身局限，加强对内容的审核、互动形式的丰富、新思路的开创，同时加强传播环境与互动平台的信息管控引导理性参与，以此摸索出一条良性互动路径。

范源博⑦将原创文化类电视节目的发展分为 3 个时期：一是起步时期，突破了文化讲座形式，为此国家新闻出版广电总局于 2013 年对文化节目进行肯定，提出继续大力发展此类节目的意见；二是快速发展时期，多家卫视开办以中华传统文化为主题的节目，以此响应国家号召，从而导致此后两年原创文化节目数量激增；三是 2016 年为沉淀升华时期，文化类节目数量锐减、节目质量提高、形式和内容逐渐多样化，涌现出《朗读者》《经典咏流传》《国家宝藏》

---

① 项仲平：《电视节目策划教程》，北京大学出版社 2015 年版，第 22 ~ 24、149 ~ 155 页。

② 陈虹：《电视节目形态：创新的观点》，复旦大学出版社 2013 年版，第 124 ~ 138 页。

③ 林汉坤：《电视综艺节目与网络综艺节目的比较研究》，广西大学 2018 年硕士学位论文，第 53 ~ 58 页。

④ 刘娅蒙：《文化类综艺节目研究现状梳理》，载《西部广播电视》2017 年第 19 期。

⑤ 诸琦睿：《文化类电视综艺节目品质化发展模式探析——以〈经典咏流传〉〈声临其境〉为例》，载《广东开放大学学报》2018 年第 5 期。

⑥ 王丽君：《文化类电视综艺节目互动传播研究》，河北经贸大学 2015 年硕士学位论文，第 5 ~ 6 页。

⑦ 范源博：《中国原创文化类电视节目的发展与创新研究》，新疆大学 2018 年硕士学位论文，第 17 ~ 19 页。

等经典栏目。

张繁华①认为，文化类电视综艺节目热播的原因有两点：一是节目同质化导致观众审美疲劳、观众日益增长的精神文化需求；二是娱乐化市场环境饱和，新媒体环境下文化传承产生危机，相关政策的规范与引导。

④电视节目的受众心理研究：

张兰月、吴英哲②在文章中以传播学家卡兹提出的“使用与满足”理论为基础，将社会因素结合心理因素，媒介期待转向媒介接触从而达到需求满足，深入分析综艺节目的受众接受心理。

楚亚菲③提出，电视文化类综艺节目演变动因包括市场导向、政策调控、电视文化生态及受众诉求，并从受众观看电视的渠道、时间、互动参与度及关注点来分析受众行为特征。

金维一在《电视观众心理学》一书中，引导电视工作者从观众的角度出发，通过心理学的视角，结合传播学等相关理论来剖析电视观众的收视心理。他认为，所有的传播是以接受者的有效接收为终点，收视率虽然不能作为衡量节目的唯一标准，但这至少表明了观众对于电视工作者甚至电视台举足轻重的作用。

（2）相关的垂直领域中文化类综艺节目个案研究著述

周春光④认为，节目成功立足于其创意抢占了综艺节目市场高地，声音产品 App 的出现给予用户极大参与感，在市场上形成良好的条件与受众基础；尤其当前节目生产制作中存在捷径化，真人秀的“快”和文化类的“慢”形成鲜明对比，《声临其境》在有声语言的差异化竞争中脱颖而出，立足于节目内容的专业性与娱乐性，节目板块丰富多元、融媒体联动整合营销，多角度呈现演员声音魅力。

张夏钰⑤曾剖析《朗读者》这一节目精英品质的关键要素：其一，雅俗共赏的选题传递正能量，每一期都有一个普通易理解、对人生状态有丰富呈现的主题；其二，朗读体裁丰富、内容经典，包括诗歌、小说、散文、歌词、戏剧、家书等，作者为观众所熟知；其三，拥有文化名人与资深学者为节目提供学术支撑。

（3）相关的电视文化研究著述

哲学家周国平一文《把自己娱乐死？》是基于波兹曼《娱乐至死》这本书对自己提出的疑问：“我们是否会把自己娱乐至死？”文化的必要要素是传统与思考，电视带来了有利之处，但这种便利到底是推进了文化，还是损害了文化？书籍需要人们在阅读的同时进行思考，否则

---

① 张繁华：《现象级文化类电视综艺节目热播的原因与启示》，山东师范大学 2018 年硕士学位论文，第 47 ~ 48 页。

② 张兰月、吴英哲：《“使用与满足”理论视域下〈声临其境〉节目的受众接受心理》，载《吉林广播电视大学学报》2018 年第 6 期。

③ 楚亚菲：《我国电视文化类综艺节目的受众研究》，北京交通大学 2018 年硕士学位论文，第 16 ~ 17 页。

④ 周春光：《〈声临其境〉：有声语言节目细分化制作分析》，载《东南传播》2018 年第 12 期。

⑤ 张夏钰：《精英文化大众化的典范：央视〈朗读者〉节目研究》，宁波大学 2018 年硕士学位论文，第 16 ~ 18 页。

就无法领悟作者的意图，而电视用图像影响观众，忌讳思考妨碍观看内容。可见，周国平的疑问是希望能引起人们的关注与思考的。

刘婷[①]提出，以政治生态、经济生态、文化生态、技术生态为背景，指出21世纪中国文化身份建构的时代症候：全球化时代中国电视文化失语、传统文化缺席、电视文化对市场逻辑的盲从。她认为，电视文化身份必须在21世纪从同一格局向多元化转向，将泛娱乐化与文化价值重新建构，以及中国元素的自然回归。提到全媒体时代媒体之间的竞争越发残酷激烈，对21世纪电视媒体的发展具有巨大挑战，面对大众文化多元、复杂局面的包围和新媒体文化草根性、个性化的反拨，电视要体现自身的独立性与社会价值，担起文化担当的重任。

(4)相关的场域理论与媒介研究著述

廖婳婧[②]在博士学位论文中表明，场域是电视生产的社会控制语境，电视生产是政治、经济、技术、社会、文化等因素合力的产物，社会制度、市场资本，以及媒介技术等层面的控制因素作用于电视生产过程中的每个环节，使媒介组织内部的群体和个人形成了一定的媒介内容生产的既定逻辑，电视生产遵循这种逻辑从而循环进一步重塑文化、控制社会。

张斌[③]提出，媒介研究中存在宏观与微观的两种分裂的研究路径，而布迪厄的场域理论为连接这两者提供了有效的沟通桥梁。

陆晔[④]从新闻生产实践过程中考察权力关系的实践与特征角度入手研究，认为媒介组织会感受一种包含在宣传制约当中的意识形态、行政命令、社会关系和人情等复杂因素在无形地控制空间，即各场域对新闻场施加的压力。

陈红梅[⑤]认为，电视场不断向学术场靠近，寻找场内不自主知识分子、对学术资本借用、对"符号暴力"巧妙使用、对电视学者展开明星化打造，这种行为的本质是：学术文化与时尚传媒的联姻、电视的商业逻辑与学术的文化逻辑的博弈，以及精英文化向大众文化的妥协。

陈华在《皮埃尔·布迪厄的媒介文化思想》一文中提到，场域理论带来媒介研究的新范式、资本概念开拓了全面的媒介视野、惯习为媒介发展寻求新的突破口，也指出布迪厄的理论具有局限性，他认为从批判反思的角度看待问题，易于造成不再为了解决问题而批判，而是为了批判而批判的结果。

2. 国外研究现状

(1)相关学术著作

布迪厄在《关于电视》一书中揭露了电视的象征暴力和受商业逻辑制约的他律性，他将新

---

① 刘婷：《中国电视文化身份的新世纪转向》，吉林大学2015年博士学位论文，第14~27页。

② 廖婳婧：《"场域"理论视角下的东方卫视节目生产研究》，上海大学2015年博士学位论文，第7~8页。

③ 张斌：《场域理论与媒介研究——一个新研究范式的学术史考察》，载《新闻与传播研究》2016年第12期。

④ 陆晔：《新闻生产过程中的权力实践形态研究》，载《信息化进程中的传媒教育与传媒研究——第二届中国传播学论坛论文汇编(上册)》2002年。

⑤ 陈红梅：《电视场对学术场的介越研究》，华中科技大学2012年博士学位论文，第1页。

闻界看作一个场,这个场被市场及商业逻辑通过收视率控制着,以此为缩影可见经济也控制着文化场的生产,但同时新闻场以其自身结构对其他场域施加控制。

戴维·斯沃茨在他的《文化与权力:布迪厄的社会学》书中指出,文化为人类的交流与互动提供了基础,无论从倾向、客体、系统的哪种形式考量,文化都体现权利关系,发达社会中的文化实践建构了相对自主的斗争舞台,而专业化的文化生产者和传播者在建构这些舞台及其机构化的等级中发挥了核心的作用。

克里斯·巴克在《媒体与文化:电视、全球化与文化认同》(*Media and Culture: Television, Globalization and Cultural Identity*)一书中提到,文化认同是具有不确定性的、以语言为中心的社会建构。电视是认同建构的一个增长的来源,可为文化认同提供强有力的传播渠道。

罗德尼·本森主编了《布尔迪厄与新闻场域》一书,他从布迪厄的观点出发,提出文化资本与经济资本呈负相关关系。当社会空间中的行为者从文化资本向经济资本移动时,文化资本占资本总量的比例就会下降,反之亦然。并且他提到,文化资本属于“被严格限制的”——如新闻业中的小型文学期刊、先锋派艺术和音乐,一定是少量生产规模的;而经济资本则倾向于大规模生产文化娱乐产品。

美国文化传播学家波兹曼曾在《娱乐至死:童年的消逝》中声讨电视文化,他认为媒介即认识论,媒介的不断变化使得人们认识世界的方式变得不同。美国社会由印刷统治转变为电视统治,在电视之前,印刷术的发明使人们通过阅读书籍来达到思想知识交流和信息传播的目的,再之后是电报和摄影作为传播媒介,而电视的出现实现了声音与画面的结合,正因为这样,电视与书籍形成鲜明对比,传播速度更快更易理解的媒介更易于被大众接受。电视的存在本身性质就是娱乐性,观众不需要思考只需要接受并获得情感上的满足,形成“不有趣、无收视”的市场趋势,但波兹曼认为白纸黑字才是客观正确的、接近真理的。

以阿多诺为代表的学者否认大众传媒制造了社会现实,认为电视作为文化商品具有双重价值——使用价值和交换价值。《启蒙辩证法》一书中指出,“在文化商品中,所谓的使用价值已为交换价值所替代,在人们欣赏艺术作品的地方,到处充满着走马观花和确凿可靠的支持,沽名钓誉者取代了鉴赏家”,强烈地抨击了文化工业化市场所催生出的文化商品,指出其不能与艺术品混为一谈。

(2)相关理论及文献著述

罗德尼·本森在《比较语境中的场域理论:媒介研究的新范式》一文中,明确将场域理论视为待完善的媒介研究新范式,这一范式衔接了媒介研究中宏观与微观割裂的路径,我们必须同样重视场域中的客观结构与主观功能,结合新闻机构与受众之间的联系,对双方进行同步分析,重视媒介场域自身的变化以及对其他社会场域的影响。

帕特里克·尚帕涅在《“双重依附”:处于政治和市场之间的新闻场》中提出,新闻场是处于政治与市场之间的场域,使新闻业陷入“新闻自由”和“市场法则”这两种竞争性力量之间。

而新闻场的主要矛盾是这样一个事实:与新闻记者的伦理规范最一致的新闻事件往往是最不可能盈利的,这与布迪厄的新闻场观点不谋而合。

综上所述,笔者阅读了国内的电视节目制作相关著作,对于电视节目的发展历程及其类别和理论制作流程有了全面了解。学者多在政治场影响之下来阐述电视节目的发展历程,并以录播方式或节目内容进行节目类别区分。相较之下综艺节目的起源较晚,笔者主要集中在相关场域中电视综艺节目的起源及发展历程,以引进、借鉴或是原创的制作方式对综艺节目进行分类,并加以案例支撑根据实地调研的实践情况来阐述国内综艺节目的制作流程。

国内相关文献大多从受众角度、聚焦个体案例的成功因素剖析等角度来分析,笔者认为,所有成功案例都离不开其背景下的资本支撑,要推动电视文化的发展必须从制作源头入手,从其制作团队、广播电视台本身入手,行为者运用自身资本相互竞争,探究其创新理念、制作要点以及整体把控,做到理念高度、社会价值与受众兴趣的平衡,以文化为主体兼具本土和海外影响力,这是电视市场整体运作要思索的要点所在。

而国外文献中,学者多以理论为基础进行深入探讨,有着鲜明的论点及充分的论据,例如,对于电视文化等媒介研究来说,以阿多诺为代表的学者否认大众传媒的现实性,认为其逐渐控制文化意识形态;而波兹曼则批判电视的存在本身只具娱乐性,是美化后的认知渠道,阻碍人们了解客观真理;抑或哈贝马斯认为媒介推动了社会发展及其转型并搭建了公众之间和与政府之间的桥梁等。笔者认为,不可一味遵从以阿多诺等为代表的学者彻底否认大众传媒的现实性,也不可完全赞同媒介的正向推动力,事物皆有两面性,故有正面影响也会存在一定负面效应。如果一味地娱乐化、美化现实世界或者单向传达政府的信息是必然不可的,电视文化与大众媒介的发展既然由多个场域所影响,它的发展趋势就有迹可循,行为者和相关场域便可通过正确的引导来优化其内容和本质。

从布迪厄的理论研究来看,场域既决定了权力的斗争形态,使其在内部斗争中不断重新建构,斗争的合力代表其场域内外互动力量的综合,并表明当代社会发展和稳定的动力是:以文化再生产为基础,以文化再生产的过程相伴随的近代社会权利再分配过程。笔者认为,这也是其社会实践理论 3 个核心内容之间的连结点,不仅从一个角度去看事情的本质,而用整体视角从内外环境、内外部行为者作用、内部权利架构以及斗争下的形态变化来阐述,而电视文化再生产的责任者应是上到国家引导,下至每位行为者个人力行,通过资本之间的运作和转化达到正向影响内外场域的目的。

基于此,笔者主要运用布迪厄的社会实践理论,将社会环境构建成影响电视场的多个场域,即将关注点聚焦资本、文化、政治、科技等因素,进而阐述电视综艺节目的发展历程及其推动成因,以湖南广播电视台为背景探究其节目制作的模式,对《声临其境》这一案例的资本运作模式进行剖析,总结其现存问题与启示。最后,笔者希望该研究能够为改善国内电视节目制作生态环境,以及其他综艺节目、卫视制作团队能够创造出更多具有文化性、专业性、发展性的电视节目提供借鉴。

(三)概念界定

法国当代著名社会学家、哲学家皮埃尔·布迪厄提出,社会实践理论是其哲学思想的集中体现,他用场域、资本、惯习来解释行动者的实践空间、实践工具及实践逻辑,而这三者之间的关系所形成的理论体系为布迪厄社会实践理论的主要内容。

1. 场域理论

场域——行动者的实践空间。“场域可以被定义为在各种位置之间存在的客观关系的一个网络,或一个构型,正是这些位置的存在和它们强加于占据特定位置的行动者或机构之上的决定性因素之中,位置客观性得以界定。”①

简单而言,场域就是从关系的角度来进行思考所做的一种将抽象转为实际化的构型,便于学者进行研究与理解。可将场域设想为一个空间,其中各自独立的不同场域相互关联、效用不同,因此空间内有关的研究对象都不能仅用其内在性质来解释,而需要同时考虑其外在相互作用的因素。且场域不是一般性的空间结构形式,而是充满冲突和争夺的空间,场域中的行动者运用策略来维护并争夺自身的位置和空间,而在斗争的过程中又维持或变更着场域的内部结构。换言之,斗争正是推动场域发展变化的动力所在。

2. 资本理论

资本——行动者的实践工具。资本是积累起来的劳动,这种劳动可在排他性的基础上被行动者占有,并能够产生一定程度的新利润的潜力。② 上文提到,场域是充满斗争性的,资本既是行动者的斗争工具又是斗争的目的。

资本表现为 4 种基本类型:首先是经济资本,经济资本是所有资本类型之源,可直接兑换为货币的资本形式,也可以制度化为产权形式;其次是文化资本,文化资本是一种表现行动者文化方面的资本形态,文化资本有 3 种存在形式,一是身体化形态,在行动者的精神和性情倾向中体现,二是客观化形态,表现为文化物品,三是制度化形态,表现为含制度性的规定规则;再次是社会资本,是指行动者能够调动自身所拥有的关系网内的所有资源,多属于人际资源,可将群体所拥有的资本集合为其某一成员所用;最后是象征资本,它与“物质”的形式相对,通常表现为文字、语言、穿着、行为、名誉等。

3. 惯习理论

惯习——实践的逻辑,布迪厄认为惯习来自行动者长期实践活动的积累,其经验内化为

---

① [法]皮埃尔·布迪厄、[美]华康德:《实践与反思:反思社会学导引》,李猛、李康译,中央编译出版社 1998 年版,第 133 页。

② 陈宇光:《论布尔迪厄社会实践理论的三个核心概念》,载《南通职业大学学报(综合版)》2003 年第 4 期。

潜在的意识来支配行动者的行为。[1] 惯习和场域之间相互制约、相互影响，使行动者成为某场域中必然属性的体现；但惯习并非单纯受制于场域，它可以不断产生新的结构来促进场域的形成，两者之间相互影响促进，形成内在与外在之间的相互联系。用布迪厄的话说，“实践理论同时考虑外在性的内在化和内在性的外在化的双重过程”。

4. 文化类综艺

在界定文化类综艺节目的概念之前，须先界定综艺节目的概念。综艺节目是电视节目的一大类型，它是一种运用了电子技术手段，以及独特电视表现手法，融合视觉、音乐等多种艺术或非艺术表现形式，以多样化形态满足观众现代精神需求的一种综合性节目形式。

在科技和文化发展日新月异的过程中，综艺节目具有演唱、舞蹈、戏曲、小品、游戏、比赛等多种节目形式，但电视观众无法长期从形式单一的常规化电视节目中得到满足，因此，电视工作者也在不断地发掘独特的制作方向，以差异性吸引观众。文化类综艺节目是由电视节目、综艺节目结合时代推进与观众需求的情况下发展而来的，迄今为止，还未有完整确切的概念定义。从宏观角度来说，所有电视节目中都包含了文化元素，电视本身也是文化产品和文化传播的推手，但不是所有电视节目都属于文化类别；从微观角度来看，文化类综艺节目是与娱乐化电视节目相对的，是以文化与艺术为核心基石、传播社会热点及人文现象、传承和发扬优秀文化内涵为目的的电视节目类型。

笔者在阅读大量学术文献之后发现，学术性文章中对其学术名词的表述还未达到统一，在《中国文化综艺白皮书》中，文化类综艺是指与中国传统文化相关，以文学、历史文化、艺术、传统美德、家风等为节目主题，具有一定娱乐性质的电视节目。[2] 之所以将《声临其境》划分为此类，有3个因素：其一，节目中所有嘉宾的甄选都是以“艺术家”的标准来衡量，并且都在电视行业中具有深厚的专业实力与社会影响力；其二，节目组深挖每一位嘉宾的文艺专长与真性情，将受众视野从一贯的“流量明星”“偶像”拉回到“艺术家”在发挥专长时所体现的艺术气质与人格魅力中，从而产生正面影响；其三，节目甄选经典影视文化艺术作品，囊括整个影视界不同时期的优秀影片，将其以全新的艺术形式回归人们的视野，让受众重温好片、重温经典，同时对影视行业具有一定的启示意义。

二、“场域”视角下国内综艺节目的发展历程

（一）文化权力的影响：国内综艺发展历程

随着科学技术的高速发展，欧美发达国家拥有科技硬件方面的优势，因此占据了电视节

---

① 宫留记：《布迪厄的社会实践理论》，载《理论探讨》2008年第6期。

② 《中国电视文化白皮书》，载网易网2018年7月6日，https://www.163.com/dy/article/DM092MFS0519CS5P.html。

目的发源高地。英国广播公司于1936年成立了世界首个广播电视台，即日起开播电视节目，标志着电视行业的开端。在之后的30年里，美国、日本等多个地区不断进行电视节目的探索，从广播节目中获得灵感，将歌曲、歌剧、情景剧、表演，甚至是游戏融入电视节目当中，在不断尝试与融合的过程中，电视节目也具有不同时代的特征与印记。

1. 萌芽期

中国电视行业的发展与综艺节目发展几乎是同时进行的。1958年北京电视台成立，开始进行文艺演出的直播、转播节目，包括1960年第一次举办春节联欢晚会，1983年开始形成每年一度的春节联欢晚会的惯例，以及以香港特别行政区回归、民族节日为主的专题联欢晚会等。

1982年，广东电视台制作的《万紫千红》是全国第一个将综艺节目的播出形式进行栏目化的节目，它被定位为“综合性杂志式文艺节目”，主创人员在香港无线电视台考察学习之后，把节目形式由录播节目隔周播放转变为每周两期，即一期录播、一期直播的形式，并且产生了很大的影响力，国内综艺节目的周期性定档由此而来。因其反响可观，电视综艺栏目在国内迅速兴起，东方电视台、上海电视台、中央电视台纷纷开办专题性综艺节目。

在20世纪90年代，中央电视台相继推出《曲苑杂坛》《综艺大观》《正大综艺》等大型综艺栏目，反响非常热烈，更是拥有大量的海外受众。随着社会文化的不断发展，电视观众的需求不断变化，高雅文化与通俗文化之间的壁垒得以打破，各大电视台也乐于推出更加平民化、具有生活气息的全新栏目。湖南卫视制作的《快乐大本营》在1997年7月开播，是由几位富有青春活力的主持人与当下热门明星互动，以游戏为节目主题，辅以民间文化、艺术表演等内容，让观众在闲暇之时笑声不断，也让电视节目制作人看到了娱乐化节目的“星星之火”，捕捉到了观众消费倾向的电视台纷纷效仿，《欢乐总动员》《假日总动员》等同质节目大量涌现。

1998年，中央电视台推出的互动综艺《幸运52》可谓文化类综艺节目的开端，通过参赛选手进行知识问答、集体竞赛的形式呈现，电视机前的观众可以拨打电话加入比赛共同角逐优胜者，从而获得丰厚大奖。既融合了知识性、趣味性、竞争性，又增加了场外观众的参与性、互动性，将学术与娱乐首次结合在了一起。从收视率与大众口碑来看，这一尝试取得了较大成功，成为竞技性与文化性共存的综艺节目典范。

2. 发展期

21世纪初，在益智类节目和娱乐性节目涌现的同时，中央电视台做了一次学术场与电视场交融的大胆尝试，制作了一档以普及中国传统文化为目的，以讲座形式融合中国历史、人文社科、军事、经济等多方面学识的电视栏目——《百家讲坛》，该栏目于2001年开播，它的出现也标志我国文化类节目的正式诞生。

在布迪厄的知识体系中，不同场域之间保持相对自主也相互斗争的关系，两个场域之间行为者惯习不同、资本形式不同、衡量标准不同，是否真正适合打破界限，介越到其他场域中？

布迪厄认为，真正有学识的人在电视上能表述的有价值的内容并不多，电视场的造星举措都将沦为伪“知识分子”增加曝光率的手段。但如果条件合适，在电视上讲话是重要的，这也是他本人进行了一场关于电视的电视讲座的缘由，讲座的所有内容都由他本人拟定，无关电视工作者的策划与设计。换言之，他拥有了畅所欲言的平台。无法反驳的是，受众能够从有价值的电视节目中受益，能被真正有学术涵养的学者的精神所影响，但这不能成为无知的“知识分子”无法以学识服人，从而让自己站在镜头前自我宣传的理由。

直至今日，我国各界对于电视场打造“学术明星”的意见不一，《百家讲坛》的主持人于丹、曾仕强等人的讲述内容多少会受到主观意识与惯习的影响，但其具备丰富的知识积累和学术高度，担得起普及中国传统文化的重任，为大众了解不同领域知识作出了一些贡献。

2004 年，湖南电视台制作的《超级女声》大型选秀节目风靡全国后，歌唱类选秀节目比比皆是，全国范围内只要有一起成功案例便衍生同质化节目，这导致节目类型的“存活期”缩短，随时可能被新兴节目所取代。布迪厄指出，“这是电视行业的职业眼光与内部循环所导致的同质化”。① 在新闻场域中，电视人追求新闻的时效性、唯一性，寄希望于“第一”，第一个了解实际情况，第一个进行实时报道，第一个进行实时追踪、后续报道。实际上，行为者在“固有思维”的框架里无法挣脱，同行业的人具有相同的敏锐嗅觉，为了先别人而行而做事，但在手段上又不愿创新，只得相互模仿，不得已造成以“排他性”为目的引发的“同质性”结果。所以，在这近 10 年内，出现了《快乐男声》《我型我秀》《加油好男儿》等广为人知的选秀节目，造成同质化节目出现“井喷式”现象，节目核心始终围绕着几个因素：“音乐”“流量”“游戏”，久而久之，便加速观众对电视综艺节目的审美疲劳，即节目寿命的可延续性一再缩短。而后，选秀节目的热度锐减，制作人意识到国内综艺需要新鲜血液的注入才能使电视场活跃起来。

3. 成长期

选秀节目的热潮逐渐淡化后，我国步入全新的综艺时代，综艺节目快速发展、类型丰富多元。值得一提的是，2013 年亲子类节目《爸爸去哪儿》产生轰动，使得大批电视工作者投入亲子类节目的制作当中，《妈妈是超人》《爸爸回来了》一录制便签了好几季，一如先前的选秀类节目扎堆制作。

国家新闻出版广电总局在 2011 年、2013 年、2015 年陆续出台“限娱令”“限真令”，从而限制娱乐节目及真人秀节目的播出频率，指出近年来真人秀节目已经成为重要节目类型，而大多数真人秀节目只具有趣味性和娱乐性，缺乏实际内涵，收视率高但没有正确的价值引领，低俗化甚至传播错误价值观。为此，原国家新闻出版广电总局表示坚决抵制此类过度娱乐化和低俗化的节目，在政策的引导下，电视综艺节目面临转型。

正是这些限制，在某种程度上促进了文化类综艺节目的涌现，2013 年，《汉语桥》让各国

---

① [法]皮埃尔·布尔迪厄：《关于电视》，许钧译，辽宁教育出版社 2000 年版，第 9 页。

人民对汉语、中国文化产生浓厚的学习兴趣;《中国汉字听写大会》提醒人们警惕"提笔忘字";2015 年,《中国成语大会》让更多人熟知成语所承载的人文内涵和历史典故;《中国诗词大会》让所有人循着文化根源来赏析中华诗词之魅力。虽然节目形式不似《爸爸去哪儿》那般迎合现代大众兴趣,但不得不承认,电视工作者意识到了电视文化"娱乐至死"的道理,致力发掘更加有文化内涵、社会价值、正面影响力的综艺节目,文化类综艺节目正在崛起,逐渐为人们所熟知。

4. 完善创新期

2017 年以来,随着电视节目的新形式层出不穷,节目的立足点焕然一新,近年来兴起的"慢综艺"渐渐步入人们视野,成为中国综艺市场中的重要关键词。例如,湖南卫视《向往的生活》《亲爱的客栈》《野生厨房》,东方卫视《青春旅社》等,时代在变化,城市化进程也在不断加速,在长时间快节奏的生活中,上班族心理压力较大,而此时,电视节目制作人邀请一群有知名度的明星从城市回归到田野,从繁忙回归悠闲,从工作回归到大自然生活,为观众营造一种生活在"世外桃源"的悠然自得之感,符合受众心之所向的慢节奏生活。但抛开后期剪辑刻意营造的氛围之后,这类节目只是符号意义上的"慢",它无法让所有人都处在"慢生活"当中,只能作为生活的调味品,在某种程度上慰藉人们内心的焦虑。

此外,观察式夫妻真人秀栏目也成为近两年综艺制作的大热门,湖南卫视《妻子的浪漫旅行》《我家小两口》,浙江卫视《一路上有你》,腾讯视频自制《幸福三重奏》,爱奇艺视频自制《做家务的男人》等同系列作品,都以邀请明星夫妻在镜头前拍摄其日常生活模式,结合外出旅游的形式,让观察室及电视机前的观众了解不同夫妻的相处模式,并希望依据观察室中专家的解读从而促进现实中的家庭和谐。电视具有能够引导受众认知的影响力,这类节目在大火之余也饱受诟病,虽然部分观众表示只想了解明星夫妻的相处模式,但也有部分观众质疑节目效果与初衷有相违背之处,观察室的讨论方向亦从客观分析转变为主观判断,从观察夫妻生活演变为现实版催婚等具有个人情感主义观点的单向灌输。

与此同时,文化综艺作为综艺节目类型中的"一股清流",在诸多节目形式中脱颖而出,受到国家广播电视总局与观众的认可。2017 年是文化类综艺节目硕果累累的一年,出现了《朗读者》《见字如面》《声临其境》等优质的电视作品;2018 年,《国家宝藏》《经典咏流传》《一本好书》,以及至今依旧在不断更新、持续播出的《百家讲坛》,这些节目中涉及的文化层面与文化符号更加多样化,节目内容囊括文学作品、艺术作品、影视作品、非物质文化遗产,融合了竞赛、朗诵、讲座、表演等多种形式,大量观众表示,在观看文化类综艺节目的过程中能感受到文化自信,该类节目成为优秀中华文化的传播助力。

(二)市场趋势的操控:文化工业——综艺节目制作模式

20 世纪 40 年代,法兰克福学派学者马克斯·霍克海默与西奥多·阿多诺在《启蒙辩证法:哲学断片》一书中提出了“文化工业”这一概念,认为文化领域深受启蒙辩证法侵袭。在全球多国、多民族、不同国情的背景之下,文化的发展一定是自由的、复杂多样的、百花齐放的,但在“文化工业化”时代,因为受到了“工业法则”与资本市场的权力支配,文化沦为了生产者、市场主导者抑或新兴媒介的统治工具。文化作品经过大规模地复制、生产、传播,符合商品化流通等一系列类似工业化的流水线制作,被人为地赋予了大众产品的特征:商品化、标准化与大众化,故将最终成品称为“文化商品”。电视作为大众文化的典型媒介代表,具备“文化工业”的具象特征,这符合以社会哲学的视角为电视节目研究提供了有价值的理论基础。

制作模式是一档电视节目的框架,国内关于电视节目制作的文献与著作,大多把综艺节目模式以录制方式和节目内容进行区分,笔者以全国高校广播电视专业规划教材《电视节目策划教程》为基础来划分综艺节目类型,以录制方式区分为直播、录播、直播与录播结合的形式;以播出频率来区分,是固定栏目作品或是非栏目化作品,是日播、周播或是季播节目;以节目要素来区分为表演类、谈话类、游戏类、益智类、真人秀等类别。[①] 通过“文化工业”这一概念来剖析国内综艺节目制作模式的转变与创新,以节目策划的核心初衷为基准,研究中国综艺节目通过模仿、原版引进这两个制作模式,继而开始自主研发模式的转向动因,故将国内综艺节目制作分为以下两个时期。

1. 模仿借鉴与国外原版引进时期

欧洲是电视节目最早的研发中心,从 1936 年英国广播公司正式播出电视栏目后,欧美发达国家进入了探索电视媒介的发展之路,我国于 1958 年北京电视台的成立及同年文艺晚会的播出,是中国电视行业发展的起步,人民日益增长的需求都加速了电视娱乐节目的发展进程,聚焦精英文化的视野也逐渐向大众文化开始转变。

其实早在 1952 年,一档在美国获得巨大成功的游戏节目《游戏屋》已经开辟了电视节目的商业化模式,它以制作不同版本的节目,向美国其他地区的电视台推销与授权的方式拓展业务,并生产与售卖衍生产品,电视交易市场自此便出现了。随着全球化的进程不断加快,电视媒介的发展越来越迅速,促进了优质电视节目在国际市场的相互竞争。

2013 年被称为中国电视节目“版权引进年”,不少电视台大量购买国外综艺版权投入制作,如《中国达人秀》《中国好声音》《我是歌手》等,霎时火遍全国。由于此时的电视制作人意识到,节目创意和节目形式是极易被模仿的,但如果要重新还原节目的核心要素,光靠表面功夫远远不够,必须与原作方深入接触,这也是“引进热”的目的所在。有了原制作方重要成员介入到国内版节目制作当中,便拥有了战场上如“军师”般的人物,他将告知节目制作的要点与细节,监督节目的制作进程,把控每一个关键点,从而使最后呈现十分贴近原作。不可否认

---

① 项仲平:《电视节目策划教程》,北京大学出版社 2015 年版,第 22 页。

的是，电视综艺“引进热”在国内的影响力不容小觑，各大卫视相应档期的收视率也因此推向了最高点，但这是否推动国内电视节目可持续性发展尚有待研究。

在电视生产过程中，策划阶段最为耗时耗力，若直接引进海外节目模式，既能够省去研发阶段、降低研发与试错成本，又能向原版制作方学习经验，利用原版节目的知名度、制作手法与宣传方案，从而即刻收获大批现存观众与潜在观众，这都是造成众多电视台争前恐后地引进版权局面的重要因素。

阿多诺通过研究流行音乐发现文化工业时代的生产标准是从竞争性演变而来的，若一首流行歌曲的传唱度极高并在当时获得了巨大的成功，就会有无数的相似歌曲被生产、传播，正是在这种恶性竞争下，文化工业的成品被标准化。阿多诺批判了将文化作品在生产的过程中被人为转化为“文化商品”“娱乐商品”的做派，否定了文化商品的艺术价值，坚决认为“文化工业的产品并不是艺术品”，而是作为以在市场上销售为目的的可替代商品，不具有文化产品所应具备的文化价值与精神价值，文化工业的产品把次要的商品交换价值与首要的使用价值本末倒置，造成了为了生产而生产，为了在市场上销售而生产无数可替代性商品的局面。在这种趋势下，生产者从商品的交换价值中赚得盆满钵满，消费者从娱乐属性中获得虚假满足，文化商品再也不像文化作品一样需要文化内涵与文化沉淀，而仅仅是人人唾手可得的一件再普通不过的商品。

由此可见，文化工业最大的弊端是造成了电视场节目文化多样性的缺失，节目模式的工业化再现了全球化背景下的工业复制法则，庞大的商业诉求衔接了文化与娱乐之间的相关性，忽视了全球化并不意味着一体化。阿多诺认为，“对一致性的迫切寻求必然会导致失败”。① 拙劣的作品常常需要依赖优秀作品的相似性得以立足，表现为具有替代性特征的一致性，行为者将这种相似性看作典型案例中成功的必要因素，但恰恰忘记了成功的不可复制性，同质化节目的泛滥会造成观众审美的疲劳度增加。在文化工业中，这种模仿最终变成了绝对的模仿，但却不是每次模仿都能超越原作，这也印证了布迪厄的观点，即目的的排他性，手段的效仿性，最终导致了千篇一律和平庸化的大量商品出现。阿多诺对于文化工业化的观点，批判归于批判，但却并未阻止文化工业化的繁荣，文化产品实现文化固然重要，但如何使其文化与商业化之间相互制衡才是应加以探索的方向。

2. 原创研发时期

在国际电视交易市场逐渐完善的今天，模式化节目与海外引进的现象突出，公开资料显示，《中国好声音》第一季的版权费用在 200 万元以上，到了第二季竟增长至每年 6000 万元，仅一年前后涨幅高达 30 倍。于是唐德影视购买了其之后 4 年的版权，共计 3.95 亿元，平均每年近 1 亿元。由此可见，随着电视场中综艺竞争的升级，使引进项目的版权费大幅上涨，高质

---

① ［德］马克斯・霍克海默、［德］西奥多・阿多诺：《启蒙辩证法：哲学断片》，渠敬东、曹卫东译，上海人民出版社 2006 年版，第 117 页。

量的大"IP"尤其明显。在海外引进电视节目这一热潮引领之下,国内各大卫视之间的竞争关系愈演愈烈,争相投入引进节目制作,导致版权引进节目的数量与价格同时增长,可想而知,中国电视节目每年用于版权购买的花费何其之高。

事实上,针对电视市场所产生的过度倚重海外版权节目、无法在节目原创上发挥主动性等问题,国家新闻出版广电总局在2014年曾出台过"限模令"限制版权引进这一政策,从而达到鼓励原创电视节目的目的,然而其并未起到真正作用,2014年确定正式引进与将要引进模式的韩国综艺仍在20余档之上,丝毫没有递减的趋势。但为了响应国家对于鼓励原创这一号召,地方卫视有不少引进类电视节目打着"联合制作研发""中外合拍"的幌子,换汤不换药,电视节目的市场环境没有较大改观。

2016年第四季度,原创文化类综艺节目在荧幕上崭露头角,并迅速吸引了受众的关注,它打破了固有的娱乐化节目形态,将演讲、朗诵、表演或是某种专业技能与真人秀的形态糅合在一起,所涉及的文化领域与可见的文化符号更加广泛;注重文化体验而非娱乐体验;文化类电视节目最大的价值,是让受众不仅局限在接受信息,而是对所接受的文化内容开始有了自己的思考。

因为电视是单向媒介,不需要得到受众的反馈,观众接收到信息便证明信息传播的达成,且观众在观看电视时,被动接收电视播放的图片、影像及声音,并且在无间隙的播放中,受众无法在观看电视的同时进行深度思考。这也是电视所具有的最大弊端。与电视不同的是,网络媒介可以让信息传递者与信息接收者进行互动交流,让受众的参与度更高,故受众数量更加庞大。在电视与网络媒介盛行的环境下,接收信息的渠道渐渐将人们区分成为两类:一类人把电视与网络媒介当成了消息的唯一来源,大部分生活被这两种媒介所占据;另一类人不完全被电视与网络媒介所困,仍旧保持严肃的接收知识的来源,如书籍、报纸、国际刊物、外语电台等,总结前人或学者的学术成果与经验来丰富自身的阅历。长此以往,这两类人群必然会产生较大差距,这也是国家针对电视节目的发展趋势进行引导的原因之一。当然,电视节目中不乏包含政治军事新闻等国家时事,或是知识讲座、文艺作品等有价值的内容,但如果没有国家及政府的支持,电视场必然会发展成博人眼球、充斥娱乐、收视率至上的市场环境。

一人、一信、一方讲台,这是《见字如面》这一节目的呈现形式,以远到千年的秦汉王朝、近到当今社会的书信为载体,从大国到小家、生死到情爱,以朗诵与解说的形式,让人穿越时空、身临其境地体悟信件中的情真意切、时代背景与社会文化。总导演关正文说道:"所选取的每一封信都是一个话题的开端,但我对于话题性的追求不是为了炒作,而是为了激活独立的思考。"①在全球文化工业的时代背景下,商业效益促进了电视节目行业的复制式生产,娱乐作为具有普适性的需求拥有大批消费受众,但在长期的同质化竞争与娱乐化过剩的环境下,当

① 《〈见字如面〉总导演关正文讲述信件背后的故事》,载搜狐新闻2018年2月4日,https://www.sohu.com/a/220857138_718263。

代社会的受众需求开始转向，电视给人的观感不应止步于感官娱乐，应能够激发受众的独立思考，这是弥补其无法作为独立性思考工具这一弱势的最终目的，是扭转“娱乐至死”这一时代现象的核心竞争力，更是电视节目发展的大势所趋。

3. 文化类综艺节目的发展动因

电视节目在诞生与发展的过程中，其节目的模式就是多元的、不断变化的，直到如今，各种模式处于共存阶段，但侧重和比例在时间的推移中有所变化，这种转变的核心动因即是艺术的“他律性”，其在电视场中受到内外合力的影响所致。从图2－2可以看出，能够影响其运作与结构的相关者，其影响强度由核心关系、内部关系到外部关系依次递减，主体向受众传播作品，受众以收视率与其他媒介进行信息反馈，以及各个阶段各项资金的运转，是电视场内最核心的运作模式。在中国电视发展起步时，定是受到现存电视节目中的先例所启发，以及全球一体化带来电视节目交易模式的可能性；同时，电视媒介的发展与其所处的社会环境有着极大的关联性，主体的自主性一定程度上受制于消费者倾向、政策、社会舆论、行业内的竞争者与利益相关群体等多重因素，从而得到经过政策调控、观众需求转变、市场导向引导下的客观电视场域，合力促成电视生态的发展与完善，运用多媒体融合的制播方式，步入自主研发的上升期。

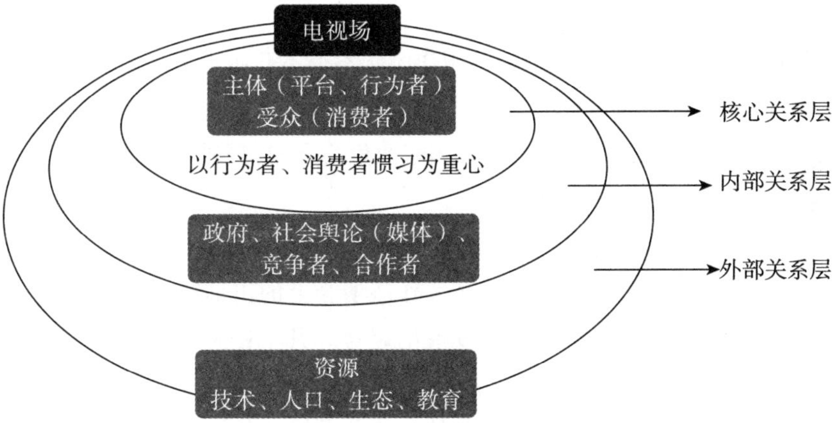

图2－2　电视场关系

资料来源：笔者自绘。

(1)政策调控与市场导向

在国内电视节目发展历程中，国家管控针对不同阶段所遇到的问题提出了相关的政策引导，规范产业链的合理化配置，这是推动电视文化发展的最大因素。如表2－2所示，自2014年“原创文化类节目”这一定义得以确立，国家日益重视文化这一属性在电视中的价值体现，而后陆续针对文化传承与电视节目的结合进行政策引导。

表 2－2　近年国家对于文化类电视节目的政策规范

年份	政策	主要内容
2013 年 12 月	国家新闻出版广电总局出台《关于积极开办原创文化节目弘扬和传承优秀传统文化的通知》	明确使用“原创文化节目”这一概念；明确弘扬和传承优秀传统文化、肩负社会主义文化强国的建设任务是广播电视媒体的文化责任和社会责任
2017 年 1 月	中共中央办公厅、国务院办公厅下发《关于实施中华优秀传统文化传承发展工程的意见》	主张“中华优秀传统文化传承发展工程”、将中华优秀传统文化贯穿于国民教育的整个过程；重视彰显人文精神和对文化精髓的发掘、重视在节目和各类影视作品中注入中国传统美学精神
2017 年 7 月	国家新闻出版广电总局出台《关于把电视上星综合频道办成讲导向、有文化的传播平台的通知》	进一步强化电视上星综合频道公益属性和文化属性。坚决反对唯收视率，坚持抵制收视率造假；总局鼓励电视上星综合频道在黄金时段增加公益、文化、科技、经济类节目的播出数量和频次

资料来源：笔者自绘。

2016 年，国家新闻出版广电总局发出《关于大力推动广播电视节目自主创新工作的通知》，将“限模令”落到实处，要求上星综合频道每年黄金档播出的引进节目不得超过两档；每年新播出的引进模式节目不得超过一档，首年不得在黄金档播出，①这一系列举措直接针对的是引进模式的加剧现象。这让各大卫视的制作团队不得不开始走上了自主研发的道路，然而创新不是一蹴而就的，正是因为有了这几十年的学习与积累，国内部分制作人充分吸收了国外优秀电视节目的成功实践和失败教训，以国家政策为导向，深耕电视节目的蓝海区域，等待着厚积薄发的时刻。

习近平总书记在党的十九大报告中明确指出，“发扬学术民主、艺术民主，提升文艺原创力，推动文艺创新”。《习近平总书记在文艺工作座谈会上的讲话》的内容给文艺工作的开展点明了重要导向，同时也是电视场进一步发展的趋势。其中提到，大力保护文艺原创权益和创造力，坚决杜绝“盗播”“模仿”等现象，要坚持百花齐放、百家争鸣的方针，发扬学术民主、艺术民主，字字珠玑。中华民族有历史悠久的文化渊源，这对于中华儿女来说是一笔宝贵的财富，应该加以善用，以此繁荣我国文艺市场，创造更多具有文化理念与社会影响力的文化作品，方能做到讲好中国故事，让中国作品走向世界。

场域具有自主性，但这种自主性是需要依靠场域内结构的相对性而言，在一个场中，最关键的是相对权力。布迪厄发现一个与政治权力由近到远的序列：法律场、学术场、艺术场、科学场……相比之下，电视场远比科学场和艺术场更受制于市场的裁决，更易受到市场外部因素的控制，相对自主性也就更弱。电视节目模式交易意味着丰厚的经济利益，市场导向——

① 原国家新闻出版广电总局《关于大力推动广播电视节目自主创新工作的通知》。

效益者的适者生存理论，能够在市场中立足的，必然是具有高额经济效益的产品，这样的产品易于引起大众关注度，嗅到利益源头的生产商会争先恐后地进行投入产出，长此以往，趋于循环的生态链便不会被轻易打破。

“经济基础决定上层建筑”，这一理论对于电视行业的发展同样适用，在国内综艺节目发展的初期。随着市场经济的发展，综艺节目受到海外电视节目的影响，选题与内容逐渐丰富灵活，市场经济虽促进了电视节目的百花齐放，却还带来电视节目工业化生产这一负面影响，在同质节目逐渐趋于饱和之时，利益相关者从中获利的概率大幅降低，整个行业出现文化与资本失衡的现象。在此之后，国内制作人积极开始原创节目的探索，国内逐渐涌现出有质量的自制综艺节目。

(2)受众需求

受众为电视场主体所服务的对象，即消费者，受众需求与价值观的转变无疑是影响文化类综艺节目发展的重要动因。经历几十年的改革开放，我国人民平均生活水平显著提高，在达到生存需求的基础上对美好生活的向往更加强烈，对于电视的需求不仅停留在娱乐这一层面，度过了娱乐化节目的新鲜期，受众感到审美疲乏，开始意识到精神文化的必要性，此时新兴的文化类综艺呈现出电视的文化特性，如一股“清流”注入了电视综艺市场，收视率一度登顶。

需要强调的是，受众与主体之间的关系并不是单向的，而是双向促进的，受众日益变化的需求固然能给予节目制作人一些创作灵感，从节目的收视率可以分析出受众需求的倾向与喜爱程度，但节目制作人不应局限于迎合受众消费惯习，而应起到引领受众审美与价值导向的作用。

在由美国 3 位学者撰写的《广播电视节目编排和制作》一书中，总结了 7 种能使受众在电视节目中停留的情感要素：冲突或竞争，喜剧性，浪漫性传奇，人情味，情感激发，信息和重要事件。尽管这 7 种特质还不足以涵盖所有要素，但这 7 种感染力像一块七巧板，在节目设置中联合运用、彼此配合，便可呈现差异化效果。在较长一段时间范围内，综艺节目一味寻求戏剧冲突与喜剧性，甚至为了宣传而故意剪辑具有强烈冲突画面的预告，长此以往，受众对导演的人物设置产生质疑，觉得它不再真实。如果能融合文化换一种结合方式，效果又会如何？在《声临其境》的舞台上，刘敏涛的一段《一个陌生女人的来信》，在观众的惊讶和疑问之中开始表演，在主持人还未反应过来时的一句“我的孩子死了”，并不令人感到不合时宜，反而随着情感激发和浪漫性的故事讲述，将人带入情景当中，随着“艺术家”的情绪变化经历这一部作品以及这一个女人的一生，作品结束后给人由衷的震撼和情感冲击，值得人将这部作品找出再细读一番，与娱乐带给人的感官愉悦完全不同，这便是文化的强大感染力，也是受众需求多样化的成因。

(3)电视场与文艺的他律性

布迪厄提出，电视本身丧失自主性是因为新闻场存在众多“看不见的审查”，因受到外部力量在一定程度上的操纵从而无法自主主导其运作方式,即电视场的他律性。① 前文提到,国内的电视节目最初是为了实现政治目的而诞生的,政治场在一定程度上把控着电视场的发展导向,即便国家不出台政策进行规约,电视场的主体也会进行一种自我审查,主动规避不符合当下国情、对国家与社会产生不良影响的负面言论,以及与道德素质背道而驰的观点。

电视节目也是如此,鲜有电视制作人愿以所有投入为赌注,而是在国家与受众可接受范围的边界探索节目创作,所以同质化节目便是最易通过审查的类型,有先例可循;当然,原创节目在成形之初便会进行可行性的全面考量,通过项目立项等审查程序,成熟的电视制作人以自身经验积累为基础,全面了解行业的需求与界限之后,在可控范围内进行电视节目制作。

布迪厄认为,事物具有超越二元对立的特性,二元对立中主观与客观即是冲突关系,但世间万物不是仅以非黑即白来判定的,他指出,将社会科学人为地分割成各种不同形式的对立中,最根本、最具破坏作用的就是主观主义与客观主义的对立。② 但这种制约不能完全以批判的角度看待,某种程度上它对电视文化生态起着指导性作用,防止电视节目逐渐变为资本的产物。传播范围极广的电视媒介失去监管后,一旦不实报道或负面事实被有心之人有意放大,极易引起铺天盖地的社会舆论甚至社会恐慌,所以适时针对其遇到的问题进行全面调控是有必要的,例如相关部门近年来出台各类通知与意见,来抑制同质化节目的竞争、娱乐化节目的过量、大规模版权引进的程度,以及演艺圈不正常薪资的发放等。同时,我们可以看到这种制约在当今这一时代也在不断开放化,中央电视台采取了全新的新闻播送方式,在网络媒介上与时俱进,不断向群众靠拢,对热点的评论与言辞一针见血、精准运用网络热点词汇,电视台主持人同网络博主一样拥有自己的社交账号并播送“新闻 Vlog”等。

现阶段,电视节目的收入来源主要是广告招商,制作过程中必须依靠冠名商、赞助商的资金支持。作为经济上的支持者,广告商在拥有一定发言权的同时,同样忧心节目的收视率与影响力,为了争取自身利益最大化,他们要求电视节目尽可能长时间、多次地进行广告播出,针对同质的品牌产品具有绝对的排外权,节目制作过程中对于赞助商的要求适当配合,这便使电视场无法摆脱经济资本的束缚。例如,OPPO 手机的赞助商对于节目提供资金与一定数量的手机等物资支持,在合约内容中,不仅包括节目广告口播的创意、数量及内容,往往会具有一条禁止其他品牌的同质产品露出的条约,即便节目中的主持人与嘉宾随身携带自己的手机,也不被允许出现在画面中,并且在后期剪辑时进行必要把控。

换言之,文化作品的市场化离不开经济逻辑,电视节目的成功即是广告商的最佳广告。广告商在选择项目投资时会特别关注节目收视率,故海外综艺模式版权的现象级节目收视率越高,就越备受广告冠名商与赞助商的青睐,这也是原创节目易受压制的原因。没有成品便没有经济保障,投资意味着更大的风险,所以广告商更倾向于选择已经在电视场立足的电视

① [法]皮埃尔·布尔迪厄:《关于电视》,许钧译,辽宁教育出版社 2000 年版,第 69 页。
② [法]皮埃尔·布尔迪厄:《实践感》,蒋梓骅译,译林出版社 2003 年版,第 37～38 页。

台、制作团队，甚至首选已有足够知名度、高收视率节目的延续制作。

三、湖南广播电视台综艺节目《声临其境》的制作

（一）行为者的实践空间：湖南广播电视台综述

1. 湖南广播电视台发展现状

胡正荣在《中国广播电视发展战略》一书中，将中国电视行业发展分为 3 个时期，事业型、事业 + 产业化、媒介整合型。这 3 种类型的经济来源截然不同，在发展过程中电视行业的自我造血能力也不断增加。

在此背景之下，湖南电视台（时称长沙人民广播电台）创于 1949 年，于 1997 年 1 月 1 日正式上星，推出了《快乐大本营》《玫瑰之约》《晚间新闻》等一系列电视栏目，在国内引起了广泛的关注度。由此，湖南省省会长沙开始逐步建立文化娱乐产业集群，以湖南广播影视集团为中心，打造“中国娱乐之都”，将出版产业、动漫产业、娱乐产业与演艺产业相结合，借由《超级女声》的影响力，形成了巨大的品牌产业链。因此，湖南广播电视台在之后长时间的电视行业中遥遥领先。

湖南广播电视台先后经历 3 次文化体制改革，湖南经视的开播拉开了首轮改革的序幕，一方面实行“事业单位体制、企业单位运作”的管理模式，另一方面实行“制片人负责制”，充分放权、激励员工的自主积极性，多频道开播加大内部竞争力度，于 2000 年成立了中国第一个省级广播影视集团——湖南广播影视集团。第二轮体制改革逐步整合合并内部多个频道，将资源配置更加合理化，同时以“打造中国最具活力的电视娱乐品牌”为发展目标，实行内容制作、动漫卡通、网络媒体、电视购物等多元化发展战略。为了探索中国广电行业的发展之路，融合内容与渠道这两大核心优势，打造文化产业品牌与提升文化软实力，第三轮体制改革开启。2010 年 6 月 28 日，为实现“政企分开、管办分开”、提升市场竞争力的目标，湖南广播电视台由湖南广播影视集团改制而成，统一管理其旗下的湖南电视台等十多个省级媒体资源，同时建立子公司——芒果国际传媒有限公司。在互联网时代与文化新业态蓄势待发，国家推进“广电网、电信网、互联网”三网融合之时，2014 年，湖南广播电视台台长吕焕斌判断未来媒体市场即将发生的巨大变化，捕捉到了媒体融合的可能性，打造了以视听互动为核心、网络与电视相融合的新媒体视频平台——芒果 TV，这是最早获得互联网电视平台资格的媒体，至今历时 5 年，湖南卫视与芒果 TV 之间达到了资源共享的相互输送，基本实现了“一体两翼”的媒体融合芒果模式。

近年来，高速发展中的浙江卫视、东方卫视以及江苏卫视，与湖南卫视并称全国四大卫视，紧随其后的北京卫视也有崛起之势，但湖南卫视始终占据榜首。电视场中的实力对比，从

主观来说,可以通过口碑、影响力与社会价值得以体现;从客观来说,需要通过收视率、市场份额、集体资本等数据支撑。2018 年,湖南广电总收入达到 209.51 亿元,比 2017 年约增长 16%,占湖南省广电总收入的 73%;2020 年湖南广电总营收 243 亿元,其中利润占 43 亿元。在几十年的发展过程中,作为娱乐传媒强势品牌,湖南广播电视台始终坚持以"内容生产"为核心,以"活力、快乐、青春"为目标,坚持助力精准扶贫、履行人文关怀等社会责任,成为中国影响力最大的地方电视台,始终占据最具品牌影响力省级卫视以及省级卫视收视率的榜首(见表 2-3、表 2-4)。

表 2-3 2018 年卫视排名

排名	频道	收视率/%	收视份额/%
1	湖南卫视	0.65	3.10
2	东方卫视	0.49	2.30
3	江苏卫视	0.39	1.90
4	浙江卫视	0.36	1.70
5	北京卫视	0.34	1.60

资料来源:CSM50 城, http://www.tvtv.hk/。

表 2-4 2020 年全年五大省级卫视全天时段收视排名

排名	CSM 全国网			CSM 城域			CSM59 城		
	频道	收视率	份额	频道	收视率	份额	频道	收视率	份额
1	湖南卫视	0.26	2.88	湖南卫视	0.33	3.37	湖南卫视	0.41	3.66
2	浙江卫视	0.18	1.94	浙江卫视	0.22	2.28	东方卫视	0.35	3.15
3	江苏卫视	0.17	1.90	东方卫视	0.21	2.15	浙江卫视	0.33	2.97
4	东方卫视	0.15	1.61	江苏卫视	0.20	2.10	江苏卫视	0.32	2.85
5	北京卫视	0.10	1.13	北京卫视	0.15	1.51	北京卫视	0.29	2.55

资料来源:CSM50 城, http://www.tvtv.hk/。

布迪厄曾在讲座中举过一个例子,在了解新闻记者所能起到的作用时,必须了解两个方面:一是看他所在的新闻机构,二是看他本人在报社或是电视台所处的位置。[①] 场域中处于不同位置的行动者会采取不同的策略,在电视场中,湖南电视台相对其他省级卫视而言暂且处于支配地位,于已有的资本与位置而言采取保守性策略来维护现有场域中的力量格局,遥遥领先的节目类型包括电视剧、综艺与网络电视平台,不倾向大的突破。电视品牌的多方资本

① [法]皮埃尔·布尔迪厄:《关于电视》,许钧译,辽宁教育出版社 2000 年版,第 57 页。

加持，以及行为者的个人能力与经验行为的引导，决定了一档电视节目的起点；节目的形式内容，是行为者运用资本谱写华彩乐章的过程；而后的参与嘉宾与执行制作，方才能精彩完美演绎。

2. 湖南卫视节目制作中心架构

2018年年初，湖南卫视公布了2018年的七大任务，其中就有大力试行一线团队工作室制度。湖南卫视节目制作中心于2018年5月从现有的26个工作团队中首选7个团队成立工作室，转型为独立制作人模式，工作室以制片人姓名命名，由制片人全权领导团队与节目制作，下放给了工作室更多的自主权与充分的创作自由，并且积极鼓励自主研发项目与自主品牌的创立，随着节目的兴起，金牌制作人也随之出现在人们的视线中，不再是幕后工作者。工作团队结构以无中心化的网状模式打破了自上而下的链条式结构，工作效率与质量得到显著提高，故湖南卫视节目制作中心于2018年11月新成立5个工作室并为其授牌，至今共12个工作室（见表2－5）。

表2－5　湖南卫视节目制作中心工作室

工作室名称	代表作
沈欣工作室	《天天向上》
刘伟工作室	《快乐大本营》
王琴工作室	《我想和你唱》《儿行千里》《金鹰节晚会》
徐晴工作室	《声临其境》《一年级》《爱情歌会》
王恬工作室	《中餐厅》《透鲜滴星期天》
陈歆宇工作室	《亲爱的客栈》《2016—2017跨年演唱会》
刘建立工作室	《汉语桥》
安德胜工作室	《幻乐之城》
孔晓一工作室	《少年说》
洪啸工作室	《歌手》《舞蹈风暴》
秦明工作室	《中华文明之美》《放学后》
卞合江工作室	参与节目制作的——前置后期团队

资料来源：笔者自绘。

如表2－5所示，在短短两年中，各大工作室都创立了独立的品牌栏目，包括周播的《天天向上》《快乐大本营》，季播的《声临其境》《中餐厅》《亲爱的客栈》等，以及单次类晚会型节目《爱情歌会》《跨年演唱会》等，源源不断地输送的多元化节目形式丰富了湖南卫视的荧屏。

团队中的人员结构在项目建立初期，所有人员作为前期策划导演参与到项目策划当中，在项目策划运行过程中逐渐分化为几类组别：艺人统筹组、跟拍导演组、服化组，以及各方面的技术组等。每个工作室中都有自己独立的后期制作人员，较为特殊的是，因真人秀节目的兴起，庞大的后期需求催生了独立的后期制作团队——卞合江工作室，这也是节目制作中心唯一一个后期工作室，承接了湖南卫视大半的后期工作。除后期制作外，该团队不时会参与节目前期与中期的制作当中，如《声入人心》的镜头、舞美、脚本的设计，尝试从后期这一新角度出发来探索节目展现形式的更多可能性。另外，节目制作中心为推动项目合作，会在大型综艺节目制作时期整合多个团队人员，或是向其他团队借调人员共同完成项目执行，这既促进了团队之间的合作，又保证了资源整合的合理性与高效性。

（二）行为者的实践逻辑：《声临其境》的制作模式

据2018年"中国文娱大数据发布盛典"统计结果，以及"大数据＋人工智能技术"核算市场反馈，《声临其境》第一季以口碑指数87.58获得最具全网口碑电视综艺称号，并以豆瓣评分8.3分的高分结束了《声临其境》第一季的播出。

1. 策划构思阶段

前期节目策划阶段即包括节目构思、确立选题与节目定位，其一般步骤与项目策划大同小异，而一档原创综艺节目本身是独一无二、无迹可循的，正如万丈高楼的建立，项目策划构思阶段便是成功的根基。

（1）垂直细分化题材——将冷门做成爆款

①创意缘起

2017年，在第22个世界读书日来临之时，湖南卫视举办了一场"书香中国全民阅读启动晚会"，整场晚会贯穿两个字："共读"。这次晚会更像一个语言类的节目，形式单纯、主题集中、立意鲜明，将古时文人的吟唱、诵读作为节目形式呈现。节目中6位专业配音的老艺术家共读《三国演义》片段，可谓震撼人心，《人民日报》截取了其视频并于微博发文"他们一开口，仿佛立即置身于那个群雄逐鹿的乱世"，该篇微博的阅读量在短短两天内超500万。节目总导演徐晴表示，曾担心没有画面只有声音会导致感染力不够，但在彩排和正式演绎之后，节目效果出人意料，同时，共读《三国演义》的影响力也是节目组所未能预料到的。总导演徐晴表示，当时因为《三国演义》中原班演员的档期与节目录制有所冲撞，便邀请了原声配音演员前来，配音演员和演员是相互成就的，如果给予这些实力配音演员一个舞台，他们一定会大放异彩。自此其萌生了以影视片段为原型，制作一档以声音为核心的节目的想法。

创作始于想法的萌芽，对丰富多元的电视节目而言，单单聚焦于声音的表现形式未免过于单薄，如何才能抓住受众的目光？该用何种方式丰富节目内容？这都成了观众能否适应小众化要素，小众能否成为大众，以及节目最终能否呈现的决定性问题。

②调研配音市场

随着时代的变化，受众的观赏水平越来越高，对于电视节目的要求也会越高，受众的兴趣从长期的娱乐化转向了更有价值和内涵的作品，而文化类节目所能带来的文化自信是国家正在呼吁的、正在兴起的潮流。通过市场调查，徐晴团队发现近几年来大火的内容产品——有声读物、广播剧、声音 App 在市场中兴起，有声读物与纸质阅读形成了双向互补，内容囊括的范围也从小说、外语拓展到了经典读物、唐诗宋词、相声小品。众多游戏主播、游戏配音演员、影视剧配音演员通过网络的方式被观众熟知，并且收获了大量忠实粉丝，证实了声音这一聚焦点可以经受市场的考验，这让制作团队对于其可行性重拾信心。

(2)匠心制作的节目内容

①赛程制定

在前期策划阶段，确立主题之后的重中之重即为节目形式的设计，作为一档文化类真人秀，既要有真人秀的有趣又不能完全娱乐化，既要破除以中规中矩的形式做文化又要做到不经意地散发文化情怀，实属不易。团队针对节目形式反复打磨，先后进行 4 次大方向调整以及 28 次改版，最终确定了节目整体致力让演员发挥“声”这一专长，故选取了较简单的声音竞演方式：4 位演员，3 个环节，角逐每期一位最受观众喜爱的声音——声音之王，最后由 9 位声音之王参演年度大秀进行高手过招这一赛制。

因切入点的特殊性，环节的设置尤为重要，第一环节“经典之声”，让嘉宾为经典的影视片段配音，意在考察演员基本台词能力；第二环节“魔力之声”，由嘉宾挑战有难度的台词或绕口令，或是即兴为特定场景进行配音，意在考察演员声音的可塑性；第三环节“声音大秀”，由四位嘉宾共同出演一场较为完整的经典剧情，考察嘉宾表演的综合实力。

②呈现形式

节目在每一期设置了一个主题，既统一了这一期节目的基调、4 位声音嘉宾的特质，又于正片播放之前为观众留足了悬念，如“磁性之声”“麻辣女声”“绅士之声”，仅标题就极具吸引力。

为了凸显“声音”的特性，同时营造神秘感，在前两个环节中，采取“只闻其声，不见其人”的形式，节目组结合前沿技术，使用 Fotric 云热像对节目进行技术支持，它以热像传感器接收人体发出的红外热辐射，生成温度分布图从而成像，观众能通过投在大屏幕上的云热像剪影观察嘉宾的举止，以肢体动作实现互动效果。既是只闻其声，从幕后到台前的揭面环节也是关键，除控场的节目主持人外，策划时还提议增设观众与嘉宾沟通的桥梁，便于带动观众互动与舞台气氛，因此邀请了湖南电视台的主持小花旦以及新人演员组成芒果新生班。新人的出现可作为观众代表发声，同时以与主持人互动的方式猜测幕后之人，且主持与演员都分不开对“声音”的修炼，新生班以向老艺术家请教的方式，引出声音行业的专业知识，这恰好契合节目组希望将配音的专业度做到极致的初衷。

在第一季播出结束后，调查显示，3 个环节之中，第三环节声音大秀的评价不高，实时收视呈下降的态势，故节目组在第二季的创作中更加注重这一环节的创新升级。在第三环节中,第一季需由4位演员表演完整片段,而第二季更聚焦于声音的呈现,摒弃了“表演”的成分,同时增加了冰屏显示技术、纱幔及全息投影裸眼3D技术,用立体背景板营造出空间感,达到视觉与听觉的“声临其境”。如张国强、刘奕君等人演绎的《集结号》这一片段的末尾,在战火中唯一幸存的班长逐个点名已阵亡的士兵之时,有一支扎着红绳的集结号出现在已逝战士们视线的方向,加深了主题——以集结号为令、号响便撤退,在声嘶力竭地点名之后,集结号缓缓升空,给人以真实的壮烈之感。

③专业度加持

对于节目品质和专业度的把控,制作团队在制作过程中更加注重的是艺术家的专业性,但专业的衡量标准该如何界定,节目组和观众都没有足够的发言权。节目制作时,聆听观众的声音尤为重要,在第一期、第二期节目播出之后,在网络上引起了配音专业的老师、学生,以及微博“大V”的关注,不少人以专业的角度对嘉宾的表演进行理性解读。节目总导演徐晴受此启发,即刻对节目设置进行修改,让专家拥有话语权、拥有发声之处,节目自第三期引入一支专业的配音团队——上海领声文化传媒有限公司,由国家一级演员、配音导演狄菲菲对嘉宾进行声音指导。同时在每一期节目中设置专家点评团,邀请到国家话剧院常务副院长、国家一级导演王晓鹰,上海戏剧学院副教授、台词导师刘婉玲,国家一级播音员、湖南卫视专属频道声丁文山,中央电视台纪录片解说者、配音艺术家周扬等“声音界”的顶级人物对配音片段进行点评,评判配音片段的质量、分享配音的核心要素,真正做到让行外人看懂内行。在第一季的年度声音大秀——总决赛的比赛现场,节目邀请了中国顶级导演陈凯歌,其专业的评价点到为止,剩下几分留给观众想象空间,让人浮想联翩。

④观众投票

与观众增强互动是湖南卫视于2004年《超级女声》时就实行的方式,这既能拉近演员与观众之间的距离,提高受众的参与度,也使得评选标准更贴合大众的审美。节目每一期将投票选出最受观众喜爱的声音,现场300位观众的投票结果将决定晋级的演员,在投票前演员、评委、新生班之间的互动拉票环节常常别出心裁,成为这档节目的娱乐部分。因观众不是专业人员,网络上也有些许质疑的声音出现,但节目组相信现场观众的鉴别能力,能分辨打动人的声音,能让有实力的人留在这个舞台上继续读懂人心、温暖人心、震撼人心。

(3)“发声者”——让专业之人做专业之事

①选角与选片

“发声者”有两个关键要素,发声的人是谁?发声的内容是什么?前者的选取是这档节目的关键所在,节目组与拟邀嘉宾存在双向关系,有前景的市场、灯光璀璨的舞台需要有实力的“发声者”台下10年的工夫,同时该“发声者”也需要一个上台展现的时机。众所周知,在节目效果没有呈现之前,没有成熟的、可视化的模式给予嘉宾参考,更没有业界专业人士的推荐给予节目支撑,拟邀嘉宾既无法对自己的表现有所考量,也无法对节目效果有所期待,节目与嘉宾的互选是对于制作团队最大的挑战。

《声临其境》这档棚内真人秀，特殊在做冷门、不走流量、没有人设，确立选择嘉宾的标准为艺术家、实力派，据统计，在《声临其境》第一季的10期节目中，有一半曾获得国内或国际表演行业最佳男、女主角的奖项，在业界的地位不容小觑。有人曾说：“参与《声临其境》的竞演者，都是其他综艺节目的评委级人物。”确实如此，在第一季第二期节目中，唐国强、张铁林、陈建斌、宁静4位嘉宾本身的代表作具有一定的艺术高度，所以第一季节目播出时，高水准的竞技将观众的审美标准定在了较高的位置。

在确立嘉宾标准后，节目组便拟定了50位以上的嘉宾人选，而后艺人统筹针对该嘉宾进行全面的资料收集、人物挖掘与方案设计，例如，朱亚文低沉富有磁性的嗓音应配以相近片段，这都是节目前期需要全面考量的。此后向意愿嘉宾的经纪人发起节目邀约，实施对接协商、确定档期、签订合同等一系列流程。

在确定一期节目的4位嘉宾后，每位嘉宾由一位专属的跟拍导演负责与其对接，确定嘉宾对于节目与片段的诉求。选片过程十分严谨，必须具备经典、有感染力、独具特色等特征之一，同时不能有负面价值观、负面新闻的演员出现。每个递交给嘉宾选择的影视片段都是在十几个作品中筛选出来的，先后经过3次审核：跟拍导演与嘉宾达成一致后，跟拍导演审核、总导演审核，最后通过策划组全员审核得以确定。

在竞争赛制中，不仅是演员之间的竞争，更是导演之间的竞争，片段与演员声音的契合度、演员对片段声音的驾驭程度，都与导演的节目设计分不开。跟拍导演需要对演员的音色和可塑性有所把控，若可塑性高，便倾向挑选声音跨度较大、片段反差较大的内容素材呈现，做到“声情并茂、似像非像”；若嘉宾声音的可塑性不强，便选取较为稳妥的办法，选择最为贴合演员声线的角色，达到与原声高度统一的效果。

让演员秀才华也是节目的初衷之一，很多人觉得演员不需要才华，只要会演戏就好了，其实不然，一个没有才华的演员如何揣度角色的人物与内心？又以何作为坚定自己即是人物本身的基石呢？徐晴坚信，只要有才华就能“秀”，而这个平台不仅是展示演员专业的舞台，更是发掘演员才华的舞台。

②拟音师

拟音是影视行业不可或缺的一环，是影视音响艺术的创作之一，但这个行业鲜为人知。拟音不是简单地模拟需要用到的声音，而是通过生活中听到的声音，寻找与所需声音相似的频率，用特殊方式将其复制出来。在第一季第六期的节目开始前，播放了一段电影《饮食男女》中做菜的片段，节目组邀请了拟音师龙岚、大勇为观众现场演绎了选片中所有的“声音”。在第二季的节目设计中，节目组为拟音师专门设置了舞台上的拟音区，声音大秀的片段中除人声外都由拟音师现场呈现，雷声并不是录制真实的打雷声后期合成，水杯的破碎声更不需要摔碎玻璃，这都让观众觉得十分新奇。节目播出后，正如总导演徐晴所言，这档节目能使得大众给予配音行业更多的关注。

2. 拍摄录制阶段

制作中期即策划执行阶段，前期的节目设计越完善，执行制作效率就越高。在制作前期，制作团队中的导演没有明确的类别划分，而是统一进行片段的寻找与筛选，在分配嘉宾后，各位导演的任务才更加明晰。跟拍导演进一步与嘉宾协商沟通，确定选段后将片段素材下载并交至后期组，由后期组进行小片的剪辑制作以及音频的消音处理，在彩排与录制时提供剪辑后的版本播放，执行阶段逐渐步入正轨。

《声临其境》项目预备执行阶段，完整分工如图 2－3 所示，执行导演与前后期统筹协助执行策划共同把控节目制作的执行，开会确立拟定待邀嘉宾，艺人统筹负责邀请拟定嘉宾，协商出席节目的方案及事宜。跟拍导演组，一个导演全权负责一个嘉宾，负责与其沟通台本、设定节目内容、进行全程拍摄等，另还需在录制期间做好场记，为后期剪辑提供便捷的素材；与此同时，为了提高工作效率、确定信息传递的有效性，除专属跟拍导演外，其他工作人员不得擅自与嘉宾沟通。服化组确定嘉宾节目拍摄期间的服装与面妆，为有需要的嘉宾量身提供服化，即时满足嘉宾需求进行服装调整。湖南卫视每个工作室都有长期合作的专业摄像团队，由摄像团队把控镜头间的人物关系，为每个嘉宾安排一位跟拍摄像全程拍摄，包括彩排与备采。道具组、灯光、音频与技术组在每一期节目前需协调场馆现场与跟拍导演确定所需物品及设备，在录制期间协助节目呈现。特种设备组即负责导播间、监控等特殊设施。需注意的是，所有拍摄素材卡在录制当天交由后期组上素材，由后期组对其进行剪辑制作。

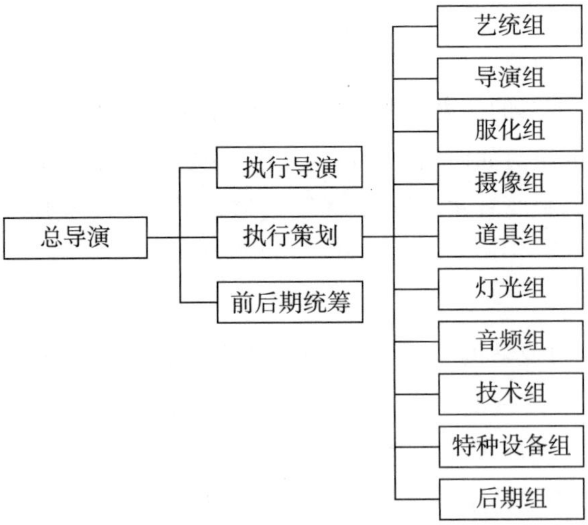

图 2－3 《声临其境》项目执行人员分组

资料来源：笔者自绘。

在执行拍摄前一个月，节目组敲定录制场馆的时间安排，同时开始舞台场地的搭建工作，而后整合嘉宾的档期制定录制时间安排表，每两期连续录制，两期与两期之间有一周的准备时间确认各部门工作。在开始拍摄前，节目组先确定前3期节目的嘉宾，而后的嘉宾选取由艺人统筹继续跟进，值得提到的一点是，录制时间安排一旦确定便不会再作更改，对后续工作的确立有很大的帮助（见表2－6、表2－7）。

表2－6　《声临其境》第二季录制时间安排

期数	录制时间
第一期	2018年12月23日
第二期	2018年12月25日
第三期	2019年1月3日
第四期	2019年1月5日
第五期	2019年1月16日
第六期	2019年1月18日
第七期	2019年1月23日
第八期	2019年1月25日
第九期	2019年2月27日
第十期	2019年2月28日
第十一期	2019年3月6日
第十二期	2019年3月7日

资料来源：笔者自绘。

表2－7　《声临其境》第三季录制时间安排

期数	录制时间
第一期	2019年12月28日
第二期	2020年1月4日
第三期	2020年1月11日
第四期	2020年2月1日
第五期	2020年1月25日
第六期	2020年2月8日
第七期	2020年2月15日

续表

期数	录制时间
第八期	2020 年 2 月 22 日
第九期	2020 年 2 月 29 日
第十期	2020 年 3 月 7 日
第十一期	2020 年 3 月 14 日
第十二期	2020 年 3 月 21 日

资料来源：笔者自绘。

在每一季的第一期节目拍摄之前，需要进行为期一天至两天的技术调试，技术团队、全息团队以及热成像团队进入场馆，由于声音大秀的技术要求较高，将征用半天时间进行舞台现场合成（见表 2－8）。彩排时，节目组请来专业的声音团队（瞬心团队）代位——代替嘉宾的位置进行所有流程，精准估计节目用时与节目效果，跟拍导演参与彩排，确定节目内容各环节无误，彩排后各部门统一进行调试。嘉宾于彩排时到场，即节目正式录制前一天，进行走台与片段试音，在第一季的正式彩排时，由专业配音导演狄菲菲老师进行声音指导，而在第二季时由"铁三角"——王刚、张铁林、张国立 3 位老师进行声音指导，彩排当晚会按照台本流程进行节目联排，统一各部门之间的协调配合。在彩排联排当天时间允许的情况下，可先进行节目呈现时衔接素材的拍摄，如开场短片、通道空镜，以及海报等物料用于宣传的拍摄。

正式录制通常于 14 时 30 分开始，在 14 时观众进入演播厅，进场前需将自己的随身物品包括手机等电子设备寄存于存包处，这是为避免偷拍、剧透等非官方的信息发布。进入演播厅后，由统筹导演进行 10 分钟的观众训导，包括训导与嘉宾互动时的反馈、嘉宾亮相时的反应、呼声和掌声的时间点等，同时节目录制时有特定导演带动观众的情绪与热烈氛围。开始录制之后，节目流程严格按照台本内容进行，为了向观众提供较好的节目体验，避免出现一个环节失误便重复数次的情况，若嘉宾在演绎片段或才艺时完成度不够，会在观众退出演播厅后进行片段补录，同时为保障声音大秀的片段质量，节目组将安排全体人员重新演绎 1～3 次，由后期选取最佳的一条。在节目的中场，会为观众提供晚餐，录制时间通常在 10 小时以上，在所有录制结束之后，跟拍导演将对参演嘉宾进行备采（备用采访），包括对这档声音节目的看法，对其他竞赛选手的评价等。

表 2－8 《声临其境》第二季第三期至第四期节目录制安排时间

日期	时间	嘉宾	项目内容	备注
12 月 31 日	14:00～22:00		全息调试	投影仪、LED 大屏幕、电力等部门到位

续表

日期	时间	嘉宾	项目内容	备注
1月1日	10:00～12:00		技术调试	各部门根据自己需求到位
	13:00～18:00		第一期声音大秀现场合成、彩排	导演到位 技术导演到位 导播、摄像统筹到位 全息团队到位
	18:30～23:00		第一期联排 （开场、经典之声、魔力之声）	瞬心团队到位 导播、摄像统筹到位 全息团队到位
1月2日	10:00～12:00		根据昨天彩排情况，各部门调试	技术导演到位
	13:00～19:00		第二期联排（开场、经典之声、魔力之声） 第二期声音大秀现场合成、彩排	瞬心团队到位 技术导演到位 导播、摄像统筹到位 全息团队到位
	19:30～23:00	王刚 4位声音大咖	声音大咖彩排 声音指导真人秀录制	全体到位
1月3日	10:30～14:00 （待定）	4位声音大咖 铁三角（待定）	第三期开场短片拍摄	短片拍摄的 相关部门到位
	11:00～12:00	拟音师	第三期音空镜拍摄	全体到位
	12:30～14:00	新声班（待定）	第三期开场秀录制	全体到位
	14:00～14:30		观众进场、训导	
	14:30～18:30	全体嘉宾	第三期录制（开场、经典之声、魔力之声）	全体到位
	18:30～20:30	全体嘉宾	晚饭 声音大秀备战真人秀录制	全体到位
	21:00～23:00	全体嘉宾	第三期录制（声音大秀、结束）	全体到位
	23:00之后	声音指导团 4位声音大咖	补拍 嘉宾备采	
1月4日	14:00～18:00		第二期声音大秀现场合成、彩排	瞬心团队到位 技术导演到位 导播、摄像统筹到位 全息团队到位
	19:30～23:00	张国立 4位声音大咖	声音大咖彩排 声音指导真人秀录制	全体到位

续表

日期	时间	嘉宾	项目内容	备注
1月5日	10:00~12:00		根据昨天彩排情况,各部门调试	技术导演到位
	10:30~14:00（待定）	4位声音大咖铁三角（待定）	第四期开场短片拍摄	短片拍摄的相关部门到位
	14:00~14:30		观众进场、训导	
	14:30~18:30	全体嘉宾	第三期录制（开场、经典之声、魔力之声）	全体到位
	18:30~20:30	全体嘉宾	晚饭 声音大秀备战真人秀录制	全体到位
	21:00~23:00	全体嘉宾	第三期录制（声音大秀、结束）	全体到位
	23:00之后	声音指导团 4位声音大咖	补拍 嘉宾备采	

资料来源:笔者收集。

在衔接较紧密的录制期间,节目组在录制两期节目后便继续投入到之后的两期策划当中,之后的赛制也需提前确定。第一季节目进行了9期的声音之战,并于声音盛宴半决赛邀请到8位观众最喜爱的声音进行比拼,赛制为每一位嘉宾邀请一位助声嘉宾,通过单人配音与合作配音的展示来呈现,进而选出4位嘉宾于总决赛竞争年度声音之王。第二季节目进行了7期的声音之战,第八期为车轮复活战,由网络投票选出人气最高的4位进行比拼,唯一一位胜者进入半决赛,最后将8名嘉宾两两组队,分别选取4位参与第九期、第十期的半决赛,第十一期即为总决赛,4位嘉宾共同角逐年度声音之王这一称号,而第十二期即为专业配音演员声音大赏,让人们了解“棚虫”,重温经典角色。

3. 合成与播出阶段

在制作后期将其分为两个阶段,节目制作意义上的后期是指在已经拍摄好素材的基础上进行的,主要任务是完成节目的编辑,形成可供播放和发行的成片;而节目整体上的后期即为节目播出阶段,主观来说需要考量社会反响、公众口碑,客观来谈即通过数据(收视率)评判一期节目的成败。

湖南卫视有业界十分强大的后期技术与后期团队,自成一派的剪辑风格和高辨识度是其他卫视和网综团队望尘莫及的,在对素材的剪辑、配乐、加花字、合成与包装一系列流程之中,能够做到有趣、有创意、高品质。事实上,后期的工作内容非常烦琐,数十位跟拍的素材,10台以上捕捉人物关系的摄像,再包括全景、摇臂等多方位、多视角镜头的拍摄,通过后期团队的加工、三道审片程序,方为节目呈现的效果。由于笔者较为倾向阐述前两个阶段的制作,对于后期合成较少参与,便不作过多阐述。

在节目播出期间的实时宣传也是必要的,除正片外,后期团队还需剪出花絮、备采的亮点与口播等系列片段，这些短视频可作为宣传素材在各大社交软件上循环播放，且在一期节目播出前预热之时，相关参演嘉宾与艺人都需配合宣传组，在微博或其他网络平台上发送已编辑好的节目文案。在节目播出的同时，制作团队密切关注网络舆论、微博热搜，在各个阶段收集社会评价与反馈信息，为下期节目的制作与改进吸取各界的意见。

4. 贯穿始终的营销策略

(1)融媒体联动：与其正面竞争，不如为我所用

近年来，科技发展带动了网络的浪潮，互联网的普及对传统媒介带来了巨大的冲击，当下电视媒体的生存环境日渐严峻，既面临着与视频网站竞争，又面临着收集短视频等 App 的威胁，因此实现媒体融合是必要之举、必经之路，也是湖南卫视早期一直坚持执行的举措。

《声临其境》的宣传捕捉到了融媒体联动的可能性，从播放端来看，节目在湖南卫视播出的同时在芒果 TV 同步上线，并且于第二季将播放权限引入了爱奇艺视频软件，加大了网络用户的可触及性，也多了一条影响人群的渠道。

从互动端而言，节目第一季由快手短视频冠名播出，节目中许多精彩的正片与花絮都通过短视频投放到视频 App 中。第二季聚焦"配音"这一特性，与市场已成熟的配音秀 App 合作，软件中有大量的配音专业人员、配音爱好者畅玩配音片段、相互配合完成作品、交流互动，同时《声临其境》的配音素材也能即刻上传至配音 App 中，可以与表演艺术家共同切磋，同时带话题性；第二季的冠名商为喜马拉雅 App，众所周知，喜马拉雅是一个极富文学性的听觉软件，含有"听书、听课、听段子"丰富的音源作品，《声临其境》与喜马拉雅之间的合作促进了优质音频内容的联动传播，实现了手机软件与电视媒介之间的合作共赢。

从宣推端来看，《声临其境》制作了大量短视频在全网各平台传播，QQ 音乐、配音秀 App、喜马拉雅 App 即时同步片段，让节目的幕后花絮和正片中未播放的精彩片段作为正片的补充持续发挥效能，例如，第一季一分钟的宣传片"致声音天才"，以及第二季 47 秒的宣传片，拍摄了由多位拟音师制造的"千军万马"的形象，恰到好处地体现了节目的核心——探索幕后到台前的声音故事。同时，参演嘉宾发微博与观众进行实时互动带动话题性，在一天内达到上万的转发、上千万的阅读量。

据笔者统计，《声临其境》微博主话榜 60.9 亿，讨论量累计 547.2 亿，节目相关子话题量 52 亿，全站视频播放量 31 亿次，官微粉丝量从第一季的 30 万人到第二季播放完毕后，增长近 45 万人，只有融媒体联合，即 3 个端口同步宣传，才能达到如此成效。

(2)线下联动：全民配音——配音亭

在第二季的节目播出阶段，《声临其境》联合喜马拉雅打造了配音亭，通过节目内外资源联动，最大化利用线上、线下资源，以配音亭为点多维度扩散，吸引多种人群，艺人、网络红人、素人等前来参与，利用节点打造热点。

配音亭装置设有配音者的主观摄像头、配音评分系统、实时转播声画装置，其活动形式分

为三大区域:其一,配音间作为小剧场进入演播厅,在节目录制现场放置,在录制之余嘉宾与铁三角能进入配音间自行练习,同时可选择体验其他配音片段;其二,配音间入驻湖南广播电视台 T2,与正在录制中的节目资源联合,邀请艺人为配音助力;其三,为线下推广,配音间陆续在上海长风大悦城、北京朝阳大悦城、长沙万达广场等多地亮相,节目组邀请网络红人参与,更有专程从各地赶来过戏瘾的人气主播,共同为节目宣传制造声量,也为节目开辟了第二现场。在配音亭完成配音后自动生成个人声纹,线下送出 200 份 3D 打印声纹水晶,"全民配音"的口号吸引了一众前来体验配音亭的人群,使配音逐渐渗入人们的生活日常。

在第二季节目开播当天,全国 133 个城市的万达广场大屏播放宣传片,全国 1280 个影院映前秀,万达广场联合五大电台于当晚 7 时进行开播倒计时,直至节目开始。

(3)让耳朵停下,让心感受——主题曲

第一季并未创作主题曲,继徐晴团队制作的七夕《爱情歌会》主题曲《全城热恋》受到好评之后,《声临其境》也于策划的同期进行主题曲的制作,于第二季第一期播出前一天上线,使观众对节目产生期待。主题曲《一句话的宇宙》由科尔沁夫作词、谭伊哲作曲、徐佳莹温暖献唱,婉转词曲间演唱者温柔声线缓缓流淌,轻柔坚定的声音之中蕴含着温暖人心的力量。从一句话,看到一束光一宇宙,明白初心何求,歌词正如配音的魅力与制作团队的匠心,值得人细细聆听。

第三季主题曲未作变更,于 2019 年 12 月 28 日节目播出当天同步上线,节目组邀请了时下热门女歌手张碧晨演唱,引起众多观众的关注,其风格相较徐佳莹而言,有着如破茧成蝶一般的坚毅、洒脱,似是象征着第三季的全新蜕变。

(4)口碑传播

口碑传播是指一个非商业传播者向接收者进行关于一个产品、品牌、组织和服务的非正式的人际传播,消费行为更多依据人际传播的信息来源。① 口碑传播分为口碑传播活动与口碑传播效应两个层次,传播活动的过程引发了褒扬效应或是负面效应。最初,口碑传播活动是与个人人际社交相关的,通过个体的语言描述向被接收者传播,随着互联网的发展,口碑传播活动不仅再局限于面对面的口口相传,而是转变为网络上"病毒式传播",其传播速度之快、可忽略的成本、较强的互动性都成为其优势所在。

如微博上的一个热门搜索(以下简称"热搜"),阅读量、转发量与评论量都能成为传播的渠道,而这样一个热门话题最初始于一个人的言论,借以大数据的引导,向有相关阅读领域的受众传播开来,同时引发关注这一话题的人群的共鸣,又因"热搜"的存在,向具有刷微博习惯但对此不了解的人群传播,让受众在未察觉的情况下被动接受信息,由点至面全方位扩散。

口碑是目标,传播是手段,传播内容(节目)才是基石,优质节目的制作与创新是立足之本

① 黄孝俊、徐伟青:《口碑传播的基本研究取向》,载《浙江大学学报(人文社会科学版)》2004 年第 1 期。

(见图2－4)。节目本身有质量保障,才能让节目受众接收到信息之后自发向个人人际圈中传递自身感受,而信息接收者接收信息后转而开始观看节目成为节目受众,一个循环往复的流程便成立了。随着不同人群之间的口碑传播,节目受众圈也将不断扩大。

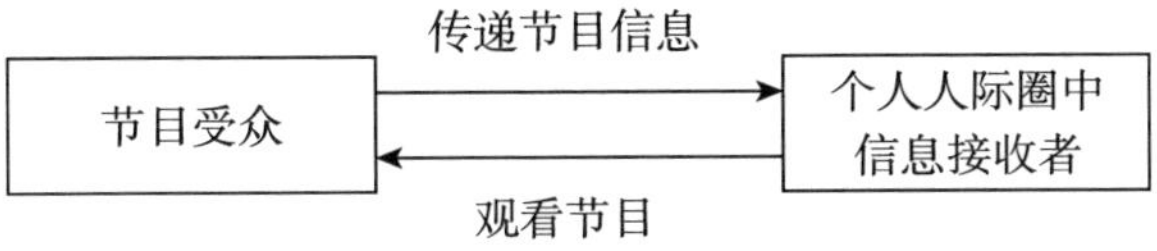

图2－4　口碑传播活动过程

资料来源:笔者自绘。

据统计,《声临其境》第二季全平台扛鼎热搜227次,其中,微博热搜69次,抖音、头条新闻、豆瓣、爱奇艺、网易等其他平台热搜158次,除有几次为节目组人为购买微博热搜为节目开播造势之外,其他均为受众自发行为。调查结果显示(见表2－9),《声临其境》受众中的86.57%愿意将该节目推荐给他人,这一极高的比率可见节目受众与信息接收者的转化过程中,传播人员的基数不断扩大,口碑传播的影响力效果显著。

表2－9　受众推荐《声临其境》给他人的比例

是否会推荐该节目	比例/%
是	86.57
否	13.43

资料来源:调查问卷。

总导演徐晴表示,能够让导演感动的,也能让观众感同身受,虽然这档节目嘉宾是冷门的,题材是冷门的,但冷门之间的叠加,以及品质保障的加持一定能成为独家,甚至是爆款。只有民族的才是世界的,只有在传统文化中发掘更多能够做电视节目的素材,才能产出思想精深、艺术精良、制作精湛的文艺作品。

四、《声临其境》对国内原创文化类综艺节目发展的创新启示

前文阐述了实践者的实践空间与实践逻辑,概括了节目主体、内容与组成部分,接下来将重点阐述实践者的实践工具——资本。

(一)资本之间的整合:优势及创新点

布迪厄曾指出,一个场的动力学原则,在于它的结构形式,同时特别根源于场域中相互面对的各种特殊力量之间的距离、鸿沟和不对称关系,这些力量造成了场域中至关重要的差

异——确定了特定的资本。①

在20世纪,布迪厄尝试用场域与资本理论来解读资本主义国家的一系列问题,如阶级性质、文化控制、民主制度等方面历时的变化。即使国家性质不同,这一理论框架在当代也极具借鉴意义,之所以要讨论资本的原因是,不同场域中特殊力量的存在对于场域中运行结构的影响不同,但资本是所有场域内部商品交换的统一"货币",区别只在于资本的总量与分布比例有所不同,4种资本形式的"兑换率"也不同,可以说,资本为场域的运作规律提供实践手段,同时赋予场域运行生产的权利,以及从生产到获取利润的权利。

经济资本是所有资本形式的根源,布迪厄的理论基于马克思这一观点,为解释复杂的社会结构与作用,且经济利益原则不能被统称为场域与行动者的实践目的,因此他分离出了另外3种资本形式:文化资本、社会资本与象征资本。经济资本的表现形式为物化的、可以财产权形式制度化的,是任何金融活动的基础,但经济资本不能代替其他形式的资本,且这几种资本之间是可以相互转化的,即上文提到的"兑换率"。接下来,笔者将详细解剖资本转化的形式与逻辑,并结合《声临其境》这一实例进行剖析。

1. 文化资本的融合

相较早期的资本主义社会,当代社会最大的特点是文化在社会中所处的地位与发挥的效用大大提高,甚至成为一个国家综合实力的评判标准之一。在人民日益增长的精神需求之下,文化已经处于当代生活中不可或缺的因素,在经济、政治、社会等多个领域同样需要文化的大量介入才能不断繁荣,只有文化实践达到了再生产,才能为整个社会的基本发展提供充足动力。

就当代而言,人们更多地考量个人的性情倾向与才能的内在化结果,这正是文化资本的身体化形式,而不是完全通过经济条件衡量个人的综合实力。在布迪厄研究法国教育体制时,认为法国的高等院校与普通院校之间的阶级问题十分严重,普通家庭的孩子从出生开始就注定了所受到的教育等级与所能企及的社会高度,与贵族家庭的孩子有着云泥之别;布迪厄作为贫苦出身的代表,认为能凭借学术研究成果扭转乾坤的人屈指可数,才对法国的教育体制进行多次批判。经济学家往往致力研究教育投资与经济投资对于收益率的问题,却无法解释不同阶层之间对于这两项投资的比率的悬殊差异,这是因为经济学家过多地聚焦经济价值的回馈,忽略了社会不同阶层的人是否有改变投资比率的能力,也忽略了教育上的投资虽无法具有即刻见效的收益,但的确是培育下一代优秀品质的投资渠道。正是因为他意识到文化对于社会结构的影响力,认为每个人都拥有接受文化教育且参与文化投资的权利,故将其单独划分为一种资本形式用于理论研究。

在文化资本概念成型之后,学界对文化资本的研究路径大致分为3种:其一,研究文化资

---

① [法]皮埃尔·布迪厄、[美]华康德:《实践与反思:反思社会学导引》,李猛、李康译,中央编译出版社1998年版,第139页。

本与行动者之间的相关性，如成长环境、家庭背景与教育形式对个人成长轨迹所产生的影响，这时的文化资本多为身体化文化资本，是受外界因素与内在修养相互作用积累而成，构成行动者的无意识化行为，无法具象化也无法传递；其二，试图发掘文化对于文化类产品及文化产业的影响，多为客观化文化资本的研究，以物质形式呈现，可以传递、投资，也可作为行动者的斗争力量与利润来源；其三，学者从制度出发，研究文化体制与文化制度对个体、企业、地区，甚至国家与全球的影响。

那么，从第二种研究路径来看，电视产业与娱乐产业需要文化资本存在吗？文化资本适合作为行为者的斗争工具吗？答案是肯定的，文化产品与普通产品不同，对于消费者层次有一定的要求。例如，一个画展的策展人需结合当地需求与审美进行布展，同时对引入画展的每件艺术作品了如指掌，参展者与购买者也需懂得作品的文化价值才能够使用文化产品，否则购入之后，名画也只不过是毫不起眼的一张纸。然而，电视作为传播媒介，不同类型的节目对于受众的要求并不高，如新闻节目的播报十分通俗易懂，娱乐节目的目的是让人开心一笑，即便是历史、军事等纪实的严肃性节目，通常也带有学者简化解说，那么文化类节目能为受众带来什么？

对于布迪厄所提出的文化再生产这一概念，有许多学者在翻译的过程中将其译为“文化复制”，读起来像是文化工业化的某一步骤，十分容易产生歧义，“复制”一词忽略了文化生产过程中的主动性与创造性，同时省略了其复杂的斗争过程。研究文化再生产的目的，是洞察再生产的每一环与原生产之间的关系，每一个细节的变换所带来的不同成效，正如文化产品的造诣不仅在于产品本身，更在于承载整个文化背景与时代特色的作品所赋予的文化价值。布迪厄认为，电视或网络暴力的象征性后果即将人群分为两类，第一类人群把网络与电视当成接收消息的唯一来源，而第二类人群则保持严肃阅读的习惯，虽然综艺节目往往是为休闲娱乐而制作的，目标受众也瞄准了第一类人群，但严格来说，每一个综艺节目的诞生都是文化再生产的结果，每一个时代都有着符合其背景与趋势的节目特征。直到文化类节目的出现，与娱乐化综艺时代从此画上了分界线，电视开始肩负起传播文化与积极能量的社会责任。

《声临其境》所邀请的嘉宾定位为演员，因为台词功力是一个演员的基本素养，而后有了歌手的参与，歌手在声音塑造力与音乐片段演绎上具有一定优势，每一期节目播出后都有观众大呼发现了宝藏，这宝藏便是具有不同个人魅力的参与者，而这种个人魅力多为文化资本的可视化。参与者的文化资本，呈现了其自身的文化、教育、修养的外化与内化。虽然在积累资本的过程中，个人需投入大量的时间与精力，但节目组的工作是将个人的能量发挥到极致，并以精彩的方式呈现，最终实现对节目文化资本的叠加与融合。

在这里，我们主要谈的是身体化文化资本①与客观化文化资本相比，电视媒介的信息传播

---

① 即行动者在家庭教育、社会背景的影响，经过长期的实践活动，将其一生中内化的社会世界的实践逻辑，体现在身体的动作、姿态、讲话语气、行动气质以及习惯中，它的存在及运用决定行动者在场域中所制定和采用的策略。参见宫留记：《资本：社会实践工具——布尔迪厄的资本理论》，河南大学出版社2010年版，第137页。

并非物质性的传递，因为像知识、新闻、喜剧都无法直接物质化地赋予受众。身体化文化资本具有无意识性的特点，通过环境的耳濡目染从而获得，来源可以是家庭、学校或是任何获取信息的地方，当然，这几个地点的影响力与相关性是依次递减的。布迪厄认为，身体化文化资本取决于家庭所拥有的文化资本，所以拥有强大文化资本的家庭环境为其后代提供了充足的先天条件。笔者认为，这种无意识的影响以家庭为主体但不局限于家庭，例如，少数律师对该行业启蒙是一部律政电视剧，偶像的力量带动粉丝自我提升也不失为一个重要因素，那么在不接触受众的情况下，电视是能将文化资本广泛传递的媒介，可以很好地利用。

文艺作品与“文艺工作者”都是节目中主要的切入点，节目中所再现的《霸王别姬》《集结号》《烈火中永生》《唐山大地震》等无数经典影视片段，分别有浓厚的时代背景、革命精神、现实主义特点，具有深刻的精神价值与社会价值。周涛，中国传媒大学硕士研究生毕业，播音指导职称，现任北京演艺集团首席演出官，连续 16 年主持央视春节联欢晚会。在《声临其境》节目组邀请她担任第三季的主持人后，网络上收到了很多积极的反馈，不少受众表示对于周涛的加盟表示惊喜与期待，一方面是对她本人的认可，另一方面认为其个人定位和节目定位的契合度较高。诚然，央视主持人的专业素养与能力学识都毋庸置疑，为节目积累文化资本提供了较大助力。在韩雪全英文配音海绵宝宝的视频在网络上走红之后，细心的网友发现韩雪用了 3 年时间学习英语，利用碎片化时间，在英语软件、配音软件中勤加练习，练就了纯正的英式发音，激励了那些有意愿学习语言但因内外部因素而未付诸实践的人。能将哈姆雷特经典选段倒背如流的博学之才，以吕秀才这一角色被人所熟知的喻恩泰，能选择在事业上升期毅然去国外攻读博士，并于几年后学成归来，可以见得其对于文化资本的投资与积累。人们常说“十年磨一剑”，一个人身上的所有闪光点不是偶然，而是由一个个阶段的提升、一点点辛勤的汗水所堆积的。

文化资本的目的不是呈现，但节目确是如此。电视能让文化资本具有多种体现形式，能引起观众对于演员个人、节目本身以及对文化态度上的改观，同时带来思想上的启发，文化类综艺节目的核心力量便是“文化”二字，正是因为文化资本含量的提升，才因此赢得了观众。

2. 经济资本的支撑

在资本理论中，布迪厄指出，金融活动也是一种经济活动，但其对于经济资本论述得较少，正是因为经济资本是其他资本的根源，是其他资本分化之前的统称，也是最便于理解与流通的资本类型。电视场的发展离不开经济的支撑与审查，和所有场域的性质相同，在场域结构中被其他场所牵制，而经济资本是生产过程中的必要因素，是企业与个人立足之根本，只有原有资金的促进才有收入与支出的双向循环。

“一个越来越受制于商业逻辑的场，在越来越有力地控制着其他的天地。通过收视率的压力，经济在向电视施加影响，通过电视对新闻场的影响，经济又向其他报纸，向渐渐地被电视问题所控制的记者施加影响。同样地，借助整个新闻场的作用，经济又以自己的影响控制着所有的文化生产场。”①由此可见，经济资本对于文化生产场起到至关重要的作用，在资本累计越高的行业中相关性越大，在同时占据资本优势与实力优势的情况下，电视对相关媒介与相关节目类型的施压实属必然。

相比其他几种类型的资本而言，经济资本是相对显性的、可视的，最直接的转化形式则为货币、产权。在电视场多以物化形式体现，包括演播厅的实景搭建、舞台布景与舞美设计、灯光音响等技术设备，邀请参与的嘉宾的薪酬等。《声临其境》第二季的演播厅位于湖南广播电视台芒果馆 2 楼，在节目筹备之前原本是一片空地，所有布景经过 1 个月的搭建而成，整体设计分为 3 个区域：休息区（化妆间）、拍摄区（主舞台与剧本围读区）、观众区，其中主舞台区运用了冰屏、纱幕与裸眼 3D 全息投影技术取代了实体幕布，营造出多维立体的视觉效果，贯穿三季的 Fotric 云热像技术等。相比这些物化产品，人力资源同样需要资本来实现，节目的成功播出不仅依靠参演嘉宾、主持人，还需要制作团队的诸多工种部门与技术人员。由此可见，节目制作的成功，尤其是大型电视节目，需要投入大量的人力、物力、设备，需要经济资本的支撑。这类节目往往必须舍得资本投入，这是成功的必备条件也是原始的起点。

然而，在电视节目领域，资本的积累具有一般但又有某些特定化的方式，不完全等同于工业再生产过程的积累形式。在这个过程中，科学、系统地围绕市场筹划运作是决定性的，可围绕图 2 – 5 的商业模式展开：

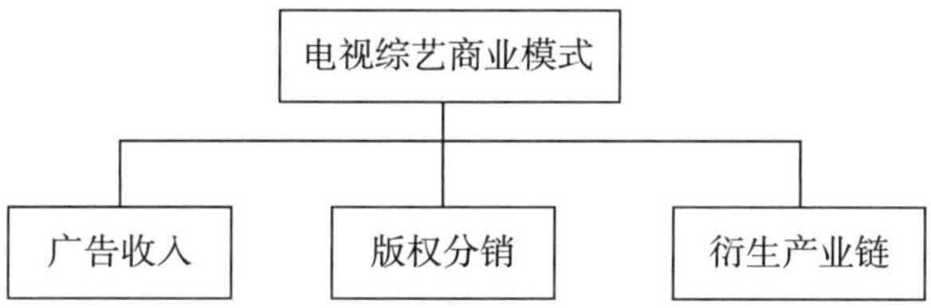

图 2 – 5　电视综艺商业模式

资料来源：笔者自绘。

如图 2 – 5 所示，综艺节目的经济回馈模式有三大类，现阶段，节目的主要经济源于广告收入，依靠电视媒介的宣传效应，一档收视率极高的电视节目的广告费用十分可观。以《声临其境》第一季来看，第一季快手 App 最终独家冠名费 1.5 亿元，合作伙伴荣耀 9 手机青春版，芒果 TV 联合爱奇艺独播平台，以及 QQ 音乐、酷狗音乐、酷我音乐独家音频合作平台等，合计广告收入不低于 3 亿元。在第一季收视与口碑双丰收之后，第二季的冠名费与赞助费因应成倍增长，高达 15 亿元，是上一季数额的 10 倍，足以见得成熟的节目品牌的经济效益之巨大。第二季由喜马拉雅 App 出资独家冠名，指定护肤品赞助商梵蜜琳，指定产品 VIPKID，广告商拼多多等品牌提供财物支持，诸多广告商的加入为节目第二季的制作提供了丰厚的资金支

① [法]皮埃尔 · 布尔迪厄：《关于电视》，许钧译，辽宁教育出版社 2000 年版，第 83 页。

持,在节目的各方面均有所体现。

此外,通过节目的优化与口碑的不断传播,《声临其境》逐渐成为具有国内综艺节目特色的"IP",在2018～2019年的戛纳电视节上大放异彩,同时实现了国际版权分销,由英国投资、制作、发行公司The story lab购买并投入制作,在拓宽节目经济资本获取途径的同时实现了电视文化输出。

事实上,市场化运作运行机制的根本目的是获取各种形态的经济资本。在电视场内,商业模式的经济资本的加持是相互的,广告商的经济投入是为了产品的经济资本回笼,电视节目的经济投入是为了品牌的建立从而吸引更广的投资,以保持可持续性的节目制作,双方在保障节目质量的同时达成利益最大化。

从一般意义上来说,资本的投入决定收入的量能,而丰厚的利润又加大了经济资本的积累,积累的部分又可以加持到下一个节目的生产过程,成为收入和利润扩张的起点,由此循环往复,形成了滚雪球式的节目生产链条。

3.社会资本的互赢

社会资本是电视金融活动中的必备条件,能够直接和间接地带来经济效益和社会效益,且社会资本越广泛越易获得成功。就现代来说,其核心的表现形式为人际关系效应,以人际力量弥补其他方面的不足,甚至是增添色彩。

社会资本与象征资本有某种共通之处,都可为某人或某物带来信服力,但区别在于,社会资本所产生的影响在限定的关系网络之中,而象征资本的影响力则不受限,但这个网络不是给定的,而是行动者通过劳动过程才得以形成,在这个过程中包含行动者的实践和精力花费。① 其中的花费又涉及几种资本,而随着时间的推移与物价的增长,社会资本也将不断增值,之所以说资本类型之间无法拆分来谈,是因为在社会资本积累的过程中包含行动者时间与精力的成本,同时需要附加直接或间接的经济资本。

布迪厄在社会实践理论中指出,研究社会资本的主体先从个人着手,个人社会资本的状况通常显示与其相连接的权力关系,以及其生活方式、人际关系的等级。而群体发生理论是基于个人资本的叠加,在社会生活中,群体的力量通常要大于成员资本的整合,因为群体的名义可信度高,人们倾向信任群体存在分工明确的组合,且处事更有效率。在电视场中,各级电视台本身应该具有动员力、凝聚力与吸引力,不仅要在电视行业有一席之地,在整个社会行业都应树立积极、可信的形象,由此才能汇聚优秀的电视制作团队、优质的节目参演人员,才能赢得从电视节目中获得启发的高质量受众。

在2018年《声临其境》第一季播出好评如潮时,制作人徐晴曾在戛纳电视节与《朗读者》的制作人董卿相谈甚欢,两人怀揣着做好中国原创电视节目、将中国电视节目推广国际的初

① 宫留记:《资本:社会实践工具——布尔迪厄的资本理论》,河南大学出版社2010年版,第151页。

衷而共同努力着,这也为之后董卿能来到第二季节目现场埋下了一颗种子。

《声临其境》第二季节目组邀请到了倪萍老师作为“春节之声”这一期节目的嘉宾,以话剧《万家灯火》何老太太和大耳朵图图两种截然不同的声音赢得了观众的喜爱。在进入半决赛后,每位声音嘉宾需邀请一位搭档前来助力,依据节目的评判标准,这一赛制既考验了嘉宾的社会资本,又考验了所邀请搭档的文化资本与象征资本。简言之,其实力与声望越高,其效应自然与观众的投票结果紧密相连。倪萍老师邀请了董卿作为其助声嘉宾来到节目现场,可以说拿到了一张获胜的“王牌”,董卿以腹有诗书气自华的气质展现了其声音实力与文化素养,届时演播厅观众的呼喊与掌声,如同见到了流量明星一般热烈,这便是个人资本所体现的魅力。央视主持人的综艺首秀,无疑给了这档节目巨大的加持,董卿在节目现场表达了对倪萍老师的敬意,表示多年前倪萍老师的关注与栽培成为她前进的动力,所以这次收到了倪萍老师的邀请,她一定会来,同时表示与徐晴导演的制作初衷不谋而合,所以董卿能来到节目现场是偶然,也是必然。再举个例子,在《声临其境》第二季总决赛中,秦昊的助声嘉宾邀请到了上一季的总冠军朱亚文,邀请已经被高度认可的声音嘉宾这一举措十分明智,对秦昊之后的比赛可谓为锦上添花。

许多综艺节目热衷于重金邀请偶像明星、流量艺人作为节目的最大看点,不仅因为其本身的名气,还因为其拥有大量的粉丝群体进行自发宣传,满足了受众的观演倾向,节目热度因此高涨,与《声临其境》邀请实力嘉宾在某种程度是相似的,同样是发掘个人的社会资本与象征资本,权力关系涉及越广,主办方越为省力。换言之,重金的通告费已从经济资本转化为社会资本了。

通过种种案例得以发现,社会资本的恰当运用能为节目赢得更多的观众,而观众本身也可以转化为社会资本,从而自发地为节目传递信息,长此以往形成了多形式、多角度的信息扩散模式,不仅实现节目与嘉宾的互赢,更实现了节目与受众的互赢。

4. 象征资本的累积

象征资本与经济资本的联系极为密切,可以说,象征资本是隐蔽存在的经济资本形式,它代表已默认的合法化权力关系,而在“权力场域”①中,权力的中心任务是把所有形式的资本转化为象征资本,拥有极高象征资本的个人或群体,便在此场域中占据一定的支配地位。布迪厄认为,只有少部分人才拥有象征资本,甚至说,这种资本只存在于各个行业的精英身上。举例而言,由国家直接领导管控的中央电视台,全方位为人民提供信息与服务,其在电视场占有举足轻重的地位,播出内容始终代表着国家的形象与观点,央视的象征资本源于国家——“元资本”的掌控者,力求一切以国家、人民为先。国家与央视都意味着权威,在它们的引领下,参与央视节目的台前或幕后的工作者都被默认能力与其匹配,央视主持人、央视导演、制作人从在荧幕上崭露头角到广为人知,同样也是个人象征资本的积累,在此背景下,电视行业

① 权力场域,是指各种各样的资本拥有者在相互斗争下,以自身资本取得支配地位的竞技场,其目的是争夺正当性权利,即特殊权威。

的竞争者以元资本为目的开展良性竞争。

可以说,象征资本是名誉、信誉的体现,是权威的代表,对于电视场来说,象征资本的积累有助于增强节目专业化的可信度,提高节目的影响力。对于综艺节目来说,积累象征资本的途径有三:其一,强化节目的文化要素,提高节目核心立意,树立正确的价值观;其二,通过吸引各界具有一定象征资本的人群为节目加持,并通过发掘其专业化与文化内涵达到节目呈现;其三,通过象征资本的累积强化外界认同,获得媒体的赞誉、受众的口碑,以及经受住市场的考验。

(1)强化文化要素

受众调查结果显示(见表2-10),有48.76%的受众因节目的文化内涵丰富而收看《声临其境》,说明文化这一要素在文化类节目中的体现是值得制作人重视的一环,而60.7%的受众因其节目形式新颖被吸引,恰恰从受众需求层面反映了创新的必要性。

表2-10 受众收看《声临其境》的原因

选项	比例/%
节目文化内涵丰富	48.76
节目形式新颖	60.70
来自他人推荐	28.86
邀请喜爱的嘉宾参与	39.80
对配音行业感兴趣	30.85

资料来源:此次调查问卷主要以网络发放的形式,共计发放问卷数量207份,回收有效问卷207份。数据来源:笔者自绘。

文化类节目的界定虽尚未得以明确,但以文化资本的融入来区分歌舞类、游戏类、竞技类等娱乐化节目是可取的,强化文化要素的主要手段是,以文化为载体,设计与节目内容相关的专业知识点与权威人员。对文化类配音节目而言,在节目中配音片段的选取注重影片的经典性、思考性,观众喜爱夸张与喜剧化,但一曲《霸王别姬》也能让人流下泪来,一段《一个陌生女人的来信》也能让人产生共鸣。节目邀请到著名的配音演员或是影视文化的专家对节目内容把关,为节目添砖加瓦,同时也是象征资本的权威化体现,让专业的人发表专业的评价,让有发言权的人发言,获得业界的权威支持从而提升节目的专业度。这些都体现了文化要素在象征资本中的效用,因电视节目本身是一种文化,名人、名剧、名篇、名典在电视节目中能有机渗透无疑是十分重要的。

(2)重视象征资本累积

电视综艺节目在某种程度上可以视作一种表演艺术行业的社交活动,不少的经纪公司让艺人通过综艺平台实现宣传作品和自我宣传的效应,而往往有象征资本的综艺节目更易于邀请到有社会地位的参演人员。举例来说,《朗读者》作为央视推出的一档文化类电视节目,制片人与主持人都由董卿担任，这个节目本身的定位便呈现了中国电视节目的最高立意，对于所有参演人员来说都是一次高平台的展示机会；但若是对于网络自制节目，以及毫无名气的制作人来说，要邀请到同一个水平的艺人难度非常之大，这便是象征资本带来的差异化体现。象征资本可以赋予人或物一定的说服力，如果说一档文化类综艺节目能够请到董卿这样的人物，人们会由衷地认为只有优质的节目才能吸引到如此优秀的嘉宾，董卿便自然而然地为这档节目做了“担保人”，节目的整体形象也随之产生变化。《声临其境》便做到了这一点，运用嘉宾的社会资本，将其转化为节目本身的资本，董卿的综艺首秀便在湖南卫视呈现。由此可见，若是“担保人”的声誉与地位越突出，在某一领域的地位越高，或是“担保人”的数量越多，一档节目的口碑便越是易于建立。名人的积累，既能提升节目的价值，又是象征资本的积累，更是一种无形胜有形的财富。

（3）强化外界认同

电视节目中加以文化一词给受众的印象通常被定义为主流、高雅且小众，要获得外界认同，首先节目定位需打破观众对于文化类电视节目的刻板印象，找到文化与娱乐之间的平衡点，给人以不过度风雅且适时有趣之感。而象征资本的累积可以吸收外界认同，节目从外界获得的认同也可为其积累象征资本，如有一定权威性的豆瓣评分，网播量、微博转发与评论数据，权威媒体与娱乐博主的点评等，都不失为扩大知名度的宣传方法。在具有受众基础的情况下，若从媒体界或学术界获得赞誉，便为节目做了最好的宣传，如此看来，外界的认同可作为宣传目的也可作为手段。强化外界认同以批判的角度来看，则是象征暴力的力量，节目本身与节目嘉宾在输出价值观时，容易受到个人惯习与主观因素的控制，传达给受众的信息并非客观有理，传达者与接受者都未意识到施暴已然产生，故节目组需要对公众人物的言行起到监督作用，在强化受众认同的同时把控节目的积极导向。

这4种资本从相互独立到相互整合，最终形成一个有力的整体，但对于不同的节目、受众与阶段来说，其4种资本发挥的作用不尽相同，但他们之间可以互相融合也可以相互转化。例如，名人效应可以同时从文化资本、社会资本、象征资本三个方面剖析，但在不同的电视节目中，侧重点不同，应依据节目的核心要素来决定以哪种资本形式出现更妥当。在文化类综艺节目中，文化资本自然是首要的，经济资本是必要的，社会资本与象征资本是重要的，行为者要善于整合四种资本的作用，使其互为支撑与补充，既要考虑融合，也要考虑侧重，更要考量资本之间的转化作用。

（二）电视节目的构建：现存问题与启示

湖南电视台制作了众多优秀的电视节目，兼具经济效益与社会效益，但也存在许多问题和值得改进的地方，《声临其境》这一节目是湖南广播电视台对于节目类型的突破，是其文化类综艺节目发展的高峰，更是其节目制作战略的重大转向，笔者将以此为例进行系统的解剖。

通过第三季的播出情况，对于《声临其境》三季节目进行比较而言，第一季的成功有目共睹，第二季豆瓣评分与收视的下降，与第三季的缓慢回升存在必然联系。诸多电视节目第一季的新型题材与创新形式令受众耳目一新，而“综 N 代”的发展是目前电视行业较为普遍的形式，第一季研发的成功并不代表数年后在节目质量不变的情况下保障受众数量，收视率定律、受众审美疲劳、时下流行趋势的变化、创新效果不佳，这都成为综 N 代持续火热的障碍。

1. 收视率定胜负的博弈

电视收视率是关于电视观众规模的一种度量、一个量化数据，由收视率调查得来，具体指某一时段内收看某电视节目的人数（或家户数）占电视观众总人数（或家户数）的百分比。正因为收视率是衡量电视节目的质量与受众基础，引起电视行业的内部竞争聚焦于收视率高低的博弈，广告商、电视台、制片方等产业链上的直接受益者均以此作为衡量收益的标准。2014 年以前，由于收视标准不统一，电视行业存在不良行为。为消除这种现象，2014 年国家标准化管理委员会批准颁布了《电视收视率调查准则》，于 2014 年 7 月 1 日实施，统一收视标准，以确保数据的客观公正性，维持市场正常秩序。

CSM 即中国广视索福瑞媒介研究，是我国规模最大、最权威的收视率调查机构。《声临其境》第一季收视两网对比，全国网与城市网的区别即为其使用者与其数据样本量不同，全国网收视率使用者仅央视与湖南卫视，其覆盖的样本量较少，农村权重较大，不能明确反映全国人口的收视习惯，但又因使用者范围较小，其数据的真实程度是公认的；而 CSM52 收视率的使用者为所有省级卫视，其覆盖样本量较大，更贴近受众的收视倾向，基于省级卫视相互的竞争性，或是在招标季来临前夕，买收视等不正当情形时有出现，相对全国网而言，其收视率的可靠性较弱。在此背景之下，可将全国网收视率与 CSM52 收视率合并来看，若差异性较小，便可确定数据的相对真实性。

如表 2－11 所示，《声临其境》第一季在刚推出时两网收视率仅为 0.6% 以上，该数据对刚播出的节目而言相对正常，而后随着宣传与口碑的扩大，收视呈稳步增长的趋势，在陆续播出 3 期“男声”后，第四期的 4 位迷人女声让收视率冲顶破 1，韩雪配音海绵宝宝的短片在网络上的转发量迅速超过 10 万，不少观众大呼“颠覆了女神形象”，此后拥有一定的受众基础，自此收视率逐渐趋于稳定，稳坐同时期节目的收视榜首。第十期与第十一期为年度大秀总决赛，梅婷、赵立新、韩雪、张铁林、尹正、郭德纲、朱亚文、王劲松 8 位实力绝佳的参演嘉宾是节目的最大亮点，朱亚文的迷人磁性之声拥有俘获观众的魔力，夺冠可谓实至名归，至此收视达到整季节目的峰值，以收视率十连冠完美收官。

表2-11　《声临其境》第一季收视

日期	主题	CSM52 城市网		CSM52 全国网	
		收视率/%	市场份额	收视率/%	市场份额
1月6日	磁性之声	0.64	3.78	0.61	4.33
1月13日	王的声音	0.83	5.02	0.73	5.74
1月20日	绅士之声	0.70	4.18	0.90	6.18
1月27日	迷人女声	1.15	7.14	0.96	6.84
2月3日	恋爱之声	1.08	7.25	0.96	7.05
2月10日	神秘之声	0.98	6.37	1.08	7.35
2月17日	师傅的声音	0.80	5.30	0.93	6.37
2月24日	有腔调的声音	1.01	6.43	0.89	6.37
3月3日	危险的声音	0.95	6.23	0.72	5.27
3月10日	年度大秀(上)	1.27	8.07	1.00	7.80
3月17日	年度大秀(下)	1.12	7.09	0.94	7.09

资料来源:笔者自绘。

第一季播出结束后,全期节目在同时段中收视稳居第一,豆瓣评分获8.3的高分,制作团队获得湖南广电最高奖项——台长嘉奖令。因此,第二季节目在招标时,冠名商、广告商蜂拥而至,制作可用资本成倍提高,最终团队选择了与节目初心相匹配的喜马拉雅App冠名赞助。由此可见,收视率为经济效益带来的影响是直接可观的,这也是为何在招标季收视率会出现一定程度“反差”的成因(见表2-12)。

表2-12　《声临其境》第二季收视

期数	全国网		CSM55 城市网		排名	声音“大咖”
	收视率/%	收视份额/%	收视率/%	收视份额/%		
第一期	1.06	3.86	0.95	3.44	1	秦昊、严屹宽、杜淳、涂松岩
第二期	1.23	4.51	1.14	4.10	1	迪丽热巴、白客、蔡明、朱时茂
第三期	1.13	4.30	1.05	3.94	1	倪萍、赵忠祥、林依晨、喻恩泰
第四期	0.96	3.39	1.05	3.79	1	刘敏涛、万茜、李沁、秦海璐
第五期	0.85	3.04	0.89	3.16	1	刘奕君、张国强、于毅、冯雷
第六期	1.01	3.73	1.12	4.00	1	吴越、王琳、王鸥、袁姗姗
第七期	0.92	3.52	0.92	3.40	1	王祖蓝、窦骁、吴樾、柯蓝

续表

期数	全国网		CSM55 城市网		排名	声音“大咖”
	收视率/%	收视份额/%	收视率/%	收视份额/%		
第八期	0.73	2.77	0.71	2.62	2	万茜、喻恩泰、袁姗姗、涂松岩
第九期	0.83	3.10	0.95	3.43	1	倪萍、王祖蓝、万茜、刘奕君等
第十期	0.82	3.22	0.95	3.65	1	刘敏涛、秦昊、窦骁、吴越等
第十一期	0.97	3.82	1.12	4.38	1	秦昊、倪萍、刘敏涛、王祖蓝等
第十二期	0.44	3.63	0.59	4.26	1	李建义、徐涛、边江、季冠霖等

资料来源：笔者自绘。

与第一季的收视态势相比，备受期待的第二季收视率可谓平平无奇，前半部分与第一季相对持平，而后略有下滑趋势，直到微博受众强烈建议的第十二期“配音演员专场”的播出（见表 2 - 13），资本力量的减少导致收视率达到最低点，同时第二季的豆瓣评分下滑至 4.9 分。

表 2 - 13　受众是否希望设置配音演员专场比例

是否希望设置配音演员专场	比例/%
是	77.11
否	22.89

资料来源：调查问卷。

在第一季节目播出后，边江参与节目竞演时因未能晋级而饱受争议，不少观众发表言论，不解为何专业配音演员在专业比拼上输给了郑恺，一是认为节目完全由大众评审，观众喜爱的声音是晋级的第一要素；二是认为专业配音演员应该有一场同专业的比拼，而非与演员同台竞演，否则无法保障结果的绝对公平性。因此，网络受众便自发地建议节目设计一场专业配音演员的竞技，于是节目组策划了第十二期声音大赏的节目内容，邀请了配音界有着绝对实力与地位的竞演嘉宾。调查显示，77.11% 的受众希望设置配音演员专场，既然大多数的观众希望如此，为何收视率未能达到预期？首先，迄今为止，即便在《声临其境》的大力宣传下，配音行业仍是处于幕后的、小众人群的领域，除却活跃在该领域的人群，大部分受众对配音演员没有过多了解，受众没有演员可比对的范本，没有反差感；其次，与演员相比，配音演员的资本、名气、地位、粉丝量有巨大差距；最后，该期节目的竞技性不强，侧重点是回忆令人喜爱的角色声，竞技成分较少从而降低了戏剧化部分，这是节目收视率呈断崖式下降的缘由（见表 2 - 14）。

表2-14　《声临其境》第三季收视

期数	全国网		CSM55 城市网		排名	声音“大咖”（韩雪、王耀庆、何冰、胡军常驻）
	收视率/%	收视份额/%	收视率/%	收视份额/%		
1	0.57	5.54	0.80	6.85	1	贾乃亮、秦俊杰、俞灏明、潘斌龙
2	0.48	4.41	0.62	5.04	1	
3	0.59	5.22	0.84	6.40	1	朱丹、瞿颖、张含韵、刘琳
4	0.65	5.13	0.88	5.94	1	
5	0.72	4.56	1.02	5.78	1	王智、高璐、李诚儒、耿乐
6	0.67	4.38	0.93	5.26	1	
7	0.88	6.11	1.24	7.47	1	郭麒麟、高曙光、刘端端、张光北
8	0.58	3.87	0.74	4.43	1	声临千万家
9	0.55	4.46	0.66	4.07	1	边江、吴磊等
10	0.51	4.83	0.71	5.75	1	郭麒麟、高曙光、刘端端、张光北
11	0.50	4.80	0.65	5.32	1	王茂蕾、周奇奇、张萌、王太利
12	0.54	4.70	0.76	5.73	1	
13	0.61	5.70	0.83	6.67	1	贾乃亮、刘琳、高璐、郭麒麟、肖央、张含韵
14	0.65	5.68	0.44	4.42	1	刘琳、贾乃亮、郭麒麟、张含韵

资料来源：笔者自绘。

再看第三季的收视，前几期相对于上一季基本持平，直到第四期、第五期有逐渐上升的趋势。第四期的播出时间为2020年1月26日，在此之前，国家已经开始重视新冠肺炎疫情的防控，政策号召全国人民减少外出、居家隔离，故此收视率的略微增长需要考虑到这一因素。第七期播出后，工作团队在春节前夕录制的节目已然播放完毕，为了防控疫情的同时不延期录制，节目组采取“云录制”的方式，尽可能减少人员流动，不得不说，这种方式虽保留了节目内容但互动性与趣味性明显降低。第八期与第九期的云录制中，参演嘉宾由演员竞技转变成了普通群众的展示，而受众调查显示（见表2-15），希望普通群众参演的比例仅占13.93%，缺少了部分文化资本与象征资本的加持，节目收视率因此降至低谷。

表 2-15　受众期望参与《声临其境》的嘉宾类型

嘉宾类型	比例/%
当红偶像	6.47
实力演员	65.17
配音演员	14.43
普通群众	13.93

资料来源:调查问卷。

在收视率造假猖獗的过去,高收视为收视率大于4%的电视节目,行业内部分电视台争相购买虚假数据;而如今,高收视的标准为收视率大于1%的节目,评判标准与节目排名的不时浮动,为电视台之间的相互制衡提供了初步的衡量标准。一个场中,最关键的是相对实力,《声临其境》这3季的播出,收视率前后差距足有1倍,更是不再具有超过1%的数据,这直接意味着受众数量的流失,也影响之后节目的筹资与制作。

布迪厄曾批判某些记者将个人价值标准与喜好强加于新闻场中,为了追逐商业上的成功,部分电视台充斥着轰动性的社会新闻,赋予奇闻轶事以意义,为悲剧性和攻击性新闻附加怜悯与愤慨,并以一个模棱两可的指数(收视率)证明其价值。部分综艺节目同样如此,为了博人眼球邀请当红明星,为了娱乐大众追求笑点不惜"造笑点"和"丑化艺人",观众的满意度上升,收视率增长便认为达到了目的。时至今日,电视场至今依旧遵循着收视至上的规则,这是因为电视行业的生态链呈现一个闭环,收视率与受众基础呈正相关性。对利益相关者来说,收视数据是最客观的证明,广告商对收视率的追求是为了产品宣传,各个电视台对收视率的追逐和渴望,节目制作人对收视率的重视,实质都是对资本的追求,资本的积累间接地影响着场域的结构与主体的地位变化。

正如布迪厄所说:"通过收视率,看到的是植入文化生产的经济逻辑。"①如若电视降低了其社会价值和社会效应,以过分大众化、通俗化来迎合一部分人的低俗趣味,为博得潜在的共鸣,最终流失掉大部分观众。收视率,可以为赞助商提供客观的受众数量,可以看作节目影响力的基本标志,但不该成为电视台追求的目标,更不该是衡量节目品质的唯一标准。

2. 赛制模式化与创新的斗争

人类的行为举止在一定程度上有迹可循,是通过主观意识引导的经验性处事规律。在布迪厄学术领域中,"惯习"被界定为倾向系统,每一个行动者都具有自身的一套系统,指导着其社会活动的一切实践过程,这一过程被称为惯习内在性外在化的过程,而惯习正是行为者无法摆脱的模式化决策。

对于新闻场来说,记者对于新闻的选取与跟踪、报道与否、从何角度报道、如何评价引领

① ［法］皮埃尔·布尔迪厄:《关于电视》,许钧译,辽宁教育出版社2000年版,第27页。

舆论风向,都是经过潜在的性情倾向系统加以控制的。按照经验性来说,受众通常喜爱看到的新闻类型,往往也是新闻记者乐于追踪报道的对象。对于综艺节目制作人来说,节目同质化现象的兴起同样源于行为者的负面惯习,并非电视制作人在同一时间捕捉到了电视行业的发展趋势而不约而同地进行“真人秀类”“亲子类”等成功节目的制作,而是一档已成功的电视节目吸引了行为者的注意力,惯习引导其投入同类节目制作,达到有保障、无风险的资本累积。

作为“综N代”的节目制作团队,容易走入的误区有三:其一,创新不成,退而求其次,在节目紧张推进的过程中,没有更好的想法代替的情况下,行为者往往保守选择原有方案——赛制模式化;其二,选取嘉宾的标准未能保持一致性,在目标人选无法达成一致时,所邀请的其他人选能力不足;其三,在节目成功的同时,所有利益相关者获得相当的回馈,坚持初心是考验行为者的一块试金石。

《声临其境》这档原创自制真人秀在主题内容上已达到了创新,在选题过程中跳出了原有节目类型的束缚,但在“综N代”的制作过程中,难免拥有守旧的、稳中求进的“固有思维”。在已经成型的第一季节目中,通过3个环节的实时收视率比较,第一环节经典之声明显高于第二环节魔力之声,而第三环节声音大秀的收视大幅走低,故第二季节目需以此作出修改。在第二季节目策划初期,节目组对于实习生的面试属于观众调查的一部分,从相关专业学生的视角提炼出第二季可借鉴的修改意见,如节目嘉宾选取的倾向、环节设置的变化等。问卷调查显示(见表2-16),受众支持经典之声这一环节的比例超过半数,而富有娱乐性、趣味性的魔力之声仅占10.45%,为节目组下一季的创新提供了改进方向。在第二季节目中,延续了经典之声的开场模式,但第二环节在制作团队数次讨论修改无果后,未得出更优方案,则仍选择遵循第一季的做法——选取当下热点视频进行花样配音,而第三环节考虑到注重“声音”要素突出的同时难以兼顾舞台调度的问题,将“演”这一要素大大降低,同时凭借科技加持还原配音片段现场环境的效果。但问题在于,现场的全息、3D与纱幕效果在演播厅内十分震撼,而对于在电视前的受众来说,其相较LED屏的差距并不明显,整体来说与第一季不具有太大差别。

表2-16　受众认为最佳的环节设置

选项	比例/%
经典之声	56.21
魔力之声	10.45
声音大秀	20.90
才艺部分	12.44

资料来源:调查问卷。

第三季的整体模式有非常大的调整，包括主持人的更换、赛制的调整、嘉宾的选取与舞台的升级，都是十分具有挑战性的举措。主持人由凯叔更替为央视主持人周涛，其气质与实力观众有目共睹，在《声临其境》的舞台上出现可谓备受期待。节目组选取了4位"声音大魔王"为首席"声咖"，在一整季节目中同时起到评委与搭档的作用，增加"声咖"与嘉宾配对的过程与两人合配的比重，即通过两期节目，从4位嘉宾中选出一位最受观众喜爱的声音进入决赛。对于受众来说，第三季节目将原本一期3个环节的节目拆分为两期，第一、第二环节放置于第一期，第三环节自成一期，竞赛的成分降低，增加了"声咖"对声音嘉宾的"抢人"阶段，首席"声咖"互动环节比重加大，嘉宾从配音间下到主舞台后，由"声咖"使出浑身解数以争夺配对机会，为节目增添了不少趣味性，尤其是王耀庆在舞台上洒脱的性格，使观众连连爆笑，主持人周涛在台上也是笑得前仰后合。且互选阶段需要经过几轮抉择，首先由"声咖"发送短信至心仪的嘉宾，再由票数多的嘉宾进行反选，未被选到的嘉宾再次配对。虽然从综艺的效果来看，人物关系的复杂化会增加节目的趣味性，但几轮下来整体节奏与赛制进程相对变得拖沓，节目的竞技性与专业性逐渐退化。回顾第二季，声音嘉宾亮相之后，开始才艺展示时间，有角儿戏曲的表演、名著的独白、花腔的演唱、声音技巧的运用、不为人知的故事的讲述，节目的多元化显而易见，但相比这一季的有趣性，观众是更爱看了，越"实在"的东西就越少了。此外，节目吸引人之处还包括嘉宾带来的新鲜感与神秘性，第三季的赛制将原本一期一次的神秘感转化为两期一次，虽然节目组需要发掘嘉宾的数量减半，同一演员参演期数翻倍，但也相对降低了观众的兴趣程度。

同时，第三季的舞台设计有所调整，将节目首席"声咖"的座位由面对舞台的固定位置变为贝壳式的可旋转沙发，在嘉宾亮相时从观众席移动到主舞台中央背朝嘉宾，目的是在配对前营造极致的悬念感。然而在嘉宾通过升降电梯从配音间到达主舞台时，前几轮的猜测与观众的反应已经透露了七八分，且座椅与主持人的距离和角度都极易看到嘉宾真容，才有韩雪用手遮挡、王耀庆向前走出两步后需往后退着回到座位这一系列情况出现，尽管这一设计的视觉效果让人耳目一新，但其形式感与功能性无法兼顾，或可在舞台设计的实用性上再下功夫。

3. 群雄角逐与高下立见的比拼

前文阐述道，节目的一大亮点，是发掘了具有深厚专业功底但却未被人熟知的发声者，第一季节目组挑选嘉宾的能力与嘉宾的真实实力都发挥到了极致，对于4位嘉宾的组合竞技也经过仔细的考量。例如，第一季第二期参演嘉宾唐国强、陈建斌、张铁林、宁静，节目组将实力高度均衡的人员放置于同一组内进行对决，各有特色，才是真正有看点的高阶比拼；若是4位嘉宾实力悬殊，高下立见，比赛结果便无悬念可言。正因为先例的惊艳，之后参演嘉宾才更令人期待，在第二季的策划过程中，嘉宾的选取是一个较大的难题。

《声临其境》第二季于2019年7月立项，9月第一次召开内部会议、初次构思拟邀嘉宾，10

月正式进行节目策划，然而在此时拟邀嘉宾还未完全确立，节目首期录制时间为12月23日，制作时间紧迫，部分首选嘉宾因档期不匹配等因素无法参与录制，十分可惜。

综观表演艺术行业，具有一定影响力与地位的指挥、乐团、剧团，档期通常在一年甚至几年之前便得以定档，对乐曲的演奏与配合需长时间进行排练精益求精，对于为期几天、具有考核业务能力性质的综艺节目来说，同样需要准备时间找准原片人物的情感状态、贴合原声声音位置。那么是否可以借鉴表演艺术行业的方法，保持与首选嘉宾的前期沟通，提前开展邀约工作，相较退而求其次降低嘉宾的挑选水准更佳。

制作人在第二季播出后的采访中说到，第三季可能会邀请歌手的加入，为配音片段增添色彩。事实上，第二季早已做到了这一点，在选取片段时增加了音乐性，邀请到歌手为音乐剧和剧中有音乐的部分配音，也让有演唱功底的演员有了展示的机会，这是较成功的一次革新，但在第二季末尾观众发现，一期节目中歌曲演唱的次数逐渐升高，一次配音逐渐升级为歌曲演唱环节，这让受众感到听觉疲劳化，也不乏出现演唱水平不足从而破坏了片段完整性的情况。若是要为演唱配音，节目组应适当配备声乐指导，严格把握配音的质量，在片段彩排效果不佳的情况下，从专业的角度给予建议，协助跟拍导演与嘉宾进行沟通。

调查结果显示（见表2－15），65.17%的受众希望参加节目的嘉宾为实力演员，相对于歌手，更符合此类节目的嘉宾主要涉及出色的影视剧、话剧、舞台剧演员，他们有丰富的表演经验、舞台经验、台词功底，如秦海璐、孙强、刘端端、何冰等人，他们的实力在节目中观众有目共睹，若是每一期4位嘉宾的声音都能达到第一季的高度，节目的精彩程度便不需太多综艺化效果来烘托了。

（三）矛盾与紧张的关系：社会场的舆论压力

布迪厄认为，所谓社会关系，是一种激烈的、无情的甚至荒谬的竞争关系，同时也是串通的关系，他们之间有着共性的认知结构以及各自的与社会来源、受教育程度息息相关的感知方式和评价方式。[①] 社会舆论是影响社会发展的重要力量，舆论压力产生于权力场域与社会各界的合力，当事物的矛盾显现出来时，来自社会各界的舆论态度往往有正反两方，其双方占比依据实际情况而定，但负面评论对其事物的主体与相关者而言无疑是无形的压力，善用舆论的力量是所有面对社会大众的经营主体所要重视的环节。

1．正确面对观众的舆论压力

《声临其境》每位嘉宾在录制时配音3个片段，因播出时长限制，后期挑选更优质的两段剪辑进正片，未播出的一段作为宣传物料在微博等平台投放。在第一季第五期播出后，演员郑恺得票数力压配音演员边江，成为该期最受观众喜爱的声音，此事件在网络上引发了一系

① ［法］皮埃尔·布尔迪厄：《关于电视》，许钧译，辽宁教育出版社2000年版，第49页。

列舆论。其一,不少观众表示,配音演员与演员无可比性,将两者放置在同一场比赛是不恰当的行为;其二,一些网民表示某些艺人的表现并不出彩,并不能战胜专业配音演员;其三,观众怀疑是否为节目组内部操控票数。

在网络发达的时代,电视媒体的舆论引导主体地位下降,热点事件往往通过网络引起社会关注,但由于信息量的巨大增长使得其内容具有碎片化、去中心化等特性,网络的传播性、互动性使断章取义式的舆论野蛮生长,如若不正面引导,对于电视节目甚至整个社会来说都将是巨大的冲击。

习近平总书记在新闻舆论工作座谈会中指出:"新闻舆论工作各个方面、各个环节都要坚持正确舆论导向。"①综艺节目与新闻节目具有某种共性,在内容上所呈现的社会现象、社会问题、个人行为都极易引起话题性舆论的产生,尤其易于影响年轻一代受众的心理特征与价值取向,因此,舆论作为影响社会发展的重要力量,必须要"讲导向",通过引导树立正确价值观从而形成良好的社会文化氛围,这既是社会发展的内在条件,也是综艺节目自身发展的客观要求。

作为电视工作者,必须正视舆论产生的必然性,明确其产生的原因,并在舆论产生时积极应对,客观地分辨舆论的正反两面以及自身所处形势,牢固树立导向意识,引导正面效应,扭转负面效应,避免舆论偏离客观方向。面对舆论,综艺节目制作人除应对外,更重要的是,继续深入探索综艺节目的发展方向,使其能够赢得市场与观众认同,只有将压力转化为动力,最终才能化解舆论的压力。

2. 改进文化类综艺节目的匹配因素

(1)提升优质节目的分量

通过回收的调查问卷发现(见表2-17、图2-6),文化类综艺节目的比例居于所有综艺节目类型的首位,占59.70%,略微领先于更大众化的真人秀类与歌舞类节目,接受问卷调查的受众有59.70%喜爱看文化类节目,意味着该节目吸引了40.30%的他类娱乐化受众,可以得出节目中文化与娱乐较好的融合这一结论。同时,46.27%的受众表示收看该节目其知识与文化得到了增长,29.85%的受众受到了该节目对其精神文明导向的影响,68.16%的受众认为该节目拓展了艺术形式,由此可见,优质作品对于个体、群体的影响是正面且多面的,而提升优质节目的分量便能增加受众的触及概率,是增加节目积极影响的深度与宽度的有力措施。

---

① 《新闻舆论工作座谈会》,载人民网2016年12月23日,http://media.people.com.cn/n1/2016/1223/c14677-28972926.html。

表2-17 受众喜爱的综艺节目类别

选项	比例/%
歌舞类	54.23
文化类	59.70
游戏竞赛类	16.92
选秀类	31.84
喜剧类	51.24
真人秀类	55.22

资料来源:调查问卷。

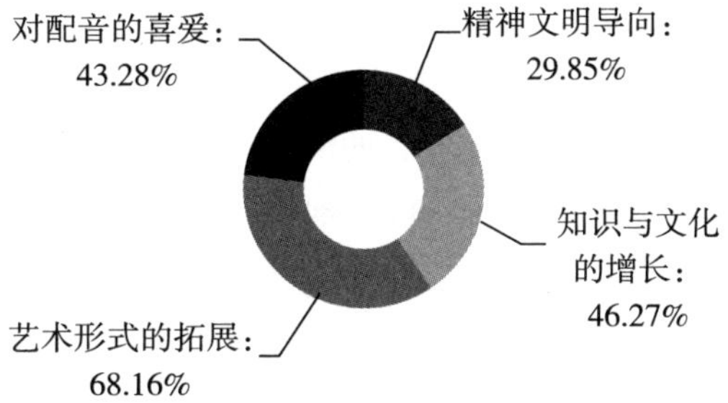

图2-6 《声临其境》对受众所产生的影响

资料来源:调查问卷。

习近平总书记对于文艺工作提出了“四个坚持”的要求:“坚持与时代同步伐”“坚持以人民为中心”“坚持以精品奉献人民”“坚持用明德引领风尚”。① 这一指引,抓住了文艺工作开展的根本与关键。电视行业发展要与时俱进,既要立足于上千年中华民族传统文化,更要承担起新时代发展中“新”这一要素,实现各类节目百花齐放,传统节目与新兴节目的适当结合。这第二、第三个坚持的核心都是“人民”,强调“坚持以人民为中心的创作导向”,一切有价值的文艺创作都是根植于中国文化,源自生活、源于人民、为了人民。文艺之“精”在于优质作品,“明德”在于作品所传递的向上向善的价值导向,秉持社会主义核心价值观提升作品的质量与分量,使得文艺作品能为社会、人民提供强大精神激励并增强文化自信。

(2)打破季播节奏

文化类综艺节目播出的常规频率均为季播,季播节目是缓解受众收视疲劳、节目的常规节奏化而产生的,综合了常规节目与单期节目的优势,每年一次、一次一季,与观众达成定期意识,若首播取得的市场与观众反应良好,便可继续发掘下一季,延续节目的品牌效应。但一

---

① 《习近平:坚定文化自信把握时代脉搏聆听时代声音 坚持以精品奉献人民用明德引领风尚》,载中国共产党新闻网2019年3月5日,http://jhsjk.people.cn/article/30957307。

档栏目的收视率与口碑同步下滑,制作团队是否应进行深刻反思、深挖其延续性价值,而不是以创新为由继续生产?《声临其境》在第二季节目制作与播出完毕后,节目组针对整季节目未进行总结便无缝衔接投入其他节目制作当中,而在第三季立项、其他节目制作完毕后,本季节目的策划自此开始,没有沉淀与深思的新一季栏目,能否做到去其糟粕取其精华?

相反的是,《主持人大赛》在长达 23 年中,播出了六届,时隔 8 年直至 2019 年回归,其特质"无流量、无炒作、无娱乐、无拖沓,重学术、重严谨、重竞技、重专业化",故一回归便是顶级精彩的,这更加证明优质节目往往不在"量",而在"精"。长时间的积累与发掘,才有一个赛一个的优秀主持人的专业风采,才有更明白受众需求的制作人,更明白专业选手需要专业评委的优质点评,褒贬皆有、客观至上,更能体现"综 N 代"注重品质而不是形式的特点。

对于这一档声音竞演秀来说,需要积累的不仅是经验、经济资本与社会资本,更是捕捉优秀片段的能力,在短短的一年当中,精选作品生产的数量并不多见,而一季节目的制作往往要深挖将近几十年的影视作品。节目进行到第三季,将现有的影视作品挖掘了 3 次,也不时出现同一作品不同片段,甚至同一片段反复配音的情况,对于忠实观众无惊喜可言,使一期节目的亮点寥寥无几。自此,《声临其境》是否可以借鉴《主持人大赛》的做法,将节目制作"慢下来",强调文化类综艺节目的特质,不以"乐"示人,以选人之"精"、选片之"精"、专业之"精"打动受众。

(3)提高商业赞助与节目本质的契合度

《声临其境》第一季冠名商为快手 App,以"快手短视频,记录每一个舞台上的声音之王"为口号实行台网结合、双管齐下的宣传模式,在短视频概念刚进入市场时迅速实现高频曝光,为节目的热度贡献巨大力量。

第二季冠名商为喜马拉雅 App,与节目本质的契合度最佳,制作团队在抖音与喜马拉雅同时竞标时,考虑到与喜马拉雅的核心内容一致,由此其成为了第二季的冠名商,且 App 同时可实现节目片段的播出与转发,两者达成双向输送,其宣传力度不容小觑。

第三季的冠名商拼多多——湖南卫视的最大赞助商之一,投资了数量较大的电视栏目,在此节目中多次的广告植入与节目本身并没有关联性,其植入方式也十分简单直接,广告商的选取不如前两季 VIPKID 在线教学 App、喜马拉雅声音软件那般契合,让受众感到些许不适,反观《声临其境》前两季对于各方面的考量,才是真正应该延续的本心。

3. 探索综艺节目的改进路径

社会场的舆论压力,是综艺节目效果的社会反应。湖南卫视在前行路上赢得了广泛的赞誉,又面临许多负面的反应。批评并非无源之水,是社会舆论本质集中的反应,综艺节目也未曾逃过社会的注视,多年来的节目如《超级女声》《快乐男声》《快乐大本营》等,停留在娱乐圈内,还有许多节目停留在"崇洋、复古"的内容上,对全面弘扬民族文化、改革开放的现实生活表现不够,给人以单纯追求"收视率""商业效应"之感。从长远来看,湖南卫视在省级电视台中的地位可能面临威胁,值得全面反思与改进。

端正方向,扩充主题内容范围,在节目的深度和质量上下功夫,似乎是综艺节目改进提高的要害。笔者从中央电视台综艺频道播出的特别节目《战“疫”故事》中获得启发,节目以抗疫战役中的英雄事迹为主题,以“见证者”串讲故事的方式,以真人真事作为背景,结合音响、灯光等技术手段,内容真实、新颖,时效性很强,生动而感人。故事中的“人物”充分表现了“典型环境中的典型性格”,不愧为反映新时代中国人精神风貌的力作,必然赢得社会广泛的认同与赞誉。由此可见,综艺节目应更多地从现实生活中发掘新人物、新创造、新事物、新生活,并以此作为主题内容,作为场域空间扩张的重点,节目的内容才能从根本上站稳脚跟。也就是说,综艺节目的题材需要体现现实题材与文化题材相结合,以现实生活的题材为主;弘扬核心价值观的节目与娱乐节目相结合,以弘扬社会主义核心价值观的节目为主;弘扬民族文化与外来文化相结合,以弘扬民族文化为主,再深度发掘、价值提升,开拓创新构思题材内容,才能稳固地赢得市场、赢得观众、赢得社会效益与经济效益。

核心改进提升节目制作的质量也是综艺节目制作成功的重要环节。湖南综艺节目在制作的过程中,存在模式化的倾向,比如,《超级女声》自开播历时近10年直到风潮褪去为止;同时也存在追求“明星效应”的倾向,其内在往往与节目内容要求相悖,因而引起受众的异议;还存在只重视节目流程,忽视重点内外要求的问题,导致制作水平跟不上节目内在要求,影响了作品的质量。这些问题,似乎正如布迪厄所指出的负面“惯习”。要摆脱这种“惯习”,一是要尽力避免节目的模式化,一种类型的节目,即使此刻有生命力,但往往也历经成长期、成熟期、衰退期,千万不要定格在一个模式上,应当适时地创新、变换;二是明星不是万能的,邀请的明星必须符合节目的本质要求,实现二者有机的统一;三是在不同类型的节目制作过程中对制作成员进行更替,为专业领域的节目引进专业化人才,同时满足制作过程的技术要求,如音乐、灯光、剪辑、摄影、道具等人员的选择,符合专业化的要求,切不可勉强凑合。湖南卫视以此为核心继续探索节目制作之道,才能在电视场中巩固自身的地位。

五、结语

布迪厄是伟大的哲学家、社会学家、人类学家,笔者从他的著作中获得了许多启示,尤其是其运用场域思想剖析现代电视所提出的一系列观点,对现代电视节目的改革与创新有重要价值。文中运用其思想理论对《声临其境》这一电视节目进行剖析,从而获取其经验教训,试图给予读者以有益启示。

随着大众文化逐渐取代了精英文化成为主流,电视节目因而长期以大众娱乐作为探索的主体因素,完成了以综艺晚会、选秀节目、真人秀等节目类型主导市场的过渡时期。在此过程中,制造出大批量的文化商品是全球文化工业化的必然结果。在国家政策、市场与受众导向共同作用力之下,电视制作人采取了以版权引进节目模式为基础,吸收创新、提升价值立意等一系列举措,以致文化类综艺节目得以立足。

文化类综艺节目在诞生之时就肩负制作团队的厚望,以弘扬优秀中华传统文化为节目主旨,在文化价值层面与娱乐元素相辅相成,为受众构建了糅合大众化、互动性、专业性和文化性的节目内容,完善了受众对于传统文化或是传统技艺的认知,从而获得受众认同,达到文艺宣传与增强国人文化自信的目的。《声临其境》这一节目在第一季取得的巨大成功,主要立足文化与娱乐的平衡点,融合了社会价值与商业价值,呈现了制作团队纯粹的初心。而后两季的节目在收视率与口碑两个方面呈成倍锐减趋势,原因在文中已作分析,事情成败进退有其必然性,也有偶然性。本部分的评论对电视台来说也只是参考。

笔者运用布迪厄场域理论对湖南卫视典型综艺节目进行剖析,是一次探索,鉴于笔者能力与阅历的限制,不可谓成熟之作。希望读者对笔者所论述的内容、所提出的观点和建议于阅读后予以评述与指导。

案例 3
体验营销理论视角下的音乐客户端营销策略研究

互联网时代,在我国音乐产业的版图中,数字音乐占据举足轻重的位置。而音乐客户端作为数字音乐发展到当前阶段的产物,无论是在行业数据上还是吸引用户方面始终展现出不凡的实力。随着各音乐平台版权共享的实现以及音乐用户体验意愿的增强,音乐客户端需要不断挖掘自身竞争优势,拓展音乐营销业务范围,才能减少内容同质化带来的不良影响,有计划、有步骤地吸引更多用户。应时代要求,音乐客户端营销正快速迈进品牌营销行列,成为一把打开用户内心世界的"金钥匙"。本部分依托体验营销理论中的战略体验模块理论,以五种不同的体验营销模块为行文框架,对音乐客户端的营销策略进行研究。笔者诚挚地希望通过此文,能为音乐客户端营销的良性发展贡献出自己的绵薄之力。

一、研究背景与研究现状

(一)研究背景

IFPI《2022 年全球音乐报告》显示,全球范围内,我国已跃居全球第六大音乐市场,这一成果得益于数字音乐产业释放的强大能量。随着 4G 网络的普及和 5G 网络的出现,催生了各种各样的手机音乐客户端,使用手机听音乐已成为人们的生活常态。相关数据显示,截至 2022 年年底,我国在线音乐市场规模约为 180.2 亿元,数字音乐用户规模约达 8.48 亿人次。[①] 可见,越来越多的用户青睐使用手机开展日常音乐娱乐活动,数字音乐产业凭借着智能手机庞大的用户规模逐渐呈现大爆发的态势。

---

① 朋朋:《中国数字音乐领域首个产业报告发布,这些趋势洞察值得关注》,载网易号 2023 年 10 月 11 日,https://m.163.com/dy/article/IGQ71KJP0517FHQO.html。

近年来,国内音乐客户端行业基本实现音乐版权共享,在较大程度上推动着数字音乐产业的发展。时代的更迭让产品营销多样化成为必然趋势,音乐客户端传统的营销方式多采用明星代言、投放广告、页面弹窗等形式吸引受众,但这种营销方式通常需要支付高额的明星代言费用和广告投放费用,存在成本过高、叨扰用户,且难以达到客户端营销预期的弊端。随着社会经济的不断发展,人们的消费观念和消费行为发生了很大的变化,他们不愿再被动地接受商家的广告宣传,甚至对广告产生了抵触心理。想要跟上不断变化的用户群体,音乐客户端需接受新的营销思维,运用更高效的策略,才能在拓展市场受众面、实现营销预期效果等方面有所突破。

体验经济时代,音乐客户端需紧贴新时代所提出的新的营销需求,通过线上线下营销资源协同联动,不断开发优质产品,向用户提供差异化的服务和体验;通过运用高效的体验营销策略,开展多种类型的营销体验活动,增强品牌认知度和品牌认同感,稳定现有用户,吸引更多潜在用户。

《商业周刊》曾断言"能否有效地管理客户体验将决定企业在下一个十年的生存",体验营销随体验经济的到来而出现,在全球范围内受到消费者的欢迎,正在作为传统营销模式的有力补充成为企业创造自身竞争优势的锐利武器。目前,关于体验营销的理论研究已经较为普遍,应用性研究也较多,主要集中于旅游、酒店、主题公园、手机品牌、实体零售企业等领域,但是将体验营销理论与音乐客户端营销策略相结合的应用性研究很少。因此,笔者从体验营销理论的视角对音乐客户端的营销策略进行研究,拓展了体验营销理论的应用性研究范围,为研究音乐客户端的学者提供新的理论视角以及新的研究思路。

未来,音乐客户端的竞争将由版权争夺转化为音乐内容新生态建构、产品营销策略"大换血"的竞争。各大音乐平台需要挖掘自身竞争优势,高效整合互联网行业资源,大力开展线上线下用户体验活动,增强用户黏性,提升用户品牌忠诚度,积极构建开放合作与竞争发展的数字音乐生态圈。

(二)研究现状

1. 国外研究情况

20 世纪 70 年代,美国未来学家阿尔文·托夫勒(Alvin Toffler)在《未来的冲击》中首次提出了"体验经济"的概念。他指出我们的社会经过农业、工业、服务经济之后将会迎来体验经济的发展大潮。后来,美国学者 B. 约瑟夫·派因(B. Joseph pine)与詹姆士·H. 吉尔莫(James H. gilmore)共同发表了一篇有关"体验经济"的论文,此后"体验经济"的概念才得到关注。1999 年,派因和吉尔莫两人在其著作《体验经济》中系统阐释了"体验经济"的概念,他们认为经济价值演变过程可以分为初级产品、商品、服务和体验 4 个阶段,人类经济发展的总历程由产品经济时代、服务经济时代和体验经济时代 3 个阶段组成。他们还提出,随着服务经济发展到高级阶段,一种更具挑战性的体验经济将随之而来。

1999 年,美国著名学者伯恩德·H. 施密特(Bernd H. Schmitt)首次提出“体验营销”的概念。两年后,他将著作《营销美学》的名称改为《体验式营销》,首次从战略角度阐述了体验营销与传统营销的异同。随后,他在《体验营销——如何增强公司及品牌的亲和力》中,开创性地提出了由感官营销、情感营销、思考营销、行动营销、关联营销 5 个板块所构成的战略体验模块理论,并提出了体验媒介——体验营销的战术工具 ExPros。

2002 年,由美国知名学者克里·史密斯(Kerry Smith)和丹·哈努福(Dan hanuff)创建了世界上较大的体验式营销组合,这个全球网络囊括了《活动营销人》杂志、体验式营销峰会和营销活动学院等机构。2017 年,由两人共同撰写的《体验式营销——世界上伟大品牌的成功秘诀及营销战略》出版,他们通过对全球知名品牌营销案例进行研究,阐述了体验式营销的重要策略即“5c”(联系、控制、内容、货币、转变)原则,提出了核心营销方案以及高度体验化品牌的 10 个特点,并最终总结出全球知名企业体验式营销的实施路线图,为研究如何解构消费者心理,如何评估体验影响力,如何转变为体验式品牌等问题提供了行动指南。

2. 国内研究情况

笔者通过搜索查阅“中国知网”“中国学位论文全文数据库及数字化期刊(万方)”“国家社会哲学科学文献中心”“中文社科期刊全文数据库”等电子学术平台,对相关文献进行检索。以“中国知网”为例,现将其中与本部分研究相关的内容以表格的形式梳理如表 3－1 所示:

表 3－1　中国知网搜索相关统计(截至 2022 年 7 月 19 日 15:00)

单位:次

搜索字段	“全文”搜索	“主题”搜索	“篇名”搜索	“关键词”搜索
体验营销	831,444	6546	3600	3220
战略体验模块	235,515	35	3	13
手机音乐客户端	1673	26	5	3
在线音乐平台	6313	174	22	77
QQ 音乐	134,966	283	125	15
网易云音乐	10,621	731	277	537

(1)体验营销

①体验营销概念研究

崔国华在《体验营销概念及其策略研究》中对体验和体验营销的概念进行了重新界定,归纳了体验消费的“体验”“情境”“事件”“浸入”“印象”五大行为特征,并在营销组合概念的基础上,提出了一套体验营销战术工具。① 周岩、远江在《体验营销》一书中,阐述了体验营销的策略组合、营销团队的建设以及体验营销系统的建设等多个方面,以新的视角为企业的营销提供了实战手册。邓勤学的《体验营销研究》总结出实施体验营销的策略,即“7EP”(产品、价格、促销、渠道、参与者、实体标志、消费过程、整合体验策略),并基于此构建了企业开展体验营销的实施模型。②

②以消费者为主导的体验营销研究

崔本顺在《基于顾客价值的体验营销研究》中从企业、顾客和体验3个角度分析了营销策略和方案。魏天威的《基于顾客价值的体验营销体系研究》以体验营销相关理论以及顾客价值为基础,构建了基于顾客价值的体验营销体系,提出了针对企业的体验4P策略和基于顾客角度的体验6E组合策略。③ 王国全在《体育真人秀的受众收视体验模型建构研究》中,建构出了由受众感官、情感、思考、行动、关联5个体验维度,34项受众收视体验要素构成的体育真人秀受众收视体验单向关系模型,以及由受众收视体验、受众体验价值、受众行为意向3个要素构成的体育真人秀受众收视体验多向关系模型,提出了体育真人秀节目制播与营销实践的相关建议。

③有关战略体验模块理论的研究

韩婷在《网易云音乐的体验营销策略研究》中,应用战略体验模块理论,从客户端平台和媒体两个角度对网易云音乐的体验营销策略进行了系统阐释,总结出网易云音乐进行体验营销的过程中存在的问题及其相应的改进措施。④ 郭莎莎在《音乐类APP体验营销策略研究——以网易云音乐为例》中,以战略体验模块理论作为研究的理论基础,分别从体验内容、体验形式和体验媒介3个维度对网易云音乐的体验营销策略进行了分析,最后提出了对整个音乐客户端具有普适性的营销建议。⑤《购物中心体验营销研究——以金源新燕莎Mall为例》《基于体验营销理论的邮轮旅游产品开发策略研究》《基于SEMs的本土咖啡连锁店体验营销策略研究》《体验营销的战略模块在内蒙古草原旅游中的应用研究》《基于体验营销的品牌模式研究》都是以施密特的战略体验模块理论为依据,对不同行业对象开展的研究。

(2)手机音乐客户端

①音乐类客户端的现状与发展

张文敏在《移动音乐APP的发展机遇、挑战与出路》中提出,音乐类App在互联网技术的推动下正处于高速发展的阶段,面临着前所未有的机遇和挑战,需要从创新、版权、粉丝经济

---

① 崔国华:《体验营销概念及其策略研究》,武汉大学2004年硕士学位论文,第1~18页。

② 邓勤学:《体验营销研究》,首都经济贸易大学2004年硕士学位论文,第1~24页。

③ 魏天威:《基于顾客价值的体验营销体系研究》,吉林大学2008年硕士学位论文,第3页。

④ 韩婷:《网易云音乐的体验营销策略研究》,黑龙江大学2018年硕士学位论文,第8页。

⑤ 郭莎莎:《音乐类APP体验营销策略研究——以网易云音乐为例》,河北大学2019年硕士学位论文,第44页。

这三个方面处理发展问题。王晴如的《探析手机音乐 App 现状与发展趋势》探析了目前移动音乐 App 的发展背景、发展现状和未来发展趋势。冉彬、张笑笑在《"网络效应"视角下数字云音乐平台发展策略初探——从网易云音乐说起》中，基于网络效应理论视角对网易云音乐、QQ 音乐、虾米音乐的发展进程和方向进行了研究，提出了数字云音乐平台生存发展的内在机制。周超的《音乐 app 发展探究与建议——基于对网易云音乐发展的研究》，分别从四个方面介绍了网易云音乐的竞争优势，并提出了未来发展建议。刘笑冰在《移动互联时代的音乐社交——基于手机音乐类客户端的研究》中，选取网易云音乐的案例作为主要研究对象，归纳总结出国内外各大音乐平台在音乐社交建设方面的不同发展模式，最后提出了具体的整改提升措施。

②音乐客户端的营销研究

陈晓娟的《数字音乐产业中移动音乐营销模式研究》以全球数字音乐产业的发展作为研究基础，探讨了符合中国消费群体需求的移动音乐营销模式。亢樱青在《在线音乐生态格局：差异化竞争是关键》中介绍了网易云音乐、腾讯音乐、阿里音乐在扶持原创、发掘潜力艺人、拓展渠道、挖掘粉丝经济方面实施的差异化战略，最后提出了在线音乐平台的未来发展建议。何欣茹的《网易云音乐营销推广策划——打造音乐演出及播放平台》，从"打造音乐演出及播放平台"的核心理念出发，制定了网易云音乐的营销推广策划。史伟、陈迪在《UGC 营销对客户感知价值的影响研究——以网易云音乐用户为例》中，以网易云音乐为例，从功能价值、情感价值、社会价值、感知付出四个方面，对平台上用户创建歌单的评论变化进行了研究。朱德瑛在《网易云音乐的孤独营销研究》中，对网易云音乐的现有营销策略进行了分析，总结出网易云音乐双线联动的孤独营销策略，提出了影响网易云音乐孤独营销效果的主要问题以及未来发展建议。① 刘琎琪、胡付照的《在线音乐平台跨界营销应用研究——以网易云音乐为例》分析了网易云音乐跨界营销的现状，指出其营销优势及存在的问题和改进建议。②

③音乐客户端用户研究

余敏的《网易云音乐的内容与用户研究》以网易云音乐 App 为研究对象，探讨网易云音乐的音乐、视频、电台板块内容和包括基本属性、用户需求以及用户行为在内的用户特征，并进一步探析了网易云音乐内容定位与用户特征之间的关系。迟源的《网易云音乐用户行为调查报告》通过问卷和深度访谈的形式，提出了网易云音乐用户行为的明显特征、现存问题以及解决措施。翁超萍的《音乐类 app 的用户需求及改进对策研究——以"网易云音乐"为例》，基于用户视角，通过对网易云音乐用户进行调研，分析了网易云音乐用户的特征、使用情况以

---

① 朱德瑛：《网易云音乐的孤独营销研究》，烟台大学 2018 年硕士学位论文，第 7 页。

② 刘琎琪、胡付照：《在线音乐平台跨界营销应用研究——以网易云音乐为例》，载《市场周刊》2019 年第 2 期。

及满意度,结合用户需求提出了改进建议。①

综上所述,国外的体验营销主要历经了早期萌芽和发展实践两个发展阶段。在体验营销研究方面,随着体验经济的不断发展,研究者对于体验营销的研究经历了从体验、体验经济、体验营销 3 个层次的延伸,他们从研究基本概念到研究实际营销策略,并最终形成了相对成熟的基本理论框架。目前,相关研究已经趋向将体验营销理论同具体行业领域的特征相结合,研究较细化且深入。B. 约瑟夫·派恩与詹姆斯·H. 吉尔摩在《体验经济》中强调的体验有娱乐体验、教育体验、审美体验、逃避体验 4 种类型。施密特提出了体验的 5 种形式:感官、情感、思考、行动、关联,以及由这 5 种形式的营销所构成的战略体验模块理论、体验战术工具 ExPros、体验矩阵等,在体验营销发展史上具有里程碑式的意义。笔者认为,现代营销活动的开展离不开用户,而他们的需求与体验的这 5 种形式是密切相关、密不可分的,企业要想抓住用户的心智,促成其消费行为,在营销策略实施上就应该充分考虑人们对于感官、情感、思考、行动和关联 5 种形式的需求,并根据用户的这些需求,深入挖掘有价值的要素,制定既符合企业愿景又能直击用户心灵,提升品牌忠诚度,还能为企业自身带来可观收益,获得良好社会声誉与形象的体验营销策略。施密特的战略体验模块理论为我们提供了清晰、系统的体验营销理论基础,他所提出的体验战术工具 ExPros、体验矩阵和体验之轮为体验营销过程中的策略调整、风险管理、问题处理等提供了工具和模型支撑。

从 20 世纪 60 年代到 80 年代,"体验经济"出现在各类论文、期刊、报告中,大多虽分散,但为之后有关"体验经济""体验营销"的研究奠定了理论基础。目前几乎所有行业都在不遗余力地开展体验营销活动,在世界范围内,体验营销在理论界、企业界备受关注。

从总体上看,体验经济产生于社会高度文明、富裕、发达的环境中,体验营销的概念由美国的研究者率先提出。与经济高度发展的美国相比,我国体验经济的发展水平还有一定的差距,这就导致实施体验营销的环境相对不成熟,因而我国对于这方面的研究主要是跟随国外学者的研究步伐,理论体系尚待完善,当前主要集中在体验营销的基础概念研究以及运用于各行业领域的体验营销策略研究。在现有研究中,有专门针对体验营销概念方面的研究;也有一些研究以消费者为导向,侧重研究顾客满意度、顾客体验价值与体验营销的关系,期望通过建构相关模型或者建立相关评测指标,对基于顾客价值的体验营销以及体验经济背景下的顾客行为进行深入分析,最终提出切实可行的体验营销策略。在基于战略体验模块理论的不同行业的体验营销策略研究方面,目前国内的大部分研究集中于零售业、服务业、旅游业等领域,多以"阐述现行体验营销策略,提出相关问题以及相应解决措施"为主要研究思路。

在手机音乐客户端研究方面,国内学者的研究文献较多,从发展现状到发展策略,从版权管理到产业价值链研究,从营销策略到用户研究均有涉及,能够为论文的撰写提供较多有价

① 翁超萍:《音乐类 APP 的用户需求及改进对策研究——以"网易云音乐为例"》,浙江传媒学院 2017 年硕士学位论文,第 1 页。

值的参考。音乐客户端现状与发展策略研究的相关文献,帮助笔者了解音乐客户端目前所处的行业大环境、发展现状以及发展目标。音乐客户端营销策略研究的文献便于笔者了解音乐客户端现行营销策略、营销过程中出现的问题以及相关解决方案,能够为笔者提供行文思路;文中的具体案例还能够使笔者更加深入地理解QQ音乐、网易云音乐等音乐客户端的各方面情况,以便笔者对其运营管理、营销传播等方面构建一个整体、系统的认识。音乐客户端用户研究的文献有助于笔者了解客户端与用户的关系、用户消费心理、消费意愿、消费行为等。另外,还有许多行业数据报告,比如,《2018年中国数字音乐消费研究报告》《2018年全球音乐报告》《Blue MC:音乐平台营销潜力洞察报告》《2019年中国数字音乐产业研究报告》《2019年中国在线音乐市场监测报告》《中国音乐行业发展趋势研究与投资前景预测报告(2022—2029年)》等,也能为论文提供具有参考价值的数据资料。但是,目前从体验营销理论的视角对音乐客户端进行研究的文献很少,除了韩婷的《网易云音乐的体验营销策略研究》和郭莎莎的《音乐类APP体验营销策略研究——以网易云音乐为例》以外,无更多文献。而且,这两篇文章依靠梳理文献总结策略,仅是对第二、第三手资料的加工,提出的相关问题也不够深入,缺乏实证支撑。也正是如此,本案例内容有了更多的创新空间。

二、体验营销相关理论

在阐述体验营销之前,笔者先从传统营销与体验营销的区别说起。这里的传统营销是指,“营销学者,包括营销总监、品牌经理、传播经理等在内的实践者,以及专家顾问在20世纪到体验经济、体验营销研究原理和方法论问世前的时间段里采用的营销形式。传统营销的原理和观念描述的是产品的本质、用户的行为和市场上的竞争,用以引导开发新产品,建设品牌影响力,设计传播方式以及对竞争行为作出反应”。①

施密特认为,传统营销关注产品的功能性特色和益处,且对产品类别和竞争的定义比较狭窄,传统营销的竞争基本上是产品和品牌经理的战场。在传统营销的环境中,用户往往会被当作理性的决策者,而这样的思维也就决定着传统营销将采用分析、定量和处理语言信息的方法。然而,在我们所处的这个时代,产品不再仅仅是所有特色和益处的总和,市场竞争异常激烈,竞争环境和竞争对象复杂多变,竞争不再仅仅是产品和品牌经理的“战场”,它包罗万象。在用户心中,产品具有功能性的特色和益处,产品质量好以及积极的品牌形象是理所应

① [美]伯恩德·H.施密特:《体验营销——如何增强公司及品牌的亲和力》,刘银娜等译,清华大学出版社2004年版,第12页。

当的,在此基础上,他们需要能够刺激感官、触动心灵和激发灵感的产品、宣传和营销活动。[①]

营销学之父菲利普·科特勒提出,营销4.0的变革时代[②]已经到来,他认为“西方国家以及东亚部分国家已经进入了丰饶社会。在丰饶社会的情况下,马斯洛需求中的生理、安全、归属、尊重这四个层面的需求相对容易被满足,于是自我价值实现对于用户来说就变成了一个很大的诉求”,[③]也就是说,自我价值实现需求将逐步超越生存与物质需求成为人们的主导性需求。当丰饶社会使得物质极为丰富时,人们就变得不再那么敏感于产品功能和价格,而由产品服务和体验所带来的心理效益成为对于他们来说越来越重要的存在。

我们正处于体验经济时代,企业以产品为道具,以用户为根基,以营销为重心,创造能够使用户参与、值得用户回忆的活动以形成互动,从而使其产品和服务以及品牌形象在用户脑海中留下深刻印象,赢得用户品牌忠诚。体验营销的出现,促使企业要将关注点不仅集中在产品和服务本身的价值上,更需要发散到产品、服务所延伸的价值上。营销的本质在于创造卓越的顾客价值,[④]在用户价值的基础上兑现企业价值,企业要将营销中心转移到如何与用户积极互动,如何通过高效的营销手段直击用户心灵,促成其消费行为,在帮助他们实现自我价值需求的同时,让他们更多地参与营销价值的共创中,从而实现企业价值的成功兑现。

(一)战略体验模块

施密特认为,战略体验模块是体验营销的战略基础,他将体验的不同形式概括为感官、情感、思考、行动及关联5个战略模块,而围绕这些模块所开展的感官营销、情感营销、思考营销、行动营销及关联营销共同构建成了体验营销总体框架。

1. 感官体验营销

感官体验营销就是通过色彩、声音、气味、质感、主题、风格、形象等,刺激用户的视觉、听觉、嗅觉、味觉、触觉,充分调动用户的感官,激励用户积极参与,通过感官刺激,为其创造感官体验,并令其产生愉悦、兴奋、美好等体验感受,进而促使其产生消费行为的一种营销方式。

企业品牌形象通过基本要素、风格和主题创造出来。基本要素包含色彩、形状、样式,音量、音调等。基本要素为风格的形成奠定了基础,风格指感官形象中独特的、持续的而又一致的品质。主题是指那些能够表达出企业或品牌内涵意义的信息,是企业或品牌的精神支柱、参考点和顾客记忆的线索,包括企业或品牌名称、视觉象征物、宣传口号、富有韵律或配音乐

---

① [美]伯恩德·H.施密特:《体验营销——如何增强公司及品牌的亲和力》,刘银娜等译,清华大学出版社2004年版,第20页。

② 营销4.0的变革时代坚持“以价值观为驱动,以互动、大数据、社群为基础”的营销理念。

③ 王赛:《营销4.0:从传统到数字,营销的“变”与“不变”——“现代营销学之父”菲利普·科特勒专访》,载《清华管理评论》2017年第3期。

④ 顾客价值,是指顾客期望从某一特定产品或服务中获得的一组利益,包括经济的、功能的、心理的效益。针对不同对象主体,也可称为客户价值或用户价值等。

的广告语、总体理念等，[①]主题进一步扩展了风格的内涵和意义。[②] 企业通过一些基本要素、风格和主题，将企业形象映射到用户和供应商、投资人、普通公众等主体的心中，最终形成了某种特定的品牌印象。

感官体验营销的战略目标是在市场上实现企业自身和产品的差异化，用刺激创造感官吸引力，充分理解感官感染力所能带来的最终结果，向用户传递价值，激励用户产生购买行为。这个过程中一定要兼顾认知一致性[③]和感官多变性[④]，认知一致性为实施感官营销提供了整体架构，没有认知一致性，感官营销将会引起混乱，所有信息都很难给人们留下印象或被人们理解，因此也很难影响用户行为。而没有感官多变性，营销活动不可能长久吸引人的注意，不可避免地要变得枯燥并不再有任何激励作用。[⑤] 感官营销在创造感官体验的同时，帮助企业实现产品服务的差异化，激励用户产生购买行为。为了实施好感官体验营销，营销人员需要重视对基本要素、风格和主题的建构，给用户留下良好的印象。

2. 情感体验营销

情感体验营销就是营销人员充分利用用户内心的丰富情感以及他们对情感的各种反应，创造情感体验，为企业品牌附加上一定情感因子的营销方式。生活中，人们总是倾向寻求快乐，尽量避免痛苦，这是一条核心定律。当用户面对一种产品，一条微信推送或是一次营销活动时，大多都会在心中有一个感觉评定，如果感觉良好，那么就会喜欢这个品牌的产品；如果感觉不好，就会表现出漠不关心，或者对推送甚至品牌产生反感。因而，如果品牌的营销策略可以一直令用户持续获得好感，那么培养用户强烈而持久的品牌忠诚度就不是难事了。

情感体验受心情和情绪影响有不同的程度，从稍微积极或者消极的状态到非常积极或者非常紧张的程度，用户可能会对某种品牌持有略微好感或者反感，也可能是非常强烈的信任或者厌恶。心情是种不确定的情感状态，一些不经意的特定刺激会令用户产生不同的心情；而情绪是种强烈的、具有明确刺激源的情感状态。情绪分为基本情绪和复合情绪，基本情绪包括积极情绪和消极情绪，它共同构成了人们情感世界的基础部分。复合情绪是基本情绪的集合体，通常情况下，开展情感营销的品牌大多都是利用这种情绪，比如，怀旧之情、思乡之情、爱国之情、公益之心、文化传承之心等。

需要注意的是，用户在体验过程中所产生的情感是最强烈的。人们通常会在使用某种产

---

① ［美］伯恩德·H. 施密特：《体验营销——如何增强公司及品牌的亲和力》，刘银娜等译，清华大学出版社2004年版，第99页。

② ［美］伯恩德·H. 施密特：《体验营销——如何增强公司及品牌的亲和力》，刘银娜等译，清华大学出版社2004年版，第95页。

③ 认知一致性，是指人的智力或思维对于潜在理念的理解，如风格上和主题上的复制。

④ 感官多变性，是指特定刺激感官的要素能够跨越时间起到相应作用。比如，色彩、广告语以及广告代言人，灯光、摆设以及服务人员，或者某种产品的气味和味道以及企业某年度报告的手感和印象等。

⑤ ［美］伯恩德·H. 施密特：《体验营销——如何增强公司及品牌的亲和力》，刘银娜等译，清华大学出版社2004年版，第105～106页。

品和参与某次营销活动的过程中，通过接触产品产生对产品的情感，通过活动中的互动产生对品牌的强烈情感。逛街、看电影、赏戏剧、参与体验活动，所有的这些通常都是与情绪联系在一起的消费场景。比如，在“看电影”这个消费场景中，所消费的不仅是电影本身，可能还包括一包奶油爆米花、一杯喜茶、几块炸鸡等；而“逛街”这一消费场景则可能包括在购物中心购物，在某家网红餐厅吃午餐，然后去看电影这一系列过程。显然，消费过程中的情感培育优于在广告中培养情感。

情感体验营销需要营销人员深入理解和把握能够激发用户情感和意愿的刺激因素，寻找机会将用户自然产生的情绪与自身服务的品牌联系起来，并以用户的某些特定情感为根基，开展情感营销，加深用户的情感体验，充分激发他们的兴趣，进而使其实施购买行为。

3. 思考体验营销

思考体验营销是一种通过让人出乎意料、激发兴趣等，促使他们进行思考，为其创造认知并解决问题的体验营销方式。这种营销方式致力鼓励用户创意思考，令其思维更具创造性，从而使其对企业品牌和产品有一个重新的认识。

美国心理学家基尔福特(J. P. Guilford)提出，人们通常进行两种不同的思考，一个是收敛性思维，另一个则是发散性思维。收敛性思维涉及定义严谨的理性问题的分析推理思考，简言之，就是将思维细化直到找到解决办法。所有对问题进行系统、认真分析的活动都属于收敛性思维，如评价交流中某个论点的优缺点就需要收敛性思维。另外，仅凭常识或启发式思考得出结论也是如此。启发式是利用常识和经验解决问题的方法。例如，一个推销员一口气说出好几条用户应该购买某种产品的原因，他陈列原因的数目使用户尝试去购买。无论用户是严格、系统地分析还是使用启发式思考，这都属于收敛性思维。发散性思维循着多种不同的方向将思维泛化，通常在参与者自由思考或无须顾及他人反馈的集体讨论场合，可以进行发散性思维。

音乐客户端的思考体验营销大多引发的是用户的发散性思维。那么，思考体验营销成功的诀窍是什么？笔者认为，首先需要让人出乎意料，这种出乎意料可以是主题上的、理念上的、视觉呈现上的，或者是文字表述上的；其次是激发用户兴趣；最后还可再适当加上点出其不意的内容。出乎意料能刺激用户进行创造性思考，他们会惊喜非常于一种完全没想到的东西，得到的东西高于期望值也会令他们愉悦。激发兴趣是出乎意料的下一步，出乎意料仅仅停留在对事物本身结果进行思考，而激发兴趣既能包含事物本身又能超越事物本身，它在激发用户好奇心、刺激其对已有认识进行挑战方面发挥重要作用，它让用户感受到乐趣，并为之着迷。人们到底对什么感兴趣？一般而言，共识、普遍认同、能够产生情感共振的问题通常更能引起兴趣。

4. 行动体验营销

行动体验营销是一种为用户创造身体体验、长期行为模式体验、生活方式体验以及互动体验的营销方式。“人总是禁不住诱惑”，这是大家普遍认同的结论。因此，成功的行动营销策略总是把营销落点设置在欲望最可能膨胀的地方，这样不仅能够产生体验，还能加强这种体验。在音乐客户端的行动营销中，最常用的就是倡导某种生活方式，生活方式即人们的生活模式，充分反映人们的兴趣、爱好、观点、行为和活动等方面的特质。一般来说，用户需要标志性的内容承载或者能够表现他们特有生活方式的品牌来向他人展示自己的价值观和生活方式。

用户生活方式的改变是自发或者被激发出来的，当然也有可能是由偶像——影视明星、体育明星、音乐人、歌手等引起的，还有可能是受社会规范影响，比如法律、规章制度和群体潜规则或群体压力的促动作用，最有说服力的例子就是许多吸烟人士因“吸烟有害健康”逐渐戒烟。除生活方式体验外，增强与人互动的体验也是音乐客户端营销擅长的。在实施行动营销策略时，营销人员应当具备敏锐洞察用户生活方式走向的能力，在充分考虑各种刺激因素之后，制定有效的行动营销策略，使自己服务的品牌成为某种生活方式的倡导者，并能够牢牢把握好这种生活方式与品牌的契合点，从而促成自家品牌与这种生活方式形成交融，进而成为该生活方式的代言人。

5. 关联体验营销

关联体验营销囊括了感官、情感、思考、行动营销各方面，它使个体与品牌中所体现的文化、社会背景相关联。其主要目标和本质是通过品牌使个体与他人、群体和整个文化相关联，让个人与一个较广泛的社会系统产生联系，从而建立个人对某种品牌的偏好，同时让使用该品牌的人们形成一个黏合度较高的有机关联群体。

关联体验营销包含血缘关系、社会角色、文化价值观、群体成员、社会分类、社会身份、社会影响、品牌传播等因素。通常而言，用户可以从品牌的荣誉中得到满足，与其建立品牌关系，使品牌成为用户渴望、喜爱或推崇的亲密伙伴。营销人员在开展关联营销的过程中应完成4个任务，一要创造或暗示某一社会分类X；二要让消费者认为“我就是X类”；三要证明作为X类会享有某种美好体验；四要证明使用某种品牌会产生这种美好体验。[①] 一旦完成这4点，用户就会自然而然地成为某个集体或者社群的一员，在某种程度上建立起与品牌的关联，潜移默化地成为品牌的“推广大使”。

上述5种体验营销模块之间存在递进的关系，感官模块能够增强品牌辨识度，吸引人们的注意力；情感模块能够建造用户与品牌间的情感桥梁，使用户与品牌产生密切联系；思考模块让人们展开创造性思考，进而产生持久性的认知；行动模块产生行动动机，为用户创造行动体验，倡导正能量的生活方式；关联模块不仅限于个人体验，还要建立群体的品牌忠诚度。如果想让体验模块得以顺利运转并发挥作用，还需利用体验营销的实施工具——体验媒介。

---

① ［美］伯恩德·H.施密特：《体验营销——如何增强公司及品牌的亲和力》，刘银娜等译，清华大学出版社2004年版，第174页。

(二)体验媒介

虽然在体验经济时代,用户在整个体验过程中逐渐变得主动,但“好酒也怕巷子深”,营销人员还是有必要通过体验媒介更主动地来获取用户的好感和忠诚。伯恩德·H.施密特提出,实施战略感官、情感、思考、行动和关联营销,需要通过“体验媒介”来实现,体验媒介包括传播、视觉和语言标识、产品呈现、塑造品牌联合、空间环境、电子媒体、人员,这几个要素是创造五大战略模块营销活动的战术实施工具。

第一,传播。主要包含企业对外发布的能展现品牌信息的广告、对外输出的企业文化等信息,展现企业和产品态度的目录杂志、宣传单、媒体新闻稿、年度报告,如网易云音乐、QQ音乐的听歌年度报告等。营销人员利用“传播”建立企业与用户之间的联系,使企业和品牌被熟知,并利用相关营销手段,进一步增强用户黏性,推动用户购买行为的实现。

第二,视觉和语言标识。一般是指企业的品牌logo、名称、徽标等,比如,我们看到金黄色“M”标志就会想到麦当劳,看到红白相间色调的易拉罐就会立刻联想到可口可乐,看到“√”的标志,或者提到“Just Do It”时,我们就会很容易地联想到耐克。看到黄底与绿色音符搭配的标志性logo,以及红白搭配的“音乐的力量”时,QQ音乐和网易云音乐便能快速出现在我们的头脑中。因而,当品牌的视觉与语言标识深入人心时,我们就会自然地将它们和品牌联系到一起。

第三,产品呈现。一般是指能够代表企业品牌形象或能传达企业文化的独特产品内容设计等,主要包含产品设计、包装、周边产品开发、品牌个性、品牌展示,比如,QQ音乐的音乐专区、独家专栏等,体现了QQ音乐突出其以版权和用户核心构筑音乐生态圈为重点的产品卖点及内容;又如,网易云音乐的吉祥物“多多和西西”、云村等,体现了网易云音乐以聚焦年轻用户,建立发现、分享音乐的互动音乐社区为重点的产品内容,这些独特的产品设计,有助于推动企业的品牌信息传播以及产品差异化实现。

第四,塑造品牌联合。一般指两个或两个以上的品牌建立战略合作关系,建立联盟等,或者是某些品牌对某一项目、某一活动提供营销、赞助支持等,从营销层面来讲就是跨界营销,这种形式不仅有利于双方品牌的合力推广,还能给人们带来更多更具感染力和渗透力的别致体验。比如,捷豹汽车作为真人秀综艺《奇遇人生》的指定用车,借助这档“纪录片+综艺真人秀”的高关注度以及明星效应,不仅提升了观众对捷豹汽车品牌的关注程度,还使得捷豹汽车全新的舒适体验感深入人心,在一定程度上推动了销量。又如,QQ音乐携手耐克举办“线上”跑步爱好者的跑步大赛;携手阿迪达斯举办獒天下篮球嘉年华活动;联手Space推出urban健身课程等,旨在通过以“音乐+运动”为主题,从运动健身方面贴近用户生活,推出全新的运动场景音乐体验,拓展音乐内容的分发渠道,为企业创造价值。

第五,空间环境。一般是指与企业品牌或者活动有关联的建筑物,包括楼房、办公环境、零售店、公共空间、生活场景等。诸如星巴克咖啡店、香奈儿体验区、好莱坞星球、宜家家具城、QQ音乐不断电能量站、网易云音乐上海思南公馆主题咖啡馆等。无论是零售企业、知名酒店,还是音乐客户端在公共空间打造的体验型场馆或者体验区域,都能从空间环境上使人们在消费享受过程中感到甚合心意,促使他们消费。以网易云音乐"樂岛"音乐主题咖啡馆为例,该咖啡馆坐落于上海市拥有浓厚人文底蕴的思南公馆,是一家将音乐体验和咖啡相结合的主题店铺,从店址选择、环境设计到音乐区域布置,再到饮品开发都独具人文与音乐特色。馆内有以蓝、红为主色调的海岛空间、乐评墙、限定乐评杯套、耳机音乐体验区等,为广大喜欢音乐的文艺青年营造了他们心中向往的舒适慢生活体验氛围。

第六,电子媒体。互联网彻底改变了我们的沟通行为、消费习惯以及获取信息的方式,同时为体验营销的实施培育了适宜的土壤。比如,网购满足了人们的日常购物需求,买口红的时候,人们可以通过软件或者机器人来试色,买家具时人们可以通过VR技术模拟家具摆放环境;又如,音乐客户端实现了用户从听歌到社交再到泛娱乐消费的一站式音乐体验需求,粉丝可以在平台上了解到偶像的作品、动态等方方面面的信息,还可以为偶像的事业发展作出自己的贡献。此外,微博、微信朋友圈、微信公众号等新媒体的信息传递也在不断满足人们对于了解媒介信息的需求。这些信息传播渠道既是企业实施体验营销的主要媒介阵地,也是用户生成内容大量产生的阵地,用户所产生的内容将非常有助于企业的二次营销传播。

第七,人员。主要包括营销人员、销售人员、客户服务部人员等能与用户产生接触的人群,以及企业内任何与其品牌推广相关的人员。

三、音乐客户端的发展概况

(一)音乐客户端的整体发展历程

音乐客户端,是指通过包括3G、4G、5G、Wi-Fi在内的高速无线网络,提供数字音乐播放服务及其他音乐增值服务的移动终端软件。本文所探讨的音乐客户端主要指音乐客户端(移动端),即手机音乐客户端或手机音乐App或者流媒体平台。近几年来,互联网行业在中国的高速发展催生了众多音乐功能丰富、用户体验感较好的音乐客户端。如QQ音乐、网易云音乐、酷狗音乐等,这些音乐客户端除拥有基本的音乐播放功能外,更提供数字音乐专辑或单曲售卖、歌曲分享、音乐综艺、音乐电台、在线K歌、在线直播、评论交流等多样化的个性化音乐增值服务,受到众多各年龄层音乐用户的喜爱。

在移动网络技术和移动设备等科技方面的支持下,数字音乐蓬勃发展,音乐客户端便是数字音乐发展到一定阶段的产物,它的诞生和发展与数字音乐的发展历程是密不可分的,数字音乐的发展大致分为3个阶段。

1. 萌芽发展期

美国是数字音乐的发源地,当时主要以“MP3. com”等音乐下载网站为主,一出现便迅速在各国音乐市场生根发芽。1999 年,我国出现了网蛙音乐、九天音乐等音乐下载网站,至此数字音乐产业在我国拉开序幕。2002 年,百度公司发布 MP3 搜索功能,凭借其巨大的流量,该搜索功能成为仅次于常规网页搜索的第二大搜索,推动着数字音乐的发展。① 2003 年“彩铃”临市,这一移动音乐的雏形为无线音乐增值服务奠定了基础。此后,手机运营商将目光投向数字音乐市场,相继推出手机彩铃服务,仅在一年内,国内手机彩铃订阅用户突破 2700 万人。②

1999 ~ 2003 年是我国数字音乐产业的萌芽期,这一阶段得益于移动通信和互联网技术的不断进步,数字音乐产业逐步发展起来。移动运营商、各大门户网站以及手机商涉足数字音乐领域,更多的发展机遇开始显现。但这一阶段也是网络盗版音乐横行肆虐的阶段,因音乐版权保护意识薄弱以及缺乏相关法规约束规范,数字音乐产业的正版化进程缓慢。

2. 探索成长期

从 2004 年一直持续到 2012 年,是我国数字音乐产业的探索成长期。这一阶段移动音乐市场逐渐扩大开放,移动“彩铃”、联通“炫铃”、电信“悦铃”等无线音乐增值业务层出不穷,为运营商带来巨大收益。网络在线音乐方面,2003 年,腾讯 QQ 首次推出在线音乐服务,2004 年酷狗音乐成立,2005 年 QQ 音乐和酷我音乐相继成立,也是在这个时期,应用户听歌、下载歌曲的需求,在线音乐客户端登上历史舞台。与此同时,盗版音乐的横行却也令其发展荆棘丛生。直到 2005 年,各音乐企业才开始意识到盗版音乐的严重影响,决心共同整顿行业风气。酷狗音乐通过限制用户下载业务来规避风险。2007 年,QQ 音乐开辟付费音乐市场,设置绿钻会员模式,鼓励用户付费开通会员,下载正版歌曲,从此拉开了我国付费音乐的发展帷幕。2013 年,国家出台针对音乐市场的政策法规对整个市场进行整顿和规范,且各大在线音乐平台也相继推出音乐付费业务,至此,音乐正版化时代逐渐到来。

3. 逐渐成熟期

2013 年之后,我国的数字音乐产业逐渐走向成熟期。随着市场资本的融入及法律体系的完善,版权成为数字音乐企业的竞争核心。政府“三网融合”的举措,为手机上网盛行创造了丰厚条件,手机音乐客户端开始占领手机网民的生活日常。除 QQ 音乐、酷狗音乐、网易云音乐等传统的提供音乐综合服务的平台之外,原创音乐平台 A8 音乐、K 歌类音乐平台全民 K 歌、唱吧等,也为数字音乐产业注入了活力。2015 年,音乐版权元年到来,国家版权局颁布最严版权令,数字音乐的“免费时代”得以终结。

---

① 刘茵:《数字音乐运营平台商业模式研究》,载《戏剧之家》2018 年第 10 期。

② 郭莎莎:《音乐类 APP 体验营销策略研究——以网易云音乐为例》,河北大学 2019 年硕士学位论文,第 16 页。

这一阶段,唱片公司不再是霸占音乐版权的主体,许多音乐节目制作方、独立原创歌手、网络主播等也成为音乐版权提供方的一部分,他们的出现为整个行业注入了新鲜血液,上游音乐内容提供者基本形成"PGC + UGC"形式。事实上,数字音乐存在多元化的商业模式,总体来看,中国数字音乐的商业模式可以分为 B2B 和 B2C 两种模式(见图 3 - 1)。但在激烈的市场竞争环境的推动下,各大音乐平台积极探索各种数字音乐商业模式,不断为音乐产品附加体验价值,除音乐播放、下载等基础功能外,还拓展出直播、短视频、音乐电台、社区、乐评、K歌等个性化服务。

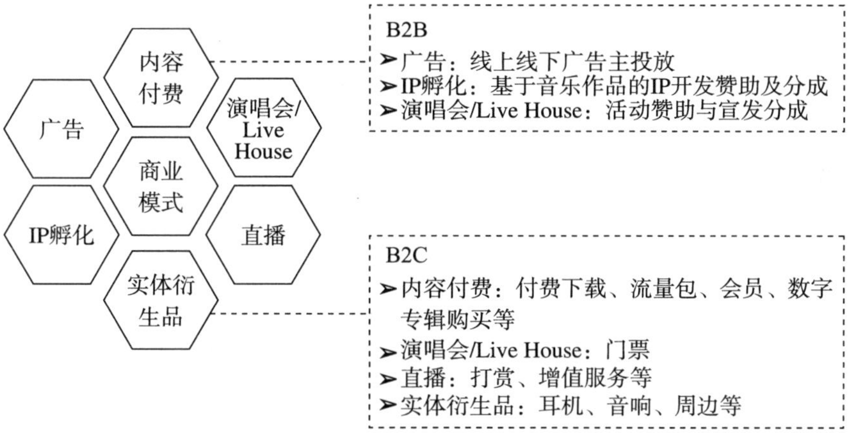

图 3 - 1　中国数字音乐商业模式(笔者根据前瞻产业研究院发布报告整理)

为适应新的市场竞争环境,各大音乐客户端整合线上线下资源,着力打造内容生态,利用互联网高效、便捷等特点,把握科技为音乐内容、服务、形式等方面赋能的角色,以内容建设驱动粉丝阵地建设,充分发挥粉丝经济的辐射作用,转变传统商业模式,开展多渠道营销。

(二)音乐客户端的市场现状分析

1. 音乐客户端的市场环境

(1)政策环境

任何产业的发展都离不开国家政策法规的保障,我国对于音乐版权的重视和规范,加速着数字音乐正版化的到来,为音乐付费时代的开启创造了政策条件。2015 年 7 月,国家版权局《关于责令网络音乐服务商停止未经授权传播音乐的通知》发布。2015 年 10 月,文化部《关于进一步加强和改进网络音乐内容管理工作的通知》发布,强调要严格按照文化行政部门统一制定的内容审核标准和规范,建立网络音乐自审工作流程和责任制度。2015 年 12 月,国家新闻出版广电总局发布的《关于大力推进我国音乐产业发展的若干意见》确立了音乐产业的重要性,加强了对音乐作品特别是数字音乐作品的版权保护和市场监管。

2017 年文化部发布了《关于推动数字文化产业创新发展的指导意见》,强调了要创新网络音乐的付费模式，提升原创能力和文化品位。同年5月，音乐产业发展首次在《国家“十三五”时期文化发展改革规划纲要》中被列入“重大文化产业工程”，音乐产业这一战略性新兴产业被纳入国家顶层设计范围中。2017年9月，国家版权局约谈了主流音乐平台负责人，强调授权公平，避免采购独家版权。2018年2月，国家版权局协调腾讯音乐与网易云音乐就音乐版权合作一事达成一致，此后陆续推动各大音乐客户端逐渐达成版权互授合作。2019年11月，中共中央办公厅、国务院办公厅印发的《关于强化知识产权保护的意见》，为加大文化市场知识产权执法力度，深入开展数字音乐、网络表演和网络动漫市场规范整治行动，严查侵犯知识产权案件并持续推进落实提供了法律保障。2020年5月，全国人大代表马一德向第十三届全国人大第三次会议提交了《关于促进我国数字音乐发展，开放著作权集体管理竞争的建议》，强调要提升著作权集体管理的能力、水平以及有效竞争力，建议完善线上音乐付费机制，提高网络音乐付费率。

（2）经济环境

近10年来，得益于中国经济的飞速发展、政策法规的制度支持，以及移动网络的普及和科技的广泛应用与升级，中国居民在消费层面完成了从物质消费到精神消费的转型。居民精神消费带动数字音乐市场发展，截至2020年年底，我国数字音乐产业市场规模已达732亿元。① 我国数字音乐产业市场规模不断扩大，作为大文娱市场内容生态圈上必不可少的一环，在自我高速发展、自身价值提升与联动其他产业共同发挥效力方面，越发展现出不容小觑的实力。

《2022年IFPI全球音乐报告》显示，2021年全球音乐市场增长了18.5%，连续7年保持增长趋势。整体流媒体收入增长了24.3%，占据了全球收入65%的份额。流媒体付费订阅用户数达到5.23亿人，付费流媒体收入增长21.9%。其中，亚洲市场总收入占全球市场的23%，音乐收入增幅由前一年的10.7%升至16.1%。中国首次超过韩国，跃居全球第六大音乐市场。② 从营收方面看，全球数字音乐产业营收超过实体音乐，流媒体增长迅速。根据IFPI的数据（见图3-2），实体音乐收入从2008年的120亿美元下降到2020年的43亿美元，下跌超过60%，而流媒体的收入由2008年的3亿美元增长到2021年的169亿美元，上涨了近56倍，流媒体市场份额的不断扩大，收入的不断增长，将为音乐客户端的发展带来更多机遇。

① 《数字音乐产业市场规模达732亿元|〈中国互联网发展报告（2021）〉发布》，载音乐财经官方微博2021年7月13日，https://cj.sina.com.cn/articles/view/5255791141/13945022501900v64t。

② 国际唱片业协会：《IFPI全球音乐报告2022：中国首超韩国 跃居全球第六大音乐市场》，载新浪科技2022年4月25日，https://finance.sina.com.cn/tech/2022-04-25/doc-imcwiwst3831969.shtml?finpagefr=p_114。

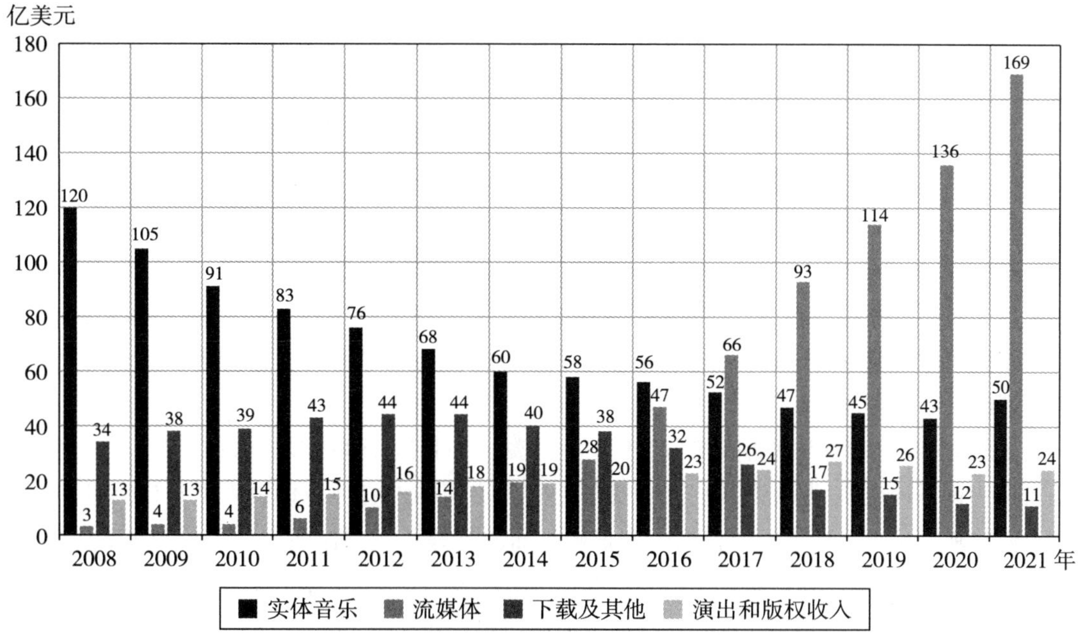

图 3－2　2008～2021 年全球数字音乐产业收入

资料来源：国际唱片业协会：《IFPI 全球音乐报告 2022：中国首超韩国 跃居全球第六大音乐市场》，载新浪科技 2022 年 4 月 25 日，https://finance.sina.com.cn/tech/2022－04－25/doc-imcwiwst3831969.shtml? finpagefr＝p_114。

投融资方面，2018 年 6 月，太合音乐集团完成 10 亿元的新一轮融资；10 月网易云音乐完成 20 亿元融资；同年 12 月 12 日，腾讯音乐娱乐集团（Tencent Music Entertainment，TME）以 213 亿美元的估值在美国纽交所挂牌上市，成为中国音乐产业投融资发展里程碑式的事件，截至 2019 年 3 月，TME 的市值超过 300 亿美元（折合人民币 2000 亿元）。[①] 2019 年 9 月，网易云音乐又获得来自阿里巴巴集团的 7 亿元美元资助。2011～2018 年，我国音乐产业投融资事件从 9 件上升为 84 件，截至 2022 年 5 月 18 日，音乐行业共发生投融资事件 700 起，[②]资本的投入将为音乐客户端的发展带去众多资金支持。

（3）社会环境

近年来，我国在线音乐用户渗透率逐渐提高，日常生活场景越来越离不开音乐。与此同时，经过音乐平台多年的影响，用户付费观念逐渐形成，特别是年轻一代用户的主动付费意识强，在相当程度上促进着音乐客户端市场的良性运作。TME 发布的季度财报披露，截至 2022

① 《艾媒报告|2019 年中国在线音乐市场监测报告》，载艾媒网 2019 年 3 月 7 日，https://www.iimedia.cn/c400/63766.html。

② 《中国音乐行业发展趋势研究与投资前景预测报告（2022—2029 年）》，载观研报告网，https://www.chinabaogao.com/baogao/202205/596420.html。

年第一季度,腾讯音乐在线付费用户已达8020万人,付费率破13%。①

此外,数字音乐的发展改变了传统音乐市场结构,产业链上游包括独立音乐人等在内的音乐内容提供者投入数字音乐领域,为音乐客户端提供优质丰富的音乐内容。产业链下游包括音乐客户端,中国移动、中国联通等电信运营商,影视综艺/游戏OST及配乐,音乐节/Live House,在线K歌、音乐直播等其他在线音乐平台八大类别在内的分发平台,为音乐内容的传播提供了更多有效方式和渠道。

目前,音乐客户端更加深入开拓产业链的上下游,在音乐版权运营、内容创作、渠道分发3个阶段都发挥重要作用,它们已成为数字音乐产业链中的中心枢纽。可见,打通数字音乐产业链上中下游,实现版权内容与用户流量互通的共赢格局,将能在提升用户流量的同时,强化客户端的音乐增值服务。

另外,随着用户消费观念和消费意识发生转变,他们对音乐的需求不再局限于听歌,短视频、直播、音乐社交,以及电影、综艺、游戏等泛娱乐层面的内容被他们纳入了音乐需求中,这将促使数字音乐平台从单纯的音乐内容根植层面向泛娱乐生态圈进发。有关音乐的营销也随之发生变化,它不仅是针对音乐本身的营销,更是对在音乐本身基础上延展出来的多样化、多种类泛音乐形态的营销,这种营销越来越偏向泛娱乐化。

(4)技术环境

4G、5G、Wi-Fi等移动网络的成熟发展,掀起了新一轮数字音乐的发展浪潮。逐渐成熟的智能和音频传输技术,推动着音乐质量不断提升;VR和AR等技术不断冲击着用户原有的音乐体验方式,身临其境的沉浸式音乐体验逐渐成为满足用户体验需求的法宝;大数据、云计算、AI等技术的日渐精确,为快速听歌识曲以及音乐内容的个性化定制、智能化匹配、精准化推荐再添引擎。

综上所述,第一,国家政策支持是数字音乐产业发展的制度基础和保障。第二,经济基础决定上层建筑,社会资本对数字音乐产业的投融资支持,为其发展提供有利的物质保证。第三,消费者娱乐需求的增加以及消费者消费观念的转变,为数字音乐产业的发展带来用户基础和社会环境支撑。第四,科技的进步与发展能够打破传统音乐商业模式的各种限制,更利于实现资源的优化整合,为数字音乐产业,特别是音乐客户端的发展提供更广阔的舞台。由此,数字音乐产业得益于国家政策、经济支出、社会环境、科技发展等方面的保驾护航,在未来得以健康成长,并拥有更多发展机遇和发展空间。

2. 音乐客户端的市场发展现状

如前文所述,音乐客户端的发展与数字音乐的发展密不可分,音乐客户端可谓数字音乐发展到互联网时代的必然产物,探讨其市场发展情况,笔者首先要对数字音乐这一培植土壤

---

① 《勤耕不负春,乐伴爱同行|腾讯音乐Q1健康新开局,与行业共赴美好未来》,载"腾讯音乐娱乐集团"微信公众号2022年5月17日,https://mp.weixin.qq.com/s/qwVgHQLOlTDjbXwClHgE-w。

的相关情况进行研究。

(1)数字音乐产业整体发展情况

不断扩展的产业规模彰显着我国数字音乐产业拥有不竭的发展动力以及广阔的发展空间。根据《2022中国音乐产业发展总报告》(见图3-3),我国数字音乐产业规模已从2018年的612.42亿元扩展至2021年的790.68亿元。

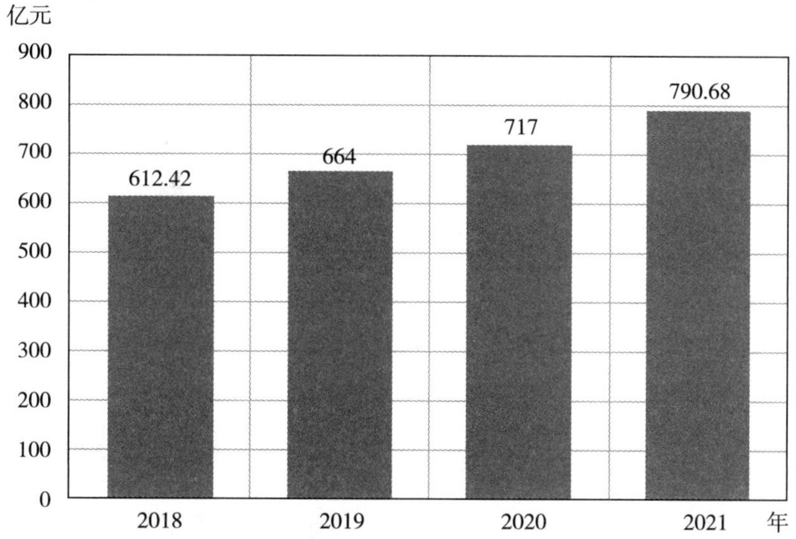

图3-3　2018~2021年中国数字音乐产业市场规模

资料来源:中国传媒大学音乐产业发展研究中心项目组:《2022中国音乐产业发展总报告》,载百家号2023年5月24日, https://baijiahao.baidu.com/s?id=1766726343664760938&wfr=spider&for=pc。

根据前瞻产业研究院的数据(见表3-2),截至2020年年底,我国数字音乐用户付费比例较2017年已有大幅提升,其中进行过音乐内容付费行为的用户比例为82.50%,较2017年的57.50%提高了25%。得益于数字音乐付费用户比例的逐年递增,付费渗透率的不断上涨,作为数字音乐产物的音乐客户端能够接受营销推广的群体基数不断增大,这对其增加现有用户黏性,吸引更多潜在用户,具有重要意义。

表3-2　2017年、2020年中国数字音乐付费用户比例

单位:%

年份	打赏过音乐主播的用户比例	进行过音乐内容付费的用户比例
2020	83.70	82.50
2017	69.30	57.50

资料来源:《十张图带你了解音乐产业发展现状　数字音乐付费意愿大幅增长前景可观》,载前瞻经济研究院官网2020年10月19日, https://www.qianzhan.com/analyst/detail/220/201019-76281b7b.html。

(2)音乐客户端整体发展情况

前文从宏观层面对数字音乐产业的整体情况以及产业的大环境、大方向进行把握,此后笔者将从数字音乐产业中的细分行业在线音乐的发展情况进行概述。

由图3-4可见,从2017年的42亿元增长到2022年的230亿元,我国在线音乐市场规模持续扩大,良好的发展前景逐年显现。与此同时,在线音乐用户规模也在不断增长,我国在线音乐用户规模由2017年5.48亿人增长到2021年的7.29亿人,[①]短短4年时间,增长了1.81亿人次。总体而言,2017~2021年,在线音乐用户规模以及手机在线音乐用户规模呈现稳定增长态势,在线音乐市场的繁荣为音乐客户端未来的发展创造了源源不断的生命力。此外,手机在线音乐用户规模增长迅速,在4G全网覆盖、5G来临的时代,AI、区块链等技术将为在线音乐,尤其是为手机音乐客户端的内容功能布局以及品牌营销建设带来更多有价值的内容。

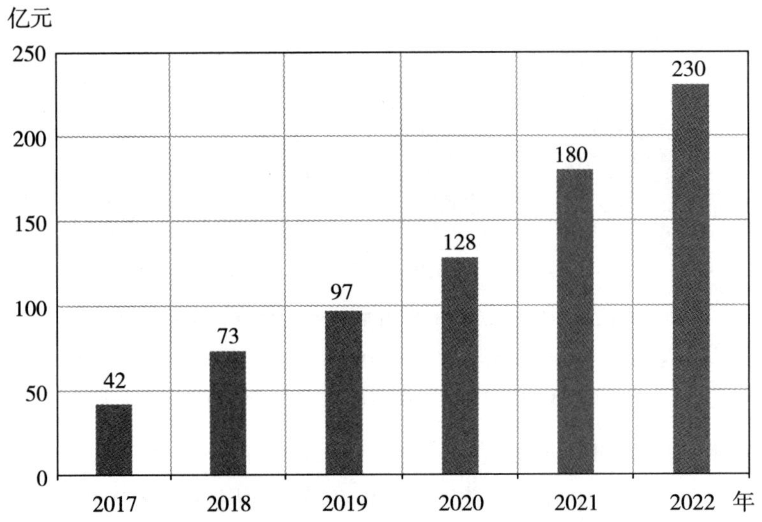

图3-4 2017~2021年在线音乐市场规模

资料来源:《2022年中国在线音乐盈利模式、用户规模及行业市场规模:在线音乐新业态加速发展进程》,载共研网2023年1月3日,https://www.gonyn.com/industry/1271662.html。

音乐客户端的收入来源主要分为用户付费、广告收入和版权运营三个方面,随着版权的规范化发展,用户付费收入逐渐超过广告收入占据主流。目前,音乐客户端用户付费包括核心付费和衍生付费两种类型,核心付费以音乐内容为主,衍生付费主要包括社交娱乐、知识型付费、音乐周边等。QQ音乐推出在线直播和在线购票;酷狗音乐有声电台推出付费课程;酷我音乐开发在线K歌功能,并开设周边商城;网易云音乐推出付费电台等衍生付费板块。音乐客户端通过给用户提供单曲购买、数字专辑购买、付费会员、付费音乐包等以音乐内容为核

① 《2022年中国在线音乐盈利模式、用户规模及行业市场规模:在线音乐新业态加速发展进程》,载共研网2023年1月3日,https://www.gonyn.com/industry/1271662.html。

心的服务,逐步培养用户的版权意识和付费习惯,并辅以直播虚拟礼物打赏、付费电台、付费课程、优惠票务、周边商城等衍生付费板块,意在驱动用户持久消费行为,提高客户端自身营收,与此同时进一步推动整个数字音乐产业的良性发展。

音乐客户端在内容布局上,除歌曲外,还在根植单纯音乐内容的同时,将发展布局延伸到泛娱乐生态圈,音乐综艺、音乐直播、音乐短视频、音乐电台等生态圈上的每一环都逐渐发挥协同作用。音乐综艺分为合作和自制两种形式,比如"幻乐之城 + QQ 音乐""中国新歌声 + TME(腾讯音乐娱乐)",音乐客户端以合作的形式获取歌曲版权资源,以深度植入的方式建立品牌形象。又如,QQ 音乐《见面吧！电台》《见面吧！爱豆》,酷狗音乐《酷狗星乐坊》《酷狗首唱会》,网易云音乐《音乐好朋友》等客户端自制音乐综艺节目,着力培育扶持音乐人,强化优质音乐内容创作人员资源储备,同时挖掘平台艺人的商业价值,吸引更多粉丝用户。关于内容功能布局主要围绕音乐直播和短视频展开,直播能有效打造音乐社区氛围,充分提高用户黏性;音乐短视频以其浓缩化的特点,能够更好地契合用户碎片化浏览习惯,特别是在迎合年轻用户群体使用偏好变化方面有显著成效。

另外,版权互授进一步击破各大音乐客户端之间的竞争堡垒,它们纷纷开始意识到原创音乐的重要性,相继推出原创音乐人扶持计划。2018 年 4 月腾讯音乐人发布"原力计划",开启征集原创音乐作品之旅;2018 年 6 月,酷狗音乐"星梦计划"校园音乐巡讲会在四川音乐学院举办;同月,网易云音乐推出"石头计划",着力开始培养原创音乐人。各音乐客户端从实际出发,把握自身优势,充分实现资源优化整合,突破原创音乐发展限制,打造差异化音乐内容及资源,进而促进整个数字音乐行业的发展。

综上,音乐客户端的多元化内容布局是其在体验经济的大环境、大背景下,给整个行业以及其用户交上的合理答卷。体验经济时代,广告等单一营销手段自然无法满足用户多层次多方面的体验需求。用户规模的不断扩大,用户付费意识的逐渐加深,以及音乐客户端对于用户付费类型的探索,对于音乐综艺、音乐直播、音乐短视频、音乐电台等泛娱乐生态圈各环节的搭建和开拓,对于原创音乐和独立音乐人的重视和培育,都起到了促使其绘制多元化的营销蓝图,从用户体验出发,整合优势资源,优化营销策略,将营销开展得有温度、有情感,进而抢占用户心智,驱动其付费行为的作用,在为其打造全方位音乐体验环境的同时,实现营销价值和自身营收。

四、QQ 音乐体验营销策略分析

(一)腾讯音乐娱乐集团与 QQ 音乐

1. 腾讯音娱

腾讯音乐娱乐集团,下文简称 TME,它是中国在线音乐服务的开拓者,主要为用户提供在线音乐服务和以音乐为核心的泛娱乐服务。旗下拥有 QQ 音乐、酷狗音乐、酷我音乐和全民 K 歌四大音乐品牌，拥有超过 8 亿人的总月活跃用户数。

2003 年，腾讯 QQ 推出在线音乐服务；2013 ~ 2014 年，TME 前身中国音乐集团(China Music Corporation)收购酷我音乐和酷狗音乐，并推出全民 K 歌；2016 年，腾讯将国内的在线音乐业务与中国音乐集团合并，并成立 TME；2018 年，TME 在纽交所成功上市。发展至今，TME 与超过 1000 家全球音乐厂牌建立了合作关系，合作艺人总数超过 25 万人。同时，依托"TME + "战略，TME 与影视、游戏等领域形成联动，合作晚会、综艺超 60 档，合作影视项目超 1000 部，推出超过 100 场自制及合作音乐线下项目，积累了众多优质音乐内容。现已推出腾讯音乐人计划、腾讯音乐公益计划、文化传承——新民韵计划等，并与索尼共同成立国际电音厂牌 Liquid State，与 Spotify 进行股权互换，还获得华纳与索尼的入股。作为行业巨头，TME 在各项发展方面可谓风生水起，这一切与其企业文化都是分不开的。

TME 一直以创造音乐无限可能为使命和终极目标，通过技术和数据给音乐赋能。一方面，TME 持续创新产品，为用户提供最佳的音乐体验，提高用户参与度；另一方面，TME 尊重音乐创作，为音乐人提供展示才华的舞台，为他们以及合作伙伴在音乐制作、发行和销售方面提供更有力的支持，让更多的人能够参与音乐的创作、欣赏、分享和互动。此外，TME 还始终引领行业变化，为音乐娱乐行业注入健康发展动力；始终承担企业责任，为传播音乐文化、提升社会文明贡献力量。近年来，TME 经过不懈努力，荣获中国音乐行业 2017"年度产业贡献"奖、"中国数字音乐最具影响力企业"奖、2017 年"人民匠心奖"等行业大奖；2021 年，在由全球权威的品牌发展与重塑杂志《Transform Magazine》主办的 Transform Awards(亚太区)颁奖典礼中，TME 斩获 5 项大奖，成为全场获奖最多的中国品牌。

2. QQ 音乐用户特征

QQ 音乐隶属于 TME，累计注册用户数超过 8 亿人次，它诞生于 2005 年，并于 2007 年推出绿钻会员服务；2008 年首创线下 + 直播 O2O 首唱会；2010 年发布云平台和安卓端，上线 SQ 无损音质；2011 年发布 IOS 客户端；2012 年上线 QPlay，实现终端联动，开启 QQ 音乐智能音乐服务大门；2014 年创发首张数字专辑；2017 年首创音乐号，吸引了数千音乐专栏作者、电台主播和艺人入驻平台，为 QQ 音乐提供了大量优质音乐内容资源储备；2018 年上线官方歌单，独立自制短视频《大象房间》、首档可视化电台脱口秀节目《见面吧，电台》。它致力于打造"听、看、玩"的立体生态圈，用优质的音乐内容和音乐资源，为用户提供多元化的音乐体验。它拥有 200 余家战略合作方，40 余家独家曲库合作方，比如，华纳、索尼、环球、英皇、SM、滚石、华谊、乐华、少城时代等优秀唱片公司。平台上超过 2000 万首的海量正版曲库涵盖流行、电子、民谣、轻音乐、爵士、蓝调、古典等 35 个流派。

相关数据显示，在 QQ 音乐年龄分布中，24 岁以下的用户群体占据了其 56.78% 的用户席位,31～35 岁用户群体排在第二,占比 19.25%。[①] 从数据上来看,QQ 音乐的用户集中在 30 岁以下的年龄层,而正是利用了年轻用户更加愿意关注偶像动态的心理,QQ 音乐不断优化自身功能、内容和体验,打造各种新鲜的营销玩法,依托平台版权和曲库优势,为 14～22 岁的青少年用户搭建了一个有温度的“偶像＋粉丝”互动社区;为其他用户提供了适合符合年龄层用户胃口的高品质音乐内容,推动用户对平台和品牌产生强烈的信任感与归属感。

在 QQ 音乐的男女用户比例中,男性占比 34.13%,女性占比 65.86%,[②]数据上女性用户占比较多。用户地域分布上,“超一线”城市、“一线”城市和“二线”城市的用户数量占到65%以上,可见,生活在经济较发达的地区用户更倾向于使用 QQ 音乐以享受音乐服务和体验。另外,相关数据显示,QQ 音乐的用户主要是在经济较发达地区年龄层偏低的女性,这与她们的受教育程度、收入情况以及追星消费观念是分不开的。

QQ 音乐在 TMF 强大背景的支持下,凭借庞大的用户群体、多元化内容输出、良好的用户体验积累了大量忠实用户,它在帮助用户实现尊重、归属感、自我价值等需求方面发挥着越来越重要的作用。音乐人可以加入 QQ 音乐开放平台,发表自己的作品吸引更多的粉丝关注,最终实现自我价值;用户可以在听歌过程中实现情感共鸣,可以观看音乐评论、音乐综艺、短视频或者直播等音乐核心及衍生内容,享受音乐和泛娱乐类全方位服务和体验,可以通过各种丰富的推广信息和有趣的营销玩法满足自身好奇心,还可以通过与其他用户交流音乐感想以收获信任和认同感;粉丝可以在 QQ 音乐上关注自己偶像的相关作品及发展动态,从而获得极大的满足感。经过多年的发展,QQ 音乐所呈现的音乐生态格局释放出超越原本音乐播放器的能量,它逐渐成为一个有温度的音乐娱乐体验社交平台。

(二)QQ 音乐的体验营销策略

1. 深耕音乐内容,满足用户多样化需求

(1)客户端核心音乐产品——数字专辑

数字音乐是线上时代最主要的音乐形式,其中数字音乐专辑是重要产品形式。2014 年,QQ 音乐首创数字音乐专辑,引领粉丝风潮。周杰伦的《哎呦,不错哦》总销量超过 16 万张,开启中国正版数字音乐专辑的付费先河;张艺兴的《梦不落雨林》总销量破 93 万张,创造了 2018 年以来最高销售额纪录,巅峰畅销榜总榜冠军最快登顶纪录,同时创造共 9 项数字专辑销量等级认证最快纪录。泰勒·斯威夫特(Taylor Swift)作为在 QQ 音乐首位拥有 2 张双钻石唱片等级认证的欧美歌手,她的《1989(Deluxe)》总销量超过 1000 万首。在曲库布局上,

---

① 骆齐:《竞品分析 | QQ 音乐 VS 网易云音乐》,载人人都是产品经理官网 2022 年 4 月 17 日,https://www.woshipm.com/evaluating/3718499.html。

② 骆齐:《竞品分析 | QQ 音乐 VS 网易云音乐》,载人人都是产品经理官网 2022 年 4 月 17 日,https://www.woshipm.com/evaluating/3718499.html。

QQ 音乐集结了全球各国、各地区的具有年轻市场号召力的音乐人,如泰勒·斯威夫特、贾斯汀·比伯(Justin Bieber)、权志龙、周杰伦、李宇春、鹿晗、王嘉尔等,他们都纷纷在 QQ 音乐实现了数字专辑售卖的销量传奇。截至 2019 年,QQ 音乐数字专辑销量突破 6495 万张。

“畅销榜”、“最新上架”、“本周热销”、“音乐人专区”、“明星博物馆”、“新声力量绽放”、“内地专辑推荐”、“欧美专辑推荐”、“港台专辑推荐”、“韩国专辑推荐”和“影视剧 OST 推荐”等内容板块设置,让用户既能快速定位最新专辑内容,又能精准寻找不同类型的音乐专辑。对于粉丝用户来说,打榜支持偶像的数字专辑不仅可以有抽取偶像签名海报和见面会等活动门票的机会,还可获取偶像专属语音祝福,何乐而不为,这种方式既拉动了数专营收,也稳定着粉丝用户数量和活跃度。截至 2019 年 4 月,QQ 音乐已累计发行数字专辑 640 张,累计销量 7700 万张,累计销售额 5.3 亿元,QQ 音乐凭借领先的数专市场份额推动中国在线音乐市场新的发展,成为歌手、艺人发行新歌曲的首选平台之一,新歌日均播放量破 2 亿次。强大的版权优势,外加独家首发吸睛,QQ 音乐玩转粉丝经济,推动中国数字音乐消费进入亿级时代。

(2)科技赋能音乐——个性化官方歌单推荐、听歌识曲、跑步电台

基于当今互联网音乐环境,不同于以往的“听你所想”,歌单这种让用户“听你未想”的方式逐渐成为主流。通过大数据和 AI 智能判断,平台可以根据用户的不同喜好组合推荐符合用户口味的歌单,这一模式大大提高了用户听到更多自己喜欢的歌,了解更多引领音乐前沿趋势歌曲的概率和效率,更好地让用户享受到个性化选择音乐的乐趣。

①官方歌单留存一份音乐惊喜

QQ 音乐在 2018 年 12 月首创官方订阅歌单功能,旨在通过大数据智能推荐结合后台专业音乐团队的品位甄选,以订阅式、每周定期更新的形式和高品质的音乐内容让人“耳”目一新。其官方歌单团队至今已打造出“下一首情歌”“万能流行定律”“古韵”等多个播放量超过 1 亿次的歌单。不同于 UGC 歌单,官方订阅歌单由国内外多位专业编辑、音乐大咖结合大数据和 AI 推荐算法,定期完成人工编辑,借助他们的音乐专业性、对音乐趋势的前瞻性以及大数据个性化判断的独特性,为用户送上既优质好听又符合用户品味的优质音乐内容,发现更多流派的悦耳内容,激发听歌乐趣。在此基础上,QQ 音乐还推出了歌单专题独家内容,囊括了古风、影视、粤语、韩团、古典、睡眠、武侠、摇滚、游戏、国风等多种音乐风格和音乐场景。更有七夕颜色歌单合集、明星私藏歌单推荐等新鲜玩法。作为国内首个将品味融入音乐内容的专业歌单,它逐渐成为能契合用户喜好的“有生命力的歌单”。

②听歌识曲递交准确答卷

经过国际专业测评专家认证,QQ 音乐凭借“平均 3 秒就能识别一首歌”的超速度一举摘得 2019 年国际音频检索评测大赛(MIREX)音频指纹(“听歌识曲”功能)桂冠。在喧闹的商场、繁华的街道、热情的派对,无论是短视频的背景音乐、好听的电视剧插曲,还是用户走在路上不经意间听到的戳心歌曲,“听歌识曲”都可以准确判定音乐轨迹和节奏,越过嘈杂,锁定用

户心底的声音,3 秒时间转瞬即逝,QQ 音乐却能帮用户精准捕捉一首歌曲,可谓在用户需要的每一个瞬间都有 QQ 音乐的身影。值得一提的是,除听歌识曲功能外,QQ 音乐还可以根据人声清唱或者旋律哼唱识别歌曲,俗称“哼歌识曲”,此音乐识别系统适用于记得零碎的旋律或歌词的用户。为了能帮助用户找到更接近的歌,QQ 音乐会按照相似度匹配 5 ~ 6 首歌曲,在人声哼唱较清晰的前提下,一般在前 3 首中就能匹配到目标歌曲。科技本身是冰冷的,但有效利用科技为自身赋能的音乐客户端有足够的温度。

③跑步电台匹配最合心意的跑步歌曲

除日常听歌识曲外,用户跑步时对音乐的需求也是较迫切的,他们大都有过一边听音乐一边跑步的经历,但是时常又会遇到音乐节奏与跑步节奏根本不在同一频道的情况,如慢跑时,手机里播放的是一首节奏感很强的快歌;极速训练时,手机里却非常不合时宜地播放着一首悠扬的慢歌,因而跑步音乐选择始终是一个很现实的烦恼。QQ 音乐跑步电台便是治疗跑步音乐不合拍影响跑步心情的良药,该功能能够根据用户的跑步步频,利用 AI 精准算法,实时进行音乐匹配,用户无须再艰难选择,即可听到匹配自己运动步伐的音乐。跑步电台中对跑步者包括平均步频、跑步时间、跑步里程数、卡路里数、跑步听歌数量以及歌单等在内的运动轨迹都有清晰记录,还支持好友 PK 助跑、跑步勋章奖励、炫耀成绩单等互动玩法,成绩炫耀与激励式奖品使跑步充满乐趣,让跑步不再只是“跑步”。该功能一经推出就掀起了朋友圈分享热潮,跑步电台功能除能够带给用户良好的体验外,更多的是为用户搭建起一个有关跑步的全新音乐场景,智能化的歌曲匹配及丰富的跑步歌单选择,让用户体验到“智能助跑”的趣味。科技的发展为享受音乐服务的方式增添了更多的可能,音乐黑科技暖心且智能。

(3)泛音乐娱乐内容延伸——音乐综艺

QQ 音乐前掌舵人侯德洋曾提出,“我们想要构建一个音乐生态,围绕音乐去探索听、看、玩全浸入化的商业模式,通过多种场景的功能充分调动起我们庞大的曲库,从而衍生出更多的音乐玩法,不只于视听”。音乐类综艺作为这个生态圈上的重要一环,融合“音乐、内容、互动、宣发”于一体,既是以音乐内容为核心的延伸,又引人注目,扣人心弦。

近几年,QQ 音乐与《经典咏流传》《上新了故宫》《中国好声音》《乐队的夏天》《我是唱作人》《这！就是原创》《蒙面唱将》《跨界歌王》《中国说唱巅峰对决》《声入人心》《明日之子》《天赐的声音》《声生不息》等综艺开展合作,以深度植入的方式结合热门综艺建立品牌形象,同时以合作形式获取节目歌曲版权资源,挖掘更多优秀的音乐人。综艺播出期间,QQ 音乐时常作为综艺节目的又一投票渠道,联结综艺投票机制,计入总投票数,用户不仅可以在平台上收听这些综艺的音乐,还能为自己喜欢的歌曲、音乐人、视频片段等内容投票,推动音乐人、歌手等实现良性竞争,增强节目趣味性。此外,平台自制综艺也呈现繁荣之势,《乐见大牌》致力做最有态度的明星专访栏目,捕捉最新音乐潮流,零距离走进明星内心音乐世界;独家 LIVE 短视频节目《大象房间》,打破风格界限,探索音乐的融合性,聆听独立音乐人的心声;《见面吧！电台》作为国内首档可视化的电台脱口秀音乐综艺节目，开创了集音乐宣发与明星粉丝互动为一体的全新方式。

综上所述，笔者认为，高质的内容是营销开展的核心基础，音乐客户端其实是一个音乐内容高度聚合的地方，优质的内容可以撑起一个音乐平台良好的社交氛围，也可以吸引更多的潜在用户进入，形成有黏性的社交闭环，让他们可以交流分享关于音乐的一切，同时汇集他们产出的内容，帮助平台汲取更多的营养。在内容布局上，音乐客户端应当有效利用曲库以及其他音乐资源，深耕音乐内容，通过精细化运营给予用户更多的选择，并把握数字专辑这一平台核心产品，凭借互动社区制造用户归属感，紧握科技武器赋能音乐，满足各类型用户多样化需求，最终通过构建完整的音乐内容生态来增加用户的留存时间，提升用户黏性，进而带动平台其他功能板块发挥有效作用。

2. 重视感官设计，优化用户视听体验

感官营销的目的就是通过一些感官设计为用户创造味觉、嗅觉、听觉、视觉和触觉等感官体验，以此唤起用户对美的追求，进而产生消费行为。QQ 音乐的感官营销主要通过优化客户端界面视觉、听觉、触觉效果体验来增强品牌的辨识度，吸引用户注意力，激发消费欲望。

(1)用色彩雕刻初印象

色彩的运用和搭配往往能够决定产品给用户的第一印象，打开 QQ 音乐手机客户端界面，首先映入眼帘的便是由黄色底圈搭配绿色音符构成的 QQ 音乐标识 logo。音符的呈现，和“音乐”联系紧密，使用户能够非常直观地了解到音乐客户端的基础功能。经过多次的升级改进设计，目前，标识 logo 在颜色上使用了“活力黄”和“青春绿”，并融入渐变等流行色彩元素，音符头部也被做了更为简洁的处理，“年轻”“活力”“潮酷”的品牌形象得到进一步强化，QQ 音乐希望用音乐引领更多年轻用户的决心也逐渐明晰。另外，QQ 音乐的主题皮肤是色彩视觉体现最多的一部分。目前，装扮中心共有 18 款免费“皮肤”，霜茶白、哈尼粉、玄潭黑、王者荣耀千灯会、英雄联盟八周年等，每一款“皮肤”都有色彩鲜明的主色调，无论用户选择哪一款，都会拥有较好的视觉体验。更重要的是，即使不是绿钻会员，也能拥有多种皮肤选择，可谓为普通用户也打开了感官体验之门。

(2)整体设计风格体验

客户端的整体设计风格也是影响用户感官体验的重要元素。QQ 音乐设计风格简练，设计元素简洁扁平化，所有图片和视频预览呈卡片式设计，所占面积较大，这种视觉效果给人以内容丰富的感觉。QQ 音乐功能丰富，除听歌和找歌外具备大量的附加功能。在首页头部设计上，预设包括“推荐”“音乐馆”“有声”“听书”在内的 24 个频道，用户可以轻松切换到感兴趣的频道；在底部大类导航的设计上，“首页”“直播”“雷达”“社区”“我的”5 个大项涵盖了其核心功能，而其余的功能则都归入了这 5 项中。这种设计方式简化了用户操作步骤，方便用户在使用初期能够快速准确地达到目的或者听到歌曲，而更多的功能则需要用户在深度体验之后才能发现和使用,这就充分利用了用户的好奇心,延长了用户的体验过程,对于QQ音乐来说,这对拉活现有用户,增强用户黏性十分有利。总体来说,QQ音乐的界面设计比较合理,覆盖了丰富的功能和大量的听歌场景,能够满足大部分用户的体验需求。

(3)创造视听联动体验

音乐播放器无论怎么发展始终要以提供听觉体验为根本,QQ音乐听歌和下载都预设普通用户通用的标准音质、HQ高品质音质,以及绿钻用户专享的SQ无损音质和Hi-Res音效。音乐效果上,QQ音乐目前有45种官方音效,242种达人音效,使用户可以根据不同音乐风格,不同的听歌环境,选择适配不同的音效,量身定制收听音质,从而满足自己对音色效果的要求。其中,官方音效中有6种绿钻会员专属的音效模式。另外,根据用户自身听觉数据,还可使用绿钻会员独家定制音效,这也促使追求更佳音质和更具体验感的音效的用户们购买绿钻会员以满足自己的高品质听歌需求。不得不说,QQ音乐很善于借助感官体验,引导驱动用户实施购买行为。

此外,视觉和语言标识是体验媒介中非常重要的一项工具,能够为感官营销提供更多燃料。作为一个有温度的多元化音乐娱乐平台,QQ音乐与时俱进,与用户共同成长,2018年品牌标语从“听我想听的歌”变为“让生活充满音乐”,到现在又变为“听我想听”,鲜明展现QQ音乐的品牌主张在不同时期的转变:从过往侧重听歌的角度转向倡导用音乐探索更广阔的生活领域,再转向以强大的曲库优势为用户创造音乐体验自由,以优质音乐内容丰富用户的生活点滴,让每个人都能从日常生活中感受到音乐带来的快乐。

综上所述,感官营销是围绕感官体验展开的营销方式,感官体验在5个战略体验模块中是最基础的一部分,能给用户留下第一印象。因此,音乐客户端在感官体验模块的运用上需要非常用心,以独特的色彩、风格等感官设计从打开的第一步就触达用户内心,再通过界面中巧妙的视觉和听觉设计,激发用户好奇心,打造良好视听体验,延长用户的自愿体验过程。

3. 深挖情感共鸣,培养用户深层情怀

情感体验有许多种类型,包括从微妙的心情到强烈的情绪。作为一个体验营销人员,需要了解引发所需情感的条件,把握好恰当的情感刺激物。当用户与品牌之间形成强有力的纽带之后,用户就会逐渐产生对品牌的深层情怀。

(1)“踏春行音乐电台”化解出行焦虑

情感营销的目的是利用情感刺激,将事件、动因和目标作为情感策略,包括在消费时或是在传播中的一部分,从而利用用户的情绪或情感产生营销关联。现代人被焦虑困扰是不争的事实,这种焦虑不仅源于快节奏的生活工作压力,也源于上班途中的碎片化时间的分配问题。相关数据显示,人们每天有1/4的时间花费在路上,在很多一线城市中,通勤时间大于1小时已经成为每个出行者的常态,引发焦虑递增。众所周知,音乐能够有效地缓解焦虑,在满足出行者精神需求的同时,刺激他们进行文化消费。

2018 年 3 月，QQ 音乐与滴滴出行联合发起了“踏春行音乐电台”活动。活动期间，用户通过滴滴出行 App 呼叫快车时即可在行程中进入 QQ 音乐电台页面收听“踏春行音乐电台”，电台中更有黄丽玲、王若琳、魏如萱等著名音乐人专程录制的春日告白作为活动效应加持；与此同时，QQ 音乐在客户端中还上线了与之呼应的“春日歌单”，并在当时的发现页话题下征集用户的个人歌单，投稿用户可获得 QQ 音乐绿钻卡等春日电台出行奖励。毋庸置疑，这次合作得到了双方用户的认同，“春日歌单”在 QQ 音乐客户端上线后，播放量超 149 万，许多网友评论分享，“歌都很好听，以后坐车不会睡着了”“轻快的音乐让人不禁想带上心爱的人一起去海边，拥抱大海，忘掉所有烦恼，在有限的出行时光里享受人生”……这些发自内心的留言都是音乐能够给被快节奏生活困扰而焦虑出行的人们带来积极引导的最好反馈。得益于 QQ 音乐对人们情感需求的敏锐洞察以及丰富的曲库歌曲，QQ 音乐为人们提供了可作情感出口的大量音乐资源，顺势成为用户上班通勤焦虑的“解药”。

(2)“音乐连接爱”双线温暖回程路

春节是中国人最重要的节日，人们通常会在节日返程前后出现比较明显的情感波动。这个“波动”，不同于节前回家的激动心情，也不同于春节期间的欢乐情感，返程多以不舍、别离为主要情感基调，这就导致了围绕春节这个节日前中后所展现的听音乐动态必然存在差异。QQ 音乐基于 1 亿人次的节后返程流量，洞悉出了人们在“返程”途中凭借所听音乐类型表达出来的情绪变化。

2018 年 2 月，QQ 音乐以“音乐连接爱”为主题，在北京举办了“QQ 音乐 · 站”音乐故事会，线上发布了 2018 年 QQ 音乐用户春节听歌动态以及四部与春运相关的音乐短片，短片分别以沟通、理解、想念、友情为其切入点，展现追梦、亲子、离家和朋友的主题，用“音乐 + 故事”讲述每个人在春节返程时都可能经历的事。《鲁冰花》是“亲子故事”的音乐配方，《光阴的故事》与“友情”搭配，“追梦故事”少不了《追梦赤子心》，而《送别》则体现着游子“离家”的复杂心情。短片最大的特色就是音乐与故事高度融合，四部短片让返程的人们产生了强烈共鸣。短片上线 1 天内，全网播放量超过 6000 万，收获用户评论 3 万余条。① 除线上发布听歌状态和音乐短片外，线下还在三里屯太古里精心装点了“QQ 音乐 · 站”快闪店，用温情在沟通中传递情感，招来了非常多的普通路人参与。

“QQ 音乐 · 站”位于太古里广场中央，以车站的形式展现在大众面前。快闪店中设置了 QQ 音乐“歌词云”、歌词海报墙、定制车票、签名黑板、QQ 音乐旅行屋、短片放映厅等多个体验场景。此外，线上传播的 4 部音乐故事短片在放映厅中循环播放，让众多参与者体会到音乐不再是简单的曲调，它是解开心结的纽带，能够消除父母与子女间的隔阂，联通父母与孩子间的思念，勾起老同学间的美好记忆。从古至今，无论是陶冶情操、维系情感的纽带，还是表

① 《何以解“忧”？QQ 音乐这次填补了 1.4 亿人碎片化出行的情感空白》，载百家号 2018 年 4 月 4 日，https://baijiahao.baidu.com/s?id=1596806178645777144&wfr=spider&for=pc。

达爱的使者，音乐在人类生活中都扮演重要的角色，音乐的魅力在于将我们的情感连接起来，将家庭、社会与爱连接起来，从而串联起人生中每一个爱的片段。

用“踏春行音乐电台”化解出行焦虑情感，用“音乐连接爱”双线温暖节后回程路，QQ音乐的营销中像这样利用在用户情感连接上找寻突破口的方式来牵引用户的案例其实不在少数，它坚持“用户在体验过程中所产生的情感是最强烈的”原则，特别善于洞察用户的情感需求，并能够准确捕捉到用户的情感变化，且不断深化这种情感，为自身营销创造契机。情感，始终是人们心中永远追求的存在，人们通常会在参与某次营销活动的过程中，通过活动中的互动产生对品牌的强烈情感。音乐客户端应通过丰富的流量与曲库，运用大数据与“时时为用户着想”的营销逻辑，始终用心增强用户体验，为用户在特定时间段的情感诉求与共鸣渴望搭建更多沟通桥梁，于生活细节处进一步带动音乐内容在泛娱乐大环境下繁花盛开。

4. 打造体验空间，引发用户发散思考

(1)“艺术行动”——用音乐诉说故事

艺术行动儿童音乐共创计划（以下简称艺术行动），是腾讯集团联合荷风艺术基金、QQ音乐以及全民K歌以“音乐”作为切入点，打造的一场“明星+专家+素人”全方位联动的互联网全民儿歌共创的营销项目。整个项目以正向社会命题打造社会效应，以大平台确保全民参与覆盖面，以专家护航提升优质内容高产出，以明星带路促进影响力“发酵”。从“儿歌消失了”的话题设置，顺势延续到“儿歌发展现状”的用户洞察，是从一个常见生活现象，引申出一个令人深思的社会问题的完美诠释。而“儿童音乐共创活动”则是一场由思考引发的共创，它所产生的优质内容在全媒体矩阵中进行裂变式传播。

该项目首先通过抛出社会性话题引发热议，邀请明星参与共创引发关注，以明星和“大咖”的影响力掀起第一波影响辐射力。从“儿歌消失了”到“别让儿歌消失”话题层层升级，引发大众思考和共鸣。该项目中有王俊凯、陈粒、声入人心男团、好妹妹乐队、ANU作为儿歌共创大使吸引目光，更有中央音乐学院院长俞峰、著名作曲家及音乐教育家鲍元恺、著名钢琴国际大师郎朗、著名音乐教育家周海宏以及首都师范大学音乐学院教授李刚作为活动评委倾力助阵，创造全网互动量超3000万次，微博话题阅读量破4亿次的好成绩。

2019年1月4日，“田埂上的梦想”艺术行动音乐会在北京天桥艺术中心举行。著名钢琴国际大师郎朗、著名歌手许巍、东方芭蕾舞公主邱思婷、《放牛班的春天》导演克里斯多夫·巴拉蒂、大提琴演奏家朱亦兵、打击乐演奏家张仰胜等一众明星收起光芒充当绿叶。一场明星调整角色当配角，由乡村孩子担当主角却又星光璀璨的梦想音乐会，在20多家直播平台直播，多点位资源推广，直播获超1300万人观看。教育部、原文化部、外交部等多位领导出席活动，对艺术行动及音乐会给予高度评价，媒体多角度解读持续发酵扩散。

该项目打造了100间乡村小学“互联网音乐教室”，运用AI技术搭载全民K歌智能教唱设备深入乡村课堂，儿歌共创活动的优质儿童音乐内容最终也以“互联网+音乐教育”的形式,在“互联网音乐教室”实现优质内容的下沉,突破师资短缺及地域局限性等问题,让乡村儿童同样能得到应有的音乐教育与熏陶,为乡村儿童音乐教育提供了一种解决方案。全国首个互联网音乐教室在四川省仁寿县落成的同时,艺术行动音乐夏令营也正式启动,王俊凯作为“音乐教师”教授音乐课程。该项目以“AI 音乐老师”打造传播话题,有效提升 QQ 音乐的“科技”属性;以“明星老师乡村授课”打造事件热点,以明星的流量吸引用户的关注,突破传统公益活动的形式,完成线下事件的线上发酵。

“艺术行动”摒弃了传统公益项目的营销思路,试图用音乐讲好公益的故事,从娱乐的视角切入,充分调动大众思考、关注并参与,通过赋予明星与众不同的公益角色,增强明星的参与深度,有效提升了品牌影响力。如果说艺术行动是用音乐讲述社会责任的故事,辐射偏远山区的特殊人群,那么笔者接下来要阐述的案例 12 周年“音乐快闪店”则是通过音乐思考为普通大众的生活赋能。

(2)12 周年“音乐快闪店”让生活不断电

2017 年 6 月 30 日至 7 月 9 日,QQ 音乐为庆祝成立 12 周年,在北京三里屯太古里搭建了国内第一个音乐快闪店——“陪你听世界 · 不断电能量站”。能量站内部设有试听区、歌词海报拍照墙和数字 CD 墙等,通过充电式的音乐体验将 QQ 音乐的线上功能变成线下实体模式,既吸睛又散发无限的音乐正能量,给年轻人送上一场充满意外惊喜的专属狂欢。

三里屯太古里是北京潮流文化的重要地标,而 QQ 音乐一直致力吸引集结更年轻的用户群体以及年轻品牌文化的打造。笔者在前文阐述过,QQ 音乐是“90 后”与“00 后”最常用的音乐客户端,音乐能量站地点选在三里屯,代表的是两个“潮酷文化”年轻群体的融合碰撞。音乐能量站的主题是“陪你听全世界”,除了陪伴之意,主题巧妙地突出了 QQ 音乐丰富版权、海量曲库资源等品牌优势。能量站拥有炫酷的黄绿色大型录音机外观,能够让平时活跃在线上的用户在现实生活中切实感受到 QQ 音乐对于音乐与潮流融合的魅力。在音乐能量站中,有 4 个独立的音乐试听间,均以 QQ 音乐客户端播放器为设计原型,将用户线上使用场景赋予实体化,让音乐体验触手可及;房间内配置的高品质音乐视听设备,将使用者的听觉体验升级。同时,现场还有即听即买的明星数字 CD 墙以及音乐作品歌词海报墙,这些设计,为人们营造出浸入式、生活化的音乐聆听环境。音乐能量站的侧面有一个大型 LED 屏幕,轮流播放着 12 年来令人心潮澎湃的 MV 片段,从苏打绿、周杰伦到 TFBOYS、鹿晗、陈粒等,人们在驻足观看的同时回忆青春,似乎音乐所经之处,都洋溢着青春的美好。“音乐能量站”传递了用音乐“充电”的概念,寓意为当年轻人面对不如意的生活,内心阴霾聚集或整个人陷入泥沼的时候,用音乐补充能量,呐喊出心中的负面情绪,然后继续建设自己的人生路。

综上,无论是艺术行动还是 12 周年“音乐快闪店”都遵循着思考营销的路径。艺术行动从发起“儿歌消失了”的话题到“儿歌发展现状”的讨论和思考,再引申出“儿童音乐共创活动”,首先从主题和文字表述上抛出令人出乎意料的问题,紧接着开始利用“儿歌到底有没有消失”激发用户兴趣，最后自然过渡到“儿童音乐共创活动”上，让用户从头到尾都处于好奇心被激发的状态中，让他们自始至终都感受到有意义。12 周年“音乐快闪店”则是通过搭建国内第一个音乐快闪店，从视觉呈现上让人享受到意料之外的惊喜，再抛出“生活焦虑”“情感呐喊”“音乐调剂”等大众能够切身感知的情感，触发他们对生活能量补充的思索，推动他们打开播放器用音乐来调剂情绪，补给自己继续前行的能量。笔者认为，抛出问题，引发思考，再解决问题，是思考营销的惯常路径，以此鼓励用户创意思考，令其思维更具创造性，从而使其对品牌和产品产生新的认识。

5. 汇聚跨界合力，引领正向生活方式

行动体验源自人际互动，用户可以通过 KOL 意见领袖、明星偶像、知名品牌等实施的行为或倡导的生活方式来展示他们的自我认识和价值观。行动营销的目的在于强化用户的行动体验，提出可供他们选择的行为和生活方式，并通过行动体验营销让他们与企业之间的互动变得更加丰富、充满情感。QQ 音乐联合小米智能音箱、蔚来汽车、特斯拉、摩拜单车、耐克、优衣库、老佛爷百货、京东、滴滴出行、麦当劳、必胜客、爱彼迎、北京杜莎夫人蜡像馆等不同领域的品牌，拓展了包括出行、时尚、服饰、教育、汽车、旅游、零售等一系列的生活场景，不仅让音乐真正融入了大众的日常生活中，同时为音乐人的作品宣发打通了更多渠道。

近几年，通过打造“立体”泛音乐生态圈，QQ 音乐目前在不同领域均有建树，将很多看似不可能的营销玩法添加到音乐场景，展现了各种关于音乐营销的可能性。这样的积累和拓展，有利于 QQ 音乐以音乐的方式多维度、多场景提升用户体验，为音乐人创造价值，与品牌方实现共赢，使品牌影响力辐射大众。2017 年 8 月，QQ 音乐与优衣库合作，推出了以“衣・乐人生”为主题的专属电台，电台特别节目为期一个月，为用户送去独特的音乐体验。在“衣・乐人生”专属电台中，QQ 音乐用心地为用户呈现出娱乐、商务、校园、宅家、运动、旅行六大场景的歌单，几乎囊括了生活中的各种场景，这无疑是想让用户无论身处何种环境，都能快速找到最契合当时心情的音乐。此次活动的具体操作路径是，线上用户在关注电台之后，可以获得优衣库购物体验券，然后在线下消费实付金额满 300 元即可获得 QQ 音乐绿钻卡，这不仅把握住了年轻人群的喜好，还通过线上线下双向引流为 QQ 音乐不断吸引新的年轻用户。

互联网不断改变着人们的消费方式和消费主张，当人们对服饰的实用功能不再那么关注，而是更倾向追求个性表达时，从一定程度上讲，人们对服饰的新需求与音乐体验在精神属性上就有了更本质的相似，优衣库的“Life Wear 服适人生”与 QQ 音乐当时的“Music your life 让生活充满音乐”可谓是不谋而合。无论是音乐还是服饰，都在迅速脱下原始的功能外衣，越来越趋向于成为年轻人彰显自我的一种途径。“衣・乐人生”洞悉了人们想要通过音乐与服饰去寻求充分感知美好生活的意愿，整合线上用户群体与线下消费群体，维护现有又拉动新增，在迅速抢占这一群体心智的基础上，引领了一种舒适、自由、前卫的生活方式。

数字音乐客户端营销方兴未艾，QQ 音乐始终在营销推广上展现出敏锐的嗅觉以及引领潮流的影响力。无论是联合知乎发起“520 在知乎用音乐表白”行动,还是与新世相联合推出“逃离北上广”音乐机票,为网友的“大逃离”量身定制专属的“逃离主题曲”;无论是与摩拜单车合作“音乐骑行,一路有音乐”主题体验活动,还是与老佛爷百货合作打造的“听见时尚”展和“听见时尚”歌单;无论是与麦当劳联合推出的“我的七夕 BGM”,还是与爱彼迎携手开展的“奇遇国潮 · 寻乐六都”主题活动,都让音乐与生活的关系走向具象化。在尝试汇聚跨界合力,引领正向生活方式的同时,QQ 音乐推动当时“Music Your Life”的音乐主张生根发芽,不断解锁更多富有乐趣的音乐行动体验。借助跨界营销的合力,可以使用户逐渐接触更多与音乐广泛相关的生活场景,从而习惯性地把音乐作为具有广泛认同的娱乐生活入口和情绪的出口。音乐客户端营销不仅要扎根在音乐内容上,还要通过各色活动打破音乐内容局限,达到音乐内容不断延伸的效果,传递正能量,引领正向生活方式,重塑人们对音乐客户端的认知,制造出更多维度的音乐体验。

6. 搭建音乐社区,实现平台圈层营销

关联营销的目的是把用户个体与反映在某种品牌之中的社会文化背景联系起来,从而为他们创造出特别的社会识别特征,最常见的方式就是建立品牌社群。QQ 音乐的豪华绿钻会员体系便是品牌社群的代表,会员除享有“VIP 内容”、“会员皮肤”、“无损音质”和“DTS 音效”等特权外,还可专享每月限定福利放送,如个性装扮、游戏礼包、演出票务、观影活动、明星互动等海量专属福利,更可享有覆盖多个城市的音乐演出和实用生活大礼包,全方位承包用户的音乐生活。品牌社群拥有强化品牌凝聚力、丰富品牌内涵、吸引公众注意力的优点,使用同一品牌的用户之间往往有一种“同道中人”的感觉,他们彼此间有种道德责任感,共享某些礼节和传统,他们可能还有类似的个人经历,由于可以进行更加频繁的交流,所以品牌社群模式增加了他们之间的联系。此外,品牌社群是一个社会体系,会有相应的社会角色,品牌社群中的 KOL(意见领袖)还会通过相关方式设立用户组织并开展活动,比如,粉丝大 V 组织其他粉丝共同策划某明星的生日会,或者带领其他粉丝进行线上投票、打榜等。

(1)搭建良性共生的“偶像 + 粉丝”生态圈

“粉丝”始终是音乐客户端付费的不竭动力,QQ 音乐深入洞悉年轻群体的追星需求,主张最大程度地打破明星与粉丝间的高墙,搭建良性共生的“偶像 + 粉丝”生态圈,在此契机下强势推出大型偶粉互动音乐综艺《见面吧! 爱豆》。与以往的见面会不同,《见面吧! 爱豆》在细节上放大了“素人”粉丝的作用,“粉丝”不仅可以全程参与节目录制,与偶像上演一场以音乐为主,趣味、娱乐相辅相成的 Live Show,还可以通过新颖的互动形式“操纵”见面会的一切。

“粉丝”可以通过好玩有趣的积分互动方式在 QQ 音乐上获取见面会门票参加节目录制,他们还可以在线上投票决定偶像演唱最后一首歌时所穿和使用的服装、道具等。在节目录制过程中,开场被抽中的幸运“粉丝”更是可以享受“连线邀请偶像出场”的定制服务,《见面吧!

爱豆》通过这些粉丝专属权利,让明星可以更好地感恩、回馈粉丝厚爱,真正让节目变得有趣。为了让"粉丝"拥有更多的互动和观感体验,QQ 音乐还在场外设置了体验区,"粉丝"不仅可以在拍照区实现与偶像的同框合影,还可以在留言区录下想对偶像说的话,而且这些内容都有机会在录制现场播放给偶像听。另外,为给不能到现场的"粉丝"一个与偶像互动的机会,QQ 音乐通过线上答题环节抽取一名"粉丝"与偶像连麦交流,这样的"粉丝"平等观得到了"粉丝"群体的支持。可以说,《见面吧! 爱豆》不仅是一场见面会,更是一场"粉丝"应援大会。从前期互动到现场等候互动区再到节目录制环节安排,无不体现着 QQ 音乐对于营造"粉丝"应援氛围的重视。

此外,2018 年 QQ 音乐推出了针对绿钻会员的"粉丝"专场见面会福利"Fan Meeting",帮助用户实现了乐迷与明星之间的零距离接触。2019 年 4 月,QQ 音乐创新性地邀请了 GALA 乐队和乐队的 20 位"粉丝",开展了一场"艺人粉丝零距离春游"。① 2019 年 10 月中旬,QQ 音乐将这种类型的粉丝见面会进一步升级,邀请了歌手袁娅维和会员用户一同前往美国迈阿密,展开了一场长达 9 天的音乐陪伴之旅。这种打破明星和"粉丝"台上、台下互动限制的活动,为"粉丝"创造了更多和明星近距离接触的机会。

(2)关注新"声"代与年轻圈层拓展

作为年轻用户喜爱的音乐客户端,QQ 音乐一直致力扶植年轻的新"声"代。2018 年,正值第一批"00 后"年满 18 岁,QQ 音乐和全民 K 歌在 5 月 4 日为"新鲜上架"成人世界的他们打造了一场主题为"音为 18,青春乐动"的成人礼活动,该活动迅速引爆话题,招来关注热度。首先,《强国一代有我在》MV 面世,为成人礼活动埋下伏笔;其次,QQ 音乐奇妙耳朵研究所发布"一段暴露年龄的耳力测试"H5 进行了线上成人礼招募,使全民追忆 18 岁;最后,线下复兴号音乐车厢"强国一代,少年音速"成人礼仪式举行,整条链路非常完整,QQ 音乐对于年轻圈层的关注着实用心。

2018 年 1 月,QQ 音乐、全民 K 歌联合中国青年报等多家权威单位举办了"强国一代"主题歌词、歌曲、logo 原创作品的大型主题活动。在前期筹备阶段,QQ 音乐、全民 K 歌以及多家主办方面向全国在校大学生发出了 MV 参演邀请,并最终选定了 100 名幸运学生代表。5 月 4 日当天,这首筹备多时的重磅 MV《强国一代有我在》在线下复兴号高铁音乐成人礼以及 QQ 音乐和全民 K 歌平台上进行首发。这首由张艺兴、周冬雨、张一山等 13 位明星超强阵容加持,和学生代表共同唱响正能量的歌曲,一经发布就受到了年轻人的热情追捧。上线两天时间,MV 就以全网播放量近 3600 万次的数据,强势霸占微博、今日头条、腾讯视频等国民级 App 热点。

在成人礼之前,"一段暴露年龄的耳力测试"的 H5 发布,一句"除了日渐后退的发际线,

① 《品牌升级背后,是 QQ 音乐吹响的在线音乐场景生态化发展的号角》,载搜狐网 2018 年 11 月 16 日,https://www.sohu.com/a/275962699_109401。

你有想过耳朵也会暴露年龄吗?”在当时引起了大众讨论热潮。H5 页面以蓝绿色为渲染背景色,一对戴着耳机的耳朵,与 QQ 音乐产生高度连接,很形象地展现了人们的日常听歌状态,年轻人们都纷纷参与这场全民测试,晒出耳龄。这场洞察不同年龄段用户不同音乐喜好的线上事件,成功唤起大家对 18 岁的追忆。而在 H5 最后,自然而然地释放出线下复兴号成人礼活动讯息,无须额外推广,就轻松达到营销效果。可观的是,H5 上线两天,近 2 万名绿钻会员报名参加。2018 年 5 月 4 日,在五四青年节来临之际,复兴号车厢变身音乐感满满的 18 岁成人礼音乐车厢,40 多名学生代表与明星嘉宾沈梦辰、毛不易等一起在复兴号上进行活动,活动直播超过 932 万人观看。

近年来,QQ 音乐始终在不遗余力地探索营销新玩法。无论是《强国一代有我在》MV、复兴号成人礼音乐车厢,还是“寻找校园好声音”QQ 音乐青少年歌手大赛;无论是 QQ 音乐校园电台校际联赛,还是 QQ 音乐 + 荣耀手机“Young Music”校园歌手大赛,QQ 音乐都能够很好地设计一个从线上到线下的关联营销闭环,通过双向引流更好地引爆事件,用诚意圈粉年轻用户,用心关注新“声”代。

除针对年轻人圈层的营销外,QQ 音乐在母婴亲子圈层的拓展上也颇有出色表现,即开放儿童专区。该专区设置有从胎教期到小学的分龄歌单、中英文儿歌、艺术美育、儿童动画、安抚哄睡、儿童故事、国学启蒙、儿歌唱读、儿童文学、父母课堂等板块,更有根据孩子兴趣设置的包含《小猪佩奇》、《宝宝巴士》、《米奇妙妙屋》、《海绵宝宝》和小黄人等在内的“宝宝最爱”板块,为父母提供丰富的亲子音乐教育选择。此外,对游戏人群等泛娱乐圈层的关注也是 QQ 音乐建设泛娱乐生态圈的重要人群积淀。腾讯游戏 + QQ 音乐“去听见无限可能”H5,与王者荣耀合作的“无限王者团”应援曲大赛,与英雄联盟合作的“S9 翻唱大赛”以及“CICF X AGF”QQ 音乐 + 漫次元燃歌赛等,都是 QQ 音乐在拓展游戏圈层方面作出的大胆尝试。

“人以群分”的群体特征在互联网时代得到充分体现,关联营销中所倡导建立的以圈层为主的品牌社群就是一个很好的证明。音乐客户端应充分利用个人对自我改进的渴望以及希望他人对自己产生好感的社会心理,用不同的内容满足不同人群的兴趣指向,从而激发圈层之间“从用户到用户”的自传播。同时,应高度关联同类群的群体,并深度利用会员、粉丝、青少年、亲子、游戏等不同圈层中各圈层的凝聚力量,形成以不同群体或圈层构成的天然品牌社群,推动音乐社区建设,实现平台圈层营销。

7. 整合媒介资源,丰富信息体验形式

(1)官方微博建设媒介营销主阵地

新浪微博是互联网飞速前进的产物,作为如今最流行且拥有巨大影响力的社交网络新媒体平台之一,它俨然是政治、经济、社会、文化、法律、科技,学习、工作、生活、娱乐方方面面信息的集合体;新闻、热搜、热门推荐,上至天文下至地理,应有尽有,所含信息量符合当下人们利用碎片化时间进行阅读的需求。微博界面操作较便捷且准入门槛低,受众范围非常广泛。

人们可以在微博上发布图文，分享音乐、视频，参与话题讨论，转发、评论、点赞他人微博等，具有很强的社交性，微博较好的即时性以及较强的原创性、互动性等诸多优势显现微博巨大的媒介营销价值。微博的传播对象因平台的公开性可以辐射到所有的微博用户，因此在微博上开展体验营销活动，能很大程度上收获大量潜在营销对象，扩大营销辐射范围。

QQ 音乐充分利用了微博用户广泛、即时性和互动性强的特点，将官博建设成了媒介营销的主阵地。QQ 音乐官方于 2011 年 6 月 9 日加入新浪微博，截至 2022 年 7 月，QQ 音乐官方微博（以下简称 QQ 音乐官博）已经拥有 1321.3 万名“粉丝”，官方微博日常发布内容包括“QQ 音乐巅峰榜”、“QQ 音乐独家首发”、“QQ 音乐新歌首发”、“电音联盟”、“古典焕新”、“大牌空降评论区”、“QQ 音乐线上演出”和“QQ 音乐百万收藏”等众多微博话题，基本上都采用图、文、链、视频形式向粉丝展现品牌主张和音乐动态信息。QQ 音乐希望在富有情感的文案、极具吸引力的海报图片、视频对传播内容的包装下，持续引导微博用户自发转评赞，形成大量用户 UGC。

此外，除对音乐内容的推广外，QQ 音乐举办的相关营销活动也会通过官方微博进行扩大宣传和推广。它还充分利用明星效应和粉丝经济的强大作用，通过在微博中发布明星的动态信息，把握粉丝追星心理，诱导他们点开链接进入 QQ 音乐，找寻粉丝归属感，并在此过程中吸引更多潜在音乐用户。在与用户的互动中，QQ 音乐官博为用户提供着感官、情感、思考、行动以及关联五个方面的体验，良好的体验感极大地拉近了与用户之间的距离，丰富了信息体验形式，提升了用户的品牌忠诚度。经过多年的经营，QQ 音乐官博已经成为 QQ 音乐不断扩大知名度，挖掘潜在音乐用户的一大利器，也是 QQ 音乐利用体验媒介开展营销的主战场。

（2）微信助力创新音乐爆款营销

微信是近几年深受人们青睐的社交通信平台之一，它支持语音视频聊天，发送文字、语音、图片、动态表情和视频，编辑朋友圈信息等功能。与微博不同的是，相对微博等公开化的信息传播方式，微信更具私密性。

在微信公众号开展营销其实就是企业通过自己的官方微信账号发布图片、文字、视频等，以此产生丰富的传播内容，并以内容为营销支撑，创造与用户情感的交流与互动体验，使用户对于企业产生较亲近的认同感，引起用户对于企业品牌的关注，促使用户产生在朋友圈分享品牌信息的欲望，最终推动购买行为实施。

QQ 音乐官方微信公众号每天为用户推送 1 条信息，包含内容丰富多彩，在这里，你可以追忆张国荣的音乐人生，你也可以了解新生代偶像的成长路径；你可以探索音乐冷门知识，你也可以找寻曾经的音乐记忆；你可以了解音乐作品背后的故事，你也可以尝试去理解每个独特的音乐人。每一条推送信息都像是 QQ 音乐写给用户的一封信，或温暖，或真实，或煽情，或“搞怪”，但无论是“标题党”还是“文艺范”，无论是幽默调侃还是风趣自嘲，用户总能在这些信件中找到适合自己品位和审美的内容,并享受这些内容带来的信息体验。QQ 音乐官方微信公众号将用户的某一情感痛点、某个音乐热门话题或者某一行业现象等内容作为内容体验设计方向,以吸睛内容为基础开展体验营销,引发用户情感共鸣,激发用户参与积极性,令他们产生良好体验感,以深度提升 QQ 音乐的品牌形象。

此外,微信朋友圈有即时分享的特点,人们可以将自己的生活状态和乐趣以文字、图片和视频的形式发布到朋友圈,进而获得点赞和评论,以满足其渴望被关注的心理。QQ 音乐紧紧抓住用户这一心理,创造了众多刷屏朋友圈的经典营销 H5 案例,不断丰富着人们的媒介体验方式,加深着人们的品牌印象。

继 2018 年年底 QQ 音乐推出“2019,听到好运”H5 在朋友圈刷屏之后, QQ 音乐又搭上 2019 年的末班车,强势推出“2020,好运如歌”H5,延续 2019 年的塔罗牌占卜形式,并再次刷屏朋友圈。参与者纷纷晒出自己 2020 年的关键词和“开运歌单”,以此表达对新一年的期待与向往。此款 H5 的体验流程非常简单,只要输入名字和出生日期,就能获得附带专业的塔罗运势解读的年运关键词和对应的“开运歌单”,无须多余操作,体验流程十分流畅。同时,H5 音效、动画等多种元素营造出塔罗牌占卜的神秘气氛,让人仿佛身临其境“入戏很深”,整体风格也较为符合文艺青年的视觉审美。当年轻人的工作生活压力与日俱增时,他们便开始喜欢转发各种“锦鲤”、星座运势、塔罗牌占卜等内容以祈祷“好运即将降临到自己身上”,此款 H5 是 QQ 音乐在洞察人们“迷信”的心理,抓住人们期望借助一些玄学形式祈求好运的痛点的基础上,呈现在大众面前的媒介信息的营销产物,它在将要跨年的时间节点上推动着用户参与度和分享率。通过这款交互型 H5 的传播,QQ 音乐持续打造体验营销玩法,在让用户“玩好”H5,激发他们分享热情的同时,也让用户“听好”官方歌单,拉动官方歌单访问量、播放量和收藏量,不仅提升了用户的参与度与营销体验感,还使 QQ 音乐在传递对用户的关爱中提高关注度和曝光率。

2019 年 7 月,QQ 音乐“耳朵,你辛苦了”H5 上线,参与者需要经过 3 个音频方面的测试,最终获取一份耳朵年龄报告,同时可以获取附赠的 3 首适合耳龄的歌曲推荐,这些歌曲均来自官方歌单。声音,要用耳朵来听,QQ 音乐是和声音高度关联的品牌,通过偏娱乐化的小测试,以充满趣味的方式让我们关注平时被忽略的耳朵,实则是提醒人们重视对听力的保护,而最后巧妙的歌曲推荐,毫无违和感地在拉动歌曲播放量获取平台收益的同时彰显着品牌温度。

综观近年来成功刷屏朋友圈的爆款 H5,基本上都离不开参与者对自我形象的设定、维护和重视,其内容和形式生动有趣,符合年轻人爱玩的天性;而从未间断的公众号和微博信息推送,则凭借其强大的互动性和社交性让人们将碎片化的阅读方式发挥得淋漓尽致。音乐客户端在开展营销的过程中要合理整合媒介资源,高效利用微博、微信等较为成熟的信息传播平台和渠道,从媒介信息层面去把握人们的体验。

（三）关于音乐客户端营销的思考

“背靠大树好乘凉”，QQ 音乐背靠腾讯集团这棵“大树”，在强有力的资金支持、丰富的资源支持以及强大用户基础等优势的环抱中砥砺前行。作为 TME 泛娱乐生态闭环的核心力量，QQ 音乐不仅秉承集团战略精神，大力扶植原创，鼓励内容共创，构建多元内容生态，让版权优势更显价值，它还在此基础上打造了独具自身特色的“智慧声态”立体泛音乐娱乐生态圈。无论是平台内容布局，还是品牌营销拓展，QQ 音乐始终持续发力，以优质生态内容为核心，以丰富的营销玩法为窗口桥梁，以互联网技术与大数据为科技驱动，将音乐以及它延伸出来的泛娱乐内容高度融入用户生活的方方面面。

在体验经济的浪潮向我们涌来之时，QQ 音乐顺应时代变化，及时调整营销策略，将用户体验作为突破口，开展了体验营销。它始终以兢兢业业的态度，坚持突破创新，走在行业前端，近些年推出的各种营销经典之作和爆款新玩法，是音乐客户端体验营销的典范。音乐客户端需要深耕音乐内容，致力满足用户多样化需求；需要重视感官设计，优化用户视听体验；需要深挖情感共鸣，以情感滋养品牌，培养用户深层情怀；需要汇聚跨界合力，将音乐融入生活场景中，引领正向生活方式；需要努力搭建音乐社区，关注核心圈层，搭建良性共生的“偶像 + 粉丝”生态圈，实现平台圈层营销；还需要整合媒介资源，狠抓微博、微信等新媒体渠道，丰富信息体验形式，助力用户掌上音乐资讯轻松获取，从而在各个模块的共同作用下，为用户提供丰富的泛娱乐体验，合力为整个行业注入新思维新血液。不过，笔者认为在网络、科技高速发展的未来，QQ 音乐以及其他音乐客户端需要开展辐射面更广、考虑更加全面的营销思考。

1. 注重更深层次的音乐内容价值挖掘

（1）弥补内容布局与媒介传播中的不足

笔者在研究之后发现，QQ 音乐的营销存在一些不足。首先，内容布局方面，其精细化和专业化还有待进一步提升，多元化并不代表内容的堆砌，过多的内容会导致内容同质化严重，用户选择迷茫。可以进行呈现内容的精细化筛选，加强对优质内容的把握、挑选，提升用户体验感。其次，歌单运营方面，官方歌单的曝光度远远小于 UGC 歌单，而且推送不精准，质量、数量和精细程度都待提高。未来，可以通过更多地吸纳音乐专业院校的人士加入，增加官方歌单的专业性、数量比例和推荐率，运用智能算法为用户精准推送真正贴合口味的歌单；可在现有官方歌单的基础上，将音乐种类的分类更加精细化，可增加年代歌单、公益歌单、家庭教育歌单等；还可以根据歌单音乐类型和特点，开展线上音乐体验线下实景化，比如，线下音乐会、线下互动墙、地铁站内的城市音乐记忆墙等。通过各种各样的形式，让歌单发挥巨大能量，不再仅仅停留于线上 H5 互动体验进行歌单引流层面。

其次，平台上的评论区是用户交流心声和开展社交的主阵地，但目前的弹幕和评论良莠不齐,扰乱了社交环境。今后,可有意识地净化评论环境,尽力保持页面的整洁,再进一步探索“音乐 + 社交”的新玩法,提高用户在平台上的使用时间。网易云音乐在评论机制方面做得较完善,平台上的用户可以对所听的歌曲、电台、视频、音乐文章等平台上的所有内容进行评论,言论高度自由,但客户端系统会自动删除涉及敏感、低俗的内容和被举报多次的评论,进而搭建一个氛围较和谐、文明的音乐社区。

最后,媒介传播方面,QQ 音乐的微博微信推送次数较多,内容涉及各个方面,多以预告、抽奖形式呈现,信息量较大,给人以眼花缭乱之感,不利于精准推送。未来,可精选发布项目,采用细腻且有情感的文案,有的放矢,做用户情感连接的窗口,不做发布广告的工具。

(2)持续传承与发扬传统文化和民族音乐元素

文化是一个民族生存发展的重要力量。习近平总书记在党的十九大报告中指出:“文化是一个国家、一个民族的灵魂。文化兴国运兴,文化强民族强。没有高度的文化自信,没有文化的繁荣兴盛,就没有中华民族伟大复兴。”[①]中国特色社会主义巨大成功带来的道路自信、理论自信、制度自信为文化自信提供了坚实基础,催生着文化自信。优秀传统文化就是文化自信之“根”,它源远流长、博大精深,构成中华民族的文化基因,是中华民族和中华文明延续与发展的精神支柱、精神标识。[②] 文化自信,从继承和弘扬中华优秀传统文化开始。

在新时代传统文化创新传播上,QQ 音乐持续探索文化、音乐和科技的多维创新融合,跨界故宫博物院和敦煌研究院两大文创 IP,推出“古画会唱歌”和古乐重声“觉”计划,在数字时代用音乐复兴传统文化,践行文化新传承责任,用年轻人喜爱的方式让音乐赋予传统文化新活力,让更多的年轻人了解中华民族之传统文化。网易云音乐推出“禅音行动”,试图通过禅音作品征集计划和引入 AR 等技术“点亮心灯,放飞心愿”的禅音新年祈福音乐会,以更“互联网化”的形式传播传统文化,“一路莲花圣洁开放”,播放量年增长达 229%,[③]拉近传统文化与年轻群体的距离,使传统文化瑰宝在互联网时代焕发出新的活力。

乘着国家大力支持传统文化复兴与新时期新发展的东风,各大音乐客户端或多或少都做出了尝试。但是,创新传统文化的传承形式,不能仅限于流行音乐风格的创作上,也不能仅仅停留在单纯为了与科技结合而开展创作的层面,更不能一味迎合用户音乐喜好,为了吸引眼球而忽略传统文化精华。作为中国的音乐客户端,应当摆正自己的位置,主动肩负起弘扬传统文化以及民族音乐的社会重任。

---

① 习近平:《决胜全面建成小康社会 夺取新时代中国特色社会主义伟大胜利——在中国共产党第十九次全国代表大会上的报告》,载新华网 2017 年 10 月 27 日, http://www.xinhuanet.com/politics/19cpcnc/2017-10/27/c_1121867529.htm。

② 邵长军:《坚持文化自信的四个维度》,载人民网 2019 年 12 月 9 日, http://theory.people.com.cn/n1/2019/1209/c40531-31496637.html。

③ 《网易云音乐推出“禅音行动”,启动“禅音作品征集计划”》,载中文科技咨询 2017 年 12 月 26 日, http://www.citnews.com.cn/news/201712/66370.html。

2018 年 6 月，TME 联合中国演出行业协会，推出“新民韵计划”，向全国募集民族特色音乐作品与民族音乐创意人才，经过近一年的征集与评选，最终从 500 首作品中选出 10 首来自羌族、彝族、回族、苗族、侗族、赫哲族、蒙古族、维吾尔族等少数民族的高水平作品，组成“新民韵计划”首张民族音乐专辑《寻韵 · 山水涧》，该专辑于 2019 年 3 月 24 日首发上线 QQ 音乐等平台。中华传统文化绚丽多彩，留下了数不尽的瑰宝，这些歌曲都属于“文化自信”的根源。该专辑面向 10 余个全球性音乐平台向 110 余个国家和地区发行，让国际音乐市场领略到了中华民族音乐的魅力。为了沉淀出原汁原味的民族音乐，TME 携手 DTS，将最新沉浸式环绕声技术运用到该专辑的制作过程中，让原生态的民族音乐可以获得与全球接轨的视听质量。与此同时，TME 与上海玻璃博物馆跨界携手举办限时三周的“寻韵山水涧 · 流动”艺术展。展览展出的玻璃作品都是根据《寻韵 · 山水涧》中歌曲的创作背景与民族文化特色进行艺术创作的，巧妙实现观众视听双重体验。

此次营销对于 TME 来说是很有意义的，它既在海外为自己赢得了高曝光度，又在国内完成跨界合作，提升了品牌影响力，彰显了社会责任感。但是，在取得成绩的同时也应看清现实，笔者发现，QQ 音乐中《寻韵 · 山水涧》的销售量与媒体的美誉有较大反差，在上架 3 年多的时间里仅售出 1432 张，而上架不到两年的电视剧《有翡》的原声专辑却已经售出 125,058 张。单纯从时长和数字对比来看，着实有些差距，这无疑是在为音乐客户端在文化传承方面的布局和建树敲响警钟。真正的文化传承不是做给别人看的，也不能只是一个以“传承”为名义的噱头；不能只是为了扩大跨界营销的品牌影响力，而忽视了传统文化精髓；不能只是为了创新形式，生硬与科技结合，要不断挖掘更深层次的音乐内容价值，将内容深入用户的心里，如为优秀民族音乐作品举办线下演出，多开展线上传统文化或民族音乐知识普及活动等。只有让自己国家的人民欣然接受、表示深深认同并不断传承，才能在跨文化传播中走得更稳更远。如何扭转这种局面，让用户真正愿意为传统文化埋单，是音乐客户端未来需要思考的问题。

2. 关注青少年用户的身心健康与全面发展

(1)探索平台青少年模式，助力健康身心

听音乐是人们工作、生活中常见的放松方式，但无论是工作还是日常生活，当娱乐时间霸占了其他时间，对于效率提升、生活质量保证、人际关系维持都有很大影响，特别是对于青少年来说，如果他们每天花费大量时间在听音乐看视频追星等娱乐活动上，将非常影响他们的身心健康和全面发展。长时间听歌玩手机，既损害听力视力，又影响学习效率和专注度。明星粉丝群体低龄化是现阶段的趋势，如果青少年将大量注意力放到追星上，一些不健康的价值观和不理智的追星行为将阻碍他们健康心理的形成，还会误导目前还不能完全明辨是非的他们，做出不利于自身成长的事。

“少年强，则中国强”，青少年的成才之于国家是非常重要的，因而国家对于青少年的教育和保护也是责无旁贷的。目前，一些企业越来越重视未成年人的保护问题，纷纷上线了未成年人保护系统，比如，腾讯游戏的“16＋”、腾讯视频的青少年守护模式、网易 App 的家长护航版、哔哩哔哩的青少年模式等，这些顺应潮流的尝试，正在为其他行业带去新的思索。

以哔哩哔哩的“青少年模式”为例，设置进入该模式后，首先需要家长设定密码，开启时间锁。在该模式下，青少年用户每天只有40分钟的浏览时间，并且从每晚10时到次日6时他们将无法浏览，以此保证他们的睡眠时间。内容限制方面，青少年的专属内容由哔哩哔哩的青少年模式内容团队精心挑选，届时，首页将不会呈现进入该模式前的那些内容，用户所能浏览到的以科普、音乐绘画、人文地理、考试知识点等有助于青少年学习进步、身心健康的内容为主，可谓有效规避了令家长排斥的“二次元”“泡沫剧”等娱乐视频。另外，在青少年模式下，用户无法使用直播打赏等功能，故而家长不用再担心孩子把时间、精力和财力都浪费在一些没有意义缺乏营养的娱乐活动上。不过，由于青少年用户的身份认证问题，“青少年模式”似乎成为可选也可不选的模式，如果没有家长的监管，大多青少年也许很难选择自主开启青少年模式来“为难”自己。哔哩哔哩未来对比应如何进行完善升级，在识别青少年用户方面，在有效督促青少年用户自行开启青少年模式方面需要更进一步地探索。

这种模式虽然存在一定欠缺之处，但在一定程度上也能为音乐客户端提供思路和借鉴。QQ 音乐的核心用户群恰好是14～22岁的青少年用户，其中很多都是未成年用户，其他音乐客户端的未成年用户也占有较大比重，如果音乐客户端在青少年用户的培育方面做出一些尝试，如开设未成年人模式，将有助于家长控制孩子的娱乐时间，方便家长掌握孩子所接受的信息内容。笔者设想，音乐客户端的未成年人模式遵循家长监督原则，未成年用户需要在家长输入密码之后才能使用客户端功能，他们的听歌娱乐时间需被严格限制在每天2小时以内，在22时至次日6时睡眠时间内，整个客户端将进入浏览限制状态。该模式在内容推介上多以高雅音乐、传统文化、民族音乐、教育科学为主，精选有利于未成年人身心健康的专栏内容，在视频方面也会增加“美育”内容的比例。未成年人很难主动去规避不健康的内容，而这种模式不仅可以在他们的使用时间上进行限制，还能在内容上为他们提供有营养有价值的信息，最终营造一个绿色健康的平台环境。

（2）发挥高雅艺术美育作用，促进全面发展

听音乐不仅是消遣娱乐，在这一过程中音乐客户端还需通过上传更多的高雅内容来提升用户审美，特别是要重视培养青少年对美的感知能力。此时，发挥美育的作用就显得非常重要。美育，又称为审美教育或美感教育，它利用审美形象的情感力量去感染个体以达到教育目的，从而推动人的全面发展。对于个体的塑造是美育最基础的功能，个体塑造分为情感陶冶和个体发展两个方面。首先，美育激发人的情感活动，使人在感动中成为能够感知人类普遍情感的个体；其次，美育感染人的认识，在情感体验中促进个体的发展。开展美育的过程是帮助人们提高审美能力的过程。青少年正处于认识把握世界和对美的感知能力需要形成与

提升的阶段。因此,在青少年成长的过程中开展对其的审美教育和审美正向引导,具有重要意义。

目前,在文化艺术方面的美育主要以高雅艺术为核心,对于音乐客户端来说,以交响乐、钢琴曲、歌剧唱段、戏剧配乐等为主的高雅音乐就是平台上的高雅艺术。相较形式上喜闻乐见,表现手法淳朴简洁,注重音乐娱乐功能的通俗音乐而言,高雅音乐形式复杂,创作者技法精湛,内容深邃高远,能够揭示人与自然、人与社会的哲理,能够引导人们的审美取向,进而达到一种较高的精神境界,是为音乐客户实施美育之佳品。2022 年年初,QQ 音乐联手广州交响乐团,打造新春“交响乐”专列,并上线广州交响乐团专区;4 月,广州塔春日音乐沙龙举行;5 月,中国特色音乐专区上线;6 月,QQ 音乐与南京民族乐团开展合作,推出 2022 首届南京国乐节;7 月,QQ 音乐联手中演院线、深圳滨海艺术中心共同承办的首届“湾区之声青年钢琴音乐节”正式启动,QQ 音乐线上专题页面同步上线,后续还将打造“钢琴马拉松”音乐会,推出“青年音乐家 Mini 专辑”;8 月 7 日,QQ 音乐上线了国家大剧院音乐厂牌 NCPA Classics 经典艺术音乐专区,从名家演绎、获奖唱片到漫步经典、当代佳作,该专区汇集国家大剧院多年沉淀的优秀艺术作品,后续双方将会开展深度合作。上述实例足以让我们看到 QQ 音乐在推动平台高雅音乐板块发展方面的新布局。

音乐无国界,但音乐有受众。虽然现阶段,在经过一段时间的高雅艺术普及实践之后,越来越多的人意识到接受高雅艺术熏陶的重要性,并逐渐喜欢上高雅艺术,但在音乐客户端现有内容板块中,虽然大多包含了高雅音乐的内容,在引导用户了解和相关内容推介方面却不尽如人意。当务之急是应当紧抓高雅音乐的资源集合优势,通过与各大剧院、各音乐院校开展合作,不断丰富平台高雅音乐版权资源,拉动现有用户,吸引更多潜在用户群体,探索更多与高雅艺术有关的活动,向更多的用户,特别是青少年用户进行推送,进而发挥好高雅音乐的美育作用。

受新冠疫情的影响,各大剧院响应中央号召,取消了 2020 年 5 月前的所有现场演出和活动,云演出、云观演成为新风尚。在此期间,咪咕音乐趁势与国家大剧院古典音乐频道开展合作,开发线上观演页面,为特殊时期不能到现场观看演出的观众们提供线上观演平台。观众可以在拾光・音乐厅中倾听抗疫歌曲、艺术微课堂音频等内容,还可以在艺术・歌剧院中欣赏到《睡美人的故事》、《匈牙利狂想曲第二号》、中国古典舞和梅派京剧艺术等高雅艺术普及教育视频。这样的合作不仅让更多国家大剧院的观众知晓了咪咕音乐这个音乐客户端,还让咪咕音乐无形当中收获了一波潜在用户。该线上观演页面底部还设置有国家大剧院古典音乐频道以及院藏剧目“云展播”的导流入口,这是一个很精心的“双赢”设置,不仅可以将客户端用户导流进入国家大剧院的页面,让他们潜移默化地接受高雅艺术的熏陶,一部分用户转化成为高雅艺术的观众群体,而且对于在客户端听音乐的观众来说,当他们听完音乐还可以通过这么人性化的设置回到大剧院的页面,也会增加他们对音乐客户端的好感,在无形中自然而然地成为客户端的用户。简言之,这样的合作,有助于实现双方重合用户的相互吸引以及非重合用户的相互增长。

网络世界纷繁复杂,粉丝圈层文化良莠不齐,青少年正处于世界观、人生观、价值观、是非观逐渐形成的阶段,他们很容易受到不良文化和思想的侵蚀,以致在健康身心的形成过程中遭遇阻力,在行为实施过程中作出错误的选择,甚至误入歧途。青少年是国家未来建设的新兴中坚力量,对于他们的教育以及三观的正向引导非常重要,音乐客户端应肩负起培养正能量青少年的社会重任,为他们搭建起身心健康的屏障,营造安全健康的平台氛围,并通过与各大剧院、各大音乐院校建立更深层次的合作关系,持续增加高雅艺术等美育内容板块,开展更多与高雅艺术相关的活动;针对位居用户基数之首的青少年用户,推出更加人性化的平台"听、看、玩"时限设置,在为他们提供音乐消遣娱乐服务的同时,注重深层次音乐价值的挖掘,促进青少年用户身心健康和全面发展。虽然,在对于自身营销策略的再思考以及兼顾社会效益承担更多社会责任方面,音乐客户端还有很长一段路要走,但值得肯定的是,相关企业始终在探索营销新思路的道路上不断前行着,不断造就着数字音乐产业的营销经典之作。

五、结语

自百事可乐 1984 年以 500 万美元签下迈克尔·杰克逊广告合约后,有关音乐的营销在全球已经走过了近 40 年的历史。说起中国的音乐营销,很多人都会想起张含韵的"酸酸甜甜就是我",周杰伦为动感地带代言的"我的地盘我做主"等音乐营销案例。当时的音乐营销多聚焦于歌曲、歌词与歌手本身,经过多年的发展,数字音乐时代的音乐客户端营销实体其实已经不只局限于音乐本身,而是基于音乐本身延展出的多样化形态的音乐内容。无论是过去常见的商业代言、广告歌曲、演唱会、赞助等,还是近年来兴起的各种整合营销、体验营销、链路营销等,音乐客户端营销正以全新姿态扎根于用户心中,成为连接用户与品牌的不可或缺的强大利器。音乐始终是品牌与用户实现情感沟通的绝妙言语,在音乐龙头企业的带动下,音乐客户端着力实现"品效合一",顺应娱乐趋势,紧跟消费潮流。在未来,它们终将展现出更大的营销潜力,为数字音乐产业的辉煌蓝图增添更加绚丽的色彩。

笔者从 QQ 音乐的营销策略入手,结合战略体验模块理论,分析、概括、总结了可供借鉴的体验营销策略,提出音乐客户端应对用户的 7 种体验加以考量,抓住用户"痛点""痒点",巧妙利用他们在客户端功能使用、参与营销活动、获取音乐资讯过程中产生的良好体验感,刺激他们产生消费行为,自然而然地将品牌形象深入用户内心。笔者认为,音乐客户端营销不仅需要获取经济效益更需兼顾社会效益,具体来说就是,要持续传承与发扬传统文化与民族音乐元素,注重更深层次的音乐内容价值挖掘,积极探索有助于青少年健康身心建设的平台模式,充分利用平台高雅艺术资源发挥其美育作用。本案例的创新之处在于,相较于其他研究者依托整合营销、事件营销、内容营销等理论探讨音乐客户端营销策略,笔者选择以在音乐客户端研究中运用较少的体验营销理论视角进行研究,从整体上来看,该理论与本部分的营销案例契合度更高,研究结论更能够帮助音乐客户端站在用户体验的立场上开展营销工作。笔者希望通过实地工作积累与思考所得,能够为音乐客户端营销人员以及研究音乐客户端的学者,在未来工作和研究中提供新的思考方向。

案例 4
独立音乐人生存现状及其发展路径研究

当今,中国独立音乐人数量与日俱增,独立音乐市场蓬勃发展,从小众走向大众,逐渐与主流商业音乐不分伯仲。然而在迅猛发展的表象下,暗藏着独立音乐人版权收益少、知名度低,独立音乐作品推广难、受众少等现实问题。大部分独立音乐人的音乐收入并不足以支撑其生活和创作,音乐人仍然竭力寻找着脱离困境的道路。基于在网易音乐事业部、字节跳动音乐中台的工作实践,笔者运用文献研究法、实地调研法、访谈法和定性研究法探索独立音乐人的生存困境和发展路径,力图为尚未获得高知名度、有原创作品却不知道如何推广、寻求更大音乐收益的独立音乐人提供发展思路。

一、研究背景与研究现状

(一)研究背景

目前,各界对独立音乐人的概念界定尚未统一。国家市场监督管理总局在决定书中将独立音乐人定义为"音乐作品或录音制品的原始权利人,并以个人名义与音乐平台进行版权授权,且从未与任何唱片公司或经纪公司签订协议的自然人"。[①] 北京大学苏莞雯认为,独立音乐人"是没有和专业的唱片公司进行签约的歌手、曲作者、词作者、编曲师等音乐人"。[②] 李霜、范思聪提出:"独立音乐人的作品由自己进行创作,后续的发行、表演、录制全部环节都由自己组织的团队完成,或者是寻求小音乐厂牌进行合作。"[③]网易云音乐在报告中指出:"独立音乐人即原创音乐人,是没有和主流商业唱片公司签约,对作品独立性、艺术性关注度高于商

---

① 国家市场监督管理总局行政处罚决定书(国市监处〔2021〕67 号)。

② 苏莞雯:《基于独立音乐人视角的在线音乐平台全产业链合作趋势研究》,载《经贸实践》2017 年第 18 期。

③ 李霜、范思聪:《对我国独立音乐人面临版权问题的思考》,载《传播与版权》2020 年第 5 期。

业性的音乐创作者。”①

近年来，有许多具有独立音乐创作思维的音乐人开始与独立厂牌、中小唱片公司、数字音乐平台合作以获取更多创作、推广资源。笔者认为，这些音乐人亦可归于独立音乐人之列，因而更倾向网易云音乐对于独立音乐人的范围界定。本文将独立音乐人的概念界定为：没有与环球、索尼、华纳等主流商业唱片厂牌签约的、作品保持原创性、独立性的音乐创作者。

独立音乐人创作的音乐即为独立音乐，独立音乐的外文名为 independent music，因而也被称作硬地音乐。独立音乐不多迎合市场，不一味追求热度，有着多样化的风格。独立音乐人创作的音乐作品风格包括但不限于说唱（RAP）、民谣、电子、摇滚、国风、R&B、轻音乐、“二次元”/ACG、爵士、实验音乐、蓝调、古典、民歌、新世纪音乐、世界音乐，其中部分独立音乐人会涉猎多种音乐风格。网易云音乐于 2020 年 10 月发布的《中国音乐人生存现状报告（2020）》显示，除流行风格外，独立音乐人创作数量前五位的音乐风格依次是说唱、民谣、电子、摇滚和国风音乐。②

如今音乐市场日趋分众化，说唱、民谣、摇滚等多类分众音乐有了大量受众群体；数字音乐平台将独立音乐人视作核心资源争抢；短视频平台、部分选秀节目瞄准了独立音乐市场。独立音乐兼具先锋性、多样性和独特性，以多元的曲风种类、鲜明的态度表达极大提高了音乐产业的内容丰富度，已与主流音乐呈互补、抗衡之形态。网易云音乐聆讯后资料集显示，2021 年 6 月，该平台独立音乐人贡献的音乐内容播放量占总播放量的比重超 47%。③ 截至 2021 年年底，网易云音乐内容库中已有 190 万首独立音乐作品，较 2020 年年底增加约 80%。④

独立音乐人被称为音乐产业未来的驱动力，⑤网易云音乐报告显示，站内独立音乐人的数量逐年大幅度增长，2021 年独立音乐人总数已超 40 万人次（见图 4－1）。腾讯音乐报告显示，截至 2021 年年末腾讯音乐人平台独立音乐人已达到 30 万人次。⑥

---

① 《网易云音乐：2020 中国音乐人生存现状报告》，载互联网数据资讯网 2020 年 11 月 7 日，https://www.199it.com/archives/1148297.html。

② 《网易云音乐：2020 中国音乐人生存现状报告》，载互联网数据资讯网 2020 年 11 月 7 日，https://www.199it.com/archives/1148297.html。

③ 网易云音乐：《雲音樂股份有限公司的聆訊後資料集》，载披露易 2021 年 11 月 16 日，https://www1.hkexnews.hk/listedco/listconews/sehk/2021/1202/sehk21111600887_c.pdf。

④ 网易云音乐：《雲音樂股份有限公司截至 2021 年 12 月 31 日止年度的年度業績公告》，载披露易，https://www1.hkexnews.hk/search/titlesearch.xhtml。

⑤ 网易云音乐：《雲音樂股份有限公司的聆訊後資料集》，载披露易 2021 年 11 月 16 日，https://www1.hkexnews.hk/listedco/listconews/sehk/2021/1202/sehk21111600887_c.pdf。

⑥ 《腾讯音乐娱乐集团公布 2021 年第四季度及全年未经审计的财务业绩》，载腾讯音乐娱乐集团官网，https://ir.tencentmusic.com/2022-03-21-Tencent-Music-Entertainment-Group-Announces-Fourth-Quarter-and-Full-Year-2021-Unaudited-Financial-Results。

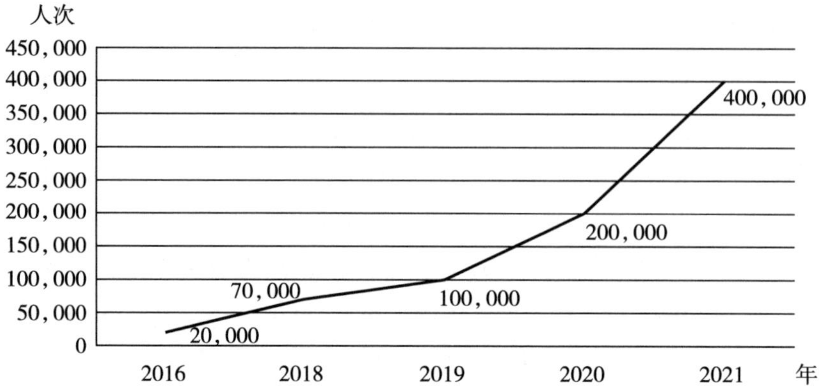

图 4－1　独立音乐人数量

资料来源:《中国音乐人生存现状报告(2020)》《网易云音乐 2021 年度业绩公告》。

虽正值发展利好期,但独立音乐人仍面临着作品受众少、版税收入低、专业知识匮乏、版权纠纷频发等生存难题。音乐制作技术的革新及网络教程的普及使得独立音乐人的进入门槛降低,且呈年轻化趋势,部分独立音乐人对业态环境了解不深。中国传媒大学张丰艳工作组发布的《2019 中国音乐人生存状况报告》揭示了绝大多数音乐人仍然生存艰难的现状,除学生外,近半数音乐人的税前月收入在 2000 元以下,仅有 9% 的音乐人税前收入高于 1 万元。①

独立音乐人在磅礴的发展态势下隐藏一些问题,亟须被加以探讨并寻求解决之法,因而本案例将针对独立音乐人的生存和发展进行深入研究。

(二)研究现状

笔者通过搜索“中国知网学术文献总库”,选取关键词为“独立音乐人”“原创音乐人”“独立厂牌”“音乐人演出”“音乐人生存”“音乐人发展”,查阅获得以下数据,如表 4－1 所示。

表 4－1　中国知网搜索相关统计(数据截至 2021 年 3 月 1 日)

单位:篇

搜索字段	“全文”搜索	“主题”搜索	“篇名”搜索	“关键词”搜索
独立音乐人	27,765	345	275	20
原创音乐人	14,811	87	8	0
独立厂牌	6731	74	73	5

① 张丰艳工作小组:《2019 中国音乐人生存状况报告》,载互联网数据资讯网 2019 年 11 月 11 日,https://www.199it.com/archives/964457.html。

续表

搜索字段	“全文”搜索	“主题”搜索	“篇名”搜索	“关键词”搜索
音乐人演出	24,640	15	1	0
音乐人生存	1581	41	1	0
音乐人发展	1550	41	0	0

基于对国内外相关研究成果的搜集与阅读，笔者将文献整理为独立音乐人的发展历程、独立音乐人的生存现状、独立音乐人的机构合作、独立音乐人的演出平台四个方面，并进行分析。

1. 与独立音乐人的发展历程有关的文献

杨素霞、董长洲、李杨撰写的《浅析我国流行音乐中独立音乐的发展》一文指出我国台湾地区独立音乐发展甚早，从 1970 年开始，在家中自弹自唱、在简陋环境自己录音的李双泽就称得上是我国台湾地区首位独立音乐人。20 世纪 80 年代中期水晶唱片公司举办“台北新音乐节”，掀起了独立音乐在我国台湾地区发展的第一次热潮。① 和一成在《抵抗与收编：独立音乐人的圈子与文化》中指出，中国独立音乐的发展源头可追溯至 20 世纪 80 年代，起源于“中国摇滚教父”崔健。随后，20 世纪 90 年代是摇滚乐的黄金发展期，出现了致力于推广中国摇滚乐的魔岩公司以及中国第一家独立厂牌——鸿钛音乐工作室。他还提出中国的独立音乐圈最早的发源地应该是北京海淀区的树村，当时很多的中国地下摇滚乐队都曾生活在那里。1997 年开始，各类厂牌开始逐渐出现，2008 年开始，互联网的快速发展使得独立音乐再次迎来黄金发展期。② 穆倩楠在《大陆独立音乐的传播策略及其批判》中提出，独立摇滚乐产生于 20 世纪 50 年代。随着盒式录音带的诞生，西方摇滚乐传入中国，喜爱摇滚乐的年轻人组建了最早的摇滚乐队，其中就包括由崔健等 7 个北京歌舞团演员组成的七合板乐队。③ 丁蕾在《国内独立音乐市场发展研究》中写道：“从 1997 年开始，国内的几个主要独立音乐公司发展起来，曾出现摩登天空公司、新蜂音乐和嚎叫唱片三足鼎立的局面。1997 ~ 2005 年，各种厂牌迅猛发展，主要分为大厂牌下的独立唱片及投资公司两类。自 2005 年，网络的不断发展使音乐更易传播，小众文化成为了一种流行。”④

结合上述文献，笔者理出中国独立音乐人的发展脉络，第一批独立音乐人的产生与西方摇滚乐传入有关，我国台湾地区产生得较早，可追溯到 20 世纪 70 年代，我国大陆则稍晚一些，始于 20 世纪 80 年代崔健的发声。20 世纪 90 年代独立音乐迅猛发展，出现了最早一批的唱片公司和厂牌，推出了窦唯、张楚、何勇等知名独立音乐人。21 世纪初期互联网技术及其应

① 杨素霞、董长洲、李杨：《浅析我国流行音乐中独立音乐的发展》，载《邢台学院学报》2016 年第 2 期。
② 和一成：《抵抗与收编：独立音乐人的圈子与文化》，云南大学 2019 年硕士学位论文，第 17 ~ 22 页。
③ 穆倩楠：《大陆独立音乐的传播策略及其批判》，上海师范大学 2018 年硕士学位论文，第 11 ~ 12 页。
④ 丁蕾：《国内独立音乐市场发展研究》，南京艺术学院 2015 年硕士学位论文。

用为独立音乐人提供了一个新的黄金发展期。

2. 与独立音乐人的生存现状有关的文献

近几年独立音乐人的生存环境得到了显著的改善，不少学者将本时期形容为独立音乐人的“井喷期”。吴慧娟、潘翊珣在《在线音乐平台对独立音乐人的推广发展之路》一文中提出，2014 年虾米音乐发布寻光计划标志着独立音乐的井喷时代开启，此后各大头部音乐平台纷纷推出独立音乐人扶持计划，对独立音乐人资源进行抢夺，独立音乐被推向了国内音乐市场的风暴中心。① 马晨裕认为：“当前我国音乐产业和自媒体蓬勃发展，各种选秀、综艺节目层出不穷，独立音乐人不断增加，独立音乐被越来越多的人所熟知。独立音乐作为一种新型、独特的音乐形式，对以往的主流音乐市场产生了一定的影响和冲击。随着独立音乐的不断发展、被认可，独立音乐人呈现出一种井喷式态势。”②

随着互联网、录音技术、制作技术的发展，独立音乐人有了更便捷的学习渠道与更多的技术选择。丹尼尔·A. 沃尔泽（Daniel A. Walzer）在《独立音乐制作：个性、技术和创新创业如何影响当代音乐产业实践》（*Independent Music Production：How Individuality，Technology and Creative Entrepreneurship Influence Contemporary Music Industry Practices*）中指出，当今制作音乐的软件是现成的，且存在大量的涵盖录制、发行和推广各个方面的教程。独立音乐人比以往任何时候都要有更多的选择，他们可以使用前瞻性的商业模式和经济实惠的技术来创造和传播他们的想法。③

当下虽是独立音乐人生存发展的大好时期，但仍存在原创音乐作品传唱度低、侵权事件频发等问题。艾瑞集团发布的《中国音乐产业发展研究报告——数字篇 2020 年》指出，现在我国原创音乐传唱度在海外与本土均较低，从在本土角度来看，我国民众受产业发展成熟度较高的欧美、日韩等国家音乐作品和音乐人影响较深远；同时，因版权问题、音乐人分成体系问题的尚待解决与完善，我国音乐人依靠音乐作品变现的能力不强，原创音乐作品创作量有待提升，进一步影响到原创作品的传唱能力。④ 西北政法大学郝静认为，独立音乐人的版权纠纷存在侵权的隐蔽性、侵权事实借由网络发起、维权成本高且周期长 3 个特征。⑤ 王忱提到区块链技术具有难以篡改、去中心化、安全高效等显著特点，将区块链技术应用于数字音乐版权的保护具有重要作用。采用区块链技术可有效降低版权登记、版权交易成本，可提升音乐创

---

① 吴慧娟、潘翊珣：《在线音乐平台对独立音乐人的推广发展之路》，载《福州大学学报（哲学社会科学版）》2020 年第 5 期。

② 马晨裕：《独立音乐人“井喷式”现象背后的思考》，载《牡丹》2019 年第 14 期。

③ Daniel A. Walzer, *Independent Music Production：How Individuality, Technology and Creative Entrepreneurship Influence Contemporary Music Industry Practices*, Creative Industries Journal (2017).

④ 《中国音乐产业发展研究报告——数字篇 2020 年》，载《艾瑞咨询系列研究报告》2020 年第 10 期。

⑤ 郝静：《独立音乐人的版权保护研究》，载孙红主编：《“何微新闻奖”优秀文选》第 2 辑，中国国际广播出版社 2019 年版。

作者在智能合约内容制定上的话语权,可有效固定证据,降低维权成本。[①] 马库斯·O' 戴尔(Marcus O'Dair)和祖莱克·比文(Zuleika Beaven)认为,区块链可以提高版权数据的准确性和可用性,促进版税的即时小额支付,并显著提高价值链的透明度。[②]

3. 与独立音乐人的机构合作有关的文献

独立音乐人可以与数字音乐平台、短视频平台合作。在数字音乐平台方面,艾瑞集团2019年发布的中国数字音乐产业研究报告指出,数字音乐平台已成为数字音乐产业链的中心枢纽,在歌曲的创作、版权、分发的3个阶段都扮演着重要角色。首先,在创作阶段,数字音乐平台担任起发掘、孵化音乐人的作用,如腾讯音乐人计划、网易云音乐"石头计划"等。其次,头部平台音乐正版率已经达到90%以上,并成为体量最大的音乐内容库;目前,数字音乐平台已经与音乐节/Live House、音乐综艺节目、影视综OST及其他在线音乐平台建立起了合作关系并产生了版权分发运作。[③] 雷恩、迈克尔(Raine、Michael)指出,独立音乐人可以主动与数字音乐平台的歌单创建者取得联系,若能将自己的新歌放入主题贴合的热门播放歌单中,将会取得良好的推广效果。[④] 在短视频平台方面,李玉洋在《快抖之火,一半是视频,另一半是音乐》中写道:"快手、抖音两大短视频平台手握的亿级日活用户击中了音乐人对流量的诉求,面对快抖强大的宣发能量,越来越多的唱片公司、歌手主动选择到短视频平台上进行新歌首发。2018年1月,抖音首次推出原创的抖音看见音乐计划,同年4月,快手正式发布快手音乐人计划。"[⑤]

独立音乐人可以与独立厂牌合作。陈岩在其硕士学位论文《中国独立音乐厂牌的品牌价值建构研究——以"摩登天空"为标本》中对独立厂牌进行了解释和分析,指出独立音乐厂牌区别于华纳、环球、索尼等主流音乐厂牌,普遍缺乏大量的资金支持,制作规模相对较小,不受刻板的商业市场运作模式过多的影响,表现出强烈的反主流态度。目前国内独立音乐厂牌数量众多,能力水平参差不齐,部分厂牌并不具有品牌效应,只是帮助独立音乐人制作发行、宣传的专业团队。[⑥] 罗伯特·斯特罗恩(Robert Strachan)在《小型独立唱片公司在英国》(*Micro-independent record labels in the UK*)中指出,小型独立厂牌认为过度商业化会对音乐的艺术性造成冲击,他们更注重自身的独立性,重视品牌的音乐风格。罗伯特·斯特拉坎(Robert Strachan)还认为,独立厂牌是重要的独立音乐生产阵地,独立厂牌的有限野心虽然阻

---

① 王忱:《区块链视角下数字音乐版权保护问题研究》,载《上海法学研究》2020年第2期。

② Marcus O'Dair & Zuleika Beaven, *The Networked Record Industry*: *How Blockchain Technology Could Transform the Record Industry*, Strategic Change(2017).

③ 《商业化的复兴:中国数字音乐产业研究报告2019年》,载《艾瑞咨询系列研究报告》2019年第4期。

④ Michael Raine, *Can Indie Artists Get on Spotify playlists*?, Canadian Musician(2017).

⑤ 李玉洋:《快抖之火,一半是视频,另一半是音乐》,载《IT时报》2020年5月1日,第7版。

⑥ 陈岩:《中国独立音乐厂牌的品牌价值建构研究——以"摩登天空"为标本》,浙江传媒学院2019年硕士学位论文,第2页。

碍了其取得巨大的收益,但是也使其规避了巨大失败的可能。[①]

4. 与独立音乐人的演出平台有关的文献

音乐酒吧、Live House、音乐节等都是独立音乐人的演出平台。河南大学艺术学院王思琦在文章中写道:“作为新的消费空间,酒吧、Live House及户外音乐节成为21世纪中国流行音乐发展的重要场域,既是具有小众意味流行音乐存在的主要文化空间,也是歌手及小众消费群体实现文化认同、身份认同的主要通道。”[②]江西财经大学熊琴对我国户外音乐节的现状进行了分析,认为户外音乐节是可供独立音乐输出的最大平台。迷笛音乐节以输出摇滚人才为主,草莓音乐节隶属于“摩登天空有限公司”,旗下各种音乐类型的独立音乐人皆有。[③]

综艺选秀已成为独立音乐人爆火的通道之一。黄启哲围绕音乐选秀为何打出“小众”牌的问题对知名乐评人孙孟晋进行了采访,孙孟晋指出,早在2013年《中国好声音》《中国好歌曲》等电视选秀的舞台上,就能看到一些非主流的音乐人身影。音乐人通过选秀所获得的收入远远超出单纯的创作和小型演出,这是一个快速消费的时代,电视节目、网络话题能为音乐人带来短时间集中的曝光和关注,但没有办法承担音乐人的后续发展,与产业是脱节的。说到底,大众注意的是选秀节目,而不是其中的音乐人和作品。[④] 而近些年《乐队的夏天》《明日之子乐团季》等爆火选秀综艺推翻了孙孟晋的观点,这些选秀使观众看到了独立音乐人及其作品,带火了一批独立音乐人,这些音乐人的热度并没有随着播出的结束而消逝。上海理工大学闫昭彤指出,《乐队的夏天》网综告一段落之后,其周边演出和产品仍在继续发挥余热,除给参赛乐队带来更多的曝光和影响力外,给整个音乐节市场都带来了很大的帮助。[⑤]

综上所述,现有文献对独立音乐人的发展历程存在共识,皆认为起源于20世纪80年代,且均指出存在两个黄金发展期。文献虽对20世纪90年代出现的第一个黄金发展期描述较完整,但是对21世纪初开始的第二个黄金发展期普遍缺乏界定和分析。关于独立音乐人生存现状的文献多认为独立音乐人正在“井喷式”成长,这得益于各平台对独立音乐人的大力支持以及互联网、录音制作技术的不断发展。而独立音乐人现阶段还面临着许多问题,相关文献多是研究版权问题,较少研究独立音乐人的收益问题以及独立音乐人原创作品的传播困境。独立音乐人的机构合作方面,有与数字音乐平台、短视频平台、独立厂牌合作等。现有文献缺少站在独立音乐人视角对数字音乐平台机会与资源的分析,独立音乐通过短视频平台推广已经是常见的做法,现有的论文也很少提及这一点。独立音乐人的演出平台有音乐酒吧、

---

① Robert Strachan, *Micro-independent Record Labels in the UK*, European Journal of Cultural Studies(2007).

② 王思琦:《选秀节目、酒吧、“Live House”及户外音乐节——新世纪中国内地流行音乐发展回顾之四》,载《歌唱艺术》2016年第1期。

③ 熊琴:《中国内地户外音乐节的现状、问题与对策——以迷笛、草莓音乐节为例》,江西财经大学2018年硕士学位论文,第13页。

④ 黄启哲:《音乐选秀为何打出“小众”牌》,载《文汇报》2015年1月29日,第12版。

⑤ 闫昭彤:《基于引爆点理论对〈乐队的夏天〉流行原因分析》,载《新媒体研究》2020年第1期。

Live House、音乐节、选秀等，其中现有文献对音乐节的分析最完整，对 Live House 和独立音乐人选秀的研究较少。

二、独立音乐人的发展历程与群体特征

（一）20 世纪独立音乐人的发展历程

1.20 世纪 80 年代——起源

我国独立音乐于 20 世纪 80 年代萌芽。改革开放后，中国的经济实力迅速增长，开放的政策及盒式录音带的普及使西方音乐文化得以传入，国内音乐人开始汲取西方音乐的养分，尝试用新颖的音乐体裁创作。20 世纪 80 年代初，小号乐手崔健受感于外来旅游者和学生从国外带入的录音带，开始学习吉他并尝试当众演出。1983 年年底，埃迪等 8 名来京外国人一同组建了“大陆乐队”，该乐队翻唱并创作摇滚歌曲，致力将最新的音乐带到中国。“大陆乐队”几年内举办了 200 多场演出，当时的演出被称为“party”，“party”吸引并启发了许多热爱音乐的年轻人，包括崔健、刘元等。该乐队还在原文化部的支持下，与中国爱乐乐团合作发行了中国最早的摇滚专辑，然而由于国人对新颖的摇滚乐缺乏了解，专辑被错误归类为当时正在流行的迪斯科音乐。同年 9 月，世界服装大师皮尔·卡丹（Pierre Cardin）在北京崇文门开了一家名为马克西姆的高档西餐厅，这家餐厅成为迷茫期摇滚人的世外桃源。餐厅的第一代经理、被称为“沙龙女王”的宋怀桂常免费请崔健、何勇、程琳等摇滚青年前去参加“party”，为我国摇滚的萌芽、发展助力。当时的摇滚圈流传着一句话——“摇滚并不接近人民，它只接近马克西姆”。

1984 年，崔健与北京歌舞团的其他 6 名乐手一同成立了我国首支仿照欧美国家乐队模式的流行乐队——七合板乐队，乐队名意为七人合一，互不分离。七合板乐队发布了中国乐队的第一张专辑，内含 12 首歌曲，其中周晓明、刘元作曲，刘元作词的《痛苦》以及崔健创作的《艰难行》和摇滚比较接近，但还不能被称为摇滚，其属于中国音乐对西方摇滚的初期探索。1984 年，我国还出现了第一支用电声乐器演奏现代流行音乐的乐队——不倒翁乐队，乐队由一帮文工团子弟在北京成立，王勇、严钢、李力、王迪、秦齐、孙国庆、丁武、李季等后来在摇滚界举足轻重的人物都曾是该乐队的成员。不倒翁乐队严格来说并不能被称为摇滚乐队，但却是唐朝、黑豹等知名摇滚乐队的“孵化器”。1986 年，25 岁的崔健写出了第一首摇滚歌曲《不是我不明白》，该歌曲突破性地采用了说唱的形式。接着，灵感迸发的他又创作了《从头再来》《新长征路上的摇滚》《一无所有》等在摇滚史上具有划时代意义的歌曲。同年 4 月，崔健和乐队带着两首原创歌曲参加孔雀杯全国民歌、通俗歌曲大奖赛，然而其超前的唱法并没有受到认可，首轮就惨遭淘汰。

1986年正值国际和平年,以此为背景,迈克尔·杰克逊(Michael Jackson)参与作词曲并与40多位美国歌手联合演唱了歌曲 *We are the world*,罗大佑参与作词曲并与港台地区群星共同演唱了《明天会更好》,两者均为公益而唱且反响不凡。

受和平年主题风潮所影响,我国文化部门首次破例支持举办了《让世界充满爱》百名歌星演唱会,这也是我国流行音乐史上第一次大型演唱会,打破了"三个流行歌手不能同台演出"的硬性规定,也打破了大众对流行音乐的偏见。在该演唱会快结束时,崔健上台唱响了他的原创独立音乐作品《一无所有》,引起了巨大轰动,这也标志独立音乐人正式走进了大众视野。

2.20世纪90年代——第一个黄金发展期

20世纪90年代是独立音乐人的第一个黄金发展期,大量带有"卡啦OK"的歌舞厅开业,带动了大批音乐人的产生;签约制、经纪人制出现,唱片公司大量发掘人才并与之签约,为歌手发行、宣传音乐作品提供帮助;中国音乐著作权协会成立并开始开展音乐著作权的集体管理,音乐产业结构初步形成。

(1)摇滚音乐人的发展

20世纪90年代初期,摇滚乐空前繁荣,摇滚"party"风靡一时,出现了呐喊、指南针、周易、城市等众多新生摇滚乐队。1990年2月,"1990现代音乐演唱会"在首都体育馆举办,后被媒体认为是中国首届摇滚音乐节。随着崔健获得了《北京青年报》《中国广播报》《北京广播电视报》《北京晚报》等主流报纸的宣传,并在1993年春季多次被中国国际广播电台进行专题宣传。1993年2月,ADO、唐朝、1989等6支摇滚乐队走出国门,到德国参加"93中国现代艺术节"并大获成功,向世界展示了富有强烈中国色彩的摇滚乐。同年3月1日,被称为中国摇滚乐黄埔军校的北京迷笛音乐学校成立,培养了大批独立音乐人才;3月26日,由北京10支知名摇滚乐队原创作品所组成的合集——《摇滚北京》面世,显示出了摇滚乐的新生力量。1997年起,陆续有怀揣着音乐梦想的摇滚乐手离开家乡来到迷笛音乐学校,并在学校附近的树村定居,他们自由地组乐队、玩音乐。树村在音乐鼎盛期容纳了超100支乐队,后来著名的木马、舌头、痛仰乐队等都是从树村一步步走出来的。1998年,摇滚乐又激起了一波新浪潮,新裤子、麦田守望者、超级市场等新兴乐队和唐朝、黑豹、崔健等已声名在外的音乐团体或音乐人都纷纷推出音乐作品。

(2)其他风格音乐人的发展

除摇滚外,民谣、说唱、爵士、New Age等其他音乐风格也开始发展了起来。1992年,艾敬发布专辑《我的1997》,掀起了城市民谣的新浪潮;1993年,李春波推出原创民谣作品《小芳》,发行量高达200万盒;1994年,大地唱片发行的《校园民谣Ⅰ》爆火,专辑里老狼演唱的歌曲《同桌的你》成为校园民谣的代表作。1990年,戴兵创作了其首支英文说唱歌曲 *RAP MAN*,并于1992年和天宝一起成立了中国第一支说唱组合——D. D. 节奏;1993年,说唱音乐开始流行了起来,相关歌曲登上了中央电视台(现为中央广播电视总台)春节联欢晚会以及中央电视台 35 周年文艺晚会；同年，中国唱片公司发行了《某某人——中国 RAP》磁带，收录了谢东、尹图图等演唱的 10 首说唱歌曲。1996 年，北京首家爵士乐俱乐部——CD cafe 开业。1997 年，音乐界开始探索新民乐、新民歌，即把欧美的流行音乐创作手法与中国传统民乐、民歌相结合，业界称这种风格为 New Age，代表作品有《苏武牧羊》《央金玛》等。

（3）独立音乐厂牌的产生发展

在该发展期，独立音乐厂牌也产生并迅速成长起来。20 世纪 90 年代初，由于看到了我国内地（大陆）音乐市场的发展可能性，一些我国港台地区资本来到内地（大陆），投资成立了一批独立音乐厂牌。1992 年，张培仁创立了我国台湾地区滚石唱片的子公司——魔岩唱片，主要经营北京的摇滚音乐，其签约的音乐人窦唯、张楚、何勇被一同称为“魔岩三杰”，作品风靡一时。1992 年年底，曾发掘 BEYOND、王菲、黑豹乐队的香港知名经纪人陈健添来到北京成立了红星生产社，签入了郑钧、许巍等大量摇滚音乐人，红星生产社同时也是张亚东、小柯等如今业内顶尖制作人的音乐之路始发地。

1993 年，郭传林创设了我国真正意义上的第一个独立音乐厂牌——鸿钛音乐工作室，该工作室主要负责黑豹乐队的音乐事务。随后，我国出现了王晓京成立的星碟文化、黄燎原成立的汉唐文化、崔健成立的东西文化、郭大炜成立的天蝎文化等独立音乐厂牌，这些早期厂牌获得了可观的市场回报，但尚未能形成品牌效应，听众大多只认音乐人而忽视其所在的厂牌。

1997 年 12 月，沈黎辉成立了摩登天空独立音乐厂牌，签下了中国第一支电子乐队——超级市场，并于 1998 年协助其推出了《模样》专辑，该专辑也是我国电子乐的开山之作。摩登天空协助摇滚乐队——新裤子乐队出版了首张专辑——《新裤子》，不久后该乐队成为中国另类摇滚分支风格——流行朋克的主力军。1998 年，红枫创办了独立厂牌新蜂音乐，旗下音乐团体有花儿、非鱼、水晶碟等摇滚乐队以及嘻哈组合功夫乐队等。1999 年，吕玻建立了独立摇滚乐厂牌嚎叫唱片，发行了张亚东制作的《瘦人 Ⅰ》专辑以及王迪制作的《无聊军队》。直至 2005 年，摩登天空、新蜂音乐、嚎叫唱片仍是三大“头部”独立音乐厂牌，它们“孵化”了大量优质独立音乐人，推出了大批独立音乐作品，而且打响了自身的品牌知名度。

（二）21 世纪独立音乐人的发展历程

21 世纪互联网时代来临，独立音乐发行逐步从线下转为了线上，数字音乐平台替代了唱片公司的部分职能，独立音乐人的第二个黄金发展期也随之到来。该发展期又可细分为 3 个阶段，依次为豆瓣音乐人领先阶段、虾米音乐人领先阶段和腾讯音乐人、网易音乐人领先阶段。

1. 2008 ~ 2013 年——豆瓣音乐人独占鳌头

20 世纪末，PC 互联网逐渐在国内普及，开始“走进寻常百姓家”。2005 年 7 月，豆瓣音乐上线，上线之初主要提供唱片数据服务，是很多乐迷分享与获取音乐信息的重要来源。2008

年,中国成为世界互联网网民的第一人口大国。2008 年 11 月,豆瓣音乐人上线,为音乐人提供了歌曲自主发布的渠道,为入驻的音乐人构建了音乐推广及粉丝运营的平台。音乐人不仅可以通过豆瓣音乐人社区发布音乐、照片及视频,还可以发布演出活动信息、广播及日记。音乐人粉丝可以回复音乐人的日记,也可以在音乐人页面留言板模块留言,还可以在论坛模块发布帖子。

2009 年 11 月,基于算法推荐的网络音乐播放产品——豆瓣 FM(豆瓣电台)上线。豆瓣 FM 的客户端仅提供"加心""下一首""不再收听"3 个按键,通过用户的操作行为识别用户的听歌喜好,并以庞大的用户数据为基础,为用户提供个性化曲目推荐。豆瓣 FM 没有搜歌、返回上一曲、快进快退功能,但登录其网页版可以看到喜欢、不再播放两个歌曲列表,点击列表的歌曲可以转到专辑信息界面,该界面还提供乐评、讨论、相似专辑推荐等功能。

2013 年 1 月,豆瓣 FM 推出了付费版本——豆瓣 FM Pro,定价为 10 元/月或 50 元/半年,付费用户可以听到更高音质的曲目,并享受没有广告的页面。然而由于国内用户尚未养成音乐付费习惯、移动支付技术还不成熟等,该版本的市场反应平平。瑕不掩瑜,豆瓣音乐人及豆瓣 FM 以其良好的先锋性、便捷性、社区性、交互性滋养出了一大批知名独立音乐人,代表人物有阿肆、陈粒、好妹妹乐队、马頔、万能青年旅店、花粥、邵夷贝、梁晓雪等。

豆瓣音乐人平台作为国内最早崛起的互联网音乐人平台,帮助音乐人实现了不靠唱片公司自主发布歌曲,并凭借互联网开放性、共享性、实时性的特点,使音乐人更好地触达听众,一大批独立音乐人得到发展。因而本案例研究将独立音乐人的第二个黄金发展期界定为 2008 年起,以豆瓣音乐人的建立为起始点。

2. 2013 ~ 2016 年——虾米音乐人首屈一指

虾米音乐的前身是由王皓等 5 名创始人于 2006 年牵头建立的音乐网站"EMUMO",网站名是"EARN MUSIC&MONEY"的简写,意在让音乐人可以赚到钱。尔后,"EMUMO"更名为了虾米网。当时我国尚未建立起音乐版权意识,虾米网采取了用户生产内容(UGC)模式,用户可以任意上传歌曲、编辑歌词及歌曲分类、完善音乐人资料及歌曲介绍,还可以创建个性歌单。在创始人对音乐分类、歌曲音质的细微把控以及用户的积极上传编辑下,虾米网极大地充实了自身曲库、获得了最精细的曲风分类且加强了用户黏性。虾米网还首创歌曲下载付费机制,研发虚拟货币"虾币",用于音乐产品的流通。虾米会统计用户的付费下载记录,并与歌曲版权方洽谈分成问题。开通付费下载的举措虽颇具前瞻性,然而用户先为盗版音乐付费,虾米再支付分成给正版版权方的流程无疑还是给虾米留下了巨大的版权后患。2010 年,周云蓬等 10 多位音乐人发布联名公告,矛头直指虾米音乐侵权上架独立音乐人作品的问题。购买歌曲版权需要大量的资金支持,2010 年虾米虽拉到了两轮融资,但仍是杯水车薪。同年,虾米电台网页版发布,2012 年,虾米电台安卓版上线。虾米电台算法跟豆瓣电台相似,但比豆瓣电台更精确。虾米音乐有大量用户创建歌单,所以将用户喜好把握得更精准;虾米电台的算法分类非常精细,后台对每个用户的音乐标签数量达到 30 多项,豆瓣电台仅有 4 ~5 项。[1]

2013 年,阿里巴巴收购了虾米网,同年 2 月虾米音乐 App 手机端上线。背靠大资本后,虾米音乐超越其他听歌软件,开始处于行业领先地位。同年 7 月,虾米音乐人平台上线,独立音乐人或独立厂牌可以在平台上对自有版权曲目进行自主定价,且前两年下载收入全归版权方,此举吸引了大批独立音乐人入驻虾米音乐。截至 2013 年 11 月 22 日,虾米音乐已有 350 多种音乐风格,最受追捧的音乐风格是流行摇滚、爵士民谣、电子乡村说唱;有超过 2000 万名注册用户,20 ~30 岁的年轻用户占 70% 以上。[2] 而当时参加《中国好声音》《快乐男声》《中国最强音》等大型音乐选秀节目的音乐人也纷纷入驻成为虾米音乐人,在站内收获了不少人气。2014 年 7 月,虾米启动了独立音乐人选拔计划——“寻光计划”,并同步推出了国内第一张互联网唱片——《寻光集》。该计划选出了西楼、程璧、鲸鱼马戏团、金玟岐、邱比等 13 位优质音乐人,虾米音乐协助这些独立音乐人发布专辑并为他们提供了流量扶持。2015 年,阿里巴巴宣布将虾米音乐和天天动听合并组成阿里音乐。2016 年,阿里音乐将重心放在了由天天动听改版的阿里星球上,虾米音乐在版权之战中逐渐不敌腾讯音乐。然而由于大量的用户流失,阿里星球在 2016 年年末便宣布停止音乐服务,随之虾米音乐也逐渐没落了。

虾米音乐始于情怀,有着顶尖的推荐算法、细致的歌曲派别分类,看重并大力支持独立音乐人和独立音乐厂牌,吸引了大批音乐人入驻,代表音乐人有李荣浩、陈粒、逃跑计划、程璧、鲸鱼马戏团、金玟岐等。

3. 2017 年至今——腾讯、网易音乐人平分秋色

(1)腾讯音乐人——版权优势

2016 年 7 月,QQ 音乐宣布与旗下有酷狗、酷我两大音乐平台的中国音乐集团合并数字音乐业务,组成了腾讯音乐娱乐集团(以下简称腾讯音乐)。三大平台合并之后,腾讯音乐的版权音乐在整体版权音乐中占比达到了 90% 以上。[3] 2017 年,腾讯音乐替代虾米音乐,成为“头部”音乐发行平台,该年 5 月,腾讯音乐与环球音乐达成独家版权合作,至此,腾讯音乐已将环球、索尼、华纳三大厂牌的独家版权收入囊中。

2017 年 7 月,腾讯音乐发布“腾讯音乐人计划”,宣布将整合 QQ 音乐、酷狗音乐、酷我音乐、全民 K 歌(腾讯旗下 K 歌软件)、酷狗直播、5Sing(酷狗旗下中国原创音乐基地)的各项资源,从歌曲发行、宣传推广、演出支持、作品收益、版权管理等方面全力支持原创音乐人的发展。2018 年 12 月,腾讯音乐在美国上市,上市首日市值达 228. 94 亿美元,占据国内超过 70%

---

① 纳豆烧酒:《2008—2021:虾米音乐编年史》,载搜狐网络 2021 年 2 月 4 日,https://www. sohu. com/a/448746833_260616。

② 虾米音乐:《虾米音乐粉丝群体数据大盘点　万万没想到　中国人最爱听摇滚》,载虾米音乐 2013 年 11 月 22 日,http://blog. sina. com. cn/s/blog_666d40c10101jbpc. html。

③ 《2016 年中国在线音乐行业研究报告》,载《艾瑞咨询系列研究报告》2016 年第 7 期。

的市场份额,成功登顶国内市场。①

腾讯音乐以其强大的资本力量搭建了其他平台难以逾越的版权壁垒,而其雄厚的资本实力和极高的市场份额也滋养了大批入驻的独立音乐人,腾讯音乐人的代表人物有陈雪凝、邓寓君、阿悠悠、山水组合等。

(2)网易音乐人——社区优势

网易云音乐诞生于2013年,并凭借其独特的社区化运营方式,以黑马之势迅速崛起。网易云音乐大力发展歌单功能,用户收藏或下载歌曲都必须将曲目纳入歌单之中,此举引导了用户自主创建歌单。网易云音乐还将歌单按照语种、场景、风格、情感、主题等进行了分类,便于用户查找、收藏、评论或分享歌单。网易云音乐提供导入原有手机通讯录、新浪微博、腾讯微博中人际信息的功能,也提供查找附近的人功能。用户既可以关注朋友和附近的人,也可以关注音乐人、歌单创建者,逐步打造自己在网易云音乐中的社交圈,而用户可以在App内"朋友"板块浏览、点赞或评论关注的人所发布的信息。网易云音乐还是国内最早在移动端提供乐评和评论点赞功能的音乐平台,用户将听歌时的情感共鸣发布在评论区,获得点赞较多的评论会被置顶,这些精彩而富有故事性的评论也成为网易云音乐浓墨重彩的一笔。2018年,网易云音乐增加了有音频直播和视频直播两大板块的LOOK直播;2019年,网易云音乐上线了"云村"板块,用户可以在"云村"编辑图片/视频、文案、音乐等并发布"MLOG"(音乐日志)。2020年,网易云音乐新增了播客、评论区抱抱、"一起听"以及"云圈"功能,用户可以通过播客自己制作广播节目并与网友们分享;可以在评论区用两根手指向屏幕中间滑动给评论发布人一个抱抱;可以邀请朋友一起同步听同样的歌;可以创建自己的兴趣小组,并在群内分享内容。

除社区优势外,网易云音乐还是中国规模最大的独立音乐人在线"孵化器",面向分众市场,供应去中心化音乐内容。网易音乐人的代表人物有木小雅、颜人中、葛东琪、张叶蕾、房东的猫、阿冗等。

(三)独立音乐人的群体特征

1. 性别、年龄结构

据网易云音乐报告,独立音乐人群体男性占比74%,女性占比26%(见图4-2)。从独立音乐人的年龄结构来看,25岁及以下占比71%,26~30岁占比15%,31岁及以上占比14%(见图4-3)。② 由此可见,独立音乐人群体以男性居多,且整体呈年轻化态势,30岁及以下音乐人占比高达86%。

---

① 任晓宁、曾路瑶:《腾讯音乐二次上市,虾米音乐黯然关停,音乐APP背后的十年变迁》,载青瞳视角2021年1月15日,https://baijiahao.baidu.com/s?id=1688924163802322055&wfr=spider&for=pc。

② 《网易云音乐:2020中国音乐人生存现状报告》,载互联网数据资讯网2020年11月7日,https://www.199it.com/archives/1148297.html。

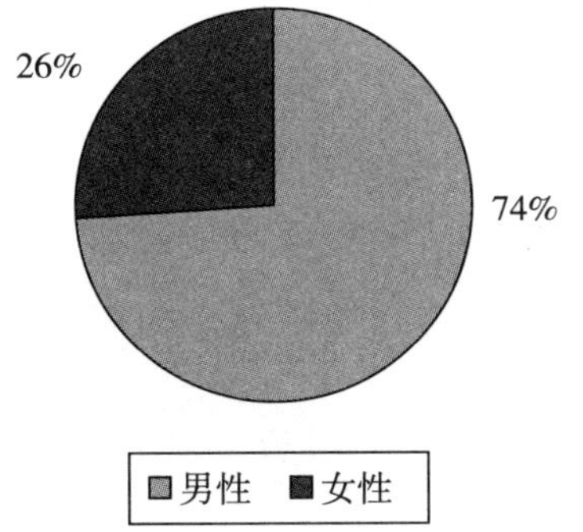

图4－2　独立音乐人性别结构

资料来源:《中国音乐人生存现状报告(2020)》。

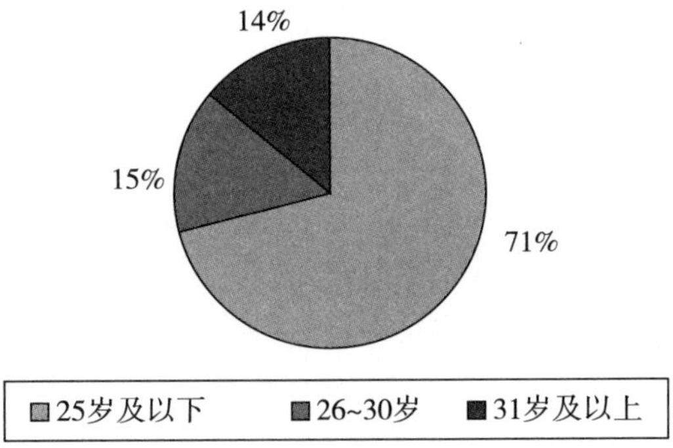

图4－3　独立音乐人年龄结构

资料来源:《中国音乐人生存现状报告(2020)》。

2. 地域、职业结构

截至2020年10月,从独立音乐人的所处地域结构来看,一线城市占比约13%,二线城市占比约37%,三线及以下城市占比约50%,其中,广东省是独立音乐人数量最多的省份(见图4－4);从独立音乐人的职业结构来看,学生占比66%,全职音乐人占比11%,兼职音乐人占比23%(见图4－5)。① 音乐录音、制作技术的简便化及互联网音乐的崛起使音乐创作、发布逐步突破了地域限制,因而虽大量音乐资源集中在一线城市,但二线及以下城市独立音乐人占比居多。过半独立音乐人还在读书阶段,只有极少数独立音乐人只以创作音乐作为营生,这也显示了独立音乐人的年轻化趋势及做音乐大多收入不佳的现状。

① 《网易云音乐:2020中国音乐人生存现状报告》,载互联网数据资讯网2020年11月7日,https://www.199it.com/archives/1148297.html。

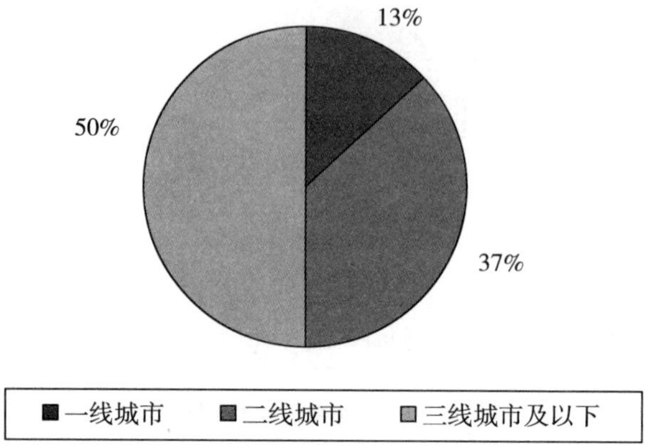

图 4 – 4　独立音乐人地域结构

资料来源:《中国音乐人生存现状报告(2020)》。

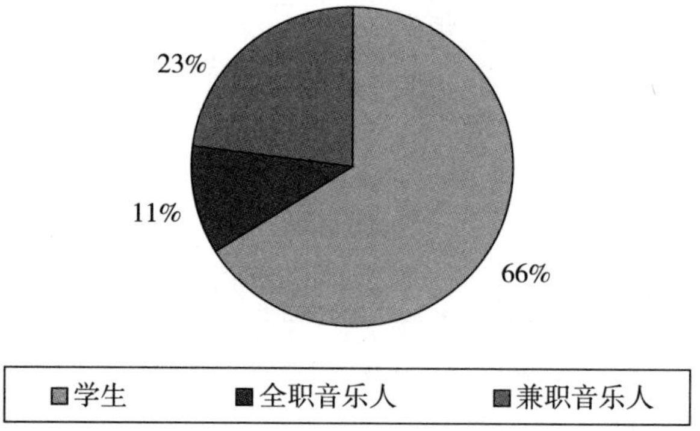

图 4 – 5　独立音乐人职业结构

资料来源:《中国音乐人生存现状报告(2020)》。

3. 技能及其来源结构

据统计,独立音乐人大多同时掌握多种技能,其中会演唱、作词、作曲的音乐人都超过60%,会录音、混音、后期、编曲、制作、乐器演奏的音乐人也比例不小。在独立音乐人的技能来源中,有53%通过线上学习,36%通过朋友或社团指导学习,16%通过专业学院学习,12%通过商业机构学习,4%通过私立音乐学校(见图 4 – 6)。[①] 可见,多数独立音乐人都比较全能,掌握的音乐技能较多,这也为其独立创作音乐作品提供了支撑。而网上音乐课程的出现与兴起也使更多音乐爱好者有了学习音乐技能的渠道,这也是独立音乐人人数大量增长的重要原因之一。

① 《网易云音乐:2020 中国音乐人生存现状报告》,载互联网数据资讯网 2020 年 11 月 7 日,https://www.199it.com/archives/1148297.html。

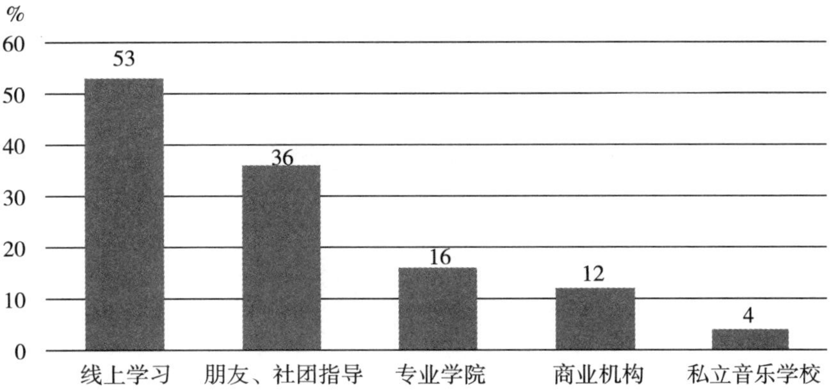

图 4－6 独立音乐人技能来源

资料来源:《中国音乐人生存现状报告(2020)》。

4. 收入及其来源结构

中国传媒大学张丰艳工作组发布的报告显示,音乐人的收入状况不容乐观(见图 4－7)。从音乐人收入来源结构看,制作(编曲、录音、混音)收入占比 17%,演出、直播收入各占比 16%,词曲收入占比 9%,录制演唱/演奏歌曲 demo、广告歌曲收入占比 9%,版税收入占比 7%,音乐教育收入占比 6%,无收入占比 18%(见图 4－8)。除学生外,近半数音乐人的音乐收入无法支撑基本生活需求,且 18% 的音乐人并无音乐收入,这体现了音乐人变现能力低的现实问题。①

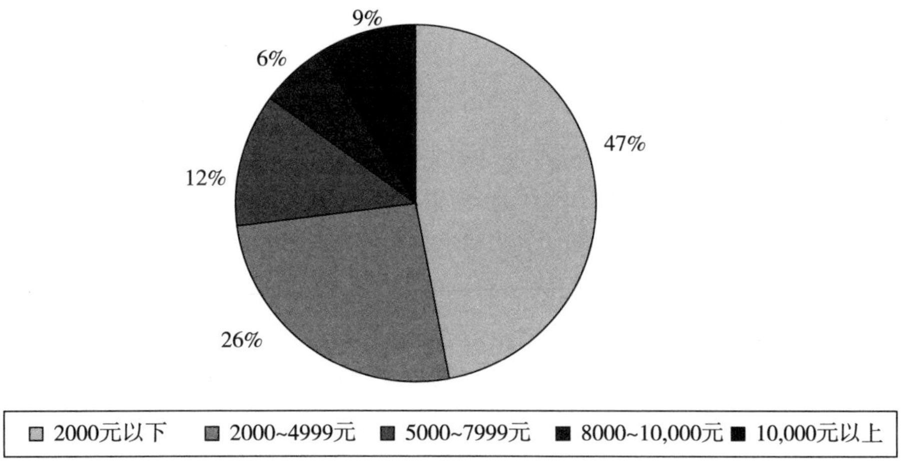

图 4－7 音乐人税前月收入

资料来源:《2019 中国音乐人生存状况报告》。

---

① 张丰艳工作小组:《2019 中国音乐人生存状况报告》,载互联网数据资讯网 2019 年 11 月 11 日,https://www.199it.com/archives/964457.html。

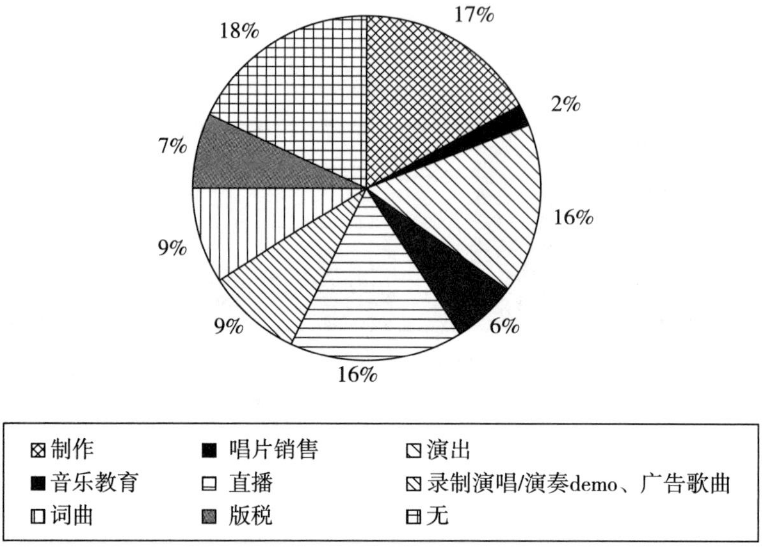

图 4－8　音乐人收入来源

资料来源:《2019 中国音乐人生存状况报告》。

三、基于扎根理论对独立音乐人生存困境的研究

(一)研究设计与访谈实施

1. 扎根理论

扎根理论(grounded theory)是一种定性研究策略,由斯特劳斯(A. L. Strauss)和格拉斯(B. G. Glaser)两位社会学者于 1967 年在专著《扎根理论的发现:质化研究策略》中提出,旨在经验资料的基础上,以"从下而上"的研究方式,通过不断地分析、比较、思辨,逐步归纳提炼出理论。两位首创者分别毕业于芝加哥大学和哥伦比亚大学,他们将两大学派研究模式的优点融会贯通,借鉴了定量研究的方法并将之用于扎根理论演绎归纳、理论生成的过程中,较好地解决了定性研究存在的理论性、严谨性不足问题。

研究者在运用扎根理论分析经验资料时,需要进行编码(code)并找出类属(category)。一个类属是指有共同特征,可以被归类为一起并共同命名的一组文本资料,又可细分为描述性类属和分析性类属。描述性类属是基于对同类文本资料进行简单描述而形成的类属,如文本资料——视觉、味觉、嗅觉可以被一同描述为类属——外部感觉。分析性类属则是对同类文本资料进行理解、分析后总结出来的类属,如文本资料——摔酒瓶、转身离开、大声关门可以被总结为类属——生气。编码,是指用词或短句来总结文本,编码过程(coding)是分析、识

别类属的过程，而描述性类属便是编码过程的初期成果。

斯特劳斯和格拉斯提出的扎根研究初始版本被称为经典扎根理论，该理论的编码步骤分为两步，即实质编码[包括开放编码(open coding)和选择编码]和理论编码，但是此版本的步骤描述不够清晰，研究者在执行时困难较大。1988 年，斯特劳斯与其学生科宾(Juliet Corbin)一同钻研出了步骤描述更加细致、编码过程更为系统的改良版扎根理论，该理论被称为程序化扎根理论。程序化扎根理论包含 3 个编码步骤，依次为开放编码、轴心编码和选择编码，由于其实用性较强，受到了较多研究者的青睐。20 世纪后期，后现代主义思潮兴起，建构主义扎根理论被孕育并发展了起来。建构主义扎根理论是由斯特劳斯和格拉斯的学生——卡麦兹(Charmaz, K)提出的，该版本的编码只有初始编码和聚焦编码两个步骤，旨在简化编码过程，激发研究人员的创造力。3 个版本的扎根理论各有千秋，经典扎根理论奠定了理论基石，程序化扎根理论明晰了研究步骤，建构主义扎根理论增强了灵活性，而笔者从中选择可操作性、严谨性较强的程序化扎根理论来作为本部分的研究方法。

①抽样方法

笔者在选择研究对象时，使用与扎根理论相适配的理论抽样(theoretical sampling)来作为抽样方法。理论抽样可以被定义成为生成理论而进行的资料收集过程，在这个过程中，研究者同步进行资料收集、编码和分析，并根据已有资料的分析结果来决定下一步应该从何处收集何种资料，以便不断完善理论架构。① 斯特劳斯和科宾将理论抽样细化为 3 个阶段，分别是开放性抽样、关系与差异性抽样和区别性抽样。开放性抽样多是在选择前期访谈对象时使用，依据既定的研究问题，选择能提供最丰富资料的人物来进行访谈。关系与差异性抽样是在前期资料分析结果的基础上，选取与理论类属相关联的人物来进行访谈，以发现更全面的次级类属。区别性抽样多用于研究后期，旨在继续完善类属以及识别类属间的联系。②

在开放性抽样阶段，笔者选择了既在持续进行独立音乐创作，又在互联网公司或中小厂牌从事音乐人签约、音乐生产、制作、推广工作的对象进行访谈，以获取更全面的音乐人生存环境、困境之资料。在关系与差异性抽样阶段，笔者访谈了经历困境较多的非头部独立音乐人，以发现更多次级类属。在区别性抽样阶段，笔者联系了与厂牌、公司、工作室有合作关系或是自行成立厂牌、公司、工作室的独立音乐人进行访谈，以完善类属并厘清类属间的关系。

②研究思路

本部分研究思路如下：首先进行文献阅读，熟悉扎根理论的研究流程并将本部分的研究内容定为独立音乐人的生存困境。而后运用理论抽样选定访谈对象，与之建立联系并进行深

---

① B. G. Glaser & A. L. Strauss, *The Discovery of Grounded Theory: Strategies for Qualitative Research*, Aldine Transaction, 2012.

② Strauss, Anselm & Juliet Corbin, *Basics of Qualitative Research: Grounded Theory Procedures and Techniques*, Sage Publications, 1990.

度访谈,获取文本资料后运用定性分析软件 NVivo 对其依次进行开放编码、轴心编码和选择编码。得出研究结论后进行理论饱和度检验,若未达到饱和则继续通过理论抽样与深度访谈来进行资料补充,重复三级编码过程并得出更完善的研究结论;若已达到饱和,则对研究结论进行阐释并结束研究(见图 4-9)。

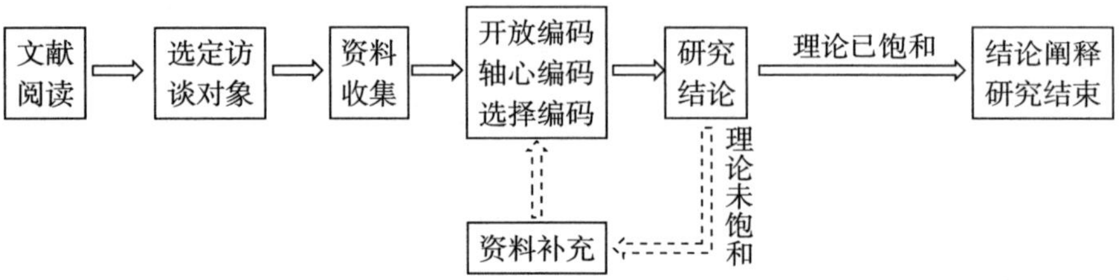

图 4-9　研究思路

资料来源:Pandit, *The Creation of Theory: A Recent Application of the Grounded Theory Method*, The Qualitative Report. Vol. 2. No. 4(1996)。

2. 访谈实施

(1)制定访谈提纲

本研究采取灵活、非正式的半结构式访谈,访谈提纲(如表 4-2)偏粗线条式,提问方式、顺序、时间、地点都据实际情况而定。

表 4-2　访谈提纲

序号	问题
1	性别、年龄、职业、所在地、音乐风格
2	成为独立音乐人的原因?
3	做音乐遇到过什么困境?
4	您对在音乐上获得的收入还满意吗?
5	您对在音乐上获得的成就感/认同感还满意吗?
6	您是如何克服遇到的困境的?
7	有无尝试跟互联网平台/唱片公司(厂牌)合作?
8	这些困境有影响您做音乐的意向吗?

(2)访谈过程

确定好访谈对象和访谈提纲后,自 2021 年 10 月至 2022 年 3 月,对 15 位独立音乐人进行了深度访谈,通过深入交谈独立音乐人的生存困境,探索其生存困境的发生过程和应对方式。本访谈采用线上和线下相结合、个人深度访谈和焦点小组访谈相结合的方式。访谈过程如下:首先,通过微信或电话与受访人联系,讲述访谈目的并约定访谈时间;其次,访谈中在保证不偏离研究内容的情况下,尽可能鼓励独立音乐人进行发散性回答,对细节进行适当追问;最后，访谈时在征求访谈人许可后进行全程录音，访谈结束后将录音转为文本资料，运用 NVivo 12 进行分析、编码。

(3)样本情况

访谈样本的性别、年龄、职业、所在地、音乐风格信息如表4－3样本情况。

表4－3　访谈样本信息

样本	性别	年龄/周岁	职业	所在地	音乐风格
1	男	23	音乐商务	北京	嘻哈/R&B
2	女	25	音乐商务	北京	国风
3	女	23	游戏音效设计师	北京	国风/二次元/电子/英文摇滚
4	男	21	音乐商务	北京	另类
5	男	23	学生	西安	轻音乐
6	男	22	学生	北京	民谣
7	女	22	学生	杭州	国风/古典/轻音乐
8	男	27	企业经理	北京	摇滚
9	女	20	学生	济南	民谣
10	男	29	教师	广州	摇滚
11	女	24	音乐人	深圳	在不停尝试中，没有固定
12	男	34	公务员	武汉	民谣
13	男	28	音乐人	北京	流行/国风
14	男	27	音乐制作人	重庆	民谣
15	女	23	编曲师	北京	灵魂乐/R&B/嘻哈

(二)研究过程

1. 开放编码

开放编码需要研究者悬置个人主观看法，对访谈获取的资料进行初步编码并发现类属、命名类属。笔者访谈后将录音整理成文本资料，并对其进行逐句编码，而后对编码进行分析，找出有研究意义的、概括性较强的类属，并给这些类属确定名称。最后，一共从文本资料中提取出18个类属[次类属(sub-category)]。本次开放编码过程还特别邀请了两位研究者进行监督，以保证客观性。表4－4节选了部分开放编码过程。

表 4－4　开放编码过程节选

文本资料	初步编码	类属
我最早能力体现在作词作曲上，然后在制作方面有知识上的空白，混音上我们是学低频、中频、高频段的，因此在这些专业能力上有一些欠缺	制作知识欠缺	知识匮乏
我认为没有得到足够的理解，大家会觉得你这个做音乐不知道是在干啥，尤其什么独立音乐人，所谓独立音乐人就是没有饭吃的音乐人，可能父母或者其他传统的观点就是这样	他人不理解	认可度低
我们最穷困的时候租了一个 40 平方米的公寓，四五个人住一块，吃挂面。最穷困的时候还包括在当地做第一场演出赔钱，然后赔的连生活费都没有	生活清贫、演出赔钱	物质困境
刚上大学的时候，我有过一阵植物神经紊乱，经常会莫名其妙地很难受，唱歌上不来气，所以中间大概有一年的时间没有写过歌	植物神经紊乱	精神因素
比如，一些纯正的嘻哈，他们是有自己嘻哈的地下圈子，但在国内最早的时候大家都不被认可，对吧？大家都觉得你在胡闹。然后，像我们做的那些纯音乐一类的，我觉得更没受众，到现在都没有受众	没有受众	受众较少
后来我们慢慢地了解这个行业之后，发现这个公司挺坑，就是坑我们的。我们现在的版税收入比之前跟他们签约的时候多非常多	版税分成过低	版权及版税问题
最早音乐传播可以有很多途径，包括广播、电视节目、综艺、实体的地推等。但是现在就不行，现在就短视频平台一条路	传播渠道狭窄、短视频	传播渠道狭窄
音乐公司也会用金钱来衡量作品，选择购买受众多、带来回报多、能成为爆款的歌曲	音乐公司资本导向	资本导向
大家都在音乐中找到了其他的东西，娱乐性也好，跟自己相关的一些东西也好，就没有办法审视作品本身	没法审视作品本身	独立审美缺失
机缘巧合之下和网易达成了合作，目前是歌曲版权买卖的合作，我不想签唱片约，因为还是想能对自己所唱所发的歌有主动权	与公司合作版权买卖	依托厂牌或公司
而且其实很多人对付费音乐很反感，觉得为什么听歌还要钱，但是歌是拿钱做出来的	反感付费音乐	付费意识不足
认真做的音乐没有人听，但为了吃饭得妥协着写千篇一律的情情爱爱的星星、大海、风这样惯用套路的市场歌曲，会开始质疑和讨厌自己做出来的作品	向市场妥协、自我质疑	屈服于主流审美
比如，像布鲁斯音乐，张岭在《中国好歌曲》上唱了一首叫《喝酒blues》的歌，这歌名一下子就把听众门槛降低了一半	降低听众门槛	听众培养

续表

文本资料	初步编码	类属
音乐治愈了我很多,后来我病好了之后希望自己做出来的音乐也能带给别人这些情绪	用音乐治愈	相互治愈
我最近也在和抖音方面的一些老师沟通,他们是想做一些偏内容的东西,就是不做那些所谓很"烂俗"的歌	发掘音乐内容	更重视音乐性
我们工作室其实也做了一些这样的尝试,像《沉沦与遐想》,它火的那段还是轻音乐,用的技巧叫作人声切片,这首歌能火成这样,运营人员功不可没,这算是一次成功的试探市场边界的尝试	运营人员功劳、试探市场边界	拓宽市场边界
为了能够有更多的钱来创作我喜欢的音乐,我还开了一家餐饮店	音乐创作、其他职业	发展其他职业
大学期间我在学校里认识了与我志同道合的学长,我们一起发歌并创建了厂牌	合作发歌、创建厂牌	打造个人/团体品牌

2. 轴心编码

轴心编码过程需要对开放编码中发掘出来的次类属进行进一步分析,识别出类属间的内在联结关系,将同类次类属一同归纳于主类属(overarching category)之中。轴心编码过程详见表4-5。

表4-5　轴心编码过程

序号	类属描述	次类属	主类属
1	独立音乐人的心理状态,如生活、情感、工作等上的压力情绪	精神因素	独立音乐人困境
2	独立音乐人赖以生存和发展的物质条件所面临的困境	物质困境	
3	愿意接收相关独立音乐信息的群体人数较少	受众较少	
4	音乐知识储备不足	知识匮乏	
5	音乐作品创作者对创作的作品依法享有的权利出现问题或音乐人对其他使用其知识产权的人所收取的费用出现问题	版权及版税问题	业态环境因素
6	独立音乐宣传推广的有效媒介少	传播渠道狭窄	
7	将本金或财产投资于预期收益最大化的音乐作品的现象	资本导向	
8	缺乏不受主流观点影响的、有自我判断的音乐鉴赏能力	独立审美缺失	听众因素
9	缺乏为音乐产品支付费用的认识	付费意识不足	
10	受众对独立音乐的认可程度不高	认可度低	

续表

序号	类属描述	次类属	主类属
11	独立音乐人迫于经济、社会压力而去生产多数人都能欣赏的音乐的行为	屈服于主流审美	独立音乐人反应
12	独立音乐人通过从事与独立音乐不相关的工作来赚钱的行为	发展其他职业	
13	为了提高群众的独立音乐审美能力而对群众进行培育的行为	听众培养	
14	独立音乐人之间通过音乐表达和情感支持来互相修复心灵创伤	相互治愈	
15	独立音乐人与厂牌/公司签约以获得发展	依托厂牌或公司	
16	独立音乐人通过运营平台账号、宣传推广、参加演出、成立工作室或厂牌等来提高知名度,打造个人或音乐团体的品牌	打造个人/团体品牌	
17	运营、商务、经纪、监制等音乐相关工作者增加对音乐作品质量的重视程度	更重视音乐性	相关工作者反应
18	运营、商务、经纪、监制等音乐相关工作者通过良好的制作或推广,将原本受众较少的音乐作品成功推向市场的行为	拓宽市场边界	

3. 选择编码

选择编码需要在轴心编码的基础上,对类属间的关系进行进一步探究,在主类属中找出一个核心类属,根据核心类属与其他主类属间的联结关系发掘典型关系结构,并用几句话组成的故事线(storyline)来对现象进行总体阐述,从而理出较明晰的路径关系并建立理论模型。本案例研究通过探析5个主类属和独立音乐人的生存困境之间的关系,最终将“独立音乐人困境”确定为核心类属。围绕核心类属的故事线可以概括为:业态环境因素和观众因素对独立音乐人困境有着显著影响,并会进一步引发独立音乐人和相关工作者的行为反应。主类属间的典型关系结构如表4-6所示,独立音乐人困境的影响因素及行为反应模型如图4-10所示。

表4-6 主类属的典型关系结构

典型类属关系	关系结构内涵	受访者代表性语句
业态环境因素→独立音乐人困境	版权、版税方面存在问题,传播渠道狭窄,资本导向等业态环境因素对独立音乐人的生存困境有着直接影响	现在很多“快餐音乐”只是想通过营销让更多没有审美的人听见,然后来平台冲流量。但是“快餐音乐”这种东西没有什么营养,流量过了之后什么都留不下
听众因素→独立音乐人困境	独立审美缺失、付费意识不足、认可度低等听众因素对独立音乐人的生存困境有着直接影响	现在人们最大的误区就是通过市场来判断音乐,这非常令人烦恼

续表

典型类属关系	关系结构内涵	受访者代表性语句
业态环境因素→听众因素	业态环境因素对听众因素具有直接影响	现在平台做的事儿就是听众喜欢什么就投放什么，听众很难接触到新鲜的东西
独立音乐人困境→独立音乐人反应	独立音乐人在面对困境时，为走出困境会作出行为反应	有些独立音乐人也会写一些偏流行的词曲卖给别人，可能一首就能拿到六七千元，然后用这些钱再去做自己真正想做却很难火起来的音乐
独立音乐人困境→相关工作者反应	了解独立音乐人困境的音乐相关工作者作出的行为反应	笔者在和抖音方面的一些老师沟通时了解到，他们也在做一些相应内容上的发掘，就是不做那些所谓很“烂俗”的歌，他们想做一些偏内容的东西。现在也有越来越多人认识到这个问题了

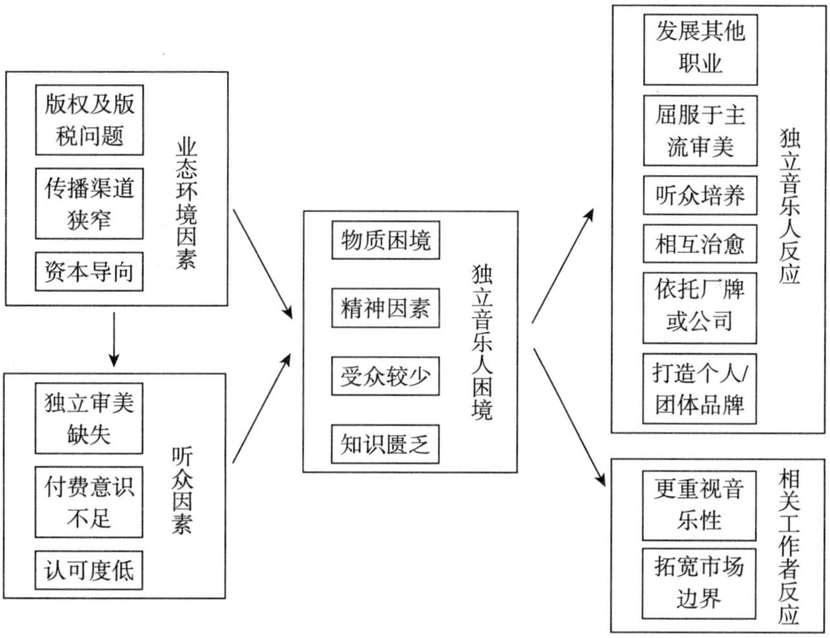

图4－10　独立音乐人困境的影响因素及行为反应模型

4. 理论饱和度检验

理论性饱和，是指研究者已经无法通过更多文本资料来发现新类属，这时便可以结束抽样。①笔者对第12个样本的文本资料进行三级编码后，发现理论模型已经基本完成了建构，之后又

① B. G. Glaser & A. L. Strauss, *The Discovery of Grounded Theory: Strategies for Qualitative Research*, Aldine Publishing Company, 1967.

用其他3份访谈资料对理论饱和度进行了检验,发现编码结果已经有所重复,未能发现新的类属,因而确定本研究已达到了理论饱和。

(三)模型阐释

1. 业态环境因素对独立音乐人困境的影响

目前,独立音乐的业态环境存在一些问题。音乐侵权事件频发且维权流程烦琐,音乐人版税存在分成偏低且结算较慢的情况。音乐推广过度依赖抖音、快手等短视频平台,比起高质量、有走心内容表达的音乐作品,哗众取宠、批量生产的"快餐音乐"反而更受市场青睐,"劣币驱逐良币"的现象普遍存在。音乐平台和唱片公司更看重音乐作品的商业性,以资本为导向,追求利润的最大化,作品的音乐性反而被放在了次要地位。而独立音乐人大多数生产的并不是迎合市场的主流音乐产品,其往往重视作品质量、用音乐来表达态度,部分独立音乐人对短视频营销有抗拒心理。现在的业态环境不利于独立音乐人的健康发展,导致相当一部分独立音乐人陷入困境之中。

2. 听众因素对独立音乐人困境的影响

我国的独立音乐发展时间并不长,自20世纪80年代起源至今,只有短短40余年。国外独立音乐发展历程久且速度快,国内的独立音乐人一直致力于缩小国内外的独立音乐发展差距,以迅猛之势在几十年内获得了极大发展,不仅创作了许多紧跟国际潮流的独立音乐作品,还生产出了众多与中国传统文化、本土音乐相结合的优秀作品。但国内部分听众的音乐审美还未能跟上独立音乐的进步速度,存在独立音乐审美缺失的现象。由于缺乏独立审美,许多听众对独立音乐持消极态度,对独立音乐人的认可度低,部分独立音乐人由于听众的不支持和否定而陷入精神困境。国内部分听众的音乐版权意识较为薄弱,对侵权行为不够敏感,许多听众习惯了免费听歌,没有音乐付费意识。这些听众因素都是导致独立音乐人陷入困境的重要因素。

3. 独立音乐人困境对其反应的影响

由于业态环境、听众因素的影响,独立音乐人可能出现收入不足以支撑创作和生活、精神状态失常、歌曲听众较少、音乐知识学习不够等问题,而其自身为走出困境,会作出相应的行为反应。由于收入低、音乐创作成本高等问题,许多独立音乐人选择发展其他职业,用其他职业赚取的金钱来支撑生活和进行音乐创作。也有部分独立音乐人选择向主流审美妥协,创作符合市场需求的歌曲来获取收益,再用收益来"反哺"独立音乐创作。对于受众较少的问题,有独立音乐人在尝试进行听众培养,以简单易懂的方式向听众普及独立音乐知识。依托厂牌或公司及打造个人/团体品牌也是不少独立音乐人面对困境时的反应。与厂牌、公司签约是独立音乐人增加发展机会的有效路径,然而现实中很多合同暗藏"霸王条款",部分独立音乐人既没能收获优质的资源,还反被合同所困。有不少音乐人选择开通并运营平台账号、参加演出、成立工作室或厂牌等，以打造个人/团体品牌。面对精神状态失常的困境，独立音乐人往往通过听打动内心的音乐或是到志同道合音乐人集群的地方疗伤，部分音乐人在精神状态恢复正常后尝试通过创作音乐来为更多人疗伤，音乐人间体现出了相互支持、相互治愈的特征。

4. 独立音乐人困境对相关工作者反应的影响

运营、商务、经纪、监制等音乐相关工作者对独立音乐的业态环境有一定的了解，对独立音乐人的生存困境有一定察觉，他们之中的部分人也在尝试给予优质独立音乐作品更多机会。好的作品流传下来能成为经典，而只图流量、不图质量的作品在热度过后便失去了价值。音乐相关工作者面对着以"爆款"为衡量标准的市场、工作环境，但不少人在冲业绩的同时，尽量将资源给到有音乐性的、有内容表达的、质量高的音乐作品。也有些音乐相关工作者冒着不被市场认可的风险，用大量资金来推广小众风格的音乐作品，不断地试探市场接受度，逐步拓宽市场的边界。

5. 基于模型的独立音乐人发展路径思索

独立音乐人困境的影响因素及行为反应模型反映了由于业态环境、听众等因素，独立音乐人面临陷入物质及精神困境、独立音乐作品受众较少、知识匮乏的问题，而其也作出了相关反应。其中，发展其他职业、屈服于主流审美多为无奈、妥协之举措，听众培养是个漫长的过程，相互治愈仅能缓解精神困境，这些反应都无法较有效地助力独立音乐人的音乐事业发展。而依托厂牌或公司、打造个人/团体品牌之反应则大有可为，厂牌或公司有许多有利资源可以帮助独立音乐人走出困境、获得发展，品牌的打造可以使独立音乐人提高知名度、获取更多音乐收入。依托厂牌或公司的选择有与数字音乐平台、短视频平台、中小厂牌合作等，打造品牌的方式有运营平台账号、成立工作室或厂牌、参加演出等，后文则主要围绕这些发展路径为独立音乐人提供脱离生存困境的思路。

四、独立音乐人依托数字音乐平台的发展路径

20世纪末21世纪初，国内涌现出了九天音乐网等最早一批数字音乐网站，之后豆瓣音乐、虾米音乐使一大批早期独立音乐人得到发展。但如今豆瓣音乐风光不再，虾米音乐告别市场，腾讯音乐和网易云音乐发展势头强劲，在独立音乐人的发掘培育上更是分庭抗礼。对于没有主流唱片公司为其仔细规划、宣推唱片的独立音乐人来说，在数字音乐平台自主发歌极具便利性，而平台推出的扶持计划也有一定吸引力。然而，繁多的合约种类、难懂的协议条款、复杂的选拔流程等常令独立音乐人感到困扰。本部分便是针对这些"痛点"，对现下发展最好、可提供资源最多的两个音乐平台——腾讯音乐与网易云音乐进行分析，力求为独立音

乐人厘清依托数字音乐平台发展的路径。

(一)平台对比

1. 经济实力

腾讯音乐于 2018 年 12 月 12 日在美国上市,截至 2022 年 4 月 27 日收盘,其市值为 67.87 亿美元(约为人民币 447 亿元)。据腾讯音乐 2021 全年财务业绩报告,该年度腾讯音乐总营收达 312.4 亿元,毛利率为 30.1%;在线音乐服务(订阅服务和广告服务)营收为 114.7 亿元,同比增长 22.7%;社交娱乐服务(线上 K 歌和音频直播服务等)营收为 197.8 亿元,同比微降 0.1%。[①]

网易云音乐于 2021 年 12 月 2 日在我国香港特别行政区上市,截至 2021 年 4 月 27 日收盘,其市值为 132.55 亿港元(约为人民币 110.73 亿元)。据网易云音乐 2021 全年业绩公告,2021 年网易云音乐收入达 69.98 亿元,毛利率为 2%;在线音乐服务营收 32.9 亿元,同比增长 25.4%;社交娱乐服务及其他营收 37 亿元,同比增长 63.1%。[②]

从市值上看,腾讯音乐的市值约为网易云音乐的 4 倍;从 2021 全年业绩来看,腾讯音乐总营收、毛利率、在线音乐及社交娱乐服务营收均远高于网易云音乐,可见腾讯音乐的经济实力更强。

2. 用户画像

(1)用户数量

2021 年第三季度腾讯音乐在线音乐服务月活跃用户有 6.36 亿人,在线音乐付费用户有 7120 万人,付费率约为 11.2%;社交娱乐服务月活跃用户有 2.05 亿人。[③]

2021 年前半年网易云音乐在线音乐服务月活跃用户人数有 1.85 亿人,月付费用户数有 2610 万人,付费率约为 14.1%;社交娱乐服务月活跃用户有 1910 万人,月付费用户数为 49.6 万人。[④]

从在线音乐服务和社交娱乐服务的月活跃用户数与付费用户数来看,腾讯音乐都占绝对优势。

---

① 《腾讯音乐娱乐集团公布 2021 年第四季度及全年未经审计的财务业绩》,载腾讯音乐娱乐集团官网,https://ir.tencentmusic.com/2022-03-21-Tencent-Music-Entertainment-Group-Announces-Fourth-Quarter-and-Full-Year-2021-Unaudited-Financial-Results。

② 《雲音樂股份有限公司截至 2021 年 12 月 31 日止年度的年度業績公告》,载披露易 2022 年 3 月 21 日,https://www1.hkexnews.hk/search/titlesearch.xhtml。

③ 《腾讯音乐娱乐集团公布 2021 年第三季度未经审计的财务业绩》,载腾讯音乐娱乐集团官网,https://ir.tencentmusic.com/2021-11-08-Tencent-Music-Entertainment-Group-Announces-Third-Quarter-2021-Unaudited-Financial-Results。

④ 《雲音樂股份有限公司的聆訊後資料集》,载披露易 2021 年 11 月 16 日,https://www1.hkexnews.hk/listedco/listconews/sehk/2021/1202/sehk21111600887_c.pdf。

(2)用户年龄

据移动互联网商业智能服务商 Quest Mobile 统计,2020 年 12 月不同年龄代际用户在腾讯音乐、网易云音乐的活跃渗透率及活跃渗透率 TGI① 见表 4－7。

从表 4－7 可得,腾讯音乐旗下三大音乐平台的年龄段渗透各不一样,QQ 音乐的受众偏年轻化,从“00 后”到“70 后”活跃渗透率逐步递减;酷狗音乐在各年龄层活跃用户中渗透率都较高,在“90 后”“80 后”“70 后”活跃群体中渗透率位居第一;酷我音乐总体活跃渗透率不高,“90 后”“70 后”活跃用户相对较多。

表 4－7 活跃渗透率及活跃渗透率 TGI

音乐平台		“00 后”		“90 后”		“80 后”		“70 后”	
		活跃渗透率/%	TGI	活跃渗透率/%	TGI	活跃渗透率/%	TGI	活跃渗透率/%	TGI
腾讯音乐	QQ 音乐	24.9	149	19.7	118	14.0	83	12.0	71
	酷狗音乐	24.4	115	22.8	108	21.3	101	17.1	81
	酷我音乐	12.7	87	16.0	109	14.2	97	14.9	102
网易云音乐		25.9	198	17.5	134	7.4	57	7.3	56

资料来源:Quest Mobile。

网易云音乐虽对“80 后”“70 后”用户的渗透率远不及腾讯音乐,但从“00 后”“90 后”群体的高活跃渗透率 TGI 中可以看出,其将目标市场精准定位在了年轻人群体。从活跃渗透率来看,网易云音乐是“00 后”活跃用户渗透率最高的平台,且对“90 后”活跃用户的渗透度也较可观。根据第三方行业研究与分析机构——CIC 灼识咨询调查,截至 2021 年 6 月 30 日,网易云音乐在线音乐服务月活跃用户数中 1990 年后出生的用户占比高达 90% 以上。②

(3)业务倾向

腾讯音乐以互相持股的方式与环球、华纳、索尼三大唱片公司建立了深度合作,一度获取三大公司的独家版权代理资格。而随着国家监管的介入,腾讯音乐的独家音乐版权被勒令解除,三大唱片版权形成的天然竞争壁垒逐渐被击破,腾讯音乐对独立音乐人的重视程度也随之越来越高。

网易云音乐由于在三大主流唱片公司音乐版权的获取中不敌腾讯音乐,因而另辟蹊径通过扶持独立音乐人开拓了差异化市场,是中国最大的独立音乐人在线“孵化器”。独立音乐人

① 活跃渗透率 = 某目标人群启动某个 App 媒介的月活跃用户数 ÷ 该目标人群的月活跃用户数;活跃渗透率 TGI = 目标人群中某个 App 媒介的月活跃渗透率 ÷ 全网中该 App 媒介的月活跃渗透率 ×100。

② 《雲音樂股份有限公司的聆訊後資料集》,载披露易 2021 年 11 月 16 日,https://www1.hkexnews.hk/listedco/listconews/sehk/2021/1202/sehk21111600887_c.pdf。

已成为网易云音乐平台上社区参与和内容创作的重要支柱，网易云音乐将其视为未来音乐产业的核心资源，持续增加扶持力度。

（二）与平台签约

1. 腾讯音乐签约

腾讯音乐提供 3 种签约模式，即独家签约、非独家签约与独家音乐人签约。2021 年年初，国家市场监督管理总局就涉嫌垄断问题对腾讯立案调查，确认事实后于该年 7 月发布行政处罚决定书，责令腾讯及其关联公司不得与上游版权方达成或变相达成独家版权协议①或其他排他性协议，独立音乐人②和新歌首发的独家合作除外。此次行政处罚还明确规定，与独立音乐人的独家合作期限不得超过 3 年，与新歌首发的独家合作期限不得超过 30 日。③ 可以预见，失去其他独家版权的腾讯及其关联公司将更加重视此类独立音乐人，将发掘更多的独立音乐人并与之签署 3 年内的独家合作协议，以再次形成版权差异化优势。合作期限不得超过 3 年的规定则可以更好地保护独立音乐人将原创作品的版权掌握在自己手中。3 种签约模式的签约权益见表 4 – 8。

表 4 – 8　腾讯音乐签约权益

	非独家签约权益	独家签约权益	独家音乐人签约权益
可获得收入	歌曲收入 × 50%	歌曲收入 × 100%	歌曲收入 × 100%
每首歌播放量扶持	1000 音贝	3000 音贝、3000 酷豆	3000 音贝、6000 酷豆
推广资源	歌单、公众号、微博推荐机会；唱片推广、新歌投放机会	歌单、公众号、微博推荐机会；唱片推广、新歌投放、全员推广机会	歌单、公众号、微博推荐机会；唱片推广、新歌投放、全员推广机会
演出、发行资源	无	《月亮沙龙》论坛参与、原力 Live House 演出、演出赞助机会、实体唱片发行	《月亮沙龙》论坛参与、原力 Live House 演出、演出赞助机会、实体唱片发行
维权服务	无	全网翻唱维权	全网翻唱维权

① 独家版权协议的版权范围包括所有音乐作品及录音制品的信息网络传播权。

② 国市监处〔2021〕67 号行政处罚决定书中，将独立音乐人界定为音乐作品或录音制品的原始权利人，并以个人名义与音乐平台进行版权授权，且从未与任何唱片公司或经纪公司签订协议的自然人。

③ 国家市场监督管理总局行政处罚决定书（国市监处〔2021〕67 号）。

续表

	非独家签约权益	独家签约权益	独家音乐人签约权益
其他	无	无	Q 音原创激励（流量加持）、独家专访机会、歌曲入选原力合辑机会

资料来源：腾讯音乐人平台官网。

从签约权益上看，独家音乐人签约权益最大，独家签约次之，非独家签约最小。然而权益越大相对应的限制也越多，独家音乐人签约期间音乐人的所有发行歌曲都只能在该平台独家发布；独家签约歌曲无法发布于其他音乐平台；非独家签约则限制最少，歌曲可以自由发布于各大平台。

歌曲收入包括会员、单曲订购、广告、乐币、K 歌和直播收入，非独家签约可获得 50% 歌曲收入，其他两种签约模式则可获得 100% 歌曲收入，需注意此处的歌曲收入实则是指扣除了 20% 平台运营费用之后的收入。

播放量扶持主要通过发放 QQ 音乐的虚拟货币音贝和酷狗音乐的虚拟货币酷豆来实现，非独家签约奖励 1000 音贝，独家签约奖励 3000 音贝、3000 酷豆，独家音乐人签约奖励 3000 音贝、6000 酷豆。以 QQ 音乐的音贝为例，其音乐人权益兑换机制与音乐人指数挂钩，音乐人指数为 100 分制，指数以作品数量、听歌行为、粉丝数据、音乐人活跃度四大因素为衡量标准，指数越高的音乐人可用音贝兑换的平台资源越多，具体音贝的音乐推广兑换标准如表 4－9 所示。

表 4－9　QQ 音乐云贝兑换音乐推广权益标准

<table>
<tr><th rowspan="2">音乐人指数</th><th colspan="5">音乐推广权益兑换</th></tr>
<tr><th>每日可兑换作品推广上限（1 音贝 ＝1 推广）</th><th>粉丝推送（1 音贝 ＝1 粉丝）</th><th>客户端焦点图（15 万音贝起）</th><th>网页端焦点图（8 万音贝）</th><th>官方微博焦点图（8 万音贝）</th></tr>
<tr><td>0＜　＜15</td><td>3000</td><td rowspan="5">均可使用</td><td>无法使用</td><td>无法使用</td><td>无法使用</td></tr>
<tr><td>15≤　＜50</td><td>7000</td><td rowspan="4">1 次/天</td><td rowspan="4">1 次/天</td><td rowspan="4">1 次/天</td></tr>
<tr><td>50≤　＜65</td><td>12，000</td></tr>
<tr><td>65≤　＜80</td><td>14，000</td></tr>
<tr><td>80≤　＜100＋</td><td>16，000</td></tr>
</table>

资料来源：QQ 音乐开放平台官网。

从表 4－9 不难看出，焦点图兑换所需的音贝数极高，腾讯音乐 3 种可签署合约奖励的音贝数都难以兑换到该权益，且指数低于 15 的音乐人没有兑换资格。音乐人指数与每日可兑换作品推广上限呈正相关,1 音贝可兑换 1 推广。

如表 4－8 所示,推广、演出、发行资源以及其他权益都只是有机会可以获取,平台在这些资源发放时会考量音乐人指数、作品质量等其他因素,因而音乐人不必在没有把握的时候为了这些资源而签约独家协议。

2. 网易云音乐签约

从音乐人协议来看,有独家和非独家之分,独家音乐人的作品只能在网易云音乐发布;非独家音乐人作品则可在多平台发行。音乐人选择签署独家协议可以取得更多云豆、广告分成、推广流量、定向私信使用次数等。

从音乐作品授权协议来看,网易云音乐将作品分为买断、自制、独家、非独家几个类别,买断意味着平台以商定价格购买音乐作品在全球范围内的全部著作权财产权;自制,是指平台采买优质词曲,依据词曲风格匹配给合适的音乐人演唱,将作品交予第三方制作,并向各方支付相对应的费用。买断、自制、独家音乐作品都在网易云音乐独家发布,买断和自制作品版权归网易云音乐所有,独家作品版权由网易云音乐代理,而以上 3 种都比非独家歌曲更有可能获取平台的资源扶持。

网易云音乐设置了用以衡量音乐人商业价值的指数规范,指数分最高为 999,分数根据作品播放量、用户听歌行为、粉丝质量、音乐人社区活跃度 4 项标准来综合评定。音乐人指数越高,可获取的推广权益越多,具体关联见表 4－10。

表 4－10　网易音乐人指数对应推广权益

指数平均分	推广权益	指数平均分	推广权益
0～349	权威榜单推荐、主创说、视频推歌	685～779	线上栏目专访、站内官号推荐、参与线下演出
350～609	动态优先特权、明星音乐人推荐、官方歌单收录、参与云豆现场、站内官号推荐	780 及以上	焦点图推荐、云音乐微博推荐、热搜词推荐、原创音乐沙龙
610～684	制作资源支持、个性化推荐、官方微博微信推荐		

3. 签约建议

(1)独家与非独家

独立音乐人在与平台签约时,应从多方面进行考虑。首要的是审慎考虑是否签约独家,无论是独家音乐人协议还是独家音乐作品协议,一旦成功签订了则在合约期间内都是排他的、难以解除的,且在单一平台发布不利于作品广泛触达听众。由于优质资源稀缺、短视频宣推成本较高,因而独立音乐人签订独家协议也无法保证能够获取平台的更多宣推资源,平台的优质资源往往向高商业价值或高发展潜力的音乐人倾斜。如果音乐人或音乐作品已经被平台看重,且平台承诺给予的资源较可观,则音乐人可以签订独家协议,若非如此,签订非独家协议更稳妥。

(2)选择平台

如果决定与平台签非独家合约,则可以实现歌曲的多平台发布;如果决定签独家合约,则需要考虑选择哪个平台更合适。若与某一平台的商务已经建立了联系并商谈好了相关条件,则可以选择与该平台独家合作。若未能与平台商务接触又想签订独家合约,则可以通过平台的经济实力、用户画像和业务倾向来综合考量。

(3)付费条款

音乐人还需要注意平台签署协议的付费以及税务相关条款。平台付费方式有固定费用、只分成、预付加分成可抵扣以及固定费用加分成。固定费用即平台以商定的固定金额支付给音乐人以获取作品授权,合同生效期间内平台通过已获授权作品取得的收益不再分给音乐人。只分成即平台仅将音乐作品收益以协议中签订的比例给音乐人分成,而不预先支付费用。预付加分成可抵扣即平台先给音乐人支付一定金额的预付款,之后与音乐人结算的作品分成收益会减去预付金部分。固定费用加分成对音乐人来说最有利,签订该类协议的音乐人既可以获取平台预先支付的固定金额,又可以收到不扣除预付金额的完整音乐作品收益分成。以网易云音乐为例,合作音乐人可获取的分成比例多为词曲各4%、演唱10%,若是有完整录音/录像制作者权、表演者权及词曲著作权的授权作品,则分成比例一般为30%。

看税务条款需要注意平台承诺支付的固定费用或预付金是税前金额还是税后金额,两者的实际转账金额差距不小。如果是以自然人信息与平台签约则平台会代缴个人所得税,如与平台签约金额为税前3000元,扣除个人所得税后实际转账金额为2579.57元(2021年3月19日计算所得);如果签约金额为税后3000元,则实际转账金额为3000元,平台会自行计算并承担税金。如果是以公司信息与平台签约,则须向平台提供相关发票,税点以国家政策为准,可以根据税点自行计算缴税金额并衡量与平台签订税前还是税后金额合约。

(三)参加音乐人扶持计划

为了吸引更多的独立音乐人入驻并签约,腾讯、网易云等音乐平台纷纷推出了许多音乐人扶持计划。而独立音乐人可以通过平台微信公众号、官方微博、网页链接等来实时关注扶持计划的推出和详情,2021年腾讯音乐、网易云音乐推出的部分扶持计划见表4-11、表4-12。

表 4-11　2021 腾讯音乐人扶持计划(部分)

平台	名称	类别	计划介绍
腾讯音乐	亿元激励计划 3.0	独家签约激励	独家单曲年收入 20 万元以内分成 100%;独家音乐人年收入 100 万元以内分成 100%;签约一首歌最高可换 12000 播放量
	广告计划	广告收入激励	加入计划歌曲播放页展示广告;广告收入分成,独家歌曲分成 100%、非独家歌曲分成 50%、机构签约歌曲分成 50%
	原力舞台计划	原创歌曲大赛	8~12 月每周末一次现场竞演;流量扶持;内容合作;赢取腾讯音乐娱乐盛典表演机会
	伯乐计划		丰厚奖金、永久分成;知名音乐人演唱;顶级制作人打造;三平台联合助推;词曲创作营(音乐课程等)
	脉冲计划		9 月起每月月初开始征集,27 日出合集;百万级定向歌单推广、千万级站内曝光、定制化专题首页推广、银河计划宣推资源;S 级项目原力舞台演出扶持计划优先直通机会
	长陆海风		文化和旅游部主办;征集 2021 年中国—东盟文化旅游活动周主题歌曲;文化旅游周全方位推广;顶级宣推资源扶持;合辑制作
	造乐计划		与梅赛德斯-奔驰携手打造;命题创作;激励奖金;演出机会;歌单收录;品牌加持顶级推广资源;与大咖共同发歌
	野蛮声长计划		2021 年新发原创歌曲;专属流量激励;萌芽音乐梦想基金
QQ 音乐	银河计划	音乐人激励	千亿流量扶持;亿元资金激励;跨领域立体造星;成长机制(银河计划创作者—银河之星—S 制造音乐人),资源逐级递增;创作保障
	粤唱粤响亮	原创词大赛	从既定歌单中选一首歌创作粤语歌词;全民 K 歌粤语唱将集结;启韵传媒厂牌重置歌曲;奖金;QQ 音乐银河计划 × 全民 K 歌 × 启韵传媒联合宣发
	你好,大学声	原创歌曲大赛	签约自制唱片合作且歌曲月累计播放量达 10,000 次的在校大学生可报名参加;奖金;校园词曲创作营;大学生宿舍音乐节;发新歌;巡演;赛事;音乐会;流量加速权益
	国风集 + 星声计划		顶尖制作团队助阵;千万级流量加持,专属宣发企划;影视/游戏/文学 IP 跨界联动;线下主题嘉年华
	12 号唱片		QQ 音乐、快手双平台千亿曝光资源;乐坛实力唱将助阵;金牌制作人背书;线下 Live 演出机会;奖金
	原创音乐共振计划		最高 10 万元梦想奖金;QQ 音乐、微信视频号双平台亿级流量扶持,明星制作人造势;提供音乐制作、传播课程培训
	说唱新航线		在百首免费 Beats 基础上创作;奖金;与 A1 TRIP 厂牌签约合作机会;千万级站内曝光;定制化专题首页推广

续表

平台	名称	类别	计划介绍
酷狗音乐	星曜计划	音乐人激励	挑选潜力音乐人及作品;定制歌曲;推广资源;演出机会;进修游学
	国潮音乐季	原创歌曲大赛	新潮国风音乐;一线卫视 S 级综艺参演推荐;主题音乐专辑量身定制;线下演出机会及奖金;品牌合作/影视剧 OST 演唱机会;宣传资源;音乐节门票
	青春中国衢州有礼		与衢州市委宣传部联合推出;大咖导师指导;采风创作;专业团队打造歌曲;奖金
酷我音乐	乐动计划	音乐人激励	曝光资源;播放扶植;歌曲录制;落地活动

资料来源:腾讯音乐相关公众号。

表 4－12　2021 网易音乐人扶持计划(部分)

网易云音乐平台		
扶持计划	类别	计划介绍
云梯计划	音乐人激励	流量、收入、功能服务等多方面扶持
飓风计划		挖掘潜力词曲;扶持音乐红人;专属歌曲推广全案;百万级推广预算;全平台亿级曝光;现金激励
异曲同工	原创曲大赛	依据既定词谱曲;奖金;长期签约合作;全面流量曝光;顶尖制作资源;版税永久分成
点词成金	原创词大赛	依据既定曲写词;奖金;签约机会;培训机会;宣推资源;金牌制作团队制作;红人匹配演唱推广
探月者行动	原创歌曲大赛	奖金;专属签约机会;赛事作品 S 级节目承载,优质艺人演绎;6 大导师针对性课程;黑胶 VIP
以毕业之名		命题歌曲创作;奖金;官方歌单收录;站内外资源推广;2000 云豆;有机会由青云 LAB 出品打造
礼乐和鸣		围绕《阴阳师》游戏 IP 创作;奖金;游戏头像框等
星辰集		奖金;顶尖合辑出品;线下创作营;大师亲身授课;综艺合作机会;采风课堂
石头计划		多元赛制设计;大咖评委点评;流量扶持;金牌制作人合作;节目推送;商业合作

资料来源:网易云音乐官方微博。

1. 计划类别

如表 4 - 11、表 4 - 12 所示，腾讯音乐汇集下属音乐平台之力，统一推出大量音乐人扶持计划，而其下属音乐平台 QQ、酷狗、酷我也会独立推出音乐人扶持计划，其中 QQ 音乐独立推出的计划最多，酷我音乐最少。腾讯与网易云音乐平台推出的音乐人扶持计划可以分为激励计划和原创大赛两个类别。

激励计划是平台发布的较长期的音乐人激励方针，这些方针多可以惠及广大站内音乐人，诸如腾讯音乐的亿元激励、广告计划；QQ 音乐的银河计划；酷狗音乐的星曜计划；酷我音乐的乐动计划；网易云音乐的云梯计划；等等。也有少数激励计划是面对特定群体而设计的，如网易云音乐用于培养音乐红人、打造爆款歌曲的飓风计划。

原创大赛可以分为原创词大赛、原创曲大赛和原创歌曲大赛等。这些大赛有些规定了曲调或歌词，如网易云音乐的点词成金大赛和异曲同工大赛；有些规定了主题，如网易云音乐的礼乐和鸣大赛；有些规定了创作风格，如 QQ 音乐的国潮音乐季；有些限制较少，如网易云音乐的石头计划。除平台自主企划实施的大赛外，还有不少与政府、企业或其他平台联合推出的大赛，如 QQ 音乐与政府部门共同推出的长陆海风大赛、腾讯音乐与梅赛德斯—奔驰联手打造的造乐计划、QQ 音乐与快手双平台合作推行的 12 号唱片等。

2. 参加益处

音乐人扶持计划多从奖金激励、内容制作、大咖合作、流量扶持、宣推资源、提高分成、名师课程、商业合作、演出渠道等方面为音乐人提供帮助。独立音乐人大部分缺乏物质支撑，奖金的获取和版税分成的提高可以切实地缓解音乐人的金钱压力。而内容制作、大咖合作的机会可以使独立音乐人创作的作品得到更好的呈现，优质录音棚、金牌制作人、知名演唱者都可以为作品增光添彩。流量扶持和宣推资源能够助力音乐作品触达更广大听众，提高歌曲成名的可能性。而名师课程、商业合作和演出渠道对独立音乐人的长远发展益处颇丰，可以使音乐人扎实自己的创作能力、接触更多元的市场领域、感染更多的现场听众，从而慢慢提高个人知名度。

3. 参加建议

音乐平台每年推出的音乐人扶持计划数量较多、奖励较丰富，然而音乐人从扶持计划中获得高价值资源的前提是音乐作品需要在海量作品中脱颖而出。现在音乐平台的选拔机制相对公平，主要以大众投票、工作人员筛选、专业音乐人评选等方式来选出质优投稿作品。独立音乐人要想从平台扶持计划中更好地获利，应当主动投递作品、注意计划细则、突出作品亮点、审慎签订合约。

(1) 主动投稿

独立音乐人应当积极关注音乐平台发布的扶持计划相关信息，主动向音乐平台投递原创音乐作品。如果是原创大赛，音乐人可以直接从活动页面显示的入口投递作品，如果是非普惠性的激励计划，则可以通过多渠道联系工作室并投递作品。以网易云音乐为例，其音乐部门下设许多相对独立的工作室来负责筛选音乐作品、对接音乐人、制作音乐、宣传推广，如飓风工作室、青云LAB、云上工作室、喜雨工作室、九号工作室、子弹工作室等。网易云音乐的飓风计划便是由飓风工作室来策划、执行的，飓风工作室已经开通了微信公众号，公众号内有歌曲投稿入口，音乐人可以通过指引扫码进入云音乐作品征集平台并根据要求投递小样(demo)。青云LAB在2021年3月曾启动音乐破圈"实验室"计划，邀请音乐人向工作室投稿。

(2)注意细则

独立音乐人在投稿的时候需认真阅读扶持计划的细则。首要的是仔细看有无类别、风格、主题等要求，如果是原创词大赛，就不要投递纯音乐作品；如果是国风音乐大赛，就不要投递其他风格作品；如果规定了主题是新乡村音乐，就不要投递城市相关作品，不切题的作品在筛选阶段极易被淘汰。然后要看投递作品的具体要求，诸如是否需要作品是尚未发布的或尚未在第三方平台发布的、是否需要投递者保有作品的完整版权、是否限制不能一稿多投、是否限制投稿作品数等。值得一提的是，有些原创大赛选拔周期较长，如果音乐人在评奖周期间内将作品版权转让给了第三方，将会影响最终奖励的获取。

(3)突出亮点

在有选拔流程的音乐人扶持计划中，平台会组织各工作室的职工、业界知名音乐人对参选作品进行层层筛选、优中选优。面对众多的投稿作品，筛选者一般只鉴赏作品的片段来对其加以评定，因而音乐人需要在词、曲、唱中尽量突出亮点。从音乐平台现阶段的需求上看，平台想要的是有爆款潜质的歌曲，其希望在投入资金进行制作、宣推后歌曲能引起较好的市场反应。现阶段最好的宣推方式便是短视频推广，而短视频中的音乐是音乐片段，需要在短时间内抓住听众的耳朵方有成为爆款音乐的可能。基于此，评委在评选时并不会听完全曲，多是以主歌片段、副歌是否足够抓耳来作为评判标准。而有些原创词大赛也允许以歌曲的形式投稿，此时已形成歌曲的作品会比只有词的作品更能吸引评委的注意，因而更有概率获奖。

(4)审慎签约

音乐人如果幸运地在选拔中胜出，音乐平台会主动联系并促成签约。但在此时音乐人还应保持理性，审慎签约。音乐平台会考量自方利益的最大化，想以更少的价格去获取更全的版权，此时音乐人就要学会与之谈判，尽可能为自己争取权益。如果获奖名单已经在网上公布，那么此时音乐人的话语权较大，可以与平台商讨奖金外的版权收入和分成。如果获奖名单尚未公布，则需要在平台接受范围内商讨。

(四)参与周边模块

除音乐的发行模块外，音乐人还可以参与平台视频发布、社区动态发布、音视频直播、

K 歌等周边模块。音乐平台也在用激励的方式积极引导音乐人参与其他模块，如表 4 – 13 所示。

表 4 – 13　2021 年周边模块激励计划（部分）

平台	计划名称	类别	计划介绍
QQ 音乐	宝藏音乐人企划	激励发布扑通动态	相关主题 + 原创歌曲 + 在 QQ 音乐扑通广场发布动态；现金奖励；编辑甄选；专属流量推广
酷狗音乐	星曜看见音乐计划 2.0	激励发布视频	与微信视频号联合；视频号专属特权；百万创作奖池；亿级流量扶持
腾讯音乐	同频计划	激励发布视频	微信视频号 × QQ 音乐 × 酷狗音乐 × 酷我音乐；发布一个话题视频可获 QQ 音乐、酷狗音乐 1 个月 VIP；每月发布 5 个视频及以上，有机会获现金激励；专属流量扶持；直播专属通道
网易云音乐	NEXT 创作家计划	激励发布视频	10 亿元现金；百亿流量；千亿曝光定向扶持 Mlog 等泛音乐视频创作者
	让音乐看得见计划	激励发布视频	原创 Mlog 作品；100 万元现金；全平台流量；签约机会
	专属 EP 计划	激励参与直播	演唱直播大赛；歌曲独家演绎权；个人线上演唱会；单曲推荐；亿万流量扶持；歌曲演唱奖励金

资料来源：平台官方公众号、微博。

从表 4 – 13 可以看出，音乐平台已经意识到了短视频平台对音乐行业的冲击，看到了“音乐 + 视频”形式的蓬勃生命力，因此纷纷推出了大量激励音乐人发布视频的计划。从计划来看，腾讯音乐在音乐视频的布局主要是落脚到微信视频号之中，而网易云音乐则是落脚到站内的 Mlog 项目之中。

除视频发布外，独立音乐人还可以通过在音乐平台发布动态信息来与粉丝交流、宣传音乐作品、表达自己的创作、生活感想。

直播和 K 歌模块作为音乐平台社交娱乐服务的两大支柱，其营收能力不可小觑，尤其是直播模块，在近几年发展速度极快。直播分为视频直播和音频直播两大模块，不想露脸的音乐人也可以参与到音频直播模块之中。

五、独立音乐人的其他发展路径

（一）依托短视频平台的发展路径

短视频平台虽不像数字音乐平台一样能承担站内音乐发行功能，但其在音乐宣推方面效果显著,已然成为爆款音乐的最优“孵化地”。中国互联网络信息中心发布的报告显示,截至2021年6月,我国已有8.88亿名网民看短视频、6.38亿名网民看直播;2021年3月,短视频应用的人均单日使用时长为125分钟,较长视频高出27分钟,且差距呈增长趋势。[①] 短视频平台有庞大的用户规模和较高的用户活跃度,这是其宣推优势的形成根基,而其“音乐+视频”的模式也决定了音乐是不可或缺的一部分。目前国内有抖音、快手两大头部短视频平台,两大平台都正在积极拓展音乐生态圈,独立音乐人可以识别并运用短视频平台的相关资源以获得更多的音乐听众和更好的个人发展。

1. 平台对比

(1)用户画像

①日活跃用户数

快手2021年第三季度财报显示,该季度其平均日活跃用户数为3.204亿人;《2020抖音数据报告》显示,截至2020年8月,其日活跃用户数已突破6亿人。可见,抖音的活跃用户数量更胜一筹。

②用户年龄及所在地

抖音和快手站内用户年龄、所在城市占比见表4-14。

表4-14 2020年12月抖音、快手用户画像对比

平台	年龄				所在城市					
	“00后”	“90后”	“80后”	“70后”	一线城市	新一线城市	二线城市	三线城市	四线城市	五线及以下城市
抖音	13.7	35	29.6	18.5	7.4	16.5	17.4	25.1	20.7	12.9
快手	15.7	32.9	31.3	16.6	4.9	13.4	16.9	25.4	21.4	18.1

资料来源:Quest Mobile。

抖音“90后”“70后”群体占比高于快手,快手“00后”“80后”用户占比高于抖音。抖音二线城市及以上的用户占比高于快手,可见其在较发达城市的用户渗透率较高。快手三线及以下城市的用户占比较高,可见其下沉市场开拓得较好。

(2)KOL数量占比

抖音、快手的前五行业KOL数量占比见表4-15。

---

① 《第48次中国互联网络发展状况统计报告》,载中国互联网络信息中心官网,https://www.cnnic.cn/gywm/xwzx/rdxw/20172017_7084/202109/t20210923_71551.htm。

表 4－15　2020 年 12 月抖音、快手 TOP5 行业 KOL 数量占比

抖音	KOL 数量占比/%	快手	KOL 数量占比/%
时政资讯	9.7	音乐舞蹈	17.1
音乐舞蹈	9.0	美妆	11.7
游戏	7.6	生活方式	6.2
影视娱乐	5.2	萌宠	6.0
生活方式	5.2	游戏	5.1

资料来源：Quest Mobile。

由表 4－15 可见，快手音乐舞蹈垂类达人数量在站内占比稳居第一位，达到了 17.1%，而抖音站内音乐舞蹈类达人数量占比居于第二位，达到 9%。

(3) 曲风偏好

《2020 抖音音乐生态数据报告》显示，抖音覆盖了 18 种音乐风格，其中排名前 10 的音乐类型为流行、说唱、中国传统、民谣、电音、国风、摇滚、乡村、R&B、童谣。2021 年 8 月，快手发布的音乐版权生态建设阶段战报揭示了快手人气排行居前 5 的音乐品类从高到低依次为流行、DJ、山歌、器乐、民谣；近半数音乐使用量由非“爆款”歌曲贡献。

(4) 业务倾向

抖音的母公司字节跳动在 2021 年 4 月成立了音乐事业部，并在年中将音乐升级为 P1 优先级业务，与游戏、教育业务一同获得公司资源倾斜。字节跳动还秘密完成了音乐人市场调研并上线测试全新音乐代理分发平台“银河方舟”。银河方舟有音乐人、厂牌入驻入口，提供音乐营销、词曲版权合作、音乐企划制作、艺人合作、音乐活动服务，并支持音乐作品在 QQ 音乐、网易云音乐、Apple Music、Spotify、YouTube 等全球 100 多个国家和地区超 200 个主流音乐平台的分发。银河方舟仅收取小额版权代理分成，版权 100% 归属音乐人，音乐人可自己决定代理年限、地区和平台。2022 年，字节跳动推出音乐 App“汽水音乐”和“海绵乐队”，汽水音乐的风格与字节跳动 2020 年在东南亚上线且获得良好市场反应的“Resso”较为相似。海绵乐队为音乐便捷编辑工具，有录音棚、弹唱优化、一键 Remix 和自动 Mashup 四大功能，运用 AI 技术为音乐创作赋能。

据快手 2021 年第三季度财报，快手将开发更多的优势内容垂类，现在快手短剧已达到了业内领先，短剧日活跃用户达到了 2.3 亿人且其观看量和观看时长在平台视频观看量中的占比正在不断上升。快手在体育垂类的内容提供及社交关系链的打造上都有一定优势，至 2021 年第三季度末，已达 140 亿对以上互关用户对数。在音乐层面，快手于 2021 年年初公布了音乐版权结算标准，强调除短视频版权结算外另增音乐词曲和直播场景的结算，并会面向独立音乐人开放结算通道。

(5)选择建议

若是独立音乐人想要运营账号、直播或是参加扶持计划,两个短视频平台是不互斥的,可以同时入驻多平台,再根据实际流量看对哪个平台着重运营。若是音乐人想布局音乐营销,则可以根据音乐特点与营销方向,结合平台日活跃用户数、用户年龄和地区占比、各行业KOL数量占比、曲风偏好等综合决定。

从业务倾向来看,抖音及其母公司字节跳动对音乐业务的重视度远高于快手,从海外音乐App的发布、音乐事业部的成立、音乐业务优先级的提高、音乐代理分发平台的上线到两大音乐App的推出,公司内部正在不断推进音乐业务的发展。可以预见,字节跳动将来会形成集音乐发行、音乐推广、音乐活动于一体的生态圈,向腾讯音乐、网易云音乐等数字音乐平台发起挑战。因而独立音乐人不妨抓住这一时机,多关注字节跳动的相关音乐讯息。

2. 运营账号与直播

(1)运营账号

独立音乐人运营短视频平台账号的好处颇多,可以增加个人知名度、获得结算收入、进行歌曲宣传;有机会被音乐商务看中并签约;有一定“粉丝”量后可以通过接商务推广或销售产品来变现。

数据显示,2020年1~7月抖音音乐人涨粉累计超3亿人,平均每天有184,079首音乐被用户用于视频创作。① 根据《快手音乐版权生态建设阶段战报》,2021快手音乐结算规则实施的5个月后音乐人数量提升754%,音乐人总结算金额提升480%。如今许多音乐人将个人短视频账号作为歌曲宣发地,有些甚至会早于歌曲正式上线时间提前将音乐片段发布在账号中,请“粉丝”为歌曲命名等互动宣传手段也层出不穷。

数字音乐平台、唱片公司的商务会在短视频平台寻找潜力音乐人,他们试图联系到有一定“粉丝”基础的音乐人来签订唱片约、经纪约或全约。直接被数字音乐平台商务联系到的音乐人大概率可以获取更多的平台资源,因为许多站内外的音乐宣推资源都是由音乐商务去申请并获取的。

若独立音乐人运营的账号达到了一定“粉丝”量级,还能获取商业变现。以抖音翻唱类推广为例,20万名“粉丝”的账号接歌曲推广每条视频可获取约1000元的报酬,30万名“粉丝”的账号则可获取约2000元,回报极为可观。② 在产品销售方面,可以卖音乐配件、音乐课程、音乐书籍等。

(2)直播

直播有较强的互动性和营利性,已经成为两大短视频音乐平台不可或缺的业务板块,独

① 《抖音音乐:2020抖音音乐生态数据报告》,载互联网数据资讯网2020年11月20日,https://www.199it.com/archives/1157136.html。

② 冯春萍:《中国独立音乐人的发展路径研究》,载《中国民族博览》2021年第17期。

立音乐人也应更多地去使用直播功能来为自身的音乐事业助力。抖音报告显示,线上直播已经成为抖音音乐人的主要营业方式,2020 年上半年,抖音音乐人直播人次超 204 万次,共吸引了 98 亿次用户观看;抖音音乐人日均直播时长近 3 小时,月均直播时长超 21 小时,累计人均直播总时长超 63 小时。① 快手财报显示,2021 年第三季度快手直播服务收入达到了人民币 77 亿元,直播平均月付费用户增长至 4610 万,每月直播付费用户平均收入增至 55.9 元。

3. 布局音乐营销

现今,短视频已然成为音乐营销的主阵地、"爆款"音乐的重要孵化地。短视频音乐营销的泛滥致使许多质量不高、哗众取宠的音乐作品成为"爆款",真正注重音乐本体、有文化底蕴的音乐作品却可能无人问津。然而在目前的态势下,音乐作品若想广泛触达听众并获取可观音乐收益,往往无法避开短视频这一宣推阵地。推出一首爆款歌曲的营销成本达几万元到几十万元不等,这些宣推资金大部分需流向短视频流量大号,包括视频剪辑号、网红达人号等。视频剪辑号的报价相对便宜,百万粉丝量级的剪辑号一条视频的报价约为 600 ~ 700 元,50 万粉丝量级的则约为 500 元。然而视频剪辑号宣推的听众转化率低于网红达人,百万粉丝的网红达人一条视频报价约为 3000 元,千万粉丝的网红达人报价约 3 万元。② 单独去联系流量大号并问价的方式效率很低,选择宣推资源供应商来合作会更加便捷,也更方便进行后续的报酬结算。独立音乐人若没有充足的音乐宣推预算或短视频营销布局经验,则可以选择与数字音乐平台、中小厂牌签署音乐授权协议并交由平台或厂牌去布局营销矩阵。

资金投入后是否能引起市场反响是短视频宣推的一大重要问题,为了提高成功率,宣推者需从全曲中选择出最"抓耳"的片段并将片段上传到短视频音乐平台;要根据歌曲特点来规划短视频宣推方向;要依据预算金额从供应商提供的可合作达人账号中选出优质且价格合适的账号;要提醒达人在发布时统一使用既定话题、带歌曲 PGC 链接、发置顶评论等;要根据需求适当投放视频加热工具——DOU + 或考虑二次宣推。

以网易云音乐喜雨工作室成功推出的爆款热歌《1376 心想事成》为例,这首歌不易翻唱,但其节奏感较强且歌词中带有数字,因而网红达人推广的主要视频方向被确定为舞蹈和手势舞,视频剪辑号则将该歌曲作为背景音乐。

《1376 心想事成》的短视频宣推阵地选在了抖音,网红达人推广总费用为 9.1 万元(含税),视频剪辑号推广费用共为 16,850 元(含税),两者合计约为 10.8 万元。该歌曲于 2021 年 2 月 4 日上线,2 月 6 日评论便冲破了 10 万条大关。根据网易云音乐星云人气榜显示,歌曲上线仅 3 小时其应援人气值便已破 500 万人气值,上线仅 4 天应援人气值突破了 2000 万。

---

① 《抖音音乐:2020 抖音音乐生态数据报告》,载互联网数据资讯网 2020 年 11 月 20 日,https://www.199it.com/archives/1157136.html。

② 冯春萍:《中国独立音乐人的发展路径研究》,载《中国民族博览》2021 年第 17 期。

4. 参与音乐扶持计划

抖音和快手也为音乐人打造了许多扶持计划。抖音发布了看见音乐计划、抖音音乐人亿元激励计划、木星计划、造音行动等;快手推出了音乐燎原计划、亿元激励计划、双击音乐计划、校园原创音乐大赛、与 QQ 音乐联合的 12 号唱片唱作人大赛等。这些扶持计划与数字音乐平台推出的计划有异曲同工之妙,但参与方法、门槛会有些不同,独立音乐人可以通过短视频平台官方微信公众号、官方微博等来获取扶持计划详情介绍。

(二)依托演出的发展路径

演出是独立音乐人直面听众、展现音乐魅力的重要方式,其可以被分为街头、酒吧、音乐餐吧、Live House、音乐节、综艺以及其他演出。

1. 街头演出

街头演出的优势是门槛和成本较低,独立音乐人可以选取人流量较大的地点进行街头演出,以广泛触达听众并逐步扩大知名度。然而街头演出带给音乐人的物质回报较少,为解决此“痛点”,音乐人可以选择“街头演出 + 直播”的形式,在抖音、快手等互联网平台直播街头演出实况,通过直播增加盈利并吸引更多听众。

2. 酒吧或餐厅演出

体力充沛的独立音乐人可以尝试去酒吧或音乐餐厅演出。酒吧是提供酒精类饮料的消费场所,同时是乐队、歌手、舞者的演出地之一,以某酒吧为例,其已覆盖了全国超 130 座城市,采取“歌手 + DJ”的演出模式,签约歌手艺人超 1300 个。音乐餐厅是以音乐为主题的餐厅,以某音乐餐厅为例,其集合餐厅、酒吧、咖啡厅与现场音乐于一身,分店遍布国内 300 座城市,签约音乐人较多。如若独立音乐人想到酒吧或音乐餐厅驻唱,可以自行加入相关群聊获取招聘信息、找经纪人或朋友引荐、积极参加比赛拓展人脉或直接到店问询。

3. Live House 演出

Live House 最早起源于日本,是有着专业灯光和声场的演出场所,是独立音乐的承载地,亦是独立音乐人的滋养之地。Live House 的演出规模较小,观众一般站立观演,舞台与观众区距离较近,音乐人与观众的互动性较强。独立音乐人去 Live House 演出一般有固定薪资、租场、门票分成、分成加保底 4 种形式。固定薪资是指 Live House 方给音乐人固定的薪金,邀请音乐人到场演出。租场,是指音乐人用一定金额租下 Live House 的场地,Live House 提供票务、调音、灯光、吧台等服务,音乐人可以较自由地布置场地并获取全部门票收入,若音乐人自行进货酒水,则还可获得酒水收益。Live House 租场的价格较高,且该模式需演出方自负盈亏,因而资金、知名度不足的独立音乐人最好不使用该模式。门票分成指音乐人与 Live House 方将门票收入按一定比例分成,通常分成比例为 7∶3 或 6∶4。分成加保底是指在门票分成的同时场地方还要求有固定的保底金额,若门票分成金额未达到保底金额,音乐人按保底金额支付给场地方。固定薪资、门票分成和分成加保底3种合作形式下的酒水收入大多全归场地方所有。

4. 音乐节演出

音乐节是临时存在的、由多位音乐人轮流演出的音乐活动,国内知名的音乐节有草莓、迷笛、东海、麦田等。音乐节一般在露天场域举办且演出门票价格相对较高,因而可容纳的观众数量较多且音乐人参演的门槛较高。音乐节主办方会主动邀请有较高知名度的、能吸引更多观众购票的音乐人参演,同时,音乐节也是音乐人扩大影响力、增加收入的良好平台。若音乐人知名度不足但想登上音乐节的舞台,则可以通过参加主办方举办的相关选拔活动来争取参演机会。如秀动联合 Indie Works 主办的 INDIE STAR 乐队选拔赛,前八强乐队可以直接到麦田音乐节演出。

5. 综艺演出

参加综艺亦是独立音乐人扩大影响力的渠道之一,音乐综艺可以在短时间内为独立音乐人带来较高的曝光度,助力音乐人快速积累粉丝。近些年《乐队的夏天》《中国有嘻哈》《明日之子乐团季》的热播使更多的综艺瞄准了独立音乐市场,哔哩哔哩《说唱新世代》、湖南卫视《谁是宝藏歌手》、腾讯《即刻电音》、优酷《这！就是原创》《草莓星球来的人》等综艺层出不穷,为独立音乐人提供了迅速增加曝光度的有效途径。①

6. 其他演出

除街头、酒吧、音乐餐吧、Live House、音乐节、综艺外,独立音乐人还可以选择其他场域演出,诸如宴会、庆典、书店等。宴会是因习俗或社交礼仪而举办的饮食与社交结合的聚会,如今许多宴会还会辅以表演来烘托气氛,独立音乐人可以通过在升学宴、婚宴、生日宴等宴会演出来获取收入并提升知名度。庆典即庆祝典礼,多含有文艺演出模块,独立音乐人可以选择在开业仪式、签约仪式、周年庆等庆典演出。由于许多实体书店逐渐从传统的图书零售点转变为文化艺术空间,因而书店也成为独立音乐人的可选演出地之一。

(三)其他职业发展路径

1. 运营其他平台账号

运营平台账号是打造个人或团体品牌的重要路径,除数字音乐平台、短视频平台账号外,音乐人还可以在微博、微信公众号、哔哩哔哩、知乎、小红书、斗鱼等平台注册账号并发布内容。运营账号首先要找准账号的定位,可以是教学类、翻唱类、搞笑类、纪录类、创作类等,之后便要着力提升内容的创意性、趣味性。通过运营账号积累的粉丝可以有效转化为音乐作品的听众,例如,截至2023年11月11日,通过运营哔哩哔哩账号积累了90.1万名粉丝的独立

---

① 冯春萍:《中国独立音乐人的发展路径研究》,载《中国民族博览》2021年第17期。

音乐人 Jian – 阿健，其在网易云音乐粉丝达到了 40.9 万人，在 QQ 音乐粉丝达 30 万人。

2. 成立工作室

音乐工作室通常涵括歌曲录音、作词作曲、编曲制作等职能，因而全能型音乐人更适合作为工作室的开创者。除了音乐技能外，开创者还需要有一定的管理技能以应对人才招聘、作品销售、营销推广、艺人合作、融资洽谈等情境。成立工作室的益处颇多，在有专业团队的同时保障个人创作自由；以公司的名义与合作方签署合约时税点核算更便捷、高效且缴纳增值税通常比缴纳个人税的金额要少；可有效延伸产业链，不仅能承接音乐作品编创、录音、制作，还能与优质、有潜力的音乐人签经纪约、唱片约或全约；可以代理音乐版权、发行唱片，也可以开拓配音、拍摄业务等。

3. 依托音乐厂牌

音乐厂牌是以某种音乐风格或偏好为导向发展的唱片类公司或组织，可分为网络厂牌、大厂牌、大厂牌的附属厂牌以及独立厂牌。网络厂牌通常依托互联网生存推广，由志同道合的音乐人自发组成，商业性较弱。除网络厂牌外，其他 3 种厂牌均为注册公司或个体工商户。目前世界上仅有环球音乐、华纳音乐、索尼音乐 3 个大厂牌，大厂牌还通过收购小型厂牌、旗下艺人开设厂牌等方式发展了众多附属厂牌。独立厂牌与大厂牌对比鲜明，多以独立音乐风格为导向，虽不如大厂牌财力雄厚、资源丰富，却更加尊重艺人的创作独立性和艺术自由。

独立音乐人可以通过加入或发起知名度或可预见知名度较高的网络厂牌来拓宽人脉、增加粉丝，由于网络厂牌自身的资源限制，知名度低的网络厂牌对独立音乐人助益较少。独立音乐人还可以通过与厂牌签约或自己成立厂牌来获取更好发展，诸如重塑雕像的权利、万能青年旅店、新裤子、阿肆等独立乐队或音乐人与目前国内规模最大的独立厂牌——摩登天空签署了合约并获得了更多的发展机会。自己成立厂牌则在工商注册、商标注册、合同拟定、艺人签约、作品产销、宣推布局、演出安排等事情上都需要亲力亲为。

六、元宇宙视角下独立音乐人的未来发展趋势

（一）元宇宙将是独立音乐人发展的新沃土

1. 发展元宇宙的必要性

清华大学沈阳教授指出，元宇宙是三维化的互联网，通过现实（XR）、数字孪生等技术实现。[①] 北京大学陈刚教授、董浩宇博士认为，元宇宙是利用科技手段进行链接与创造的，与现

① 新媒沈阳：《元宇宙发展研究报告 2.0 版》，载网易网 2022 年 1 月 25 日，https://www.163.com/dy/article/GUJ9H3QV0511B3FV.html。

实世界映射与交互的虚拟世界，具备新型社会体系的数字生活空间。① 参考上述学者的观点，本文将元宇宙界定为通过扩展现实、数字孪生、区块链、云计算、3D 建模、人工智能(AI)、移动通信等技术构造的与现实世界相交互的虚拟世界。元宇宙的入口有 XR 硬件、脑机接口、手机、个人计算机(PC)等，通过借助体感互动操控、声音输入、语音识别、脑机接口等设备，人在元宇宙中也会有视觉、听觉、嗅觉、味觉、触觉、知觉。

虚拟现实、现实虚拟、虚实结合都是元宇宙发展的可能场景。虚拟现实即将虚拟世界与现实场景相贴近，诸如数字孪生技术可以将现实世界的实体物品等价映射到虚拟世界之中，可以通过数据交互、算法模型等对实体物品的全生命周期进行反映、预测和调控。现实虚拟旨在将现实世界与虚拟场景相贴近，诸如 AR 技术可以在现实世界叠加虚拟信息，达到增强现实的效果。虚实结合，是指虚拟世界与真实世界达到互通互联，如在元宇宙的店铺中购买某一物品，在现实世界中可以真实收到该物品。自然人在虚拟世界中将以虚拟形象出现，该形象可以是写实的也可以是想象的；同一自然人可能拥有多个虚拟形象；虚拟形象可以由自然人控制，也可以由人工智能控制。在现实世界中虚拟形象以机器人形式出现，机器人将代替自然人承担起部分现实世界的工作。②

随着科技的发展，虚拟展厅、虚拟偶像、虚拟演唱会、云上会议等产业形态已经出现，催化了虚拟世界的构建。2021 年被称为元宇宙元年，该年 3 月，游戏公司 Roblox 以“元宇宙第一股”的旗号在纽交所上市；10 月，扎克伯格宣布社交平台 Facebook 将全面转型为元宇宙公司，并更名为 Meta。自此，互联网公司、运营商、内容方、硬件商等纷纷加强布局元宇宙业务。

以手机作为主要载体、以宽带 IP 为技术核心的移动互联网历经 20 余年的快速发展，其流量增长空间几乎触顶；UGC 模式被广泛运用，但原创内容侵权事件繁多、版权收益得不到良好保障；互联网用户仅能获得听觉、视觉感受，可获感知还稍显单一；手机受自身硬件条件限制，只能呈现二维画面，用户沉浸感不足……基于多种因素，互联网改革成为必然趋势。而 VR、AR 硬件的持续发展、感官硬件触觉手套和背心的推出、第五代移动通信技术(5G)的顺利推广为元宇宙提供了技术支撑，各头部公司的入局加速了元宇宙的发展。在业界看来，元宇宙较长一段时间内都将成为下一代互联网发展的目标，这有赖底层技术和算力层面出现的核心技术突破、技术演进与变化。③

工业和信息化部中小企业局局长梁志峰指出，工业和信息化部将引导和支持中小企业加快推进数字产业化和产业数字化的进程，培育一批进军元宇宙、区块链、人工智能等新兴领域

---

① 《北京大学学者发布元宇宙特征与属性 START 图谱》，载光明网，https://share.gmw.cn/it/2021-11/19/content_35323118.htm。

② 新媒沈阳：《元宇宙发展研究报告 2.0 版》，载网易网 2022 年 1 月 25 日，https://www.163.com/dy/article/GUJ9H3QV0511B3FV.html。

③ 《深度关注 | 元宇宙如何改写人类社会生活》，载中央纪委国家监委网，https://www.ccdi.gov.cn/toutiaon/202112/t20211223_160087.html。

的创新型中小企业。[①] 多地政府也对元宇宙展开了布局,上海将元宇宙写入"十四五"产业规划、北京推出《关于加快北京城市副中心元宇宙创新引领发展的八条措施》、厦门出台《厦门市元宇宙产业发展三年行动计划(2022—2024 年)》、广州发布《广州市黄埔区、广州开发区促进元宇宙创新发展办法》……可见,国家层面也对元宇宙的发展持肯定态度且进行了宏观规划以推动其健康发展。

2. 元宇宙将为独立音乐人带来新发展

中国音像与数字出版协会音乐产业促进工作委员会主任委员汪京京把我国改革开放后的音乐产业发展分为以实体唱片业为主流、以数字存储传播手段为主、以万物互联为基础的 3 个阶段。当下,处于第三阶段的音乐产业正在经历着 5G、区块链、人工智能等先进科技带来的深刻变革。[②]

2021 年 10 月,数字音乐相关公司、组织的代表汇聚于在成都举办的 5G 数字音乐产业峰会,共同探讨中国数字音乐产业的未来发展。在峰会上,中国音像与数字出版协会常务副理事长兼秘书长敖然表示:"音乐场景和虚拟场景的融合已是大势所趋,相信在不远的未来,元宇宙这种新锐的技术概念也将深刻影响数字音乐行业的发展历程。"HTC 中国区运营商及生态事业部总经理华晓枫提出:"元宇宙被普遍认为是下一代互联网的未来形态。虚拟线上演出的多番尝试,让人们看到了'音乐元宇宙'的增长空间。"咪咕音乐宣布向元宇宙进军,将构建虚拟厂牌"赛博星球",推出虚拟形象数智达人,与既有虚拟及现实场景充分融合,实现多元音乐内容形式创想。

国内最大独立音乐厂牌——摩登天空的掌舵人沈黎晖在 2022 主题发布会中讲述了摩登天空进军元宇宙的相关布局,其展示了摩登天空的第一个虚拟音乐人 Miro,还表示公司旗下的 4 组独立音乐人已有虚拟形象、进入了虚拟赛道,其他音乐人也将逐步跟进;其指出,摩登天空将推出数字藏品并在武汉建立承载摩登天空所有业态的增强现实空间——民众乐园;其强调,线下的草莓音乐节会推出 AR 体验模块。

根据《元宇宙发展研究报告 2.0 版》的观点,娱乐元宇宙包含了奇观化、幻想化色彩的文化工业内容产品,也包含了与之有关的各类青年消费文化,在一定程度将以 Z 世代(1995 ~ 2009 年出生人群)为主要消费群体。[③] 网易发布的报告显示,Z 世代独立音乐人占比高达

① 《工业和信息化部举行支持中小企业发展工作情况新闻发布会(附实录)》,载工业和信息化部官网 2022 年 1 月 24 日,https://www.miit.gov.cn/xwdt/gxdt/ldhd/art/2022/art_90d4d94a528d468caed5b458f3371ae5.html。

② 高倩:《音乐与科技奇妙共融　未来音乐将何去何从》,载搜狐网 2021 年 12 月 7 日,https://www.sohu.com/a/506191741_123753。

③ 新媒沈阳:《元宇宙发展研究报告 2.0 版》,载网易网 2021 年 1 月 25 日,https://www.163.com/dy/article/GUJ9H3QV0511B3FV.html。

71%,[①]这些在网络环境中成长的独立音乐人会对虚拟世界有较高的接受度;根据图 4 - 11 显示,关注独立音乐的人群偏年轻化,这也正契合了元宇宙文化消费群体的年龄特点。可见,元宇宙所构造的虚拟空间适合独立音乐人和独立音乐发展。

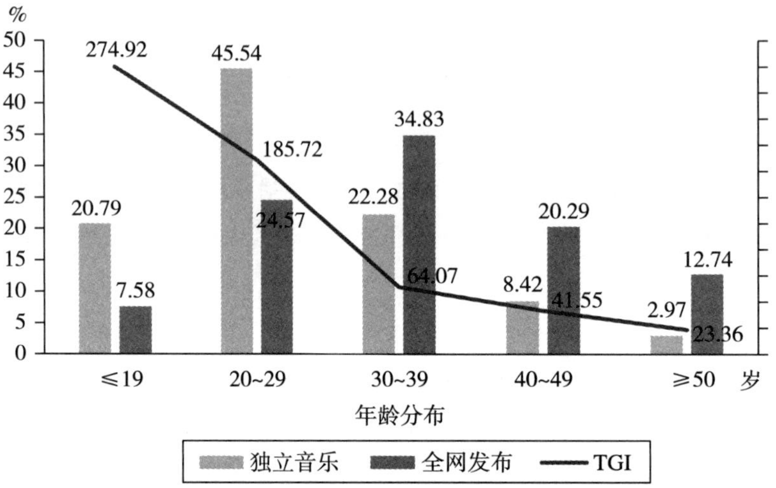

图 4 - 11 关注独立音乐的人群画像

资料来源:百度指数。

注:TGI 指数可以表示不同特征用户关注问题的差异情况,"＞100"表示该类客户对某类问题的关注程度高于整体水平,"＝100"表示与整体水平相同,"＜100"表示该类客户对某类问题的关注程度低于整体水平。

元宇宙的发展并不是一蹴而就的,现今 VR、AR 等技术的软硬件设备还有较大的性能提升空间;新感官设备、脑机接口、机器人等还尚待继续研发;大部分元宇宙内容仍以二维形态呈现;元宇宙的经济体系构建、相关政策或规则制定都还在探索阶段。然而,在元宇宙这一宏观概念的引领之下,各项技术将会不断升级、内容的创新度会不断提升、区块链技术的应用会更加广泛、虚拟世界的打造会更加完整,这些革新具有磅礴的生命力,会给独立音乐的发展带来新的突破。可以预见,随着元宇宙的不断升级,独立音乐人在音乐的生产、流通、宣传、演出等各环节都会有新的发展。

(二)音乐生产环节的发展趋势

1. 独立音乐生产的准入门槛进一步降低

(1)音乐学习更便捷

人们已经逐步适应了利用腾讯会议、企业微信、zoom、小鹅通等具有云视频通信功能的软

① 《网易云音乐:2020 中国音乐人生存现状报告》,载互联网数据资讯网 2020 年 11 月 7 日,https://www.199it.com/archives/1148297.html。

件进行线上学习，这突破了地理位置的限制，使身处各地的教师、学生可以在线上二维空间中互联互通。而随着元宇宙的不断发展，虚拟世界将逐步转入三维空间，线上课堂将不再局限于视听两种体验，师生将可以获得全沉浸式的感受。数字孪生技术可以将现实生活中存在的音乐设备复刻到虚拟世界中，独立音乐人在元宇宙中既可以学习理论知识，也可以运用设备进行模拟操作。课堂将突破空间限制，教师、学生可以充分发挥主观能动性，共同构建课堂环境、选择课堂设备、增加课堂趣味性；与现实课堂的固定上课时间不同，数字化的虚拟课堂突破了时间限制，学生可以随时回到过去某一课堂之中。

除全沉浸式的线上虚拟课堂外，增强现实的课堂也将为独立音乐人的技能学习提供更多可能性。增强现实技术是将虚拟世界的文字、三维模型、视频、音频等信息仿真到现实世界之中，该技术将提升现实课堂的信息交互性和内容丰富性。

人工智能技术也将为音乐课程赋能，其可以通过算法分析数据信息，科学设计相关教学内容；可以通过对学生学习过程的实时数据监测和分析，指明教学或学习模式、节奏、内容的调整方向；发展到较高阶段的人工智能可以充当教师的角色，与学生进行实时交互。

随着元宇宙的发展，独立音乐人的音乐学习将更加便捷，虚拟、增强现实课堂将助力独立音乐人摆脱知识匮乏的生存困境。

(2)音乐生产更简易

各大公司现已开始布局音乐元宇宙，腾讯音乐推出了虚拟世界产品腾讯音乐虚拟社交平台(TMELAND)，并表示将创建专属数字岛屿、自由布局景观等功能，将在虚拟音乐世界中为音乐人提供创作工具、成长资源与孵化计划等。网易云音乐推出了名为网易天音的一站式音乐创作平台，该平台运用人工智能技术来辅助音乐创作，只需极短的时间便可以完成词、曲、编、唱等创作过程并产出音乐作品。可以预见，随着人工智能对音乐领域认知的不断优化，其将成为独立音乐人生产音乐作品的便捷工具。一首歌曲的生产包括作词、作曲、演唱、编曲、制作、混音、母带等多个阶段，当独立音乐人的音乐技能未能支撑全部生产阶段时，可以使用人工智能来补齐短板，这也能节省另请他人合作的费用。人工智能在知悉独立音乐人的创作方向后，还可以依据算法进行数据分析，为音乐人提供创作灵感。

独立音乐人需要在拥有所需设备的特定环境中才能进行音乐生产，在现实世界中打造或租借音乐生产空间的价格均较高昂。而虚拟音乐工作室的出现可以有效缓解这一“痛点”，音乐人将可以在线上部署所需设备，在虚拟空间中进行音乐生产。洛根·奥尔森(Logan Olson)于2016年推出的产品Sound Stage音场对虚拟音乐工作室的发展进行了初步探索，该产品支持VR设备用户在虚拟环境中打造个性化音乐工作室，用户可以线上选择鼓、合成器等设备并完成音乐的演奏、录制、混音等生产过程。

由于人们将更容易获取相关音乐知识，更低难度、少成本、高效率地完成音乐生产，因而独立音乐人的门槛将进一步降低，独立音乐人数还将持续增长。

2. 人工智能音乐生产将会对部分音乐人造成威胁

人工智能既可以辅助音乐人进行音乐生产，也能通过不断识别和分析曲库信息来培养其独立生产音乐作品的能力。目前，摩登天空、咪咕音乐、小冰公司等纷纷推出了人工智能虚拟音乐人，以小冰公司推出的小冰为例，其音乐创作水平被上海音乐学院的老师认定为已达到音乐专业本科毕业水准，可以完成灵感触发、词曲创作、演唱制作的全过程。一方面，触动人心的音乐作品往往是基于音乐人的自身经历感受、自我意识投入而创作出来的，而人工智能没有自我意识，其人工智能生成内容（AIGC）音乐作品很难与高水准的现实音乐人音乐作品比肩。另一方面，人工智能的音乐生产水准将超越部分现实音乐人，其生产速度、背后资本力量都有一定优势，这对音乐生产水平不高、各方资源较少的现实音乐人造成了威胁。

（三）音乐流通环节的发展趋势

1. 区块链技术将成为独立音乐的版权保护利器

独立音乐人在音乐产品的流通过程中面临侵权事件频发、维权难、版税分成低、版税结算慢等版权问题，而区块链技术以其节点清晰、难以篡改、去中心化、签约便利、支付及时的特点，将成为应对版权问题的一剂妙药。区块链本质上是去中心化的、运用点对点技术的数据库，其使用的分布式账本技术可让交易记账由各地的多个节点共同完成，而其共识机制使只有控制一半以上的节点才能伪造记录，在节点繁多的情况下，篡改记录几乎是不可能的。区块链运用非对称加密技术高度加密账户身份信息，设有智能合约功能，交易安全可信、容易追踪且不可逆转。点对点技术、智能合约技术使音乐人可以跨过数字音乐平台等第三方直接触达听众，也可以使听众所支付的音乐版权使用费快速到达版权方，有利于解决音乐人版税分成低、结算慢的问题。区块链节点记录清晰、交易易于追踪，可以准确保存音乐版权及交易信息，如有侵权纠纷可以快速取证。①

2019 年 10 月，中共中央政治局就区块链技术的发展现状和趋势进行了第十八次集体学习，习近平总书记强调，区块链技术的集成应用在新的技术革新和产业变革中起着重要作用。② 我们要把区块链作为核心技术自主创新的重要突破口，明确主攻方向，加大投入力度，着力攻克一批关键核心技术，加快推动区块链技术和产业创新发展。③ 在国家的大力推动下，区块链技术获得了快速发展，大量区块链产品陆续落地，而区块链技术也将为独立音乐人的版权问题提供解决方法。

---

① 冯春萍：《中国独立音乐人的发展路径研究》，载《中国民族博览》2021 年第 17 期。

② 《习近平：把区块链作为核心技术自主创新重要突破口　加快推动区块链技术和产业创新发展》，载中国共产党新闻网 2019 年 10 月 26 日，http://jhsjk.people.cn/article/31421707。

③ 叶蓁蓁：《我国必须走在区块链发展前列》，载人民网，https://politics.people.com.cn/n1/2019/1026/c1001-31421642.html。

2. 将依托中国特色元宇宙经济系统进行确权和流通

中美在元宇宙数字价值体系的创造中路径并不相同，美国运用的数字货币为加密货币，[①]数字资产的确权和流通依靠公有链[②]和NFT。[③] 而中国人民银行在2021年9月发布的通知中指出，虚拟货币不应且不能作为货币在市场上流通使用。[④] 公有链具有数据不受任何组织控制、交易信息公开等特点，有难以被监管和调控的弊端。NFT本质上是数字代币，其主要活动于以太坊之中，在国内合规性不足。因而，中国的元宇宙需要探索符合中国国情的经济系统。

从数字货币上看，数字人民币[⑤]将成为中国元宇宙流通的合法货币。从确权和流通上看，笔者认为，现有两条路径可行度较高：一条是依托数字藏品[⑥]和联盟链[⑦]的路径；[⑧]另一条是蔡维德等专家提出的依托NFR和互链网的路径。数字藏品和NFR都是NFT在中国的合规化探索，均与NFT一样有独一无二、不可分割的特征。数字藏品多依托联盟链进行认证记录，目前国内联盟链数量显著增长，但各联盟链呈相对独立形态，其互通性不足；现有联盟链多服务于企业或政府部门，与用户共创的元宇宙模式不符。若能开拓出一个将各联盟链全部整合起来的方式，联盟链便可能适用于未来的中国元宇宙形态。NFR依托互链网进行记录，有实名认证机制，具备法律监管框架。互链网，是指链化的互联网，互链网可以使区块链的开发和使用变得更加便利。目前的区块链系统要花很多时间在开发安全机制上，而互链网可以在基础设施层面提供安全机制，监管单位可以迅速建立监管网并随时管控。

对于独立音乐人来说，无论中国元宇宙经济系统选择走哪个路径，都将是建立在区块链技术的基础之上的，都可以为独立音乐及周边产品确权并助力产品的合规流通，而数字人民币的使用也将保证币值的稳定性，保护元宇宙独立音乐市场的良性发展。

---

① 加密货币是一种非货币当局发行的、依托密码学原理和区块链技术的数字货币，比特币、狗狗币等都属于加密货币。

② 公有链是一种全世界公开、没有用户授权机制、去中心化程度高的区块链种类，目前发展较好的公链有以太坊、EOS、波场等。

③ NFT即非同质化代币，其依托区块链发行，可为数字资产确权，是数字产品的良好载体，具有独一无二、不可拆分等特征。

④ 中国人民银行、中央网信办等《关于进一步防范和处置虚拟货币交易炒作风险的通知》，载最高人民检察院官网，https://www.spp.gov.cn/zdgz/202109/t20210924_530777.shtml。

⑤ 中国人民银行发行的数字人民币是有法偿能力的法定货币。

⑥ 数字藏品是NFT在中国的合规化探索，现在大多依托联盟链进行认证记录。为防止恶意炒作价格、规避洗钱风险，当前国内的数字藏品以收藏作用为主，原则上不支持场外交易、炒作，不允许用作任何商业用途。

⑦ 联盟链是一种部分去中心化的、受预选节点控制的区块链，该链条可以满足相关部门的监管需要。

⑧ 新媒沈阳：《元宇宙发展研究报告2.0版》，载网易网2022年1月25日，https://www.163.com/dy/article/GUJ9H3QV0511B3FV.html。

(四)音乐宣传环节的发展趋势

1. 数字藏品/NFR将成为独立音乐人的宣传法宝

数字藏品/NFR将是元宇宙中音乐作品、文创产品、交互道具、演出门票等独立音乐相关数字产品的载体。目前,市面上的数字藏品/NFR展现出了极强的引流、宣传能力,数字藏品/NFR以其稀有性、独特性、功能性和社交性驱动了受众的领取或购买行为。

独立音乐人可以将音乐作品或作品的部分著作权以数字藏品/NFR的形式出售,可转移的著作权有公开表演权、复制发行权、署名权、广播权、网络传播权、改编权等。2021年5月,阿朵依托阿里巴巴集团的联盟链——蚂蚁链发行了国内首个音乐数字藏品*WATER KNOW*,并将歌曲的封面和署名权进行了公益拍卖,最终作品以304,271元的价格成交。

独立音乐人还可以尝试创作视频、周边产品、音频等并以数字藏品/NFR的形式展现,以起到宣传效果。2021年8月,腾讯音乐依托至信链推出了TME数字藏品模块,可发布内容包括黑胶唱片、视频、语音、手办周边等。在该模块的支持下,张楚发布了个人音乐创作片段摄影作品,莫西子诗发布了采风、创作片段及书法作品,张尕怂发布了3D手办。

现有的音乐数字藏品/NFR已经对市场进行了初步开拓,并表现出了较强的可行性、收获了较好的市场反响。未来音乐数字藏品和NFR会逐步探索出更多的呈现形式,如将演出门票、自定义元宇宙交互道具、跨界文创产品作为音乐数字藏品/NFR限量发售等。音乐数字藏品凭借其独一无二、富有稀缺性等特征,可以有效增强收藏者对发行人的关注程度,而借助区块链发行数字藏品/NFR也将成为独立音乐人的重要宣传渠道。

2. 独立音乐人宣传将更依赖创意思维

现在的互联网虽然已经有了许多UGC内容,但绝大多数人还是属于信息消费者,很少介入互联网内容的生产环节。而元宇宙可以容纳天马行空的想法并会提供相关工具来鼓励和支持用户参与空间共创,元宇宙的用户既是内容的消费者,也是内容的生产者,将共同焕发元宇宙的活力。而在UGC、AIGC内容大量生产的元宇宙,要想使音乐作品脱颖而出、吸引他人的注意力,就更需要创意十足的宣传手段。

元宇宙的独立音乐宣传应有打破空间的创意思维。元宇宙的空间是无限的,只要算力可以支撑,就能不断拓展。在虚拟世界之中,既有与现实空间相仿的数字孪生三维可视化空间,也有源于客观现实但超脱于客观现实的、将人类主观意识想象具象化的创意空间。虚拟世界的空间转移要比现实世界方便得多,现实世界需要步行或乘坐交通工具,虚拟空间则可以借由意念控制、触控等来进行空间切换。虚拟世界中音乐人及听众都以虚拟形象存在,独立音乐宣传也是面向可以随意进行空间切换的虚拟形象,如何吸引受众来到宣传空间、如何在宣传空间中留住受众,都将是虚拟世界的重要推广命题。而元宇宙发展到一定程度时将会实现虚实共生,虚拟世界和现实世界间的信息交互将会愈加便利且频繁,而虚实跨空间营销也将大有可为。想象一下,若独立音乐人写了一首有关火星的歌,其可以在虚拟世界里的火星之中开粉丝见面会并宣传新歌,可以将歌曲或周边产品以数字藏品/NFR 的形式出售,而购买产品的粉丝可以在现实世界收到真实的相应产品;若是独立音乐人在现实世界活动,其虚拟世界的分身可以由人工智能控制,并依据音乐人设定的性格、语言、表情等来与听众进行交互。这些虚实结合、充满创意的宣传场景都能在元宇宙中实现。

元宇宙的独立音乐宣传应有突破时间的创意思维。现实世界的时间具有永恒运动、单向流逝等特征,而虚拟世界可以贯通过去、现在和未来,是可以回溯的,这也为元宇宙中的宣传带来了更多可能性。例如,独立音乐人可以生产一个通关小游戏,在游戏中嵌入其独立音乐作品的相关信息或是以其独立音乐作品作为背景音乐以达到宣传作用,正如现在的手机游戏一样,听众也可以在虚拟空间存储、读取游戏的时间线,能随时回到某一时间点的状态、通过复活机制重新挑战等。又如,独立音乐人可以将自己的成长经历、音乐作品创作经历等呈现在元宇宙之中,听众能随时回溯到其成长、创作的某时间节点,沉浸式地体验音乐人的经历、加深对音乐人及其作品的理解。

(五)音乐演出环节的发展趋势

1. 新型技术将赋能独立音乐演出的内容呈现

当前,XR、3D、容积摄影、动作捕捉等新型技术已经被尝试运用到了音乐演出之中,增强了演出呈现的创意度和观赏度。XR 是 AR、VR 和 MR 技术的统称,AR 即增强现实,是指用三维建模、智能交互、传感等技术将计算机生成内容仿真到现实世界之中;VR 即虚拟现实,指用计算机生成虚拟环境,给人以身临其境之感;MR 即混合现实,是 AR 和 VR 的融合,可以使虚实共生、真假难辨。3D 技术包括 3D 建模技术、全息影像技术等,全息影像技术可以呈现裸眼 3D 效果。容积摄影、定位追踪、动作捕捉等技术可以实时记录现实的人像和表演信息,有助于将信息准确投射到虚拟形象上或赋能现实表演者与虚拟场景、形象的实时互动。

2019 年 2 月,郎朗和虚拟偶像洛天依一同举办了演唱会,该演出使用全息投影技术将洛天依呈现在了舞台上。2021 年 11 月,知名音乐人贾斯汀 · 比伯在 Wave 平台举办了一场虚拟世界音乐表演,通过动作捕捉技术,其演出动作被投射到了虚拟形象之中,观众可以在线上发送金光与虚拟比伯实时互动。2022 年 1 月,孙楠在国内首个 XR 虚拟演播厅 xR Space 举行了《楠得见面》直播演唱会,该演唱会用了定位追踪、XR 等技术,将空中飞行城、工业废墟等虚拟场景呈现在了演出中。2022 年中央广播电视总台春节联欢晚会中,《星星梦》《我们的时代》等节目的舞美设计运用了裸眼 3D 技术……演出中新型技术的应用已经取得了初步成果,然而还存在成本高昂、技术尚待升级、三维呈现少等问题,随着成本的逐步降低、技术的持续发展、元宇宙的不断构建,新型技术将成为独立音乐舞台呈现的有效赋能工具。

2. 虚拟世界将给独立音乐演出带来新变革

在现实世界的音乐演出中，音乐人只能以第一视角看周边环境和观众；演出受天气、安全、公共卫生等因素影响，面临被随时取消的风险；演出场地能容纳的观众人数有限；门票收藏价值不高、容易被造假。而在虚拟世界的演出中，音乐人可以进行第一、第三视角的体验，能以旁观者的视角从各角度观察自己的演出；演出的风险因素会显著降低，台风、暴雨等恶劣天气都不会影响演出的进行；演出场地可以自定义，观众人数无上限；门票呈现为数字藏品/NFR 可以使其收藏价值提升且难以被仿造。

虚拟世界演出的优势颇多，但现今还尚未研发出能提供持久且优质沉浸体验的连接自然人与虚拟世界的设备。脑机接口技术还有较大进步空间，VR 设备分辨率最高只能达到 5K，而要达到 16K 才能接近人眼最自然的清晰度。虽前方尚有许多挑战，但虚拟数字世界的打造是大势所趋，也将为独立音乐演出带来全新的变革。

七、结语

中国独立音乐人以其明确的态度表达、小众的创作风格，极大提升了国内音乐的多样性和丰富性。首先，本文系统梳理独立音乐人的发展历程并描述其群体特征；其次，基于扎根理论分析独立音乐人的生存困境；再次，罗列可助力独立音乐人职业发展的各项有效路径；最后，基于元宇宙预测独立音乐人的发展趋势。本研究得出的结论如下。

1. 独立音乐人起源于 20 世纪 80 年代，至今已历经两个黄金发展期。第一个黄金发展期处于 20 世纪 90 年代，独立音乐厂牌于该发展期产生并发展起来。第二个黄金发展期从 2008 年开启，始于帮助音乐人实现不靠唱片公司自主发布歌曲的豆瓣音乐人平台的成立，该发展期又可细分为 3 个阶段，即豆瓣音乐人领先的 2008 ~ 2013 年、虾米音乐人领先的 2013 ~ 2016 年和腾讯音乐人、网易音乐人领先的 2017 年至今。

2. 独立音乐人受业态环境、听众因素影响，或陷入受众较少、知识匮乏的困境，并进一步引发发展其他职业、屈服于主流审美、听众培养、相互治愈、依托厂牌或公司、打造个人/团体品牌的反应，其中，后两种反应更能切实益于其独立音乐事业发展。依托厂牌或公司的选择有与数字音乐平台、短视频平台、中小厂牌合作等，打造品牌的方式有运营平台账号、成立工作室或厂牌、参加演出等。

3. 独立音乐人依托数字音乐平台的发展路径有与平台签约、参加音乐人扶持计划、参与周边模块等。独立音乐人在与平台签约时，如果已经被平台看重且平台承诺给予的资源较为可观，则可以签订独家协议，若非如此，签订非独家协议更为稳妥。若未能与平台商务接触又想签订独家合约，则可以通过平台的经济实力、用户画像和业务倾向来综合考量。独立音乐人在签约时需注意付费方式属于固定费用、只分成、预付加分成可抵扣还是固定费用加分成，还需注意商定费用是税前还是税后金额。腾讯与网易云音乐平台推出的音乐人扶持计划可以分为激励计划和原创大赛两个类别，独立音乐人应主动投稿、注意细则、突出亮点并审慎签约。除音乐的发行模块外，音乐人还可以参与数字音乐平台的直播、K 歌等周边模块。

4. 独立音乐人依托短视频平台的发展路径有运营账号、直播、布局音乐营销、参加扶持计划等。运营账号可以增加个人知名度、获得结算收入、进行歌曲宣传；有机会被音乐商务看中并签约；有一定粉丝量后可以通过接商务推广或销售产品来变现。直播有较强的互动性和营利性，已经成为抖音音乐人的主要营业方式。短视频已然成为音乐营销的主阵地，推出一首爆款歌曲的营销成本达几万元到几十万元不等，这些宣推资金大部分需流向短视频流量大号，包括视频剪辑号、网红达人号等。独立音乐人若没有充足的音乐宣推预算或短视频营销布局经验，则可以选择与数字音乐平台、中小厂牌合作发行、推广歌曲。

5. 独立音乐人的有效发展路径还有参加演出、运营其他平台账号、成立工作室、依托厂牌等。独立音乐人可以于街头、酒吧、音乐餐吧、Live House、音乐节、综艺、宴会、庆典、书店等场域演出，以直接触达听众，展现音乐魅力。除数字音乐平台、短视频平台账号外，独立音乐人还可以运营微博、微信公众号、哔哩哔哩、知乎、小红书、斗鱼等平台的账号，以积累粉丝并反哺独立音乐事业。全能型音乐人更适合作为工作室的开创者，成立工作室可以保障个人创作自由、税点核算更便捷、有效延伸产业链。独立音乐人可以通过加入发起知名度或可预见知名度较高的网络厂牌来拓宽人脉、增加粉丝，还可以通过与厂牌签约或自己成立厂牌来获取更好发展。

6. 元宇宙是下一代互联网的未来形态，也将是独立音乐人发展的新沃土。从音乐生产环节看，由于元宇宙中音乐学习更便捷、音乐生产更简易，独立音乐生产的准入门槛将进一步降低，而人工智能音乐生产将会对部分音乐人造成威胁。从音乐流通环节看，区块链技术将成为独立音乐的版权保护利器，独立音乐产品将依托中国特色元宇宙经济系统进行确权和流通。从音乐宣传环节来看，数字藏品/NFR 将成为独立音乐人的宣传法宝，元宇宙中的宣传将更依赖创意思维。从演出环节来看，新型技术将赋能独立音乐演出的内容呈现，虚拟世界将给独立音乐演出带来新变革。

笔者站在独立音乐人的视角，厘清其发展历程、现状、路径及趋势，力图为收入较低、陷入困境的非“头部”独立音乐人提供发展思路，助力其坚持独立音乐梦想，主动借助渠道力量来谋求发展。本案例研究收集较新的独立音乐人、各项发展路径、元宇宙等相关资料，以跟进独立音乐人及互联网的新发展；补充对独立音乐人第二个黄金发展期的起始时间界定和 3 个细分阶段介绍；构建独立音乐人生存困境的理论模型并加以剖析；解决元宇宙中独立音乐人发展趋势的研究空白。

案例 5

《又见平遥》旅游演艺项目前期决策风险管理研究

近年来,随着文旅融合深入发展,旅游演艺已经遍布全国各地,成为政府与景区重点开发的项目之一。然而,旅游演艺项目具备投资规模大、回收周期长等特点,使其在开发过程中总是伴随较高风险。尤其在前期决策阶段,项目的不确定性、风险性和动机性最大,成为影响项目开发成败的关键。因此,在旅游演艺项目前期有必要充分了解风险,并最大限度地把握和防范风险。本案例从风险管理视角入手,选取王潮歌导演的国内首部大型沉浸式旅游演艺项目——《又见平遥》作为实证案例进行研究,有利于项目决策者充分了解风险发生的概率和影响,为项目前期科学决策提供依据。文中运用的风险识别方法、风险评估模型和风险应对策略对其他旅游演艺项目具备一定的参考和借鉴作用。

一、研究背景与研究现状

(一)研究背景

随着 2018 年国家旅游局与文化部正式合并,挂牌成立文化和旅游部,文旅融合已是大势所趋,各地坚持“宜融则融、能融尽融”的总思路,融合发展成效初步显现。近年来,旅游演艺作为文旅融合的创新业态,既延长了游客在目的地的停留时间,也带动了当地酒店住宿、餐饮、交通等服务行业发展,实现社会效益与经济效益相统一。为进一步促进旅游演艺繁荣发展,2019 年文化和旅游部印发了《关于促进旅游演艺发展的指导意见》,着力推进旅游演艺转型升级、提质增效①。

① 文化和旅游部《关于促进旅游演艺发展的指导意见》(文旅政法发〔2019〕29 号)。

截至 2019 年年底,国内旅游演艺剧目共有 340 台,观看人次达 9660 万,票房收入 68.02 亿元,同比增长 15.3%(见图 5-1),①呈现连续 4 年稳步增长的良好势头,并涌现出一批以“印象”系列、“又见”系列、“千古情”系列和“山水”系列为代表的优秀旅游演艺品牌。其中,2013 年首演的《又见平遥》旅游演艺项目是王潮歌导演打造的“又见”系列的开山之作,在国内掀起了沉浸式旅游演艺开发的热潮,同时开启了我国旅游演艺发展的新阶段。

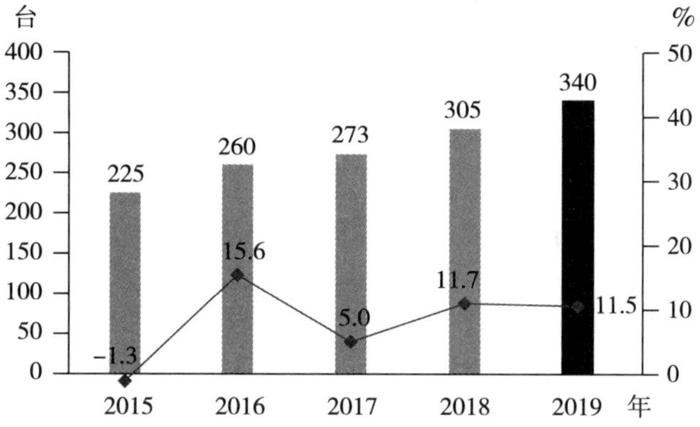

(a)2015~2019年中国旅游演艺台数变化

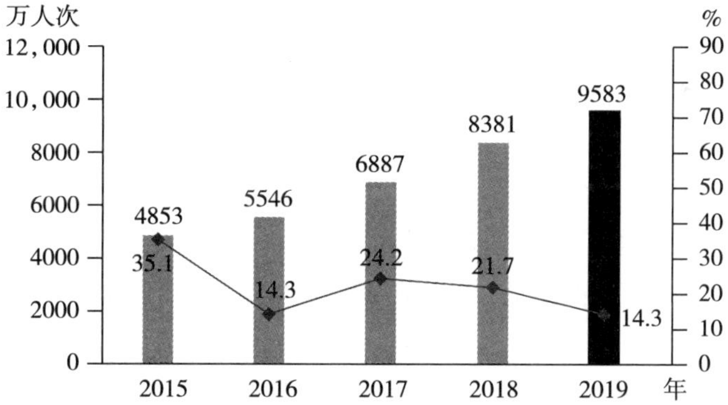

(b)2015~2019年中国旅游演艺观众变化

① 道略文旅产业研究院《2020 年中国旅游演艺年度报告》。

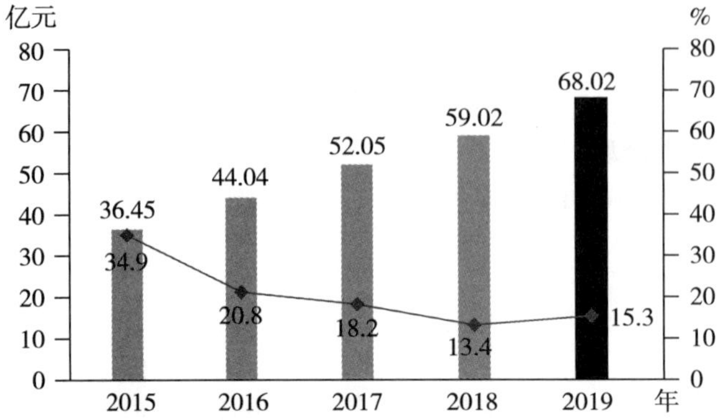

(c) 2015~2019年中国旅游演艺票房变化

图 5-1 2015~2019 年中国旅游演艺台数、观众、票房变化

然而,任何项目都存在风险,风险作为一种"可能发生的问题",其本质上是不以人的主观意志为转移的。我国旅游演艺项目具有建设周期长、投入资金规模大等特点,使其在发展过程中,面临大量的不确定性和风险。近年来,我国投资千万元甚至数亿元的大型旅游演艺产品不断涌现,《印象丽江》总投资 2.5 亿元,2016 年首演的《又见敦煌》投资 7.5 亿元,万达集团在武汉斥资 20 多亿元打造《汉秀》,华侨城集团开发的《金面王朝》投资 2 亿元……动辄数亿元的投资并未带来旅游演艺精品,反而使后续经营乏力,一旦票房不理想,那么收回投资便遥遥无期,不少演艺产品一经出世便面临经营惨淡的局面,甚至暂停营业。有数据显示,旅游演艺行业内只有 9% 左右的项目处于盈利状态,11% 处于收支平衡,80% 的项目亏损严重,失败停演的现象时有发生。

风险一旦发生会给项目带来消极的影响,但这并不意味着项目风险是无法避免的,项目决策者想要减少或避免风险,就需要及时发现可能导致风险的各项因素,恰当地运用技术方法和工具手段对风险进行有效管理。旅游演艺项目风险是一种普遍存在的现象,而风险发生的最大不确定性存在于项目的前期决策阶段,且项目前期工作的好坏将直接影响项目落地后的使用效果,进而影响后期运营成效,这些都增加了旅游演艺项目前期风险管理的难度。可见,旅游演艺项目前期决策风险是不容忽视的重要问题,旅游演艺项目在开发过程中有必要充分了解风险,并最大限度地把握和防范风险。

(二)研究现状

本案例研究以中国知网(https://www.cnki.net)作为文献、期刊获取渠道,通过输入"旅游演艺""旅游演艺项目""又见平遥""旅游演艺风险"作为关键词进行检索,截至 2021 年 9 月 8 日检索统计结果见表 5-1。

表5-1 中国知网文献关键词检索统计

单位:篇

搜索字段	"主题"搜索	"篇名"搜索	"关键词"搜索
旅游演艺	996	1027	481
旅游演艺项目	138	13	54
又见平遥	45	31	16
旅游演艺风险	1	1	0

通过检索相关文献可以发现,旅游演艺在学术界已经取得了一定的研究成果,但是对于旅游演艺风险相关的研究角度却鲜有问津。笔者将从旅游演艺开发研究、旅游演艺运作模式研究和文旅行业风险管理研究综述该论题的国内外研究现状。

1. 旅游演艺开发研究

随着文旅融合深入发展,旅游演艺已经遍布全国各地,成为各地政府与景区重点开发的项目。然而,旅游演艺存在发展参差不齐、形式与内容同质化问题突出等短板,①如何开发高品质的旅游演艺产品,提升旅游目的地的文化内涵与游客体验,成为人们关注的重点。

(1)开发模式

在我国旅游演艺发展的过程中,逐渐形成了4种不同的开发模式,其中"主题公园+演艺"模式是旅游演艺市场早期出现的一种在主题公园内开展的旅游演艺经营活动,以"华侨城"系列演出为代表。此模式一方面借助景区客流可以提高演出上座率,另一方面可以有效改善主题公园产品结构单一的问题,增加游客逗留时间,从而延长主题公园的生命周期。②

"剧场+演艺",是指在固定剧场内即可进行演出的旅游演艺。相对于实景演艺和主题公园演艺,此类开发模式受天气等各种环境因素的影响小,且不依赖景区资源,表演形式固定性比较强,但需要投入较高的成本用于剧场建设。③ 以2004年首演的《印象刘三姐》为代表的旅游演出,是梅帅元独创的一种以真山真水作为演出舞台的"山水实景+演艺"开发模式,其每台演出具有无法移植、无法复制的特点。这种独特性决定了此类演出在开发过程中,必须依托地域文化优势,将文化资源与旅游资源紧密结合,同时要做好自然环境保护工作,避免造成生态破坏。④

与传统旅游演艺相比,沉浸式旅游演艺通过科技手段和演出元素,让观众通过"视、听、嗅、味、触"来欣赏演艺活动,从而获得全新的观演体验,深受年轻一代消费市场的喜爱。王潮

---

① 白小琼:《文旅演艺的发展现状与优化路径探索》,载《四川戏剧》2020年第7期。

② 张永安、苏黎:《主题公园文艺表演产品层次探究:以深圳华侨城主题公园为例》,载《江苏商论》2003年第12期。

③ 袁杏:《我国剧场类旅游演艺产品开发与创新研究》,上海师范大学2013年硕士学位论文,第9页。

④ 赵强生、李东影:《大型实景演艺产品开发模式初探》,载《消费导刊》2010年第6期。

歌导演打造的“又见”系列引领沉浸式旅游演艺发展，[①]其认为：“相对于南方而言，北方旅游区由于先天条件不足，较难推广实景演出，但像‘又见’系列这样的沉浸式实景剧场演出适合于任何地方。”[②]其创排的《又见平遥》于2013年正式首演，是我国第一部将“沉浸式”元素与本土文化特色相结合的大型室内沉浸式旅游演艺，并从演出空间、观演关系到演出文化氛围等都进行了创新尝试。

(2)开发现状

当前，旅游演艺市场需求增长迅速，产品数量也随之不断攀升，但学者普遍认为，旅游演艺产品在开发过程中存在诸多问题，在主题、内容和形式上趋于平庸化、同质化，[③]并逐渐呈现大规模[④]、大制作、高投资[⑤]等特点，后续开发也面临资金匮乏、宣传力度不够、专业人才储备不足等问题。[⑥]

部分学者以省、市为例，探究在不同区域条件下，旅游演艺项目的开发现状。据不完全统计，截至2019年，陕西省上演的旅游演艺超过30台，以西安市《长恨歌》为主的演出成为全省乃至全国文旅融合典范。然而，众多旅游演艺产品缺乏统一规划，市场自发性强，且主要集中在西安地区，部分市(区)旅游演艺市场仍为空白。[⑦] 张家界聚集了《天门狐仙》《魅力湘西》等8台旅游演出，对旅游业驱动的响应呈上升趋势，这主要源于区域经济发展、固定资产投资强度、旅游业规模等因素的共同作用。[⑧] 贵州省自2020年以来共推出旅游演艺产品近20部，但仍存在缺乏演艺精品、文化内涵不足等问题。[⑨] 兰州市虽有《丝路花雨》等旅游演艺精品，但整体产品形式单一、市场化程度低、产业链构建不完善，仍然亟待开发。[⑩]

(3)影响开发的因素

旅游演艺之所以面临种种问题，是因为其在开发过程中会受到诸多内外部因素的影响。从自身建设的角度来分析，主要包括以下几个方面：首先，区位选址是影响演艺开发的重要因素之一，[⑪]目前国内较成功的旅游演艺产品主要依托城市群体或著名景区而建设，以此带来丰

---

① 王鑫：《“又见”系列演剧模式初探》，载《当代戏剧》2017年第1期。

② 赵福帅、孟杰：《王潮歌 我比任何人想象的都忧郁》，载《英才》2013年第3期。

③ 诸葛艺婷、崔凤军：《我国旅游演出产品精品化策略探讨》，载《社会科学家》2005年第5期。

④ 梁永康、郑向敏：《我国文化旅游演出项目开发研究——以首批国家重点旅游演出项目为例》，载《企业活力》2011年第5期。

⑤ 汪克会：《国内旅游演艺产品开发现状探析》，载《商业经济》2010年第3期。

⑥ 汪克会：《宁夏旅游演艺产品开发研究——以舞剧〈月上贺兰〉为例》，载《中国商贸》2010年第6期。

⑦ 朱耀勋、孙辉：《对陕西旅游演艺产品开发的思考》，载《西部大开发》2019年第10期。

⑧ 罗茜：《旅游驱动下的非物质文化遗产演艺业响应机制研究——以张家界八大演艺产品为例》，载《湘潭大学学报(哲学社会科学版)》2019年第5期。

⑨ 鲍扬：《贵州民族文化资源的文旅演艺产品开发现状及对策》，载《贵州民族研究》2020年第10期。

⑩ 王柯：《兰州市旅游演艺产品开发研究》，西北师范大学2019年硕士学位论文，第40～65页。

⑪ 梁永康、郑向敏：《我国文化旅游演出项目开发研究——以首批国家重点旅游演出项目为例》，载《企业活力》2011年第5期。

富的客流量,保证演出的上座率。其次,对产品定位的精准程度、对当地本土文化的挖掘力度①、演出形式的创新设计②、主创团队及专业人才的综合能力③、融资渠道与投资估算、营销推广力度与方式等也成为旅游演艺产品开发成败的关键要素。最后,游客感知与文化消费习惯④、投资机制和市场竞争环境⑤等因素同样影响着旅游演艺开发效果。从外部环境来看,杰瓦特·托苏姆(Cevat Tosum)认为,国家政策和社会经济增长速度会对发展中国家旅游行业的可持续性发展造成较大影响,因此必须鼓励相关企业与政府合作。⑥《又见平遥》在开发过程中得益于国家政策和地方政府的支持,同时在产品制作过程中,不断贯彻创新思维、保证自身的质量,满足大众消费需求,才取得了良好成效。⑦

(4)开发策略

为解决旅游演艺在开发过程中面临的各种问题,学者从不同的角度提出各自的观点:针对旅游演艺产品大投入、大制作的现象,林振宇等认为,必须严格执行投资估算,呼吁建立旅游演艺产业制片人制度和第三方评估机构,以避免无序开发、无度投资。王柯提出立足游客需求开发旅游演艺产品,找准市场定位,从而合理地进行开发、设计和规划。朱耀勋等学者从政府的角度出发,结合各地实际发展情况,合理规划旅游演艺数量,利用政策、市场等手段引导社会资本合理投资。⑧ 在旅游演艺的内容开发上,学者们普遍赞同深入挖掘当地特色民俗文化资源、旅游资源,通过资源整合的方法形成核心竞争力。⑨ 在具体做法上,可以通过广泛邀请业内学科专家,对当地旅游资源、民族文化和市场展开调研工作。⑩ 此外,创新是旅游演艺发展的核心驱动力,产品开发必须秉持创新理念,面对需求适时调整,只有不断为产品注入新的艺术和文化元素,才能赢得市场青睐。《又见平遥》成功开发的原因之一就是对演出内容和形式进行创新,成为国内第一部将沉浸式元素与本土文化相结合的大型室内实景演艺。⑪应当指出的是,在思考旅游演艺产品艺术性与娱乐性的关系时,各学者持有不同看法。一种观点认为,旅游演艺产品需兼具艺术性、思想性和观赏性,只有做到艺术性与思想性高度和谐

---

① 林振宇、赵瑞熙:《中国旅游演艺产品开发策略探析》,载《西北民族大学学报(哲学社会科学版)》2017年第3期。

② 诸葛艺婷、崔凤军:《我国旅游演出产品精品化策略探讨》,载《社会科学家》2005年第5期。

③ 袁杏:《我国剧场类旅游演艺产品开发与创新研究》,上海师范大学2013年硕士学位论文,第37~42页。

④ 余夏青:《民族村寨旅游演艺产品开发影响因素研究——以德夯村〈山风鼓韵〉为例》,吉首大学2017年硕士学位论文,第19~28页。

⑤ 赵强生、李东影:《大型实景演艺产品开发模式初探》,载《消费导刊》2010年第6期。

⑥ Cevat Tosun, *Challenges of Sustainable Tourism Development in the Developing Word*, Tourism Management (2001).

⑦ 洋子:《浅析实景体验剧〈又见平遥〉的成功因素》,载《艺术评鉴》2017年第9期。

⑧ 朱耀勋、孙辉:《对陕西旅游演艺产品开发的思考》,载《西部大开发》2019年第10期。

⑨ 林振宇、赵瑞熙:《中国旅游演艺产品开发策略探析》,载《西北民族大学学报(哲学社会科学版)》2017年第3期。

⑩ 韦建斌:《河北省旅游演艺产品开发设计探析》,载《大舞台》2012年第7期。

⑪ 王志峰、吴颖:《〈又见平遥〉创新文化旅游产业模式》,载《经济问题》2016年第10期。

统一,才能满足游客不断提升的审美文化需求。[①] 另一种观点则强调,对旅游演艺产品娱乐和休闲功能的开发,认为游客观看演出的目的是获得身心愉悦,而不是研究艺术。[②]

为了给游客提供多元化的产品形式,不少学者运用体验经济的相关理论,对旅游演艺产品的设计和开发提供帮助。体验经济起源于美国经济学家 B. 约瑟夫·派恩(B. Joseph Pine)与詹姆斯·H. 吉尔摩(James H. Gilmore),是指企业在发展过程中,将消费者作为服务对象,通过产品使其产生较好的消费体验,从而产生幸福感。[③] 体验经济强调供需双方的互动,特别是游客的主动参与,因而在对旅游演艺产品进行开发时,应当精心打造诉诸游客感官系统的体验型场景,充分考虑项目的互动性和参与性,并以此为载体促成游客独特感受。[④] 赵慧以《又见平遥》为案例,通过问卷调查的方式,提炼出游客对旅游演艺感知的构成因素,从而对产品设计、服务质量以及旅游目的地形象提升等方面提出策略。[⑤]

在对旅游演艺开发的研究中,学者大多以个案或区域案例作为切入点,分析该地区或项目的开发现状及特点,总结其成功经验,发现存在的问题,进而寻找对策。此类文献针对性较强,对本文识别旅游演艺开发的风险因素具有一定的参考价值。

2. 文旅行业风险管理研究

风险管理的思想萌芽于西方工业化国家,20 世纪初,法国著名的"现代经营管理之父"亨利·法约尔(Henry Fayol)在其发表的《工业管理与一般管理》(*General and Industrial Management*)一书中,首次将风险管理理念引入企业经营之中。[⑥] 1938 年后,美国企业开始采用科学的方法对风险进行管理,成为最早将风险理论应用于实践的国家。随着风险管理的研究逐渐系统化、专门化,到 20 世纪 50 年代,风险管理在美国发展成为一门独立学科,受到世界各国政府、企业和学术界的高度重视,并逐步在各个行业的管理中得到广泛运用。[⑦] 相较欧美国家,我国在风险管理领域的研究起步较晚,直至 20 世纪 80 年代才开始进入自主研究。

风险管理理论发展至今已经深入应用到金融、房地产、建筑工程和现代医疗等多个领域,学术界对于风险的研究范围也随之不断拓宽,成果颇丰。然而,旅游演艺行业还未有人引入风险管理理论来指导实践,仅有少数学者在研究过程中提出了"风险"这一概念。王艳表示,

---

① 袁杏:《我国剧场类旅游演艺产品开发与创新研究》,上海师范大学 2013 年硕士学位论文,第 37 ~ 49 页。

② 罗曼丽:《国内大型旅游演艺产品开发现状研究》,载《黑龙江教育学院学报》2010 年第 12 期。

③ 魏君丽:《体验经济视角下的旅游产品开发探讨》,载《现代营销(信息版)》2020 年第 1 期。

④ 赵洁:《体验经济视角下的旅游演艺产品开发》,载《内蒙古科技与经济》2010 年第 20 期。

⑤ 赵慧:《旅游演艺游客感知及影响研究——以〈又见平遥〉为例》,山西大学 2019 年硕士学位论文,第 13 ~ 35 页。

⑥ 张佳良、刘军:《法约尔与一般管理理论——写在〈工业管理与一般管理〉百年(1916 ~ 2016)诞辰》,载《管理学报》2016 年第 12 期。

⑦ 袁素香:《寿光市双王城生态旅游项目的风险评估与控制研究》,中国海洋大学 2014 年硕士学位论文,第 4 ~ 5 页。

旅游演艺想要长久发展,必须要有强烈的风险意识,增强抗风险的能力。[①] 肖波认为,旅游演艺在后期经营上存在风险,从而导致融资困难、规模生产不便、生态意识缺乏等系列问题,并呼吁旅游演艺行业建立科学、有效的风险评价体系,实现行业健康有序发展。[②] 近年来,有学者尝试将风险管理理论应用到文旅行业,主要集中在对文旅企业、项目或产品的风险识别、风险评估以及风险应对方法的研究上。

(1)风险识别

风险识别是风险管理中的首要环节,是指通过收集、整理项目可能存在的风险及其产生的原因,并充分征求各方意见形成项目风险清单的过程。[③] 文旅项目作为综合一体化的工程,其内部包含了较多种类的风险因素,预先识别风险对项目前期开发工作起到至关重要的作用,能够优化后续建设资源的配置,从而缩小不必要成本的投入。

李冰(Li Bing)、A. 阿肯托耶(A. Akintoye)等学者认为,PPP项目风险应当划分为宏观风险、中观风险和微观风险,宏观风险包括政治、宏观经济、法律和社会风险,中观风险包括选址、融资、规划、建设、运营等风险,微观风险则包括第三方相关者风险等。[④] 徐晓龙认为,文旅项目风险存在内部风险和外部风险,前者包括资金投入风险、技术风险、质量风险等,后者涵盖了经济、政策、自然等风险。[⑤] 张文兵在此基础之上,进一步识别文旅项目存在的法律风险、资源风险以及市场风险。[⑥]

(2)风险评估

风险评估是对已经识别出来的风险进行量化估计的过程,其包含两层含义:一是风险发生的概率;二是风险造成的影响程度,将风险概率与风险影响的数值相乘,即可得到项目的风险值。[⑦] 通过实施风险评估可以确定项目风险的优先等级,从而为后续进行风险控制提供科学依据。旅游演艺作为文旅行业融合的产物,其开发需要更加有效、更具针对性的风险评价机制与运营监管体系。[⑧]

索菲·马尼加特(Sophie Manigart)等学者认为,投资项目风险评估可以分为3个步骤:首先,进行信息收集;其次,对收集到的信息进行分析,从而评估风险等级;最后,运用单个或组

---

① 王艳:《休闲产业突围中的风险规避——以河南旅游演艺秀为例》,载《电视研究》2007年第10期。

② 肖波、陈秋宁:《实景演出的资本风险与防控策略——以〈印象·刘三姐〉为例》,载《同济大学学报(社会科学版)》2021年第1期。

③ [美]项目管理协会:《项目管理知识体系指南》,卢有杰、王勇译,电子工业出版社2005年版,第409~410页。

④ Li Bing et al., *The Allocation of Risk in PPP/PFI Construction Projects in the UK*, International Journal of Project Management(2004).

⑤ 徐晓龙:《文化旅游开发项目的风险管理研究》,载《居舍》2021年第3期。

⑥ 张文兵:《文化旅游项目投资风险类别分析》,载《时代金融》2013年第26期。

⑦ 沈建明主编:《项目风险管理》,机械工业出版社2018年版,第30~31页。

⑧ 肖波、陈秋宁:《实景演出的资本风险与防控策略——以〈印象·刘三姐〉为例》,载《同济大学学报(社会科学版)》2021年第1期。

合的评价方法进行风险评估。① 目前学术界常见的风险评估方法可以分为3种：一是定性评估方法，包括专家评分法②、故障树分析法③、风险概率评估法④；二是定量评估方法，包括决策分析法（CBDT）⑤、蒙特卡洛仿真法⑥、证据推理理论⑦；三是定性与定量相结合的评估方法，包括灰色评价法⑧、敏感性分析法⑨、模糊综合评价法⑩、层次分析法⑪（Analytic Hierarchy Process, AHP）、因子分析法⑫；等等。

应当指出的是，学者在对不同项目进行风险评估的过程中，仅用一种风险评价方法难以满足研究的需要，故而常常将两种或多种评价方法结合起来，以抵消各自的缺陷，形成优势互补，这种综合评价方式逐渐成为风险评价研究的一种普遍趋势。

（3）风险应对

风险应对是风险管理的最后一步，是指根据项目风险分析的结果，结合风险承受能力，制定具体的风险应对方法。⑬ 文旅项目需要加强在不同开发阶段的风险防范意识，及时做好项目建设前期的风险识别、评估与应对，将风险扼杀在早期。⑭ 目前常用的风险应对策略包括风险规避、风险减轻、风险转移和风险接受，在选择风险应对策略时，应当根据不同等级的风险来具体分析，既可以单独使用某一策略，也可以联合使用，从而实现利益最大化。⑮

总之，从现有研究成果来看，风险管理理论在文旅行业中已经得到了初步运用，但由于风险管理在国内引进的时间不长，导致其研究深度和广度上存在诸多问题。尤其是对旅游演艺风险管理方面的学术研究仍处于空白，急需引起人们的关注。

---

① Sophie Manigart et al., *Venture Capitalists' Appraisal of Investment Projects: An Empirical European Study*, Entrepreneurship: Theory and Practice(1997).

② 李德全：《A电池管理系统公司的项目风险管理研究》，东华大学2020年硕士学位论文，第3~4页。

③ 朱希文、黄丽霞：《故障树分析法在项目风险管理中的应用——以姚江堤防加固工程鄞州段风险管理分析为例》，载《中国建材科技》2020年第2期。

④ 杨静：《区域旅游开发的风险评价及应对》，载《商业时代》2014年第10期。

⑤ 李永海等：《基于CBDT的新产品开发项目风险应对方案选择方法》，载《管理工程学报》2015年第3期。

⑥ 孙涵：《基于蒙特卡洛的风电项目风险评价分析》，载《理论月刊》2011年第11期。

⑦ 孙卫等：《基于证据推理理论的新产品开发项目投资风险评价方法》，载《科技管理研究》2010年第6期。

⑧ 张卓：《产品开发内在风险的灰色评价模型》，载《研究与发展管理》2005年第1期。

⑨ Petar Jovanović, *Application of Sensitivity Analysis in Investment Project Evaluation under Uncertainty and Risk*, International Journal of Project Management(1999).

⑩ 刘龙龙、刘西林：《基于模糊综合评价模型的旅游开发项目风险评价——以秦岭竹林关风景区为例》，载《河南科学》2017年第10期。

⑪ 丁香乾、石硕：《层次分析法在项目风险管理中的应用》，载《中国海洋大学学报（自然科学版）》2004年第1期。

⑫ 蔡碧凡、李涛、陶卓民：《区域休闲农业旅游开发的风险评价——以浙江省为例》，载《中国农业资源与区划》2016年第10期。

⑬ 王锡兰：《HD旅游景区开发项目风险管理研究》，青岛科技大学2019年硕士学位论文，第13~14页。

⑭ 徐晓龙：《文化旅游开发项目的风险管理研究》，载《居舍》2021年第3期。

⑮ 刘晓红、徐玖平编著：《项目风险管理》，经济管理出版社2008年版，第24~33页。

3. 综述小结

综上所述,随着国内旅游演艺市场的迅猛发展,对于旅游演艺的研究受到越来越多的学者关注,以旅游演艺产品开发、旅游演艺市场运营为主的内容成为研究热点。此外,消费者体验不断升级,旅游演艺产业融合、旅游演艺游客感知、沉浸式旅游演艺等内容也成为学者们研究的新方向。

从研究视角上来看,基于风险管理视角分析旅游演艺项目的文献相对缺乏,尽管有学者在旅游演艺发展中提出要增强风险意识,但没有上升到理论层面,真正运用风险管理理论对旅游演艺进行关注的研究极少。

从研究方法上来看,有关旅游演艺的学术研究普遍以现象陈述的研究较多,以概念理论为基础的研究较少;定性分析(描述性分析)的研究较多,定量分析(模型统计)的研究较少;对于旅游演艺的理论性、总体性、客观性研究仍有待提升。

基于此,本案例研究将运用风险管理理论、方法和工具,结合《又见平遥》旅游演艺成功案例,通过识别项目前期决策存在的各项风险因素,采用定性与定量分析相结合的方法构建风险评估模型,并运用该模型对项目前期决策风险因素进行科学评估,从而寻找风险应对措施,以期在一定程度上弥补旅游演艺项目风险意识不足、风险管理手段匮乏等问题,为我国旅游演艺项目前期决策风险管理提供参考。

二、《又见平遥》旅游演艺项目前期决策风险识别

目前,国内有关旅游演艺的称谓和概念,还没有统一的定论。在早期阶段,旅游演艺对行业发展的助力不明显,因此其称谓多依附景区而存在。1998 年 6 月,国家旅游局综合司举办了“全国主题文娱表演艺术研讨会”,首次提出“主题公园文娱表演”的称谓,其成为旅游演艺的早期名称。① 之后,旅游演艺对旅游目的地的作用日益凸显,与之相关的学术研究也日益增多,但由于旅游演艺活动场景的复杂性和多元性,使其在不同语境下呈现不同名称,如“主题公园文艺表演”②“旅游表演”③“旅游演出”④等称谓。直至 2007 年,李幼常在学术领域提出“旅游演艺”。这一称谓得到普遍认同,随后被学界、业界广泛使用。

笔者结合本案例语境及各学者对旅游演艺的解读,从演出地点、演出内容、受众、文旅融合发展四个方面对旅游演艺进行界定:在文化和旅游产业融合背景下,旅游演艺是指以游客

---

① 徐菊凤:《中国主题公园及其文娱表演研讨会综述》,载《旅游学刊》1998 年第 5 期。

② 张永安、苏黎:《主题公园文艺表演产品层次探究》,载《江苏商论》2003 年第 12 期。

③ 李蕾蕾、张晗等:《旅游表演的文化产业生产模式》,载《旅游科学》2005 年第 6 期。

④ 诸葛艺婷、崔凤军:《我国旅游演出产品精品化策略探讨》,载《社会科学家》2005 年第 5 期。

为主要受众群体,以展示地域文化、民俗特色为主要内容,以旅游目的地中的景区、剧场或主题公园为演出场所的商业演出活动。

(一)项目概况

1. 项目背景

21 世纪是中国文旅行业大发展、大转折的重要时期,各地通过搭建文旅资源整合平台、创新文旅业态等多种措施不断提升自身市场竞争力,中国文旅市场正阔步进入快速增长的黄金阶段。作为传统能源大省,煤炭产业一直是山西省的支柱性产业,然而,单一的产业结构和煤炭资源的不可再生性严重制约了经济的可持续发展,山西省产业转型迫在眉睫。“十二五”期间,山西省政府在文化改革发展规划中明确提出大力推进文化与旅游的深度融合,重点开发平遥古城等一批有影响的文化旅游基地,重点打造一批带动全省文旅行业发展的大型旅游演艺项目,①并逐步将文旅产业发展成为山西省的战略性支柱产业,这为孕育《又见平遥》旅游演艺项目提供了重要契机。

平遥古城坐落于山西省晋中市平遥县,距今已有 3000 多年的历史,1997 年被联合国教科文组织列入世界文化遗产名录,成为海内外游客向往的旅游胜地之一,其独特而丰富的文化遗存成为平遥古城发展文化旅游的关键所在。在资源转型发展中,政府充分考虑平遥古城自身的资源禀赋特征在山西省乃至全国文旅发展的战略优势地位,把文化旅游产业作为平遥未来发展的主攻方向,把全面建设晋商文化旅游中心城市作为全县国民经济与社会发展的战略目标。然而,平遥古城在发展过程中仍然存在文化内涵挖掘不足、游客过夜率与消费水平低、相关产业带动作用不强等问题,成为制约当地文化旅游市场发展的瓶颈,急需一批能够有效彰显地域特色文化底蕴、激发文旅消费潜力、带动当地相关产业发展的大型文化旅游产业项目。在此背景下,《又见平遥》旅游演艺项目开发建设被提上议事日程,并于 2011 年 10 月 13 日正式签约启动,成为山西省经济结构转型升级的重要项目之一,该项目的顺利实施推动了平遥古城乃至整个山西省文旅产业实现跨越发展。

2. 项目基本情况

项目开发是一个复杂、连续和动态的过程,其开发周期可以分为 3 个阶段,包括前期决策阶段、中期建设阶段和后期运营阶段。图 5 - 2 描述了项目各阶段的累计投资及其对项目效益的影响程度,可见项目前期决策阶段虽然所需投资金额不大,但对项目效益的影响却是最大的,稍有失误就会导致项目失败,产生不可挽回的损失。②

---

① 山西省人民政府办公厅《关于印发山西省文化改革发展“十二五”规划的通知》(晋政办发〔2012〕95 号)。

② 王勇:《投资项目前期管理》,电子工业出版社 2012 年版,第 15 页。

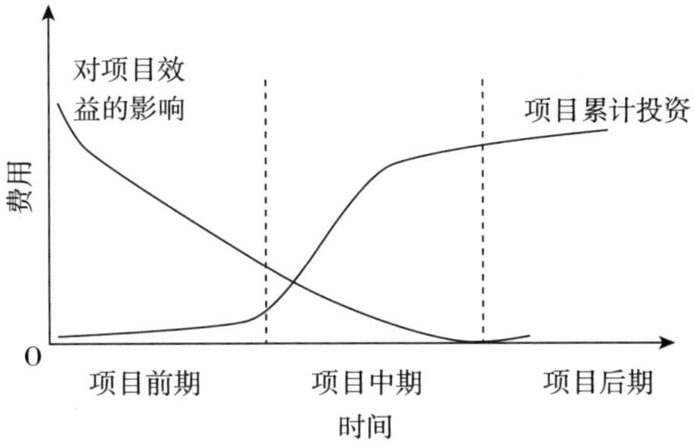

图5－2 项目各阶段累计投资及影响曲线

资料来源：王勇：《投资项目前期管理》，电子工业出版社2012年版，第15页。

旅游演艺项目前期决策阶段，是指从项目概念形成到项目开工建设之前所进行的全部工作，其核心任务是对旅游演艺项目开展广泛的调研工作并形成可行性研究报告，最终作出项目能否进入下一阶段建设的重要决策。通过项目前期可行性研究能够对项目投资建设的必要性和可行性进行分析论证，可以为项目决策提供科学依据，避免盲目决策可能造成的更大浪费和损失。与其他各阶段相比，项目前期工作内容较少，但对整个项目的长远发展和战略方向起着决定性作用。

《又见平遥》旅游演艺是山西省在“十二五”期间由能源大省向文化大省转型的重点项目之一，也是王潮歌导演的“又见”系列旅游演艺在中国北方地区的第一个项目，开创了中国旅游演艺沉浸式演出的先河。《又见平遥》项目从2011年3月开始策划构思，再到2013年舞台呈现共历时两年之久，整个项目生命周期分为前期决策、中期建设和后期运营3个阶段。如表5－2所示，《又见平遥》项目前期决策阶段是指从2011年3月项目概念形成到2012年3月项目剧场开工建设之前所进行的全部工作，该阶段的主要工作内容包括项目构思、洽谈签约、改制拆迁、前期手续筹备、项目可行性研究和概念创意策划。

其中，项目可行性研究工作是《又见平遥》项目前期工作中最重要的内容，也是对项目构思、目标设计和创意策划工作的进一步细化。为保证项目决策的科学性，《又见平遥》项目方委托具有相应能力的北京某咨询公司独立进行可行性研究工作，通过对拟建项目的市场、选址、技术、资金、风险等方面的情况进行深入、细致的调查研究；对项目建成后的经济效益和社会效益进行科学预测；对项目的必要性、可行性、创意性和风险性进行评价；并在此基础上，作出该项目能够投入下一阶段建设的合理决策。

表 5－2 《又见平遥》项目各阶段进度

项目阶段/时间		2011 年					2012 年							2013 年			
		3 月	10 月		12 月		3 月		7 月	8 月	10 月		12 月	1 月			2 月
		1 日	12 日	13 日	14 日	25 日	1 日	10 日	31 日	1 日	15 日	16 日	31 日	16 日	20 日	1 日	18 日
前期决策阶段	项目构思																
	洽谈签约																
	正式立项																
	改制拆迁																
	前期手续筹备																
	项目可行性研究																
	创意策划																
中期建设阶段	剧场主体工程建设																
	剧场声光电设备安装																
	演出制作与排练合成																
	完成内部动线测试																
	剧场揭幕仪式																
后期运营阶段	产品发布会																
	正式公演																

(1)项目选址与剧场建设

《又见平遥》旅游演艺项目建址于山西省晋中市平遥县顺城路154号,位居国家5A级旅游景点平遥古城的西侧,项目所在地东临护城路,西临顺城路大街,南北两端是两条由古城门延展出来的道路——上西关街和西关大街,距离平遥火车站、汽车站和高铁站分别仅有2.1公里、3.0公里和6.5公里。项目总占地面积10.4万平方米,新增建筑面积8.8万平方米,包括剧场演出区、艺术团区、商务区、游客中心区、附属服务功能区等,其中,大部分用地均为草坪空地,但地块向西突出的两个部分现有数家商铺和居民住户,将涉及拆迁和移民工作。

在演出剧场建设上,《又见平遥》旅游演艺项目的剧场建筑总高度为15米,属于低层建筑,其中向下深挖6米作为演出空间,而地上部分建筑物高度仅为9米,低于古城墙12米的高度,使新建筑临近古城而不突兀。剧场整体建筑外观融传统与现代于一体,将不规则的建筑形式与黄土灰瓦元素相结合,呈现典型的北方“沙瓦建筑”形态。这种设计灵感源于平遥古城内绵延起伏的屋面,展示着古城曾经的繁华与沧桑,也与一波三折的演出内容遥相呼应,仿佛在演绎着一幕幕人生大戏。剧场的内部空间设计是为《又见平遥》沉浸式演出形式量身打造的,摒弃了前厅、固定入场口、固定观众席、镜框式舞台等传统剧场的标配,根据不同情景功能将剧场空间分割为A、B、C、D四个区域和六大情景主题,每个区域的表演场所都是相互独立的,观众可以根据自己的选择从A区或B区进入剧场,步行观看不同的演出路线,从而获得多样化的情景体验。

剧场四大区域中,A区为引导区,占地面积1683平方米,建筑面积578平方米,由镖局、忠义祠、院门三组建筑组成,以清末时期同兴公镖局铺面作为蓝本,展现了平遥古城的建筑特色;B区为商业文化展示区,占地面积2845平方米,建筑面积2021平方米,由牌楼、店铺等22组建筑物组成,采用石雕、砖雕等传统工艺建造重现了清末时期平遥古城繁华的商业活动景象;C区为生活场景展示区,占地面积2200平方米,建筑面积1030平方米,由账房、闺房等10组建筑物组成,采用仿真手法复建了平遥古城最具代表性的居民建筑,反映了城内商贾家族的生活场景;D区为综合文化演艺区,占地面积1523平方米,建筑面积156平方米,采用现代化的声、光、电等表现手法,展现了平遥古城2000多年的综合文化底蕴。

(2)组织机构与业务功能

为保证《又见平遥》旅游演艺项目顺利推进,项目专门成立了平遥县九成文化旅游投资有限公司(以下简称平遥九成公司)和平遥县印象文化旅游发展有限公司(以下简称平遥印象公司)。如图5-3所示,平遥九成公司由市、县两级政府授权晋中市公用基础设施投资有限公司(以下简称晋中市公投公司)和平遥古城旅游股份有限公司(以下简称平遥股份公司)共同组建,出资比例各占50%。平遥印象公司由平遥九成公司和观印象艺术发展有限公司(以下简称观印象公司)共同组建,出资比例分别为90%和10%。其中,观印象公司是王潮歌、樊跃和张艺谋3位知名导演联合创立的国内旅游演艺创作和版权运营机构,旗下拥有“印象”

“又见”“最忆”“归来”等旅游演艺系列品牌和一个单品剧目《知音号》。

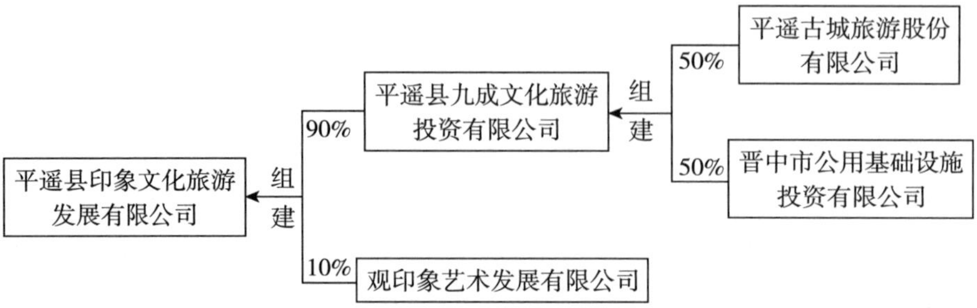

图5－3 《又见平遥》项目组织机构

在项目前期，平遥九成公司的主要业务是完成剧场及配套基础设施的筹资与建设、演出创制费用的筹集；平遥印象公司负责委托观印象公司进行《又见平遥》演出创作。项目正式投产运营后，平遥九成公司主要负责开展剧场出租业务、项目基础设施物业管理和其他基础建设投资业务；平遥印象公司负责项目后期运营工作，包括演出业务、剧场经营业务以及衍生品开发等。

此外，为保证项目建设工程的有序实施，平遥九成公司成立项目建设指挥部，全面负责施工指挥工作。同时成立技术组、施工组、验收组、资料组、后勤组和监督组，对建设工程实施进行监督和管理，进行竣工预验收。工程实行项目法人责任制并下设5个部门：工程部负责日常行政、计划、进度、招投标等工作，以及与设计、施工、监理等有关部门的联络工作；技术部负责项目技术文件、技术档案的管理、主持设计图纸会审，处理有关技术问题以及组织上岗职工的专业技术培训等工作；财务部负责项目财务计划的制订和实施，安排办理合同协约等手续以及财务往来；材料部负责设备材料订货、采购、保管、调拨等工作；质量安全部负责工程质量检验工作，及时发现质量隐患，反馈质量信息。

(3)主创团队与创意策划

《又见平遥》旅游演艺项目会聚国内知名人士参与演出创作，其主创团队核心成员大部分是“印象”系列原班人马，如表5－3所示，由王潮歌担任总导演和总编剧，负责整体演出风格定位和质量把控；总策划由樊跃和王潮歌共同担任；丛明玲和张冬担任总导演；著名作曲家王崴担任音乐总监；灯光设计由中央戏剧学院舞台艺术系副教授王宇钢担任；大连大学美术学院教授刘朝晖担任舞美设计；中国当代著名导演易硕担任戏剧排练编导。

表5－3 《又见平遥》主创团队人员名单

职务	人员	职务	人员
总导演	王潮歌	服装设计	左环宇
总策划	王潮歌、樊跃	戏剧排练编导	易硕
总编剧	王潮歌	文学	杨浥堃
执行总导演	丛明玲、张冬	音响设计	代旭
舞美设计	刘朝晖	工程技术监制	王磊
音乐总监	王崴	创意舞台设计	阮小华、倪乐村
作曲	王崴、程池、吴军	置景设计	翁世峰、王曙伟、白连东、冯嘉明、何飞
灯光设计	王宇钢	舞蹈编导	于海洋、王丹、王超、包那日苏、孙婷、刘迪、谷亮亮、鲁亚南、程金、葛宏业
声乐排练编导	尹鑫磊		

资料来源：道略文旅产业研究院《2019年中国旅游演艺产业研究报告》。

与以往“印象”系列旅游演艺项目不同的是，《又见平遥》在创意之初，便不再以“印象”二字命名，而是采用了一个全新的名字“又见”。王潮歌导演表示：“印象”和“又见”系列是两个并行的品牌，前者从山水云彩之间吸取元素，后者从平遥浓烈的人文色彩中获得灵感，人们来到平遥仿佛再次见到自己的父母和祖先一样，以“又见”二字作为演出名称更加符合实际。导演在创意策划阶段，突破了原来以山水实景为演出场地的固定模型，将舞台搬进了室内剧场中，并在观演方式上采用行进式观剧模式取代了传统观演模式，不同路线的观众看到故事的叙述顺序有所不同，观众可以根据自身意愿在剧场内自由穿行或者与演员交互，使其成为演出的一部分，形成了一部兼具戏剧性和体验性的艺术盛宴。

《又见平遥》的创作灵感是王潮歌导演及其主创团队在平遥采风时期挖掘、提炼而成的。剧目的内容立足于晋商文化题材，以镖局为视点进行戏剧创作，经过艺术加工和反复修改，反映了山西人民重血脉传承、重仁德仗义的主题思想。剧情背景发生在清朝末年，大批平遥商人前往沙俄经商，社会动乱使平遥商人遭到迫害，抄家惨案时有发生，平遥城票号的赵家少东家赵易硕，为了保下在沙俄分号王掌柜全家的唯一血脉，不惜抵尽家产，亲率平遥城内同兴公镖局232位镖师远赴沙俄保镖，7年后赵东家本人连同镖师全部死在途中，而王家血脉得以延续。① 剧中故事情节是根据真实事件改编而成的，其中“镖师沐浴”“选妻”等桥段均有史料记载。

（4）投资估算与资金筹措

《又见平遥》旅游演艺项目的投资估算由四部分组成，包括工程费用、工程建设其他费用、预备费用和流动资金，估算投资总额约4.7亿元，其中工程费约2.74亿元，工程建设其他费

① 赵坤琦、张瑜：《〈又见平遥〉导演王潮歌专访》，载《旅游纵览》2013年第5期。

用约1.2亿元、预备费用约3156万元、流动资金约4500万元。① 依据该估算结果,项目共批复投资总额为4.7亿元,主要由市、县两级政府共同筹资建设。其中,晋中市公投公司出资1亿元,平遥股份公司出资2000万元和项目用地的土地使用权,平遥九成公司申请国开行贷款3亿元,其余为平遥印象公司自筹。

(5)经济效益与社会效益

《又见平遥》旅游演艺自2013年公演至2021年7月,累计演出5993场,累计接待游客402万人次。如图5-4所示,2019年票房收入达1.23亿元,保持稳定的增长势头。在社会效益上,《又见平遥》既能够延长游客停留时间,推动周边酒店、餐饮、娱乐等相关产业发展,还能够解决当地居民就业问题。

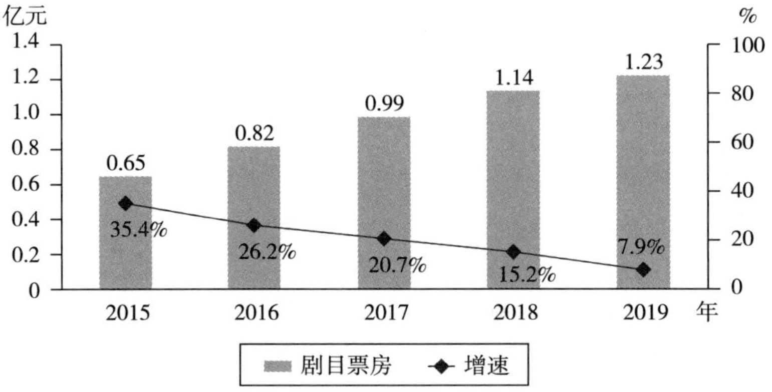

图5-4　2015~2019年《又见平遥》票房变化情况②

(二)项目风险识别

在一般情况下,风险的基本含义,是指遭受损失的一种可能性,风险作为一种普遍存在的现象具备客观性、无形性、相对性、突发性和多样性,其存在要求人们要积极面对风险,只有做到有备无患,才能将风险的影响降到最低。③

项目风险,是指某种事件发生的不确定性会对项目目标产生的消极影响。项目的独特性导致不同类型的项目有不同的风险,相同类型的项目根据其所处环境、项目客户和项目团队的不同,其风险也是各不相同的。一个项目可能会有多种风险同时存在,相互交叉组合作用的特点。此外,项目不同阶段存在不同的风险,风险性质和影响也会随着项目进展而发生变化,由于项目前期的各项信息和数据尚未明确,导致项目前期的风险性和不确定性最大,随着

① 道略文旅产业研究院《又见平遥项目可行性研究报告》。

② 道略文旅产业研究院《2019年中国旅游演艺产业研究报告》。

③ 刘晓红、徐玖平编著:《项目风险管理》,经济管理出版社2008年版,第13~18页。

项目逐渐推进，许多原来不确定的因素日渐明朗，项目面临的不确定性大大降低。① 因此，项目风险随着时间延续和决策问题的减少呈现递减趋势。

项目风险管理是指项目管理团队通过风险识别、风险评估和风险应对，采用多种管理方法、技术和工具，对项目所涉及的各种风险采取有效的控制手段。② 在项目风险管理中，风险识别是其研究的第一步。风险识别通过整理、归类和分析项目开发过程中存在的各项风险因素，可以帮助决策者了解项目所面临的风险，从而为建立项目风险评估体系提供依据。旅游演艺项目在不同阶段所产生的风险因素不尽相同，项目前期各项信息和数据相对缺乏，故而在整个项目开发周期中存在的风险最高。所以在前期决策阶段对旅游演艺项目进行细致、全面的风险识别至关重要。

1. 风险识别过程

风险识别是在相关数据资料基础上，通过筛选、辨识、分析等多个环节，对项目可能存在的风险因素进行识别，风险指标的完备性和准确性是后续风险评估能否被接受和认可的关键，也是评估指标体系能否被真正付诸实施的科学依据。在旅游演艺项目风险识别过程中，应当充分考虑相关性原则，综合考量风险因素指标，经过多轮修改使其逐步完善。

如图5－5所示，《又见平遥》的风险识别过程分为4个阶段。第一个阶段收集、整理和分析与项目相关的文献、行业报告、可行性研究报告等资料，初步拟定风险因素指标；第二个阶段基于项目与本研究的实际情况选择适宜的风险识别工具，并遴选出具有影响力的旅游演艺领域专家，在征得专家同意的情况下，向其征询风险指标的修改意见；第三个阶段回收专家征询的意见和建议，并对回收信息进行分析、处理，形成一份正式的风险清单；第四个阶段对风险清单中已确定的风险因素进行具体分析，从而为后续风险评估指标提供依据。

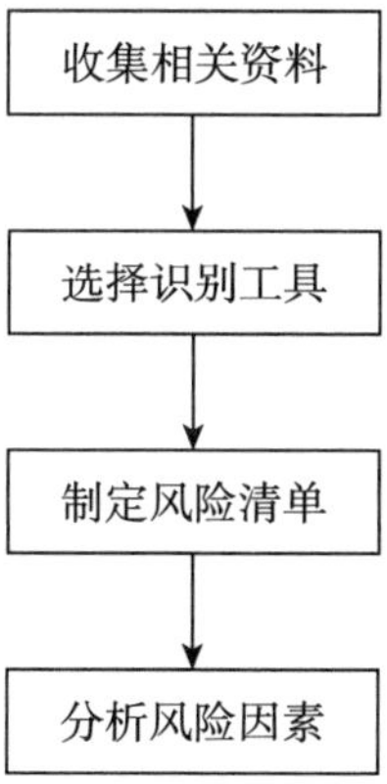

图5－5 《又见平遥》旅游演艺项目前期决策风险识别过程

① 刘晓红、徐玖平编著：《项目风险管理》，经济管理出版社2008年版，第18～23页。

② 刘晓红、徐玖平编著：《项目风险管理》，经济管理出版社2008年版，第24～33页。

2. 风险识别依据

想要确保项目风险识别工作的全面性和准确性,关键在于所采用信息资料及工具是否可靠。笔者在综合考虑各类风险识别工具的优缺点、项目实际特点和本案例研究的可操作性后,拟采用文献资料收集法、历史资料数据法和专家征询法对《又见平遥》旅游演艺项目前期决策风险因素进行识别。

(1)文献资料收集法

文献资料收集法是通过收集、分析与研究主体和研究领域相关的文献资料,从中识别出对研究主体影响较大的因素。该方法的优点在于不受时空限制,在前人研究成果的基础上获取信息。其不足在于由于文献信息量较大可能使研究缺乏针对性,还容易存在信息资料过时等问题,因此采用该方法进行风险识别时,应当密切围绕研究主体及其相关领域进行文献检索,同时注重资料的时效性。一方面,笔者通过总结与《又见平遥》旅游演艺项目相关的文献资料,选取对项目影响较大的风险指标;另一方面,笔者通过分析文旅项目、旅游项目、旅游地产项目、商业地产项目等相关行业在风险管理方面的文献研究,借鉴其风险因素选取的指标,从而筛选出本项目可能存在的风险因素。

(2)历史资料数据法

项目历史资料中不仅包含对项目风险因素的识别结果,还详细记录了不同类型风险发生的原因、过程及影响,能够为项目风险识别工作提供有效依据。通常情况下,历史资料数据源于历史项目的原始记录和商业性历史项目的信息资料,历史项目的原始记录主要来自建设和实施历史项目的组织,此类原始记录对于识别项目风险具有重要价值,商业性历史项目的信息资料来自项目管理咨询公司,这些公司将为其他项目建设主体提供历史项目信息、数据统计资料和项目投资规划咨询服务作为主营业务。① 笔者通过在北京某管理咨询公司实习、参与旅游演艺业内培训与考察研修等方式掌握了丰富的项目历史资料数据,包括《又见平遥》项目可行性研究报告、旅游演艺行业年度报告等,并对资料信息进行筛选、整理和分析,从中提炼出项目可能产生的风险。

(3)专家征询法

专家征询法,是指通过与本项目或类似项目以及本行业领域的专家进行交流、访谈,征询其对项目风险的意见和建议,从而帮助项目决策者识别出潜在的风险因素。该方法灵活性较高,成本较低,可以针对某个问题进行深层次的追问而获得需求。但存在受专家主观影响较大的问题,并且对征询技巧有着较高要求,被询问者可能出于自身利益考虑使得征询内容失去可信度。笔者通过电话或线上形式邀请专家对初步建立的风险因素指标提出诸多建议,再根据专家意见对风险因素指标进行修改,删除多余的指标,对类似指标进行合并,从而保证风

① 黄祉绮:《南山风景区升级改造项目风险识别、评价和应对策略》,江苏大学 2020 年硕士学位论文,第 29 页。

险指标体系结构的合理性和完整性。

3.风险识别实施

旅游演艺项目前期决策阶段涉及方方面面的工作,存在诸多风险因素,而风险识别是一个动态过程,风险因素会随着项目的进展程度而不断地更新、变化,项目风险管理者往往难以在某一时间段内识别出全部的风险因素。在通常情况下,项目风险存在3种类型:已知风险、已知—未知风险、未知—未知风险。其中,已知风险和已知—未知风险是指能够预见的风险,二者的区别在于已知风险能够准确了解风险发生的概率和影响,已知—未知风险则不清楚风险发生的概率和影响。未知—未知风险指的是不可预见的风险,更无法预知风险发生的概率和影响,如自然灾害、金融危机等难以预测的事件,此类风险因素只能在发生之后被识别和评估。因此,根据项目和风险识别的不同特征,笔者将重点识别影响旅游演艺项目前期决策的已知风险和已知—未知风险,对于未知—未知风险不展开详细讨论。

笔者基于对国内外相关文献资料的研究成果、相关项目实践经验的全面分析和系统总结,结合国内优秀文旅类项目、房地产类项目和工程类项目所建构的风险指标体系,对旅游演艺项目前期决策风险因素开展初步识别工作。先对项目相关资料信息进行采集和分析,对相关期刊文献、《又见平遥》旅游演艺项目可行性报告和旅游演艺行业报告等历史资料作了深入研究,并结合项目实际情况,初步拟定了《又见平遥》项目前期决策风险因素指标(附录1),包括5个一级风险指标和17个二级风险指标。

之后采用专家征询法,将初步拟定的《又见平遥》项目前期决策风险因素指标表分发给专家征询其意见,对专家指出难以理解的指标进行修改,重复的指标予以删除,把预选指标中遗漏的一些重要指标在专家的提议下增添,在此基础上即可确定《又见平遥》旅游演艺项目前期决策风险因素。其中,在专家建议下添加的指标为“剧场施工风险”,在专家建议下删除的指标有“税收政策风险”“市场进入风险”“产品定价风险”“技术实现风险”“成本控制风险”。在专家建议下进行修改的风险有,“政策风险”修改为“政治环境风险”,“自然地理位置风险”和“人文地理位置风险”合并修改为“地理位置风险”,“产品风险”修改为“演出质量风险”,“产品内容风险”修改为“演出内容风险”,“产品形式风险”修改为“演出形式风险”,“团队能力风险”修改为“主创团队能力风险”。

最终得到如表5-4所示的《又见平遥》旅游演艺项目前期决策风险清单,包括5个一级风险指标:政治环境风险、市场风险、选址风险、演出质量风险和财务风险,以及12个二级风险指标:产业政策风险、政府支持力度风险、市场需求风险、市场竞争风险、地理位置风险、配套设施建设风险、剧场施工风险、演出内容风险、演出形式风险、主创团队能力风险、投资估算风险、资金筹措风险。

表 5－4 《又见平遥》项目前期决策风险清单

序号	一级风险指标	二级风险指标
1	政治环境风险	产业政策风险
2		政府支持力度风险
3	市场风险	市场需求风险
4		市场竞争风险
5	选址风险	地理位置风险
6		配套设施建设风险
7		剧场施工风险
8	演出质量风险	演出内容风险
9		演出形式风险
10		主创团队能力风险
11	财务风险	投资估算风险
12		资金筹措风险

4. 风险识别结果

（1）市场风险

任何新项目进入市场都存在一定的风险，市场风险，是指市场因素的变动所导致的项目遭受损失的不确定性。旅游演艺项目前期存在的市场风险主要源于竞争者带来的市场竞争风险以及消费者带来的市场需求风险。市场竞争风险，是指准备或即将进入某种行业的新产品在与同类产品的竞争过程中，可能遇到的不确定因素。市场竞争风险发生的程度表明一个企业进入市场的难易程度，只有对市场竞争有清晰的理解，才能找准正确的市场进入时机，降低竞争风险。市场需求是旅游演艺产品开发的重要前提，市场需求风险意味着新产品能否满足消费者需求，导致其在某一时间和价格条件下作出消费决策存在不确定性。旅游演艺以游客为主体受众，一方面，由于各地经济发展水平和国民文化素养差异，游客对于出行需求的层面也不断升级；另一方面，随全国范围内大规模打造大型旅游演艺项目并呈现一定同质化趋势，游客的可选择性增加或审美疲劳，也在一定程度上影响《又见平遥》项目的客源市场。旅游演艺项目能否精准定位客源市场需求，推出针对性的演艺产品，成为影响旅游演艺前期决策的重要因素。

（2）选址风险

选址风险，是指为旅游演艺项目选择所在地所产生的不确定性。作为旅游产业链中的一环，国内旅游演艺自身难以成为游客出行的动机性项目，其往往依赖现存的游客量进行转化，具有较强的旅游目的地依附性。不少演艺项目正是由于不恰当的选址，加之演出对游客的吸引力不足而面临停演危机。在《又见平遥》项目前期阶段中，影响项目选址的风险因素包括地理位置的选择、配套设施建设是否齐全以及剧场施工难度。其中，地理位置风险既包含项目所在区域和城市的自然地理位置，也要考虑与当地文化资源、社会经济条件等人文地理位置的有机结合。配套设施建设风险主要源于项目所在地的交通设施、服务设施和工程设施条件是否能够满足项目开发建设。交通设施，是指项目所在地及其周边的交通便利程度，这是游客进入项目所在地的基本保证。服务设施，是指项目周边的停车场、酒店、饭店、娱乐设施等，其作用是形成留客要素。此外，项目选址会直接影响演艺场所的施工建设，演艺场所在开发过程中需要投入大量资金、物质资源和人力成本，且场地建设具有一次性和固定性的特点，一旦建成难以更改。因而在开发前期就要充分考虑影响剧场施工的各种风险，将损失降到可控状态。

（3）演出质量风险

演出质量风险是由于演出作品呈现效果的不确定性给项目带来的不利影响。演出质量是旅游演艺项目赖以生存的基本条件，在《又见平遥》项目前期，演出质量风险主要源于演出内容、演出形式的选择以及主创团队能力的高低。山西省拥有深厚的传统文化底蕴以及鲜明的地域文化特色，《又见平遥》项目团队能否在演出内容策划上实现当地特色文化资源的创造性转化，并最终形成可观的经济效益存在不确定性。有了演出内容之后，应当思考如何把二者以艺术的手段呈现在舞台上，这就需要优秀的导演、编剧组成的主创团队，像国内“印象”“千古情”“山水”系列品牌旅游演艺，均由知名创作团队打造。对《又见平遥》项目来说，主创团队的选择同样存在风险。此外，演出形式风险，是指项目决策者能否选择适宜的演出形式将其内容创意化呈现存在不确定性，项目以“沉浸式”作为演出形式，此种表现手段能否与游客建立更深刻的联结，促使观众更深刻地感受到演出所蕴含的文化意蕴，提高游客对地域文化的认知和体验面临不确定性。

（4）财务风险

财务风险，是指在项目开发过程中，受到各种难以预测或控制的因素影响，使财务状况具有不确定性，从而给项目带来财务损失。对于旅游演艺项目来说，资金在项目的全生命周期都发挥极其重要的作用，《又见平遥》项目在前期阶段面临的财务风险主要源于投资估算和资金筹措方式。投资估算是项目前期决策的重要依据，随着旅游演艺市场竞争日益激烈，旅游演艺项目在开发过程中逐渐呈现投入资本高、回收周期长、收益预期难等问题，这使得投资估算的重要性越发明显。由于《又见平遥》项目前期阶段的相关信息尚未明确，导致各项财务数据难以准确预测,旅游演艺项目的复杂性和唯一性决定了没有完全相同项目可参考,估算指标往往源于历史资料数据,不能反映当下价格水准,从而给投资估算带来不确定,最终影响成本的合理分配。同样,由于旅游演艺项目资金需求量大,其资金筹措方式也会直接制约项目规模,进而制约项目建设时间的确定。

三、《又见平遥》旅游演艺项目前期决策风险评估

风险评估是项目风险管理的第二步,在风险识别的基础上,管理者能够利用各种风险评估手段与工具,对风险进行定性或定量化分析,从而预测风险发生的可能性和影响程度。

(一)构建 AHP—模糊综合评价法风险评估模型

根据前文对旅游演艺项目前期决策风险因素的识别可以得出:一是项目前期决策风险是多方面因素综合影响所致的;二是不同风险因素对旅游演艺项目前期决策产生的影响程度不同;三是项目前期阶段信息尚不明确,各项风险因素对项目决策产生的影响具有一定的模糊特征,难以进行精准的量化评估。因此,需要一种可将决策者的经验判断给予量化,并将定量决策对象进行优劣排序、筛选,再给予模糊评价的多目标决策风险评估方法。目前,学术界常见的风险评估方法包括定性评估方法和定量评估方法,学者在对不同项目进行风险评估的过程中,仅用一种风险评价方法难以满足研究的需要,故而常常将两种或多种评价方法结合起来,以抵消各自的缺陷,形成优势互补,这种综合评价方式逐渐成为风险评价研究的一种普遍趋势。

在综合衡量各种风险评估方法后,笔者拟采用定性与定量相结合的方式来构建旅游演艺项目前期决策风险评估模型,即图 5 - 6 所示的 AHP—模糊综合评价法风险评估模型。该模型首先应用 AHP 将定性评价转化为定量评价,通过评价指标判断矩阵的确定、判断矩阵的一致性检验及层次单排序,得出旅游演艺各项风险因素指标的权重向量。之后,采用模糊综合评价法对旅游演艺项目前期决策风险进行综合评估,得到旅游演艺项目前期决策的整体风险等级与各项风险因素等级。

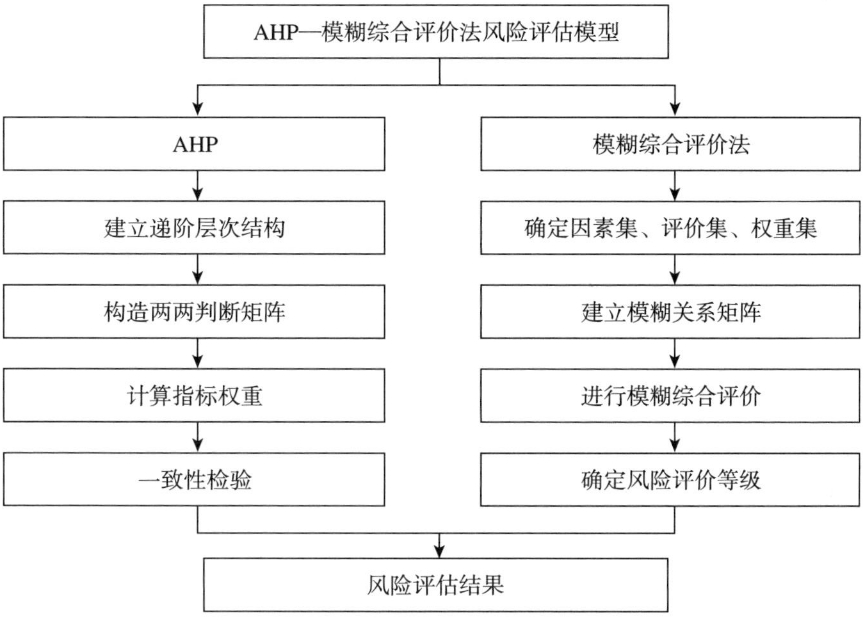

图 5－6 AHP—模糊综合评价法风险评估模型

1. 运用 AHP 确定指标权重

权重是指每个指标在项目整体中所占比重的大小,反映了指标在整个评估体系中的相对重要程度。① 旅游演艺项目前期决策风险因素的权重高低体现了该因素对项目风险的影响程度,其结果将直接关系风险评估的客观性和准确性。

AHP 是美国运筹学家萨蒂(T. L. Saaty)于 20 世纪 70 年代提出的一种确定层次指标权重的决策分析方法。② 这种分析方法克服了传统的"主观赋权法"所带来的片面性,在深入分析复杂决策问题的本质、影响因素及其内在关系的基础上,能够利用较少的定量信息使决策思维过程数学化,使复杂决策问题简单化,③十分适用于旅游演艺项目前期阶段,对各项决策风险权重难以直接计量的场景。下文将详细阐述运用 AHP 确定旅游演艺项目前期阶段指标权重的具体步骤。

(1) 建立递阶层次结构

递阶层次结构可以把复杂问题分解为各个组成部分或元素,从而侧面反映事物的属性,加深决策者对事物各元素之间的关系和演变规律的认识,使思维趋于条理化,使决策结果更

---

① 杨武、杨大飞、雷家骕:《基于专利信息的产业技术竞争优势测度模型构建与实证研究》,载《科技进步与对策》2018 年第 13 期。

② 张曾莲编著:《风险评估方法》,机械工业出版社 2017 年版,第 188 ~ 189 页。

③ 张曾莲编著:《风险评估方法》,机械工业出版社 2017 年版,第 188 ~ 189 页。

加科学高效。① 在建立项目风险递阶层次结构的过程中，首先需要把决策问题分解成多个元素，之后按照不同属性将元素归类、分组，形成自上而下、逐层支配的结构关系。② 如图5－7所示，第一层次为目标层（U），表示决策的预期目标，即项目总体风险评价；第二层次为准则层（U_i），即可能导致项目前期决策产生风险的各项因素；第三层次为指标层（U_{ij}），也称风险因子层，即项目风险因素来源。

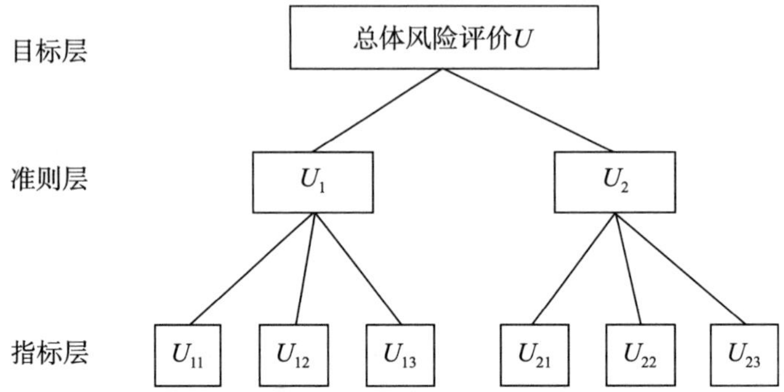

图5－7 项目风险递阶层次结构

递阶层次结构应当具备以下特点：其一，层次之间的关系在某种意义上类似集合、子集、元素间的属于关系，上层要素对下层要素具有支配或包含的关系，下层要素对上层要素有贡献关系；其二，层次之间的联系比同一层次各元素间的联系要大得多；其三，递解层次数量取决于决策问题的需求，若某一层次元素过多，则可以进一步划分子层次。③

（2）构造两两判断矩阵

在建立递阶层次结构之后，可以通过各层级元素之间的两两比较来构建判断矩阵。为了使两两比较具有统一标准，实现定性评价的定量转化，我们还需要规定好定量标度。学者萨蒂曾在1980年通过反复实验对1～9标度法和其他26种方法作出比较，结果表明1～9标度是比较合理的方法。④ 因此，本文采用萨蒂提出的1～9标度法（见表5－5）来获取判断矩阵的原始数据，此过程需要结合专家评分法，邀请行业专家对准则层与指标层的风险因素分别进行两两比较，再将评价结果形成如表5－6所示的两两比较打分。

① 许树柏编著：《实用决策方法——层次分析法原理》，天津大学出版社1988年版，第17～18页。
② 许树柏编著：《实用决策方法——层次分析法原理》，天津大学出版社1988年版，第17～18页。
③ 许树柏编著：《实用决策方法——层次分析法原理》，天津大学出版社1988年版，第18～19页。
④ 许树柏编著：《实用决策方法——层次分析法原理》，天津大学出版社1988年版，第22页。

表5-5 1~9标度方法①

标度(a_{ij})	定义	含义
1	同样重要	i因素与j因素相比,两者同样重要
3	稍微重要	i因素与j因素相比,i因素稍微重要
5	明显重要	i因素与j因素相比,i因素明显重要
7	非常重要	i因素与j因素相比,i因素非常重要
9	绝对重要	i因素与j因素相比,i因素绝对重要
上列标度倒数	反比较	i因素与j因素的重要性之比为a_{ij}, 那么因素j与i因素的重要性之比为$a_{ji}=1/a_{ij}$

表5-6 两两比较打分

A	U_1	U_2	…	U_n
U_1	a_{11}	a_{12}	…	a_{1n}
U_2	a_{21}	a_{22}	…	a_{2n}
…	…	…	…	…
U_n	a_{n1}	a_{n2}	…	a_{nn}

根据表中的数值,可得两两判断矩阵A:

$$A=(a_{ij})_{n\times n}=\begin{bmatrix} a_{11} & a_{12} & \cdots & a_{1n} \\ a_{21} & a_{22} & \cdots & a_{2n} \\ \vdots & \vdots & \vdots & \vdots \\ a_{n1} & a_{n2} & \cdots & a_{nn} \end{bmatrix} \tag{5-1}$$

该矩阵也称为正互反判断矩阵,其中,a_{ij}表示第i个因素相对第j个因素的重要程度比较结果,且具有以下性质:①$a_{ij}>0$;②$a_{ij}\times a_{ji}=1$;③当$i=j$时,$a_{ij}=1$。

值得注意的是,专家评分法是一种将定性描述定量化的方法,通过聘请行业内具有专业知识和丰富经验的专家或学者,以匿名方式征询多名专家或学者意见,再对所得数据进行统计、处理、分析和归纳,最终获得趋于一致的专家建议。该方法成本较低,且易于应用,可以对大量难以采用技术方法进行定量分析的因素作出合理估算。但是,该方法集多位专家的意见为一体,主要依赖专家的经验进行判断。因此,在对专家的选择上,应当优先选择本行业、同领域、有经验、对项目了解程度较高的专家进行评价,所选专家的权威度越高,所得评价结果的可信度越高。此外,专家评分法的专家人数一般控制在5~10人,当多个专家参与评分时,

① 许树柏编著:《实用决策方法——层次分析法原理》,天津大学出版社1988年版,第9页。

只需对专家两两比较打分表的赋值进行统计平均,求得均值后即可构建最终的判断矩阵。

(3)计算各层级指标权重

确定两两判断矩阵之后,需要根据矩阵的特征向量得到各层次指标的权重系数。常用的特征向量计算方法是和积法与方根法,两者仅在计算公式上有所区别,计算结果的差别不大。此外,由于矩阵各层级指标较多,计算过程极为烦琐,仅用传统的数据处理手段显然无法满足需求,而使用数据分析软件可以使数据处理过程实现简单便捷化操作,从而提高数据分析效率。

SPSSAU(自动化统计产品和服务软件)是一款数据科学分析平台,目前已广泛应用于自然科学、技术科学和社会科学等各个领域。在 SPSSAU 中使用 AHP 确定权重默认采用的计算方式为和积法,操作者仅需输入判断矩阵中的相应数据即可得到特征向量和权重值,还可以同步完成下个步骤中一致性检验的分析结果。综上,笔者将采用人工数据处理与数据分析软件工具 SPSSAU 相结合的方式来完成 AHP 中第三步与第四步的计算。以下是通过和积法计算特征向量和权重值的具体步骤与公式:

①将两两判断矩阵 A 按列归一化:

$$A_{ij} = \frac{a_{ij}}{\sum_{i=1}^{n} a_{ij}} (i, j = 1, 2\cdots, n) \text{①} \quad (5-2)$$

②将正规化后的判断矩阵按行相加,求得各行元素之和,即特征向量 w:

$$w_i = \sum_{j=1}^{i} b_{ij} \text{②} \quad (5-3)$$

③将所得特征向量进行归一化处理,即可得到权重值 $\overline{w}_i$:

$$\overline{w}_i = \frac{w_i}{\sum_{i=1}^{n} w_i} (i = 1, 2\cdots, n) \text{③} \quad (5-4)$$

(4)一致性检验

在利用层次分析法构建两两判断矩阵时,有可能会出现逻辑性错误的情况,比如 A 比 B 重要,B 比 C 重要,但又出现 C 比 A 重要。为保证权重分析的逻辑合理性,我们还需要对权重计算结果进行一致性检验分析,即计算一致性指标 CR 值,具体步骤与公式如下:

---

① 刘宏伟、齐二石:《基于 AHP - FCE 法的管理咨询企业顾客满意度研究》,载《科技进步与对策》2010 年第 12 期。

② 刘宏伟、齐二石:《基于 AHP - FCE 法的管理咨询企业顾客满意度研究》,载《科技进步与对策》2010 年第 12 期。

③ 刘宏伟、齐二石:《基于 AHP - FCE 法的管理咨询企业顾客满意度研究》,载《科技进步与对策》2010 年第 12 期。

①计算矩阵 A 的最大特征根值 λmax，式中 n 代表矩阵的阶数

$$\lambda_{max} = \sum_{i=1}^{n} \frac{[A\overline{w}_i]}{n(\overline{w}_i)_i} \text{①} \quad (5-5)$$

②求判断矩阵的一致性指标 C. I. 值：

$$C.I. = \frac{\lambda max - n}{n-1} \text{②} \quad (5-6)$$

③查询平均随机一致性指标 R. I.

根据 R. I. 取值表进行查询即可得到矩阵 A 的平均随机一致性指标。如表 5 -7 所示，表中 n 为矩阵阶数，R. I. 是龚木森、许树伯学者重复 1000 次进行随机判断矩阵特征值的计算之后取算数平均数得到的。当 n =1，2 时，R. I. =0，这是因为 1，2 阶正互反矩阵总是一致矩阵。

表 5 -7　R. I. 取值③

n	1	2	3	4	5	6	7	8	9
R. I.	0	0	0.52	0.89	1.12	1.26	1.36	1.41	1.46

④计算一致性比例 C. R.

$$C.R. = \frac{C.I.}{R.I.} \text{④} \quad (5-7)$$

⑤判断一致性结果

在通常情况下，C. R. 值越小，说明判断矩阵 A 一致性越好，当 C. R. 值小于 0. 1 时，则判断矩阵 A 满足一致性检验；如果 C. R. 值大于 0. 1，则说明不具有一致性，此时需要检查判断矩阵 A 是否存在逻辑问题，并对该矩阵进行修正之后重新检验一致性。

2. 运用模糊综合评价法确定风险等级

旅游演艺项目前期阶段信息的不明确性使其存在大量的模糊概念，导致项目前期风险指标等级难以量化。针对这种情况，采用模糊综合评价法来评估旅游演艺项目风险不失为一种有效途径。相较传统风险评估方式，模糊综合评价法基于模糊数学理论将众多模糊属性定量化，能够对受到多种因素制约的事物作出总体评价，⑤从而为旅游演艺项目前期风险评估提供新的思路。下文将介绍运用模糊综合评价法计算风险等级的具体步骤。

（1）确定因素集、评价集和权重集

①确定因素集。根据上文 AHP 所构建的递阶层次结构可知，旅游演艺项目前期决策风险源于多个方面，分为目标层、准则层和指标层。其中，准则层中的风险因素构成了评价指标

① 许树柏编著：《实用决策方法——层次分析法原理》，天津大学出版社 1988 年版，第 10 页。
② 许树柏编著：《实用决策方法——层次分析法原理》，天津大学出版社 1988 年版，第 11 页。
③ 许树柏编著：《实用决策方法——层次分析法原理》，天津大学出版社 1988 年版，第 11 页。
④ 许树柏编著：《实用决策方法——层次分析法原理》，天津大学出版社 1988 年版，第 12 页。
⑤ 张曾莲编著：《风险评估方法》，机械工业出版社 2017 年版，第 196 ~198 页。

体系集合,即因素集 U:

$$U=\{u_1, u_2, \cdots, u_n\} \quad (5-8)$$

①

之后,将因素集 U 按某种属性分成多个子因素集,即为指标层的因素集合,记为U_i:

$$U_i=\{u_{i1}, u_{i2}, \cdots, u_{in}\}(i=1, 2, \cdots, s) \quad (5-9)$$

②

②确定评价集。由于每个指标评价值的不同,往往会形成不同的风险等级。由各种不同风险等级所构成的集合称为评价集,记为 V:

$$V=\{v_1, v_2, \cdots v_m\} \quad (5-10)$$

③

式中,$v_j(j=1, 2, 3, \cdots, n)$是评价等级的标准,m 是指评价等级的数量。

③确定权重集。权重是指各层级因素的重要程度,根据上文运用 AHP 所确定的权重数值所组成的集合称为权重集,我们对各因素u_i赋予相应的权重a_i,记为:

$$A=[a_1, a_2, \cdots a_n] \quad (5-11)$$

④

式中,a_i为第 i 个因素的权重,且满足:

$$\sum_{i=1}^{n} a_i=1(i=1,2\cdots,n) \quad (5-12)$$

⑤

(2)建立模糊关系矩阵

采用专家评分法对各层级因素进行评价,从而建立模糊关系矩阵 $R(r_{ij})$:

$$R=\begin{bmatrix} r_{11} & a_{12} & \cdots & a_{1m} \\ r_{21} & a_{22} & \cdots & a_{2m} \\ \vdots & \vdots & \ddots & \vdots \\ r_{n1} & a_{n2} & \cdots & a_{nm} \end{bmatrix} \quad (5-13)$$

⑥

当有若干名专家参与评价时,r_{ij} = 选择 V 中某一因素评价等级的专家人数/专家总数。⑦

(3)进行模糊综合评价

通过矩阵相乘的方式将模糊关系矩阵 R 与权重矩阵 A 合成得到模糊综合评价集 B:

---

① 司守奎、孙兆亮主编:《数学建模算法与应用》(第 2 版),国防工业出版社 2015 年版,第 375 ~376 页。
② 司守奎、孙兆亮主编:《数学建模算法与应用》(第 2 版),国防工业出版社 2015 年版,第 375 ~376 页。
③ 司守奎、孙兆亮主编:《数学建模算法与应用》(第 2 版),国防工业出版社 2015 年版,第 375 ~376 页。
④ 司守奎、孙兆亮主编:《数学建模算法与应用》(第 2 版),国防工业出版社 2015 年版,第 375 ~376 页。
⑤ 司守奎、孙兆亮主编:《数学建模算法与应用》(第 2 版),国防工业出版社 2015 年版,第 375 ~376 页。
⑥ 司守奎、孙兆亮主编:《数学建模算法与应用》(第 2 版),国防工业出版社 2015 年版,第 375 ~376 页。
⑦ 刘晓红、徐玖平编著:《项目风险管理》,经济管理出版社 2007 年版,第 147 页。

$$B = A \cdot R^{\text{①}} = [a_1, a_2, \cdots a_n] \cdot \begin{bmatrix} r_{11} & a_{12} & \cdots & a_{1m} \\ r_{21} & a_{22} & \cdots & a_{2m} \\ \vdots & \vdots & \ddots & \vdots \\ r_{n1} & a_{n2} & \cdots & a_{nm} \end{bmatrix} = \{b_1, b_2, \cdots b_m\} \quad (5-14)$$

(4)确定风险评价等级

项目的风险等级评价结果,可以采用评分机制来衡量。假设风险等级的评价值为 S,根据上文计算得出的模糊综合矩阵 B 乘以评价集 V 的方式,对各项评价指标加权并求和,可以得到项目风险等级评价:

$$S = B \cdot V^{\text{②}} = [b_1, b_2, \cdots b_m] \cdot \{v_1, v_2, \cdots v_m\} \quad (5-15)$$

(二)《又见平遥》项目前期决策风险评估实证分析

1.《又见平遥》项目前期决策风险指标权重

(1)建立项目前期决策风险递阶层次结构

本案例严格遵循客观性、层次性、可行性、系统性等基本原则,通过对《又见平遥》项目前期决策各项风险因素进行识别,并结合专家调查反馈意见进行调整,形成了影响项目前期决策的风险因素清单,再根据风险清单的分类以及彼此之间相互比较和影响的关系,运用 AHP 指标体系的构建规则,建立如图 5-8 所示的《又见平遥》项目前期决策风险递阶层次结构。

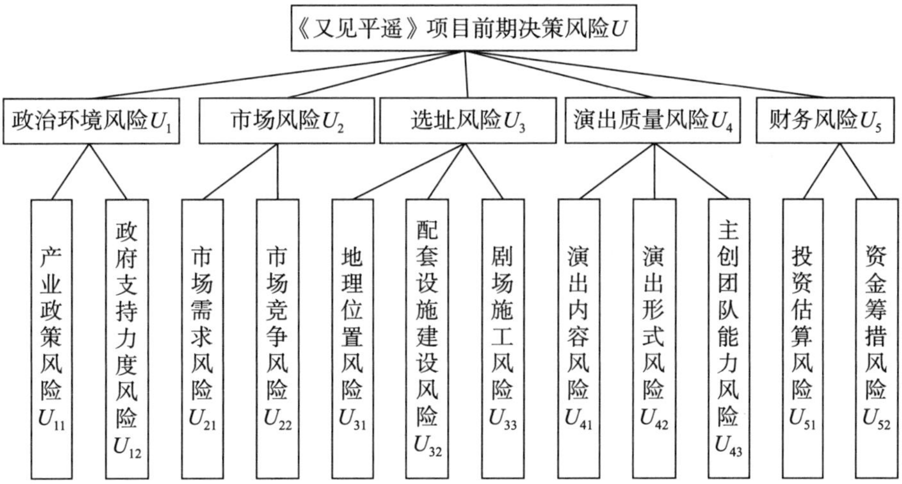

图 5-8 《又见平遥》项目前期决策风险递阶层次结构

---

① 司守奎、孙兆亮主编:《数学建模算法与应用》(第 2 版),国防工业出版社 2015 年版,第 375~376 页。

② 司守奎、孙兆亮主编:《数学建模算法与应用》(第 2 版),国防工业出版社 2015 年版,第 375~376 页。

该层次结构体系共分为 3 个层次：第一次层次为目标层（U），表示决策分析的总体目标，即《又见平遥》项目前期决策风险评估；第二层次为准则层（U_i），即可能导致项目前期决策产生风险的各项因素，分为政治环境风险（U_1）、市场风险（U_2）、选址风险（U_3）、演出质量风险（U_4）和财务风险（U_5）；第三层次为指标层（U_{ij}），即导致项目产生风险的主要来源，包含了产业政策风险（U_{11}）等 12 个指标。

（2）确定各层级风险因素权重

笔者根据上文构建的递阶层次结构，运用 1 ~9 比例标度法向专家征集评价，并采用两两比较的判断方式构建项目判断矩阵。由于旅游演艺项目前期阶段中各方主体关注侧重点不同，笔者在采用专家评分法构造两两判断矩阵中向多方主体发放问卷（附录 2），并优先选择旅游演艺行业中经验丰富，对《又见平遥》项目了解程度较高的专家。本次调查共发放问卷 10 份，回收有效问卷 8 份。根据问卷调查结果，可得 8 位专家对各层级指标的打分情况（附录 3），并构建出各层级指标的判断矩阵A_i。

①准则层风险因素权重

以专家 1 的问卷结果为例，将准则层的各项风险因素分别进行两两比较打分，可以形成如表 5 –8 所示的准则层两两比较打分（以下数据统一保留后三位）。

表 5 –8　准则层两两比较打分（专家 1）

A_1	U_1	U_2	U_3	U_4	U_5
U_1	1	1/7	1/9	3	1
U_2	7	1	1/3	7	7
U_3	9	1	1	9	9
U_4	1/3	1/7	1/9	1	1/3
U_5	1	1/7	1/9	3	1

根据该专家的打分情况，可以构建出如下所示的两两判断矩阵A_1：

$$A_1 = \begin{bmatrix} 1 & 0.143 & 0.111 & 3 & 1 \\ 7 & 1 & 0.333 & 7 & 7 \\ 9 & 3 & 1 & 9 & 9 \\ 0.333 & 0.143 & 0.111 & 1 & 0.333 \\ 1 & 0.143 & 0.111 & 3 & 1 \end{bmatrix} \qquad (5-16)$$

之后，将 8 位专家的打分情况所形成的原始数值求算术平均，最终求得判断矩阵 A：

$$A=\begin{bmatrix}1 & 0.391 & 0.194 & 0.348 & 0.448\\ 2.555 & 1 & 0.226 & 0.407 & 0.474\\ 5.167 & 4.417 & 1 & 1.106 & 0.934\\ 2.876 & 2.459 & 0.904 & 1 & 0.371\\ 2.233 & 2.11 & 1.071 & 2.693 & 1\end{bmatrix} \tag{5-17}$$

将矩阵A中的元素按列进行归一化处理，得到归一化的矩阵A′：

$$A'=\begin{bmatrix}0.072 & 0.038 & 0.057 & 0.063 & 0.139\\ 0.185 & 0.096 & 0.067 & 0.073 & 0.147\\ 0.374 & 0.426 & 0.295 & 0.199 & 0.289\\ 0.208 & 0.237 & 0.266 & 0.180 & 0.115\\ 0.161 & 0.203 & 0.315 & 0.485 & 0.310\end{bmatrix} \tag{5-18}$$

将归一化后的矩阵A′按行相加，得到特征向量w：

$$w=\begin{bmatrix}0.369\\ 0.568\\ 1.582\\ 1.006\\ 1.475\end{bmatrix} \tag{5-19}$$

再对特征向量w作归一化处理，得到《又见平遥》项目的准则层风险权重值$\overline{w}$：

$$\overline{w}=\begin{bmatrix}0.074\\ 0.114\\ 0.316\\ 0.201\\ 0.295\end{bmatrix} \tag{5-20}$$

为保证权重分析的逻辑合理性，我们还需要通过计算一致性指标C. R. 值，对准则层风险权重计算结果进行一致性检验分析。

首先，根据公式$\lambda_{max}=\sum_{i=1}^{n}\frac{[A\overline{w}]}{n(\overline{w})_i}$可以求出矩阵A的最大特征根值λmax。

$$\text{其中，}A\overline{w}=\begin{bmatrix}1 & 0.391 & 0.194 & 0.348 & 0.448\\ 2.555 & 1 & 0.226 & 0.407 & 0.474\\ 5.167 & 4.417 & 1 & 1.106 & 0.934\\ 2.876 & 2.459 & 0.904 & 1 & 0.371\\ 2.233 & 2.11 & 1.071 & 2.693 & 1\end{bmatrix}\cdot\begin{bmatrix}0.074\\ 0.114\\ 0.316\\ 0.201\\ 0.295\end{bmatrix}=\begin{bmatrix}0.382\\ 0.595\\ 1.697\\ 1.088\\ 1.580\end{bmatrix} \tag{5-21}$$

$$\text{则，}\lambda max=\frac{1}{5}\left(\frac{0.382}{0.074}+\frac{0.595}{0.114}+\frac{1.697}{0.316}+\frac{1.088}{0.201}+\frac{1.580}{0.295}\right)=5.309 \tag{5-22}$$

根据最大特征根值 λmax，可得 $C.I.=\frac{\lambda max-n}{n-1}=\frac{5.309-5}{5-1}=0.077$

其次，矩阵 A 为五阶矩阵，通过查询 R.I. 取值表（见表 5－9）可以得知，当 n＝5 时，则该矩阵的平均随机一致性指标 R.I. 值为 1.12。

表 5－9　R.I. 取值

n	1	2	3	4	5	6	7	8	9
R.I.	0	0	0.52	0.89	1.12	1.26	1.36	1.41	1.46

因此，可以计算出矩阵 A 的一致性比例 C.R. 值：

$$C.R.=\frac{C.I.}{R.I.}=\frac{0.077}{1.12}=0.069 \tag{5-23}$$

由于一致性比例 C.R. 值为 0.069＜0.1，即判断矩阵 A 满足一致性检验。因此可以得出项目准则层指标元素 U_i 的权重值 $\overline{w}$：

$$\overline{w}=(U_1, U_2, U_3, U_4, U_5)=(0.074, 0.114, 0.316, 0.201, 0.295) \tag{5-24}$$

②指标层风险因素权重

同理，重复上述计算步骤可得指标层各风险因素权重。为提高工作效率，笔者借助 SPSSAU 数据分析软件工具，将均值矩阵数据代入其中可快速得出矩阵权重值 $\overline{w}_i$，并完成一致性检验，最终得出指标层权重值及一致性检验结果如下：

$\overline{w}_1=[0.179, 0.821]$，$\lambda_{max}=2$，$C.R.=0<0.1$，符合一致性检验。

$\overline{w}_2=[0.440, 0.560]$，$\lambda_{max}=2$，$C.R.=0<0.1$，符合一致性检验。

$\overline{w}_3=[0.555, 0.321, 0.124]$，$\lambda_{max}=3.021$，$C.R.=0.02<0.1$，符合一致性检验。

$\overline{w}_4=[0.101, 0.231, 0.668]$，$\lambda_{max}=3.088$，$C.R.=0.08<0.1$，符合一致性检验。

$\overline{w}_5=[0.147, 0.853]$，$\lambda_{max}=2$，$C.R.=0<0.1$，符合一致性检验。

2.《又见平遥》项目前期决策风险的模糊综合评价

（1）建立因素集、评价集和权重集

①建立因素集

根据上文构建的《又见平遥》项目前期决策风险递阶层次结构可以建立目标层因素集 U：$U=\{U_1, U_2, U_3, \cdots, U_5\}$，以及准则层因素集 $U_1=\{U_{11}, U_{12}\}$，$U_2=\{U_{21}, U_{22}\}$，$U_3=\{U_{31}, U_{32}, U_{33}\}$，$U_4=\{U_{41}, U_{42}, U_{43}\}$，$U_5=\{U_{51}, U_{52}\}$。

②建立评价集

风险等级的评价有高风险、较高风险、中等风险、较低风险、低风险等，本文采用 5 分制对评价集中的元素分别赋予相应分值，从而建立评价集 V：

$$V=\{V_1, V_2, V_3, \cdots, V_5\} \tag{5-25}$$

其中，V_1、V_2、V_3、V_4、V_5 分别代表高风险、较高风险、中等风险、较低风险和低风险，并分别赋值为5、4、3、2、1。则有：

$$V=\begin{bmatrix}V_1\\V_2\\V_3\\V_4\\V_5\end{bmatrix}=\begin{bmatrix}5\\4\\3\\2\\1\end{bmatrix} \tag{5-26}$$

③建立权重集

根据上文得到的《又见平遥》项目前期决策风险指标权重值$\overline{w}_i$可建立权重集合A。

准则层权重集：

$$A=[0.074,0.114,0.316,0.201,0.295] \tag{5-27}$$

指标层权重集：

$$\begin{aligned}A_1&=[0.179,0.821]\\A_2&=[0.440,0.560]\\A_3&=[0.555,0.321,0.124]\\A_4&=[0.101,0.231,0.668]\\A_5&=[0.147,0.853]\end{aligned} \tag{5-28}$$

(2)建立模糊关系矩阵

该步骤采用专家评分法，通过发放问卷(附录2)的形式邀请10位旅游演艺行业专家对项目风险因素的等级进行评分。本次调查共发放问卷10份，回收有效问卷10份，通过汇总某一风险因素评价等级的专家人数与专家总人数的百分比，得到了如表5-10所示的《又见平遥》项目前期决策风险等级评价结果。

表5-10 《又见平遥》项目前期决策风险等级评价

准则层	指标层	V_1	V_2	V_3	V_4	V_5
政治环境风险	产业政策风险	0.1	0.1	0.2	0.3	0.3
	政府支持力度风险	0	0	0.2	0.3	0.5
市场风险	市场需求风险	0.1	0	0.3	0.4	0.2
	市场竞争风险	0	0.1	0	0.4	0.5
选址风险	地理位置风险	0	0.2	0.3	0.2	0.3
	配套设施建设风险	0	0	0.4	0.5	0.1
	剧场施工风险	0	0.3	0.3	0.3	0.1

续表

准则层	指标层	V_1	V_2	V_3	V_4	V_5
演出质量风险	产品内容风险	0	0.3	0.3	0.3	0.1
	产品形式风险	0	0.4	0.3	0.2	0.1
	主创团队能力风险	0	0.1	0.2	0.3	0.4
财务风险	投资估算风险	0	0.6	0	0.4	0
	资金筹措风险	0	0.2	0.3	0.5	0

以产业政策风险为例,共有10位专家参与评价,其中,10%的专家认为该因素为高风险,10%的专家认为风险较高,20%的专家认为风险中等,30%的专家认为风险较低,30%的专家认为该因素为低风险,则产业政策风险的隶属度为(0.1,0.1,0.2,0.3,0.3),由此建立起产业政策风险的模糊评价矩阵:

$$R_1=\begin{bmatrix}0.1 & 0.1 & 0.2 & 0.3 & 0.3\\ 0.0 & 0.0 & 0.2 & 0.3 & 0.5\end{bmatrix} \tag{5-29}$$

同理,可得其他指标层风险因素的模糊评价矩阵:

$$R_2=\begin{bmatrix}0.1 & 0.0 & 0.3 & 0.4 & 0.2\\ 0.0 & 0.1 & 0.0 & 0.4 & 0.5\end{bmatrix} \tag{5-30}$$

$$R_3=\begin{bmatrix}0.0 & 0.2 & 0.3 & 0.2 & 0.3\\ 0.0 & 0.0 & 0.4 & 0.5 & 0.1\\ 0.0 & 0.3 & 0.3 & 0.3 & 0.1\end{bmatrix} \tag{5-31}$$

$$R_4=\begin{bmatrix}0.0 & 0.3 & 0.3 & 0.3 & 0.1\\ 0.0 & 0.4 & 0.3 & 0.2 & 0.1\\ 0.0 & 0.1 & 0.2 & 0.3 & 0.4\end{bmatrix} \tag{5-32}$$

$$R_5=\begin{bmatrix}0.0 & 0.6 & 0.0 & 0.4 & 0.0\\ 0.0 & 0.2 & 0.3 & 0.5 & 0.0\end{bmatrix} \tag{5-33}$$

(3)进行模糊综合评价

首先,对指标层风险因素进行模糊综合评价,根据公式 $B=A\cdot R$,将指标层模糊关系矩阵R_i与权重矩阵A_i相乘,得到:

$$B_1=A_1\cdot R_1=[0.179,0.821]\cdot\begin{bmatrix}0.1 & 0.1 & 0.2 & 0.3 & 0.3\\ 0.0 & 0.0 & 0.2 & 0.3 & 0.5\end{bmatrix} \tag{5-34}$$

$$=[0.018,0.018,0.200,0.300,0.464]$$

$$B_2=A_2\cdot R_2=[0.4401,0.560]\cdot\begin{bmatrix}0.1 & 0.0 & 0.3 & 0.4 & 0.2\\ 0.0 & 0.1 & 0.0 & 0.4 & 0.5\end{bmatrix} \tag{5-35}$$

$$=[0.044,0.056,0.132,0.400,0.368]$$

$$B_3 = A_3 \cdot R_3 = [0.555, 0.321, 0.124] \cdot \begin{bmatrix} 0.0 & 0.2 & 0.3 & 0.2 & 0.3 \\ 0.0 & 0.0 & 0.4 & 0.5 & 0.1 \\ 0.0 & 0.3 & 0.3 & 0.3 & 0.1 \end{bmatrix} \tag{5-36}$$

$$= [0.000, 0.148, 0.332, 0.309, 0.211]$$

$$B_4 = A_4 \cdot R_4 = [0.101, 0.231, 0.668] \cdot \begin{bmatrix} 0.0 & 0.3 & 0.3 & 0.3 & 0.1 \\ 0.0 & 0.4 & 0.3 & 0.2 & 0.1 \\ 0.0 & 0.1 & 0.2 & 0.3 & 0.4 \end{bmatrix} \tag{5-37}$$

$$= [0.000, 0.190, 0.233, 0.277, 0.300]$$

$$B_5 = A_5 \cdot R_5 = [0.147, 0.853] \cdot \begin{bmatrix} 0.0 & 0.6 & 0.0 & 0.4 & 0.0 \\ 0.0 & 0.2 & 0.3 & 0.5 & 0.0 \end{bmatrix} \tag{5-38}$$

$$= [0.000, 0.259, 0.256, 0.485, 0.000]$$

其中，B_1，B_2，B_3，B_4，B_5构成的模糊矩阵，即为准则层模糊评价矩阵 R：

$$R = \begin{bmatrix} B_1 \\ B_2 \\ B_3 \\ B_4 \\ B_5 \end{bmatrix} = \begin{bmatrix} 0.018 & 0.018 & 0.200 & 0.300 & 0.464 \\ 0.044 & 0.056 & 0.132 & 0.400 & 0.368 \\ 0.000 & 0.148 & 0.332 & 0.309 & 0.211 \\ 0.000 & 0.190 & 0.233 & 0.277 & 0.300 \\ 0.000 & 0.259 & 0.256 & 0.485 & 0.000 \end{bmatrix} \tag{5-39}$$

其次，对准则层风险因素进行模糊综合评价，将准则层模糊评价矩阵 R 与权重矩阵 A 相乘，可知项目前期决策风险的整体评价结果为：

$$B = A \cdot R = [0.074, 0.114, 0.3165, 0.2013, 0.2950]$$

$$\cdot \begin{bmatrix} 0.018 & 0.018 & 0.200 & 0.300 & 0.464 \\ 0.044 & 0.056 & 0.132 & 0.400 & 0.368 \\ 0.000 & 0.148 & 0.332 & 0.309 & 0.211 \\ 0.000 & 0.190 & 0.233 & 0.277 & 0.300 \\ 0.000 & 0.259 & 0.256 & 0.485 & 0.000 \end{bmatrix} \tag{5-40}$$

$$= [0.006, 0.169, 0.257, 0.364, 0.203]$$

(4)计算风险等级

①准则层风险等级

根据上文计算得出的指标层模糊综合矩阵B_i乘以评价集 V 的方式，对各项评价指标加权并求和，可以得到准则层指标的风险等级。

$$S_1 = B_1 \cdot V = [0.018, 0.018, 0.200, 0.300, 0.464] \cdot \begin{bmatrix} 5 \\ 4 \\ 3 \\ 2 \\ 1 \end{bmatrix} = 1.825 \tag{5-41}$$

$$S_2 = B_2 \cdot V = [0.044, 0.056, 0.132, 0.400, 0.368] \cdot \begin{bmatrix} 5 \\ 4 \\ 3 \\ 2 \\ 1 \end{bmatrix} = 2.008 \tag{5-42}$$

$$S_3 = B_3 \cdot V = [0.000, 0.148, 0.332, 0.309, 0.211] \cdot \begin{bmatrix} 5 \\ 4 \\ 3 \\ 2 \\ 1 \end{bmatrix} = 2.418 \tag{5-43}$$

$$S_4 = B_4 \cdot V = [0.000, 0.190, 0.233, 0.277, 0.300] \cdot \begin{bmatrix} 5 \\ 4 \\ 3 \\ 2 \\ 1 \end{bmatrix} = 2.312 \tag{5-44}$$

$$S_5 = B_5 \cdot V = [0.000, 0.259, 0.256, 0.485, 0.000] \cdot \begin{bmatrix} 5 \\ 4 \\ 3 \\ 2 \\ 1 \end{bmatrix} = 2.774 \tag{5-45}$$

②项目整体风险等级

根据上文计算得出的准则层模糊综合矩阵 B 乘以评价集 V 的方式，对各项评价指标加权并求和，可以得到项目整体的风险等级。

$$S = B \cdot V = [0.006, 0.169, 0.257, 0.364, 0.203] \cdot \begin{bmatrix} 5 \\ 4 \\ 3 \\ 2 \\ 1 \end{bmatrix} = 2.411 \tag{5-46}$$

由此可见,《又见平遥》项目前期整体风险值S为2.411,介于2~3,按照评价集V可以判断出,该项目前期决策风险等级处于较低水平。在准则层风险因素中,市场风险、选址风险、演出质量风险和财务风险值分别为2.008、2.418、2.312、2.774,同样介于2~3,属于较低风险水平,而政治环境风险值为1.825,介于1~2,属于低风险水平。项目决策者可以根据风险承受能力决定是否开发该项目,若决定开发,则需要对风险权重较大的因素给予充分重视,并采取相应的风险防范和应对措施。

3.《又见平遥》项目前期决策风险评估结果

笔者将计算得出的风险权重与风险等级情况进行汇总,形成了如表5-11所示的《又见平遥》项目前期决策风险评估结果,并对风险权重与风险等级结果进行说明。

表5-11 《又见平遥》旅游演艺项目前期决策风险评估结果

目标层	风险等级	准则层	权重	风险等级	指标层	权重
《又见平遥》项目前期决策风险	较低风险	政治环境风险	0.074	低风险	产业政策风险	0.179
					政府支持力度风险	0.821
		市场风险	0.114	较低风险	市场需求风险	0.440
					市场竞争风险	0.560
		选址风险	0.316	较低风险	地理位置风险	0.555
					配套设施建设风险	0.321
					剧场施工风险	0.124
		演出质量风险	0.201	较低风险	演出内容风险	0.101
					演出形式风险	0.231
					主创团队能力风险	0.668
		财务风险	0.295	较低风险	投资估算风险	0.147
					资金筹措风险	0.853

(1)风险等级结果

从整体来看,《又见平遥》项目前期决策风险等级处于较低风险(2.411)水平,风险值尚在可控范围。因此,对该项目进行下一步的开发建设是可行的,符合项目的实际情况。从准则层风险因素的风险等级来看,4项风险因素都位于较低风险及以下。具体而言,选址风险、演出质量风险、市场风险和财务风险都属于较低风险。

其一,风险等级评分最高的是财务风险(2.774),主要风险来源包括资金筹措风险和投资估算风险,需要对其进行重点控制。由于《又见平遥》项目前期计划投入资金规模高达4.7亿元,属于大型旅游演艺投资项目,因而在财务方面存在投资回报周期较长、成本相对较高等问题,需要管理者在前期阶段对其资金筹措手段和投资估算方式采取合理管控,只有重点加强财务风险防范和控制,才能有利于企业更好发展。

其二,是选址风险(2.418)。《又见平遥》项目选址位于地处北方旅游演艺市场的山西省内,拥有丰富的文化资源和旅游资源,且演出场地临近著名旅游景区平遥古城,可以给项目带来源源不断的游客量。然而,综观国内旅游演艺市场,南北方旅游演艺项目长期处于不均衡分布的状态之中,无论从演艺项目的数量、质量还是演艺品牌的知名度来看,北方旅游演艺产业都相对逊色,缺乏像南方“千古情”“印象”系列这样具有较大规模、强大号召力的演艺品牌。究其原因,大部分归咎于北方演艺市场需要面对的气候环境问题,即冬季演出时间不足。冬季长期以来是传统意义上的旅游淡季,山西省冬季时间长达5~6个月,此时平遥古城游客基础不足,无法支撑相对庞大的演出阵容,从而导致收益与成本之间无法持平,给项目带来较大的不确定因素。此外,《又见平遥》项目剧场施工风险主要包括在剧场建设工程中可能出现的各种问题,包括地块平整条件、地块拆迁条件等。

其三,是演出质量风险(2.312)。《又见平遥》旅游演艺项目聘请的创作团队由“印象铁三角”之一的王潮歌担任总导演,该团队具备较强的创作实力和市场感召力,但是新创剧目在内容和形式上能否展示山西文化特色,能否满足游客需求并得到市场认可仍然存在不确定性。

其四,是市场风险(2.008)。在《又见平遥》项目前期阶段,山西省文化演出日趋丰富,涵盖了列入国家重点文化演出项目的平遥县衙博物馆《升堂表演系列剧》等演艺十几余处,从而给《又见平遥》旅游演艺项目进入市场带来风险。随着市场竞争程度日益激烈,《又见平遥》项目不仅面临已有竞争者所带来的竞争压力,还面临潜在竞争者的威胁,未来山西省内可能会出现与《又见平遥》同类型的旅游演艺项目而形成同质竞争,冲击《又见平遥》客源市场。

政治环境风险属于低风险(1.825),这说明了该旅游演艺项目在山西省的发展拥有良好的政策环境,也能得到当地政府支持。但低风险不等于没有风险,管理者仍然需要给予一定的重视。

(2)风险权重结果

风险权重结果表明,对于项目整体来说,选址风险权重最高(0.316),可见选址产生的风险对旅游演艺项目影响程度最大,是《又见平遥》在前期阶段面临的重要的决策之一。财务风险(0.295)次之,也是影响项目发展的重要因素。演出质量风险(0.201)和市场风险(0.114)权重较低。政治环境风险(0.074)权重最低。在政治环境风险(U_1)中,政府支持力度风险(0.821)权重较高,产业政策风险(0.179)次之;在市场风险(U_2)中,市场竞争风险(0.560)权重较高,市场需求风险(0.440)次之;在选址风险(U_3)中,地理位置风险(0.440)权重较高,配套设施建设风险(0.560)次之,剧场施工风险(0.124)最低。在演出质量风险(U_4)中,主创团队能力风险(0.668)权重较高,演出形式风险(0.231)次之,演出内容风险(0.101)最低。在财务风险(U_5)中,资金筹措风险(0.853)权重较高,投资估算风险(0.147)次之。

四、《又见平遥》旅游演艺项目前期决策风险应对策略

风险应对是在风险评估的基础上，根据风险性质和项目主体对风险的承受能力而制订的回避、承受、降低或者分担风险等防范计划。通过项目风险管理可以使项目风险导致的不利影响降至可控范围，从而以最小的成本实现项目目标和收益最大化，对项目开发成败有着重要意义。

（一）政策环境风险应对策略

政策环境风险是关系项目前期工作能否顺利开展的根本性风险。相比其他风险，政策环境风险具有隐蔽性、突发性和不可逆性，一旦触发极有可能给项目造成较大的经济损失，甚至导致整个项目失败。由于单一经济主体对政策环境的决定能力较低，企业在应对政策环境风险时的整体效能较弱，但这并不意味着当政策环境风险来临时，我们只能被动承受风险。为了有效减少此类风险给项目带来的消极影响，项目决策者应当敏锐地注意到政策环境风险的特殊性，加强与当地政府及相关部门的联系，及时了解国家和地方政策走向，在全面透析政策的基础上对项目发展路径作出合理判断和科学决策。

1. 产业政策风险应对策略

密切关注行业政策走向，深入理解政策理念。国家和地方出台的相关政策、法规和规划对促进产业发展起到重要的指导意义，项目决策者应当密切关注旅游演艺产业政策和指导意见，及时掌握旅游演艺产业的阶段性和年度发展计划，积极适应当地行业发展方向，从而降低产业政策风险。在《又见平遥》项目前期决策阶段，国内尚未出台旅游演艺的专项发展政策，仅在文化和旅游产业相关政策中有所提及。2010 年年底，国务院将山西省设立为国家资源型经济转型综合配套改革试验区，要求山西省重点处理好传统产业和第三产业的协调发展，并在建设过程中享受国家各项优惠政策，为山西省文化和旅游产业的快速发展提供了良好的政策环境。① 对此，山西省委、省政府积极响应国家号召，在文化改革发展"十二五"期间明确指出把文化和旅游产业发展成为国民经济的支柱性产业，推进文化与旅游的深度融合，从而促进山西省产业转型升级。② 为实现这一目标，山西省政府提出要发挥重点项目的支撑拉动作用，加快开发平遥古城文化景区等一批有影响力的文化旅游基地，着力打造一批投资大、规模大、关联度高、辐射能力强的大型旅游演艺项目，积极鼓励《又见平遥》等优秀演艺作品在旅游

① 国家发展改革委《关于设立山西省国家资源型经济转型综合配套改革试验区的通知》（发改经体〔2010〕2836 号）。

② 山西省人民政府办公厅《关于印发山西省文化改革发展"十二五"规划的通知》（晋政办发〔2012〕95 号）。

景区落地，加大项目财政、税收、金融、用地等方面的政策扶持力度，为《又见平遥》旅游演艺项目立项和实施工作提供了强有力的政策保障。

2019 年，文化和旅游部印发了《关于促进旅游演艺发展的指导意见》，其成为国内首个促进旅游演艺发展的指导文件，[①]并鼓励推出更多思想精深、艺术精湛、制作精良的旅游演艺作品。[②] 在财政、投融资、税收和用地政策方面，文化和旅游部提出："支持推广政府和社会资本合作模式，积极引导私募股权投资基金及各类投资机构投资旅游演艺项目，给予旅游演艺企业税收优惠和用地保障。"[③]2020 年，文化和旅游部印发《关于推动数字文化产业高质量发展的意见》，明确提出发展沉浸式旅游演艺，提升旅游演艺、线下娱乐的数字化水平。[④] 一系列政策的出台，对于旅游演艺行业的发展所带来的推动和促进作用是不可估量的。随着 2019 年《关于促进旅游演艺发展的指导意见》的发布，未来旅游演艺项目决策者应当更加紧密关注政策变化，对新发布的政策制度进行实时解读，才能有利于把握产业发展的方向和脉搏。同时评估政策变化给项目带来的影响，对于国家鼓励和扶持的政策导向，应当抓住机遇，积极开拓进取，反之则应存忧患意识，尽量回避，从而有效地控制产业政策变化所带来的风险。

2. 政府支持力度风险应对策略

加强与地方政府的联系，使项目建设满足当地发展需求。想要获得政府的支持，首先应当处理好与政府等相关部门的关系。在项目前期，要与规划、建设、国土、旅游、环保等政府管理部门做好沟通工作，一方面，可以了解当地产业政策的发展方向和变化情况，及时调整项目总体规划和目标，降低政策风险损失；另一方面，在与政府部门的沟通过程中，通过可行性研究报告来展示项目优势和效益，可以促进政府部分对项目情况产生全面的认识，从而有效地推动项目工作的顺利实施。更重要的是，旅游演艺项目建设只有切实符合当地政府的规划要求和发展需要，才能提高政府支持的可能性。

山西省作为我国资源型地区的典型代表，近年来一直致力经济结构的转型升级，此外，山西省在文化建设上的总体投入滞后于经济建设，对文化资源的开发和利用仍然不够深入，与其文化资源大省的地位不相匹配。在此背景下，山西省政府迫切需要打造一批具有山西特色的标志性文化旅游项目，以实现新的经济增长点。《又见平遥》旅游演艺项目的出现顺应了当地政府发展的需求，从宏观层面上能够解决地方文化旅游产业规模偏小，产业层次较低，市场竞争力弱等问题；在微观层面上，该项目的建设不仅能够为当地带来良好的经济效益，还能更好地保护和利用历史文化遗存，提升平遥古城文化景区的知名度与传播力度，实现对晋商文化等地方特色文化资源的传承与创新发展。

---

① 文化和旅游部《关于促进旅游演艺发展的指导意见》(文旅政法发〔2019〕29 号)。

② 文化和旅游部《关于促进旅游演艺发展的指导意见》(文旅政法发〔2019〕29 号)。

③ 文化和旅游部《关于促进旅游演艺发展的指导意见》(文旅政法发〔2019〕29 号)。

④ 文化和旅游部《关于推动数字文化产业高质量发展的意见》(文旅产业发〔2020〕78 号)。

总之,《又见平遥》项目的建设满足了当时山西省战略发展的规划和要求,也因此得到了山西省政府、晋中市政府和平遥县政府的鼎力支持。在项目前期阶段,山西省领导高度重视晋商文化与平遥古城旅游业、文化产业的融合发展,并多次会见《又见平遥》项目团队,在立项审批、用地保障、资金拨付等方面加大扶持力度,积极引导国有商业银行、政策性银行加大对项目的金融支持;晋中市委、市政府为项目成立专门的协调组,并投巨资支持项目建设;平遥县政府每周举行专门的工作会议,攻坚克难,这些都为项目的顺利实施提供了强有力的保障。由此可见,旅游演艺项目前期得到地方政府的大力支持可以有效降低政治环境风险,对项目落地和持续发展产生积极影响,反之则会举步维艰。

(二)市场风险应对策略

相较传统演出,旅游演艺具备较高的市场化程度和商业化水平,其在生存与发展过程中更多依靠自身的市场运作。随着旅游演艺市场日趋饱和以及游客消费需求结构的转变,旅游演艺市场竞争不断加剧,项目决策者只有充分了解当地客源基础和市场需求,将自身优势资源转化为竞争优势,并在此基础上合理开发、规划和设计旅游演艺产品,制定精准的营销策略,才能准确把握市场规律运作,赢得更多消费者的青睐。

1. 市场竞争风险应对策略

理性看待竞争与市场的关系,走差异化竞争道路。有市场存在的地方就有竞争,竞争是构成市场的一种本质属性,也是内生于市场的一种必然现象。市场竞争是不同经济主体或产权主体之间利益相互作用的结果,本质上是一种激励机制,是助推各行业发展的有效手段。一方面,市场竞争能够促使旅游演艺项目降低成本,优化产业结构,改善服务质量;另一方面,想要在激烈的市场竞争环境中求生存、谋发展,旅游演艺项目必须提高演艺质量和差异性,满足游客日益增长和变化的需求,进而推动整个旅游演艺行业的蓬勃发展。然而,任何事物都有两面性,在我国旅游演艺市场竞争中,演艺企业为了抢占市场先机往往一拥而上,大量旅游演艺项目短时间内聚集在某个城市或区域,造成当地旅游演艺市场出现同质化竞争和削价竞争现象,最终形成恶性循环。

以国内旅游演艺聚集区张家界为例,该地目前已推出包括《天门狐仙》《魅力湘西》在内的10台大型旅游演艺,[①]这些项目不仅在时空上分布密集,且在表现形式和内容上也大同小异,甚至有6台旅游演艺的演出名称都包含了"张家界"字样,极易造成混淆,种种现象无疑加剧了当地市场竞争的压力,也严重影响了游客对旅游演艺的感知价值。因此,在旅游演艺项目前期决策阶段,考察项目所在地已有竞争对手的情况,是一项必不可少的工作。

首先,项目主体需要考察当地市场竞争环境是否已有类似的旅游演艺项目,将竞争对手

---

① 蒲钰希:《基于RMP视角的湘西民族地区旅游演艺产业发展思考》,载《长沙大学学报》2019年第6期。

的规模与自身规模进行比较。《又见平遥》2013 年首演于晋中平遥古城,当时晋中地区仅有一台中型旅游演艺项目《晋商乡音》和平遥县衙博物馆打造的一台小型演出《升堂表演系列剧》,这些项目整体投资规模较小、影响力有限、对旅游演艺市场的经济带动作用也不强,从而使《又见平遥》在根本上避免了与同类项目产生直接竞争的风险。

其次,在旅游演艺市场低价竞争中,企业为获得丰富且稳定的客流量,往往依赖旅行社、客栈和酒店进行捆绑销售,其削价程度达到了不顾成本的地步。在此情形下,旅游演艺项目为了谋求生存,就必然会以损害消费者利益的方式来获取利润,从而将低价竞争转变为不合理的削价竞争。琼·玛格丽塔(Joan Magretta)在《竞争战略论:一本书读懂迈克尔·波特》中指出:"竞争的核心是创造价值而不是打败对手,'竞争就是争做最好'是一种有缺陷的思维方式,长此以往会导致竞争趋同化,竞争对手之间的差异性会相继淡化,从而走向价格竞争的深渊。"①由此可见,竞争是相对的,由于其动机和形式复杂多样,其结果往往具备不确定性。良好的市场竞争环境可以使旅游演艺项目优胜劣汰,使其资源得到优化配置,从而给游客带来更好的体验,而同质化竞争和低价竞争等恶性竞争方式往往会造成两败俱伤的局面,给旅游演艺项目带来难以预料的风险。

总之,旅游演艺项目决策者应当理性地看待竞争与市场的关系,由"竞争"转变为"竞合"思想,其本质是选择一条差异化竞争道路,以突出特色为竞争目的,为特定顾客创造最优价值,促使竞争对手锐意创新,在良性竞争中协同发展、共同繁荣。《又见平遥》旅游演艺项目以差异化为核心,选取平遥当地的核心资源晋商文化作为演出主题,在演出内容和形式上都进行了有益创新。相比之下,当地已有的演出虽然同样以展示晋商文化为核心主题,但在演出内容和形式上都缺乏特色,难以对《又见平遥》项目进入市场产生威胁。因此,项目定位差异化尤为关键,旅游演艺项目应当利用当地文旅资源来凸显项目特色优势,不断丰富产品形式与种类,从而提升市场竞争力。

2. 市场需求风险应对策略

以市场需求为导向,制定完善的营销网络体系。旅游产业与演艺产业的融合发展是以市场需求变化为导向的。近年来,随着国民经济水平和文化素养的显著提升,游客在出行过程中越发注重旅游品质,也越发想要从中汲取更高层次的价值回报。根据经济学需求理论的观点,市场需求是指消费者在一定时期内,愿意并且能够购买某一价格的产品或服务数量,是消费者需求的总和。② 游客作为旅游演艺市场需求的主体,其是否购买旅游演艺产品具有不确定性和变化性。旅游演艺企业可以根据不同细分市场的游客需求特征,推出有针对性的演艺产品,制订更精准的营销方案,从而促使游客作出消费决策。《又见平遥》项目团队在开发新

① [美]琼·玛格丽塔:《竞争战略论:一本书读懂迈克尔·波特》,蒋宗强译,中信出版社 2012 年版,第 4 ~ 16 页。

② 黄安定:《论旅游市场需求与旅游产品开发》,载《中国商贸》2010 年第 23 期。

产品之前，就以问卷调查的形式对平遥游客市场开展了详尽的调研，并根据调研结果深入分析和研究目标消费者需求，判断产品开发的规模和类型是否与之相匹配，从而降低了新产品进入行业的风险。

从游客个人特征层面来看，不同年龄、文化程度、收入水平、消费偏好的消费群体对旅游演艺市场有着差异化的需求。首先，平遥游客年龄结构以中青年人群为主，其中19～40岁人群最多，且整体受教育程度较高，以大专和本科学历占比最多。① 此类游客群体在出行中更加追求新奇、个性的事物，还注重文化精神方面的需求。此外，在调查中发现，平遥游客夜间娱乐消费活动结构层次单一且数量很少，有80%以上游客对参与文娱活动有着强烈的需求和意愿，倾向于观看能够展现地方特色的文娱活动。② 想要满足该群体需求不仅要在产品开发设计中注重演艺形式的创新，还应当向游客展现当地特色文化，为游客提供精神需求和情感共鸣。《又见平遥》演艺产品主题鲜明、定位明确，牢牢地抓住了当地特色民族文化的精髓。剧情则采用穿越时空、梦回明清的方式展开，情节跌宕，环环相扣，深深地吸引着观众的眼球。在演出形式上采用沉浸式演出方式突破了以往的实景演出、主题公园类演出的传统模式，从演出空间、观演关系再到演出文化氛围都进行了有益创新。

其次，收入水平决定着游客需求的实现程度，影响着游客的消费水平及消费结构。平遥游客的收入水平以月收入800～3000元的中低等收入群体为主，因此在《又见平遥》项目前期的定价策略中，除考虑成本和市场行情的因素外，还十分注重消费群体的客观购买能力。由于平遥游客半数为消费能力不强的周边省份团客，且游客总基数不大，项目方将产品价格定为不同档次，其中，普通票价238元，尊享票价888元，可以有效地吸引不同收入层次的消费群体观看演出。

从客源结构上来看，平遥游客群体主要包括外省团客、周边团客、自驾散客、背包散客和国外游客5种类型，其中以外省和山西省内周边的团体游客人数占比最高，构成了平遥最重要的客源市场。入境游客以我国港澳台地区及法国、西班牙等西欧国家及地区居多，散客数量虽少，但也呈现逐年递增趋势。从游客信息获取途径上来看，平遥游客获取平遥旅游信息主要依赖传统的信息收集渠道及旅行社和导游的推介。此外，新媒体传播方式在旅游信息推广中也越来越重要，游客了解目的地旅游信息的途径越来越趋于多样。对此，《又见平遥》项目方在前期阶段就制定了密集营销模式，运用多种渠道宣传，实行“全民营销”战略。一方面，与山西省内及省外旅行社建立战略合作关系。以太原为中心在山西省设立了近400个分销点，对进入平遥的游客展开覆盖式营销。另一方面，积极联动当地酒店、宾馆、客栈、商铺等进行联合营销，采取大幅让利和累进奖励价格政策，调动旅行社和导游的推广积极性，但坚决不以低票价揽客，避免扰乱市场环境。在此模式的推动之下，游客从到达平遥到离开平遥这个

---

① 道略文旅产业研究院《又见平遥项目可行性研究报告》。

② 道略文旅产业研究院《又见平遥项目可行性研究报告》。

时间段,至少有7次机会接触《又见平遥》的产品信息。住酒店的时候会有人主动推荐,吃饭的时候也会有人推荐,坐电瓶车的时候还会有人推荐,甚至在景区买一瓶水时也会有人推荐,从而在全省范围内编制成一幅完善的营销网络体系。[①] 省外营销则重点选择北京、长三角、珠三角等省外游客集中的目标市场,与具有良好品牌影响力和丰富客户资源的旅行社签订《又见平遥》联合推广协议,明确优惠让利条件和最低外售票价,举行推介活动,将《又见平遥》纳入所有常规旅游线路中进行捆绑式销售。

总之,未来游客不再是内容的被动接受者,而是内容的创造和传播者,旅游演艺项目的发展必将以顾客需求为中心,在形式和内容上进行升级转型,使其从单一的景区内文娱表演逐步发展为实景演出、主题公园演出、沉浸式演出等多元化形态。

(三)选址风险应对策略

《又见平遥》项目总经理康青峰认为:"选址是关乎一台旅游演艺项目成败的关键要素,错误的选址难以通过后期内容创作和运营操作逆转。"[②]我国旅游演艺在漫长发展过程中,呈现明显的区域性、空间性特点:东南方城市、旅游目的地城市、交通便利城市更适合发展旅游演艺,西北部城市、旅游发展迟缓城市及交通便利性较差城市的旅游演艺发展相对受到较大抑制。[③] 这恰恰反映了选址差异性会给旅游演艺项目发展带来不确定性,项目决策者在选址过程中需要多方位考察选址要素,尽量规避不恰当的选址给项目带来的风险。

1. 地理位置风险应对策略

我国幅员辽阔,各地自然环境千差万别,文化和经济发展水平也具有明显的区域特征,并非所有地方都适合开发旅游演艺项目。在这种情况下,如何选择适宜的地理位置成为旅游演艺项目能否持续健康发展的关键。想要有效控制地理位置所产生的选址风险,决策者应当综合考虑对宏观区域的选择以及对微观城市和具体地点的选择。

从宏观层面来看,影响旅游演艺项目宏观地理位置选择的因素主要有两个:一是气候条件;二是人文环境。首先,决策者要明确不同区域的气候差异性。与南方旅游演艺相比,北方地区的旅游演艺易受冬季气候影响难以开展室外演出,如陕西旅游集团在西安打造的实景旅游演艺《长恨歌》,每年10月至次年3月因气候寒冷被迫暂停演出。为避免受气候影响给演出带来的风险,《又见平遥》不再将剧场置于室外山水实景,而是采用室内剧场的形式,有效解决了北方地区冬季气温变化和山水景观匮乏导致室外演出困难的问题。

另外,随着季节交替,旅游演艺项目所在地的客源数量会呈现规律性的消长变化,形成相

---

① 康青峰:《浅谈中国旅游演艺项目的规划与发展》,载王兴斌、任国柱编:《旅游百人谈》第1辑,中国旅游出版社2021年版,第304页。

② 康青峰:《浅谈中国旅游演艺项目的规划与发展》,载王兴斌、任国柱编:《旅游百人谈》第1辑,中国旅游出版社2021年版。

③ 毕剑:《基于空间视角的中国旅游演艺发展研究》,中国经济出版社2017年版,第198~200页。

对固定的淡季和旺季。席宇斌博士曾在研究中提出“旅游适宜期”的概念,即旅游目的地在一年中不受气候影响而正常开展旅游活动的最长时间。通常情况下,旅游适宜期越长对旅游地的可持续发展越有利,如果某地旅游适宜期较短,其旅游收入、旅游接待规模往往难以与旅游适宜期较长的旅游地相比。《又见平遥》项目所在地冬季长达 5 个月,旅游适宜期较短会使项目冬季客源短缺,从而给冬季经营带来不利影响。为确保冬季演出在不降低艺术水准的情况下能够持续开展,一方面,项目决策者以山西本省公民作为目标受众,通过低价营销促进淡季演出市场;另一方面,加强本地企事业单位的营销,通过演出套票等方式吸引地方政府、企业或机构观看演出。

此外,项目所在区域的人文环境决定了项目可利用的文化资源数量,对于旅游演艺来说,丰富的文化资源可以为项目艺术创作提供广阔的空间,能够激发艺术家的想象力,也影响艺术创作的呈现方式。《又见平遥》项目所在地山西省有着深厚的历史文化底蕴,该省现存 3 处世界级文化遗产、6 处国家级风景名胜区、24 个历史文化街区、6 座国家级历史文化名城、2 万处历史建筑艺术资源,拥有佛教文化、道教文化、古建筑文化、晋商文化、根祖文化等众多特色文化资源,为后续文化资源创造性转化提供有利条件。

从微观层面来看,游客是旅游演艺活动的消费者,旅游演艺项目依赖现有游客量来维持运营,目前国内较成功的旅游演艺产品大多依托著名城市群体、旅游景区或旅游线路而建立,从而带来丰富的客流量,保证演出的上座率。这是由于单一的旅游演出难以独自吸引客流,只有将演出场馆靠近旅游线路或建在旅游线路之上,才能带来有效的客流量。《又见平遥》项目选址所在地位于山西晋中市平遥县平遥古城景区西侧,拥有相对稳定的游客基础。其中,晋中市是国内具有影响力的文化旅游城市,而平遥古城作为国家 5A 级旅游景点,2011 年接待游客量超过 130 万人次,在山西省各区县中位于前列。由此可见,选址位于气候条件优越、人文资源丰富的区域,客流量稳定且密集的一线、二线城市或著名旅游城市,同时靠近旅游景点和旅游线路的旅游演艺项目可以为演出提供客流保障,从而有效地降低项目选址风险。

2. 配套设施建设风险应对策略

旅游演艺项目依附较大的客流量来维持生存,想要承接大范围客流,需要项目周边配备完善且四通八达的交通网络。无论何种类型和规模的旅游演艺项目,在选址时都会格外关注项目周边的交通设施条件。一方面,项目决策者需要考察项目选址地点的“可进入性”,也就是游客从客源地到达旅游目的地的交通便利程度,包括交通工具的可选范围与时间成本等。如若项目选址地点可以通过航空、铁路、汽车、水运等任何方式抵达,那么该项目所在地的交通条件是最理想的。《又见平遥》项目所在地的交通设施条件齐全,交通方式也呈现多样化特点,其选址地处山西省中部地区,距山西省最大的交通枢纽地太原市武宿国际机场仅 90 多公里,该机场航班资源丰富,能够通往国内外约 72 个城市,可以同时吸引来自全国各地的游客。

在铁路交通条件上,平遥火车站是距离项目选址地最近的站点,共有 23 趟列车运营线路途经，从火车站到演出剧场驾车仅需约4分钟。另外，乘坐高铁到达平遥古城站是更便利的交通方式之一，平遥古城站作为新建高铁站，距项目选址地仅有6.5公里，有52条列车途经该站点。从公路条件上看，平遥境内的京昆高速可以覆盖北京、西安、河南等周边多个省市的自驾游客前往。

另一方面，项目选址地点的周边交通道路条件也需要纳入评估范围。首先，要看选址地块的临路条件，也就是项目所在地四周的交通通达度。《又见平遥》项目四周均为城区主要街道，拥有四面临路的道路条件，其东临护城路，西临平遥最繁华的顺城路大街，南北两端有两条由古城门延展出来的上西关街和西关大街，无论从哪个方向来的车流、人流都能关注到该项目，该项目成为4个方向人流和车流的焦点，因此其选址属于最佳道路条件。其次，项目四周的道路宽度也会影响着客流、车流的拥堵程度，《又见平遥》剧场西边的顺城路大街拥有最为理想的双向六车道，南北大街为双向四车道，仅有东临的护城路临近古城城墙致使路段宽度狭窄，只允许两辆车并行，可见项目所在地整体交通设施条件较好，能够有效增加平遥游客的可进出性。除交通条件外，酒店、餐饮、娱乐等服务设施建设亦是选址期间需要考察的重要因素。《又见平遥》项目团队在前期阶段就高瞻远瞩地规划了集文化、餐饮、休闲、娱乐、住宿等多要素为一体的文化旅游产业园区，该园区作为《又见平遥》演艺项目的延伸、丰富与升华，通过分期建设"又见·新街"、文化主题酒店集群等一系列附属配套服务设施，为游客营造出富有文化内涵和深度体验的文旅活动集合地，也成为山西文化旅游产业的一张响亮名片。

3. 剧场施工风险应对策略

对于大多数旅游演艺项目来说，为了降低建造成本，地块平整性是选址时必须要考虑的因素。地块不平整，势必要挖方或者填方，而挖方与填方所带来的庞大的余泥倾倒量，不仅会加大项目工程成本，也使其投资回报率降低。因此，商业建筑要求用地竖向高差变化不宜过大，尽量挑选平整用地。《又见平遥》项目剧场所选用地大部分为草坪空地，且整体地势平坦不会给剧场施工增加难度，有利于后期建筑的规划和建设。

此外，项目选址地块向西突出的两个部分深入到繁华的新城区，该区域内的数家商铺和居民住户给项目带来拆迁和移民工作，并且产生大量的成本，其中重要的一项就是拆迁与移民成本，包括拆迁费用、补偿安置原住户的费用等，但更加重要的是拆迁所产生的时间成本，决策者若不能真正意识到拆迁的潜在难度，将会给剧场施工带来风险。

想要降低此类风险，先需要明确拆迁方式的选择会对拆迁工作产生不同的影响。首先，由政府完成拆迁工作，并与拆迁户达成补偿协议将最大限度地降低风险。其次，是由开发商、政府和拆迁户三方进行协商拆迁，开发商需要付出一定的资金和时间成本与拆迁户达成补偿安置协议，其风险要大于政府拆迁。由于《又见平遥》项目拆迁所涉及的住户与商铺整体数量较少，采用此种方式与拆迁户协商的难度相对较小，并且在拆迁过程中有政府的参与可以提高开发商的信誉度，利于开发商开展工作，使项目方用时2个月完成了13个单位的腾迁工作。但是，这种拆迁模式也存在一些问题，如部分业主缺乏法律意识、拆迁纠纷频发等，这些都给开发商带来了不小的风险。因此，如何规避此类风险成为一个重要课题。最后，风险最大的一种拆迁方式是自主拆迁，主要由开发商与拆迁户在拆迁前协商达成安置补偿协议。在这个过程中，双方往往会为了彼此的利益争论不休，导致开发商付出高昂的拆迁安置成本，甚至在漫长的谈判过程中无法按时开展拆迁工作，使项目建设周期无限期地拖延下去。因此，剧场施工中有许多不确定因素可能造成项目搁置甚至失败，项目决策者应当在前期阶段作出科学决策，才能降低项目风险。

（四）演出质量风险应对策略

1. 演出内容风险应对策略

深入挖掘地域特色文化，实现文化资源的创造性转化。文化是旅游演艺的灵魂与核心竞争力，也是演出内容的主要素材来源。文化资源作为一种动态的、可开发的、不断创造的特殊资源形态，其蕴含的文化符号元素被视为可供经济发展的产品，经过多种形式的转化后能够带来经济效益。纵览国内优秀的旅游演艺项目，大多通过演出内容展示当地特有的历史文脉和风土人情，以此吸引游客观看。旅游演艺作为地域文化资源现代性转化的一种载体，其发展的实质是文化资源转化为文化产品的价值实现过程，通过对文化资源的不断提炼、选择和艺术构建，最终演化为旅游演艺产品的演出内容形态。

文化资源是在人类社会的历史发展过程中，逐渐创造和积累的物质精神文明成果。鉴于文化资源的特殊属性，在将当地文化资源转化为文化产品之前，需要对其进行有效整合和科学评估。这就要求旅游演艺项目决策者深入开展前期调研工作，熟悉和把握项目所在区域的文化资源，并根据不同文化类型对文化资源加以分类和分析。随后，通过评估文化资源转化所产生的经济效益和社会效益，制定相应有效的转化方案，对市场前景广阔、有利于产品创造性转化的文化资源予以重点关注，对发展潜力较弱、发展环境较差的文化资源应当有所取舍。目前国内对于文化资源评估的研究还比较少，尤其缺乏针对我国特定区域文化资源转化模式与方法的系统性研究成果。北京大学文化产业研究院根据区域文化产业规划的实践经验，从人文价值和经济价值两个层面建立了36个文化资源价值评估指标，具有一定的可操作性，可以为旅游演艺项目决策者评估文化资源效益提供借鉴。①

在《又见平遥》项目前期，主创成员与平遥文化专家组成的调研团队在平遥开展实地采风工作，深入了解平遥本土文化和生活细节，为演出内容做好前期筹备工作。调研组充分考察了当地不同文化资源的品质、效用、价值、发展前景等本质属性，挖掘出平遥具有代表性的文化符号——以票号、镖局为代表的晋商文化，以山西院落为代表的建筑文化，以婚嫁与饮食为

① 向勇：《特色文化资源的价值评估与开发模式研究》，载《北京联合大学学报（人文社会科学版）》2015年第2期。

代表的民俗文化，以血脉传承为信仰的传统价值观念，并以此为基础展开演出内容创意和策划。据统计，省外游客对晋商文化拥有浓厚的兴趣。一半以上游客来山西旅游的目的就是了解晋商文化。① 作为山西晋商文化的发源地和核心带，平遥不仅拥有全国保存最完整的古城墙，更是拥有代表“中国现代银行鼻祖”的日升昌票号，这些资源均具有垄断性和不可再生性，能集中体现山西省悠久的历史和山西人民的智慧与勤劳。

孔祥毅在其著作《晋商学》一书中提到，晋商文化是山西商人在经商过程中创造的物质财富和精神财富的总和。② 晋商文化崇尚的仁义礼智信，其核心价值观与儒家思想一脉相承，在《又见平遥》的演出内容中，深刻挖掘了晋商文化资源的精神内核，将晋商文化中的“义”文化、“根”文化、“面”文化得以提炼、凝聚，并进行创造性地转化。作为《又见平遥》编剧和导演，王潮歌深知90分钟的演出无法向观众讲述晋商文化的全部故事，因此她以平遥清末时期的真实故事为创作基础，以小见大，讲述了赵易硕家族三代人在经商中所体现出的崇文尚义、勤俭自强、重义轻利、诚实守信等传统商业伦理，剧中通过对“赵易硕”“王掌柜”等大量鲜活生动的人物塑造，把晋商文化理念与生活细节完美地融合在一起，不仅展现出一个家族的兴衰历史，也诠释了晋商文化的核心精神。同时，该剧融入了晋商文化的象征符号元素如“择妻”“寻根”“镖师沐浴”“面舞”等，将古代晋商文化体系展现得淋漓尽致。

《又见平遥》通过对平遥晋商文化的深入挖掘，不断丰富和创新演出内涵，实现了从文化资源到旅游演艺产品的创造性转化。但是，由于各种因素的共同作用，使这一转化过程充满复杂性和风险性，决策者既要考虑自身能力水平以及所处的社会经济背景，还要综合考察各影响因素之间的相互关系，从而形成一套完整可行的转化体系，这样才能避免盲目决策，确保项目目标的顺利实现。

2. 演出形式风险应对策略

创新表现形式，突出体验感、互动性与场景感。《又见平遥》旅游演艺首演之前，我国旅游演艺形成了以“主题公园演艺”“剧场演艺”“山水实景演艺”为主的演出形式，体现了不同时期游客的审美追求。其中，以《印象刘三姐》为代表的山水实景演艺作为一种新兴的艺术表现形式深受大众喜爱，也吸引了更多的资本方加入山水实景演出市场。然而，随着“印象”系列旅游演艺市场日益饱和，游客对旅游演艺的需求也在不断升级，如何创新旅游演艺产品形式是摆在众多旅游演艺项目面前亟待解决的问题。

鼎盛文化产业投资公司总裁梅洪认为，国内旅游演艺市场需求已经从传统的“观光游”转变为“休闲游”，并逐步迈向“体验游”时代。导演王潮歌在演出创作中以空间情景塑造观剧体验性，改变了利用山水布景赋予游客视觉冲击的艺术形式，取而代之以室内沉浸式体验的戏剧表达方式构建地域文化，彻底颠覆了传统游览形式，开启了我国沉浸式旅游演艺发展的

---

① 道略文旅产业研究院：《又见平遥项目可行性研究报告》。

② 孔祥毅：《晋商学》，经济科学出版社2008年版。

新阶段,成为继"印象"系列之后的又一次创举。相较诉诸观众视觉与听觉方式的传统旅游演艺,《又见平遥》沉浸式旅游演艺以"情景"为手段,以"体验"为目的,在演出形式上既满足了观众对戏剧情节的审美需求,同时使观众获得感官上的享受与愉悦,其主要具备以下特点:其一,取消固定观众座位席,采用行进式的观演模式。通过演员牵引观众的观演视线和行走动线,从而控制整个剧情发展的节奏,演出空间内的所有角色都有自己独特的性格和情感表达,每个人都是舞台的主角,每一个动作、每一句对白都能引发不同情绪的共鸣,从而让观众沉浸在空间情景之中。其二,采用多线索叙事结构。观众可以自行选择从A区或B区两个不同入口进入剧场,而A或B的行走路线也决定着观演顺序,如果欣赏者只看一次演出,几乎是无法完整欣赏演出的全部内容,从而最大限度地激发观众的猎奇心理。其三,采用串联式的空间形态。《又见平遥》在剧场的空间形态上强调情境空间之间的序列关系,每个故事情景都有对应空间环境去承载,通过虚实、疏密有致的空间串联形式叙述戏剧内容,有利于将体验感受逻辑化、剧场空间设计合理化。其四,创新了剧场设计概念,将剧场设计服务于旅游演艺的内在意境表达,并与平遥古城周边环境融为一体,成为城市景观中的一个平等元素,从而在空间上契合观众的感官体验。其五,该演出将声光电科技与情景演绎相融合,打造虚拟现实技术和现代化高科技为一体的沉浸式情景空间。但值得注意的是,旅游演艺为满足游客感官体验,往往借助现代声光影像和虚拟现实等技术手段将"情境"构建至极致,但过分崇拜技术、以视觉冲击代替观演交流会削弱文化的核心地位,造成演出的原真性流失,使演出内容无法准确地传达给观众。对此,王潮歌导演在《又见平遥》官方纪录片中表示:"把先进的舞台技术融合在一场演出里面,教会我们如何克制而不是张扬,我不希望看到灯光、影像和音响抢了戏剧的风头,抢了人物的情感脉络,而是要让他们蕴含其中,让观众看到演出本身。"总之,无论是以山水实景为特色的旅游演艺,还是依托主题公园的旅游演艺,抑或是满足游客体验的沉浸式旅游演艺,其本质仍然是文化旅游。决策者在艺术创作过程中,应当合理地审视舞美语汇与多媒体技术在旅游演艺中的运用,既不能剥离旅游演艺的文化本真,又要通过舞美和多媒体丰富演出形式,使之与现代社会发展相适应,只有这样才能制作出旅游演艺精品。

3. 主创团队能力风险应对策略

强有力的主创团队,为演出提供质量保障。一个成功的旅游演艺项目往往能够体现主创团队的综合能力,主创团队的号召力越强,演出质量就越有保障。在主创团队中,导演就像乐队的指挥家,代表着演出的灵魂与核心部分。旅游演艺项目质量高低在很大程度上取决于导演的艺术素养和文化修养,演出风格也反映出导演的创作风格和价值观念。这就要求他们既要有优秀的艺术修养,也要了解当地的文化,这样才能更好地把二者融为一体,在为观众提供休闲娱乐的同时,也能对当地文化有所感悟。《又见平遥》总导演王潮歌是中国旅游演艺的先行者和实践者,其多元化的个人艺术风格与前沿创意,使其被誉为极具创新精神的导演。2004年,王潮歌与张艺谋、樊跃共同执导的《印象刘三姐》开创了中国山水实景旅游演艺的先河，成为当地文化创意产业的成功范本。此后，3 位导演联合创立观印象艺术发展有限公司，并陆续推出《印象丽江》《印象西湖》等 7 部“印象”系列旅游演艺作品，被业界称作“印象铁三角”。继“印象”系列之后，王潮歌导演独立打造了新的旅游演艺品牌——“又见”系列，其首部作品《又见平遥》成为旅游演艺行业产品迭代升级的一次创举，剧中采用的沉浸式演出形式和多线索叙事结构都对导演把握演出节奏、剧情逻辑和空间结构提出了更高的要求，体现了导演的艺术创作能力和水平。

可见，以王潮歌为代表的主创团队，有独到的艺术品位、市场直觉和推介技巧，为《又见平遥》创编水准和演出质量提供了保障。更重要的是，王潮歌导演自身就具备强大的名人效应，可以在项目开拓市场初期形成很好的号召力，为演出吸引大量关注度，从而提高了项目演出风险的抵御能力，成为影响《又见平遥》项目前期决策成功的关键要素。

（五）财务风险应对策略

1. 投资估算风险应对策略

提高投资估算准确性，严格执行成本控制。投资估算，是指在可行性研究报告中对项目建设成本进行预测的过程，其估算结果是项目前期决策及融资的重要依据，也是研究、分析和计算项目投资经济效益的重要条件。更重要的是，经过批准的投资估算金额将作为项目建设成本的最高限额，不得随意变更，因此，投资估算的准确度将决定项目目标能否在计划的资金范围内实现。目前，国内旅游演艺市场存在盲目追求大规模、大制作、大投资的现象，动辄上亿元的资金投入使项目投资回报周期较长，准确的投资估算可以有效实现项目成本控制，从而达到资本投入效率最大化。

由于项目具有独特性，不同规模、不同地点、不同时间的旅游演艺项目的估算依据不尽相同，从而影响了投资估算的准确性。投资估算必须以建设项目所需资金为依据，并通过财务评价等方法来确定最终投资规模。《又见平遥》旅游演艺项目的总投资估算约为 4.7 亿元，由工程费用、工程建设其他费用、预备费用和流动资金四个部分组成。第一部分，项目的工程费用随着客观条件变化而体现出独特的价格属性，项目在不同时间、不同地点所产生的工程费用大有径庭。《又见平遥》项目规模包含了 12,000 平方米的新建剧场建筑面积，致使项目在工程费用方面的投资估算额度最高，合计约为 2.74 亿元。① 其估算依据的主要源于项目剧场设计方案中的建筑物的结构类型和设施要求，并参照《2003 年山西省建筑安装工程概算定额》《2005 年山西省建设工程费用定额》《2003 年山西省建筑工程投资估算指标》《2011 年山西省建筑材料价格》等项目所在地的建设标准，以及“印象”系列旅游演艺项目等同类工程造价数据，最终形成本项目工程费用的估算指标，包括建设工程费、设备购置费、安装工程费，根

---

① 道略文旅产业研究院：《又见平遥项目可行性研究报告》。

据该估算指标计算出项目整体的工程费用。第二部分工程建设其他费用主要根据2009年《山西省建设工程其他费用标准》规定的内容并结合该项目实际情况进行计算，其估算指标主要包括土地使用与拆迁费、建设单位管理费、工程勘察设计费、演出创制及服务费、招标代理服务费、建设单位临时设施费、工程监理费、可行性研究报告编制费等，估算金额合计约为1.2亿元。① 第三部分的预备费用按工程费用和其他费用的8%进行估算，约为3156万元。第四部分为项目的流动资金，约为4500万元。

另外，项目规模决定了项目投资估算数额，大型旅游演艺在前期需要较多的资金投入，且对游客量及观众转化率要求较高，容易导致成本回收困难。相反，中小型旅游演艺投资成本相对较小，对游客量、场地及技术要求也较低。可见，并不是大型旅游演艺一定就能产生与之相匹配的收益和效果，如果设计合理，中型旅游演艺甚至是小型演艺也一样能成为吸引旅游者的重要形式。因此，旅游演艺项目建设规模大小的选择需要综合考虑多种因素，在满足现阶段市场需求的基础上，预备适当的长期发展空间。这就要求旅游演艺项目在发展中避免无序开发、无度投资，不能过度创意而忽视市场成本收益规则和基本投资回报规律，只有严格执行成本控制，遵循经济发展规律，才能避免旅游演艺项目出现前期投资过大，后期成本回收周期过长的局面。

2. 资金筹措风险应对策略

合理选择筹资方式，走多元化筹资道路。筹资是旅游演艺项目赖以生存和发展的重要财务活动，也是项目得以实施的前提条件。相较传统演出而言，旅游演艺是国内演艺行业中产业化程度最高的领域，具备较强的市场发展潜力和投资价值。② 但由于旅游演艺投资规模大、回收周期长等特点，项目在成立之初往往难以产出经济效益，反而会带来高昂的成本支出。项目在资金短缺的情况下，一旦没有掌握好筹资结构或者现金流量平衡，就会导致负债不断累积，最终影响项目的正常运转。此外，我国市场经济起步较晚，市场运行机制不够成熟，现阶段的旅游演艺项目筹资模式仍在探索新的方向，政府财政投入和企业自筹仍然是旅游演艺融资的普遍方式，社会资本、海外资本进入旅游演艺市场较为困难，银行等金融机构由于旅游演艺业的高风险性也未能成为融资的主要渠道。如何开辟广阔的投资渠道是每个旅游演艺项目亟待解决的难题。

旅游演艺项目筹资有多种方式，选择不同筹资方式所付出的成本与获得的筹资量不尽相同。为了合理筹集资金，旅游演艺项目在筹资决策时需要结合项目自身的情况进行分析，选择最适宜的筹资方式，以便降低资金成本，提高筹资效益。对于《又见平遥》来说，该项目在筹资结构上采用多元化的资金筹集方式，将政府财政投入与资本市场运作相结合，分阶段、分重点地为项目提供资金保障。首先，启动资金是旅游演艺项目顺利开展的重要保障，对项目能

---

① 道略文旅产业研究院：《又见平遥项目可行性研究报告》。

② 谢大京主编：《艺术管理》（第4版），法律出版社2021年版，第327页。

否顺利开展起着根本性作用。《又见平遥》项目的启动资金来自晋中市与平遥县两级政府的财政投入。由于绝大部分的旅游演艺资源带有公共产品属性,且在开发和运营过程中需要政府规划政策、城市发展布局、官方宣传等支持,所以旅游演艺项目不可忽视政府财政投入的重要性。在筹资量上,晋中市公投公司作为晋中市政府成立的国有独资企业为《又见平遥》项目出资1亿元。平遥县政府成立的平遥股份公司不仅为项目出资2000万元,还提供了项目用地的土地使用权。

启动资金的顺利筹集,不仅使项目在前期完成了演出创意制作和建筑工程设计,同时解决了项目用地问题,但后续的剧场建设仍然需要庞大的资金支撑。《又见平遥》项目方考虑到资金链断裂可能会给项目带来财务危机,决定继续拓宽筹资渠道,积极通过资本市场或者引入新投资者进行融资。最终,平遥九成公司成功申请到国家开发银行(以下简称国开行)提供的3亿元贷款,为项目顺利完成提供持续保障。国开行是直属国务院领导的政策性银行,曾以借贷方式成功支持了上海世博演艺中心、上海迪斯尼等大型演艺项目。早在2012年,国开行就与文化部签署了《支持文化产业发展的合作备忘录》,承诺以2000亿元的文化融资总量加大对文化产业的支持力度。在此背景下,国开行先后对《又见平遥》项目进行了4次调研,按照“开行融资主导、政府协调配合、企业开发建设、市场融资运作”的模式,融资3亿元支持项目发展。

由此可见,想要降低资金筹措带来的财务风险,旅游演艺项目首先应当在进行筹资决策的前期,对所要筹资的项目进行全面了解,准确判断筹资方式对项目的影响。其次,结合项目的风险承受能力以及不同筹资方式的回报率,灵活运用筹资组合来分散、降低筹资风险,以免造成项目出现资金链断裂的问题。一方面,旅游演艺项目要积极争取政府扶持,通过资金、设备、税收、土地使用、场地建设、交通设施建设等方式投资旅游演艺项目。更重要的是,政府资金的加入可以提高项目的信誉度,从而吸引更多资本进入。另一方面,旅游演艺项目要坚持市场化运作手段,运用金融机构、民间资金、海外资金、发行股票和债券等多种筹资手段,提高筹资决策的有效性。

五、结论与展望

(一)主要结论

随着文旅融合深入发展,旅游演艺已经遍布全国,成为各地政府与景区重点开发的项目之一,国内投资千万元甚至数亿元的大型旅游演艺项目不断涌现,既延长了游客在目的地的停留时间,也带动了当地酒店住宿、餐饮、交通等服务行业发展,实现了社会效益与经济效益相统一。然而,高收益总是伴随高风险,旅游演艺由于建设周期较长、投资总额较大,使其风险和不确定性贯穿项目建设的始终。因此,在旅游演艺项目开发过程中有必要充分了解风险,最大限度地把握和防范风险。旅游演艺项目开发是一个复杂、连续和动态的过程,整个开发周期可以分为3个阶段,包括前期决策阶段、中期建设阶段和后期运营阶段,其风险存在于在各个不同的阶段。尤其是在前期决策阶段,项目拥有最大的不确定性、风险性和动机性。然而,在许多旅游演艺项目的开发中,由于投资者和开发商风险意识淡薄,前期工作经常被忽略,抑或是在缺乏充分研究的前提下,仅凭主观判断作出决策,给项目带来风险和不确定性,这就使得旅游演艺项目前期决策风险管理越发重要。

目前,风险管理理论在旅游演艺领域的应用尚未得到足够的重视。本案例从旅游演艺项目的风险管理研究视角出发,选取国内首个大型沉浸式旅游演艺项目《又见平遥》作为实证案例,通过识别该项目前期存在的主要风险因素,建立项目前期的风险指标体系;并且构建了一套旅游演艺项目前期决策风险的评估模型,综合评价了《又见平遥》旅游演艺项目前期的风险等级水平,同时分析其风险应对策略,为其他旅游演艺项目前期开发决策者作出科学决策、有效规避与控制风险提供指导。主要研究结论如下:

1. 本章通过阅读大量与研究主体相关的文献资料和历史资料数据,对《又见平遥》旅游演艺项目前期决策风险因素进行初步识别。同时采用了专家征询法,依据专家意见对初步识别的风险因素进行修改、剔除或补充,最终汇总形成一份正式的风险清单,包括以政治环境风险、市场风险、选址风险、演出质量风险、财务风险为主的一级风险指标以及12个二级风险指标。

2. 运用AHP和模糊综合评价法构建出旅游演艺项目前期决策风险评估模型。该模型首先应用了AHP,将定性评价转化为定量评价,通过递阶层次结构的建立、两两判断矩阵的确定、判断矩阵的一致性检验、采用传统运算与SPSSAU软件工具相结合的方式计算旅游演艺各项风险因素指标的权重向量。之后,依据模糊综合评价法对旅游演艺风险进行综合评价,得到旅游演艺项目前期整体风险等级与各项风险因素等级。

3. 选取《又见平遥》作为实证案例对评估模型进行论证,最后得出该项目整体风险等级为“较低风险”(2.4112),风险值尚在可控范围。从准则层各项风险因素的风险等级来看,财务风险(2.7736)、选址风险(2.4175)、演出质量风险(2.3199)、市场风险(2.0081)都属于较低风险,应当进行重点控制。而政治环境风险属于低风险,也要引起关注。各项风险因素对项目的影响程度从高到低分别是选址风险(0.3165)、财务风险(0.2950)、演出质量风险(0.2013)、市场风险(0.1136)、政治环境风险(0.0737)。该结果与项目本身情况相接近,可见评估模型具有较好的实用性与可行性。

4. 根据《又见平遥》旅游项目的风险评估结果,并结合项目的实际情况,深入研究项目在前期决策阶段采取的风险应对策略,从而为其他项目决策者提供借鉴与参考。

(二)后续展望

旅游演艺项目风险管理是一项动态、复杂的系统性工程,如何科学地运用各种手段来评估项目风险,使其更具精确性与实用性,是值得未来学术界共同进行探讨与研究的方向。本案例中针对《又见平遥》旅游项目前期决策的风险管理研究虽然取得了些许成果,但由于风险管理理论在旅游演艺行业的应用尚不广泛,相关的研究结果也较少,加之,笔者学术水平及实践经验的局限性,在文中不可避免地留存了一些有待完善与商榷的问题,希望在后续的研究中能够得到关注并加以改进。

案例 6

北京演艺集团线上演艺项目的风险管理机制构建

项目风险管理的研究一直以来都备受关注，风险管理水平的高低在很多时候对项目的成败起到决定性作用。线上演艺作为目前演艺行业的研究热点和新鲜事物，本身是极具活力、大有可为的，可谓表演艺术行业的新机遇，但机遇同样意味着挑战，各个组织在探索线上演艺发展路径的过程中可能会遇到许多意想不到的风险与困难，因而本案例聚焦线上演出，对其进行风险管理研究。

一、研究背景与研究现状

(一) 研究背景

据中国演出行业协会不完全统计，2020 年 1 ~ 3 月，全国已取消或延期的演出近 2 万场，占一季度总场次的 80% 以上，造成直接票房损失约 24 亿元，估算其他损失近百亿元。在此情形下，线上演出"异军突起"，虽然其诞生较早，自从有了互联网，线上内容就从未与演艺分割开来，但互联网一直被传统演艺组织视为"宣传阵地"，发展较为缓慢，且始终未能"破圈"，成为主流演出形式，因而对于线上演出的研究意义重大，不仅是现如今各大院团生存发展之必须，更是新时代演艺行业改革破圈的重要发展方向。

(二) 研究现状

自从有了人类活动，就有了项目，便产生了如埃及金字塔、巴拿马运河、人类登陆月球、奥林匹克运动会等一个个项目成果，这些项目成果是其领导者和项目经理在工作中应用项目管理实践、原则、过程、工具和技术的结果，因而项目管理相关理论源于社会生产实践，项目风险管理也是如此，人们把社会生产实践中的一些观念、工具和技术、方法、模式总结起来，便形成了项目管理理论基础，并为未来的社会生产实践提供经验和方法。项目风险管理的国外研究较深入、涉及各个行业和各个层面，但国内对项目风险管理的研究主要在工程和软件行业，对于表演艺术领域的项目管理相关研究较少，对于表演艺术领域尤其是线上演艺项目的风险管理的研究更是寥寥无几。

二、线上演艺业态概述

(一)线上演艺业态发展的总趋势

“云传播”已成为演艺的一个新趋势，“云剧场”成为演艺行业中的一种新景象，“云技术”也逐渐开始重塑演艺行业的新格局，线上演艺作品逐渐走进大众视野，进入百姓生活。

据中国演出协会秘书长潘燕女士提供的资料，线上演出以新媒体平台为主要载体，新媒体平台又以网络直播演出为主要方式，目前各大互联网平台和传统演艺机构都在针对线上演出路径展开积极的探索。传统的视频类直播平台“歪歪”“虎牙”“斗鱼”和音频类直播平台“荔枝”“喜马拉雅”等经过多年探索与发展积攒了8亿多名直播平台用户，这些用户群体主要集中于14~35岁，此外有内容输出的日均活跃主播数量达到45.1万人，其中日均新增主播数量超过4.3万人。由于传统演艺机构的现实需求，各大互联网平台开始瞄准线上演艺，短视频平台如“快手”、“抖音”和“火山短视频”等、长视频平台“腾讯视频”“优酷视频”“爱奇艺”“哔哩哔哩”等、社交平台“微博”“微信”以及IPTV大屏端等都开始上架或开始重视线上演艺内容模块，纷纷与传统表演艺术生产机构展开合作。

各大互联网平台的加入和竞争，使线上演艺业态焕发了新的生机，面临前所未有的机遇，以长视频平台为例，2020年“腾讯视频”的付费会员超过1.23亿人次；“爱奇艺”的付费会员达1.017亿人次；“优酷视频”的付费会员也超过了8000万人；“哔哩哔哩”的正式会员数量过亿，月活跃用户超过2亿人，月付费用户超过1700万人；此外IPTV等大屏用户主要以家庭观演为主，目前用户数量超过3亿人。如此庞大的且以年轻用户为主的用户群体，让各个传统表演艺术生产机构明确了朝着“云演出”发展的方向，激发了线上传播的信心，越发重视线上演艺业态的构建和探索。

对于用户来说，线上演艺有其独特优势，相比线下观演，其便捷的观看方式、较低的观演成本、强大的技术赋能等优势使观众逐渐适应并开始接纳线上观演模式。以“京演快剧场”的数据为例，2020年7月24日线下演出恢复以后，线上演出观看人次并没有呈现下降的趋势，如2020年7月18日北京歌剧舞剧院的《云歌汇》直播演出观看人次为72万，2020年7月25日北京歌剧舞剧院的《云歌汇》观看人次为53.8万，2020年7月26日的《北京童谣》观看人次为51.8万,8月1日的《木偶剧院演出》观看人次达到81万。2022年3月,北京演艺集团“京演快剧场”的直播演出观演人次也保持在这个数字上下,2021年7月推出的《京味儿剧场》《丝路国香》《我的信天游》等直播演出观看人数还达到了当年的峰值,分别为636.9万人次、314.4万人次、227.3万人次。由此可见用户并没有将线上演出当作线下演出暂时的附属品和替代品,而是逐步适应了线上演艺业态。

2021年以来,线下演出得以恢复,线上演出的前景开始遭到质疑,学术领域也有许多业内专家和学者提出“现场演出有太多是在线观看难以代替的,而在线观看有太多是其他娱乐方式可以轻易代替的”、“需要感觉和听觉的话剧、戏曲、舞蹈等艺术形式,线上演出无法满足观众的需求”、“做线上演出是不得已而为之,因而不会长久”,以及“线上演出的形式演员无法得知观众的反应,从而使演出效果受到影响”等消极观点,但《“十四五”文化产业发展规划》第二章第二节中明确表示,强化科技在演艺、娱乐、工艺美术、文化会展等传统文化行业中的应用,推动传统文化行业转型升级。促进文化资源数字化转化和开发利用,推进与数字技术的新形式新要素结合,让优秀文化资源借助数字技术“活起来”。促进戏曲、曲艺、民乐等传统艺术线上发展,鼓励文艺院团、文艺工作者、非物质文化遗产传承人利用互联网平台进行演播。鼓励传统文化行业与互联网平台企业合作,规范推广流量转化、体验付费、服务运营等模式。这都意味着线上演艺的发展是必然的趋势。

(二)疫情前表演艺术机构线上演艺业态的发展

尽管互联网早已接入中国,并迅速席卷了各行各业及人们的日常生活。但相比其他行业,表演艺术行业是以表演者与观众面对面进行交流而建立起的独特观演关系、是以剧场演出为主要传播渠道、以演出票房为主要营收方式的领域。因而演艺机构并没有第一时间与互联网发生亲密接触。换言之,其独特的观演关系决定了演艺机构并未将“触网”作为生存发展之必须,因而疫情以前国内演艺机构与互联网的接触无外乎以下几种情况。

1. 在线发布各自的演出信息

各演艺机构日常主要借助大麦、永乐、中演票务等平台,或依托演出剧场的官方网上销售平台,开展票务预售工作。发布的信息以时间、地点、票价、内容简介等信息为主。预订成功后,须换取纸质演出票进入剧场。目前,依靠技术手段实现无纸化扫码进入剧场的模式还有待从业者探索推动。

2. 运营官网和“两微一端”

各个演艺机构基本都有官网和“两微一端”,部分运维良好但有些形同虚设。整体来看,传统演艺行业官方网站、微信、微博和客户端更新频率不高,有的甚至常年没有更新,传统演艺行业对互联网的运用不广,信息化建设相较于其他行业相对滞后。

3. 演艺界人士综艺等演出由电视台或互联网新媒体端进行传播

这种演出基本上是将线下录制好的演出节目资源直接搬到线上进行播出，包括中央戏曲频道的空中剧院栏目，以及部分卫视和互联网娱乐平台制作的各类综艺节目等。这种形式的演出，与传统演出相比更多的差异还是其在播出渠道上的延展，其内容创作生产过程与传统内容制作流程基本一致。

4. 利用互联网媒介进行宣传

部分演艺界人士自发运用互联网媒介进行宣传。主要是部分传统演艺界人士利用微博、微信、抖音、快手等平台，自行发布视频内容，或进行直播与粉丝进行线上互动等。与具有强大"引流"能力的新生代网红、主播相比，传统演艺界人士的"触网"活动还处在探索与尝试阶段。

与此同时，综观全球演艺业线上演艺业态的情况，主要以 2017 年蜚声中外的"英国国家剧院现场直播"(NT Live)平台为代表，他们打造了"新现场"概念，使用多机位拍摄剧场演出，经过后期加工形成"舞台 + 电影"的特殊效果，并在互联网进行付费播出，推动线上与线下相互支撑、相互导流，形成良性互动。而在国内，即使存在门户网站或者其他线上平台播出的剧/节目，也基本都为非营利模式，一些院团的线下演出票房尚不乐观，开启线上售票并期待营利的时机并未成熟。

(三)疫情后表演艺术机构线上演艺业态的探索

在线下演出暂停长达数月的情况下，传统演艺行业迅速反应，积极应对，主动"触网""触电"，纷纷试行了"云剧场""云演出"等线上发展新形态。几乎所有演艺机构的上空都飘起一朵名叫直播的"云"。

1. 各大演艺机构开始关注并探索实践线上演出

如国家大剧院推出"春天在线""声如夏花"系列音乐会并开展免费的线上播出活动；西安交响乐团联合央视音乐推出"华山之巅"云海音乐会；音乐家谭盾在上海推出新创作的《武汉十二锣》线上直播演出；等等。与之前将线下演出录制资源线上开放的模式不同，这些线上演出或加入导赏等环节，或运用了直播等技术，在内容策划、技术传播手段运用方面均作出了新的突破和尝试。

2. 各大视频网站与传统演艺机构合作

如"西瓜视频"、"今日头条"联合"开心麻花"、"嘻哈包袱铺"等推出"喜剧场"栏目，邀请观众免费观看直播演出；北京演艺集团、北京京剧院和东方大剧院联合"快手"等国内直播平台打造云剧场；"爱奇艺"等视频网站购买国外一些音乐剧演出资源进行在线播出；等等。视频网站和传统演艺行业凭借各自在渠道和内容上的优势展开合作。传统演艺行业纷纷开启拓展自身传播渠道之旅。而这一趋势，传统演艺行业传播渠道的拓展又引发了新的问题和研究方向,即演出内容、营收模式和演艺政策该如何创新。

(四)北京演艺集团的探索与实践

北京演艺集团是北京市政府直属的国有大型独资文化旗舰企业,组建于2009年5月,肩负整合资源,打造国有骨干文化企业,服务北京文化中心建设,发挥全国文化体制改革示范引领作用的重要使命。至2022年3月,北京演艺集团旗下共有28家企事业单位,业务涵盖戏剧、舞蹈、声乐、民乐、杂技、魔术、曲艺、木偶、电影等多领域。成立以来,北京演艺集团推出了"五月演出季""奥林匹克公园音乐季"等品牌演出项目,打造了舞剧《五星出东方》、音乐剧《在远方》等优秀作品,培养了谷文月、张天雷、王二妮、阿云嘎、云飞等百余名演艺人才,曾多次获得"全国文化企业三十强"、"首都文化企业三十强"、"中国演艺机构十强"以及"中国演艺集团三强"等称号,无论是资产规模、营业收入还是利润总额均在全国省级演艺企业名列前茅,是目前国内艺术门类最齐全、内容产品最丰富、资产体量最大的国有演艺机构。

北京演艺集团的线上演出始于2020年1月25日。自2020年1月23日北京市文化和旅游局下达停止演出的通知后,在各院团所有演出全部取消的情况下,北京演艺集团提出"停工不停功""停剧场不停演出"等口号,主动履行国有文化企业的使命担当,用文艺形式服务抗疫斗争,发起主题文艺创作,开展线上直播演出。

1. 基本情况

北京演艺集团开展线上演出的实践,主要可以分为5个阶段。

第一阶段是初始阶段,主要集中于2020年2~4月。这一阶段的主要做法是各院团一线主创人员结合各自特点,居家积极创作抗疫主题作品,通过剧院官方微信公众号、微博、抖音、快手等渠道进行广泛发布,由此打开疫情下文艺作品新媒体传播推广的大门。如北京曲艺团李菁率先发布的快板书《坚决打赢攻坚战》得到了《北京日报》、北京广播电视台第一时间的报道。截至2021年3月,北京演艺集团共计完成各种形式的文艺作品创作推广300余部,诗歌《你见过凌晨三点半的江城吗》、河北梆子《逆行天使》、歌曲《爱的桥梁》等受到广泛欢迎。

第二阶段是集中于2020年4~6月的拓展阶段,以7场线上直播演出为标志。2020年4月,北京演艺集团与"快手"展开合作,建立起了线上平台"京演快剧场",并将北京演艺集团传统线下品牌项目"五月演出季"从线下剧场转移到线上,推出了集团首届线上演出季,先后精心策划了7场原创线上演出。演出内容在北京演艺集团快手官方账号、北京日报客户端以及抖音、央视频、哔哩哔哩多家新媒体平台分发,总点击量超过2亿人次,让许多从未进入线下剧场的观众也接触了舞台艺术,取得了良好社会效益。

第三阶段是深化阶段,主要是探索线上演出流量转化。北京民族乐团、中国木偶剧院、北京市曲剧团、京演传媒公司首次尝试推动线上流量资源转化,依托《国潮》音乐会、京剧名家名段演出等重点项目,推出9.9元付费线上看大戏。北京演艺集团提出"分类实践"、非"一刀切”的策略,鼓励条件成熟或者具备线上销售基因的部分院团进行收费实验。几家院团也纷纷推出“国乐府”“北京曲艺”等针对各自特定观众群的线上传播,获得了较大社会影响,也取得了一定的线上收益。值得一提的是,北京民族乐团“国乐府”下面的《国乐最现场》栏目共进行24场大型音乐会的直播,包括付费直播21场,免费直播3场,主要展现北京民族乐团的经典品牌项目;《国乐下午茶》栏目进行了24场由乐团成员作为主要演奏人员的小型音乐沙龙;《国乐群英会》访谈类直播共计18场,将演出幕后的精彩带到了台前。在一年的运营中,“国乐府”线上平台共计增长了1.45万用户,获得16.41万访问量,直播最高观看人数多达9000多人,观看人员分布于55个国家和地区。

第四阶段是常态化阶段,主要研究推动线上演出常态化、可持续性地开展。深入探索对“京演剧场”线上演出平台进行栏目化运营,借鉴电视台节目排播模式,推出每周六至周四的周间黄金时段和每周五的晚间黄金时段,固定每个时段的值守院团,固定周五晚间黄金时段的精品策划,与用户建立起“约会”意识,通过探索实施常态化运营模式,打造永不打烊的全天候线上演出品牌。

第五阶段是以2020年7月24日演出市场有限开放为标志。北京演艺集团开启线上线下“双轮驱动、并轨运行”战略。2020年7月24日,北京民族乐团第一时间响应“剧场有限开门指令”,当晚在全国地方戏演出中心举办了民乐《国潮》演出,当时的政策规定只能出售30%的座位,共计96张票在开票瞬间被抢光。该场演出亦同时进行线上直播。接下来的几个月里,几乎所有线下剧场演出均实现了线上播出,有些场次更在尝试同步售票。

2. 主要做法

(1)加强内容统筹策划

北京演艺集团会同院团推出的7场线上直播演出,分别选择了“立夏”“国际护士节”“520”“六一”“七一”“文化和自然遗产日”“端午节”7个特殊时间节点,聚焦中国传统文化,按照“以精品为目标”的要求,从选题、内容层面进行研究论证,突出自身特色策划,形成“导赏+演出+互动”的创新演出形式,进行高标准的设计编排。其中,《夏夜》室内乐作品线上音乐会重点融入国潮元素;国际护士节“天使在身边”文艺演出和七一“火红的七月初心永恒”直播,重点突出主题性;“5·20京演奇妙夜”演出中,快递小哥的温暖互动呈现、“北歌高音天团”“挑战最快民歌”“口罩舞”等话题刷爆网络朋友圈;“亲情中华·童心欢畅”——“云端六一”综艺演出,通过主持串场的故事化创意策划,撷取中国传统文化典型元素,注重海外儿童互动展示,彰显全球华人同根同源一家亲;民族管弦乐组曲《中轴》在文化和自然遗产日当天推出,把线上直播导赏与线下演出结合。整个线上演出季,北京演艺集团全力投入内容策划,努力用全新视角、时尚方式、交互体验做好线上呈现,取得良好效果。

(2)加强内外资源汇集

线上平台搭建是线上转型发展的第一步。在“快手”平台的大力支持下,北京演艺集团成功建立“京演快剧场”账号,为各项在线直播提供平台和渠道。在此基础上,北京演艺集团积极整合内外合作资源,形成工作合力,放大宣传聚合效能。其中国际护士节主题演出深度联动北京安贞医院;“5・20京演奇妙夜”演出连线湖北演艺集团,让全国观众云端漫游看武汉;“亲情中华・童心欢畅——云端六一”综艺演出,与中国侨联合作,面向全球推出;民族管弦乐组曲《中轴》线上直播导赏被纳入由北京市政府新闻办公室、市委网信办、市文化和旅游局、市文物局主办的“环球云赏北京中轴之美”全球大直播活动,协调故宫博物院原院长单霁翔、中国音协主席叶小纲、北京演艺集团首席演出官周涛线上访谈;“戏里戏外话端午”线上活动纳入北京市委宣传部端午节“云彩朵朵”八大线上主打文化活动。上述演出,涉及北京演艺集团内外部合作单位近30家,北京演艺集团平台优势得到充分反映,彰显了国有文化企业围绕全市有关工作大局和履行社会责任的主体主力主角作用,实现了借力借势、助力添彩和自我发展的探索。

(3)加强青年艺术人才培养

线上演出期间,北京演艺集团积极用好阿云嘎、周涛等现有明星作用,尽可能抓取线上流量,提高线上演出的关注度和影响力。此外集团还注重着眼未来,大量起用旗下各团青年艺术人才,注重发挥其网络社交基因优势,给其充分的展示空间,培养其综合能力,努力培养一批“线下上得舞台、线上赢得平台”的青年艺术人才,厚植北京演艺集团未来发展根基。

(4)加强线上商业模式探索

线上演出活动启动以来,北京演艺集团加强统筹指导,积极探索线上付费直播、广告植入、直播带货等营收模式,努力尝试在社会效益和经济效益有机统一方面取得突破。其中,《夏夜》室内乐作品线上音乐会与“酒仙网”合作,设置红酒直播抽奖,取得广告植入收入,同时北京演艺集团官方账号粉丝增长达6万人。传媒公司推出9.9元付费线上观看京剧唱段直播活动,出售6000张票。北京市曲剧团端午节线上直播活动,获得王致和等6家北京中华老字号企业支持。此外,值得一提的就是“5・20京演奇妙夜”线上直播,总观看人数突破千万,是线上演出季观看人数最高的一场,人均观看时长17.21分钟,高于平台平均水平近10倍,同时在线高峰达10万多人次。上述均是为未来北京演艺集团进一步开展线上商业项目开发运作进行的初步探索,真正的线上商业模式还有待深入研究。

(五)线上演艺业态风险管理的必要性

风险的英文单词是“risk”,源于古意大利语“riscare”,是“冒险”的意思。它是指利益相关者的主动行为,有某些正面的含义,因而风险分为广义的风险和狭义的风险。广义风险强调:风险表现为不确定性;狭义风险强调:风险表现为损失的不确定性。总的来说,狭义风险指的是危害,广义的风险则包括危害和机遇,无论是广义的风险还是狭义的风险,风险本身都包含两个属性,即概率(probability)和影响(influence)。本案例中“风险”的含义是指广义的风险。

既然项目是为交付收益而开展的、具有不同复杂程度的独特性工作，那自然就会充满风险。开展项目，不仅要面对各种制约因素和假设条件，还要应对各种可能相互冲突和不断变化的相关方的期望，因而组织应该有目的地以可控方式去应对项目风险，以便平衡风险和回报，并创造价值。根据美国项目管理协会（Project Management Institute）的规定，项目风险管理包括规划风险管理、识别风险、开展风险分析、规划风险应对、实施风险应对和监督风险等过程。项目风险管理的目标在于提高正面风险的概率和影响，降低负面风险的概率和影响，从而提高项目成功的可能性。

新型线上演艺业态作为一种新生现象，其诞生和发展使演艺业以及学术界对其前景产生了美好期待，也对其暴露出的风险产生了担忧和顾虑，因此对线上演艺业态风险管理进行深入研究富有价值和意义。笔者通过调研北京演艺集团的线上演艺业态的开展，发现北京演艺集团于 2020 年推出的 7 场线上直播演出都是以独立的项目运作形式展开的，分别选择了“立夏”“国际护士节”“5 · 20 京演奇妙夜”“六一”“七一”“文化和自然遗产日”“端午节”7 个特殊时间节点，完成了 7 场线上演出项目，因而针对线上演艺项目的运作管理的研究显得格外重要，同时通过访谈笔者发现传统演艺行业的线上演艺业态还面临以下风险。

1. 节目形态与互联网语境尚存差异

目前，线上演艺的节目形态仅是对原有镜框式剧场演出形式的简单生发。线上演艺的主要形态是以传统剧目线上直播、线上主题综艺晚会为主，节目或演出要么将原有形态直接搬到线上，要么对原有形态略作调整后即可成为线上演出。面对互联网这一全新的语境，尚缺乏创新性，尚不能达到以互联网的“语感”和“玩法”驾轻就熟地讲述和传播传统艺术。面对追求新鲜感、猎奇感的年轻网友，北京演艺集团的线上演出显得正统有余而吸引力不足。传统舞台艺术 + 传统视频录制 + 互联网传播平台的呈现方式，在舞台、调度和互动上显得网络属性不足；集团现有摄制团队、视频技术力量不足，在线下剧场和线上屏幕的结合、不同镜头语言的转换表达上都与电视台水平存在不小差距。历史悠久的舞台艺术浓缩到一个手机屏幕上，很难传递出艺术的魅力。换言之，传统演艺行业面向新的传播平台尚未找到适合自己的“打”法，因此要加大创新力度，使其进入常态化良性发展轨道。

2. 内容为王的线上气候尚未形成

节目内容有待树立互联网思维、深化文化产品供给侧结构性改革。互联网思维本质上是在移动互联网、大数据、云计算等科技不断发展的背景下，对市场、用户、产品、企业价值链乃至整个商业生态进行重新审视的思考方式。在剧场演艺机构面对的是观众，收入源于票房，演出的剧节目都是根据院团年度计划创排生产推出；而在线上，演艺机构面对的是用户，收入可能源于点击率、关注度、在线停留人次，年度创排计划可能赶不上网上审美潮流的变化。在线下，演艺机构说自己是内容生产商；在线上，每一位用户都既是内容生产者也是内容传播者。在剧场演出独特的观演关系可以令演出人员察觉到观众的感受，很多时候今天的演出感觉不适的地方明天的演出就能作出修改和提高，而在线上，则无法判断屏幕另一端发弹幕、点赞、打赏的人是谁，也不知道为什么一秒钟前还是过万的点击量瞬间就变成两位数甚至更少抑或瞬间就激增。传统演艺业态需要尽快改变单向的创作惯性和单一的传播渠道，树立用户观念，从供给侧结构性改革入手，破局剧场惯性思维和固化观念，着眼新受众需求，着力融合发展，真正找准传统演艺业态与新兴媒体发展的结合点，适应网络传播新语境，把握线上发展新规律，努力推动传统演艺业态创造性转化、创新型发展。

3. 营收模式尚不明朗

传统业态线上传播的“第一桶金”在哪里？换言之，如何获得这“第一桶金”有待实践探索。客观来说，目前国内演艺机构的部分节目即使是在线下剧场演出，也很难有乐观的票房，如果将它们转变为线上收费的模式，可能会使观众更不愿意参与其中。传统演艺行业线上发展的最终目的，是突破线下剧场的座位限制，以便于获得较高的关注度和收益从而反哺内容创作生产和艺术人才队伍建设，推动自身发展。目前，北京演艺集团将目光锁定在直播带货或者打赏，这些是否是最佳的营利路径还有待观察。从实践来看，目前开展一场线上免费直播，网络点击量少则百万次，多则过千万次；但一旦收费，即便费用很低，转化率也不乐观。不管是线上付费观看、粉丝打赏，还是嵌入直播带货，总的来看，目前传统演艺行业线上经营相对乏力。下一步，如何发挥好互联网超大的用户规模优势，探索建立可持续的线上演出商业模式，做好线上线下引流转化，还有待实践摸索。

每一个新事物的诞生都伴随风险，风险管理的深入研究有助于将新生事物在发展过程中所面临的问题、困境都整合起来，进行系统地分析和分类，探索各个风险点的相互关系，寻找根本原因，从而提出根本的解决方案；风险管理的深入研究更有助于识别并研究新生事物在发展的过程中还未浮现的问题，防患于未然，因而对于线上演艺项目风险管理的研究是未来线上演艺业态快速、持续、科学发展的基石和保证。

该部分内容主要分析了线上演艺业态发展的必然趋势，从而证明本案例研究和关注线上演艺项目的意义和价值，同时提出新冠疫情出现前后线上演艺业态发展规模的显著区别，说明对该业态进行研究已经刻不容缓，然后总结归纳了北京演艺集团在线上演艺领域探索过程的 5 个阶段以及 4 种做法，最后根据北京演艺集团在探索中出现的多个问题和即将面临的多个风险提出对其进行风险管理研究的必要性。

三、北京演艺集团线上演艺项目风险识别

上文论述了北京演艺集团线上演艺项目进行风险管理的必要性，由于北京演艺集团的线上演艺业态还处于发展初期，许多方面都不完善，因而也没有形成明确的风险管理机制，本案

例将使用美国项目管理协会在风险管理领域形成的体系和方法为北京演艺集团风险管理机制构建提供思路，该体系主要可以归纳为 4 个步骤，对风险进行识别、对已识别风险进行分析、为经过分析的风险设置应对计划，以及为整个风险管理过程设置监控和管理流程，因而下文将对北京演艺集团的线上演艺项目风险进行识别、分析和应对，同时提出风险监控流程，从而实现风险管理机制构建。

(一) 北京演艺集团线上演艺项目简介

北京演艺集团于2020 年选择 7 个特殊时间节点开展了 7 场线上演出，这 7 场线上演艺项目经过了精心策划和长时间的筹备，涵盖了不同演出类型，也取得了较好的传播效果，是北京演艺集团具有代表性的线上演出项目。因而下文的风险识别选择其中的 6 场演出项目作为研究对象，表 6 – 1 是这 6 场演出的简介。

表 6 – 1　北京演艺集团线上演艺项目一览

项目时间	项目名称	地点	播出方式	直播平台	特色	合作单位	社会效益
2020 年 5 月 5 日	《夏夜》	北京民族乐团排练厅	直播 + 回放	快手、抖音、哔哩哔哩、央视频	民乐演出 + 导赏 + 观众互动	博雅音画、昭华民族音乐、乐通天下	20. 5 万观看人次
2020 年 5 月 12 日	《天使在身边 5 · 12 国际护士节主题文艺演出》	全国地方戏演出中心	直播 + 回放	快手、抖音、央视频、北京日报客户端	综合性演出 + 导赏 + 360°全景直播	北京安贞医院	27. 8 万观看人次
2020 年 5 月 20 日	《喜欢你—5 · 20 京演奇妙夜》	北京歌剧舞剧院	直播 + 回放	人民日报客户端、北京日报客户端、腾讯音乐、优酷、哔哩哔哩、抖音、快手	综艺节目形式 + 主持 + 外景 (湖北演艺集团)	湖北演艺集团	1005. 7 万观看人次
2020 年 6 月 1 日	《亲情中华 · 童心欢畅庆“六一”综艺演出》	北京儿童艺术剧院排演场	直播 + 回放	北京日报客户端、优酷、快手	舞台节目 + VCR + 教学互动	中国侨联	783. 3 万观看人次

续表

项目时间	项目名称	地点	播出方式	直播平台	特色	合作单位	社会效益
2020年6月13日	《民族管弦乐组曲〈中轴〉线上导赏》	户外	直播+回放	快手、北京日报客户端	访谈节目形式	故宫博物院	304.1万观看人次
2020年6月25日	《话里话外戏端午》	台湖演艺小镇小剧场	直播+回放	北京日报客户端、腾讯视频、优酷、快手、抖音	导赏+演出		304.6万观看人次

北京演艺集团2020年首场直播《夏夜》于5月5日(二十四节气之一“立夏”)在乐团排练厅进行演出,由北京民族乐团承办。本场音乐会将古典与流行结合,全新编创室内乐版《旱天雷》《夏日皇宫》等经典民族作品以及《加州旅馆》等人们耳熟能详的国外经典音乐作品。二胡演奏家陈军及乐团弦乐声部长于海音联手担任导赏主播,北京民族乐团品牌团队“玖乐室内乐组合”担任演奏部分。该场音乐会精心设计了观众在线互动环节,意在有效拉近传统艺术与年轻人之间的距离。

第二场《天使在身边5·12国际护士节主题文艺演出》的直播是在2020年5月12日,由中国评剧院承办。因为是全世界护士的共同节日,北京演艺集团精选出评剧、河北梆子、歌舞、魔术等艺术种类作品,将戏曲经典唱段、抗疫原创作品和热门流行音乐在线融合,邀请北京安贞医院护士群体作为特殊的演员和观众,开展“以心为灯,携爱同行——‘5·12’国际护士节主题线上文艺演出”,致敬用博爱之心点燃温暖世界的“最美逆行白衣战士”。中国评剧院国家一级演员孙路阳、二级演员王亚民以“兄弟”搭档联袂担任导赏主播。本场文艺演出在中国评剧大剧院的舞台上,打造线上360度全景直播,打破传统镜框式舞台形式,打造环绕式舞台,给观众带来了身处舞台中央观看演出的沉浸式体验。

第三场直播选择在2020年5月20日,由北京歌剧舞剧院承办。该项目是北京演艺集团与湖北演艺集团强强联合、精心策划的一场线上主题直播演出,在京鄂之间架起了一座爱的桥梁。本场演出由北京演艺集团首席演出官周涛、北京曲艺团副团长李菁、中国杂技团国家一级演员李宁组成京演超强“主持天团”,北京歌剧舞剧院优秀演员阿云嘎、吴春燕、云飞,湖北省演艺集团一级演员苏艺娟等,在“京演奇妙夜”以“节目选秀”的全新形式,点燃整场演出。

第四场直播是在六一儿童节当晚。6月1日儿童节的相聚,是北京演艺集团与全国小朋友固定不变的一期一会。在这个特殊的儿童节,北京儿童艺术剧院的艺术家们为全国乃至全世界华人华侨的孩子和家长呈现了一台精彩演出。这场演出属于每个孩子,也属于曾经是孩子的成年人。

第五场演出选择在了“文化和自然遗产日”。文化之都北京的中轴线长7.8公里，这条中轴线蕴含中华民族深厚的文化底蕴，也见证了时代变迁，民族管弦乐组曲《中轴》于6月13日“文化和自然遗产日”邀请单霁翔、叶小纲、白岩松三位文化名人就中轴线申遗、传统文化展开话题讨论，为《中轴》的首演营造文化氛围，著名指挥家张国勇，歌唱家雷佳、薛皓垠、韩蓬，演奏家宋飞、赵聪、吴彤与北京民族乐团组成强大的演出阵容，共同呈现了这部意义非凡的作品。

最后一场直播是端午节，这是中国首个入选世界非物质文化遗产的节日。2020年6月25日端午节当天，北京演艺集团通过“京演快剧场”举办非物质文化遗产主题直播，通过非遗传承人的讲述和表演，用穿越时空的技艺，讲述穿越时空的记忆。

通过上文可以发现，北京演艺集团的线上演出项目都是以线下演出内容为基础，几乎每场线上演出都是在线下剧场等演出场所进行演出，节目形态仅是对原有镜框式剧场演出形式的简单包装，除传播渠道不同外，其他方面并不存在本质的区别。因此，北京演艺集团线上演艺项目的运作基本涵盖了线下演出所有的工作流程，所以线上演艺项目的风险可以分为两大部分，包括线下创作、制作、演出等各个环节的风险和线上传播过程的风险，下文将根据北京演艺集团线上演艺项目的特征开展风险识别。

（二）项目风险源识别

北京演艺集团的线上演出项目主要是以线下演出为基础，结合网络媒体的传播，因而北京演艺集团线上演艺项目的风险主要源自表演艺术作品的生产要素，分布于项目执行和运作流程的各个细节之中，所以本案例主要通过线上演艺项目创作生产的要素和工作流程进行项目风险源识别。

1. 表演艺术产品的生产要素

生产要素，是指为进行生产和服务活动投入的各种资源、要素和环境条件。舞台艺术的生产作为一项综合性工程生产，综合现代西方经济学生产要素理论及生产要素六元论，对表演艺术的生产要素分类分析见图6-1：共分为人力、资产力、物力、社会与自然力、运力、时力六大类，同时人力又分为智力和体力，资产力包括有形资产和无形资产，物力主要为能源，社会与自然力包括社会与自然资源，运力包括物流、人流和信息流，时力主要为时间。以上“六力”构成的模型便成了演艺项目的主要风险来源。

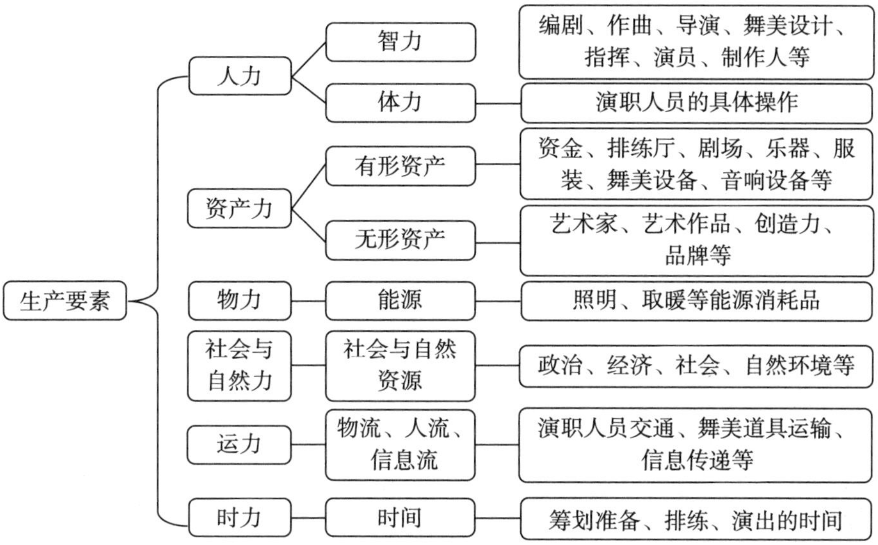

图6－1　表演艺术生产要素模型

资料来源：谢大京主编：《艺术管理》（第4版），法律出版社2021年版，第220页。

2. 北京演艺集团的重点项目工作流程

北京演艺集团的重点演艺项目（线下）的工作流程主要包括立项规划阶段、制作排练阶段、正式演出阶段3个阶段，见图6－2。

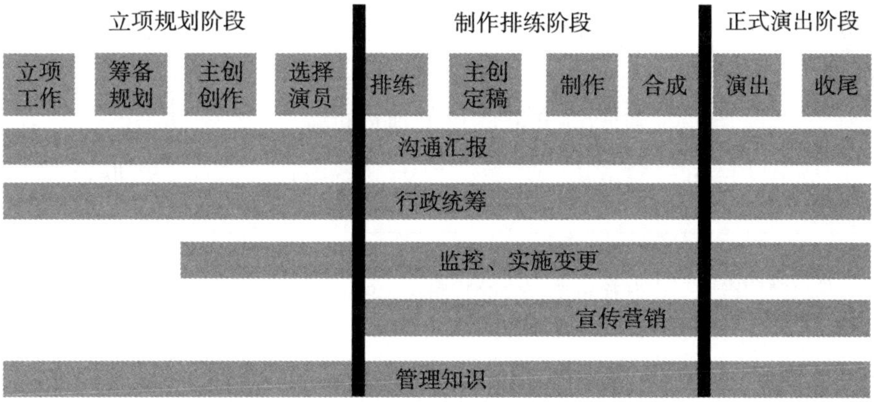

图6－2　北京演艺集团重点项目工作流程

如图 6 –2 所示,项目流程横向划分为 3 个阶段,纵向划分为一条主线和五条支线。主线工作基本按照前后顺序执行,支线工作开始以后根据需要持续开展。

因而项目的风险识别就从生产要素“六力模型”和北京演艺集团重点项目工作流程两个风险源展开。

(三)项目风险点识别

1. 按照生产要素进行风险识别

表 6 –2 根据表演艺术生产要素模型对北京演艺集团集团线上演艺项目可能存在的风险进行了识别,智力要素包括能力不足风险,体力要素包括操作失误风险和安全风险,有形资产要素包括资金不足风险和配套耗材质量风险,无形资产要素包括品牌力受损风险和项目质量风险,能源要素包括能源供应风险,社会与自然力要素包括环境风险、政治政策风险、经济风险和社会风险,运力要素包括人员交通风险、运输风险、信息传递风险和流媒体技术风险,时间要素包括时间延迟风险,其中大部分风险均可再细分。

表 6 –2　艺术生产要素风险识别

<table>
<tr><th colspan="6">项目风险点识别</th></tr>
<tr><th>分类</th><th colspan="2">已识别
风险清单</th><th>风险描述</th><th>风险影响
(1 ~5)</th><th>风险影响
描述</th></tr>
<tr><td rowspan="3">智力</td><td rowspan="3">能力不足风险 A1</td><td>主创能力不足风险
A11</td><td>导演、编剧、作曲、舞美设计等主创的创作成果不符合项目要求</td><td>3</td><td>可能延长项目进度或增加成本</td></tr>
<tr><td>演员能力不足风险
A12</td><td>演员(主要演员、角色演员和群演)专业水准和技能不能实现项目需要</td><td>3</td><td>可能延长项目进度或增加成本</td></tr>
<tr><td>经营管理团队能力不足风险
A13</td><td>制作单位、各部门、制作人等业务技能水平不过关</td><td>3</td><td>可能延长项目进度或增加成本</td></tr>
</table>

续表

<table>
<tr><th>分类</th><th colspan="2">已识别
风险清单</th><th>风险描述</th><th>风险影响
(1~5)</th><th>风险影响
描述</th></tr>
<tr><td rowspan="6">体力</td><td rowspan="2">操作失误风险B1</td><td>舞台操作失误风险
B11</td><td>在排练或演出过程中,灯光、音响、多媒体控制台、舞台监督等人员操作失误</td><td>5</td><td>可能直接导致演出事故</td></tr>
<tr><td>经营管理人员操作失误风险
B12</td><td>宣传、票务、行政统筹等工作人员的失误</td><td>2</td><td>可能影响工作进展和效果</td></tr>
<tr><td rowspan="4">安全风险B2</td><td>主演、重要主创伤病风险
B21</td><td>导演、编剧等主创和主要演员在排练期间、演出期间(包括闲暇时间)受伤或者生病</td><td>4</td><td>可能直接导致演出无法如期举办</td></tr>
<tr><td>其他演职人员伤病风险
B22</td><td>其他演职人员在排练期间、演出期间(包括闲暇时间)受伤或者生病</td><td>3</td><td>可能导致演出无法正常举办</td></tr>
<tr><td>安全隐患
B23</td><td>排练厅、剧场及其他场所在装台撤台时、演出时存在的安全隐患</td><td>5</td><td>可能出现人员伤亡等重大演出事故</td></tr>
<tr><td>泄密风险
B24</td><td>重要资料、文件、核心技术泄露,如线上演出视频资料泄露</td><td>4</td><td>可能对项目经营造成重大影响</td></tr>
<tr><td rowspan="2">有形资产</td><td colspan="2">资金不足风险
I</td><td>各种原因导致的项目资金不足</td><td>4</td><td>可能影响项目进度、项目质量或导致项目失败</td></tr>
<tr><td colspan="2">配套耗材质量风险
C1</td><td>排练厅、剧场、乐器、服装、道具、舞美音响灯光等各种设备故障或损坏</td><td>3</td><td>可能影响项目进度</td></tr>
<tr><td rowspan="2">无形资产</td><td colspan="2">品牌力受损风险
D1</td><td>特殊情况导致艺术家、艺术作品、出品单位等项目直接相关方的信誉、品牌力受到影响(如道德丑闻、争议事件等)</td><td>2-5</td><td>可能影响项目经营,严重时甚至直接导致项目失败</td></tr>
<tr><td colspan="2">项目质量风险
J</td><td>各种原因所导致的项目各个阶段验收时的质量不达标</td><td>3-5</td><td>可能导致项目口碑差,严重时导致项目失败</td></tr>
<tr><td>能源</td><td colspan="2">能源供应风险
E1</td><td>项目所需使用的排练厅、剧场、办公场所等出现停电、停水、停止供暖等风险</td><td>1</td><td>可能影响项目进度</td></tr>
</table>

续表

分类	已识别风险清单		风险描述	风险影响（1~5）	风险影响描述
社会与自然力	环境风险 F1	不可抗力风险 F11	空气、水、自然环境等导致的风险，如地震、火灾、旱灾、战争、传染病、极端天气等	5	直接导致项目失败
		环境破坏风险 F12	项目工作对生态环境造成影响和破坏的风险	1	影响项目正常进展
	政治政策风险 F2		政府、上级单位、企业内部新出台的政策、条例、规定、制度等对项目造成的影响	5	政策的调整将直接对项目产生重大影响
	经济风险 F3		国际、国内、行业、企业经济形势对项目造成的影响	2	经济形势对表演艺术行业的影响较小
	社会风险 F4		社会总体趋势、走向、价值观念等要素对项目的影响	2	主要对创作题材的选择和偏好产生影响
运力	人员交通风险 G1		演职人员出行出现困难，如交通堵塞、路途遥远、海关检查等	1	对线上演艺项目的影响较小
	运输风险 G2		舞美、服装、道具、重要文件等运输过程中出现丢失、损坏、无法运输等情况的风险 G21	1	对线上演艺项目的影响较小
	信息传递风险 G3		项目相关方在项目信息传递中出现表述错误、理解偏差等情况	2	对项目各项工作的正常进行产生间接影响
	流媒体技术风险 G4		在线上演出时流媒体技术所导致的信号弱、直播卡顿、无法连接、音画不同步等风险	5	直接影响线上演出的质量
时间	时间延迟风险 H		各种原因导致项目计划的时间被迫推迟的风险	3－5	对项目产生影响，严重时导致项目失败

2. 按项目工作流程进行风险识别

由于北京演艺集团的项目分为立项规划、制作排练和正式演出 3 个阶段，见表 6－3 根据这 3 个阶段对风险进行识别，共识别出选题风险、创作风险、审查风险、谈判风险、舞台工作风险等 12 类风险。

表 6-3 项目工作流程风险识别

项目风险点识别					
阶段	已识别风险清单	风险描述	阶段	风险影响（1~5）	风险影响描述
立项工作	选题风险	选题方向、题材内容和意向主创的选择风险	立项规划阶段	3	可能直接导致项目失败,但是能够及时调整
	创作风险	采风与创作工作无法正常交付或者交付的质量不符合项目要求		3	可能直接导致项目失败,但是能够及时调整
	审查风险	项目的可行性报告等文件无法通过主管部门或项目单位审批的风险		3	可能直接导致项目失败,但是能够及时调整
筹备规划	参考资料不足风险	对于线上演出这一类新项目缺乏资料导致的风险		2	可能对项目各项指标的设定等产生影响
	项目方案缺陷风险	项目方案、计划不合理导致的缺陷		3	可能产生变更,延长项目进度或增加成本
主创创作、选择演员	主创能力不足风险	主创创作出来的内容不符合项目需求的风险		3	可能延长项目进度或增加成本
	演员能力不足风险	主要演员能力不符合项目需求		3	可能延长项目进度或增加成本
	谈判风险	在与主创、主演等进行合同谈判时可能发生的风险以及违约风险等		4	可能延长项目进度或增加成本
排练	排练、制作未能如期完成风险	排练、制作过程中出现任何风险导致的时间延迟	制作排练阶段	3	可能延长项目进度或增加成本
演出	舞台工作风险	演出前、演出中、演出结束后舞台工作的各个环节出现风险	正式演出阶段	5	任何环节的问题都有可能直接导致演出事故或项目失败
	非舞台工作风险	演出前、演出中、演出结束后非舞台工作各个环节出现风险		5	任何环节的问题都有可能直接导致演出事故或项目失败
收尾	收尾工作风险	物料入库、项目结算等事项出现的风险		2	可能延长项目进度或增加成本

根据上面按照生产要素和项目工作流程识别出来的风险,可以得出以下结论:

(1)部分风险具有关联性,如资金不足风险、时间延迟风险、项目质量风险、品牌力受损风险都属于次生风险,因其他各类风险的触发所致,故不单独讨论。

(2)部分风险属于管理风险或与管理有关,如经营管理团队能力不足风险、经营管理人员操作失误风险、泄密风险、品牌力受损风险、信息传递风险,由于管理问题属于同一类,故将这些风险统一进行分析。

(3)部分风险无法识别但影响较大,如不可抗力风险、政治政策风险,由于满足稀有性、冲击性和事后可预测性,属于纳西姆·尼古拉斯·塔勒布(Nassim Nicholas Taleb)所说的"黑天鹅"①的范畴,应重点分析。

(4)根据生产要素识别的风险与根据项目流程识别的风险存在交叉,如项目流程中的"舞台工作风险"就包含了生产要素中的"舞台操作失误风险""安全隐患"等多种风险,因此将这两类分别进行分析。

综合以上4点,最终将线上演艺风险进一步明确和细化为11类风险,每类风险都包括了不同层面的相关风险点,共形成了47个风险点,见表6-4。

表6-4 最终风险识别

	编号	风险分类	风险因素	风险因素来源
北京演艺集团线上演艺项目风险	R1	能力不足风险	主创能力不足	主创作品不符合项目要求
	R2			主创作品不受市场认可
	R3		演员能力不足	演员无法胜任角色
	R4			演员表演出现失误
	R5		机构能力不足	机构线上演出能力弱、经验不足
	R6	操作风险	舞台操作失误风险	灯光、音响、多媒体、机械等操作出现失误
	R7			舞台监督指挥出现失误
	R8	安全风险	伤病风险	演职人员出现受伤生病影响项目正常进行的情况
	R9		安全隐患	在排练、彩排、演出等与项目有关的场景中存在安全隐患
	R10	资产风险	配套耗材质量风险	灯光、音响、机械、道具等出现质量问题
	R11			排练、演出场所各类设备可靠性不达标
	R12	能源风险	能源供应风险	演出时停电
	R13			项目所需使用的排练厅、剧场、办公场所等出现停电、停水、停止供暖等风险

① [美]纳西姆·尼古拉斯·塔勒布:《黑天鹅:如何应对不可预知的未来》,万丹、刘宁译,中信出版社2011年版,第10页。

续表

	编号	风险分类	风险因素	风险因素来源
北京演艺集团线上演艺项目风险	R14	环境风险	不可抗力风险	演出时发生火灾
	R15			户外演出遇到恶劣天气
	R16		环境破坏风险	演出导致的环境破坏
	R17			演出被环保部门叫停
	R18	政治风险	意识形态风险	演出内容无法通过审批
	R19			观众的评论、反馈中出现敏感词汇
	R20		政策环境风险	疫情、灾情等原因对项目的影响
	R21			与政府安排的同时段内的重大活动相冲突
	R22			政府由于特殊原因暂停项目
	R23			文化、安保、消防、舞台电检和质检报告无法及时完成
	R24	经济风险	资金来源风险	项目拨款延后或不足
	R25			项目招商效果不佳、赞助商毁约、合作方违约
	R26			项目营收微薄
	R27		经济环境风险	经济不景气
	R28			场租、设备租赁等物料费用上涨
	R29	社会风险	社会倾向风险	选题不具有时代性、人民性
	R30		社会事件风险	出现重大社会事件导致作品受到舆论指责
	R31	运力风险	交通风险	演职人员交通出行不便
	R32			演职人员出现交通事故
	R33		运输风险	物料运输出现丢失、损坏的情况
	R34			物料运输出现无法运输的情况（如海关检查、尺寸、高度等）
	R35		流媒体技术风险	直播中出现卡顿、信号弱、无法连接、音画不同步等风险
	R36	管理相关风险	相关方协调	项目各方信息传递中出现表达错误、理解偏差等情况
	R37			各个相关方之间的壁垒导致项目协调机制失效
	R38			合作方出现变故（隐藏风险）

续表

	编号	风险分类	风险因素	风险因素来源
北京演艺集团线上演艺项目风险	R39	管理相关风险	规章制度	项目管理流程、规定、制度等设计不合理
	R40			宣传营销、排期、选角、剧场管理等各个细节管理办法缺乏约束力，制度不清晰、不全面
	R41			版权意识薄弱造成创意被窃取等风险
	R42		管理机构	管理人员权责不明
	R43			多向指挥，管理效率低下
	R44		管理人员	与主创、主演等进行合同谈判时可能发生的风险以及违约风险等
	R45			直播前线上演出视频资料泄露
	R46			宣传、票务、行政统筹等工作中出现失误
	R47			公共关系处理失败导致项目单位或项目品牌力受损（如道德丑闻、争议事件等）

四、北京演艺集团线上演艺项目风险分析

上文已经识别出北京演艺集团线上演艺项目的11类风险和47个风险点，该部分内容主要是对这些风险展开分析，由于各个风险之间具备层次关系，符合层次分析法（Analytical Hierarchy Process，AHP）的层次结构，又因风险评估在风险复杂且难以量化时常使用该方法，因而下文将使用层次分析法对项目风险进行评估。

（一）评估方法

层次分析法是萨蒂（Saaty T. L.）于20世纪70年代提出的一种系统化、层次化、定性和定量方法相结合的思路和手段。该方法旨在将复杂的问题分解成不同的构成要素，再按照要素之间的关系形成有序的递阶层次结构，将同一层次的不同要素进行两两比较，从而区别两者之间的重要程度。该方法易于操作，便于使用，在项目风险管理中能够解决风险的影响难以定量分析的问题。①

本节使用层次分析法对北京演艺集团线上演艺项目的已识别风险的影响进行分析。其一，建立风险层次结构模型；其二，构造下层各元素对上层每一元素的成对比较矩阵（也称判

① T. L. Saaty, *The Analytic Hierarchy Process*, McGraw-Hill Company (1980).

断矩阵)；其三，计算各个成对比较阵的特征值和特征向量，待一致性检验通过后将特征向量作为权向量；其四，用分层加权和法计算最下层各元素对最上层元素的权重，从而得出风险影响排序；其五，再将风险影响值与风险概率相乘，得到最终风险值并进行排序。将层次分析法应用于多属性决策的步骤具体如下。

1. 建立由目标层、准则层、方案层等构成的层次结构模型

层次结构模型围绕评估目标搭建起一个具有层次结构的模型，通过科学算法将评估目标逐层分解为多层结构，分解成上层目标准则风险(如安全风险等)及其对应的风险衡量准则(如演职人员伤病等)，从而形成一定的分层有机整体结构。模型自上而下通常包括目标、准则和指标3个层级，其中，目标层(A)居于最高位置，其他活动均围绕目标开展，是项目存在的价值所在。准则层(B)是评判方案的标准、根据和基本规则，指标层(C)对应的是准则层的评判标准。

2. 构造下层各元素对上层每一元素的成对比较矩阵(判断矩阵)

当确定某一层的n个元素 X_1, X_2, …, X_n 对上一层元素Y的权重时，为了减少性质不同的元素之间的相互比较困难程度，萨蒂不建议把他们放在一起比较，而是两两进行对比，并且对比时采用相同的比较尺度(见表6-5)。

表6-5　比较尺度数据

两因素相比	分值
I因素与J因素同样重要	1
I因素比J因素稍微重要	3
I因素比J因素明显重要	5
I因素比J因素重要得多	7
I因素比J因素绝对重要	9
I因素与J比较处于以上结果中间	2,4,6,8
J因素比I因素是因素I比因素J比较结果的倒数	以上各数的倒数

我们将 X_i 和 X_j 对Y的重要性之比用 a_{ij} 表示，n个元素 X_1, X_2, …, X_n 对Y的重要性两两成对比较的结果用成对比较矩阵

$$A=(a_{ij})_{n\times n}，其中\ a_{ij}>0,\ a_{ji}=\frac{1}{a_{ij}} \tag{6-1}$$

表示，数学上A又称正互反阵，显然A对角线上的元素 $a_{ii}=1(i=1, 2, \cdots, n)$。

不难发现，对于矩阵A的具体形式，我们需要一些约束。例如，当 $a_{12}=\frac{1}{2}$，$a_{23}=\frac{1}{2}$ 时，那么 X_1 与 X_3 的比应该是1∶4，这样才能做到成对比较的一致性。事实上，一致阵的各列均相差一个比例因子，由此可得一致阵A的秩为1，唯一非零特征根为n。萨蒂等人建议用矩阵

A 对应的最大特征根(记为 λ)的特征向量(归一化后)为权向量 $w=(w_1, w_2, \cdots, w_n)^T$,即 w 满足

$$Aw=\lambda w \tag{6-2}$$

其中权向量 w 表示 n 个元素 X_1, X_2, …, X_n 对 Y 的重要性之比为 $w_1: w_2: \cdots: w_n$。

3. 计算各个成对比较阵的特征值和特征向量,做一致性检验,通过后将特征向量作为权向量

实际应用中成对比较矩阵 A 往往不是一致性矩阵,为了能用 A 对应最大特征根 λ 对应的特征向量 w 作为权向量 w,需要对它的不一致范围加以检验,具体步骤如下:

(1)计算最大特征值

根据特征值的求解方法,我们由

$$\lambda E-A=0 \tag{6-3}$$

这里 λ 是特征值,E 是单位矩阵,通过这个求特征值的公式得到矩阵 A 的全体特征值 λ_1, λ_2, …, λ_n,进而得出最大特征值:

$$\lambda_{max}=\max\{\lambda_1, \lambda_2, \cdots, \lambda_n\} \tag{6-4}$$

(2)求出最大特征值对应的特征向量

最大特征值 λ_{max} 和相应特征向量 $W=(W_1, W_2, \cdots, W_n)^T$ 关于判断矩阵 A 有如下算数关系:

$$AW=\lambda_{max}W \tag{6-5}$$

我们可以通过求解代数方程组得到向量 W。

(3)一致性指标和一致性检验

数学上已经证明,对于 n 阶成对比较矩阵 A,其最大特征根 $\lambda_{max}\geqslant n$,且 A 是一致阵的充分必要条件是 $\lambda_{max}=n$。据此可知,λ_{max} 比 n 大得越多,矩阵 A 的一致性相差越远,用特征向量作为权向量引起的判断误差越大,因此萨蒂用一致性指标(CI)和一致性比率(CR)衡量判断矩阵 A 的一致性:

$$\begin{aligned} CI&=\frac{\lambda_{max}-n}{n-1} \\ CR&=\frac{CI}{RI} \end{aligned} \tag{6-6}$$

其中 RI 随机一致性指标,其产生过程是萨蒂用大量样本计算 A 的一致性指标 CI 的平均值得到的,具体数值(见表 6-6)。

表6-6　RI值数据

N	3	4	5	6	7	8	9	10	11	12
RI	0.58	0.90	1.12	1.24	1.32	1.41	1.45	1.49	1.52	1.54

资料来源:姜启源、谢金星、叶俊编:《数学模型》,高等教育出版社2011年版,第254页。

对于1阶和2阶的判断矩阵RI恒等于0,即矩阵总是一致的,当n≥3时,若满足CR≤0.1,则通过一致性检验。

(4)特征向量归一化,得出指标权重值

对于通过了一致性检验的评判矩阵,我们可以求出其最大特征值对应的归一化的特征向量:

$$\overline{W} = \frac{W}{\sum_{i=1}^{n} W_i} \tag{6-7}$$

我们用 $\overline{W} = (\overline{W_1},\ \overline{W_2},\ \cdots,\ \overline{W_n})^T$ 作为相应的指标权重。

(5)用分层加权和法计算最下层各元素对最上层元素的权重,从而得出风险影响排序

根据层次分析法得出每一个单层各风险因素对应的上层目标风险因素的重要度权值,逐级进行组合权重计算后,可以得到层次的总排序。假设建立的层次结构模型有m层,最底层指标有x个,则组合权重值 W_x 的计算公式可表示为:

$$W_x = W_1 W_2 \cdots W_m \tag{6-8}$$

对于这x个数值 W_x,我们将由小到大进行排序,这样就可以得到最终的项目风险影响排序结果。

(6)将风险影响与风险概率相乘,得到最终风险值

让多位专家在0~1这个区间内为每个风险发生的概率打分(保留小数点后两位),将专家给出的风险概率相加并计算平均数,根据风险值=风险概率×风险影响,计算出最终的风险值,并进行排序。

(7)通过设置风险影响值、风险概率、风险值的分界线,为风险定级

将风险影响值的分界线定为0.01,风险概率的分界线定为0.1,风险值的分界线定为0.001,如果三个指标都超过分界线的风险则被判定为重点风险,有一个或两个指标超过分界线的风险被判定为一般风险,如果三个指标均未超过分界线的风险则被判定为次要风险。

(二)建立层次结构模型

见图6-3,将北京演艺集团线上演艺项目风险设置为目标层(A),将此前识别出的11个风险源设置成为层次结构中的准则层(B),将47个风险点设置成层次结构中的指标层(R),这样就建立起了风险层次结构,共11个B层风险,47个R层风险,每个准则层风险都包含了多个指标层风险。

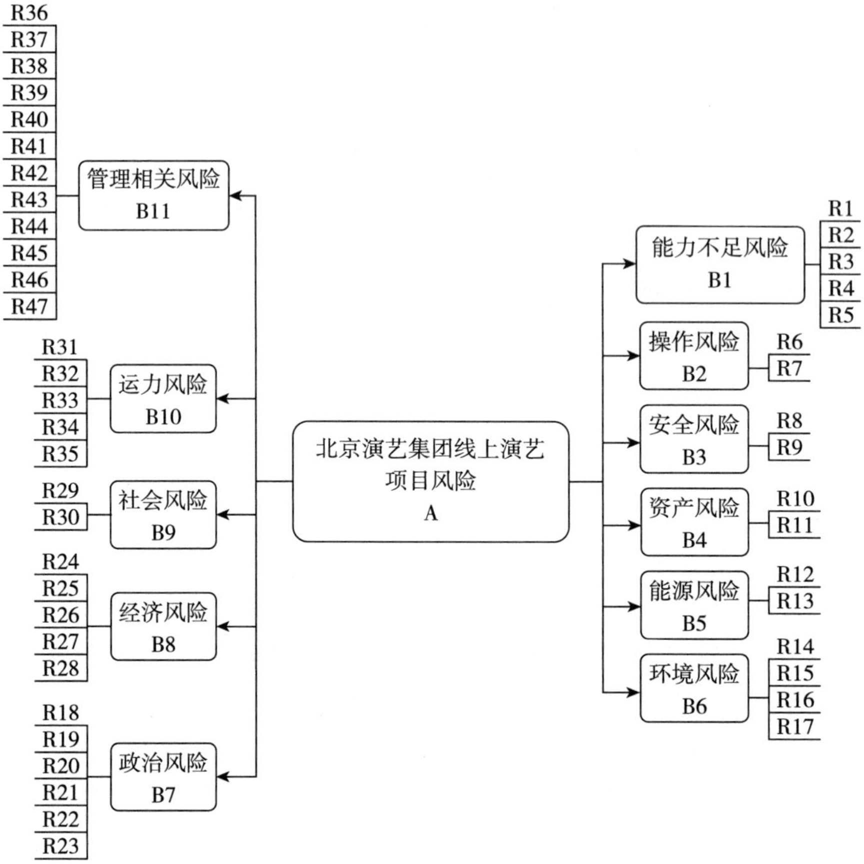

图 6－3　北京演艺集团线上演艺项目风险层次结构模型

(三)专家问卷调查

北京演艺集团的线上演艺项目风险评估需要专家参与才能得出风险概率和风险影响的数据,因此,笔者设计了两份问卷(详见附录 2),第一份问卷旨在收集风险影响的数据,在风险识别的基础上,设计出分别对准则层和指标层各级风险因素两两比较的问卷调查表;第二份问卷旨在收集风险概率的数据,让不同专家对问卷调查表进行打分,然后取专家打分的平均数作为该风险概率。

本次调研的对象是北京演艺集团的 6 位专家,分别是北京演艺集团艺术生产管理部部长陶女士、北京演艺集团战略规划部李部长、艺术生产管理部部长助理唐女士、北京演艺集团线上演出板块负责人张女士、北京演艺集团演艺项目人周先生和丁先生,共发放 6 份问卷,收回 6 份有效问卷。

(四)构建判断矩阵并计算权向量

根据专家调查打分结果,整理得出项目风险综合判断矩阵,逐一进行一致性检验并得出相应计算的权向量,具体过程如下。

1. 项目风险准则层判断矩阵

项目风险准则层判断矩阵(见表6-7)。

表6-7　项目风险准则层判断矩阵

	B1	B2	B3	B4	B5	B6	B7	B8	B9	B10	B11
B1	1.000	1.250	0.556	2.000	2.000	2.000	0.500	0.667	1.000	1.250	0.833
B2	0.800	1.000	0.444	1.600	1.600	1.600	0.400	0.533	0.800	1.000	0.667
B3	1.800	2.250	1.000	3.600	3.600	3.600	0.900	1.200	1.800	2.250	1.500
B4	0.500	0.625	0.278	1.000	1.000	1.000	0.250	0.333	0.500	0.625	0.417
B5	0.500	0.625	0.278	1.000	1.000	1.000	0.250	0.333	0.500	0.625	0.417
B6	0.500	0.625	0.278	1.000	1.000	1.000	0.250	0.333	0.500	0.625	0.417
B7	2.000	2.500	1.111	4.000	4.000	4.000	1.000	1.333	2.000	2.500	1.667
B8	1.500	1.875	0.833	3.000	3.000	3.000	0.750	1.000	1.500	1.875	1.250
B9	1.000	1.250	0.556	2.000	2.000	2.000	0.500	0.667	1.000	0.800	0.833
B10	0.800	1.000	0.444	1.600	1.600	1.600	0.400	0.533	1.250	1.000	0.667
B11	1.200	1.500	0.667	2.400	2.400	2.400	0.600	0.800	1.200	1.500	1.000

2. 计算准则层判断矩阵的最大特征值及其对应的归一化特征向量

根据 $\lambda E - A = 0$ 利用数学软件"Matlab"求出矩阵的最大特征根如下:

$$\lambda_{max} = 11.0151 \tag{6-9}$$

相应地,根据公式

$$AW = \lambda_{max} W \tag{6-10}$$

得到准则层最大特征值对应的特征向量归一化后的结果为:

$$\overline{W}=\begin{pmatrix}0.0862\\0.0689\\0.1551\\0.0431\\0.0431\\0.0431\\0.1723\\0.1292\\0.0832\\0.0723\\0.1034\end{pmatrix}\rightarrow \text{准则层指标} \tag{6-11}$$

如果准则层判断矩阵 A 可通过一致性检验，则上述 $\overline{W}$ 可作为准则层 11 个指标对目标层的权重向量。

3. 准则层判断矩阵的一致性检验

由于层次结构模型中，准则层含有 11 个指标，通过查找表 6－6 可得当 n = 11，RI = 1.52。计算一致性指标 CI 和一致性比率 CR：

$$CI=\frac{\lambda_{max}-n}{n-1}=0.0015 \tag{6-12}$$

$$CR=\frac{CI}{RI}=9.9647\times10^{-4}<0.1 \tag{6-13}$$

由计算结果可知，一致性比率 CR 远小于 0.1，因此该判断矩阵具有较好的一致性，可以用于重要决策问题。

4. 计算指标层权向量

根据前文“1. 项目风险准则层的判断矩阵”到“3. 准则层判断矩阵的一致性检验”相类似的操作步骤，（也就是将项目风险指标层判断矩阵的最大特征根，以及特征向量归一化后的结果计算出来），我们计算出 47 个指标层相应的权重（见表 6－8）。

表 6－8　项目风险各指标层判断矩阵、权重以及一致性检验数据

能力不足风险	R1	R2	R3	R4	R5	W_1
R1	1.000	0.556	2.000	1.250	0.267	0.1274
R2	1.800	1.000	3.600	2.250	0.480	0.2293
R3	0.500	0.278	1.000	0.625	0.133	0.0637
R4	0.800	0.444	1.600	1.000	0.213	0.1019
R5	3.750	2.083	7.500	4.688	1.000	0.4777
$CR_1=1.0116\times10^{-4}<0.1$						

续表

操作风险	R6	R7	W_2
R6	1.000	3.000	0.7501
R7	0.333	1.000	0.2499

$CR_2=0<0.1$，此时 $n=2$，天然满足一致性检验

安全风险	R8	R9	W_3
R8	1.000	0.333	0.2499
R9	3.000	1.000	0.7501

$CR_3=0<0.1$，此时 $n=2$，天然满足一致性检验

资产风险	R10	R11	W_4
R10	1.000	1.000	0.5000
R11	1.000	1.000	0.5000

$CR_4=0<0.1$，此时 $n=2$，天然满足一致性检验

能源风险	R12	R13	W_5
R12	1.000	5.000	0.8333
R13	0.200	1.000	0.1667

$CR_5=0<0.1$，此时 $n=2$，天然满足一致性检验

环境风险	R14	R15	R16	R17	W_6
R14	1.000	0.571	3.000	4.000	0.3000
R15	1.750	1.000	5.250	7.000	0.5251
R16	0.333	0.190	1.000	1.333	0.0999
R17	0.250	0.143	0.750	1.000	0.0750

$CR_6=3.2413\times10^{-4}<0.1$

政治风险	R18	R19	R20	R21	R22	R23	W_7
R18	1.000	1.250	0.200	0.333	0.250	2.000	0.0713
R19	0.800	1.000	0.178	0.267	0.200	1.600	0.0581
R20	4.500	5.625	1.000	1.500	1.125	9.000	0.3265
R21	3.000	3.750	0.667	1.000	0.750	6.000	0.2177
R22	4.000	5.000	0.889	1.333	1.000	8.000	0.2902
R23	0.500	0.625	0.111	0.167	0.125	1.000	0.0363

$CR_7=0.0026<0.1$

续表

经济风险	R24	R25	R26	R27	R28	W_8
R24	1.000	1.250	0.667	2.000	2.000	0.2326
R25	0.800	1.000	0.533	1.600	1.600	0.1860
R26	1.500	1.875	1.000	3.000	3.000	0.3489
R27	0.500	0.625	0.333	1.000	1.000	0.1163
R28	0.500	0.625	0.333	1.000	1.000	0.1163
$CR_8 = 9.4874 \times 10^{-5} < 0.1$						

社会风险	R29	R30	W_9
R29	1.000	0.200	0.1667
R30	5.000	1.000	0.8333
$CR_9 = 0 < 0.1$，此时 $n = 2$，天然满足一致性检验			

运力风险	R31	R32	R33	R34	R35	W_{10}
R31	1.000	0.556	0.833	0.667	0.333	0.1176
R32	1.800	1.000	1.500	1.200	0.600	0.2118
R33	1.200	0.667	1.000	0.800	0.400	0.1412
R34	1.500	0.833	1.250	1.000	0.500	0.1765
R35	3.000	1.667	2.500	2.000	1.000	0.3530
$CR_{10} = 8.9231 \times 10^{-6} < 0.1$						

管理风险	R36	R37	R38	R39	R40	R41	R42	R43	R44	R45	R46	R47	W_{11}
R36	1.000	0.833	0.667	0.833	1.000	0.400	0.667	0.833	1.250	0.500	1.250	0.333	0.0565
R37	1.200	1.000	0.800	1.000	1.200	0.480	0.800	1.000	1.500	0.600	1.500	0.400	0.0678
R38	1.500	1.250	1.000	1.250	1.500	0.600	1.000	1.250	1.875	0.750	1.875	0.500	0.0847
R39	1.200	1.000	0.800	1.000	1.200	0.480	0.800	1.000	1.500	0.600	1.500	0.400	0.0678
R40	1.000	0.833	0.667	0.833	1.000	0.400	0.667	0.833	1.250	0.500	1.250	0.333	0.0565
R41	2.500	2.083	1.667	2.083	2.500	1.000	1.667	2.083	3.125	1.250	3.125	0.833	0.1412
R42	1.500	1.250	1.000	1.250	1.500	0.600	1.000	1.250	1.875	0.750	1.875	0.500	0.0847
R43	1.200	1.000	0.800	1.000	1.200	0.480	0.800	1.000	1.500	0.600	1.500	0.400	0.0678
R44	0.800	0.667	0.533	0.667	0.800	0.320	0.533	0.667	1.000	0.400	1.000	0.267	0.0452
R45	2.000	1.667	1.333	1.667	2.000	0.800	1.333	1.667	2.500	1.000	2.500	0.667	0.1130

续表

管理风险	R36	R37	R38	R39	R40	R41	R42	R43	R44	R45	R46	R47	W_{11}
R46	0.800	0.667	0.533	0.667	0.800	0.320	0.533	0.667	1.000	0.400	1.000	0.267	0.0452
R47	3.000	2.500	2.000	2.500	3.000	1.200	2.000	2.500	3.750	1.500	3.750	1.000	0.1695
$CR_{11}=3.5419\times10^{-6}<0.1$													

综上可见,所有指标均较好地通过了一致性检验。

(五)层次排序

以上分析只得出下层风险因素对应关联上层风险因素的相对重要程度,在层次分析法中还需要自上而下地求出各底层因素对于最高层因素的重要度排序,具体结果(见表 6 –9)。

表 6 –9　项目风险层次排序

	准则层	准则层指标	指标层	指标层指标	总权重	风险影响排序
北京演艺集团线上演艺项目	B1	0.0862	R1	0.1274	0.0110	29
			R2	0.2293	0.0198	17
			R3	0.0637	0.0055	43
			R4	0.1019	0.0088	32
			R5	0.4777	0.0412	7
	B2	0.0689	R6	0.7501	0.0517	4
			R7	0.2499	0.0172	19
	B3	0.1551	R8	0.2499	0.0388	8
			R9	0.7501	0.1163	1
	B4	0.0431	R10	0.5000	0.0215	16
			R11	0.5000	0.0215	15
	B5	0.0431	R12	0.8333	0.0359	10
			R13	0.1667	0.0072	36
	B6	0.0431	R14	0.3000	0.0129	25
			R15	0.5251	0.0226	14
			R16	0.0999	0.0043	46
			R17	0.0750	0.0032	47

续表

	准则层	准则层指标	指标层	指标层指标	总权重	风险影响排序
北京演艺集团线上演艺项目	B7	0.1723	R18	0.0713	0.0123	27
			R19	0.0581	0.0100	31
			R20	0.3265	0.0563	3
			R21	0.2177	0.0375	9
			R22	0.2902	0.0500	5
			R23	0.0363	0.0063	40
	B8	0.1292	R24	0.2326	0.0301	11
			R25	0.1860	0.0240	13
			R26	0.3489	0.0451	6
			R27	0.1163	0.0150	22
			R28	0.1163	0.0150	21
	B9	0.0832	R29	0.1667	0.0139	24
			R30	0.8333	0.0694	2
	B10	0.0723	R31	0.1176	0.0085	35
			R32	0.2118	0.0153	20
			R33	0.1412	0.0102	30
			R34	0.1765	0.0128	26
			R35	0.3530	0.0255	12
	B11	0.1034	R36	0.0565	0.0058	41
			R37	0.0678	0.0070	39
			R38	0.0847	0.0088	34
			R39	0.0678	0.0070	38
			R40	0.0565	0.0058	42
			R41	0.1412	0.0146	23
			R42	0.0847	0.0088	33
			R43	0.0678	0.0070	37
			R44	0.0452	0.0047	45
			R45	0.1130	0.0117	28
			R46	0.0452	0.0047	44
			R47	0.1695	0.0175	18

（六）计算概率，确定最终风险值

1. 确定风险概率

由于演艺行业是以经验为主的粗放型管理模式，对于风险的概率没有准确的数据，只能通过专家判断去进行估算，因而设置了风险概率区间（1% ~100%），具体见表6－10。

表6－10　风险概率分级

单位：%

风险等级	概率
很高(5)	70 ~ 100
高(4)	50 ~ 70
中(3)	30 ~ 50
低(2)	10 ~ 30
很低(1)	1 ~ 10

2. 计算风险值并进行排序

通过计算北京演艺集团6位专家给出的风险概率的平均数，得出最终的风险概率，再根据风险值＝风险概率×风险影响，计算出最终的风险值，并进行排序，数据见表6－11。

表6－11　风险评估汇总

风险点	风险编号	风险影响	风险影响排序	风险概率	风险概率排序	最终风险值	风险值排序
主创作品不符合项目要求	R1	0.0110	29	0.2	11	0.0022	15
主创作品不受市场认可	R2	0.0198	17	0.5	3	0.0099	4
演员无法胜任角色	R3	0.0055	43	0.05	26	0.000275	36
演员表演出现失误	R4	0.0088	32	0.1	17	0.00088	22
机构线上演出能力弱、经验不足	R5	0.0412	7	0.9	2	0.03708	2
灯光、音响、多媒体、机械等操作出现失误	R6	0.0517	4	0.08	24	0.004136	9
舞台监督指挥出现失误	R7	0.0172	19	0.05	27	0.00086	23

续表

风险点	风险编号	风险影响	风险影响排序	风险概率	风险概率排序	最终风险值	风险值排序
演职人员出现受伤生病影响项目正常进行的情况	R8	0.0388	8	0.3	10	0.01164	3
在排练、彩排、演出等与项目有关的场景中存在安全隐患	R9	0.1163	1	0.01	33	0.001163	19
灯光、音响、机械、道具等出现质量问题	R10	0.0215	16	0.05	28	0.001075	21
排练、演出场所各类设备可靠性不达标	R11	0.0215	15	0.01	34	0.000215	37
演出时停电	R12	0.0359	10	0.01	35	0.000359	34
项目所需使用的排练厅、剧场、办公场所等出现停电、停水、停止供暖等风险	R13	0.0072	36	0.01	36	0.000072	45
演出时发生火灾	R14	0.0129	25	0.01	37	0.000129	42
户外演出遇到恶劣天气	R15	0.0226	14	0.2	12	0.00452	8
演出导致的环境破坏	R16	0.0043	46	0.08	25	0.000344	35
演出被环保部门叫停	R17	0.0032	47	0.01	38	0.000032	47
演出内容无法通过审批	R18	0.0123	27	0.05	29	0.000615	30
观众的评论、反馈中出现敏感词汇	R19	0.0100	31	0.3	9	0.003	10
疫情、灾情等原因对项目的影响	R20	0.0563	3	0.1	18	0.00563	7
与政府安排的同时段内的重大活动相冲突	R21	0.0375	9	0.01	39	0.000375	33
政府由于特殊原因暂停项目	R22	0.0500	5	0.01	40	0.0005	32

续表

风险点	风险编号	风险影响	风险影响排序	风险概率	风险概率排序	最终风险值	风险值排序
文化、安保、消防、舞台电检和质检报告无法及时完成	R23	0.0063	40	0.01	41	0.000063	46
项目拨款延后或不足	R24	0.0301	11	0.2	13	0.00602	6
项目招商效果不佳、赞助商毁约、合作方违约	R25	0.0240	13	0.1	19	0.0024	13
项目营收微薄	R26	0.0451	6	1	1	0.0451	1
经济不景气	R27	0.0150	22	0.05	30	0.00075	25
场租、设备租赁等物料费用上涨	R28	0.0150	21	0.01	42	0.00015	40
选题不具有时代性、人民性	R29	0.0139	24	0.01	43	0.000139	41
出现重大社会事件导致作品受到舆论指责	R30	0.0694	2	0.02	32	0.001388	18
演职人员交通出行不便	R31	0.0085	35	0.1	20	0.00085	24
演职人员出现交通事故	R32	0.0153	20	0.01	44	0.000153	39
物料运输出现丢失、损坏的情况	R33	0.0102	30	0.05	31	0.00051	31
物料运输出现无法运输的情况（如海关检查、尺寸、高度等）	R34	0.0128	26	0.01	45	0.000128	43
直播中出现卡顿、信号弱、无法连接、音画不同步等风险	R35	0.0255	12	0.3	8	0.00765	5
项目各方信息传递中出现表达错误、理解偏差等情况	R36	0.0058	41	0.4	4	0.00232	14
各个相关方之间的壁垒导致项目协调机制失效	R37	0.0070	39	0.1	21	0.0007	27

续表

风险点	风险编号	风险影响	风险影响排序	风险概率	风险概率排序	最终风险值	风险值排序
合作方出现变故(隐藏风险)	R38	0.0088	34	0.3	5	0.00264	12
项目管理流程、规定、制度等设计不合理	R39	0.0070	38	0.1	22	0.0007	28
宣传营销、排期、选角、剧场管理等各个细节管理办法缺乏约束力,制度不清晰、不全面	R40	0.0058	42	0.2	14	0.00116	20
版权意识薄弱造成创意被窃取等风险	R41	0.0146	23	0.15	15	0.00219	16
管理人员权责不明	R42	0.0088	33	0.3	6	0.00264	11
多向指挥,管理效率低下	R43	0.0070	37	0.1	23	0.0007	29
与主创、主演等进行合同谈判时可能发生的风险以及违约风险等	R44	0.0047	45	0.3	7	0.00141	17
直播前线上演出视频资料泄露	R45	0.0117	28	0.01	46	0.000117	44
宣传、票务、行政统筹等工作中出现失误	R46	0.0047	44	0.15	16	0.000705	26
公共关系处理失败导致项目单位或项目品牌力受损(如道德丑闻、争议事件等)	R47	0.0175	18	0.01	47	0.000175	38

根据表6-11中显示的风险影响、风险概率及风险值的排序,可以发现在风险影响的数据中有31个数据大于或等于0.01,16个数据小于0.01;在风险概率的数据中有23个数据大于或等于0.1,24个数据小于0.1;在风险值的数据中有21个数据大于0.001,26个数据小于0.001,如果以风险影响0.01、风险概率0.1、风险值0.001为分界线,可得出如下风险(见表6-12)。

表6－12　风险分级

分类	分级别
影响不小于0.01	R1、R2、R5、R6、R7、R8、R9、R10、R11、R12、R14 、R15、R18、R19、R20、R21、R22、R24、R25、R26、R27、R28、R29、R30、R32、R33、R34、R35、R41、R45、R47
概率不小于0.1	R1、R2、R4、R5、R8、R15、R19、R20、R24、R25、R26、R31、R35、R36、R37、R38、R39、R40、R41、R42、R43、R44、R46
风险值不小于0.001	R1、R2、R5、R6、R8、R9、R10、R15、R19、R20、R24、R25、R26、R30、R35、R36、R38、R40、R41、R42、R44
三个指标都超过分界线的风险(重点风险)	R1、R2、R5、R8、R15、R19、R20、R24、R25、R26、R35、R41
一个或两个指标超过分界线的风险(一般风险)	R4、R6、R7、R9、R10、R11、R12、R14、R18、R21、R22、R27、R28、R29、R30、R31、R32、R33、R34、R36、R37、R38、R39、R40、R42、R43、R44、R45、R46、R47
三个指标都未超过分界线的风险(次要风险)	R3、R13、R16、R17、R23

如表6－12所示,根据风险分界线的划分,一共得出了12个重点风险(详见表6－13),30个一般风险(详见表6－12),5个次要风险。“重点风险”意味着该风险概率较高且影响较大,应该实施重点管理;“一般风险”意味着该风险概率较高或影响较高或两者均不低,也应该加强监控和管理;“次要风险”意味着该风险概率、影响均低,应该列入风险观察清单,进行定期观察与监控。

表6－13　重点风险应对措施汇总

	编号	风险	应对措施	风险值排序
项目重点风险	R26	项目营收微薄	接受、减轻、规避	1
	R5	机构线上演出能力弱、经验不足	减轻、规避	2
	R8	演职人员出现受伤生病影响项目正常进行的情况	减轻、转移	3
	R2	主创作品不受市场认可	减轻、规避	4
	R35	直播中出现卡顿、信号弱、无法连接、音画不同步的风险	减轻、规避	5
	R24	项目拨款延后或不足	减轻、接受	6
	R20	疫情、灾情对项目的影响	接受、减轻	7
	R15	户外演出遇到恶劣天气	减轻、规避	8

续表

	编号	风险	应对措施	风险值排序
项目重点风险	R19	观众的评论、反馈中出现敏感词汇	减轻、规避	10
	R25	项目招商效果不佳、赞助商毁约、合作方违约	减轻	13
	R1	主创作品不符合项目需求	减轻	15
	R41	由于版权意识薄弱造成创意被窃取等风险	减轻	16

五、线上演艺项目风险应对

（一）项目风险应对措施

规划项目风险应对是针对项目目标制定提高机会、降低威胁的方案和措施的过程。本过程的主要作用是根据风险的优先级来制定应对措施。一般来说，应对负面风险的策略有5种：“风险接受”“风险储备”“风险规避”“风险转移”“风险减轻”，应对正面风险的策略也是相对应的“风险接受”“风险储备”“风险开拓”“风险分享”“风险提高”5种方式。其中，“风险接受”，是指被动地接受风险带来的影响；“风险储备”，是指为该风险预留一些时间和资金储备；“规避/开拓”，是指放弃/增加项目原有的计划，以避免/增加风险可能带来的影响；“转移/分享”，是指将部分工作分包给第三方合作伙伴，这就相当于将该部分工作的风险转移/分享出去了；“减轻/提高”，是指采取一定措施降低/提高风险发生的概率或者影响。根据上文的分析，将北京演艺集团线上演艺项目的风险分为“重点风险”“一般风险”“次要风险”3类，因而本节将对不同优先级的风险提出不同的应对策略。

应急计划，是指针对某些特定事件而提前设计的一套应对计划，俗称“PLAN B”，是只有在某些预定条件发生时，也就是说，当风险触发时才能实施的应对计划。

弹回计划，是指提前预备的一套行动方案，以便在应对方案因风险或其他问题而废弃时采用。也就是说，当项目目标被放弃或项目发生重大改变时，弹回计划就是以最小损失收尾或过渡的方案，也被称为“保底方案”。面对上述有可能触发极端情况的风险，当风险应对措施无效时，应当提前为该风险准备好弹回计划。

1. 项目重点风险应对

重点风险发生的概率较高且影响较大，北京演艺集团应该对此类线上演艺项目风险实施重点管理，分析每一个重点风险的成因，提出针对性的应对措施，尽可能地采用“风险规避”

“风险转移”等措施避免或转移这类风险对项目的影响,并准备应急计划以便在风险发生时能够快速和正确地应对。

(1)项目营收微薄

该风险的风险影响排序为第6位,风险概率排序为第1位,风险值排序为第1位,是目前最大的风险。该风险是指线上演艺项目没有明朗的营收模式从而导致项目没有票房、广告、直播打赏、直播带货等产生收入的渠道,就算有也是收入微薄,入不敷出。该风险会对线上演艺项目的可持续性造成极大影响,由于缺乏稳定的营收模式,机构不会为其投入大量精力和资源,这就势必会导致线上演艺项目体量小,从而无法产生优质作品,这样观众就更不愿为此付费,形成恶性循环。

北京演艺集团旗下的北京民族乐团的2020年推出的线上直播平台——“国乐府”,设置了3个品牌栏目“国乐群英会”、“国乐下午茶”和“国乐最现场”,其中“国乐最现场”是北京演艺集团旗下少数几个不能免费观看的线上演艺栏目。截至2021年6月,“国乐府”线上虚拟音乐厅共计直播66场,获得了16.6万访问量,单场直播最高观看人数约9000多人,但是该项目的营收却十分微薄,为了吸引观众,“国乐最现场”的音乐会直播的平均票价不到5元,但是观看人数仍是寥寥无几,最多的一场直播票价收入不过千元,直播打赏等其他收入更是寥寥无几。由此可见,北京演艺集团的线上演艺项目营收十分微薄。

①风险接受

对于该风险,首先应该采用“风险接受”的措施。众所周知,进行一场文艺演出的创作和制作成本巨大,且线下演出不可复制,运营成本也极高,所以整体上我国表演艺术行业经营困难,入不敷出,如果没有多项补贴和政策扶持,行业发展将难以为继。发展了多年的线下演出的总体状况都如此这般,线上演出作为刚刚有所发展的新鲜事物,更是发展困难。据了解,现如今制作线上文化艺术作品(歌剧、舞剧、音乐会、戏剧、戏曲、综艺晚会等)的演艺机构,大多线上演出都是免费。有的本身就是公益性的活动,如北京人民艺术剧院的“剧本朗读”;有的是以“免费看”为宣传点吸引观众参与;有的重点在拓宽观众群体,收费则是其次,即使存在一些尝试收费的项目,付费比率也较低,就如北京民族乐团的“国乐府”。此外,互联网的整体生态和营利模式也制约了传统的表演艺术行业经营模式。互联网的优势在于便捷和“亲民”,全世界不同地点、年龄、性别、身份的用户可以汇聚于同一个直播平台或视频网站。国内影响力最大的短视频平台“抖音”,观看其平台短视频内容时基本无收费项目,免费早已成为互联网用户的共识,国内几家主流的视频平台,如腾讯、优酷、爱奇艺等的会员订阅费用平均每月不到20元。所以,传统演艺项目依靠动辄几百上千的门票来获得收入的营利模式在互联网显得格格不入。因此,从行业整体来说,营收微薄是不可避免的现状,也是演艺行业接触互联网所避免不了的困境,因而针对该风险应该选择接受。

②风险减轻

对于该风险，也可尝试“风险减轻”，降低风险发生的概率和影响。目前北京演艺集团的线上演出作品主要是以线下演出视频加上简单的包装，如加入演出导赏，这几乎就是线下内容的搬运和转移，或者是对演出排练、台前幕后的活动进行直播，无精心制作，更无较密集的看点。总体来说，目前北京演艺集团这几种线上演出产品路线都未细致考虑网络受众的需求和特征，将一些互联网用户感兴趣的社交等功能更是抛在脑后。随着线下演出的逐渐恢复，线上模块逐渐成为“鸡肋”，决策层不愿也不敢拿出大批资金去继续发展线上演出，管理层也迫于资金压力，无法从根本上实现科学合理规划、保障演出质量，执行层本就缺乏经验，目前更是失去耐心，又将精力重新投入线下演出，这就让决策层更加失去了信心，导致恶性循环的出现。这也是为何大多数线上产品面临该困境，一些创收的尝试都止步于简单“试水”，有的甚至因为影响太大而不得不放弃。所以，演艺行业应挖掘并满足用户需求，提高线上产品的质量，吸引更多用户，从而提升愿意付费的忠实用户的规模，降低该风险发生的概率，实现“风险减轻”。

提升产品质量可以从多个方面入手，首先，是加强产品的资源投入力度和重视程度，北京演艺集团 7 个线上演出项目除“京演奇妙夜”投入了较多的资源和资金外，其他皆为集团小型项目（演出成本不超过 50 万元），且 2021 年以来，线上演出渐渐成为线下演出的附属品，简单地将演出视频加上导赏就包装成为线上作品进行播出。其次，自从线下演出恢复后，线上演出项目不再被确立为“集团重点项目”，领导的重视程度越来越低，也就导致北京演艺集团对于线上演出的投入力度呈现越来越低的态势，这无疑是线上演出的致命弱点，也是制约产品质量的最大“瓶颈”，所以加强产品的资源投入力度和重视程度是提升产品质量的重要措施，北京演艺集团应该转变思路，不能因为效益低就不投入，不投入几乎不可能产生效益。

提升技术水平，吸纳技术人才也是集团提高产品质量的重要举措。近年来，互联网技术不断取得新的进展和重大突破，技术进步使得网络相关产品不断迭代、日新月异，稍有松懈就很可能被市场淘汰，加入互联网浪潮的各大科技企业都竞相追逐。在这样的大环境下，线上演艺也无法摆脱行业“内卷”，所以要在线上演艺板块取得长足发展，发展技术就是重中之重，因为线上模式相较于线下最大的优势就是其并非一成不变，它可以有无限的可能性，而这些可能性，都来自技术的支撑。行业内其实有许多优良的实践案例，2021 年 5 月 22 日，中国歌剧舞剧院与华为技术有限公司签署战略合作协议，他们共同推出了剧目《舞上春》，该项目对线上演出进行了大胆探索和勇敢尝试，并取得了成功。剧目《舞上春》经历了异常火爆的线下演出后，又在“华为视频”发布，剧目定价 18 元，会员用户定价 12 元，购买后 7 天内有效，如此依然有 13 万次播放。由华为 5G 技术的延伸和拓展带来的自由视角、4K 多视角、8K VR 超高清制作、MediaCube 内容生产系统等新技术带来的不同于剧场、更为沉浸自由的云观演新视角，该剧目的诞生丰富了线上演出的定义，明确了线下与线上演出的区别，提升了业界对线上演出前景的信心,也增加了观众对线上演出的期待。2021 年 3 月,“爱奇艺云演出”栏目基于扩展现实(extended reality,XR)技术打造了 THE9“虚实之城”沉浸式虚拟演唱会,作为全球首个影视级 LED 写实化虚拟制作 XR 直播,这场演出由于 XR 技术的加持成为一场视觉盛宴,爱奇艺基于“XR”首次开发了专属虚拟分身、300 人线上大屏幕连麦、AR 弹幕环绕式立体呈现、10 个机位自由选择等新尝试,除了继承线上演出可实现“多视角”等优势,还利用技术破解了线上演出交互性弱、现场感低的弱点。通过以上两个案例的介绍,不得不说,线上演出的深度目前来说仍然取决于内容和质量,但线上演出的高度应该是取决于技术。目前北京演艺集团仍然处于“缺技术”“缺人才”的阶段,因而其线上演出作品无法与这些科技公司的产品相媲美,也无法与他们相竞争。此外,技术的实现和发展离不开人才,目前集团极度缺乏相关的制作、开发、运营维护等方面人才,也缺乏了解互联网市场、了解线上用户心理和需求的人才,这些人才的聚集是使集团线上演艺作品具有核心竞争力的重要保障。

③风险规避

面对该风险也可采取“风险规避”的措施,既然北京演艺集团这一类传统演艺机构对如何让互联网用户付费缺乏经验,将其规避也是一种好的办法。广播电视的核心业务是节目的制作和播出。以前节目的制作和播出是一体的,但近年来,制播分离这个概念成为我国广电媒体内部机制改革中受到热议的一个话题,所谓的制播分离就是电视播出机构将部分节目委托给独立制片人或独立制片公司来制作,这样就能利用市场化的优势自由竞争,还能聚集全社会的力量,生产出更多丰富多彩的节目。

对于北京演艺集团目前遇到的困境,借鉴制播分离的思路就是规避该风险的一个办法,或许能够为线上演艺的进一步发展谋求新的可能性。首先,线上演艺项目与电视台节目一样,都是由节目制作和节目播出构成,北京演艺集团旗下拥有 9 家专业院团、每年进行上千场演出、打造过《在远方》《五星出东方》等精品剧目、推出了“五月演出季”“奥林匹克公园音乐季”等精品演艺项目,可见,集团在节目制作方面拥有丰富的经验和傲人的成绩。其次,北京演艺集团依托“快手”才建立起自己的线上演出平台,且北京演艺集团对互联网的总体“玩法”缺数据、缺经验、缺人才,种种迹象都表明其不擅长线上播出,所以,像北京演艺集团这一类的文艺院团和演艺机构几乎都更适合于“制作方”的位置。如果能够实现线上演出的“制播分离”,那么线上演艺行业将面临全新局面,即不再以国有文艺院团为主体,而是以互联网热门的短视频平台、长视频平台为主体,如“抖音”“快手”“腾讯视频”“爱奇艺”等。它们在互联网激烈的竞争中逐渐形成了自己的定位和优势,它们有渠道、懂市场、深谙受众诉求与心理、资金雄厚、有强大的技术支撑,倘若让这些专业的线上平台根据自身定位,只负责节目的规划与播出,通过采购的形式购买各个制作单位的节目资源,让各大演艺机构根据平台提供的建议和规划相应制作线上演艺作品,这就形成了市场竞争、优胜劣汰的新局面,为各大互联网平台在线上演艺板块的尝试和投入降低了风险。同时,制作与播出双方深度的融合与交流也将为演艺机构快速了解线上市场、定制互联网"爆款"产品提供数据和思路、建议与方向，双方各取所需，只做自己擅长的部分，演艺机构在线上演艺板块的渠道、产品、技术等缺陷都将得以弥补甚至解决，也不用重新构建线上演出的营利模式，从根本上规避了风险。

这种制播分离的模式一旦实施得当，就将为演艺机构谋求一条出售节目播出权的稳定营利模式，但市场是机遇与挑战并存的，如若节目制作单位的作品深受观众喜爱，将会获得较高价格，甚至多个平台竞相抬价，以求得独家播出的权利，但如果节目制作单位的成果不尽如人意，不满足甚至不符合观众的需求，市场可能会回馈其以极低的价格，甚至无人问津，这种完全市场化的模式虽然残酷，但就整体而言，它能激发演艺机构，特别是国有文艺院团的内在活力，能够保证精品节目源源不断地出现，线上演艺将以生机勃勃的姿态呈现在观众面前。当然，线上演艺的制播分离的构想也存在一些问题。例如，如何在艺术与市场之间谋求平衡？众所周知，市场对于文艺的需求远远低于娱乐产品，如果天平完全倾向市场，由播出平台作为主导方，如何保证他们所中意的作品仍然保留艺术品质和艺术追求？又如，目前演艺制作单位，尤其是国有文艺院团尚缺乏技术人才，他们如何在短时间内能够制作出如影视剧、综艺节目这般质量的线上演出作品？他们是否会率先被市场淘汰，如果是这样，那就背离了发展线上演艺的初衷，这些问题不免让人担忧……

(2)机构线上演出能力弱、经验不足

该风险的风险影响排序为第 7 位，风险概率排序为第 2 位，风险值排序为第 2 位。该风险体现在多个方面，北京演艺集团面对互联网这一全新语境缺乏创新性，作品缺乏吸引力；目前的呈现方式主要是以传统剧目线上直播、线上主题综艺晚会等为主，在舞台、调度和互动上显得网络属性不足；现有摄制团队、视频技术力量不足等。

2020 年北京演艺集团制作的线上演艺项目《中轴 · 线上导赏》，邀请了国家文物局原局长、故宫博物院原院长单霁翔，中国文联副主席、中国音协主席叶小纲，北京演艺集团原首席演出官周涛一起来到中轴线的制高点——景山公园万春亭，讲述民族管弦乐《中轴》创作历程，该项目的策划团队设计了强大的阵容，精心准备了满满的干货，可是项目的拍摄手法十分单一、剪辑制作水平也不如电视台的作品、话题感和"网感"不如综艺节目、观看体验不如线下演出，导致该项目无任何收入。

①风险减轻

可以通过多条途径减轻该风险，首先是降低该风险的概率，可以从前文提到的发展技术、吸纳人才，发展制播分离模式，与互联网平台展开深度合作，充分利用互联网平台的知识和经验去提升机构能力等方面着手，此处不再赘述。除此之外，该风险的影响主要体现在产品粗糙、吸引力弱，这会影响用户体验，降低用户观看的兴趣，也会削弱机构品牌力和竞争力，使机构无法与同类产品(如其他剧院团的线上演艺作品)或类似产品(影视剧、综艺节目等)展开竞争，那么充分挖掘产品特色，加强产品核心竞争力也是降低该风险影响的重要举措。虽然目前北京演艺集团这一类国有文艺院团面对线上演出存在缺人才、缺技术、缺经验的现实困境，但是以国有文艺院团的专业程度、其多年的优质剧节目积累、演艺人才挖掘和线下观众培养已经具备了相当强大的核心竞争力。2020年12月24日"保利·央华"年度制作话剧作品《雷雨》《雷雨·后》在"腾讯视频"独家直播，该剧采用10多个直播机位，极大程度为所有进入直播间的观众还原剧场的体验，观众还可以通过切换3个不同的观看机位，领略到全然不同的舞台和不同演员的表演，该剧还为观众配有大咖导赏，解决部分观众艺术参与的障碍。最终，《雷雨》系列演出达到了80万人次付费观看的好成绩。这一案例就反映出观众并不是没有需求，互联网用户数量极其庞大，文艺院团的作品也拥有数量可观的、愿意付费的精准用户，关键还在于产品的质量是否满足观众的期待，一台质量极佳的剧目，只要稍加一些促进理解的导赏、反映线上演出优势的"镜头切换"等功能，就能吸引一大批观众为其"买单"。所以哪怕北京演艺集团这一类演艺机构线上演出能力弱，技术不足、缺乏经验，只要能播出精心制作、质量上乘的好作品，也照样能够在竞争激烈的"云端"开辟出一条可持续发展之路。

②风险规避

机构能力不足、缺乏经验，实际上是机构人才能力不足，技术力量落后所导致的必然结果，培养人才、发展技术所需要的投入较大、时间成本也较高，短时间内无法解决机构现有"瓶颈"，那么可以采用"临时聘用""租赁设备""技术外包"等方法规避该风险。众所周知，演艺作品的诞生、制作和分发的过程大多采用"项目制"，即成立一个临时的项目团队，北京演艺集团就是如此，无论是线下演出还是线上演出，都会成立一个"项目专班"，通常在集团内部缺乏如导演、编导、主演、主创等人才时，会采用"项目内临时聘请"的形式在外部招募人才，鉴于线上演出作品的受众主要是线上用户，聘请了解用户需求和行业痛点的策划人才，并让其加入主创团队是提高机构线上演出能力的一种办法，这样既可以在短时间内产出令人满意的作品，又能在工作中将其知识传递，从而提高集团整体能力。此外，节目拍摄、制作和包装等需要技术支撑才能实现的部分，可以通过外包的形式交由市场竞标，公平竞争，这样既能够规避风险，又能解决集团产品现有劣势。由于上述规避策略能够解决短期问题，因而也是该风险的"应急计划"，即当该风险发生时，如果演艺机构明显感受到内部缺乏线上演出的能力，可以采取该措施进行应对。

(3)演职人员出现受伤生病影响项目正常进行的情况

该风险的风险影响排序为第8位，风险概率排序为第10位，风险值排序为第3位，也是该项目中比较重要的风险。该风险一般表现为演员及项目团队重要成员在项目期间受伤或生病导致项目无法正常进行的情况，由于演艺项目的较长的持续周期、较多的参与人员、较剧烈且存在危险的舞台排练、较不规律的工作活动，导致该风险时有发生。

例如，2008年北京奥运会开幕式唯一的独舞节目《丝路》的舞蹈演员刘岩，在2008年7月28日的最后一次彩排中，从3米高的表演高台上意外失足，身负重伤。好在当时的北京奥运会开幕式作为国家重大项目实行了 ABC 三角制,刘岩为 A 角,此外,还有替代刘岩的 B 角古晓祎和 C 角殷硕。事故发生后副导演张继刚紧急作出了安排:7 月 30 日到 8 月 5 日的 3 场预案模拟预演,独舞由殷硕和古晓祎轮流替刘岩上场。在 8 月 5 日的最后一次预演之前,C 角殷硕才最终成为女主角。

①风险减轻

面对该风险首要的办法就是降低风险发生的概率,演员尤其是舞蹈、杂技类演员很容易在排练或演出时出现受伤的情况,如摔倒、崴脚、被道具弄伤等。面对这些可能存在的风险,应当在排练或演出前就做好相应措施,如尽可能让演员穿戴保护服装,避免演员出现在高台上或安装防护栏,为杂技演员准备保护垫等。对于声乐演员这一类出现常见疾病(如感冒、呼吸道炎症)很容易影响演出的演员群体,要对其特别关注,在工作餐饮食、排练强度等方面就做好预防,从而降低风险的发生概率。不同的演出项目、不同的演员类型,甚至不同的个体都有可能出现不同的风险,因而要提前做好识别工作,防患于未然。此外,定期监控演职人员的身体状态,关注天气状况,制定合理的、科学的、弹性的工作计划,也能在一定程度上减轻风险。还可以通过一些措施降低该风险的影响,如对重要演员实行 AB 角制,尽量不要将重要的工作、权力集中于一人,这样即使演职人员出现受伤、生病等情况,也能够减轻风险给项目带来的影响。

②风险转移

可以采用购买意外保险的方式转移风险的财务影响,演职人员受伤生病的风险可大可小,一般情况主要影响的是项目进度,如演职人员生病,项目工作无法正常开展,排练时间增加等。但也有演职人员在工作期间受伤严重甚至危及生命安全的情况,如上述提到的 2008 年北京奥运会的舞蹈演员刘岩所发生的意外,对于演艺机构来说,这种情况发生对项目的主要影响就转变为了财务影响,主办单位可能为此赔偿几十万元甚至上百万元,如果涉及多人,该风险所造成的财务负担更无法想象,也无法承受,所以通过购买保险的方式,将该风险的财务影响转移至保险公司等第三方机构也是应对该风险的重要策略。

③应急计划

如果该风险出现,机构应该立即寻找替代人员快速接手相关工作,同时对受伤或生病的演职人员进行妥当安置,如果重要演员都出现伤病,或者重要的工作人员无法工作导致项目无法按期完成,应该根据实际情况发布延期演出通告,并采取办理退票、设置咨询热线等配套措施,减轻该风险造成的恶劣影响,降低该风险对机构口碑造成的不利影响。同时,应该开展一些演出相关活动为演出预热,如主演直播互动、导演见面会等。

(4)主创作品不受市场认可

该风险的风险影响排序为第 17 位,风险概率排序为第 3 位,风险值排序为第 4 位,其主要特征是风险概率较高。该风险一般表现为演艺作品不受市场喜爱和认可,具体表现为项目观看人数少、项目收入少、关注度低、评价不高等。

2020 年北京演艺集团推出的线上演艺项目《天使在身边 5 · 12 国际护士节主题文艺演出》，这是一台将评剧、河北梆子、曲剧、歌曲、舞蹈、魔术、热门流行音乐等在线融合的综艺晚会。该项目策划团队设计了丰富的内容，但在观看人次上不容乐观，北京演艺集团其他线上演出项目均可达到 200 万以上观看人次，“520 京演奇妙夜”项目更是超过 1000 万观看人次，而该项目观看人次仅有 27.8 万，与其他线上演出相比显然寥寥可数。

①风险减轻

MCN（Muti-Channel Network）的全称是多频道网络，相当于内容生产者和平台用户之间的中介，它不直接生产内容，而是将众多力量薄弱的内容创作者聚合起来建立频道，帮助他们解决推广和变现的问题。随着国内直播行业的不断发展，MCN 机构在行业中起到的作用越发明显，如许多的主播的推广和变现都依赖“工会”，“工会”就相当于一种 MCN 机构，它为众多主播提供信息和数据、提供商业合作、广告接洽之类的服务，为主播实现商业的稳定变现。

国内各大演艺机构就相当于线上演出的内容生产者，目前大部分主创人员依旧是线下演出的原班人马，其线上演出仍然照搬线下演出的模式，而面对互联网用户这一全新的受众，他们的作品在行业竞争中往往显得力不从心，如果引进 MCN 机构为各大演艺院团服务，将是减轻该风险发生概率的一种办法，目前东方演艺集团已经做出尝试，他们以每年 50 万元的成本引入了 MCN 机构，为其提供行业数据、进行演出等文化艺术活动的策划和设计等，这将为演艺机构带来极具价值的信息，同时能提高线上演出活动的策划和组织效率，为其带来更好的传播效果和投资回报，所以演艺机构引进 MCN 机构毫无疑问能够降低主创作品不受市场认可的概率。

北京演艺集团这一类国有企业和众多国有文艺院团必须坚守严肃艺术本体，强调社会效益为先，因其肩负了一些社会使命，所以它们很难完全进行市场化的创作，因而如何降低风险影响也是其无法摆脱的重要问题。通过艺术普及活动去引导观众、加强作品的全方位宣传、加大用户拓展规模和频率、鼓励用户参与艺术永远是演艺机构无法避免的使命和任务，演艺机构完全可以将线上演出当作艺术普及和观众拓展的主阵地，利用互联网广泛传播的优势去积极发展新观众，尤其是下一代年轻观众，通过低价甚至免费的策略吸引观众进行艺术参与，通过提供稀缺性的优质内容和各类普及活动获得市场关注和认可，通过宣传和引导，让观众逐渐认识作品的价值和意义，这也是减轻该风险影响的重要途径。

②风险规避

该风险的规避措施主要是依靠外部主创进行创作，既然演艺机构现存主创创作作品存在不受市场认可的风险，那么就通过外包的形式将这一部分创作交由有能力的团队去进行。正如电视台的“制播分离”模式，选择独立制片人去完成节目的创排，演艺机构也能够利用市场竞争去选择有能力的创作团队，这样能聚集全社会的力量，生产出更多丰富多彩的线上演出节目，还能从根本上实现规避风险的效果。

③应急计划

出现该风险，首先，演艺机构应该扩大激励措施以实现吸引观众的效果，比如降低票价甚至免费，为积极参与的观众赠送礼品，或者提供一些观众与主创、主演的互动机会。其次，寻找精准受众也是必要措施，既然无法在短时间内吸引受众，让受众认可作品，那么通过加强宣传，精准营销，寻找对作品感兴趣、具备欣赏能力的精准用户就是应对该风险的重要策略，这样不仅能在短时间内改变舆论风向，还能为供需双方搭建一条沟通的桥梁。

(5)直播中出现卡顿、信号弱、无法连接、音画不同步等情况

该风险的风险影响排序为第12位，风险概率排序为第8位，风险值排序为第5位。该风险主要是出现由于网络、设备、直播现场、直播平台等出现问题或故障导致的用户体验较差的情况。

2020年4月24日，格力电器股份有限公司董事长董明珠女士在“抖音”平台第一次尝试直播带货，可这却成为一场著名的直播事故。在将近1个小时的直播时间里，画面持续出现卡顿、重复，且主播的声音断断续续，完全没有达到预期的效果，导致屏幕左下方不断弹出关于“卡顿”的评论，纵使董明珠和“格力”名气较大，饱受关注，当晚累计观看人次431万，在线人数峰值达21.63万，但商品成交额仅为22.53万元，甚至不及普通“带货主播”的成绩。

①风险减轻

导致该风险的因素有许多，包括用户操作不当或者用户设备出现问题，网络信号故障、直播现场拍摄设备出现故障，直播平台出现故障等，所以需要从多个方面进行风险减轻，降低风险发生的概率。首先，机构应该在直播间发布官方告示，提醒用户观看直播所需设备的配置参数，并且提醒观众保持网络连接稳定。其次，对于诸如观看直播、发布弹幕信息、切换屏幕等用户可能进行的操作的流程，机构需要提前告知观众，最好是以文字形式为观众提供使用说明，从而降低用户方造成该风险的概率。再次，做好直播现场网络信号、网络传输的保障工作，同时加强对直播设备的维护和监控工作，防止设备出现故障，如果直播时存在剪辑和制作的环节，一定要尽可能地提前演练，以降低风险概率。最后，由于北京演艺集团目前主要是利用“快手”平台进行直播演出，所以对于平台端出现该风险的可能性，其无法及时预测且无法控制，这就留下了隐患。所以演艺机构应与平台保持密切的联系，并展开深度合作，可以通过签订协议的方式要求平台方保障直播效果，对平台出现的风险负责，由此转移该风险带来的财务影响，降低风险发生的可能性。此外，如果线上演艺业态达到一定规模，构建机构专用的直播平台也是控制该风险的较好方式。

对于该风险，演艺机构还应该准备好减轻风险影响的措施。例如，在现场设置多批录制设备，这样就可以设置多条观看路线，以备不时之需，同时设置直播回放，便于观众重复观看，从而减轻风险影响。

②风险规避

由于该风险的影响因素众多，无法完全做到控制该风险，那么通过尽量避免“直播”的方式规避该风险也是必要的。线上演出完全可以通过录播实现，录播的形式相比于直播，拥有众多优势。首先，补录、剪辑和制作成为可能，这样演艺机构就背负了较小的演出压力，拥有了更充裕的准备时间、更多的试错机会，这些要素的集合或许能极大提升线上演艺作品的质量；其次，录播的形式也能够规避许多直播带来的风险。其实目前部分演艺机构已采用了录播的形式，播放线上演出视频，毕竟直播的形式使演艺机构面临现场演艺和网络传播的双重挑战，出现风险的概率较高，而任何风险都将影响受众的体验，既然线上演艺项目目前无法做到线下演出的“真实感”和“现场感”，要是艺术机构能保证视频内容的稀缺性、艺术的水准、作品的价值，那么观众或许也乐意接受录播的形式。

③应急计划

该风险发生后，机构首先应该判断风险的程度，如果影响较小，受影响的用户群体较小，如短暂的卡顿或者轻微的音画不同步等，可以继续保持演出状态，同时对拍摄设备、网络信号、传输速度等作出检查，以便确认风险原因并作出及时的应对和调整，如果风险造成的影响较大，受影响的用户群体也较多，如出现黑屏、无法连接等情况，应该在平台内立即发布提醒，向观众致以歉意，并提示观众可以作出的选择，如切换观看路线或观看直播回放。

（6）项目拨款延后或不足

该风险的风险影响排序为第11位，风险概率排序为第13位，风险值排序为第6位。该风险主要是出资方未能按时拨款或者是拨款数目低于项目预算的情况。该风险在国有文艺院团常常表现为拨款单位由于各种原因未能信守承诺，项目经费紧张；在民营演艺机构常常表现为赞助商或合作单位违约，或者是资金周转出现问题导致的经费紧张。

北京演艺集团出品的舞剧《五星出东方》原计划于2021年7月末赴新疆乌鲁木齐、和田等地区进行第一轮巡演，计划中剧组将在新疆停留一个月，演出15～20场。可是之前新疆某方面承诺的1000万元巡演费用未能及时拨付，导致该项目一直延期，最终经过多次与上级领导的协商与谈判，一直到2021年9月末才让巡演活动真正落地，且实际的拨款数目与之前商定的1000万元差距较大，对该项目的成本和进度等方面均造成了严重的影响。

①风险减轻

国有文艺院团和国有企业一般接受上级单位的拨款，收入和支出分开计算，每年向上级单位申报预算经费，北京演艺集团的拨款单位是北京市国有文化资产管理中心，申报机构年度预算和项目经费的过程一般具有较严格的审批规定和流程，因而北京演艺集团严格按照规定提交材料，严格按照计划实施创排任务就能够对该风险实现减轻，并在制定项目预算时尽可能做得详细、准确、符合实际情况，对每一笔预算都要清晰地说明原因，这样就可以让审批单位减少扣除的费用，从而拿到全部预算，以降低风险发生概率。

②风险接受

众所周知，一个大型演艺项目可能会出现各种意想不到的情况和风险，而大部分风险最终都将对项目财政造成巨大压力，所以从根本上无法规避该风险。此外，出资单位、合作方、赞助商的情况属于项目外部，演艺机构无法预料更无法改变他们的状况，因而只能被动接受该风险，所以做好接受风险的思想准备是应对该风险的重要策略。除思想上接受风险外，还需要为该风险预留出一定的风险储备，比如在制定预算时就将风险储备计算在内，同时在项目运作过程中通过节省成本等方式为项目赢得可挪用资金，虽然项目实际运作或许会完全脱离计划，但这才是成熟的、可行的项目管理实操办法。

③应急计划

如果出现该风险，应首先确认针对该风险的储备情况，还有多少可用于风险应对的时间和资金储备，将储备情况与风险实际大小进行比对，从而对项目的实际前景作出相应判断和决策。如果风险影响较小，且现有的资金和时间储备能够应对风险带来的冲击，那么项目就可以继续推进。如果风险对项目产生了一定的影响，且项目储备无法完全应对风险，那么可以考虑对项目计划和项目范围作出一定的变更调整，只要保证核心的演出活动能够正常进行，其他非核心经费就可以进行缩减，甚至可以对演出活动进行调整，考虑缩小规模等可行的方案，从而降低项目经费需求，以应对风险。如果遇到极端情况，项目储备完全无法应对风险，且无可行的调整方案，可以暂停或延期项目，尝试进行项目外募资活动，也可以取消项目，以及时止损。

(7)疫情、灾情等不可抗力对项目的影响

该风险的风险影响排序为第 3 位，风险概率排序为第 18 位，风险值排序为第 7 位。该风险主要体现为疫情、灾情对项目造成的影响，具体表现为相关防疫、救灾政策规定对项目的影响、项目人员安全健康受到威胁等。

①风险接受

为了国内整体大局，项目团队出现相关状况，演艺机构只能被动接受风险，配合有关部门落实相关措施，尤其是北京演艺集团这一类国有企业或国有文艺院团更是义不容辞。

②风险减轻

对于传染性疾病的传播，演艺机构可以采取许多的有效措施降低风险发生的概率，如尽可能线上办公，避免人员聚集，在聚集区域严格每日消毒，检查每一位进出工作人员的健康状况，要求相关人员尽量两点一线，不要进入其他区域，也不接触无关人员，尽可能避免出差，同时要求工作人员接种疫苗，通过这一系列预防措施，就能在很大程度上降低该风险发生的可能性。同时可以采取一些措施降低风险的影响，如实行主演 AB 角制，将重要工作任务分配给多位演职人员，这样即便发生该风险，如果只涉及部分人员，项目也不会受到太大的影响。

③应急计划

风险发生后，应该根据人员、场地、资金、时间的实际情况确定该风险对项目造成的影响。如果风险影响较小，如只有部分人员无法工作，重要演职人员都可以正常工作，就可以根据实际情况，进一步加强风险防控，同时在政策允许的范围内继续开展项目活动。如果风险发生且影响较大，如演出场地被迫关闭，重要演职人员均不能正常开展项目活动，可及时发布延期或取消演出公告，并立即开展相关应对措施，如办理退票、设置咨询热线等。

(8)户外演出遇到恶劣天气

该风险的风险影响排序为第14位，风险概率排序为第12位，风险值排序为第8位。由于北京演艺集团的线上演艺项目可能会涉及户外的演出直播和部分外景拍摄，如《中轴·线上导赏》就是在故宫博物院进行的，因而出现下雨、冰雹、沙尘暴等恶劣天气会极大地影响项目正常的开展。如果在直播中出现该风险，那么线上演出的节目的拍摄难度将会升高，出现画面模糊、连接不稳定等情况的概率也会增加、出现各种意外事件导致演出活动不能顺利进行的可能性也会大大增加。

①风险减轻

对于该风险，减轻策略是首要选择，通过及时关注天气预报，其精准的预告功能就能对风险进行预测和判断，从而选择合适的直播时间和地点，以降低风险发生概率。同时，还应采取一定措施降低风险影响，如携带防水设备、保护伞以应对下雨、大风等天气状况，还可以通过招募专业户外直播团队、开展户外直播安全培训、增设备选拍摄场地等措施，应对该风险可能出现的极端情况，从而减轻风险带来的影响。

②风险规避

该风险可以通过两种方式规避，一种是将户外直播改为户外录播，从而规避该风险；另一种是将户外直播改为室内直播，从而规避该风险。第一种方式拥有众多优势，前文已提到，此处不再展开。目前，AR、XR等技术正在不断发展，演艺行业也开始慢慢应用这些新技术，如爱奇艺推出的演唱会《虚实之城》，通过LED写实化虚拟制作的XR直播，不仅能够实现户外的观感和视觉效果，还能切换不同的场景，扩大视线范围，加强视觉冲击，LED大屏幕完全可以实现以假乱真的视觉效果，带给观众意想不到的惊喜，所以户外的直播效果完全可以通过技术手段在室内实现，甚至能为观众带来更好的观演体验，因此未来演艺机构如果能够利用好这些技术，就可以将户外直播改为室内直播，从根本上规避该风险。

③应急计划

一旦该风险触发，应该首先保障演职人员的生命健康安全，在此原则上对是否继续直播进行判断，如若情况较严重，就立即停止演出、中断直播，并采取相应措施，如播放应急的演出视频，从而降低观众的不满；同时发布官方通告，客观陈述事故原因，降低舆论影响，并为观众提供退票办理等应急措施。

(9)观众的评论、反馈中出现敏感词汇

该风险的风险影响排序为第31位,风险概率排序为第9位,风险值排序为第10位。该风险属于风险概率较高的一类。该风险常出现于线上演艺项目的评论区、弹幕区。

目前,《网络表演经营活动管理办法》第14条规定,网络表演经营单位应当建立突发事件应急处置机制。发现本单位所提供的网络表演含有违法违规内容时,应当立即停止提供服务,保存有关记录,并立即向本单位注册地或者实际经营地省级文化行政部门或文化市场综合执法机构报告。[①] 这意味着演出视频的记录需要保存一定期限,虽然演出提供方不会出现违法违规内容,但是"评论区"却不可控,一旦"评论区"出现一些涉及违法违规的词汇,就可能会对项目造成较大影响。

①风险减轻

对于该风险的减轻措施,首先,需要采取一系列措施,降低风险发生概率,如在评论留言区发布官方置顶留言,用于提醒和警示用户。其次,还应在降低风险影响方面采取措施,演艺机构可以在评论互动区设置审核环节,通过一轮审核,筛除掉部分带有敏感性词汇的留言和评论。同时,如果有部分观众存在恶意刷屏或多次发布不当言论等行为,可以采取禁言甚至封号等措施。对于北京演艺集团这一类依靠第三方平台进行直播的演艺机构,还需要向平台申请对用户评论进行审核、对个体用户采取禁言、封号等措施的权限,以便于加强评论互动区的管理,从而减轻风险。

②风险规避

针对该风险的规避措施,主要体现在关闭用户的评论和留言功能,或者采用精选留言的方式,只显示部分筛选过的评论和留言,从而规避该风险。但是实行该措施会对用户与主播之间的互动以及用户之间的互动增加障碍,从而影响用户观剧体验,尤其是某些强调互动性的节目和活动无法实现,因而采用该种方式规避风险非最优解。

③应急计划

出现该风险后,演艺机构应该按照《网络表演经营活动管理办法》的规定,根据风险实际大小和影响程度,判断是否需要采取类似暂停演出、紧急封号等相关处理措施;如果影响较小,可以发布官方提示,用于警示观众;如果情节较为严重、影响较大,需要首先对用户进行封号处理,并考虑是否需要暂停演出,同时演艺机构需要保存有关记录,并立即向本单位注册地或者实际经营地省级文化行政部门或文化市场综合执法机构报告。

(10)项目招商效果不佳、赞助商毁约、合作方违约

该风险的风险影响排序为第13位,风险概率排序为第19位,风险值排序为第13位。该风险主要表现为项目没有找到合适的赞助商、赞助商或合作单位提供的资金、物品和服务与

---

① 原文化部《网络表演经营活动管理办法》(文市发〔2016〕33号)。

协议出现出入等情况。

北京演艺集团的重点项目——奥林匹克公园音乐季，自2016年开始举办，每次举办音乐季的场地都是国家体育馆外的南广场，这里能够看到“鸟巢”“水立方”等北京地标建筑，户外的美景、北京汽车集团有限公司的车展、优雅动听的音乐会已成为观众心目中该音乐季的几大亮点。北京汽车集团有限公司作为奥林匹克公园音乐季的独家冠名赞助商，每年为该项目赞助了巨额的资金（占项目总预算的五成左右），可2020年由于该赞助商没有提供赞助，导致项目资金紧张，不得不将举办地改为室内京演·民族宫大剧院，这一变动对项目造成了极大的影响。演艺机构举办一场演出，无论是线上演出还是线下演出，都会涉及大量的人员、物料、资金以及合作单位，并且一旦这些环节出现问题都会直接对项目成果产生重要影响，而现实中各种各样的合作方违约、毁约等情况却并不罕见。

①风险减轻

对于该风险最主要的应对措施便是减轻风险，在减轻风险概率的方面，首先在项目早期进行合作单位的选择与决策时就需要考虑到对方机构的实力、背景是否与项目需求匹配，对方负责人的信誉、态度、能力、与机构的关系是否良好，尽量选择有成功合作史的机构，与陌生企业的首次合作应抱着尝试的态度，不应展开大规模的合作。此外，双方的合同签订环节要尽可能地根据项目能够给予赞助商、合作单位的回报去协商相关合作事宜，演艺机构需要以平等的原则、真诚的态度尽可能实现双方互利互惠。同时，签订合同时一定需要使协议具备法律效力，同时要增加违约条款，增加合作方的违约成本，从而减轻风险。在减轻风险影响的方面，机构应该根据项目实际要点，为项目预留储备资金、储备人力资源、储备采购渠道等，如果做好了充分的储备工作，就能够应对风险的影响，从而实现减轻风险。

②应急计划

发生该风险，首先，需要了解风险的实际情况，对风险影响范围、影响幅度进行判断，一般采用调整项目计划，减少项目需求的方式应对风险，如2021年奥林匹克公园音乐季就临时调整了演出场地。其次，演艺机构应该确认项目储备情况，紧急调用项目储备资金和相应资源，用于风险应对，同时启用法律程序对违约方提起诉讼，以求挽回因该风险造成的损失。

（11）主创作品不符合项目需求

该风险的风险影响排序为第29位，风险概率排序为第11位，风险值排序为第15位。该风险一般出现在项目初期，表现为编剧、作曲家、编导等主创交付的智力成果与项目需求不匹配或不一致。

北京演艺集团2021年制作的大型舞剧《五星出东方》的编剧许某在约定时间内提交的剧本不符合项目的需求，经过了12轮打磨和修改，最终才让剧本定稿，这一事件直接导致舞剧的排练过程中出现重复劳动和反复更改的情形，项目筹备期被迫延长，对项目的进度和成本等方面均造成较大影响。

①风险减轻

对于该风险主要采用减轻措施，在降低风险概率方面，考虑许多项目在初期时项目目标比较模糊、不具体，所以演艺机构应该在初期就制定好详细的项目需求文件，可以等到项目需求逐渐明晰之后再邀请主创进行创作，以避免重复劳动。同时，项目团队应该制定良好的沟通管理计划，明确规定团队与主创之间的沟通频率、沟通范围，并做好沟通记录工作，以此来减少双方因无效沟通而产生的认知误差。此外，考虑艺术家的特殊性，其思维方式容易天马行空，使思考过程受到影响从而忽视项目原有需求，且艺术家极富个性，常常为了艺术作品的完整性和其对艺术品质的追求而拒绝对其创作成果进行调整，演艺机构应该在选择艺术家时就考虑是否能够驾驭对方，尽量选择多名可替代的主创，从而减轻风险。在降低风险影响的方面，机构需要为该风险预留出一定的时间储备和资金储备，为风险追加投入，延长时间，从而减轻影响。

②应急计划

风险发生后，应该立即在备用作品中进行筛选，执行备选方案。考虑演艺项目的需求存在临时发生变化和调整的情况，如果所有主创交付的成果均不符合项目需求，需要根据储备情况，调整并延长项目创作时间，并支付额外资金用于新一轮创作，同时密切关注主创创作进度和创作方向，以防止风险再次发生。

（12）版权意识薄弱造成创意被窃取等风险

该风险的风险影响排序为第 23 位，风险概率排序为第 15 位，风险值排序为第 16 位。该风险是指线上演艺项目存在知识产权被窃取的风险，具体表现在作品的创意、原创音乐、视频片段被他人盗用并且获利。

北京演艺集团旗下中国杂技团享有著作权的《俏花旦—集体空竹》节目获得了包括 2007 年央视春节联欢晚会“观众最喜爱的春晚节目”（戏曲曲艺类）一等奖在内的国内外众多奖项，是演出市场上最有价值的杂技艺术产品之一，其发现“腾讯视频”网站播放的原许昌县广播电视台举办的 2017 年春节联欢晚会中，《俏花旦》节目与中国杂技团《俏花旦—集体空竹》节目高度相似，其表演的背景音乐、演员服装、动作组合、表演形式等，与《俏花旦—集体空竹》相似度在 90% 以上，因而侵犯了其相关著作权益。故中国杂技团将“腾讯公司”、原许昌县广播电视台以及表演单位吴桥县桑园镇“张硕杂技团”诉至法院，要求赔偿侵权损害赔偿金 10 万元。[①] 各大演艺机构线上作品目前均在互联网上进行广泛的传播，如果缺乏版权意识，导致盗版横行，不仅会对演艺机构造成重大损失，还会助长侵权者的嚣张气焰，所以该风险十分值得关注。

①风险减轻

严格控制线上作品的传播流程，严密流程管理，加强环节梳理和风险识别工作，同时尽可

① 《全国首例杂技作品著作权纠纷案开庭》，载《新京报》2018 年 4 月 25 日，A10 版。

能地使用自建平台发布视频,从根本上保障演出视频无法泄漏、不会外流,从而降低风险发生的可能性。同时强化自身的知识产权保护意识,逐渐建立起知识产权保护的制度,切实提高自我防范和保护能力,演艺机构可以使用技术手段,将视频资源加密处理,同时与专业机构展开合作,引入侵权检测技术,从而降低风险带来的影响,以实现减轻风险。

②应急计划

如果该风险出现,演艺机构的重要视频资料被不法分子窃取和盗用,并已经进行了网络传播,演艺机构可以发布免费的官方视频版本,以确保不会出现大批用户流失;如果对方将视频资源用来牟利,演艺机构应立即启动法律程序对侵权方提出诉讼,以挽回部分损失。同时,演艺机构也应当意识到我国目前版权保护意识弱、侵权成本低、判决成本高且判罚力度较小是短时间难以改变的情况,所以总体策略应以加强对自身资源的保护为主,不宜太过激进。

2. 项目一般风险应对

对于线上演艺项目的一般风险,由于这一类风险发生的概率较高或影响较高或两者均不低,因而对每一个一般风险都应该提出应对措施,并尽量采用“风险减轻”“风险接受”等应对措施降低风险发生的概率或者影响,同时为这一类风险做好进度和资金的储备(见表6-14)。由于风险储备是在制定项目预算时考虑的要素,因而在下文中不单独阐述。

表6-14　项目一般风险应对措施汇总

<table>
<tr><td rowspan="13">项目一般风险</td><th>风险</th><th>应对措施</th><th>具体措施</th></tr>
<tr><td>演员表演出现失误</td><td rowspan="3">减轻</td><td>在招募演员时选择专业实力过硬的演员</td></tr>
<tr><td>灯光、音响、多媒体、机械等操作出现失误</td><td>留出充足的排练时间</td></tr>
<tr><td>舞台监督指挥失误</td><td>训练演员在出现失误时随机应变的技能</td></tr>
<tr><td rowspan="4">在排练、彩排、演出等与项目有关的场景中存在安全隐患</td><td rowspan="3">减轻</td><td>在进场前对各个设施进行安全性检查</td></tr>
<tr><td>落实演出前的消防、电检等工作</td></tr>
<tr><td>对于大型道具要根据使用规定增加安全保障措施</td></tr>
<tr><td>转移</td><td>为演职人员购买意外保险</td></tr>
<tr><td>灯光、音响、机械、道具等出现质量问题</td><td rowspan="3">减轻</td><td>采购设备、签约演出场所时要在合同中明确质量标准</td></tr>
<tr><td rowspan="2">排练、演出场所各类设备可靠性不达标</td><td>在排练、演出前对设备进行检查和调试</td></tr>
<tr><td>为重要设备准备备用品</td></tr>
<tr><td rowspan="2">演出时停电</td><td rowspan="2">减轻</td><td>事先准备宣传片和广告,出现直播状况时插入</td></tr>
<tr><td>准备发电设备,用于应对该风险</td></tr>
</table>

续表

	风险	应对措施	具体措施
项目一般风险	演出时发生火灾	转移	为演职人员购买相关保险
		减轻	根据规定准备灭火设备
			在舞台上禁止明火
	演出内容无法通过审批	减轻	在选题、剧本、平面设计等各个方面进行内部审查
	与政府安排的同时段内的重大活动相冲突	减轻	在进行排期时就要考虑政府重大活动时间
			与政府相关部门保持联络,提前取得消息
	政府由于特殊原因暂停项目	接受	出现该风险只能选择接受,并发布延期通知
	经济不景气	减轻	可根据经济形势适当调整票价
	场租、设备租赁等物料费用上涨	减轻	根据实际情况上报,以求获批更多资金
			调整项目计划以降低项目规模,从而节省资金
	选题不具有时代性、人民性	减轻	选题阶段需要慎重考虑,以选择合适的题材
	出现重大社会事件导致作品受到舆论指责	减轻	识别舆论指责的具体对象,将其除名
			做好公关和宣传工作,从而降低该风险对项目的影响
	演职人员交通出行不便	减轻	尽量选择离重要演职人员距离近的工作地点
			在时间安排上充分考虑演职人员的实际情况
		规避	在重要的排练、演出节点尽量为距离远的演职人员就近安排住宿
	演职人员出现交通事故	减轻	重大项目的主要演员实行 AB 角制度,从而减轻该风险
			为重要演职人员购买伤病保险,以转移该风险造成的财务影响
			尽量将重要工作、权力分配给多个人,从而降低该风险
	物料运输出现丢失、损坏的情况	减轻	加强对物料运输过程的监控和管理
			为重要物料准备备用品
	物料运输出现无法运输的情况(如海关检查、尺寸、高度等)	减轻	提前梳理物料运输的流向图,识别相关风险,并按照规定和要求去设计和制作物料
			尽量在当地采购和制作物料,减少物料的运输需求,从而降低该风险

续表

	风险	应对措施	具体措施
项目一般风险	项目各方信息传递中出现表达错误、理解偏差等情况	减轻	制订好项目沟通管理计划，明确规定沟通频率、沟通方法、沟通渠道、书写规范、会议制度等内容，从而减轻该风险
	各个相关方之间的壁垒导致项目协调机制失效	减轻	制订好相关方管理计划，识别项目所有相关方、明确相关方需求，并定期监控相关方参与的情况，维护相关方之间的关系，出现异常及时上报，从而降低该风险
	合作方出现变故（隐藏风险）	减轻	选择有可信度的合作方参与项目
			定期识别和监控合作方不断变化的需求
	项目管理流程、规定、制度等设计不合理	减轻	定期监控项目管理计划、规定、制度与实际情况的匹配程度，发现问题及时调整
	宣传营销、排期、选角、剧场管理等各个细节管理办法缺乏约束力，制度不清晰、不全面		学习行业内成熟的实践模式
	管理人员权责不明	减轻	明确项目中各项工作的权力方和责任人
			选择有权威、有能力、有经验的项目负责人全权负责
	多向指挥，管理效率低下		加强项目团队成员的项目管理技能培训
	与主创、主演等进行合同谈判时可能发生的风险以及违约风险等	减轻	尽量选择有合作史、有可信度的主创和主演
			在签约时增加违约条款，明确违约惩罚
	直播前线上演出视频资料泄露	减轻	制订重要资料的管理制度，责任到人
			泄露后依法追究通过传播牟利群体的责任
	宣传、票务、行政统筹等工作中出现失误	减轻	制订详细的项目管理计划，明确各个工作流程
			识别可能的工作失误并制订应急计划，以处理突发事件
	公共关系处理失败导致项目单位或项目品牌力受损（如道德丑闻、争议事件等）	减轻	追究当事人的责任并将其除名
			做好公关和宣传工作，尽可能挽回损失

3. 项目次要风险应对

对于北京演艺集团的线上演艺项目的次要风险，由于这一类风险发生的概率和影响均低，因而将其列入风险登记册，进行定期观察与监控，不设计专门的应对措施，风险触发时可以根据风险的实际情况和项目运行的整体情况去决定是否应对以及如何应对。

4. 极端情况的风险应对

在上文列举的47个风险当中，虽然有风险影响的排序，但是部分风险只是指该风险的一般情况，比如，“演出时发生火灾”，是指火势可控，未出现威胁人员生命安全的一般情况；“演职人员出现交通事故”，是指普通不威胁生命安全、不会造成残疾等严重影响的一般情况，但是这些风险也会出现极端情况，极端情况下这些风险造成的影响将十分剧烈，可能存在极端情况的有如下风险（见表6－15）。

表6－15　极端情况风险应对措施汇总

风险编号	风险
R9	在排练、彩排、演出等与项目有关的场景中存在安全隐患
R14	演出时发生火灾
R30	出现重大社会事件导致作品受到舆论指责
R32	演职人员出现交通事故
R34	物料运输出现无法运输的情况（如海关检查、尺寸、高度等）
R47	公共关系处理失败导致项目单位或项目品牌力受损（如道德丑闻、争议事件等）
风险编号	R9、R14
风险	在排练、彩排、演出等与项目有关的场景中存在安全隐患，演出时发生火灾
可能存在的极端情况	（1）出现人员伤亡； （2）演出设施设备、舞台出现严重损坏
弹回计划	（1）立刻暂停项目活动，疏散人员，抢救设施设备； （2）根据实际伤亡和损坏情况，申请项目储备资金； （3）根据实际伤亡和损坏情况，确定是否延迟或中止项目
风险编号	R30、R47
风险	出现重大社会事件导致作品受到舆论指责、公共关系处理失败导致项目单位或项目品牌力受损
可能存在的极端情况	（1）出现项目人员违反法律的情况； （2）社会出现批判声音且已造成重大舆论影响
弹回计划	（1）确认相关人员的违法情况，并移交相关机关部门处理； （2）发布项目公告，明确集团立场和责任； （3）根据实际情况确定是否延迟或中止项目
风险	演职人员出现交通事故
可能存在的极端情况	（1）交通事故威胁人员生命安全； （2）交通事故可能会对演职人员造成残疾等重大影响

续表

风险编号	R32
弹回计划	(1)立即根据演职人员伤亡情况,申请项目储备资金; (2)立即将相关演职人员的工作分配给其他人员,极端情况下还需确定是否暂停或中止项目; (3)查询是否为演职人员购买相关保险,并积极与相关人员商议赔偿方案
风险编号	R34
风险	物料运输出现无法运输的情况(如海关检查、尺寸、高度等)
可能存在的极端情况	(1)该情况在项目规定时间内无法解决; (2)该物料无法到达将对项目造成重大影响
弹回计划	(1)根据实际情况确定是否要延期或中止项目; (2)寻找可能替代该物料的物品; (3)制订在没有该物料的情况下继续演出的方案,并修改项目计划

上文分别提出了47个风险的应对措施,根据风险的不同级别,提出不同的应对策略、投入不同级别的资源,并给予不同的重视程度,针对项目重点风险设置了应急计划,以面对一般措施不起作用时的特殊情况。此外,考虑风险触发后的不可控性,还为部分存在极端情况的风险设置了弹回计划,以应对紧急状况,尽可能地实现减少损失、完成项目的目标。

(二)项目风险监控流程

上文为北京演艺集团线上演艺项目存在的47个风险提出了诸多应对策略和方法,如何科学、正确地使用这些策略、方法与手段才是建立风险管理机制的重点,本案例通过研究多个项目的风险管理办法和风险监控计划,为北京演艺集团设计出了风险监控流程(见图6-4)。

项目开始后进行项目风险识别,可以参照艺术生产要素模型和项目流程等办法对风险点进行识别,值得注意的是,风险识别是监控流程中的一个环节,但并非暂时性的前期工作,因为风险是动态的、变化的,所以风险识别是一项持续性的工作。

风险识别工作的下一个环节是风险分析,可以参照层次分析法等方法对风险影响进行评估,也可以根据风险的紧急情况选择其他的评估方法。总体来说,风险分析的目的是对风险可能造成的影响和可能发生的概率进行定性或定量的评价,从而有针对性地提出风险应对措施。

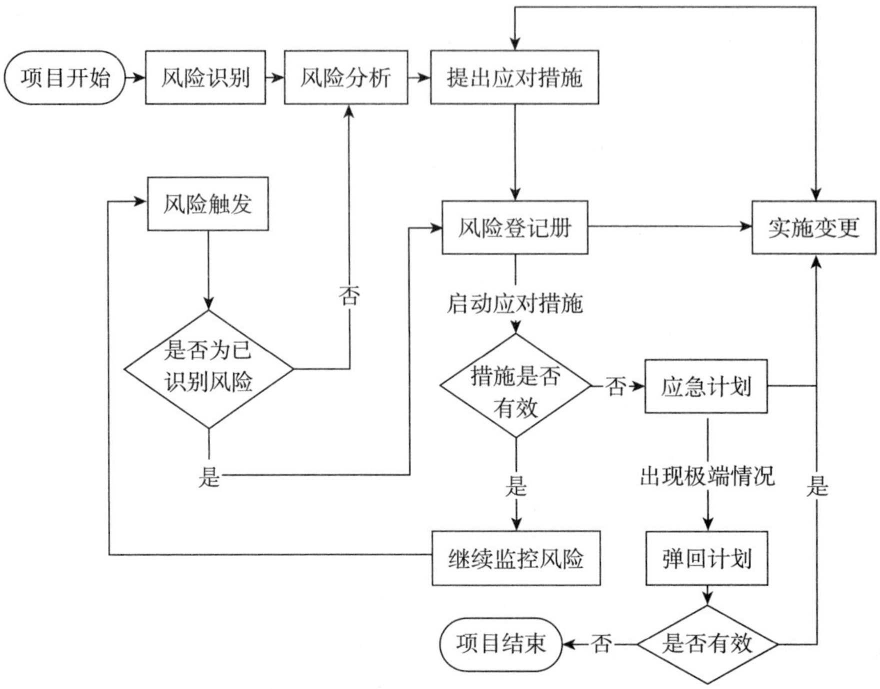

图6-4 北京演艺集团项目风险监控流程

风险分析的下一个环节是提出应对措施,在图6-4皆有体现,应对措施的提出主要参考两个方面:第一个方面是风险分析的结果,如果该风险是影响和概率都较大的重点风险,那么就应该加强重视程度,提出多方面、多层次的应对措施,如应急计划,同时在策略选择方面尽可能地规避和转移风险。第二个方面是实施变更的结果,因为每个项目的资源、资金、时间都是有限的,所以变更的结果将成为风险应对措施的重要参考。例如,当项目风险储备资金不足时,就不能考虑有较大花费的应对措施;当项目进度紧张时,就不能考虑耗时的应对措施。

提出应对措施以后需要将风险相关信息记录在风险登记册,风险登记册主要记录风险的内容、分类、风险描述、风险可能的影响和触发的概率,以及针对该风险可采取的应对措施和策略,如果是已经触发过的风险,还应将风险应对的有效性和详细情况录入其中。总体来说,风险登记册是一个不断积累、不断更新迭代的风险信息库,其不仅在项目期间需要根据风险的监控情况实时录入新的信息,在项目结束以后也可以作为下一个同类项目的参考资料,以便于快速进行风险识别、风险分析以及提出有效的应对措施。

当风险触发以后,首先应该确认该风险是否为风险登记册内的已识别风险,如果该风险未识别,就需要对该风险进行分析,并提出应对措施,然后将信息录入风险登记册内。如果该风险已识别,接下来就应该查看风险登记册内记录的全部风险应对措施,包括一般应对策略、应急计划和弹回计划;其次启动相应的风险应对措施;最后还需要将开展风险应对措施对项目资金、资源、进度、工作范围等方面造成的影响提出项目变更申请，并实施变更。如果应对措施行之有效，就完成了该风险的应对，接下来持续进行风险监控，等待下一个风险触发。如果针对该风险的应对措施无效或无法取得预期效果，应该对风险进行再评估，同时启动风险应急计划，实施应急计划也需要提交变更申请并实施变更。当风险出现极端情况时，若应急计划也失效，则启用风险弹回计划，如果弹回计划成功挽救了项目，也需要提交变更申请并实施变更；如果弹回计划最终失败，那么项目即刻结束，即项目失败。

这套整体监控流程描述了风险监控时所有可能的步骤，既考虑了已识别风险，也考虑了未识别风险；既包括一般应对措施即可解决已触发风险的最好情况，也包括弹回计划失效直接导致项目失败的最坏情况；既考虑了风险的各层次的应对策略和措施，也考虑到了这些应对措施对项目本身造成的财务、人事、进度等方面的影响，因而具备一定的可行性。

六、结语

本案例所研究的北京演艺集团线上演艺项目的风险管理机制构建，具有一定的特殊性。该特殊性首先体现在线上演艺项目相比其他演艺项目的传播渠道较多、传播范围较广、涉及人员较多，因而这一类项目风险无法做到“穷尽”；由于现场直播的特殊性，不同时间节点触发的同一风险可能会造成截然不同的影响，因而对于风险概率和影响的判断无法做到“精确”。这些风险无处不在，无时不有，变化多端，因而本案例仅以北京演艺集团的实际情况为例，只能为类似的项目风险管理研究和应用提供参考，不能照搬风险，更不能一成不变地识别风险。

特殊性其次体现在风险管理机制本身，风险管理机制会因不同的组织、不同的项目、不同的背景呈现不同的形态，比如本案例的研究对象北京演艺集团作为北京市国有文化企业，资产庞大、资金充沛、产业链齐全，因而财务风险等不属于其最重要的风险，但是对于一些民营企业，尤其是初创企业，选题风险、财务风险或许就是决定其项目成败的重要风险。此外，本案例所设置的风险监控流程也是为北京演艺集团量身定制的，由于直播演艺项目艺术生产与消费同时进行等独特性，决定了演艺机构在应对风险时要考虑到特殊情况，且需要做好快速反应的准备，因而风险监控流程的设计不宜太复杂，还需要时刻做好应对措施失效的准备。

本案例的研究对于线上演艺来说也具备一定的普适性，无论是何形式的线上演出、是何机构组织的线上演艺项目，其基本的流程都是以立项策划、制作排练和正式演出为主体，且演艺项目的生产要素基本上不会超出人力、资产力、物力、社会与自然力、运力、时力这“六力模型”的范畴；风险评估手段虽然千差万别，但是目的都是为各个风险点划分优先级；本案例的风险应对措施是基于前两部分提出的，因此也具备参考价值，因而本案例提供的研究框架也适用于其他演艺项目。

（一）理论价值

本案例研究的理论价值在于将风险识别、风险评估、风险应对和风险监控的一系列思路和方法整合起来，应用至线上演艺项目，对其实现了风险管理机制构建。例如，风险识别可以从艺术生产要素和项目流程入手、可使用层次分析法尽量准确地判断各个风险的影响程度、风险应对需要根据不同的风险级别投入相应的资源和应对措施，同时根据组织的实际情况制定风险监控流程。

（二）实用价值

此外，本案例研究也具有很强的实用价值，通过识别北京演艺集团的线上演艺项目风险，为线上演艺项目的风险识别提供了可以借鉴的案例和参考资料，并针对线上演艺风险的特殊性，提到了“极端情况的风险应对措施”，创造性地将弹回计划应用于极端风险应对，提升了文章的实用价值。本案例还针对线上演出比较常见的 12 个重点风险提出了不同层面的应对方案，设置了应急计划；此外，本案例还将前面提到的所有过程整合为风险监控流程，以便于组织将这些程序、方法和措施直接用于监控和管理风险。

（三）研究特色

与前人的研究成果相比，本案例最主要的不同之处主要在于将风险管理的相关理论和概念应用到了线上演艺项目中，深化了风险管理的内涵和外延，同时本案例将风险管理中的一些技术、概念和方法，如应急计划、弹回计划，与线上演艺项目的风险应对层次相匹配，提出对于重点风险需要结合一般措施和应急计划，对于存在极端情况的特殊风险需要设置弹回计划，同时本案例还为研究对象北京演艺集团规划了风险管理机制，设计了风险监控流程。

案例7

品牌生态视角下中国国际儿童戏剧节发展对策研究

在倡导文化兴国、教育强国的背景下，我国对青年一代文化素质的培养愈加重视，而儿童戏剧节兼顾教育性与娱乐性，不仅丰富着儿童的精神世界，也有利于儿童的身心发展，契合了当下着力提升儿童文化素质的需求。儿童戏剧节汇聚国内外优秀剧团，上演精彩纷呈的儿童戏剧作品，为观众提供了文化盛宴。笔者从品牌生态的视角出发，以我国目前规模最大的儿童戏剧节——中国儿童戏剧节为例，与国外知名儿童戏剧节——丹麦国际儿童戏剧节、爱丁堡国际儿童艺术节进行比较分析，总结归纳出国际儿童戏剧品牌生态系统构建、发展与进化的共性因素，力图为我国的儿童戏剧节的品牌生态系统的改善提供思路。

一、研究背景及研究现状

(一)研究背景

近年来，我国儿童剧市场呈飞速增长的态势，根据2020年的道略文旅数据，2018年中国儿童剧演出共计16,493场，票房收入5.72亿元，其中引进剧目的票房占20%以上，收获了133.8万名的观众。如图7-1、图7-2所示，2019年中国儿童剧的市场总票房超10亿元，观众人数达687万人次。2019年至2020年因受新冠疫情的影响，儿童剧市场遭受了断崖式打击。根据中国演出行业协会在2022年6月发布的报告，2021年儿童剧演出总场次1.32万场，票房收入12.01亿元，平均票价127元。由此可以看出，儿童剧市场整体数据有所回升，前景可期。

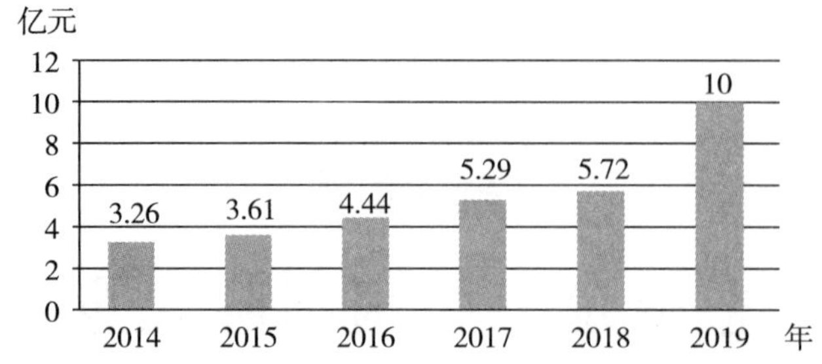

图 7－1　2014～2019 年中国儿童剧演出票房

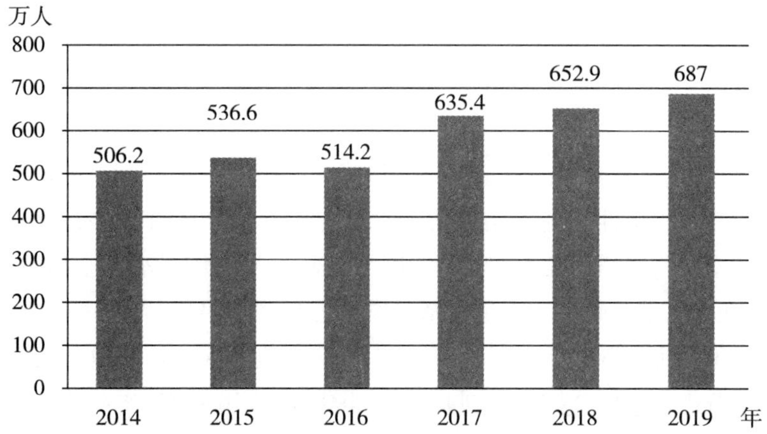

图 7－2　2014～2019 年中国儿童剧观众人次

儿童戏剧节作为儿童戏剧最有效的呈现平台，可以发挥社区共同体作用，促进儿童戏剧的传播和发扬，使优秀的儿童剧目成为儿童戏剧创作的风向标。目前，中国儿童艺术剧院（以下简称中国儿艺）举办的中国儿童戏剧节是国内最大规模的儿童戏剧节事活动。2019 年，中国儿艺举办的第九届国际儿童戏剧节在 37 天里展演了 56 台剧目，共演出 191 场，惠及了 16 万名观众，除北京主会场外，还在济南、成都等地设立了分会场。该戏剧节上演的剧目精彩纷呈，不仅有《宝船》《马兰花》等经典剧目，还有现实题材的《山羊不吃天堂草》，国外剧目引进和创排的《十二个月》《青鸟》等。

我国儿童戏剧界虽有中国儿艺这样的领航者，但仍存在诸多问题。我国儿童剧的地域分布极不平衡，一线城市占据了大部分儿童剧市场，有最强劲的消费能力、丰富的行业内部资源和较高的剧场利用率，二、三线城市与之相比，差距悬殊。图 7－3 为我国儿童戏剧行业市场区域结构图，可以看出华东和华南地区占比超过一半，而华北、西北、华中等地区占比小。

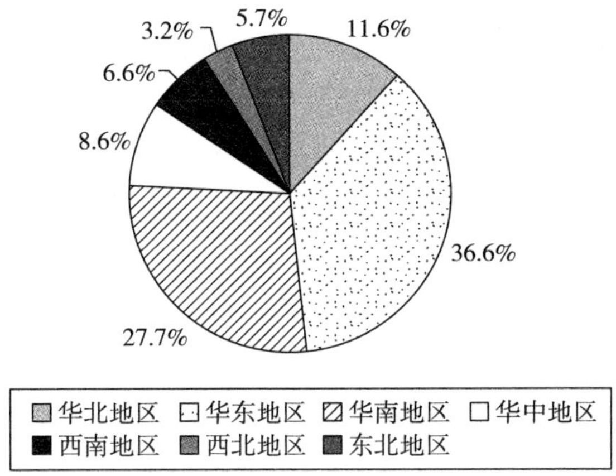

图7-3 2020年中国儿童剧行业市场区域结构

资料来源：中国报告大厅《2021—2026年中国儿童剧行业供需分析及发展前景研究报告》。

除地域发展不平衡外，国内儿童剧目还存在以下问题：原创力不够且质量良莠不齐；部分儿童剧还未打破"低智化""低龄化"的局限，未能针对不同的年龄划分不同的剧目形式；2020年年初，儿童剧演出市场几乎停滞，由此可以看出，儿童戏剧节结合新时代的破壁发展迫在眉睫。综观国际，丹麦国际儿童戏剧节、爱丁堡国际儿童艺术节已找寻到适合自身发展的稳固模式——利用品牌效应，吸纳与自身发展相关的资源，保证自己的生态养料补给，这也是中国建设与发展国际性儿童戏剧节的发展必经之路。因此，有必要对我国的儿童戏剧节品牌生态环境、品牌核心价值力、品牌生态系统进行深度剖析，重建出持续稳固的品牌价值力，以实现共享、长远发展。

(二)研究现状

1.国外研究现状

(1)品牌方面

品牌生态系统理论的提出是在前人的研究的基础上一步一步发展而来的，故需要结合时代经验完成对品牌理论的发展脉络梳理，以便更好地理解传统品牌阶段和现代品牌阶段的异同。品牌的实践早于品牌理论的发展，其是和营销直接挂钩的。在早期，品牌是企业使销售者辨认其产品和服务的工具，更注重实操性，包括给品牌命名、注册商标、讲述品牌故事、设计独特的包装标识等一系列过程。品牌化的经验是将品牌定义为一种符号，成为更好地销售产品、与其他品牌区别开来的工具，这是站在企业的视角上，对产品起到展示作用的标识。此时顾客对于品牌的符号只能接收、挑选而不能反馈。所以在这些早期的品牌化实践中，出现了第一个品牌概念——品牌识别，而从品牌识别开始，品牌理论进入到传统阶段。

①传统品牌阶段

为了使顾客能够记住自己，在众多品牌中脱颖而出，树立品牌标识成为企业品牌建立的首要大事，20 世纪 50 年代出现的品牌形象思想及 1992 年卡普菲勒的品牌识别棱柱都是为了能够让消费者更好地识别品牌。而在此基础上，学者的品牌研究也逐渐有了新的分支，品牌作为一种符号的理论渐渐被新的品牌理论所容纳。到了 21 世纪，凯勒在《战略品牌管理》这本代表现代品牌理论的著作中，将品牌识别仅作为元素的一种而纳入品牌中，①另一位品牌大师阿克晚年更是将品牌识别的内容隐去，可以看出品牌理论的主导思维趋势从自我走向关系。在品牌从自我的框架中释放后，传统品牌管理也逐渐向现代品牌管理进行转变。

1985 年可口可乐公司推出新可乐，改变了可乐令人熟悉的口感。而可乐代表的不仅是一款饮料，更是一种情怀，口感的改变引发了消费者抵制事件。此事件引发了品牌理念的升级——品牌不再仅代表产品。1986 年，帕克等人创造性地在《战略品牌概念》中将品牌内涵分为功能、符号、体验的 3 个维度，品牌符号论变为品牌体验论。1955 ~ 1986 年，品牌经历了“品牌识别”“品牌形象”“品牌体验”“整合营销”等几个阶段，品牌逐渐由独立的个体走向与外界的关系相联系，由产品本身转向消费者。这些理论研究也掀起了实践的浪潮，推动着企业的发展与进步，为品牌的现代理论阶段奠定了基础。

②现代品牌阶段

20 世纪 80 年代是品牌学术研究迅速崛起的时间段，企业并购活动的火爆和全球化的加剧促使品牌作为无形资产计入公司的总资产价值中。与此同时，品牌的传统功能被弱化，合理衡量计算品牌这一无形资产成为亟待解决的社会问题，由此学术界发现品牌资产成为品牌的真正价值体现，从而引发了品牌资产的研究浪潮。

阿克的“品牌三部曲”打开了现代品牌研究的大门，阿克从公司和顾客双重视角来理解品牌资产，归纳了其对公司和顾客的双重价值，构建了阿克模型，打破了以往品牌混沌发展的状态。

20 世纪 90 年代，凯勒提出“基于顾客的品牌资产理论”，确立了以“CBBE”为基础的现代品牌理论框架，其《战略品牌管理》论著被誉为品牌圣经，将品牌的研究视角彻底地转换到了顾客角度。而凯勒时代做的最关键创新在于：重新发现品牌联想、重构品牌营销、创立品牌价值链、建立品牌共鸣模型。正是凯勒将品牌的眼光聚焦于顾客的做法，在 20 世纪 80 年代末，营销思想中掀起了关系营销的浪潮，由此一来，2000 年后品牌与顾客关系研究成为主轴，品牌社群涌现并成为潮流。

综观品牌研究的发展脉络，不难看出，品牌的发展是逐步从独立的品牌个体走向品牌关系的，品牌的研究视角从企业本身、产品，到顾客与其他利益相关者建立联系。学术界对品牌

---

① [美]凯文·莱恩·凯勒：《战略品牌管理》（第 4 版），吴水龙、何云译，中国人民大学出版社 2014 年版，第 4 章。

的研究重心从单纯的品牌识别深入到品牌的搭建和传播,进而到品牌的价值、品牌价值链的构建,品牌与周围环境之间的联系越来越紧密。在现如今的这个互联网经济高速发展的时代,在全球经济一体化、产品飞速迭代、高度信息化的情境中,个体品牌在受到环境的巨大冲击时,更容易轰然倒塌。技术的革新、创业者基数变大,企业的平均寿命越来越短,而品牌需要更好地应对多变复杂的社会环境,更快速地作出反应,这就需要从品牌生态系统的视角来看待整个品牌的发展过程,应增加企业抗风险能力,促进各品牌之间进行资源置换,利用品牌的发展推动品牌生态系统的发展与演进。

(2)品牌生态方面

对品牌生态理论的理解,需要把握其包括的"品牌"与"生态"两个概念,不能仅从品牌的角度切入。从生态学角度来说,自雷特尔(1865年)提出了"生态学"这个研究术语后,生态学研究逐渐发展成具有7个基本特征的现代生态学研究,而基本原则是经济持续发展战略与措施的理论基础,包括生态管理、生态规划、生态建设等。1935年,英国生态学家坦斯利提出生态系统的概念,认为该系统是指由生活在同一地区的多个相互关联的种群组成的生物群落与当地无机环境相结合的整体系统。①

生态学经历了与各门科学交叉渗透的六次飞跃,由此得出在自然科学、社会科学之间都需要生态思想,进而衍生出品牌生态系统这一概念,国外的学者对品牌生态系统的研究历史并不久远,品牌生态理论涉及的主要概念有品牌生态、品牌生态系统、品牌生态位及品牌生态管理等。② 而品牌生态系统的理论发展可以说是建立在利益相关者的研究基础之上的,标志性的理论就是1998年肯·巴斯金提出企业生物体应该适应外界生态的变化,从而维系企业的成长发展,③而与此同时汤姆(Tom)和莫里亚蒂(Moriarty)主张从利益相关者角度来研究品牌,认为品牌的真正拥有者是品牌的利益相关者④。随后1999年温克勒(Winkler)提出将品牌生态定义为品牌在企业内外部环境要素中构成的一个复杂的、充满活力的、不断变化的有机组织,⑤不仅将环境纳入生态的范围,也将品牌生态有机化。邓肯认为,真正的品牌是存在于利益相关者内心的,且品牌生态系统各利益相关者之间存在双向互动的联系和重叠交叉的现象。⑥ 菲利普·科特勒提出全新的整合营销范式,并将视野扩展到了生态系统领域,认为有至少4种力量引致品牌生态系统发生重大变革,全球化、自由化、民营化和科技进步,他将品牌生态看作一个全新的场域,来创建出与利益相关者的共生和谐的生态关系。

---

① 宋素娟:《人才生态系统的建构》,载《现代企业》2005年第6期。

② 王启万、朱虹、王兴元:《品牌生态理论研究动态及展望》,载《企业经济》2017年第3期。

③ Ken Baskin, *Corporate DNA: Learning From Life*, Waltham: Butterworth-Heinemann (1998).

④ Tom D. & Moriarty S. E., *A Communication-Based Marketing Model for Managing Relationships*, Journal of Marketing, Vol. 62, p.1 – 13 (1998).

⑤ Winker A., *Wrao-Speed Branding: The Impact of Technology on Margeting*, Hoboken: Wiley (1999).

⑥ 孙运霞:《品牌生态管理水平评价研究》,中南林业科技大学2013年硕士学位论文,第4页。

(3)儿童戏剧节方面

泰沃(Taiwo)在《为年轻观众准备的戏剧:丹麦的模式》一文中,介绍了"TYA"(年轻观众戏剧)在丹麦的重要地位,研究丹麦 TYA 戏剧公司的相关经验、丹麦文化部、机构、剧院中心对丹麦国际儿童戏剧节的保护和支持作用,丹麦的艺术家和戏剧团的规模,以及政府的"50%补偿"系统。

卡艾安·欣奈(KAAl Hinai)《阿曼的儿童戏剧 1970—2007》(*Children's Theatre in Oman* 1970－2007: *Towards a Developed Theatre*)①是详细介绍中东地区阿曼儿童戏剧的文章,该文章从历史角度介绍了阿曼儿童戏剧经历的 4 个阶段,并从戏剧、运营等全方位的角度介绍了第一届阿曼儿童戏剧节的举办,由此使作者萌生需要一个政府监管部门来扶持戏剧节的观点,另外,该文章还定义了政府机构的具体职能,并对儿童剧院、戏剧节的发展提供了具体的措施建议。

纳特·伊克(Nat Eek)、安·玛丽·肖(Ann Marie Shaw)、凯瑟琳(KatherineKrzys)在著作《为戏剧增加新的观众》(*Expanding the New Audience for Theatre*)中介绍了国际儿童青少年协会从 1965 年以来的历史,来自各个国家的协会的主席、副主席的生平以及他们在任时促进国际儿童戏剧发展的重大举措。

奥尔顿(A. H. Alton)在《"带孩子进来玩吧!":加拿大儿童文化与 1997 卡尔加里国际儿童节》("*Bring the Child in You out to Play*!":*Canadian Children's Culture and the* 1997 *Calgary International Children's Festival*)一文中,加拿大的卡尔加里国际儿童节戏剧作为品牌之一,被其认为表演的吸引力在于表演的质量,以及舞蹈和音乐的美感。文章指出 3～12 岁的观众相比于被动的娱乐活动,更易被主动式和互动式的表演吸引,强调了互动和娱乐性是引起儿童兴趣的关键,同时从票价的角度分析戏剧演出能被接受的程度,并在戏剧节上引入教育和娱乐相关联的历史概念。

2. 国内研究现状

笔者通过搜索"品牌生态""品牌生态管理""品牌生态系统""节事""国际艺术节""儿童戏剧""国际儿童戏剧节",查获以下数据,如表 7－1 所示。

表 7－1　中国知网 2021 年 3 月搜索相关统计

单位:篇

搜索字段	"全文"搜索	"主题"搜索	"篇名"搜索	"关键词"搜索
品牌生态	7157	1576	1291	86
品牌生态管理	6720	31	14	30

① K. A. A. l. Hinai, *Children's theatre in Oman* 1970 － 2007: *Towards a Developed Theatre*, Queensland University of Technology (2010).

续表

搜索字段	"全文"搜索	"主题"搜索	"篇名"搜索	"关键词"搜索
品牌生态系统	156,651	291	112	186
节事	23,223	1396	646	245
国际艺术节	8119	1517	899	173
儿童戏剧	2592	524	249	371
国际儿童戏剧节	1192	32	23	0

(1)品牌生态

①品牌生态系统理论研究

任强在《企业品牌生态系统的生态因子构架探析》[①]一文中拆解划分品牌生态系统的生态因子,将其按照不同的维度分为产品特性、文化价值特性、市场生态特性、管理生态特性的因子。这篇文章与王兴元在《利益相关者品牌生态系统维度及关键要素研究》一文中对关键因子的分析有相同之处,但该篇文章更注重从整体方面的角度切入,对整个企业的品牌生态系统的所有生态因子进行归类整理,而王兴元则认为,品牌管理者可以通过关键因子模型,找出各个维度的品牌关系核心利益点,进而提出品牌竞争生态位势的优化途径。

王兴元在《区域市场品牌生态中的密度控制:阿里效应及应用策略》[②]一文中指出了品牌群聚的密度对品牌产品群存活的影响,构建了新的品牌产品市场营销机制与策略,将密度分为现实空间、虚拟空间,强阿里效应与弱阿里效应等。

②品牌生态管理理论研究

王启万、朱虹、王兴元在《品牌生态理论研究动态及展望》[③]一文中,按照时间梳理了各个时期研究者对品牌生态系统特性的研究,不仅分析了品牌生态的各个概念,还将品牌生态系统的构建形式分为利益相关者、名牌、成分品牌、区域品牌、品牌群、竞争者市场这几个品牌生态系统。

唐兴莉、魏光兴在《论品牌生态管理的三个层次》中,对品牌生态管理划分层次,提出管理对象层次要把生存放在第一要义,[④]管理方法层次要运用生态方法,管理哲学层次要遵从生态哲学,将品牌管理和管理环境有机结合。

王兴元在《品牌生态位原理及其对企业品牌战略的启示》[⑤]一文中将品牌生态位比作品牌在生存环境中所处的位置,并指出生态位的原理与品牌战略之间的关系。

---

① 任强:《企业品牌生态系统的生态因子构架探析》,载《商业时代》2011 年第 33 期。

② 王兴元:《区域市场品牌生态中的密度控制:阿里效应及应用策略》,载《企业经济》2019 年第 3 期。

③ 王启万、朱虹、王兴元:《品牌生态理论研究动态及展望》,载《企业经济》2017 年第 3 期。

④ 唐兴莉、魏光兴:《论品牌生态管理的三个层次》,载《商业时代》2005 年第 29 期。

⑤ 王兴元:《品牌生态位原理及其对企业品牌战略的启示》,载《企业经济》2019 年第 3 期。

③品牌生态视角下的应用研究

孙侃在《构建模式生态系统　打造新型文化品牌——“iFORMATS 中国节目模式库”运营报告》[①]一文中将政府当作品牌生态中的重要一环，通过搭建一个汇集优质创意人才、中国模式产业专属朋友圈、节目模式版权保护的平台，建立了一个良性、有机的节目模式品牌生态循环系统。

张佰明在《“格式塔”品牌与消费者共创价值生态——基于价值连接的视角》一文中，引入了格式塔的概念，将格式塔品牌作为品牌与消费者连接的枢纽，[②]不仅加强了消费者与品牌的深度联系，更是力求能够让消费者参与到品牌传播和品牌营销的整个过程中来，消费者参与的过程就是品牌价值生产的过程。

谭智佳、魏炜、朱武祥在《商业生态系统的构建与价值创造——小米智能硬件生态链案例分析》一文中，[③]用品牌生态的视角对小米智能硬件生态链的构建逻辑及创新之处进行解析，将小米模式归纳为采用“非控股投资 + 孵化和加速”的模式来投资初创团队，从而扩张自己的生态圈的模式。

(2)儿童戏剧

①儿童戏剧发展策略研究

周予援在其发表的《儿童戏剧创作的思考与演出市场的培育——对中国儿童艺术剧院发展思路的回顾》文章中，突出戏剧对儿童的教育性是无法被其他方式取代的，并指出了当前产出的儿童剧存在的问题，呼吁儿童剧要从形式、特效转移到对观众的精神陶冶上。此外，该作者还指出当前儿童剧市场上最大的问题不是难于推广而是儿童戏剧的极度缺乏，认为儿童戏剧的创作者要深入儿童的内心世界，平衡娱乐性与教育性的关系。这篇文章深刻解读了儿童戏剧与市场的关系，并为儿童戏剧的创作方向提供了新思路。

单缤叶的《新世纪以来上海儿童剧发展状况、问题及策略研究》，[④]填补了儿童剧运营方法的理论空白。该文章第一部分介绍上海儿童剧的剧本创作情况，分析重点剧目的艺术形式对儿童的影响，指出创作困境的事实和原因，从儿童从业者自身出发强调了解儿童心理的重要性。第二部分对上海儿童剧市场进行调查，指出了品牌意识不足、品牌效应不够、市场开拓方式单一等缺点。第三部分是作者的策略构想，认为儿童剧人才的储备应该被放到重要位置，建立科学的儿童剧创作体系。

---

① 孙侃：《构建模式生态系统　打造新型文化品牌——“iFORMATS 中国节目模式库”运营报告》，载《上海广播电视研究》2019 年第 1 期。

② 张佰明：《“格式塔”品牌与消费者共创价值生态——基于价值连接的视角》，载《现代传播(中国传媒大学学报)》2016 年第 6 期。

③ 谭智佳、魏炜、朱武祥：《商业生态系统的构建与价值创造——小米智能硬件生态链案例分析》，载《管理评论》2019 年第 7 期。

④ 单缤叶：《新世纪以来上海儿童剧发展状况、问题及策略研究》，上海师范大学 2019 年硕士学位论文，第 9 页。

②儿童戏剧节、艺术节市场拓展研究

窦飞在《艺术节市场拓展研究——以首届中国儿童戏剧节为例》[①]中以第一届中国儿童戏剧节作为案例,从营销学的角度分析艺术节的定位与目标,并将国外的艺术节的发展模式总结为市场驱动型、资源驱动型和政策驱动型,认为中国的艺术节举办需要遵循市场与计划相结合原则、优势互补原则和竞争择优原则。

张超在其发表的《艺术节的品牌沟通——可持续整合路径研究》[②]硕士论文中,对爱丁堡艺术节和上海国际艺术节案例进行比较分析,不仅研究了艺术节组织运营的沟通经验,还使用了传播学理论、ISC 等方式来研究艺术节的品牌整合沟通模式。

杨鹤在其《北京国际音乐节与萨尔茨堡音乐节组织机构管理比较研究》[③]一文中用对比研究法比较作为非营利性组织的北京国际音乐节在背景、基金会、人员设置、志愿者管理等方面与萨尔茨堡音乐节的不同,从人力资源管理的角度,衡量了横纵向的组织架构各有的利弊,并分析了管理层对人力资源机制的影响。

林金姬在《儿童剧观众拓展多样化策略研究》一文中[④],指出对于儿童剧的观众拓展应注重儿童和作为购买者的家长的双重观众群体,有针对性地介绍了吸引潜在观众的策略,通过公众聚集场所进行拓展、联合教育机构、提供购票优惠、借助网络平台、与同区域艺术机构共享观众数据等措施吸引潜在的观众,并通过搭建与观众互动的平台、制订会员制度和建立完善的活动反馈机制提高观众的忠诚度。

综上所述,国外在品牌生态研究方面,随着生态学的不断发展,对于品牌生态的研究也经历了从利益相关者到添加品牌生态环境要素的不断拓展,将视野扩充到了整个生态系统的领域,从生态关系来理解整个系统。

从品牌生态研究来看,首先,国外学者从复杂性角度出发,将品牌生态系统与自然科学中的生态系统相结合,并延伸成品牌群系统中的品牌,将其与赖以生存的环境相联系[阿克(Aaker),2000 年];其次,在经过环境的滋养后,品牌与周遭的利益相关者在系统内通过自身的运营和管理形成不同的形态,为品牌生态系统赋予了一种新型动力化发展的动力学特征[辛格(Singer),2006 年];最后,总结出品牌与周围的利益相关者发生交流与合作的关系,并存在于价值和文化的维度中[琼斯(Gyrd-Jones et al.), 2013 年]。

国内学者对品牌生态系统的分析更多是从品牌生态系统的特性角度来进行的。我国最早的关于品牌生态系统理论的研究者,王兴元(2006 年)将品牌生态首先看成一个系统,这个

---

① 窦飞:《艺术节市场拓展研究——以首届中国儿童戏剧节为例》,中国艺术研究院 2013 年硕士学位论文,第 15 页。

② 张超:《艺术节的品牌沟通——可持续整合路径研究》,上海大学 2013 年硕士学位论文,第 55 页。

③ 杨鹤:《北京国际音乐节与萨尔茨堡音乐节组织机构管理比较研究》,天津音乐学院 2017 年硕士学位论文,第 22 页。

④ 林金姬:《儿童剧观众拓展多样化策略研究》,载《艺术教育》2018 年第 19 期。

系统与周围的环境发生作用,具有主动与被动的关系,在这个系统中又存在众多的品牌群。其次,王兴元等(2009 年)将品牌生态系统的研究扩展到内外动力机制,认为品牌生态系统本身就拥有内部和外部的动力,品牌的发展更是从中汲取滋养。而在他看来,内部的发展动力来自顾客需求,而位于生态系统内部的各相关因子,存在竞争与学习的关系,系统动态化发展的动力来自外部的替代品和技术输入、政府政策变动等,正是因为内外联动,品牌生态系统才得以健康持续的成长与演化。再次,王启万等(2013 年)从品牌集群竞争的角度切入,又发现品牌生态系统内部各个具有相互协助成长、共同进步的协同性的特征。最后,翁胜斌等人(2016 年)将品牌生态系统的成长性概念进行重组,引入品牌基因概念,将品牌种群对环境的适应性归结于基因的强大程度,从此以后,为品牌植入基因成为企业专属的属性,并成为目前品牌生态系统发展的一个走向。

从总体来看,国内外品牌生态系统的研究体系与社会的高度文明、富裕、发达是分不开的。相比于西方,我国品牌生态系统的发展水平还略显不足,理论体系亟待完善,品牌生态系统和其他学科的交叉研究更是匮乏。而品牌生态系统的实践与应用性研究,则是建立在品牌的概念基础上,通过综述品牌生态系统的理论并以分析为主的。这在我国多运用于对各行业大公司行为结果的研究中,如传媒行业(电视节目)、服务业、旅游业。

从儿童戏剧节的研究方面来看,至 2022 年 9 月前国内外都没有从品牌生态角度对儿童戏剧进行研究的文章。国外的儿童戏剧资料较全面,大多以盛况介绍为主。中国儿童戏剧发展历史较短,并且对其进行史论研究的硕博论文、专著都比较少,对于儿童戏剧的研究大多停留在儿童剧作家在各个时期的创作特点上,部分是对当代中国儿童戏剧现状的分析以及对中国儿童戏剧前景的展望,大部分文章是对于儿童戏剧的截面研究,与国外儿童戏剧的发展现状、发展模式进行结合对比的研究较少。本案例将品牌生态学科以及儿童戏剧学科理论进行交叉分析,以品牌生态系统的视角来看待儿童戏剧节的发展,力图以新颖的视角切入,补充过往研究的不足之处。

二、品牌生态相关理论

(一)品牌生态系统的概念

最早在安格尼斯嘉·温克勒的《快速建立品牌》中可见对品牌生态系统的概念阐述。他将品牌置于生态环境中看待,并认为品牌是存在于生态环境中的,是不断变化且具有生命特征的组织。[①] 随后由大卫·阿克提出的品牌生态群落理论,则进而将品牌放入整个生态环境

① 张燚、张锐:《品牌生态学》,经济日报出版社 2004 年版,第 10 ~ 13 页。

中，关注品牌个体、品牌与利益相关者之间的关系，强调品牌与品牌的联系，品牌的进化等品牌协同发展问题。①

何为品牌生态系统，王兴元认为："品牌生态系统是以品牌企业为核心的，有品牌与品牌产品，品牌拥有企业、公众、相关企业以及品牌生态环境包括政治、经济、法律、社会、技术、自然及其他环境等，所组成的人工生态系统。"②郭伟站在品牌生态系统发展的视角，认为："品牌生态系统是以品牌价值为核心发展动力，以品牌所有者（或经营者）为组织核心，以品牌及品牌产品为品牌价值链的核心载体，以品牌价值链中物质流、能量流、信息流、资金流等的价值流动与价值经营，牵引供应商、中间商、销售商、客户、大众等利益相关群体，在特定时间、空间与人的发展环境内动态发展进化的品牌组织系统。"③本案例基于上述学者的观点，并结合本文的研究所需，总结出如下定义：品牌生态系统是以品牌企业为核心，以品牌价值的增长为核心动力，以品牌价值链中的价值流动牵引各利益相关群体，在特定的时间、空间以及政治、经济、法律、社会、技术等环境内动态发展并有机构成的组织系统。

业内经常把百年老店比作一棵参天松树，而松树本身代表的必然是一个孤立的个体品牌。品牌的价值贯穿于原料、零部件研发生产销售等各个环节中，品牌价值作为动力去推动整个系统发展，品牌所有者作为核心与其利益相关群体，如供应商、中间商、零售商、客户、大众等，在品牌生态环境中发生一系列的价值交换与价值流动，最终形成品牌产品的品牌价值链。本案例将品牌生态系统的介绍分为品牌生态系统的生产要素和发展要素，品牌所有者、品牌价值、利益相关者、品牌价值链和品牌生态环境是生产要素，也是品牌生态系统得以搭建和存在的基础；发展要素包括品牌生态系统发展的准则与模式。

依据品牌生态系统的不同性质，品牌生态系统可分为：品牌个体生态系统、品牌种群生态系统以及品牌群落生态系统，而品牌的生态环境则影响到整个品牌生态系统的运行（见图7－4）。

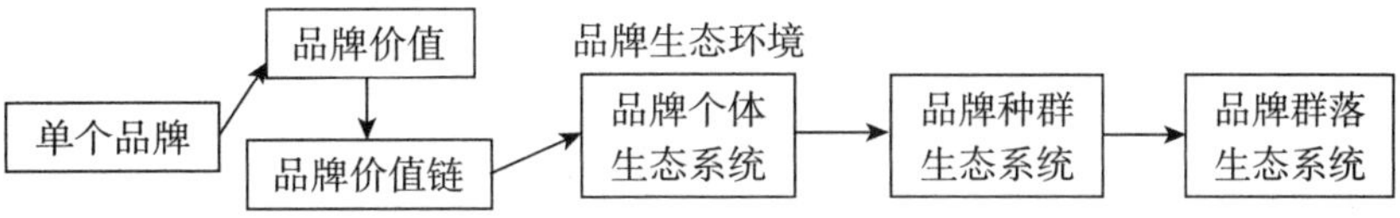

图7－4　品牌生态系统④

品牌生态系统的内容构成揭示了品牌生态系统的发展过程，由单个品牌到品牌群落生态系统形成了阶梯式发展结构。其中，品牌个体生态系统以单个品牌为主导，并与品牌企业、供

① Aaker D. A., Alexander L. B. *Brand Equity & Advertising*, Lawrence Erlbaum Associa (1993).

② 王兴元：《品牌区域市场资源竞争及品牌分布规律》，载《南开管理评论》2000年第1期。

③ 郭伟：《品牌管理：战略、方法、工具与执行》，清华大学出版社2016年版。

④ 郭伟：《品牌管理：战略、方法、工具与执行》，清华大学出版社2016年版。

应商系统、运营系统、中间商系统以及其他利益相关者组成品牌价值链系统，从而与品牌生态环境共同构成品牌个体生态系统。

在品牌个体生态系统发展到一定阶段，特定时间与空间内多个同类品牌个体集聚，形成产业集群，在充分的资源分割与协作下，形成区域品牌、产业品牌和集群品牌，进而造就一个集群内既竞争又合作、既分层又具有整体功能的品牌种群生态系统。而品牌群落生态系统则是特定区域和市场中多个品牌种群之间通过相互作用、有机结合形成的具有一定功能和结构的复合体。简言之，品牌生态系统按照其内容可总结为一种自下而上的阶梯式发展结构。其中，关于品牌生态系统构建与发展的主要概念如下。

1. 品牌生态环境

品牌生态环境概念之本源于自然界生态学关于生物生存环境的观点，意指“品牌生存的时空内，一切对品牌的生长、发育、行为和分布有直接或间接影响的要素与各种条件的总和”。[①] 然而，这样的定义从实际角度来看显得过于泛化，“难以在实际研究中起到指导意义”。[②] 因而许多学者对此进行了深入探讨，从品牌发展的实际出发将品牌生态环境大致分为品牌内生态环境和品牌外生态环境两大类。品牌内生态环境，是指品牌产品的生产制造企业的环境；而品牌外生态环境，是指品牌产品的生产制造企业以外的环境。基于企业内部环境，学者王东民提出品牌内生态环境包括市场定位、品牌辐延、驰名商标、专利发明、信息网络、市场调查、销售观念、营销改革等在内的36个因素，其认为正是品牌内部这些复杂多元的条件因素才造就了品牌生命的多基元复杂性。[③] 关于品牌外部生态环境，祖月、郝松林等学者基于外部条件对品牌发展的制约与促进视角出发，提出了“资源环境、产业环境、技术环境、人口环境、自然环境、政治环境、经济环境、法律环境”[④]等品牌外部生态环境因素。

除上述内、外环境的分类外，也有学者出于环境因素的可控与不可控，将品牌生态环境分为“软环境”和“硬环境”。[⑤] 他们认为，商业生产方式构成的环境是相对可控的条件因素，而政治环境、人口环境等则是相对不可控且稳定的因素。

综合学者的研究，我们大致可总结出关于品牌生态环境的几个特点：复杂性、演化性、相对可控性与相对稳定性。复杂性，是指制约影响品牌发展的因素繁多且多元交织，往往在相互影响下形成正向或逆向的循环，而正是这种循环造就“牵一发而动全身”的结果；演化性，主要指品牌生态环境各因素之间因相互作用而产生的协同演变和进化，其中演化的速度直接反映品牌应对或改变环境的能力；相对可控性，是指品牌生态环境中可受企业主观运作改变的条件因素，如品牌内环境因素中的市场策略、市场调研、专利开发等；相对稳定性，是指不易受

---

① 蒋小钰：《品牌环境生态学研究构架初探》，载《企业经济》2008 年第 6 期。

② 蒋小钰：《品牌环境生态学研究构架初探》，载《企业经济》2008 年第 6 期。

③ 王东民：《品牌生命的复杂性和复杂的品牌生理生态学》，载《商业研究》2004 年第 6 期。

④ 杜梅、祖月：《品牌价值与品牌创新》，载《对外经贸统计》2006 年第 5 期。

⑤ 张燚、张锐：《品牌生态管理：21 世纪品牌管理的新趋势》，载《财贸研究》2003 年第 2 期。

企业主观意愿改变的客观条件因素,如政治环境、社会文化环境等。

基于品牌内、外部生态环境的定义以及本研究的主要目的,本案例关于品牌生态环境的分析主要侧重对外部不可控因素的探究,而相对可控的环境因素则主要融于品牌生态系统和品牌价值链分析中一并论述。

2. 品牌生态位

在自然生态中,“生态位生物与其所在的生态系统之间的一种适宜性关系,确切说来就是生态系统中对于某种生物生存所必需的生态因子的集合或者生态系统中其他生态因子对于该种生物而言的适宜性程度”。① 同理,若以生态系统的视角审视生态位,品牌生态位则是品牌在一定时间、空间内对保持其竞争力所必需的市场资源的占有情况或者其他市场资源对于该品牌的适宜性程度。

品牌生态位之于品牌发展有至关重要的作用,其原因我们完全可以借由自然界生态系统的视角进行阐释。例如,某一物种在其生存的空间内赖以生存而必须获取的自然资源种类较少,如熊猫只食用竹子在内的少数几种食物,那么相对于可以食用更多种食材的其他物种,熊猫所占有的生态位无疑是较窄的,其获取生存资源的难度是相对较大的,也更容易反向受到生态环境的制约。对于品牌生态位来说,亦是同理,品牌在特定时空内所能获取的资源体量及种类数量也必然影响品牌的生存与发展。

如上主要是有关于品牌生态位的“宽度”,而另一重要维度则是品牌生态位的“重叠”。所谓重叠,我们亦能以自然界生态系统的角度视之,可简言之为“一山不容二虎”,同一山头居住着两只具有相同生存需求的老虎,引发的是对生存资源的激烈竞争,那么落败方只能黯然下山。对于品牌发展来说亦如此,若一定的时空内,多个有相同资源需求的品牌并置,就会形成品牌生态位的重叠,同样也会引发激烈的品牌竞争。出于品牌生态位的重要性及品牌发展的现实需要,前辈学者基于品牌生态位的特点及规律,总结出多种原理:“品牌生态位重叠、品牌生态位分离、品牌生态位泛化、品牌生态位特化、品牌生态位熟化、品牌生态位最优化、品牌生态位缩放、品牌生态位动态变化、品牌生态位协同共生、品牌生态位关键因子控制、品牌生态位非平衡发展、品牌生态位多维竞争弱化以及品牌生态位保护等。”②

品牌与品牌都在同一个生态环境中生存,各自拥有各自的资源和生存发展的空间,但是资源是有限的,若两个品牌占据的生态位置是相同的,势必会引起对生态位排他性的抢夺。在某种程度上,对于整个品牌生态系统来说,这种排他性的恶性竞争亦违背共同发展和共同进化原则。因此,对于品牌个体来说,如何站准生态位,减少生态位重叠,以及对于品牌种群或群落来说,是否在一定范围内已然形成生态位隔离,乃整个品牌生态系统能否良性发展、协同共进的关键。本案例依据研究目的,将基于品牌生态位及其相关原理,对现有的儿童戏剧

① 王旭烽主编:《中国生态文明辞典》,中国社会科学出版社 2014 年版,第 484 页。

② 王兴元:《品牌生态位原理及其对企业品牌战略的启示》,载《企业经济》2008 年第 3 期。

节品牌加以分析,并结合品牌生态位原理给予的相关启示,对中国国际儿童戏剧节品牌的构建及发展提供理论层次的建议。

3. 品牌种群与品牌群落

"品牌种群"概念最早于1998年由阿克提出,[①]他首次将生态学的种群概念引入品牌理论研究,并指出通过精心地组建相互联系、互相促进的品牌族群,可以创造持续的竞争优势。21世纪后,随着品牌种群概念研究的逐步加深,对于品牌种群概念的定义趋于统一,许多学者认为,品牌种群即"具有某类相同或相似功用的产品或服务,在一定的时间或空间内,满足具有相同或相似需求的顾客群的品牌有机体的集合"。[②]

"品牌群落"则是基于品牌种群之上所形成的涉及范围更广的品牌集群概念,一般是指"在特定的商业领域里,具有一定的品牌种类组成及其与周围商业环境之间彼此影响、相互作用,具有一定的外貌及结构,包括形态结构(品牌种类、数量、品牌力等)和功能结构(品牌相互作用格局),并具有特殊功能(演替、协同进化、自然选择)的品牌集合体"。[③]

研究品牌种群及群落这种产业集聚现象的意义在于,这种多品牌有机结合而产生的各类有利效应,不仅能够促使初创或微小品牌在品牌集聚所带来的庞大能量中快速获取所需资源,也能在面临涉及整个行业的重大挑战时,通过产业集聚带来的多元应变能力,降低风险。

如李明武[④]所述,个体品牌向着品牌集群发展是新时代品牌发展的必然趋势。本研究以其他国家现有艺术节品牌的实际为参考,以个体品牌向品牌群落演化的理论为基点,展望中国国际儿童戏剧节品牌的未来发展。

4. 品牌价值

基于不同的视角,对品牌价值的定义有所不同,若仅从"价值"字面意义上来讲,品牌价值乃"具有用货币金额表示的'财务价值',以便商品用于市场交换"。[⑤] 若以价值流动的角度视之,品牌价值是"品牌给某产品或服务带来的现金流"。[⑥] 从产品销售的视角来看,品牌价值为"品牌在消费者心中的某些反映,其体现方式为消费者对品牌的忠诚购买"。[⑦] 出于品牌给产品及企业带来的正向影响,品牌价值还被认为是"品牌给产品所带来的超过其使用价值的附加利益或附加价值"。[⑧]

---

① 许晖等:《品牌生态圈成长路径及其机理研究——云南白药1999～2015年纵向案例研究》,载《管理世界》2017年第6期。

② 王仕卿、韩福荣:《品牌生态位界定及其演化模式研究》,载《科技进步与对策》2008年第1期。

③ 陈绍愿、赵红、林建平:《品牌生态学:生命原理时代的品牌控制论》,载《商业时代》2006年第6期。

④ 李明武:《产业集群的品牌生态演化》,载《中华商标》2012年第9期。

⑤ 范秀成、冷岩:《品牌价值评估的忠诚因子法》,载《科学管理研究》2000年第5期。

⑥ Biel A. L., *How Brand Image Drives Brand Equity*, Journal of Advertising Research (1992).

⑦ 范秀成、刘建华:《顾客关系,信任与顾客对服务失败的反应》,载《南开管理评论》2004年第6期。

⑧ Farquhar P. H., *Managing Brand Equity*, Research Currents (1990).

基于各个视角对于品牌价值的论述，我们可以对品牌价值的含义作出总结，至少包含6个层次：品牌价值是产品最独特的特质与功能、能够为顾客带来的实际利益、通过产品而折射出品牌商与消费者共建的价值观、文化、通过产品彰显出购买者的个性特质、产品所设置的使用者门槛。

对于品牌生态体系的演化来说，品牌价值的持续增长必然是品牌发展的最终目标之一，这也是我们研究品牌价值的意义之所在。基于本研究目的，本文对于品牌价值的探讨，旨在分析其他同类儿童戏剧节品牌价值的打造模式和过程。简言之，就是分析其产品如何获取广泛认同；又是如何以品牌价值为导向，渗透于价值链的每一个环节等问题。

（二）品牌生态系统的发展要素

1. 品牌生态系统的发展准则

品牌生态系统的发展准则包括互动性原则、共同进化原则、生态流原则、生态位原则、生态演替原则、生态平衡原则等。互动性原则，是指品牌生态系统得以搭建，得益于系统内部各要素的互动与协作。共同进化原则，是指品牌生态系统内各要素间是共同进化发展的，品牌所有者带动价值链企业的发展与进化，而各利益相关者的发展与进步也会带动整个生态系统的发展。生态流原则意为品牌生态系统中品牌间的共同进化离不开各品牌之间的能量、资源、信息、物质等的交换。生态位原则，是指每个品牌在品牌生态系统中都具有自己的位置，同类品牌间产生的生态位重叠就需要在品牌及其品牌群之间形成生态位的隔离，规避品牌与品牌在种群或群落分布中的恶性竞争。生态演替原则意指品牌生态系统必然是一个动态演变的过程，具有产生、发展、成熟、消亡、更替的过程，遵循生态演替原则，可以把握企业的发展动向。生态平衡原则，是指品牌生态系统最初是从个体生态系统发展而来的，是以品牌所有者为核心的，在发展最初，要结合品牌的环境、找准企业自身的定位，寻找适合自己的发展方式。

2. 品牌生态系统的发展模式

品牌生态系统的发展核心是品牌价值的发展。企业自身的品牌价值发展到一定高度后形成品牌价值链，带动供应链、产品链、销售链整体的发展，最后发展成品牌价值网，形成企业间的价值聚合。

(1) 发展品牌价值

发展品牌价值是个体品牌发展的重要方式，需要企业发展主导品牌和差异化产品来进行品牌价值的塑造、增加品牌价值的认同。首先，将品牌价值贯通至企业的研发、生产、销售等环节，实现品牌产品价值，迅速增加企业的资金和扩大企业规模，使其在品牌生态系统中能够集聚一批品牌利益相关者在品牌方周围。其次，同样以品牌的价值创造和增值为核心，促进各品牌之间协同进化，将品牌价值发展成品牌价值链，从单一的品牌管理发展成品牌价值链的管理，从而提升品牌价值链上各企业的效益，实现整个品牌价值链的价值增值。最后，将品牌价值链发展为品牌价值网络，在品牌生态系统中，将强势品牌作为网络节点，多条品牌价值链之间相互传递信息、物资、能量等资源，通过价值分享、价值传递，推动品牌价值网络上的品牌发生整体扩张，增加各品牌之间的价值传递深度和广度，最终使品牌生态系统持续发展。

(2)差异化发展

在品牌生态系统的进化发展过程中，势必会导致生态位重叠、信息过剩、假冒伪劣等不良现象，需要通过发展主导产品，差异化满足客户的需求，用品牌差异化带动产品差异化、形象差异化，弱化不良现象带给企业的影响。例如，日本宝冢歌剧团的品牌差异化：将女性打造为兼备男性形象和女性魅力的“男役”，并用主演代表其剧团的品牌形象，通过观众的选举投票来增加消费者凝聚力，而观众赋予每届主演男役、主演娘役品牌价值力，由此该歌剧团围绕“主演男役”“主演娘役”的品牌价值力而形成了品牌价值链。宝冢剧团在产品差异化方面，将每届主演“男役”打造成独一无二的“产品”，并根据其自身特点来创作剧本，形成不同形象的舞台作品，而每届“主演男役”“主演娘役”的隐退和更新，又代表了宝冢歌剧团产品的更新。注重发展主导产品，进行差异化发展，是实现价值成长的重要发展路径。

(3)协同进化发展

品牌与利益相关者必然随着品牌生态系统的演变而动态发展，依据郭伟关于品牌生态系统发展的共同进化原则所述，品牌生态系统的进化发展需要其利益相关者的协同进化。例如，戛纳春夏电视节通过“iFORMATS 中国节目模式库”的方式，促使各方利益相关者在产品、产品技术提升、市场拓展、销售与购买方式、销售渠道延伸等方面得到极大提升。“iFORMATS 中国节目模式库”一方面为更多的原创电视节目供应商品牌提供了面向全世界的产品输出平台，为电视节目销售品牌提供了可供多类产品分销的稳固渠道；另一方面为生产商品牌提供了更大规模的资金流、信息流、能量流，为海内外顾客提供了更加丰富的产品购买渠道。该模式在考虑该品牌生态系统中各利益相关者利益的同时，也促进了品牌生态系统中各因素的协同发展。

在中国国际儿童戏剧节的品牌生态系统中，就可以通过强势品牌的价值创造，形成在供应商品牌、核心品牌、分销商品牌等上下游生态组织中的网络节点，从而进行聚合发展，形成多条品牌价值链，更加巩固地发展品牌生态系统。使中国国际儿童戏剧节更加有效地承载系统中的各物质、能量、知识等的转化和流动，实现品牌生态价值网络，并实现其中各个环节的价值。

三、品牌生态视角下国际国内儿童戏剧节发展现状

(一)丹麦国际儿童戏剧节

1. 丹麦国际儿童戏剧节内容介绍

自1971年首次举办以来,丹麦国际儿童戏剧节至2022年已举办了50届,这是全球规模最大的儿童戏剧节。该戏剧节每年会在不同的城市举办,举办期间所有剧目都对公众免费开放,举办戏剧节的费用由举办城市和政府各自承担一半。政府要求在各届戏剧节的举办期间,保证举办城市内的儿童每周看一次戏剧,因此政府拨款给艺术节和学校——学校购买儿童戏剧票的费用得到50%的资助。政府拨款给艺术家,将艺术家50%的制作费用返还,并设置了专门的艺术委员会给予艺术家政策支持和项目执行上的自主权。艺术委员会是一个由艺术部门和文化部选出的5人组成的委员会,负责监督这个系统的资金分配和支出,以确保分配公平。剧团或戏剧公司是儿童戏剧作品的生产方,政府的支持鼓励了创作,也使看戏剧变得常态化。

丹麦有3个单独的组织,分别是ASSITEJ国家中心、丹麦儿童戏剧协会和作为半官方组织的戏剧中心,由它们共同组织运营一年一度的节日——丹麦国际儿童戏剧节。其中戏剧中心提供有关儿童观众表演的戏剧信息,它是受到丹麦文化部赞助的一家机构,其主要负责处理有关儿童戏剧、巡回戏剧、融资演出等实际问题,将信息进行整合,提供比较全面的演出信息,引导顾客选择适合其年龄和需求的演出,就儿童戏剧事务向丹麦文化部、市政当局、地区当局和个人提供定制化咨询,并设置了ASSITEJ组织的丹麦分支。

人口仅500万的丹麦,具有非常强的本土戏剧创新能力。丹麦国际儿童戏剧节可以说是把丹麦的戏剧节目输送至世界各地,每年上演的戏剧作品中,90%以上都是其本国的原创作品,国外引进剧目占比非常低。戏剧节以最大限度鼓励原创作品的产生,在演出期间,不设置任何的选戏环节,只要报名,都可以免费在戏剧节上进行演出。因为丹麦国际儿童戏剧节的原创力量之强大,也吸引了众多的国际嘉宾前来观摩作品,他们不远万里到此进行艺术交流,分享创作的成果和经验。

丹麦国际儿童戏剧节对儿童戏剧的年龄划分非常详细,以2018届艺术节为例,适合3岁以下婴幼儿的剧目占比较高,达1/4,其将3岁以下的婴幼儿按照具体剧目细分为“6个月以上”“1~2岁”“0~3岁”等;在丹麦国际儿童戏剧节中,适合6~12岁以下的儿童的戏剧剧目占比一半;另外1/4的剧目不仅适合儿童,也适合成年人观看,年龄跨度从10岁直到99岁。为了便于巡演,儿童戏剧节上展演的服饰、化妆、道具大多来说都比较简洁,参演人数控制在3人左右。整个社会环境为儿童、学生搭建了阐述内心诉求和遭遇的通道,并将其内心世界与

戏剧的创作相结合,努力培养儿童的自信心,培养他们用批评视角看待问题的能力。在这样的社会环境中,指导艺术家进行各种艺术创作的哲学原则是:儿童有独立的思想,儿童是戏剧过程的一部分。因此,他们将儿童从“成为”变成“存在”。

2. 丹麦国际儿童戏剧节品牌生态分析

(1)丹麦国际儿童戏剧节品牌生态环境分析

①政治环境因子

丹麦政府非常重视儿童戏剧产业的发展,在产业支持上体现于三个方面:其一,款项扶持,“学生看戏,政府买单”,学校购买儿童戏剧的费用由政府拨款50%;“城市举办,国家买单”,丹麦儿童戏剧产业最具影响力的活动便是丹麦国际儿童戏剧节,该节于每年在不同的城市举办,其举办成本(平均约400万丹麦克朗)由国家和主办城市政府各承担一半;“戏剧创作,政府买单”,儿童戏剧创作成本的50%由政府承担;根据相关资料显示,丹麦对文化艺术部分的财政支出达整个公共财政支出的1.14%,可见其重视程度。其二,权力下移,政府给予戏剧中心充分的自主权,包括行政管理与项目执行等方面。此外,成立艺术委员会,以公平的方式监督资金分配和支出。其三,政策呼吁,丹麦出台文化政策,规定丹麦的每个孩子每年都要观看一次戏剧。在款项扶持、权力下移、政策呼吁等举措下,丹麦儿童戏剧品牌的发展有较好的政治环境条件。

②经济环境因子

丹麦为发达国家,在人民的生活方面,生活质量非常之高,这是因为丹麦有完善的社会福利制度,整个国家的贫富差距非常小,根据中国外交部数据显示,2017年丹麦人均国内生产总值约5.6万美元,可谓富足,物质条件的满足为精神文化的进一步追求创造了有利环境。在消费者有效购买力方面,根据中国商务部的数据显示,[①]截至2019年,丹麦人均可支配收入约23.34万丹麦克朗,约合人民币24.32万元,高于发达国家平均水平。根据另一份报告显示,同样截至2019年,丹麦基于购买力平价(PPP)的人均GDP为62,090美元,约合人民币40.51万元,高于同为欧洲发达国家的德国和英国,可见,丹麦人民具备较高收入的同时拥有较强的购买力。在配套资源方面,丹麦坐拥数量庞大的剧院数量,各主要城市均有高质量的剧院场所,以哥本哈根这座城市为例,有丹麦皇家剧院、哥本哈根国家剧院等世界知名剧院。综合而言,丹麦儿童戏剧品牌的经济环境较为良好,在市场、物质、资金、劳动力、基础设施等方面,均呈现良好的发展态势。

③社会文化环境因子

儿童戏剧产业是一种文化产业,而戏剧本身是集各类艺术于一身的综合艺术形式,旨在以艺术的方式表现文学作品(故事)。丹麦作为安徒生的故乡,有着“童话之乡”的美誉,丰厚

---

① 驻丹麦王国大使馆经济商务处:《2019年丹麦人均可支配收入增长》。

的文化底蕴为艺术家们提供源源不断的灵感源泉。从1986年开始,丹麦的艺术家、大学教授等社会各界的专业人士,开始走进学校和机构为孩子演出,演出基本都是关于政治的议题,是在现实社会发生的事实,他们认为作为社会未来的孩子,有权并应该知道这个世界发生了什么。自此儿童剧从原有仅限的娱乐节目和马戏,变成了有内容有质量的演出。正是有态度、有思想的创作氛围,吸引了一大批热爱文学、艺术的忠实受众,成就了大量人才投身戏剧产业,消费者乐意购买的良性循环。此外,在较高且完善的教育系统以及生活条件下,丹麦有丰富的人才、人才流资源,特别是与儿童戏剧产业密切相关的艺术人才的汇聚,为丹麦儿童戏剧的发展提供了充足的人力资源。

(2)丹麦国际儿童戏剧节品牌核心价值力分析

①分析方法

依据研究目的,本文主要以SAP品牌战略优势分析研究法(Strategic Advantages Profile)进行案例分析,分析框架主要包括品牌市场、品牌研发、品牌产品生产以及品牌资料来源4个维度;主要的分析内容为品牌核心竞争力的关键要素以及品牌竞争的资源基础和能力;主要的目的是对品牌和品牌运营竞争力加以判断,并以此总结品牌运营的有效经验及不利因素。

②分析结果

分析结果如表7-2所示。

表7-2　丹麦国际儿童戏剧节品牌SPA分析

分析项	分析结果
品牌市场	+品牌产品系列化
	-营销创新滞后
	-销售渠道多为自建,无多元化的分销网络
品牌研发	+研发投入量高
	+较完善的研发机制
	+研发人员专业技能强劲
品牌产品生产	+有效的供应体系
	-供应源相对单一
	-产品生产周期较长
品牌资料来源	+相对稳定的顾客资源
	-部分资源依赖于政策支持
	+竞争优势带来的低成本资源
	-盈利渠道单一

注:“+”表示有利因素,“-”表示不利因素。

丹麦国际儿童戏剧节有较完善的品牌产品系列，在品牌产品内部为不同顾客需求作出产品分类。丹麦国际儿童戏剧节的戏剧产品系列分明，针对不同年龄段有适合“6个月以上”“1～2岁”“0～3岁”“6～12岁”等观看的戏剧产品；针对不同审美倾向，在风格、表演形式等方面有木偶表演、史诗戏剧、室内歌剧、摇滚音乐剧、现代舞蹈和身体剧等产品。不同属性、不同功能的产品分类不仅可以为消费者提供多样化的购买选择，也通过不同产品的明确定位以及产品功能在购买前的明示，优化了购买体验、稳固了顾客资源。

丹麦国际儿童戏剧节品牌在销售方面的问题是渠道较单一，虽然有戏剧中心作为提供产品介绍、销售的线上、线下平台，但除戏剧中心外缺少其他销售渠道，且戏剧中心并不专注于销售儿童戏剧票，其还销售其他戏剧票。在渠道单一的情况下，丹麦国际儿童戏剧节的产品销售多面向丹麦政府扶持下的学校学生、其他国家的受邀观众等，这导致了服务体系不完善以及利润增长缓慢等。

丹麦国际儿童戏剧节的产品研发是维持其品牌核心价值的重要因素。据丹麦国际儿童戏剧节门户网站 BØrneteateravisen. dk 显示，戏剧作品创作及创新的投入在所有投入中占比63.3%，其中，不仅包括新剧目的创作成本，还包括新技术运用、美工设计、舞台设备创设等诸多方面。此外，丹麦国际儿童戏剧节产品研发质量较高的原因是大量外来艺术家人才的涌入，除剧作家、演员外，还包括与戏剧相关的艺术设计人才。

在产品生产及供应方面，丹麦国际儿童戏剧节的供应体系较稳固，作为主要产品的戏剧剧目有专门的戏剧工坊、艺人工作室负责创作，但从往届丹麦国际儿童戏剧节出演剧目来看，其产品多为本土作品，外来作品相对较少，供应源主要为本土供应商品牌，相对单一。此外，作为供应商品牌的工坊、工作室多为小型企业，产出量有限且产品生产周期较长。

在资料来源方面，丹麦国际儿童戏剧节品牌的顾客资源稳定，但主要基于政府及其他服务种群的支持。另外，作为北欧境内规模最大的儿童戏剧节品牌，其巨大竞争优势带来了许多低成本资源，这不仅体现在政府补贴下的成本降低，还体现于各类合同签约时，其议价能力的提升。

(3)丹麦儿童国际戏剧节品牌群落生态系统分析

一个完整的品牌生态群落包括生产者品牌种群、供应商品牌种群、经销商品牌种群、服务种群以及互补品牌种群。丹麦儿童戏剧品牌生态系统，虽未形成严格意义上的品牌生态群落，但已初具雏形，如图7－5所示。

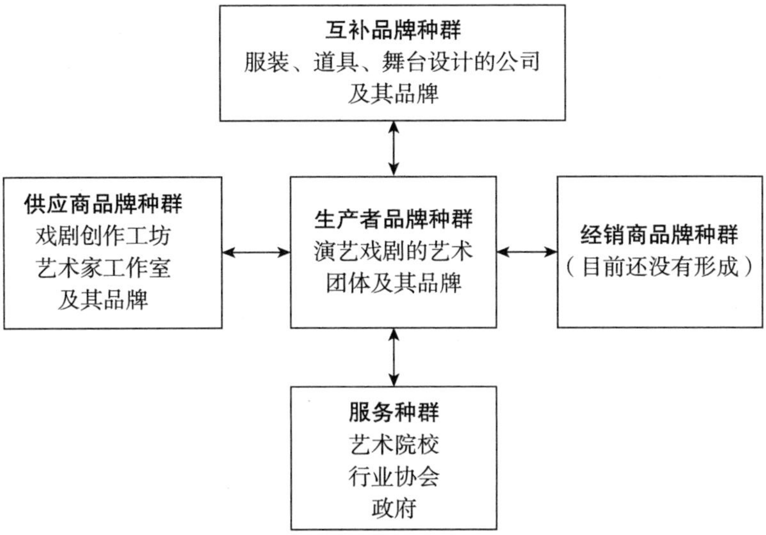

图 7－5　丹麦国际儿童戏剧节品牌群落生态系统分析

①供应商品牌种群

值得一提的是，丹麦儿童戏剧的创作与演艺往往并非由单个品牌完成，司职戏剧创作的艺术家有独立的戏剧创作公司品牌，如工作室、戏剧工坊等，而另外还有专门负责演艺的艺术团体或公司。负责自主创作的公司与负责演艺的公司建立了明确的供应关系，各司其职。在丹麦，社会中优秀的艺术家以投身于儿童剧创作为荣，这也成为丹麦艺术界的共识。正是由于丹麦儿童戏剧在世界范围内的影响力以及丹麦国际儿童戏剧节为优秀作品提供的良好平台，吸引了大批世界各地的艺术创作人才，其创作的作品众多，虽没有统一的评判标准，但在供需关系的市场竞争之下汰劣留良，优秀的作品使供应商品牌与生产者品牌产生效果显著的协同进化效应。

②服务种群

丹麦儿童戏剧产业周边有着较为完善的服务体系，为丹麦儿童戏剧的品牌建设、人才补给、市场拓展、产品优化、公共服务平台建设等方面贡献良多。如由丹麦文化部赞助扶持的戏剧中心，它用网络覆盖的方式联合了多个戏剧团体、组织和个人，并将其与儿童戏剧的事务联系起来，且旗下设有门户网站，几乎涵盖所有丹麦儿童戏剧的相关信息。除日常为青少年、儿童提供戏剧演出活动外，还为所有观众提供其他品牌个体产品的信息，也会依据观众的需求推荐匹配的产品。此外，该中心还设有国际儿童戏剧联盟组织 ASSITEJ 组织的丹麦分支，为所有丹麦儿童戏剧品牌提供国际信息，建立稳固的国际互通渠道。值得一提的是，丹麦国际儿童戏剧节并不设置任何的选戏环节，在鼓励原创的同时，也尊重观众的评判，将观众热爱的产品作为国际渠道输出的首选。

政府在整个品牌生态中起着重要的服务作用,如各项作为扶持的配套资金的支持,各类儿童戏剧活动的主办与承办,配套公共设施的建设以及将丹麦儿童戏剧作为民族文化的文化输出等;教育方面,包括哥本哈根大学(University of Copenhagen)等高校在内的丹麦本土高校均设有与戏剧相关的专业,能够为丹麦戏剧产业输送大量人才。此外,儿童戏剧也在丹麦教育部支持下与教育活动紧密相连,如作为艺术实践活动的儿童戏剧进校园,由政府出资的学校巡演活动等,为学生带来免费的演出,并由此建立遍布各个学校的儿童戏剧文化社团,由学生成为这一系列活动组织、规划的主要参与者,再由学校的文化社团向周边的社区辐射,与社区艺术团体相连,形成广泛的产品输出网络。

③互补品牌种群

好的儿童戏剧产品离不开优良的服装、道具、舞台设计、音画制作、录制等因素的良好契合。实际上,丹麦的儿童戏剧目前并未在此形成品牌种群,大部分可作为互补的领域仍未分化,从属于剧团或儿童戏剧演艺公司,处于自给自足的状态。但有少部分特例,如与设计品牌合作的儿童戏剧《宝贝空间》,用一种犹如当代艺术品般的舞台装置来象征母亲的"子宫",由此形象地描述我们是如何在母亲的肚子中渐渐成形,最终呱呱落地的。虽然,这是丹麦儿童戏剧中为数较少的例子,但该剧的大获成功表现了品牌间这种互补性合作的协同效应。

④生产者品牌种群

儿童戏剧的演绎是实现戏剧产业链增值的关键环节,现场演绎的成功与否直接关乎作品的质量、影响产品的票房,并以裙带效应影响整个产业链。丹麦的演艺品牌虽在规模上大小有别,但在针对的年龄阶层、风格流派、表现形式等方面特化分明,各自占有一席之地,呈现"一强多专"或"几强多专"的局面。无论是剧团还是演艺公司,均演艺水平较高,人才聚集。在品牌异质化发展的基础上,丹麦的儿童戏剧品牌有着较高的竞争力,这也是丹麦儿童戏剧能够享誉全球的原因之一。

(二)爱丁堡国际儿童艺术节

1. 爱丁堡国际儿童艺术节内容介绍

爱丁堡国际儿童艺术节诞生于1989年,原名为苏格兰银行想象艺术节,后改称创想无限艺术节,在2017年正式改名为爱丁堡国际儿童艺术节。2002年,该艺术节建立了创想发展总监制度,从此之后,更是巩固了它作为爱丁堡儿童艺术节领导组织的地位,致力于发展艺术家、艺术形式和与学校接触的领导组织的地位。2007年,苏格兰政府引入了世博会基金。世博会基金的加入使创想无限提升了艺术节代表性作品的质量,并开始委托新的作品。迄今为止,创想无限组织已经委托创作了11部新作品。2009年创想无限组织继续发挥重要的作用,在北爱丁堡发起了摘星者(Starcatchers)的早期项目,而如今摘星者已成为国际知名的早期艺术领导者和创想无限组织的战略合作伙伴之一。

2015 年,新任首席执行官保罗·菲茨帕特里克(Paul Fitzpatrick)实施组织重组,他将行政总裁的职责与艺术节规划的艺术需求分离开来,将职位划分为行政总裁和艺术总监,这样一来,行政总裁负责对外工作,致力发展新的合作伙伴关系、找到更稳定的融资渠道和收入方式,以推动全年活动的进展;艺术总监则负责整个艺术节活动的运营和规划。

2019 年,该艺术节吸引了来自 25 个不同国家的 320 名行业代表,演出面向 0 ~ 15 岁的儿童,吸引了超过 1.3 万名观众。乔伊斯·麦克米伦(Joyce McMillan)在《苏格兰人》说道:“如果你想在爱丁堡度过一个有思想、有乐趣的美好周末,那么没有什么比沉浸在范围广泛、富于创造力的儿童戏剧节中更好的消磨时光的方式了。”

(1)国际节目展演

爱丁堡国际儿童艺术节每届举办时间在五六月,时长 9 天左右。每届戏剧节都会邀请不同国家的优秀作品进行演出,每个作品对应不同的年龄段人群,从 0 岁到成人,作品质量高且具有深刻含义(见表 7 - 3)。

表 7 - 3　爱丁堡国际儿童艺术节历届节日介绍

历届节日一览	涉及国家	年龄细分	节目数量	艺术总监	票价
2019 年 5 月 25 日至 6 月 2 日	8 个不同国家	4 岁为一档,从 18 个月至 15 岁	19 部作品	诺埃尔·乔丹	
2018 年 5 月 26 日至 6 月 3 日	9 个国家		20 部作品	诺埃尔·乔丹	
2017 年 5 月 27 日至 6 月 4 日	9 个国家	18 个月至成人	15 部作品 +2 部	诺埃尔·乔丹	
2016 年 5 月 28 日至 6 月 5 日	9 个国家	0 岁至 11 岁 +	14 部作品		
2014 年 5 月 5 日至 5 月 12 日	14 个国家				10 英镑一人、16 英镑两人、24 英镑三人
1990 年 5 月 29 日至 6 月 3 日	6 个国家	4 岁至 14 岁	12 部作品		所有票价为 2 英镑

首映周末是专门为家庭开设的观剧活动,首创于 2009 年,于 2016 年与苏格兰国家博物馆合作,称为开幕周末(以前称为家庭周末),通过在博物馆大楼内提供免费戏剧和舞蹈体验等形式来增加受众;2018 年,开幕周末设置电话入口,鼓励更多的青年艺术家和青年艺术团体参与。在此之后,苏格兰国家博物馆成为爱丁堡国际儿童艺术节的开幕仪式举办地。

为了拓宽艺术节的影响力,每届主要的展演作品会在整个苏格兰地区巡回演出。巡回演出由世博会的艺术节委员会资助，使受委托的艺术家减轻了财务上的负担，也使新作品能够辐射到更多的观众；不仅如此，还会推举其他节日中优秀的作品，并在爱丁堡国际儿童艺术节中上演。2016 年和 2017 年，在艺术总监的指导和艺术家卢·布罗迪的协助下，来自克雷格米勒莱拉和桑迪社区中心的年轻人观看了爱丁堡艺穗节的 9 场演出，推选出优秀作品《那条路不在那儿》，该作品在 2018 年的爱丁堡国际儿童艺术节中进行展演，并在当地的里拉剧院中上演。2018 年，该方案已扩大到皮尔顿/穆尔豪斯和韦斯特海尔斯等地，年轻的参与者可以自主为最喜爱的作品投票。

（2）创想无限组织

创想无限（Imaginate）是一个拥有 28 年历史的全国性组织，致力推广、发展青年专业戏剧和舞蹈，其重要的一项工作就是进行爱丁堡国际儿童艺术节的组织工作，创想无限组织的另外两项工作包括在学校开展全年观演计划和对艺术家进行支持的创想发展计划。正是这 3 项工作，使创想无限委员会成为苏格兰较有影响力的儿童演出组织之一。下面是创想无限组织 2019 年度计划一览（见表 7－4）。

表 7－4　创想无限组委会 2019 年度计划

<table>
<tr><td colspan="4">创想无限组委会 2019 年度计划</td></tr>
<tr><td colspan="2">演出计划</td><td colspan="2">创想发展计划</td></tr>
<tr><td rowspan="4">一、爱丁堡国际儿童艺术节</td><td>1. 国际表演计划</td><td rowspan="4">一、进驻项目</td><td>1. 加速器</td></tr>
<tr><td>2. 节日巡演</td><td>2. 创想无限</td></tr>
<tr><td>3. 周末开放日</td><td>3. 艺术家入驻</td></tr>
<tr><td>4. 委托计划</td><td>4. 剧作家发展</td></tr>
<tr><td colspan="2" rowspan="2">二、戏剧进学校计划</td><td rowspan="2">二、新工作的平台</td><td>1. 思想交换、碰撞</td></tr>
<tr><td>2. 委员会</td></tr>
<tr><td colspan="2" rowspan="2"></td><td rowspan="2">三、学校规划</td><td>1. 艺术家进学校</td></tr>
<tr><td>2. 创想无限项目</td></tr>
<tr><td colspan="2"></td><td colspan="2">四、特殊计划</td></tr>
<tr><td colspan="2"></td><td colspan="2">五、部门支持</td></tr>
</table>

创想发展计划给予艺术家补助旨在鼓励艺术家大胆创新，将创意付诸实践。创想无限组织在这一方面的基本工作是对艺术家的需求进行对接，这通过以下几种方式具体实现："加速器"——艺术家可以通过入驻的方式得到制作人的支持和指导，将艺术家的想法孵化成一个完整的作品；"创想无限在……（某个地方）"计划——为了鼓励更多艺术家能够为儿童创作作品，2018 年创想无限组织与战略合作伙伴通过网络的方式与更多的艺术家接触并达成合作，确定合作项目包括创想无限在工作室，创想无限在阿伯丁城市移动（Aberdeen City

Moves),创想无限在创造(Tron)和创想无限在苏格兰国家剧院等。

创想无限组织不仅为艺术家提供直接补助,还通过委托的形式鼓励苏格兰艺术家和公司创作新的戏剧和舞蹈作品。委托的作品受到苏格兰政府爱丁堡艺术节博览会资金的支持,是艺术家创作的原始资金。就具体程序而言,组委会并未设置艺术家申请创作补助的具体方式,而是开放窗口,鼓励艺术家与组委会进行沟通与对接,进而了解艺术家详细的新作品计划。创想无限组织坚信通过这种方式能够灵活地回应艺术家的想法和需求。

(3)新冠疫情下的爱丁堡国际儿童艺术节

因受新冠疫情影响,2020 年爱丁堡国际儿童艺术节宣布取消,但爱丁堡在此期间做了一系列线上工作,包括新视角项目和青年艺术家培养计划。

新视角项目是使各地艺术家与儿童进行合作的国际儿童戏剧在线表演项目。来自圣尼尼安 R. C. 小学(苏格兰爱丁堡)、超越社会服务(新加坡)和 Gidree Bawlee 艺术基金会(孟加拉国 Balia)的年轻观众与 3 位经验丰富的艺术家——古德龙·索利·西古尔扎多蒂(Gudrun Soley Sigurdardottir)、卡姆鲁扎曼·沙丁(Kamruzzaman Shadhin)和蕾妮·蔡(Renee Chua),交流新冠疫情期间的感悟,将不同的文化背景、经历、想法和创意进行结合,创编剧本、舞蹈,最终产出一部表演电影。电影由古德龙·索利·西古尔扎多蒂与 3 个国家的年轻观众一起制作,于 2021 年年初上演,并配有英语、汉语、马来语、泰米尔语和孟加拉语的字幕。

青年艺术家培养计划面向学生、知名艺术家或刚开始从事艺术工作的人士,为其提供创作帮助,包括提供艺术家一对一对接服务、提供大师指导、提供旅行资金、定期举办讨论会、艺术总监出席演出活动提供现场指导等方式。创想无限组织在爱丁堡创造了一个艺术空间,促使了具有高度艺术性的戏剧和舞蹈的诞生,将爱丁堡国际儿童艺术节推向了世界的前沿。

2. 爱丁堡国际儿童艺术节品牌生态系统分析

(1)爱丁堡国际儿童艺术节生态环境分析

①政治环境分析因子

爱丁堡国际儿童艺术节在世界范围的享誉离不开当地政府对儿童戏剧产业的大力支持,其自 2007 年起,苏格兰政府引入世博会基金,对爱丁堡儿童戏剧产业提供了全方位的资金扶持,具体包括:第一,苏格兰政府启动艺术家创意的孵化项目,设立专项资金,为世界范围内所有艺术家的创意想法提供支持和帮助,加速艺术家创意得以实现的进程;第二,苏格兰政府启动爱丁堡艺术节博览会资金,由博览会基金出资,委托苏格兰艺术家和公司创作新的儿童戏剧作品,并在爱丁堡儿童戏剧节期间巡演;第三,政府制订弱势群体看剧计划,由想象委员会出资并组织为弱势群体提供的免费儿童戏剧演出;第四,政府建立青年艺术家培养计划,为青年艺术家和从业人员提供一系列正式和非正式的资助,包括一对一的辅导支持、大师班培训、免费的工作场地、一定的车旅、门票等费用支持。

综上可见,苏格兰政府对爱丁堡国际儿童艺术节的人才培养、产品制作、品牌推广以及平台搭建上有多样的资金支持,为爱丁堡国际儿童艺术节的发展提供了非常优良的政治环境。

②经济环境因子

作为英联邦仅次于伦敦的第二金融中心以及第二大旅游城市,爱丁堡有着良好的经济基础。在人才流方面,除大量外来艺术人才的流入外,本地教育事业的高度发展也为儿童戏剧产业奠定了良好的人才资源基础。有关数据显示,爱丁堡的学生人数占全市总人口的20%,足见其青年人才培养的卓越条件以及整个城市的年轻活力。此外有高达43%的专业人才(拥有学位和专业证书的员工)比率,这也体现了爱丁堡人才资源充裕的现状。在相关配套资源方面,由于大量艺术活动的主办与承办,爱丁堡有大量有利于儿童戏剧产业发展的配套设施,除用于演艺的剧院外,如国王剧院、爱丁堡节日剧院和爱丁堡剧场等,还设有青年艺术园、戏剧实验室等服务于儿童戏剧交流、创作、展示、创意孵化的公共场地。在市场资源方面,爱丁堡一方面有着具备较高收入与购买力的本地市民,另一方面拥有大量愿意为文化产业埋单的外来游客,戏剧及儿童戏剧品牌在整个爱丁堡城市品牌生态以及爱丁堡城市旅游品牌生态中占据着重要位置,因此也拥有良好的市场资源。

③社会文化环境因子

爱丁堡有"节日之城"的称誉,爱丁堡城内,不仅有着最为盛大的远近闻名的爱丁堡国际艺术节(Edinburgh International Festival),还有众多类型的艺术节、戏剧节等,如实验戏剧节(Fringe Festival)、爱丁堡边缘艺术节、爱丁堡国际电影节等。这些节日的共有特点之一是文艺性,爱丁堡多数节日的内核为某个艺术领域或某种艺术形式的集中展示,如爱丁堡边缘艺术节为先锋派、边缘艺术的代名词,实验戏剧节为新颖戏剧展演、欣赏与交流的盛宴等,众多围绕文化艺术的节日除了为爱丁堡营造浓厚艺术氛围外,也为游客打下"欣赏艺术,来爱丁堡"的印象。爱丁堡节日的特点之二是国际性,据维基百科对于爱丁堡客流量的统计,2017年爱丁堡迎接世界各地游客的客流量为2330万人次,仅次于伦敦,为英国第二大旅游城市,其中,各节日期间为游客涌入的顶峰时期,欣赏艺术演艺成为爱丁堡游客的主要旅行目的之一,而这种来自世界范围的广泛关注,也成为艺术家愿意乔迁此地并常驻于此的原因,这使爱丁堡的艺术文化氛围得以在此升华。总而言之,爱丁堡以其浓厚的历史文化积淀以及21世纪以来对文化事业的支持和发展,为爱丁堡儿童戏剧产业的发展提供了良好的社会文化环境(见表7-5)。

表7-5 爱丁堡国际儿童戏剧节品牌SPA分析

分析项	分析结果
品牌市场	+品牌产品系列化
	+多元化销售渠道
品牌产品研发	+研发投入量高
	+较完善的研发机制
	+研发人员专业技能强劲
品牌产品生产	+有效的供应体系
	+供应源广泛
	+生产效率较高
品牌资源来源	+相对稳定的顾客资源
	+竞争优势带来的低成本资源
	+盈利渠道多元

注:“+”表示有利因素,“-”表示不利因素。

(2)爱丁堡国际儿童艺术节品牌核心竞争力分析

爱丁堡国际儿童艺术节在销售渠道上有较多元的销售网络,一方面,源于爱丁堡国际艺术节、戏剧节、电影节等节日品牌种群带来的销售共享平台;另一方面,源于爱丁堡文旅品牌因互补协同目的,在销售方面的涉入,如“戏剧夏令营”“戏剧亲子游”等捆绑销售项目。此外,在以消费者为导向的产品系列划分方面,爱丁堡儿童戏剧节的剧目不仅以年龄、风格进行划分,甚至还有针对特殊群体的哑剧,针对不同文化背景的同一剧目不同语言版本,可见,其打开国际市场的良苦用心。

品牌产品研发方面,爱丁堡国际儿童艺术节有着较为完善的产品研发机制,这体现在激励、竞争、技术融合、项目扶持、人才培养等方面。最直接的激励是资金支持,爱丁堡儿童戏剧节下属的创想无限组织并非在艺术家提供成品剧目后选择购买或拒绝,在创作之前或创作过程中,艺术家通过申请便有机会获得资金支持,以此激励创作。由于品牌价值以及实际回报带来的向心力,产品研发团队间的竞争也为创新提供了充足动力;此外,由政府扶持、品牌资助的青年人才培养计划也为产品研发提供了充足的人才资源。

爱丁堡国际儿童艺术节品牌的供应源广泛,供应链稳固,生产效率由于其相对特殊的生产模式而效率较高。不同于其他儿童戏剧节品牌,爱丁堡国际儿童艺术节的剧目并非为各演艺团体“自带”,而是属于儿童戏剧节品牌企业。企业购买剧目,再以竞标的方式,比选各团体对该剧目的演绎契合度,从而完成产品生产。其间,通过多渠道委托购买,积累大量剧目,实现创作与演绎的分离,使品牌的主要产品得以如流水线般快速生产,保证了产品生产效率。

爱丁堡国际儿童艺术节品牌得以快速发展的另一原因是竞争优势带来的一系列优质资源,其中以规模较大的顾客资源为最。在产品质量较高、销售网络完整、品牌价值得到认同的基础上,爱丁堡国际儿童艺术节确实成为爱丁堡城市文旅项目的重要一环。

(3)爱丁堡国际儿童艺术节品牌核心价值分析

品牌核心价值是能够让消费者着重记忆并识别得到的品牌的利益点与个性,它是驱动消费者认同一个品牌的主要力量,也是一个品牌的品牌资产中的主体部分,[①]包括理性价值、感性价值与象征性价值三个方面。

品牌核心价值的塑造并非一朝一夕,需要以水滴石穿的定力加以维护,有的品牌时逾百年,仍夜以继日地维护和输出着品牌最初设定的品牌核心价值,如高端奢侈品牌所塑造的"高贵、典雅",钻石品牌塑造的"爱与永恒"等。通过品牌核心价值的塑造、维护与传播,使消费者逐渐认同,并最终使品牌与消费者形成价值共鸣,成为消费者表现其个人价值观、财富、身份地位与审美品位的一种载体与媒介。至此,品牌的核心价值在理性、感性、象征性等方面均得到了较高体现。然而,欲达到这样的结果,势必需要极其漫长的价值塑造过程。值得一提的是,爱丁堡国际儿童艺术节在核心价值打造上充分利用了爱丁堡这个城市品牌的核心价值,起到了品牌价值的正向迁移作用。

自2002年起,在政府基金的资助下,爱丁堡着手开始新时代的城市品牌打造项目,由爱丁堡伙伴机构(The Edinburgh Partnership Group)牵头,对爱丁堡城市品牌进行了定位、设计、实施、提炼等阶段的研究与实践,旨在将爱丁堡打造为一个"世界级的科学、教育、艺术和商业的重要影响者,其自然美景令人叹为观止,其魔力般的氛围时刻鼓舞人心"。[②] 其城市品牌的核心价值为:"1. 创想无限:爱丁堡在艺术、科学、商业和教育等领域一向表现优越;2. 丰富多样:爱丁堡的多样性体现为城市自然景观和建筑风格,体现为市民及其技能,体现为富有活力、四海一家的文化包容性;3. 追求卓越:城市以往的辉煌成就以及未来的伟大抱负,正是爱丁堡追求卓越的价值体现;4. 真挚热情:爱丁堡人乐于助人并真诚欢迎所有的来访者;5. 质朴优雅:从未对已有的成就而自矜傲慢或夸夸其谈,爱丁堡只是以平和的心态,务实笃行。"[③]作为爱丁堡城市品牌群落中的一员,爱丁堡国际儿童艺术节品牌在核心价值塑造上有着明显的承接关系,如表7-6所示。

---

① 翁向东:《"品牌核心价值"的威力源自"马太效应"法则》,载《大市场(广告导报)》2004年第6期。

② 刘彦平:《精准定位奠定城市品牌化坚实基础——爱丁堡城市品牌定位经验剖析》,载《中国城市经济》2007年第6期。

③ 王智慧:《城市品牌定位的理论研究与实证分析》,兰州商学院2009年硕士学位论文,第20页。

表7－6　爱丁堡城市品牌核心价值与爱丁堡儿童戏剧品牌核心价值对比

爱丁堡城市品牌核心价值	爱丁堡国际儿童艺术节品牌核心价值
创想无限 爱丁堡在艺术、科学、商业和教育等领域一向表现优越	**创想无限** 在爱丁堡你能看到最富想象力的儿童戏剧
丰富多样 爱丁堡的多样性体现为城市自然景观和建筑风格，体现为市民及其技能，体现为富有活力、四海一家的文化包容性	**丰富多样** 爱丁堡儿童戏剧有着多样的风格、形式，接纳世界各地的优秀作品与团体
追求卓越 城市以往的辉煌成就以及未来的伟大抱负，正是爱丁堡追求卓越的价值体现	**追求卓越** 在爱丁堡你能看到世界范围内最优秀艺术家联合创作和演绎的儿童戏剧作品

爱丁堡国际儿童艺术节品牌的核心价值源于对爱丁堡城市品牌的直接承接，不仅避免了重塑核心价值的漫长过程，也巧妙地与所属城市融为一体，二者成为协同共进的整体。

3. 爱丁堡国际儿童艺术节品牌种群生态系统分析

以较为宏观的视角审视爱丁堡国际儿童艺术节品牌，不难发现爱丁堡国际儿童艺术节之于爱丁堡整个文旅产业的关系，如图7－6所示。

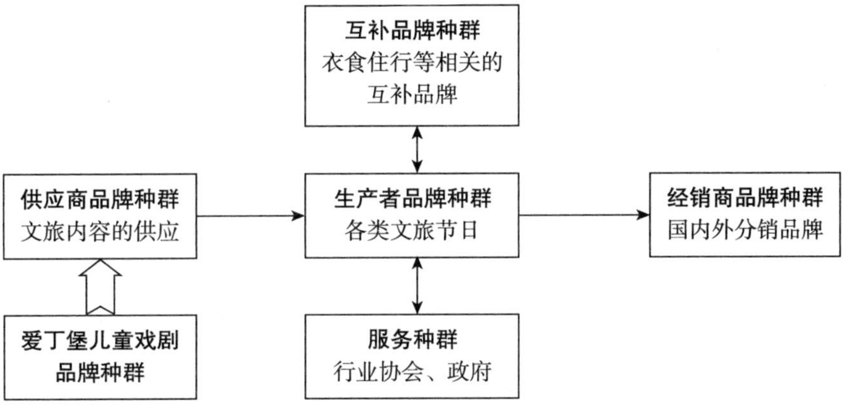

图7－6　爱丁堡文旅品牌种群生态系统分析

在整个爱丁堡文旅产业中，处于生产者位置的是各类节日品牌，如“爱丁堡国际儿童艺术节”“爱丁堡国际戏剧节”等，从价值链的视角审视，这些节日品牌无疑是爱丁堡文旅品牌种群生态系统中的关键环节，而儿童戏剧品牌则是节日品牌的内容供应者之一，在文旅产业的带动下，所形成的是众多艺术品牌的集聚，进而产生品牌集聚下的各类协同效应。

品牌集聚下的协同进化，是指众多同类型品牌集聚下，各品牌在生产、技术、资源、人力、管理、销售等方面产生的有利情况。在一般情况下，品牌集聚下的协同进化能使系统中的人、财、物、技术、信息等资源要素得到充分利用，使供应、生产、销售、服务、研发等子系统的功能得到较充分地发挥，使品牌种群与环境之间的物质、信息和能量得到较充分的流动，从而产生一系列惠及系统成员的协同进化效应。① 而爱丁堡儿童戏剧品牌在众多艺术品牌的集聚下，亦产生了各类有利于品牌发展的良性效应。

(1)人力资源协同效应

品牌集聚促使了大量劳动力的集聚，形成了良性的人才资源供给循环。爱丁堡国际儿童艺术节受益于艺术品牌集聚下的人力资源协同效应，大量高层次艺术人才投身于儿童戏剧的创作、演艺。

(2)资源采购协同效应

由爱丁堡想象委员会出面的联合采购是这一效应的具体体现之一。作为演艺团体，剧团需要源源不断的优秀戏剧作品作为“原料”，而多个剧团品牌采取的联合委托、采购新剧目的行为，可以实现自我议价能力的提升，采购成本的降低以及供应渠道的进一步稳固。

(3)生产协同效应

品牌集聚下的生产协同效应，是指“品牌通过共享原材料、生产设备、生产技术，或者通过专业化分工协作而获得生产协同效应”。② 爱丁堡艺术品牌集聚的情况下，各类可服务于儿童戏剧演艺的设备、场所，甚至是涉及人力资源的演员、导演等得以共享，这使爱丁堡国际儿童艺术节在降低生产成本的同时提高了生产效率。

(4)品牌荫庇效应

爱丁堡艺术品牌集聚下的另一效应是荫庇效应，由众多品牌个体的品牌声誉所造就的整体形象对于单个品牌形象来说有荫庇效果。如爱丁堡艺术品牌种群中，顾客对于某儿童戏剧品牌的印象往往受到爱丁堡整体艺术品牌印象的影响，对于这个整体中的每个品牌个体来说，这样的荫庇效应有着提升品牌形象的良好效果；对于爱丁堡艺术品牌整体来说，每一品牌个体的正面形象输出，亦是提升爱丁堡整体艺术品牌形象的有利砝码。

(5)集聚效应

爱丁堡一城之中驻扎众多艺术品牌，也包括各戏剧院团、公司等。空间上的集中以及产业的相关性，使品牌之间产生了一系列的连锁反应，表现在以下几个方面。

第一，地理位置上的邻近造成的生态位重叠，促使各儿童戏剧品牌间产生激烈竞争，竞争的压力迫使各儿童戏剧品牌不断创新，寻求品牌的差异化发展。除每年爱丁堡国际儿童艺术节上演新剧目的傲人数量外，爱丁堡儿童戏剧品牌在创新道路上的其他成果也不容忽视，如舞台设备与新兴技术手段的结合；经典剧目的先锋化改编；儿童戏剧与电影、绘画、行为艺术等其他艺术领域的综合；线上戏剧表演平台的搭建等，都体现着集聚效应对品牌创新

---

① 于颖:《产业集群品牌生态系统协同进化研究》，辽宁大学2014年博士学位论文，第46页。

② 于颖:《产业集群品牌生态系统协同进化研究》，辽宁大学2014年博士学位论文，第47页。

的促进。

第二，空间上的集中造就经济活动的向心力，吸引其他同类品牌入驻的同时，也吸引更多如供应类、经销类、互补类品牌以及服务种群的加入，最终提升了整体品牌的实力与抗风险能力。爱丁堡国际儿童艺术节吸引世界范围内各供应商品牌，每年艺术节上有着为数近半的外来剧目，皆是由创想无限组织委托购买。在经销方面，爱丁堡艺术节俨然已成为爱丁堡旅游产业的一大卖点，各剧目的门票成为旅游项目的一部分，如“戏剧夏令营”等，时至今日，我们甚至能从中国的旅行社网站上查到并购买相关服务。此外，政府政策倾斜下的基金扶持项目，行业协会带动下的国际关注与交流等，与集聚效应所造就的向心力都有着不可否认的关系。

第三，地理位置上的邻近及空间上的集中，利于各类知识、信息、资源的交流与传播，促使信息流、资金流、人才流、知识流等各种形态的能量流得以以价值流动为核心动力进行传递和流动。

（三）中国儿童戏剧节

1. 中国儿童戏剧节内容介绍

中国儿童戏剧节创办于2011年，主办方为中国儿艺，中国儿艺成立于1956年，隶属于文化和旅游部，是国家级的艺术院团，创作了很多高质量的儿童戏剧作品，也通过举办中国儿童戏剧节，为更多优秀儿童戏剧作品提供了展示的平台。

中国儿童戏剧节的举办存在政策、地域、资源等得天独厚的优势，自2011年首届开演以来，其每年的举办都受到了中国儿艺的支持。中国儿艺为中国儿童戏剧节提供场地支持，每届戏剧节的举办都在中国儿艺的大剧场中，后又在4楼成立了迷你的假日小剧场，儿童戏剧节举办期间，围绕整个剧院，都是节日的欢腾感；中国儿艺为中国儿童戏剧节提供资源的支持，每届戏剧节的人员都是剧院内部的员工，以及各大高校招募的志愿者，剧院内部人员对场地、流程都非常熟悉，不仅节省了人员的成本，更是提高了整个服务的质量；中国儿艺为中国儿童戏剧节提供影响力支持，每届戏剧节举办的剧目，有一部分是中国儿艺创作的精品剧目，为戏剧节的作品树立标杆，借助中国儿艺的影响力，来吸引国内外各儿童戏剧团体的参与，每届都邀请到了不同国家的优秀剧目来参演；中国儿艺还为中国儿童戏剧节的举办提供宣传渠道，在中国儿艺的官网开设专栏发布信息，并通过新闻发布会、媒体等渠道扩大社会影响力。

（1）剧目定位精品，经久不衰

从2011年举办首届开始，每届历时一个月左右，至2023年已有12届。每届戏剧节都涵盖中外30部以上不同风格的优秀儿童戏剧作品。几十年的创作、改编，使中国儿艺积累了一大批优秀作品，像经久不衰的《马兰花》，介绍中国传统节气的《十二个月》《闪烁吧，繁星》等，近几年来更是与国外创作剧团联名推出《皮皮·长袜子》《三只小猪·变变变》等作品。

(2)戏剧节板块多样,辐射全国

在2011年首届戏剧节中,上演了从日本引进的精品儿童剧《三只小猪·变变变》、寓言故事《东郭先生与狼》、国学故事《三字经》等,首届戏剧节就邀请了国内外共26个参演团体,上演了39台剧目,演出了200多场。在闭幕式上,原文化部和戏剧节组委会成员为优秀展演剧目授牌。中国儿童戏剧节不仅满足了观众的观剧体验需求,更加强了观众的体验感与参与感。

每一届戏剧节都会与时俱进,通过不同的措施丰富内容。在第五届中国儿童戏剧节的举办中,由卡通人物组成的队伍在中国儿艺附近的大街小巷进行巡游,巨型花车吸引了众多关注。也是从此届起,戏剧节上的演出剧目开始按照儿童年龄进行划分。第六届儿童戏剧节在创作成果、组织形式、活动内容上都有了更大的突破,首次设置观众评审团,评选出最受欢迎剧目并远赴冰岛演出,展演剧目题材更加丰富,并在其他省市开设分会场。戏剧节将工作坊拓展到北京市少年宫、幼儿园,同时举办拓展交流活动,如中国儿童戏剧节研讨会、儿童戏剧推广日等,对于中外儿童戏剧普及教育的交流与发展有着促进作用。

第七届儿童戏剧节创新儿童戏剧种类,推出了适龄12岁以上的青少年的成长戏剧《山羊不吃天堂草》、适龄为2岁的黑光剧《渔夫与金鱼》、适合4岁以上儿童观看的肢体剧《会飞的奶牛》等,首次"联手"故宫博物院,举办具有深厚文化底蕴的主题为"逛故宫、看儿童剧"的儿童夏令营活动,第一次尝试将文化与旅游相结合。第八届儿童戏剧节可以说是中国儿童戏剧界的里程碑——ASSITEJ艺术大会首次在中国召开,联合中国教育电视台,在艺术大会开幕式举办直播活动。第九届儿童戏剧节中,以关注孩子的心理为主题,上演了如《你好!我是你姐姐》等现实题材剧目,题材涉及面更广,戏剧节的形式越来越多样,联合北京市东城区委、区政府,首次举办"中外儿童戏剧夏令营"以促进文旅融合。

中国儿童戏剧节上演的剧目中,包含中国儿艺创编的原创作品、中国儿艺邀请到的国内外优秀戏剧作品,更有中国儿艺与国内外优秀主创团队联合创编的作品,如中国儿艺引进并与日本主创团队联合改编的日本益智趣味儿童剧《变变变系列》、与瑞典艺术家联合制作的家庭音乐剧《皮皮·长袜子》等,都体现了中国儿童戏剧节的国际性和包容性。

(3)票价低廉,上座率高

2011~2020年中国儿童戏剧节共举办了9届,每届儿童戏剧节的票价都遵循亲民的路线,期望通过低票价的措施,吸纳更多观众,将观剧变为常态化行为(见表7-7)。

表7－7　历届中国儿童戏剧节票价分析

历届	举办活动时长	票价	辐射城市	上座率	上演剧目数量
首届国际儿童戏剧节	43天	单人票价:50～180元 双人套票:180～340元 三人套票:260～500元		100%	42台剧目演出216场
第二届国际儿童戏剧节	45天	平均票价90元/张,100元以下低票价占总票数的40%	济南	95%以上	36台剧目演出184场
第三届国际儿童戏剧节	48天		济南、西安分会场以及天津市、青海省、台湾地区等14个省市和地区巡演		45台剧目演出209场
第四届国际儿童戏剧节	49天		成都、宁波设立分会场		44部剧目演出219场
第五届国际儿童戏剧节	48天		北京		40台剧目演出194场
第六届国际儿童戏剧节	45天		济南、成都、宁波设立分会场		46台剧目演出215场
第七届国际儿童戏剧节	49天		济南、成都设立分会场		48台剧目演出206场
国际儿童青少年戏剧协会艺术大会	43天		北京		61台剧目演出229场
第九届国际儿童戏剧节	37天		济南、成都、辽宁		56台剧目演出191场

2. 中国儿童戏剧节品牌生态系统分析

(1) 中国儿童戏剧节的品牌生态环境分析

①政策环境因素

早在2014年,教育部颁发的《美育纲要》就明确表明“我们要广泛应用影视和戏剧材料来拓展儿童的艺术实践经验”,将儿童戏剧放到了重要的位置;近年来,中国大力发展文化方面的基础建设,立德树人、文化树人、文化自信——文化产业链蓬勃发展,并且各个城市政府大力兴建社区、城市剧院;原来很多国有化剧院也转企改制,走向了私营化,这促进了演艺市场产业之间的竞争和良性发展,基于上述的政策环境分析,可以看出中国儿童戏剧节发展的良好趋势，但是同丹麦的儿童戏剧节50%的补助系统相比，我国各私营企业负债率仍然较高，政府支持力度不够；同爱丁堡国际儿童艺术节的直接与艺术家对接的灵活补助系统相比，我国的红头文件并未真正落实到各地的政策上，补助系统不够完善，所以从政策环境来分析，我国对儿童戏剧的补助系统仍需完善（见图7－7）。

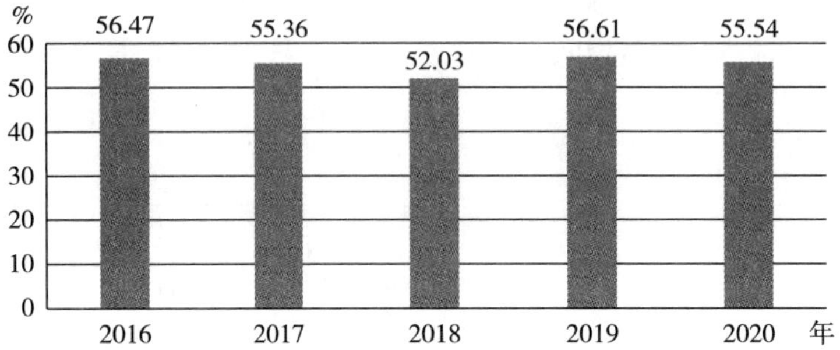

图7－7　2016～2020年中国儿童剧行业资产负债率

资料来源：中国报告大厅《2021—2026年中国儿童剧行业供需分析及发展前景研究报告》。

图7－8是我国2016～2020年儿童剧行业资产负债率，可以看出，我国儿童戏剧的行业负债率是较高的，迫切需要政府的支持来填补亏空。2019年中国共有艺术表演从业人员41.23万人，儿童戏剧行业为3万多人，依照走势可以看出，虽然我国儿童剧从业人员已逐年递增，但其的占国内表演从业人员的比例仍不高，所以国家需加大投入对人才的培养政策，增加儿童戏剧行业从业人员，对儿童戏剧民营企业放宽融资渠道。

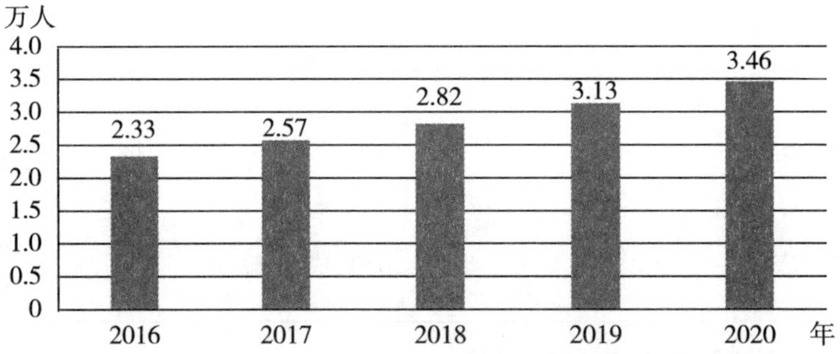

图7－8　2016～2020年中国儿童剧行业从业人员

资料来源：中国报告大厅《2021—2026年中国儿童剧行业供需分析及发展前景研究报告》。

②经济环境因素

2020年全年居民消费支出上涨2.5%，教育文化和娱乐支出上涨1.3%，全年全国居民人均可支配收入32,189元。图7－9代表了2020年居民人均消费支出及构成，可以看出，教育文化娱乐支出占据消费总支出的9.6%，从中国人平均消费领域来看，对于教育文化娱乐的支出高于衣着与生活用品及服务支出。随着我国的综合实力不断升高，相关教育文化娱乐的消费水平也会随之提升，这为我国儿童戏剧乃至整个演艺行业的发展提供了强有力的支撑，也为我国能够开展新的发展走向、格局奠定了基础。

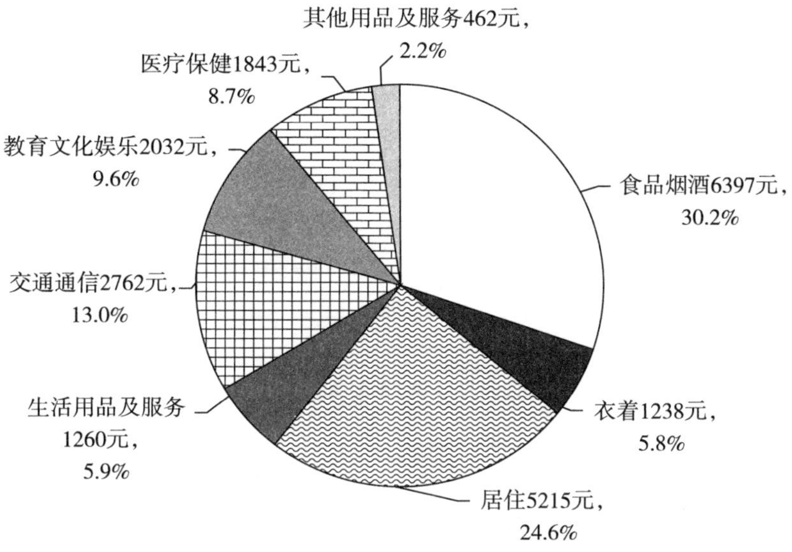

图7－9　2020年居民人均消费支出及构成

资料来源：国家统计局《2020年居民收入和消费支出情况》。

③社会文化环境因素

儿童戏剧作为包含艺术、戏剧、表演、娱乐、教育、精神内核为一体的演出形式，对于我国的家长来说也是喜闻乐见的，国内不乏对儿童戏剧感兴趣的观众，我国儿童剧也不乏经得起时代检验的作品。《马兰花》是中国儿艺最经典的作品，获得多个奖项，自1956年首演以来，经历了5次改版，陪伴了几代人的成长。该剧迄今已演出高达2000余场，成为中国儿艺当之无愧的王牌剧目。老舍在1961年创作的儿童剧《宝船》，更是一代人的青春记忆。发展优秀的原创儿童戏剧作品，不仅可以培养文化自信，还对优秀中华文化的传承起到了重要的作用。

对于儿童戏剧节来说，中国并非新参与者，但中国新一代青少年儿童主动看儿童戏剧的却少之又少。比起老一辈人对《马兰花》《宝船》的热爱，中国新一代青少年儿童似乎都一股脑地涌进了直播、短视频等新媒体中，打开电视可以收看各种电视节目、打开手机可以接收各种新潮信息。比起看儿童戏剧，大部分青少年更愿意去刷抖音、看动漫。我国音乐美学学者刘帅[①]指出，青少年处在审美养成的易变期，习惯了网络媒体的过度娱乐和迎合性欣赏的文化接受方式，容易造成审美的模式化固定化，甚至不利于儿童戏剧作品角色形象的塑造和接受。广大青少年和儿童在新媒体时代的信息化冲击以及艺术“快餐化”、娱乐化发展下，已渐渐失

① 刘帅：《动漫、游戏等网络流行文化对青少年审美取向的影响》，载《美术教育研究》2016年第8期。

去了欣赏严肃艺术、高雅艺术、传统艺术,甚至是线下艺术作品的耐心和能力。由此看来,我国亟待大力发展贴近新时代的原创剧目,通过互联网的手段为儿童戏剧节活动搭建新平台,用滴灌式方法培育儿童对于常识、思想、道德等正能量的儿童戏剧价值观念的认同,培养儿童对主流文化的接受和判断力能力,树立文化自信。

(2)中国儿童戏剧节品牌核心竞争力分析

基于 SPA 方法的分析结果如表 7-8 所示。

表 7-8 中国儿童戏剧节品牌 SPA 分析

分析项	分析结果
品牌市场	-品牌产品无系列化
	-营销创新滞后
	-销售渠道多为自建,无多元化的分销网络
品牌产品研发	+研发投入量高
	-研发模式有待提高
	-研发团队缺乏激励机制
品牌产品生产	+有效的供应体系
	+供应源广泛
	-产品生产周期较长
品牌资源来源	+相对稳定的顾客资源
	-过于依赖政策支持
	+竞争优势带来的低成本资源
	-盈利渠道单一
	-利润增长缓慢

注:"+"表示有利因素,"-"表示不利因素。

据图 7-10 所示,中国儿童戏剧节产品尚未以不同消费需求为导向,进行产品的系统划分。以消费者为导向的品牌发展策略是众多优秀品牌推崇并以此获利的途径,如何将以顾客为导向的理念贯穿产业链的各个环节是该策略的核心重点。作为品牌价值具象化的产品本身若不能在第一时间激发消费者的购买意愿,那么品牌价值的增值更无从谈起。品牌产品以消费者为导向进行的系列化分类,是向消费者明确产品自身价值的必要步骤。中国儿童戏剧节品牌产品在依据不同消费需求的精准划分上,还需进一步提高。

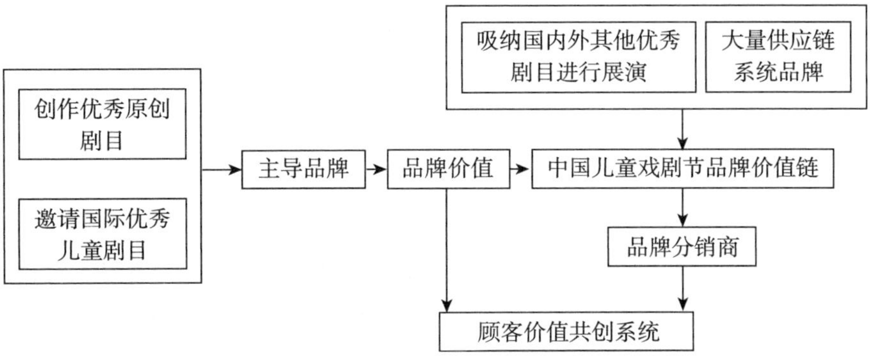

图7-10　中国儿童戏剧节品牌生态系统

中国儿童戏剧节品牌的销售网络需要进一步完善。从历届中国儿童戏剧节的销售情况来看,虽上座率较高,但顾客成分多为单位团购,零售占比较低。销售渠道上,多为自建渠道,无分销网络,顾客购买服务的咨询和渠道不足。

中国儿童戏剧节品牌在产品研发上投入较高,但缺乏相应的激励机制,此处所提激励非单纯的物质回报,主要是指良性竞争带来的创新。从历届节目单可获悉,中国儿童戏剧节的原创剧目多源于定点剧团选送,而非市场竞争的产物。多数剧目创新或创造团队隶属于剧团,而非独立团体或品牌,无竞争压力。至此,在前后端相对稳定的供销关系中,难以生成激发持续创新意愿的压力。

中国儿童戏剧节产品的供应体系较稳固,近年来随着国外剧目的引入,拓展了剧目的供应源。此外,从历届原创剧目的更新情况来看,剧目创作到上演的周期较长。

中国儿童戏剧节品牌的各类资源获取较依赖政治因素的支持,如政府资金扶持下的价格优势、国家项目带动下的物质资源与品牌推广、地方政府配合下的低廉成本等,一方面,为中国儿童戏剧节品牌带来可观的品牌发展资源;另一方面,也导致品牌过于依赖政府支持,而难以以市场需求为导向,接受市场的挑战。此外,另一组数据显示的是利润增长缓慢的问题,自第二届中国儿童戏剧节起,单场剧目的售价在物价增长的前提下几乎未发生变化,虽然确实为消费者带来了实惠,但结合上文儿童戏剧产业负债率居高不下的实际情况可看出,盈利渠道单一以及过分依赖政府资金扶持的状态,很难实现符合市场规律的可持续发展。

上述基于品牌生态论的视角,分别从品牌生态环境、品牌生态链、品牌生态位及品牌竞争力4个维度对丹麦国际儿童戏剧节、爱丁堡国际儿童艺术节和中国儿童戏剧节进行了阐述和分析。

关于品牌生态环境。从经济环境来看,3个儿童戏剧节都处在经济高度发达、人均收入较高、目标消费群体具备较强购买能力的地区。因为发达的经济和完善的社会福利制度,儿童戏剧被作为一种理想而美好的从业方向,丹麦的儿童戏剧有自由的创作氛围,丹麦国际儿童戏剧节的儿童戏剧品牌相关的基础设施完善。爱丁堡国际儿童艺术节同样拥有大量有利儿童戏剧产业发展的配套设施,且不仅拥有购买力较高的本地市民,也拥有基数大、购买力强的客流量。中国虽处在发展中国家,但从消费潜力来看,中国人口众多,且随着综合国力的提高,儿童戏剧市场也将会扩大规模。

丹麦国际儿童戏剧节的50%补偿系统和爱丁堡国际儿童艺术节的各种艺术家创意孵化项目等都对艺术家提供了强有力的资金支持。丹麦国际儿童戏剧节的政府为"学生看戏""戏剧创作""城市举办"都给予了充分的支持,资金支持的同时权力下移,不对创作进行干涉。爱丁堡国际儿童艺术节完善的孵化项目和全方位的创意补助,使爱丁堡具有浓厚艺术氛围和创意迸发的活力。

从社会文化环境来看,丹麦在拥有较高且完善的教育系统以及生活条件下,有丰富的人才、人才流资源。丹麦的年轻戏剧观众剧团从事木偶表演、史诗戏剧、室内歌剧、摇滚音乐剧、现代舞蹈和身体剧表演等,艺术家自由地通过思想相互碰撞和交流集体创作作品;爱丁堡国际儿童艺术节"节日之城"的背景,使整个国家或城市都笼罩着节日的氛围,为儿童艺术节提供了一定基数的客流量,人才、资金和完善的旅游资源,与爱丁堡国际儿童艺术节形成了良好的人力资源协同效应、资源采购协同效应、生产协同效应、品牌荫庇效应和集聚效应。与之相比,我国虽具有一批经典的优秀剧目,但仍有社会对儿童戏剧、儿童戏剧节关注度较低的问题存在,因此对观众进行滴灌培养是我们一项长期的任务。

从品牌竞争力来看,三者的资源优势都包含因定期举办而积累的稳定顾客源,丹麦国际儿童戏剧节、爱丁堡国际儿童艺术节的品牌市场在品牌规模、系列化方面存在优势,其研发创新力强,一线优秀创作人员的投入使得大量优质作品得以产生,不少艺术家可以同时为很多儿童戏剧团工作。丹麦儿童戏剧剧团以各种流派、形式和表现形式运营,并且是丹麦新剧作的主要供应商。爱丁堡国际儿童艺术节的资源优势源于营利渠道的多元。而中国儿童戏剧节在这几方面较薄弱,缺乏系列化产品,虽研发投入较高,但因缺乏激励机制等,使供应体系与销售渠道都不够完善。对此,我们亦可参考爱丁堡国际儿童戏剧节的举措:品牌互补共进,分享顾客资源,共享销售渠道。

关于品牌生态系统。从品牌生态位来看,丹麦国际儿童戏剧节、爱丁堡国际儿童艺术节中的品牌生态位中都是既共赢又竞争的关系,丹麦国际儿童戏剧节展演的剧目不受选剧委员会的控制,可以自由地占据品牌生态位,以年龄为分界分割市场资源,在此背景下形成的是细致划分且数量众多的儿童戏剧剧目,而观众对剧目的选择又促使其产生了竞争关系,促使生态位中的品牌提高制作质量、深化作品内核。爱丁堡国际儿童艺术节以组委会委托创作的方式奠定剧目作品的精品性,将市场资源、销售网络进行合作共享,进而进一步扩大整个爱丁堡国际儿童艺术节品牌在爱丁堡旅游品牌中的生态位。从品牌生态链来看,丹麦国际儿童戏剧节品牌生态链相对完善,有稳固的供应端、管理能力较强的品牌企业以及质量较高的产品内容。爱丁堡国际儿童艺术节品牌价值链供应端与销售端品牌衔接较好,并与多个品牌种群进行内外联动,形成规模效应。

四、品牌生态系统下的中国国际儿童戏剧节模式构建

(一)发展品牌生态价值链——建设中国国际儿童戏剧节品牌生态系统内核

1. 中国国际儿童戏剧节品牌生态系统模型构建

通过对丹麦国际儿童戏剧节、爱丁堡国际儿童艺术节和中国儿童戏剧节的分析,总结出中国儿童戏剧节存在的一些优势和问题,借此规划出一个中国国际儿童戏剧节,该节日以推动儿童戏剧产业发展,加强国际儿童戏剧交流,提升中国儿童戏剧水平,发展中国儿童戏剧文化事业为目的。与以往国内同类节日相比,其特点有以下3种,其一,市场化:与以往同类项目不同,中国国际儿童戏剧节计划以企业市场化的模式运营为主,其生产要素、产品获取与交易等,均由市场提供和决定。其二,国际化:中国国际儿童戏剧节项目产业链的前端与后端,均以国际化视野布局,国际资源的参与是其主要要素。其三,多元化:中国国际儿童戏剧节项目的内容预设非以往单一的戏剧产品服务模式,而是包含文娱、旅游、教育、创意产业下各类与艺术相关的行业合作以及可与儿童戏剧交互的其他内容。

基于上述特点以及前文的品牌生态分析,本案例研究给予中国国际儿童戏剧节品牌的生态模型如图7-11所示。

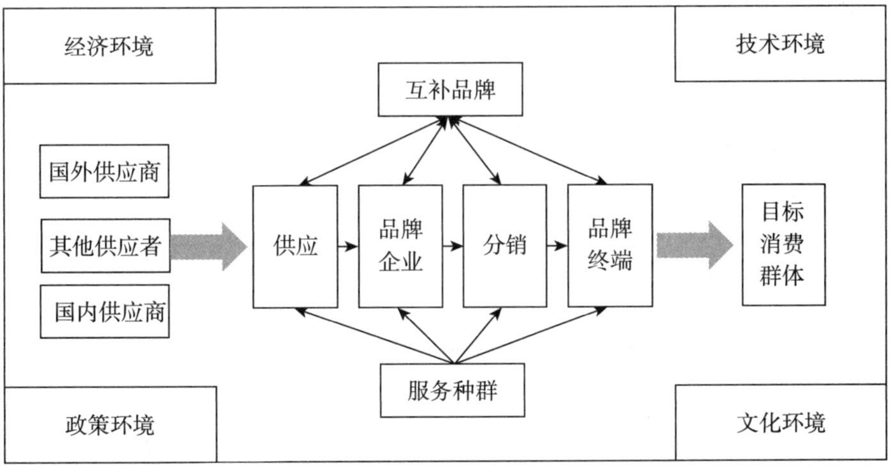

图7-11　中国国际儿童戏剧节品牌的生态模型

从静态的视角设计中国国际儿童戏剧节品牌价值,主要包括三个方面:儿童戏剧节品牌功能价值、儿童戏剧节品牌情感价值和儿童戏剧节品牌形象价值。其中,儿童戏剧节品牌功

能价值,是指儿童戏剧节品牌产品的效用、性能与质量产生的价值;儿童戏剧节品牌情感价值,是指由儿童戏剧节品牌的服务、文化、理念等人文因素构成的价值;儿童戏剧节品牌形象价值由戏剧节品牌外表表象要素构成。如图 7 – 12 所示。

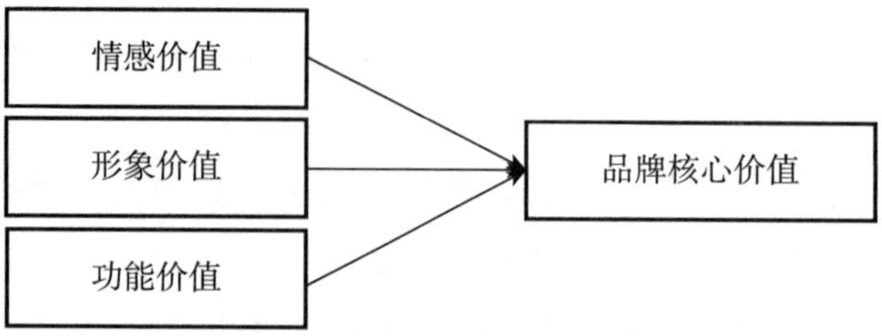

图 7 – 12　静态中国国际儿童戏剧节品牌价值构成

其中,在品牌核心价值的塑造与提升上,我们可以参考爱丁堡国际儿童艺术节的模式,将所在城市的城市品牌核心价值正向迁移于自身品牌核心价值的打造上,使其与所在地域紧密相联,以使品牌情感价值与形象价值得到极大提升。

从动态的视角分析中国国际儿童戏剧节品牌的品牌价值链构成,可从主体、本体、载体、路径与客体 5 个构成部分进行。其中,中国国际儿童戏剧节品牌的主体为儿童戏剧节品牌企业;主体创造价值的本体为儿童戏剧节的产品,戏剧节内容服务的提供等;载体包括剧目、标志、设施以及其他周边产品等,儿童戏剧品牌的价值活动由上述 3 个要素完成。其完整价值链如图 7 – 13 所示。

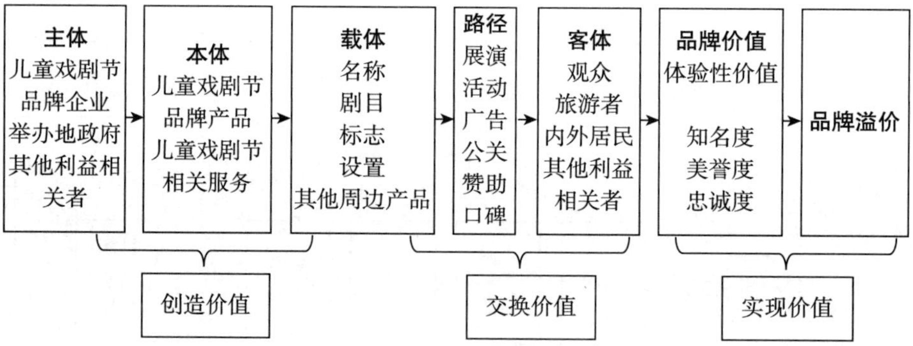

图 7 – 13　动态中国国际儿童戏剧节品牌价值构成

2. 发展品牌生态价值链,统筹内外部资源价值最大化

中国国际儿童戏剧节品牌价值链的 5 个构成要素分别对应于价值创造、价值交换、价值体验与价值实现环节,其中,通过展演、相关文化活动、广告传播、赞助等,将相关产品与服务传递给观众、游客以及其他相关利益群体,从而完成品牌的价值交换,并通过客体体验实现价值。

(1)识别并拓展供应端儿童戏剧节品牌利益相关者

关于中国国际儿童戏剧节品牌价值链的设计,需充分考虑企业内部与外部物质、资源、信息的流动,且要注重价值链的完整与可延展性,因此必然包含戏剧节内容的供应商、品牌企业、品牌分销商、品牌终端几个主要组成部分,并在此结构上以品牌价值为核心,形成完善的品牌价值经营系统。在此之中,需尽量识别能为品牌创造价值的利益相关者。所谓识别与拓展,即是基于自身品牌特点以及顾客需求,通过分析、整合,将更多可为儿童戏剧节品牌提供产品内容的供应者纳入品牌价值链的供应端。如供应者中,除儿童戏剧创作者、儿童戏剧表演团体、儿童戏剧工作者外,我们大可将视角扩展到其他潜在的供应群体,以顾客为导向,扩充戏剧节内容。如由儿童玩具、服装、教育等品牌供应商在戏剧节期间提供的产品内容,这一扩展甚至可以将目光放大到衣食住行的各个角落,使其为中国国际儿童戏剧节的举办方式和内容,提供多样性的选择。将不同的内容供应者纳入利益相关群体,可以使品牌价值链的前端得到拓展,进而使整个品牌生态系统得以巩固和延伸。

(2)强化品牌销售端利益相关者品牌价值

在前文我们分析中国国际儿童戏剧节的品牌价值内容包括价值创造、价值交换和价值实现,以将品牌分销商和品牌终端的利益相关者吸纳进来的方式,使内部主体载体进行信息流、物质流等的交换活动,完成品牌价值链的构建。这个阶段是对儿童戏剧节营销阶段销售端渠道的吸纳和扩充,需将更多可以促进中国国际儿童戏剧节内容销售的相关者、能够将戏剧节内容信息传达至最终消费者的相关者集结起来。如从线上来看,相关视频软件、各大儿童网络平台均可利用现有流量,为戏剧节的价值交换提供更多路径;从线下来看,与当地实际情况结合,又可利用到旅游、餐饮、地标甚至是城市文化等。在最后价值实现阶段,需对可以提升儿童戏剧节品牌知名度、影响力的渠道利益相关者进行一一识别,为中国国际儿童戏剧节品牌赋能。应使品牌价值链的销售端作为品牌实现价值的一端,从各个方面为中国国际儿童戏剧节开辟国际国内新型的合作模式。同时,应将供应商端产出的其他价值链终端进行双向引流,供应链端与销售端协同共进,成为有机的整体。

3. 发展原创作品,持续提升品牌价值

通过前述分析可看出,儿童戏剧节品牌价值的增值、品牌竞争力的提升以及品牌知名度、忠诚度、美誉度的提高,均离不开核心产品的质量。而这种优势往往源于经典作品与高质新创作品。其辩证关系可总结为:有经典无创新,则坐吃山空;有新剧无经典,则落入俗套。

反观中国儿童戏剧,我们不乏一系列能打动人心的经典产品,如《马兰花》《小小画家》《宝船》等。但正视现状,我们的原创产品似乎已经跟不上儿童及青少年的审美步伐。在信息飞涨的时代里,儿童戏剧体裁是否本身已失去了进军市场的潜力?答案是否定的,爱丁堡国际儿童艺术节获得的成功就给了我们坚定向前的力量。我们是否要放弃对艺术的追求,片面追逐经济利益的最大化?也不是,结合时代、富有创意、坚守艺术追求且深受消费者喜爱的产品比比皆是。那么,是什么导致了中国儿童戏剧本身竞争力的降低？出于品牌生态系统的视角来看,是品牌供应端薄弱造成的结果。借助上文分析的结果,中国国际儿童戏剧节品牌创新机制有如下几点可借鉴的策略。

其一,孵化培养,营造竞争环境;所谓孵化培养,主要是指节日品牌以自身的向心力,培养和孵化一系列供应商品牌,以构建品牌林立的供应商种群为最终目的,营造剧目创作品牌间的竞争关系。中国儿童戏剧创作人员或团体中,有些是与演艺团体呈雇佣关系,其创作回报较低,创作激励较弱,无竞争压力;还有些是兼职创作者,如高校教授、其他领域的艺术家等,仅接受时有时无的委约创作,并不稳固产出作品。如上问题的解决可借助爱丁堡创想无限组织的策略——青年人才培养及项目孵化策略。从资金扶持、技术支持、信息共享、人才培养等多个方面孵化青年原创项目,既可以此吸引更多青年进入儿童戏剧行业,刺激原创市场,也可低成本获得资源。中国的青年绝非无才无能,这只是人口密度带来的巨大竞争下,机会难以获取、抱负难以实现的表象。

其二,导向明确,结合多元视角。品牌生态理论告诉我们,品牌得以持续发展,品牌竞争力得以持续提升,源于以品牌价值为核心动力,以消费者为导向,并将品牌价值发展为品牌价值链。作为儿童戏剧节的主要产品,剧目理应顾及顾客需求,而绝非仅是艺术家的艺术追求。出于品牌发展与市场考虑,儿童戏剧产品应体现儿童戏剧节品牌核心价值,满足顾客体验价值,而绝非领域里的孤芳自赏,内卷式发展的“玩物”。由此,我们可以参考丹麦国际儿童戏剧节顾客共创模式,基于广泛的消费者调查,顾客反馈、参与,再结合艺术家的艺术造诣,创作出能够满足观众需求的作品。

其三,打破传统的剧目创作动因,除以消费者需求为导向进行创作外,还可以其他利益相关者的需求为导向。在剧目的初期设计阶段便可基于其他利益相关者的需求与特点,如作为场地供应的某景区,我们完全可以依据当地传统故事或其他文化背景,创作出可与旅游、餐饮等其他互补类品牌产品密切结合的作品,拓展利益相关群体的同时,也达到互补共赢的目的。

其四,拥抱时代,融合最新技术。顾客购买、体验产品的方式变得多元,看似紧密影响的是价值链的终端,实则波及的是整个链条。以往经验告诉我们,产品所能提供的服务与顾客习惯不符时,往往带来的是淘汰,而技术带来的恰恰是消费者习惯的改变。当然,如今最明显的是网络发展造就的线上体现方式,这对于剧目创作方式似乎并未带来较大冲击,但若随着技术进一步提升,如虚拟现实技术(VR)、全息技术等视觉技术的进一步普及,而原创作品仍维持传统创作模式,那么必然又一次步人后尘。于此,爱丁堡儿童戏剧中一些尝试便值得我们深思和考虑,如通过虚拟现实技术,让观众以第一人称进行戏剧角色体验等。

(二)提升品牌价值运营环节质量——注重品牌生态系统整体效益

1.建立生态型中国国际儿童戏剧节运营模式

(1)重塑理念

构建中国国际儿童戏剧节首先要明确定位——儿童戏剧的最终呈现是以满足儿童的精神需求为核心的,在价值创造阶段,首先要明确儿童戏剧节的定位与宗旨——要以儿童为核心,将儿童的身心健康与发展放在首位,而中国国际儿童戏剧节的理念需要进行重塑,不仅在节事举办的各方面秉承这一宗旨,更是要塑造国际性、精品性的理念。将品牌生态链上的各品牌通过共同的价值观进行甄别和统筹,将"志同道合"的利益相关者纳入品牌生态价值链,以保证中国国际儿童戏剧节的质量。如在剧目的选择中,选取国内外精品剧目进行展演,在其他活动内容的设计中,将利于儿童身心发展作为指标,并由此来建立中国儿童戏剧节品牌生态系统间各利益相关者的互动关系。

(2)整合资源

打造中国国际儿童戏剧节新型运营模式,首先需在运营过程中整合各方资源,并促进各个资源信息、物质、资金等流的转化,形成联动效应。结合各地背景,首先要整合举办方各地的旅游资源、政府资源,为中国国际儿童戏剧节吸引资金流、供应商资源,利用各地的先天优势,如交通便利的环境资源、自由贸易区的丰富人流量资源、旅游古城的历史古韵资源,将中国国际儿童戏剧节打造成国际性节日的集散地。其次整合供应端资源,发挥中国儿童戏剧节本身的影响力与资源优势,对品牌价值链上的供应端利益相关者赋予品牌价值,将原创儿童戏剧人通过作品结合起来,通过委托的形式让国内外优秀的剧作家、导演进行互动,碰撞出火花,生成中国儿童戏剧节委托作品、中国儿童戏剧节精选原创儿童戏剧作品等,不仅参与国家级评奖,更在戏剧节着重宣传;通过竞赛的形式,鼓励更多的原创剧作家进入儿童戏剧的行业,每届评选出中国儿童戏剧节最受欢迎作品得主,最终完成品牌价值链供应链端的扩张,推动儿童戏剧品牌生态核心竞争力的持续成长。

整合互联网用户群体资源。在消费链扩张的过程中,可以充分利用现有的各大网络平台(像微信、抖音这种互联网品牌),充当媒介(因这些互联网平台直接就具备自身的用户群体),将用户从其现有流量中挖掘出来,再利用平台的大数据推送机制,通过视频号、抖音等短视频形式输出内容,加上专业的平台运营团队进行运营,以最直观的形式将优质的内容传播出来,并通过粉丝的形式打造自己专属的私域流量群,最后借助微信群、抖音群等私域流量群聊维护的形式吸纳中国儿童戏剧节第一批忠实消费者,打造用户积攒的合理闭环。

(3)开放发展

在营销环节,中国国际儿童戏剧节要多渠道、多视角地去渗透中国儿童戏剧节的宗旨、作品乃至品牌生态链供应端的各个吸引点。首先,自建渠道,完善自身官网,一方面,利用互联网热点造势，加大网站点击量；可以通过家长“炫娃”心理、“猎奇”心理、“育娃吐槽”心理将戏剧节节事热点、亲子热点、育娃难题热点等将网站发展成与家长沟通的窗口，进而扩充戏剧节的曝光度。另一方面，通过用户点击量吸引互补品牌加盟，进一步丰富线下国际儿童戏剧节的内容。其次，拓展渠道，可以结合各地连锁餐饮品牌、酒店等，还可以结合商场、国内各个小型儿童戏剧中心，甚至是儿童艺术培训中心等，举行小型儿童戏剧观游会、儿童戏剧观赏试点。儿童戏剧多为小型演出，对服化道要求不是很高，而观游会的设置也是大面积地在儿童中间扩充影响力，如可以与服务至上的餐饮品牌海底捞谈合作，设立小型儿童观剧试点，不仅可以缓解家长带孩子等位的尴尬，还可以在年轻人群体扩散影响力。也可以建立互通渠道，在互联网极度发达的今天，与消费者的接触面越大，曝光度就越大。可以利用微信现有资源开发微信小程序，开放原创作品征集、演员征集等端口，模仿抖音短视频拍摄原创征集手段，使更多对儿童戏剧创作感兴趣的人能够迅速对接到编剧、导演和演出团队，完成从创编到整体舞台呈现的小戏剧形式，抛开舞台背景、场地的约束而在演出体量上以小体量形式呈现，如日本道化剧团的《小火车变变变》类型的剧目，整个观剧流程简约便捷化；再模仿外百老汇的形式，为中国国际儿童戏剧节的品牌价值赋能，将征集到的戏剧以试点观看的形式展现出来。这种以品牌生态视角的传播方式，可以使中国国际儿童戏剧节品牌用开放的眼光实现发展，有利于促进整个行业的产品品质改善和社会信任建设，同时秉承协同共进的原则，整合资源，推动产业进步。

2. 建立格式塔式品牌与消费者共创价值生态系统

“格式塔”原理的核心是知觉整合，是“完形”，是在感知到某一局部的信息后倾向于整体建构，是主体对客观事物的动态把握。① 格式塔品牌就是适应消费者的需求并接纳消费者参与成为品牌价值要素的品牌形态，消费者已经不能仅作为价值链条终端的角色了，他们渗透于整个品牌生态系统中的各个环节，对自己所感兴趣的品牌提出自己的需求，并对产品的改进表达自己的意愿。

通过品牌生态系统的视角来看，只有品牌企业率先将自己打造成为格式塔品牌，才能构建优质的品牌生态系统——不仅要与品牌价值链各端建立稳固的关系，也要与消费者建立稳固的价值共同体，建立消费者与品牌生态系统各环节的沟通桥梁。这就要求中国国际儿童戏剧节品牌将自己打造成格式塔品牌，在戏剧节的运营过程中为国内外消费者开放端口，共创价值。消费者通过与品牌、品牌生态系统进行多层面、近距离的接触，来认知品牌的价值信息，这一过程有利于品牌生态系统的扩张，开放消费者与中国儿童戏剧节的互动媒介，还可以与儿童戏剧节的潜在用户达成深度的沟通。

在中国国际儿童戏剧节举办前期，可以收集观众对剧目内容的需求，并将需求总结为征

---

① 张佰明：《“格式塔”品牌与消费者共创价值生态——基于价值连接的视角》，载《现代传播（中国传媒大学学报）》2016 年第 6 期。

集主题公布到社会，使儿童剧业内人士参与进来，一同进行创作排演；以城市为据点，与当地各个学校合作，再以每个学校作为小单元，由儿童和家长组成大众评审团队，对想要在中国国际儿童戏剧节上演的剧目进行甄选、投票，将优质的、契合观众需求的剧目选出来，最终放到戏剧节上进行展演。在戏剧节举办方面，征集儿童家长意见，可以发起如"儿童理想国"节日创意征集活动，让活跃的儿童与家长共同参与到节日的前期筹划中，将儿童戏剧节打造成儿童与家长心目中理想的样子，使节日真正变成一场大型的释放天性、洗涤心灵的活动；在中国国际儿童戏剧节举办期间，可以以剧院为据点，增加观众与演员互动的环节，如对观众席设计"定格瞬间"拍照记录成长环节，对每一场的观众进行拍照留念，记录观看剧目时的表情和动作，建立成长档案，增加受众黏性。在中国国际儿童戏剧节举办过后，积极维持戏剧节与儿童家长的互动关系，发起各种投票、点赞、评论、抽奖、赠票等活动，促使家长和儿童在互联网媒介上为成长档案进行投票、点赞、评论，由此可以带动亲朋好友参与进来，甚至带动社区、城市的儿童戏剧传播氛围；也可以收集当下儿童刊物、绘本等儿童文学，发起主题读书等各种活动，进而为下一次儿童戏剧节的开展持续造势，提高影响力。

将中国国际儿童戏剧节打造为格式塔式品牌，在儿童戏剧节的举办前期、中期、后期建立互动媒介，将官网维护成消费者与儿童戏剧价值共创的窗口、作为儿童戏剧品牌价值输出的最直观媒介。官网作为展示的窗口的同时，也是作为儿童、家长与中国儿童戏剧节长期互动的入口，可以效仿儿童电视节目上设置的"知心姐姐帮帮忙"栏目，号召儿童和家长打开心扉，投稿在育儿方面遇到的困难，并将投稿对接到导演、编剧，为其创作提供素材；将投稿的家长、儿童分别拉到不同的交流群，邀请儿童心理学家定期做客，在群里开设直播课程等。利用一系列的活动，将儿童剧受众融入品牌价值链，使受众参与到儿童剧目的构思、创作、排练、演出等各个环节，打破儿童戏剧对儿童单向输出的状态，也打破儿童家长与儿童剧之间的壁垒。

（三）建设价值共创生态链网络——推动品牌生态系统规模扩张

1. 打造共享型中国国际儿童戏剧节巡演路径

（1）品牌共享

中国国际儿童戏剧节以自身品牌价值为品牌价值链的核心，带动其他利益相关者在品牌价值链上共享价值成长带来的价值增值，而共享型的儿童戏剧节就是以更加开放的心态建立起中国国际儿童戏剧节品牌共享。如剧目品牌共享——通过出品、委托原创作品，将优秀的作品冠以中国国际儿童戏剧节品牌认证，为优秀剧目冠以"中国国际儿童戏剧节精选作品""中国国际儿童戏剧节票房大热作品"等名称，或将优秀作品指定为"中国国际儿童戏剧节预选作品"，使中国国际儿童戏剧节剧目的精品性植入消费者心智，持续带来剧目品牌的增值。

（2）观众共享

通过观众共享，实现国内外儿童戏剧观众的大幅拓展，将国内外儿童戏剧市场的竞争者改变为合作共享的联盟关系,并与国内外其他儿童戏剧节联盟,各自找准生态位,并产生良性竞争关系,将国内外儿童戏剧观众在行业内共享,形成规模效应。将剧目翻译成各国语言,并通过对国际上其他国家、国内各个地区观众性格、喜好分析,开辟出一条共享型巡演路径,将优质作品通过巡演赋予更高的影响力,增加全行业的价值认同感。

(3)媒介共享

在互联网极速发展的今天,直播也成为演艺行业演出的工具,直播演出以不限地点、方便快捷的优势,成为演艺行业将线下演出转为线上活动的工具。2020 年,各大演艺公司纷纷尝试将演出由线下转为线上,如国家大剧院的在线直播演出、各个线上演唱会的举办,这也进一步使线上直播演出的工具和技术越来越成熟。中国国际儿童戏剧节可以通过线上直播的方式在演出市场占领一席之地,通过互联网平台的搭建,以比赛、投票的形式票选出平台直播的头部剧目,并采取会员付费的形式,直播国内外优质剧目,加快国内外儿童戏剧节行业的产业互联。

(4)场地共享

不仅要实现线上媒介的共享,还可以实现线下巡演场地的共享,将流量群体变现"反哺"到线下巡演活动中,在这个过程中,根据实际情况制定最适合的国内外巡演路径,集结路径中各品牌端(如当地儿童剧院、小型儿童戏剧中心,甚至是餐饮、酒店和旅游业),通过线上模拟演出路径、推荐优秀剧目并提前售票,线下场地共享的方式,打造新型巡演模式。

传统的儿童戏剧节模式是在固定的演出场地中,以年为时间周期,在某个固定的时间段内,以剧目展演的形式向观众呈现的;而建立在互联网平台基础上的中国国际儿童戏剧节,将资源整合之后,可以开放共享的心态促进国内外合作伙伴的价值认同和共同发展,将儿童戏剧节打造成共享型国际儿童戏剧节巡演新模式。

2. 构建中国国际儿童戏剧节生态型互联网络

(1)中国国际儿童戏剧节模式红皮书

想要将在中国国际儿童戏剧节中发展起来的各个品牌生态价值链连接成品牌生态价值网络,那么要借助互联网的力量,建立基于中国国际儿童戏剧节模式研究和创新服务的在线数据库,将中国国际儿童戏剧节的发展与其他相关信息公之于众,吸引儿童戏剧相关从业人员了解戏剧节的品牌生态观,并为促成不同的国际儿童戏剧节搭建桥梁,进而将平台打造成为各地国际儿童戏剧节举办的入门红皮书;同时结合全国各地儿童戏剧剧院,在全国建立起儿童戏剧节联盟,让国内儿童戏剧节的举办有章可循、有走通的模式可以效仿,将中国国际儿童戏剧节的运营模式复制、赋能到地方各个戏剧节、剧院团中,而地方各儿童戏剧节的举办,又能为中国国际儿童戏剧节品牌生态系统拓展价值网络。

(2)中国国际儿童戏剧行业内部数据库

行业内部数据库的建立是整个行业基础信息得以展示、集结并展现行业内部资源的关键。建立互联网络的儿童戏剧行业内部数据库包括两个方面：首先是戏剧剧目的数据库——主页展示行业内优秀的儿童戏剧剧目的基础信息、演职人员表，并将其按照年龄、演出类型、题材等归类；其次是国内国际剧院团数据库——上传所有国内外知名儿童艺术剧院团体的信息，标注演出信息和场次，并吸引和统计儿童戏剧从业者、各地方小型儿童戏剧中心、儿童戏剧教育机构注册成为会员，发布作品和演出信息。最后是定期推出国际国内儿童戏剧的年报、月报和周报，以及其他类型的定制报告，供行业同行参考研究。

（3）儿童戏剧交易所

发展中国国际儿童戏剧品牌生态系统网络，需要在儿童戏剧内部建立起资源流动、行业信息互通的多个品牌生态价值链，这不仅是一条以中国国际儿童戏剧节品牌为核心的品牌价值链，也是生成包括国际上所有儿童戏剧的创编、制作、发行、融资多个品牌的品牌价值链，将互联网平台打造成儿童戏剧的交易所。注册成为会员的行业内部人员，可以通过发布剧目信息招聘演职人员，优秀的儿童戏剧导演、编剧等也可以通过平台进行融资，此举有利于进一步扩大行业内部人员队伍，也可以营造良好的竞争氛围；此外，品牌生态系统中的每一个因子都可以找到连接点，补足自己欠缺的一部分。

（4）创新作品实验室

以创新作品实验室为概念，汇聚中国国际儿童戏剧节更多创意思想，帮助原创儿童戏剧制作人与海内外更多对儿童戏剧有不同需求的公司牵线搭桥，根据剧目内容定向研发创新全流程的服务，使创意想法得以培养和实现，打造出一个个独具特色的“IP”。还要培养新晋人才，使知识流、信息流能够进行互通，开设儿童戏剧制作、编剧、导演、管理人才大师班，以概念结合实践的方式，与各地儿童艺术剧院、团相结合；课程导师的涉猎要广，应包括国内外著名导演、演员、儿童戏剧从业者、知名制作公司的部分负责人等，积极引导人才进入儿童戏剧行业，也引导行业内部人才转型成全能型选手，促进行业内部学习和交流。

综观上文的脉络我们可以看出，根据前面对 3 个儿童戏剧节的分析，绘制出的中国国际儿童戏剧节蓝图包括国内外供应商、其他为戏剧节提供内容的供应商、品牌企业、分销商、品牌终端，以及在互补品牌、服务种群围绕下的品牌生态价值链，并从静态与动态的视角描绘品牌生态系统的核心品牌价值链的构成。而发展品牌生态价值链要进行利益相关者的识别，并发展原创作品持续提升品牌价值。中国国际儿童戏剧节的运营要统筹内外部资源，在识别出利益相关者后，在运营过程中，要对品牌生态系统中的各组成成分进行有效管理。品牌企业作为品牌生态系统的核心品牌，需要对品牌价值链上各企业进行管控，做到有的放矢。将企业内部外部的资源利用率提高，赋予品牌价值链上企业品牌价值，不仅可以在品牌的价值创造、传递等各环节实现各个品牌的协同发展，更能促成品牌价值最大化。在这个过程中，品牌价值链成功经营的关键在于，品牌经营者要树立大局意识、开放共享的观念，应以开放的心态与利益相关者共存、繁荣、发展，建立健全品牌价值体系的价值创造机制和利益共享机制，促进价值链的规模扩大和质量提升。

在中国国际儿童戏剧节品牌生态系统中,供应链端品牌、品牌中心或消费链端品牌以及各个品牌利益相关者之间以中国国际儿童戏剧节中的强势品牌为主导品牌,通过对其进行资源互通、价值经营,一条以中国国际儿童戏剧节为核心的品牌生态价值链得以发展成以多个强势主导品牌为中心的品牌价值链;不仅可以提供良性、有机的儿童戏剧生态循环,将各个生态链品牌通过平台进行展示,也得以通过平台拓展新的价值。价值链间的资源置换和优势互补,又得以铺开一张巨型的生态价值链网络,进而实现价值网络上各个环节的价值也能创造出更多的消费者价值,这也是实现品牌生态系统中各品牌间互通有无、资源置换的关键。

五、结语

品牌生态系统的全方位视角已经在不少行业有所应用,在信息化、互联网化的今天,中国儿童戏剧节的发展不仅要搭上教育改革、亲子热的“顺风车”,更应顺利完成从传统向生态化发展的转型。虽然中国儿童戏剧还存在经验不足、管理不善等问题,但中国的儿童戏剧节市场前景非常广阔,随着宏观政策环境的良好走势、国力的逐渐强盛,儿童精神文化发展会越发受到重视。作为儿童精神文化的输出口,在儿童戏剧节的品牌生态化道路上,会涌现出更多小规模的初创企业致力原创优质内容的打造,也会有更多的儿童戏剧从业者背靠中国儿童戏剧节这棵大树而生长出自己的根基。

我国儿童戏剧节品牌生态圈的打造,不仅要以丰富心灵、开阔眼界、寓教于乐为主旨,为儿童构建糅合教育性、娱乐性、艺术性于一体化的心灵栖息地,更要以品牌生态系统的视角来进行发展模式的探究,背靠政策、受众和市场,依托庞大的资源优势,培育出更多的品牌生态价值链条,完善行业标准,逐渐发展成稳固的儿童戏剧品牌生态价值网络,在保证经济效益的同时,达到更好的社会效益。

案例8
文化企业融资租赁研究

随着我国文化产业的发展，文化融资方式日益多元化。当前，融资租赁①作为一种适用于文化产业的新兴融资方式，能有效地帮助文化企业获取资金，缓解文化企业融资难、融资贵和融资慢等问题。本文从文化企业融资租赁的现状出发，结合文化企业成功的融资租赁案例，探索文化企业融资租赁适用的模式及相关配套体系。

一、研究背景与研究现状

（一）研究背景

文化产业作为21世纪的朝阳产业，具有高知识性、高附加值和强融合性等特点。近年来，我国文化产业增长较快（见图8－1），规模不断扩大。据国家统计局的数据，2021年我国规模以上文化及相关产业企业营业收入超119,000亿元，较2020年增长16.0%。

文化产业的繁荣需要金融业的大力支持。为有效实现金融资本与文化产业的对接，2010年中央宣传部、财政部等九部委联合发布《关于金融支持文化产业振兴和发展繁荣的指导意见》，随后出台了一系列金融支持文化产业发展的政策。在政府的推动下，无形文化资产的融资租赁于2015年《北京市服务业扩大开放综合试点实施方案》发布后进入试点阶段。

---

① 融资租赁，是指出租人根据承租人对租赁物和出卖人的选择，向出卖人购买租赁物，提供给承租人使用，承租人向出租人支付价款，租赁期内租赁物的所有权归出租人所有，承租人拥有租赁物的使用权。

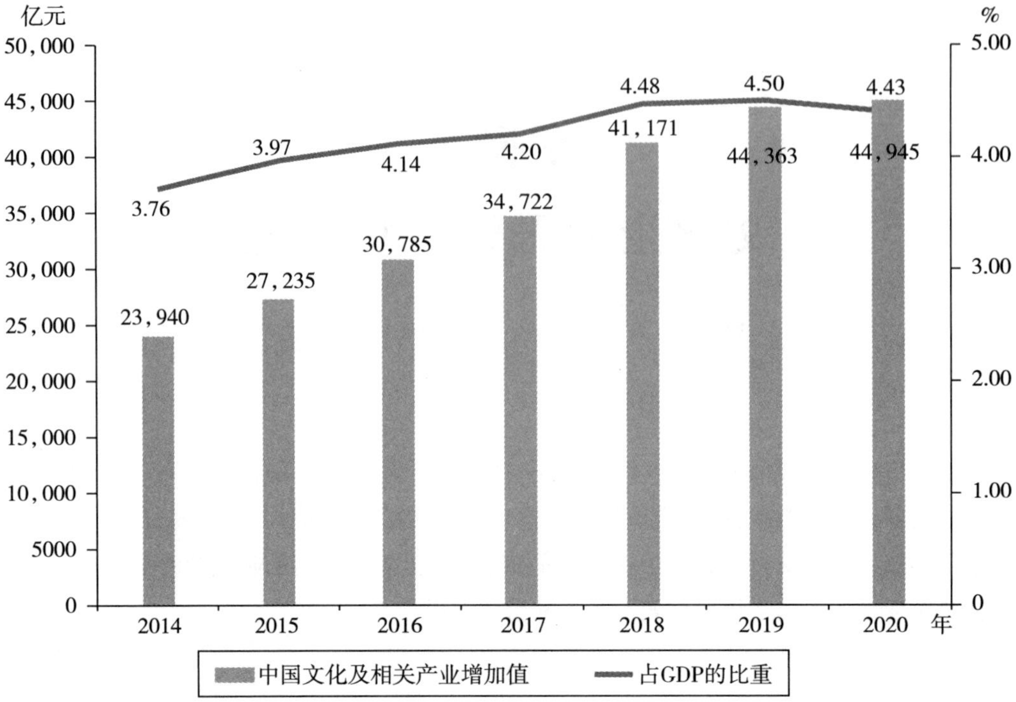

图 8－1　中国文化及相关产业增加值与其占 GDP 的比重

资料来源:国家统计局。

资金是文化企业发展的持续推动力,但融资难、融资贵、融资慢等问题一直存在,制约着企业发展前进。2020 年,文化企业遭受前所未有的挑战,急需金融力量的纾困。基于此,本文从文化企业①融资租赁的现状出发,结合文化企业成功的融资租赁案例,研究文化企业适用的融资租赁模式及相关配套体系。

(二)研究现状

笔者通过查阅“中国知网”,以“文化融资”“文化融资租赁”“文化企业融资”“文化企业融资租赁”为关键词进行文献搜索,检索结果如表 8－1 所示。

① 罗铭、吴杰和蒋建国在《文化企业经营与管理》一书中提到:企业,是指从事生产、流通、服务等经济活动,以生产或服务满足社会需要,自主经营、独立核算、依法设立的一种营利性的经济组织。由于篇幅所限,本文所讨论的文化企业仅为从事广播影视和演艺作品内容制作及舞台技术的营利性经济组织。

表 8－1　中国知网文献搜索统计

单位:篇

搜索字段	"主题"搜索	"篇名"搜索	"关键词"搜索
文化融资	1261	1226	3
文化融资租赁	580	9	0
文化企业融资	1222	340	2
文化企业融资租赁	4	1	0

注:搜索文献截止时间为 2022 年 8 月 20 日。

通过检索各类文献发现,文化融资已有较丰富的研究成果,文化企业融资得到学者们的关注,而文化融资租赁及文化企业融资租赁的研究较少。笔者将阅读的国内外文献分成文化融资研究、文化产业融资研究、文化企业融资研究和文化融资方式研究四大类。

1. 文化融资研究

各国的文化融资由国家传统和企业与文化的关系决定,在这样的情况下,各国的政府、企业和个人对文化活动的支持不尽相同,奇日科夫(Chyzhykov V. M.)提出可分为 4 种融资技术:实施国家文化方案,以预算转移的形式向国家博物馆、档案馆、图书馆提供直接的资金;各级政府共同对地区文化机构和投资项目出资;政府和私人企业共同资助文化遗产、音乐、戏剧节、展览等;通过慈善基金会、公共文化机构和艺术家协会等中介组织获取资金①。

美国文化的资金主要通过自有活动收入、投资收入、国家预算、个人及企业和基金会的支持来提供,国家对文化的支持比例较小,其更多是通过提供税收优惠,在其中发挥间接的辅助作用,推动个人和企业赞助文化机构。巴西的文化融资包括文化和艺术投资基金、税收激励和国家文化基金,税收激励是巴西最主要的文化融资方式,占比 90.8%,②其通过实施《文化激励法》,来支持文化项目的人可以在法律允许的百分比内,从应付税款中扣除全部或部分已支付的金额。乌克兰采用直接与间接的方式参与文化融资,直接融资是使用国家和地方预算,间接参与融资即为预算机构和文化机构提供某些特殊权利,以使其更有效地使用自有资金。③ 日本在文化融资上,采取财政预算、基金资助、税收优惠和企业赞助等方式,其中 2016 年企业赞助文化活动达 205 亿日元。韩国的文化融资在政府主导下形成多层次的资金扶持

---

① Chyzhykov V. M., *Cultural Financing*: *Foreign Practice*, 90 Menedzhment u sferi kuljtury(2014).

② Camila Furlan da Costa, Igor Baptista de Oliveira Medeiros, Guilherme Brandelli Bucco, The financing of Culture in Brazil between 2003 and 2015: A Path for Generating Monopoly Rent, Revista de Administração Pública-RAP, 2017, 51(4):523.

③ Sudarenko Olena, Senchenko Lyudmyla, Financing of Culture as One of the Ways for Solving Socio-cultural Problems. National Academy of Managerial Staff of Culture and Arts Herald/Вісник Національної академії керівних кадрів культури і мистецтв, 2019(2):222.

体系,其最主要的融资模式为政府直接投资。① 在法国,99%的文化活动资金由国家支付,1%由赞助人提供。奥地利中央预算中很大一部分用于表演艺术,占比达46.6%。意大利、荷兰和瑞士中央预算的39%~44%用于博物馆、档案馆和建筑纪念碑②。

在文化融资实践上,瓦皮恩斯卡·哈利纳(Łapińska Halina)提出波兰权力下放导致文化融资发生改变,其地方政府部门承担着公共文化支出的主要部分,在文化领域发挥更大的作用。③ 奇日科夫谈到美国部分人反对国家干预或直接参与文化管理,在某种程度上,国家的干预会抑制艺术灵感,且将品位标准强加于人。④ 卡米拉·弗兰·达·科斯塔(Camila Furlan da Costa)等认为,巴西目前的文化融资政策把项目融资决策权转移至市场,使市场产生垄断性租金,文化项目被少数制作人和基金会垄断,这种融资模式可能会对巴西文化生产造成严重障碍,因此需要对其进行改革。⑤

文化融资研究方面的文献多从国家层面出发,对各国的文化融资模式进行介绍与分析。笔者在文献梳理过程中发现,向文化机构及资助文化机构的个人、企业提供税费和手续费优惠是一种较常用的文化融资方式,其能有效地支持文化机构和艺术家进行创造性工作或学习,推动文化的发展。

2. 文化产业融资研究

文化产业融资渠道逐渐丰富与成熟,政府资金主导的情况也有所改变,但文化产业融资难的问题仍然存在。孙俊新认为,文化产业存在市场化程度低,法律保障机制不健全,项目存在投入高、周期长、无形资产多等问题。⑥

部分学者对文化产业融资的研究以省份为例,根据各省份文化产业融资现状,提出建议。广东省文化产业的规模位居全国前列,黄剑等通过分析广东省发展现状、政策环境和融资情况,发现广东省文化产业存在地区发展不平衡、增长乏力等问题,应建设多层次的文化产业投融资体系。⑦ 浙江省作为文化大省,对于文化产业仍存在融资难的问题,杨行翀和李正明提出浙江省政府、商业银行、中介机构和文化企业需要共同努力创建文化产业知识产权质押融资模式⑧。

---

① 王欣:《韩国发展文化产业融资政策及其启示》,载《经济研究导刊》2014年第2期。

② Chyzhykov V. M., *Cultural Financing: Foreign Practice*, 90 Menedzhment u sferi kuljtury(2014).

③ Łapińska Halina, Financing of Cultural Institutions by Local Government Units on The Example of Bielsko-Biała Theatres, Scientific Journal of Bielsko-Biała School of Finance and Law/Zeszyty Naukowe Wyższej Szkoły Finansów i Prawa w Bielsku-BIałej, 2018(1):7.

④ Chyzhykov V. M., *Cultural Financing: Foreign Practice*, 90 Menedzhment u sferi kuljtury(2014).

⑤ Camila Furlan da Costa, Igor Baptista de Oliveira Medeiros, Guilherme Brandelli Bucco, The financing of culture in Brazil between 2003 and 2015: a path for generating monopoly rent, Revista de Administração Pública-RAP, 2017, 51(4):509.

⑥ 孙俊新主编:《文化投融资》,对外经济贸易大学出版社2015年版,第42~44页。

⑦ 黄剑、黄锐、郑杰:《广东省文化产业发展的金融支持体系研究》,载《南方职业教育学刊》2014年第5期。

⑧ 杨行翀、李正明:《浙江特色文化产业知识产权质押融资模式研究》,载《湖北经济学院学报(人文社会科学版)》2017年第10期。

除根据省份研究文化产业融资外，部分文献聚焦文化细分产业。2017 年，贵州安顺少数民族蜡染文化产业产值超 1 亿元，孙璐根据该产业发展的不同阶段，提出结合众筹及供应链融资来优化融资模式。①

文化产业融资相关的文献以宏观层面为主，大多通过研究当前文化产业的融资模式，使用模型测算融资效率，分析其中存在的问题，提出建议。此类文献对本文分析文化融资租赁现状有一定的参考作用。

3. 文化企业融资研究

中小企业在发展的过程中面临巨大的资金压力，融资需求相对较大，但其在融资时普遍面临融资难、融资贵、融资慢等问题，这种情况在文化企业中表现得更突出，融资困境制约文化企业的成长。

文化企业之所以融资难，从金融机构的角度来分析，原因主要有：中小企业平均生命周期为 3.7 年，②难以形成持续稳定的经营预期；企业尚未有清晰的盈利模式，内部管理不规范，制度不健全，财务数据不透明、不准确，可信度较低；企业以内容创意为核心，而创意本身具有不可估摸性，其能否成功取决于市场，一旦失败，为此付出的成本难以收回；企业固定资产少，多以无形资产为主，缺乏可抵押资产，且评估无形资产尚存在难度，市场价格难以确定；文化项目投入高、周期长，市场难以预测，收益不可预见性高，且具有一定的政治风险。

从中小文化企业自身来看，也有抑制其负债融资的内生因素：企业为了获取资金，往往会投入大量的时间、金钱和精力，这使原本就缺乏资金的企业面临更困难的处境；③企业所有者担心融资将影响其控制权，因此当企业预期增长可能导致所有者失去控制权时，其会产生很强的抑制作用。④

对于如何解决文化企业融资难这个问题，学者提出了不同观点。甄烨等人认为，文化保险能帮助文化企业降低经营不确定性，在一定程度上也减少了银行贷款的风险。⑤ 文化企业融资能力除受外部因素影响外，也与企业自身的情况相关，汪俊秀指出，文化企业应通过改进管理模式、改革财务制度和提高企业自身的信用等级的方式来提升融资能力。⑥

文化企业融资的文献主要从金融机构和中小企业的角度来分析为什么存在融资难的问题，并结合模型和理论，研究融资相关因素对企业的影响。本案例的研究对象为文化企业融资租赁，上文文献提供了有益的启示。

---

① 孙璐：《安顺少数民族蜡染文化产业融资模式研究》，贵州民族大学 2019 年硕士学位论文，第 55 页。

② 汪俊秀：《中小型文化企业融资困境与对策——以广州市为例》，载《经济研究参考》2017 年第 67 期。

③ 孙俊新主编：《文化投融资》，对外经济贸易大学出版社 2015 年版，第 42 页。

④ Davidsson Per, *Entrepreneurship—And after? A Study of Growth Willingness in Small Firms*, Journal of Business Venturing, Vol. 4(3), p. 211(1989).

⑤ 甄烨、王文利、薛耀文：《基于保险的文化创意企业融资风险管理研究》，载《经济问题》2018 年第 3 期。

⑥ 汪俊秀：《中小型文化企业融资困境与对策——以广州市为例》，载《经济研究参考》2017 年第 67 期。

4. 文化融资方式研究

文化企业融资时，可选择内源融资、信贷、融资租赁、众筹、债券、上市等融资方式。

(1)融资租赁

文化产业融资租赁包括传统的设备融资租赁和无形资产融资租赁，其业务模式可采用直接租赁、售后回租等。当前，融资租赁有在部分文化细分产业中应用。2015 年，珠江金融租赁有限公司在文化旅游产业投放 6 笔，业务均采用售后回租模式，标的物选择景区设施、游船、滑雪场设备等，承租人的资金主要用于景区内基础设施建设。① 远东国际融资租赁有限公司自 2008 年开始探索文化传媒领域，业务主要面向广播电视台、新闻出版、广告等文化传媒细分领域，赵光明也谈到，企业为了更好地规避风险，其目标客户群应转至大型文化传媒企业。②

学者认为，开展文化产业融资租赁存在以下难题：文化细分产业众多，细分领域的模式、特点、客户群各不相同，融资租赁公司缺乏既懂文化又懂金融的复合型专业人才，短期难以扩大业务规模；③融资租赁标的物和租赁期限难以确定，④且标的物多为专用性资产，风险大。

目前，有关文化融资租赁的文献多以融资租赁公司为例，以分析融资租赁公司的融资渠道与业务营销策略为主，而真正聚焦文化融资租赁本身的研究较少。本案例将试图从文化融资租赁发展现状出发，探索文化企业适用的融资租赁模式及相关配套体系。

(2)其他融资方式

信贷是企业主要的融资方式。近年来，在政府的推动与支持下，商业银行加大力度支持文化企业，助力文化产业的发展。2007 ~ 2021 年，我国 30 家银行共发行文化信贷产品 42 款。⑤ 虽然文化信贷在产品研发、简化审批流程、优化授信模式等方面已取得一定成果，但仍存在以下问题：支持文化企业融资的银行少，总体信贷力度不足；市场缺乏无形资产交易合作机构；⑥尚无有针对性的文化企业信用评级体系，文化信贷专属产品有限，贷款对象倾向大型文化企业；文化金融专营银行多以试点方式进行，仍处于摸索阶段，缺乏完善的顶层设计，专业化程度不高。⑦

众筹作为一种新型的融资方式，给文化产业融资提供了新思路。安吉莉卡(Angelika Kędzierska-Szczepaniak)指出，在波兰众筹市场上，转移至文化领域的资金正在增长。⑧ 罗

---

① 李晓：《旅游业融资租赁模式及相关影响因素研究》，广东财经大学 2017 年硕士学位论文，第 24 ~ 26 页。

② 赵光明：《A 公司文化传媒融资租赁业务营销策略研究》，山东大学 2018 年硕士学位论文，第 28 页。

③ 赵光明：《A 公司文化传媒融资租赁业务营销策略研究》，山东大学 2018 年硕士学位论文，第 31 页。

④ 杨光、尹君、谢家平：《文化创意产业融资租赁发展的问题及对策研究》，载《现代管理科学》2016 年第 8 期。

⑤ 金巍：《行业讯息 | 金融创新："加持"文化产业》，载微信公众号"亚洲艺术品金融商学院"2023 年 6 月 26 日，https://mp.weixin.qq.com/s/4XtDCRvtDenqqEpk9r9XrA。

⑥ 朱琳：《银行融资对文化创意企业成长性影响的研究》，浙江工业大学 2017 年硕士学位论文，第 25 页。

⑦ 施科军：《文化金融专营银行运营模式设计与管理研究》，宁波大学 2018 年硕士学位论文，第 30 ~ 32 页。

⑧ Angelika Kędzierska-Szczepaniak, Joanna Próchniak, Financing of Cultural Projects Through Crowdfunding Platforms in Poland Using the Example of Wspieramkulture. Pl, Management Sciences. Nauki o Zarządzaniu, 2018, 23(3): 20.

伊·戴维森(Roei Davidson)以脚踏起动(Kickstarter)众筹平台为例,认为社交媒体已逐渐成为众筹的一部分,其将对文化众筹产生潜在的排斥效应。①

除以上的融资方式外,资产证券化、"新三板"优先股和版权质押融资也是未来文化产业融资的重要方式。其中,费翰青指出,单独的文化类资产难以在市场上发行资产证券化产品;②熊燕根据中视文化发行优先股的动因、效应以及风险,得出优先股的发行能提高企业短期偿债能力、改善资本结构以及降低融资成本的结论。③

研究其他融资方式的文献较多,其主要选择有代表性的案例,分析融资方式的效果、作用、影响因素及其不足。这部分的文献使笔者对融资方式有了较全面的了解,这将有助于对比融资方式间的优劣势,从中思考融资租赁如何更好地帮助文化企业融资。

综上所述,笔者通过阅读国内外相关的文献与著作,对文化融资有了较全面的了解。国外的文献多以国家为例,侧重介绍各国的文化融资模式,学者就文化融资实践各抒己见,其主要探讨政府与市场在文化融资中的定位。国内的文献多以文化产业融资、文化企业融资和文化融资方式为研究主题。本案例的研究基于文化企业融资租赁的现状出发,从文化融资方式来看,融资租赁因在我国起步较晚,所以聚焦文化融资租赁的研究尚为缺乏。

国内的文献有一个明显的特点,即学者较多使用模型测算融资相关因素、结构及影响等。这些文章多数选择回归模型分析,以文化上市企业和"新三板"企业作为样本,其不同点主要为模型选取的变量大多不一致,即使偶有出现相同的变量,其变量的衡量方式也会有差异;数据选择上,有采用横截面数据的,也有选取面板数据的。有些学者在使用模型时,则通过多步骤的推导和检验,筛选出最适用的模型,其严谨的测算过程使结论更具说服力,这部分的文章为本文分析文化企业融资租赁提供了有益的启示。

笔者认为,文化产业的发展需要资金的支持,因此在政府扶持的基础上,还需要创新融资方式解决融资难、融资贵、融资慢等问题,以新的模式和理念为文化企业融资提供可行的方案,助力文化产业的发展。在现有的融资方式中,融资租赁虽在我国起步较晚,但笔者认为其可适用于文化产业,且市场潜力巨大,能作为未来文化企业融资的主要方式之一。

基于此,本文从文化企业融资租赁的现状出发,结合文化企业成功的融资租赁案例,分析文化企业融资租赁的特点、作用与存在的问题,探索文化企业融资租赁适用的模式及相关配套体系。此外,笔者也希望本文能在一定程度上弥补文化融资租赁研究的不足,为我国文化产业融资的发展与文化企业融资方式的选择提供参考。

---

① Roei Davidson, *The Role of Platforms in Fulfilling the Potential of Crowdfunding as an Alternative Decentralized Arena for Cultural Financing*, The Law & Ethics of Human Rights, Vol. 13(1), p. 115(2019).

② 费翰青:《WK文化科技融资租赁公司融资渠道研究》,北京林业大学2017年硕士学位论文,第23页。

③ 熊燕:《中视文化优先股融资案例分析》,江西财经大学2019年硕士学位论文,第33~34页。

二、文化企业融资租赁的发展概况与分析

(一)文化企业融资租赁的发展概况

1. 文化企业融资租赁政策

文化产业作为我国国民经济的重要组成部分,在快速建设的进程中,其产业规模稳步提升,产品和服务也不断丰富。近年来,为支持文化产业振兴和发展繁荣,党中央和国务院出台了一系列文化金融的政策与措施。在我国中央政府和地方政府发布的文化金融文件中,《关于金融支持文化产业振兴和发展繁荣的指导意见》和《关于深入推进文化金融合作的意见》是最重要的两份,其内容奠定了文化金融政策的基本框架。这两份文件在文化企业融资租赁的基础上提出,向演艺和影视等文化企业提供融资租赁贷款,逐步扩大了融资租赁贷款的规模。

融资租赁业方面,2015 年《关于加快融资租赁业发展的指导意见》提到,国家鼓励融资租赁公司积极拓展新兴产业市场,拓宽文化产业投融资渠道,且支持其依法办理标的物的抵质押登记。由此可以看出,我国文化产业和融资租赁业正积极推动文化企业融资租赁的发展。

在各地实践中,部分地方政府在国家相关政策的指导下,颁布了文化企业融资租赁的地方政策。例如,《上海市关于深入推进文化与金融合作的实施意见》提出探索设立文化融资租赁公司;广州市人民政府办公厅《关于加快推进融资租赁业发展的实施意见》中提及探索开展文化产业的融资租赁业务;《广州市推进文化金融融合发展的实施意见》中提到,逐步扩大文化企业融资租赁的规模,支持拥有优质无形资产的企业发展,推动文化融资方式在文化金融合作试验区集聚发展。

文化企业融资租赁中与之关系较相关的包括知识产权和无形资产融资租赁,这两方面在政策上也得到部分地方政府的支持。其中,《北京市服务业扩大开放综合试点总体方案》和山西省人民政府《关于新形势下推进知识产权强省建设的实施意见》等文件中提到了试点无形文化资产和知识产权融资租赁。

从现有政策来看,大多数地区的文化企业融资租赁处于探索和试点阶段。近几年,有些城市出台了具体的文化企业融资租赁补贴与奖励政策,如《北京市实施文化创意产业“投贷奖”联动　推动文化金融融合发展管理办法(试行)》提出,文化企业采用融资租赁可享受 20% ~40% 的贴租支持,融资租赁公司可按当年新增的文化企业融资租赁规模予以 1% 的奖励;《广州市黄埔区 广州开发区推进粤港澳知识产权互认互通办法(试行)实施细则》提到,以自有知识产权作为融资租赁标的物的承租人可补贴交易额中 3% 的资金,出租人则根据知识产权融资租赁投放金额的 1% 给予奖励。

2. 文化企业融资租赁业务模式

目前,我国文化企业融资租赁的业务模式主要为直接租赁和售后回租,下文将对其进行

介绍。

（1）直接租赁

直接租赁，是指出租人（融资租赁公司）向承租人（文化企业）指定的出卖人（设备供应商）购买承租人所需的设备，并出租给承租人使用的一种融资租赁模式。租赁期内，承租人享有设备的使用权，出租人拥有设备的所有权。租赁期结束后，出租人按融资租赁合同中的规定，将设备所有权转让给承租人，或继续以收取租金的方式将设备出租给承租人使用。

（2）售后回租

售后回租，是指承租人将自己拥有的资产出售给出租人，然后再以支付租金的方式从出租人那里租回已出售资产的一种融资租赁模式。租赁期内，承租人资产的所有权归出租人所有，承租人只拥有资产的使用权。租赁期满时，双方可就先前的约定，由承租人以名义价格回购租赁的资产，或承租人继续向出租人租赁资产。这种业务模式与直接租赁的区别在于，该模式只涉及两方当事人，其承租人和出卖人均为文化企业，出租人为融资租赁公司。

3. 文化企业融资租赁现状与个案

（1）文化企业融资租赁现状

中登网的数据显示，2020 年我国新增融资租赁登记数量达 211. 10 万笔，同比增长 105. 62%。从 2020 年各行业承租人融资租赁的情况（见图 8－2）来看，绝大多数的融资租赁业务集中于制造业，其占比远超其他行业。而文化、教育、体育和娱乐业的融资租赁期数和金额较少，总体业务量较小。

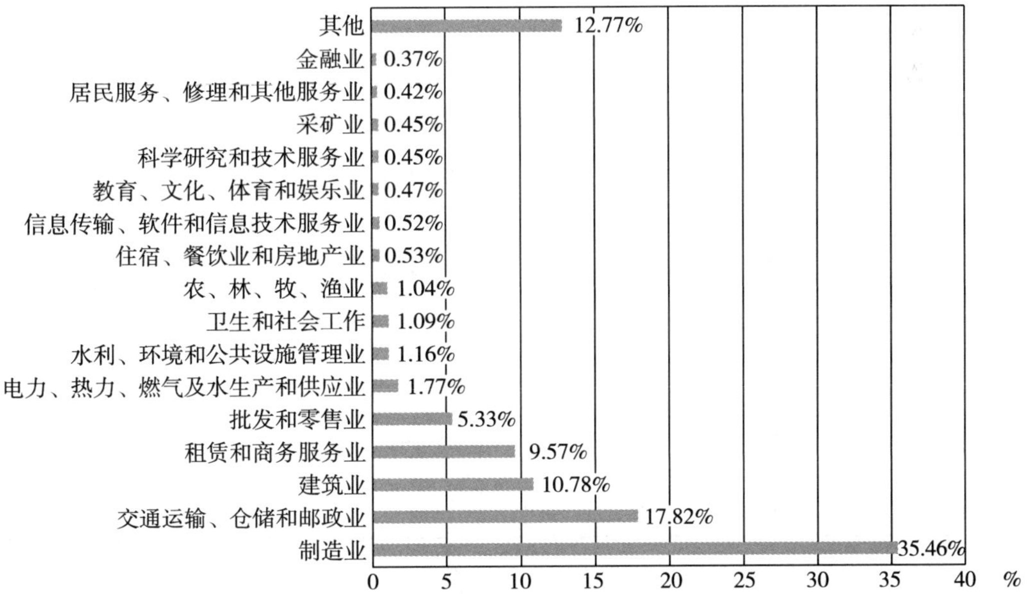

图 8－2　2020 年我国新增融资租赁登记数量的承租人行业分布占比

资料来源：中登网。

笔者根据公开资料进行筛选，在删减掉部分融资租赁信息不清晰（无法判断其当年是否新增融资租赁的企业）的文化企业后，整理得出2019年有9家文化上市及“新三板”挂牌公司通过融资租赁获取资金（见表8－2）。这些文化企业融资租赁的期限从1～3年不等，其融资金额最小是50万元，最大是1亿元，其中，上市公司单笔融资租赁金额的平均值为7000万元，“新三板”挂牌公司的平均值为1101.5万元。融资租赁业务模式方面，除4家未披露的企业外，其余的文化企业均采用售后回租业务模式。

表8－2　2019年我国文化上市及“新三板”挂牌公司融资租赁的情况

承租人简称	租赁利息率	租赁金额/万元	租赁期限	业务模式	备注
华谊环球、华谊哈尔滨与华谊沈阳	未披露	4000	2年	售后回租	
捷成股份	未披露	未披露	未披露	未披露	2019年收到的其他与筹资活动有关的现金—融资租赁借入1,087,666,758.00元；2018年收到的其他与筹资活动有关的现金—融资租赁借入191,000,000.00元
当代文体与控股子公司汉为体育	未披露	10,000	1年	售后回租	
西安映尚	未披露	未披露	未披露	售后回租	当代文体为西安映尚提供641.09万元的担保
方向传媒	未披露	207.5	3年	未披露	
永乐文化	6.50%	1000	3年	售后回租	
太平盛世	4.14%	50	1年	售后回租	
传视影视	12.00%	1050	2年	未披露	
长江文化	7.50%	3200	3年	未披露	

（2）北京市文化科技融资租赁股份有限公司

北京市文化科技融资租赁股份有限公司（以下简称文科租赁）成立于2014年，其是我国第一家商务部批准进行无形资产融资租赁的试点单位，截至2019年5月，该公司注册资本26.9亿元。目前,文科租赁已成立两家融资租赁业务性质的子公司,分别是江苏华东文化科技融资租赁有限公司(以下简称华东文科)和天津京津冀文化科技融资租赁有限公司。

文科租赁自成立以来,坚持"传统业务求生存,文化业务求发展"的思路,积极为文化企业提供以融资租赁为主的综合性融资服务。在公司经营层的组织架构上,文科租赁共设12个前台业务部门,以满足生产经营的发展需要。业务方面,文科租赁的主营业务为融资租赁、咨询服务和商业保理,其通过项目的利差、租息和服务手续费等获取收益。公司在政府和股东的支持下,着力开展以无形文化资产为标的物的融资租赁业务,并针对中小微文化企业推出保租通和速易租等融资租赁特色服务产品。

文科租赁凭借着清晰的市场与客户定位,业务得以稳步发展,6年间累计向近800家企业提供510亿元的资金。其中,2019年文科租赁的主营业务收入达7.42亿元,占营业收入的99.6%。在融资租赁业务模式及租金的相关比率上,截至2018年9月末,公司售后回租项目占比94.5%、直接租赁项目占比5.5%、租金的早偿率为1.25%、逾期率为1.25%、不良率为0.85%、不良回收率为5.8%。

文科租赁在文化企业融资租赁方面一直处于行业的领先地位,其2014~2020年累计帮助文化企业融资290亿元。笔者根据公开资料,整理出近几年文科租赁及其子公司华东文科部分的文化企业融资租赁信息(见表8-3)。从承租人融资租赁的情况来看,租赁利息率最高为11.95%,最低为4.14%,租赁金额最大为6.98亿元,最小为50万元,租赁期限最长为3.04年,最短为1年;其中,上市公司及其全资子公司租赁利息率的平均值是6.70%,单笔融资租赁金额的平均值是9571.43万元,租赁期限的平均值是2.97年,"新三板"挂牌公司租赁利息率的平均值是7.79%,单笔融资租赁金额的平均值是804.29万元,租赁期限的平均值是1.83年,中小企业租赁利息率的平均值是10.98%,单笔融资租赁金额的平均值是18,226.33万元。承租人在融资租赁业务模式上,除5家企业未披露外,95.45%的承租人采用售后回租业务模式。融资租赁标的物方面,除A公司选择有形资产外,其余的承租人均选择无形文化资产,其中,16个承租人选择了电影、电视剧、软件、节目策划案及标识形象的著作权,2个承租人选择音乐剧版权和电视剧的播放版权,还有2个承租人选了赛事转播权、相关小说作品的影视剧改编权和游戏开发及运营权。在上述的承租人中,大业传媒、捷成股份、锐风行、时代电影、太平盛世和英田影视多次在文科租赁通过融资租赁的方式获取资金。

表 8-3 文科租赁及其子公司华东文科承租人的融资租赁情况

年份	承租人简称	租赁标的物	租赁利息率/%	租赁金额/万元	租赁期限	业务模式
2020	慈文传媒与全资子公司北京慈文	相关小说作品的影视剧改编权及游戏开发和运营权	6.50	10,000	3 年	售后回租
2019	永乐文化	4 项计算机软件著作权	6.50	1000	3 年	售后回租
	太平盛世	《大唐狄仁杰》著作权	4.14	50	1 年	售后回租
2018	太平盛世	《极品伪娘》著作权	8.00	100	1 年	售后回租
	时代电影	公司拥有的影片著作权	未披露	300	2 年	售后回租
	锐风行	公司拥有的软件著作权	未披露	1000	未披露	售后回租
	北京艺鼎与橙子映像	电影《银河补习班》的剧本著作权	11.95	5000	未披露	售后回租
	捷成股份	JDMA 电视台全台网络互联互通管理系统 V2.0、广播台网全台互联互通系统 V1.0、数字电视制播系统 V2.0 等 9 项软件著作权	5.90	10,000	3.04 年	售后回租
	吉翔影坊与吉翔影视	电视剧《爱情的边疆》的著作权	6.50	5000	3 年	售后回租
	北京文化	电影项目《封神三部曲》的剧本著作权	未披露	20,000	3 年	售后回租
	英田影视	《超级总裁之品牌下午茶》节目策划案的著作权	8.00	100	1 年	售后回租
2017	大业传媒与杭州漫奇	《洛宝贝组合标识形象 1》的著作权	10.00	8000	未披露	售后回租
	A 公司	设备	5.97	2110	3 年	直接租赁
	英田影视	《企业公益中国行》及《精准扶贫中国行》节目策划案的著作权	8.50	300	1 年	售后回租

续表

时间	承租人简称	租赁标的物	租赁利息率/%	租赁金额/万元	租赁期限	业务模式
2016	盛天传媒	未披露	8.00	3000	2年	未披露
	新安传媒	未披露	11.00	1000	2年	售后回租
	锐风行	《大规模植物森林生成系统》和《元素动画生成系统》的计算机软件著作权	7.60	1000	2年	售后回租
	星座魔山与全资子公司星座国际	未披露	9.00	500	2年	未披露
	时代电影	公司系列影片《九纹龙史进》的著作权	9.00	300	2年	售后回租
	东方飞云	《暗花》的著作权	未披露	500	未披露	售后回租
	捷成股份	未披露	7.20	3000	2.75年	未披露
	春天融和	电视连续剧《北平无战事》和《我们最美好的十年》的播放版权	未披露	6000	未披露	售后回租
2015	大业传媒	“洛宝贝”系列标识形象著作权	未披露	20,000	未披露	售后回租
	中视精彩	未披露	未披露	11,000	3年	未披露
	捷成股份	未披露	7.20	8000	3年	未披露
	华夏乐章	音乐剧《纳斯尔丁·阿凡提》和《冰川奇缘》的版权	未披露	500	未披露	售后回租
2014	四达时代	2016~2018年欧洲五大足球联赛、2016年欧锦赛及2018年世界杯预选赛等赛事在非洲地区电视转播权	未披露	69,858	未披露	售后回租

注:表8-3中6家中小企业均未披露租赁期限。

2019年3月,文科租赁成功发行我国第一支知识产权证券化标准化产品“文科一期ABS”,该产品的发行对我国知识产权的金融创新具有重大且深远的意义。文科一期ABS发行规模7.33亿元,入池的基础资产均为无形资产,其中包括捷成股份、吉翔影坊与吉翔影视、北京艺鼎与橙子映像和大业传媒与杭州漫奇融资租赁项目中的标的物。同年8月,以文科租赁为原始权益人的我国首单储架系列知识产权资产证券化产品“文科储架ABS”获批,储架规模30亿元,2020年1月,文科储架ABS的首期产品在深圳证券交易所成功发行。文科租赁的文科一期ABS和文科储架ABS募集的资金将用于投放新的无形资产融资租赁项目,以进一步扩大文化企业融资租赁业务的规模。

(3)远东国际融资租赁有限公司

远东国际融资租赁有限公司(以下简称远东租赁)成立于1991年,其是远东宏信有限公司(以下简称远东宏信)的全资子公司,现注册资本125.35亿元。远东租赁作为中国融资租赁行业的先行者和领先者,至今仍保持良好的发展势头,其2019年企业净利润在国内融资租赁公司中排名第一。目前,远东宏信和远东租赁共同投资设立了2个以融资租赁为主要业务的子公司,分别为远东宏信(天津)融资租赁有限公司和远东宏信融资租赁有限公司。

远东租赁在业务方面,主要服务于城市公用、医疗健康和文化旅游等九大领域。当前,文化旅游业务领域设有3个部门,细分方向包括教育、旅游、文化传媒和文化旅游及其他;其中,文化传媒方向自2008年开始探索,主要面向广告、传统媒体和影院院线等文化企业。截至2018年,远东租赁文化传媒业务方向已投放1600多个项目,金额近300亿元①。

笔者根据公开资料,整理出远东租赁部分的文化企业融资租赁信息(见表8-4)。表格中7个承租人均采用售后回租业务模式,其租赁金额最少为300万元,最多为1.5亿元,租赁利息率最低是6.58%,最高是8.08%,租赁期限最短为2年,最长为3年。从企业类型来看,上市公司租赁金额的平均值为1.23亿元,租赁利息率的平均值为7.04%,租赁期限的平均值为2.67年,“新三板”挂牌公司及其子公司租赁金额的平均值为620.24万元,租赁利息率的平均值为8.08%,租赁期限的平均值为3年。

表8-4 远东租赁承租人的融资租赁情况

年份	承租人简称	租赁标的物	租赁利息率/%	租赁金额/万元	租赁期限	业务模式
2018	岭南股份	一批机器设备、运输设备、办公设备及其他设备	7.50	10,000	3年	售后回租
			6.58	12,000	3年	售后回租
	鹿港文化	部分设备资产	未披露	15,000	2年	售后回租
2016	普乐方	科技娱乐创意运营设备15台	未披露	1090	3年	售后回租
	重庆华昕与芜湖华昕	固定资产	未披露	1000	3年	售后回租

① 赵光明:《A公司文化传媒融资租赁业务营销策略研究》,山东大学2018年硕士学位论文,第16页。

续表

年份	承租人简称	租赁标的物	租赁利息率/%	租赁金额/万元	租赁期限	业务模式
2015	成都华大	固定资产	8.08	111.2	3 年	售后回租
	西安华大	固定资产	8.08	600	3 年	售后回租
	扬州华大	固定资产	8.08	300	3 年	售后回租

远东租赁的文化企业融资租赁项目（见表 8－4）与文科租赁（见表 8－3）相比，其共同点是绝大多数的项目采用售后回租业务模式，不同点主要为：在融资租赁标的物方面，远东租赁的承租人均以固定资产作为标的物，而文科租赁的承租人则更多选择无形资产作为标的物；在融资租赁的金额与期限上，文科租赁承租人的平均融资金额比远东租赁高出 1936.16 万元，远东租赁承租人的平均融资期限比文科租赁长出 7 个半月。

（二）文化企业融资租赁的分析

1. 文化企业融资租赁的特点

（1）融资与融物相结合

融资租赁是一种融资与融物相结合的融资方式，具有双重属性。当文化企业急需资金购买设备时，融资租赁的直接租赁业务模式能帮助文化企业获取所需的设备，该模式与银行贷款的区别在于，其并非直接向文化企业提供购买设备所需的资金，而是由融资租赁公司向设备供应商购买设备提供给文化企业使用，这种融资方式不仅解决了文化企业购置设备的资金需求，还使文化企业获得了设备的使用权，即同时达到融资与融物的目的。在售后回租业务模式中，文化企业融资租赁依然具有融资与融物相结合的特点。

（2）使用权和所有权分离

文化企业在融资租赁的过程中，无论其采用哪种业务模式，标的物在权属上均具有使用权和所有权分离的特点，即融资租赁公司拥有标的物的所有权，文化企业拥有标的物的使用权。这一特点不会影响文化企业对标的物的正常使用，其对生产、经营及创作活动也不会产生重大影响。当融资租赁业务结束时，直接租赁业务模式的标的物所有权将根据合同规定转让，售后回租业务模式的标的物所有权将转移至文化企业。

（3）融资金额高，期限长

文化企业采用融资租赁时，其能获得较高的融资金额。在表 8－2、表 8－3 和表 8－4 中，承租人融资租赁的平均金额为 5886.35 万元，其中，有 28 个承租人的融资租赁金额高于 1000 万元（见图 8－3）。从企业类型来看，上市公司及其全资子公司的融资租赁金额高于“新三板”挂牌公司，而中小企业的融资金额从 500 万元到 6.99 亿元不等，其金额并不普遍低于上市公司和“新三板”挂牌公司。

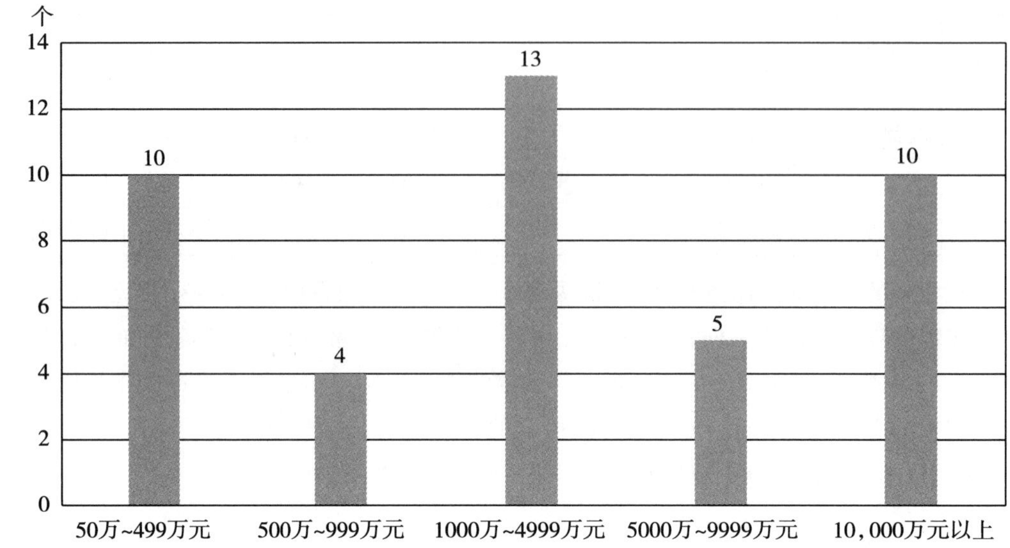

图 8-3　承租人的融资租赁金额区间分布

为更清晰地对比融资租赁的融资金额与银行贷款的金额额度，笔者根据表 8-2、表 8-3 和表 8-4 中承租人融资租赁开展年份对应的年报，①整理出 21 个承租人银行贷款的平均金额（见表 8-5），其中，有过半的承租人融资租赁金额高于或等于银行贷款的平均金额；企业类型上，40% 的上市公司和 62.5% 的“新三板”挂牌公司融资租赁金额高于银行贷款。这表明，文化企业在一定程度上能通过融资租赁获取较高额度的资金。

表 8-5　承租人融资租赁的金额与期限和银行贷款的平均金额与平均期限

年份	承租人简称	企业类型	融资租赁金额/万元	银行贷款平均金额/万元	融资租赁期限	银行贷款平均期限
2019	方向传媒	“新三板”挂牌	207.5	125	3 年	1 年
	永乐文化	“新三板”挂牌	1000	3866.78	3 年	1.41 年
	传视影视	“新三板”挂牌	1050	840.91	2 年	1 年
	太平盛世	“新三板”挂牌	50	233.33	1 年	1 年
	长江文化	“新三板”挂牌	3200	1600	3 年	1 年

① 由于中小企业不公开年度报告，所以仅对比上市公司和“新三板”挂牌公司融资租赁与银行贷款的融资金额。

续表

年份	承租人简称	企业类型	融资租赁金额/万元	银行贷款平均金额/万元	融资租赁期限	银行贷款平均期限
2018	太平盛世	“新三板”挂牌	100	200	1 年	1 年
	捷成股份	上市公司	10,000	7944.44	未披露	未披露
	时代电影	“新三板”挂牌	300	300	2 年	1.17 年
	北京文化	上市公司	20,000	5000	3 年	1 年
	英田影视	“新三板”挂牌	100	300	1 年	1 年
2017	A 公司	“新三板”挂牌	2110	1537.87	3 年	0.74 年
2016	盛天传媒	“新三板”挂牌	3000	1166.67	2 年	0.93 年
	新安传媒	“新三板”挂牌	1000	700	2 年	2 年
	锐风行	“新三板”挂牌	1000	466.67	2 年	1.33 年
	东方飞云	“新三板”挂牌	500	595	未披露	未披露
	星座魔山与全资子公司星座国际	“新三板”挂牌	500	1250	2 年	1.25 年
	时代电影	“新三板”挂牌	300	200	2 年	1 年
	捷成股份	上市公司	3000	12,978	2.75 年	未披露
	普乐方	“新三板”挂牌	1090	450	3 年	1 年
2015	中视精彩	上市公司的全资子公司	11,000	11,500	3 年	未披露
	捷成股份	上市公司	8000	10,750	3 年	未披露

相较其他融资方式,融资租赁的期限较长,一般为 2 ~ 3 年,长则可达 5 ~ 10 年。在实际的文化企业融资租赁项目中,承租人融资租赁的期限集中在 1 ~ 3 年(见图 8 - 4),其平均期限为 2.3 年。根据笔者对表 8 - 5 的整理与计算,除 5 个承租人未披露银行贷款的期限外,其余的 16 个承租人里,有 12 个承租人融资租赁的期限长于银行贷款的平均期限,4 个承租人融资租赁的期限与银行贷款的平均期限一致,这说明文化企业通过融资租赁能获得更为长期的融资。

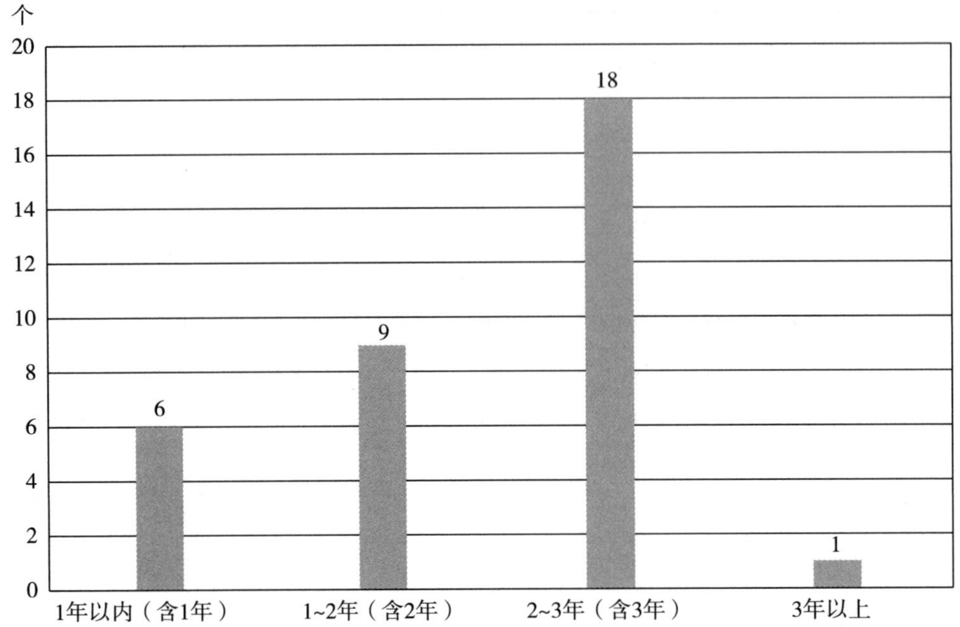

图 8－4　承租人的融资租赁期限结构分布

(4)还款方式灵活

融资租赁在还款方式上较灵活,通常采用等额本息或等额本金的方式,按月、季度、半年或年分期付款,具体的还款方式由承租人与融资租赁公司协商确定。相比于银行贷款一次性还本付息的还款方式,融资租赁的分期付款能减轻文化企业的还款压力,缓解资金紧张的状况。据表 8－2、表 8－3 和表 8－4 部分承租人的公开资料,承租人多按季度还款(见表 8－6),其中,捷成股份、吉翔影坊与吉翔影视和北京艺鼎与橙子映像均采用等额本息季后付的方式,大业传媒与杭州漫奇选择半年等额本金还款和按季付息的方式,这说明,文化企业融资租赁的还款方式具有灵活性,其可根据企业自身情况与融资租赁公司制定出较有利的支付方式。

表 8－6　承租人的融资租赁还款方式

年份	承租人简称	融资租赁还款方式
2019	华谊环球、华谊哈尔滨与华谊沈阳	按季支付租金
	永乐文化	等额本息季付

续表

年份	承租人简称	融资租赁还款方式
2018	捷成股份	等额本息季后付
	吉翔影坊与吉翔影视	等额本息季后付
	北京艺鼎与橙子映像	等额本息季后付
	时代电影	等额本息季付租金
	岭南股份	等额本息还款
2017	大业传媒与杭州漫奇	半年等额本金还款,按季付息
2016	春天融和	按季支付租金
	普乐方	等额租金后付
2015	成都华大	按月支付租金
	西安华大	按月支付租金
	扬州华大	按月支付租金

(5)项目审批速度快

融资租赁公司在业务审批上相对便捷和简单,对文化企业来说,项目审批速度快既减少了时间成本,又降低了融资成本。目前,国内有融资租赁公司针对文化企业开设“绿色通道”审批,如文科租赁针对文化小微企业建立了独立的风险控制体系,即文化企业融资租赁项目的融资金额低于1000万元时,项目在上报相关资料后,不需要经过评审委员会的决议,直接由风控总监审批,以提高项目的审批速度。除风险控制体系外,文科租赁还面向文化企业推出“速易租”产品,该模式放款时间在20个工作日以内。

(6)直接租赁可指定设备和供应商,融资成本低

文化企业在直接租赁业务模式中,可指定设备的供应商、型号、规格、数量和价格等,以获得企业所需的设备。直接租赁除可指定设备和供应商外,融资成本也相对较低,当融资租赁公司与文化企业开展直接租赁项目时,融资租赁公司根据2016年《营业税改征增值税试点实施办法》和2019年财政部、国家税务总局、海关总署《关于深化增值税改革有关政策的公告》所开具的增值税发票,可以让文化企业抵扣13%的增值税。

2. 文化企业融资租赁的作用

(1)满足企业资金需求

融资租赁具有融资金额高和期限长的特点,当文化企业的项目建设需要较多资金或项目间需要填补资金拨付的时间差时,其能有效地满足企业的资金需求。与此同时,融资租赁也为文化企业融资提供了新渠道,使融资方式单一的中小企业得以获取中长期的融资。

表8-2、表8-3和表8-4部分承租人的公开资料显示,补充与增加公司流动资金和拓

宽公司的融资渠道是较多承租人认为融资租赁可达到的作用（见表 8－7），除此之外，其余的承租人还希望通过融资租赁稳定公司资金周转、满足与解决公司经营的资金需求、优化公司的资金与融资结构以及改善公司的财务状况。

表 8－7　承租人融资租赁的作用（满足企业资金需求）

承租人简称	融资租赁的作用
永乐文化、太平盛世、时代电影、英田影视、盛天传媒、新安传媒、星座魔山与全资子公司星座国际、普乐方、重庆华昕与芜湖华昕、锐风行	补充公司流动资金
永乐文化、时代电影	增加公司流动资金
慈文传媒与全资子公司北京慈文	优化公司资金结构
时代电影	稳定公司资金周转
新安传媒	解决公司经营过程的临时资金需求
华谊环球、华谊哈尔滨与华谊沈阳、北京文化、当代文体控股子公司西安映尚、时代电影、鹿港文化、岭南股份	满足公司经营的资金需求
华谊环球、华谊哈尔滨与华谊沈阳、时代电影、鹿港文化、重庆华昕与芜湖华昕	满足公司发展的资金需要
华谊环球、华谊哈尔滨与华谊沈阳、北京文化、鹿港文化、慈文传媒与全资子公司北京慈文、普乐方、星座魔山与全资子公司星座国际、岭南股份	拓宽公司的融资渠道
华谊环球、华谊哈尔滨与华谊沈阳、北京文化、岭南股份、鹿港文化	优化公司的融资结构
东方飞云	有利于改善公司的财务状况

（2）盘活企业现有资产

融资租赁的售后回租业务模式能帮助文化企业盘活现有资产，其不仅可以盘活文化企业影视拍摄设备或舞台设备等有形资产，还可以盘活文化企业广播影视作品著作权、播放权和舞台剧目版权等无形资产。通过融资租赁，文化企业能提高有形资产和无形资产的流动性，从中获取发展的资金。在现有的文化企业融资租赁项目中，华谊环球、华谊哈尔滨与华谊沈阳、星座魔山与全资子公司星座国际、普乐方和重庆华昕与芜湖华昕希望融资租赁在盘活企业现有资产的基础上，提高其资金循环能力和资金使用效率，以及优化财务结构（见表 8－8）。

表8-8　承租人融资租赁的作用(盘活企业现有资产)

承租人简称	融资租赁的作用
华谊环球、华谊哈尔滨与华谊沈阳	盘活存量资产,提高公司的资金循环能力
慈文传媒与全资子公司北京慈文、岭南股份、鹿港文化、普乐方、重庆华昕与芜湖华昕	盘活公司资产
星座魔山与全资子公司星座国际、普乐方、重庆华昕与芜湖华昕	提高公司的资金使用效率
重庆华昕与芜湖华昕、普乐方	有利于优化公司的财务结构

(3)助力企业发展建设

当文化企业选择融资租赁融资时,融资租赁能助力企业的发展与建设,其直接租赁业务模式能使文化企业先行获得所需的设备,投入新的项目建设,从而为企业带来营业收入和创造新的盈利增长点,售后回租业务模式则有效地盘活企业的资产,从而使文化企业获得继续发展与前进的资金。在上述表8-2、表8-3和表8-4的文化企业中,重庆华昕与芜湖华昕认为融资租赁有利于公司的日常经营运作与长远发展、保障公司及公司股东的利益、满足公司业务经营与发展的需要以及进一步增强公司的盈利能力及市场竞争力。此外,其余的承租人觉得融资租赁还有利于公司的业务发展与稳健经营、加快公司的发展和战略布局(见表8-9)。

表8-9　承租人融资租赁的作用(助力企业发展建设)

承租人简称	融资租赁的作用
慈文传媒与全资子公司北京慈文、新安传媒、东方飞云、方向传媒、时代电影	有利于公司的业务发展
华谊环球、华谊哈尔滨与华谊沈阳、方向传媒、东方飞云、星座魔山与全资子公司星座国际、太平盛世、中视精彩、重庆华昕与芜湖华昕	满足公司业务经营与发展的需要
慈文传媒与全资子公司北京慈文、方向传媒、岭南股份、时代电影、重庆华昕与芜湖华昕	有助于公司的日常经营运作
永乐文化、时代电影	加快公司发展
英田影视	加快公司战略布局
普乐方、重庆华昕与芜湖华昕	进一步增强公司的盈利能力及市场竞争力
普乐方	有利于公司稳健经营
重庆华昕与芜湖华昕	有利于公司的长远发展
重庆华昕与芜湖华昕	有利于保障公司及公司股东的利益

(4)促进企业设备更新

对文化企业来说,融资租赁是一种促进企业设备更新的融资方式,其有助于企业适应文化产业新技术与新业态的发展。中小文化企业在经营的过程中,资金积累较缓慢,若企业等到资金充足时再更新设备,可能已经失去了市场和盈利的机会;而融资租赁中的直接租赁业务模式可以使文化企业在支付一部分金额的情况下,先行获得技术先进的设备,抓住发展的机遇。当前,设备和技术的更新速度越来越快,企业间竞争也越发激烈,文化企业可以在融资租赁期届满后购回设备的所有权,再运用设备进行售后回租,以获取资金更新设备。

3. 文化企业融资租赁的不足

目前,文化企业融资租赁存在的不足集中在无形资产融资租赁的法律和规章、融资租赁公司和融资租赁成本这三方面,下文将逐一进行分析。

(1)无形资产融资租赁的法律和规章有待完善

2019 年,国务院印发的《关于全面推进北京市服务业扩大开放综合试点工作方案的批复》提出,继续试点无形资产融资租赁。而 2020 年,中国银保监会发布的《融资租赁公司监督管理暂行办法》(以下简称《融资租赁暂行办法》)指出,适用于融资租赁交易的标的物为固定资产,另有规定的除外。在《融资租赁暂行办法》出台之前,2013 年商务部颁布的《融资租赁企业监督管理办法》并未明确规定标的物为固定资产。这一变化可能会影响融资租赁公司开展无形资产融资租赁业务,但鉴于《融资租赁暂行办法》对标的物范围仍表示“另有规定的除外”,且省人民政府有权根据实际情况适当调整租赁物的范围,由此可以看出,相关规定仍在一定程度上给无形资产融资租赁留有余地。

法律方面,原《合同法》第十四章“融资租赁合同”、《民法典》第三编“合同”第十五章“融资租赁合同”和最高人民法院《关于审理融资租赁合同纠纷案件适用法律问题的解释》均没有规定标的物的范围,也没有指出无形资产可作为标的物。关于无形资产融资租赁合同的性质及效力问题,最高人民法院民事审判第二庭曾在《最高人民法院关于融资租赁合同司法解释理解与适用》一书提到,以商标权、专利权及单纯的软件作为租赁标的物的,不应认定构成融资租赁合同关系。① 在相关的司法实践中,重庆市渝北区人民法院和重庆市第一中级人民法院认为,以专利权为标的物的融资租赁合同不违反法律和行政法规的强制性规定的,其合同合法有效;而上海市浦东新区人民法院则认为,以著作权为标的物的不构成融资租赁合同关系。对此,笔者认为,当前无形资产融资租赁法律和规章的不完善以及各地司法实践的差异给融资租赁公司开展无形资产融资租赁业务带来了一定的法律风险。

---

① 最高人民法院民事审判第二庭编:《最高人民法院关于融资租赁合同司法解释理解与适用》,人民法院出版社 2016 年版,第 53 页。

(2)融资租赁公司存在的不足

①业务模式较单一

融资租赁公司开展文化企业融资租赁时,采用的业务模式较单一,其以售后回租业务模式为主,直接租赁业务开展得较少。根据公开资料,截至2018年9月末,文科租赁每年的售后回租业务占比均在85%以上,其中,2017年和2018年售后回租业务超过92%,2015年售后回租业务达99.53%。在表8-2、表8-3和表8-4中,除9个承租人未披露业务模式外,97.14%的承租人采用售后回租业务模式。

②业务较少涉足文化领域

《中国文化金融发展报告(2019)》显示,国内文化类专业融资租赁公司仅有文科租赁和文投国际融资租赁有限公司两家,[①]数量非常少。除文化类专业融资租赁公司的业务会聚焦于文化领域外,其余的融资租赁公司业务较少涉足文化领域。笔者根据《2019年中国融资租赁业发展报告》的全国融资租赁企业30强排行榜,[②]结合各融资租赁公司的官网及公开资料,整理出了业务涉足文化领域的融资租赁公司名单(见表8-10)。从表格可以看到,排行榜[③]中业务涉足文化领域的融资租赁公司仅有8家,其中,细分方向包含影视和演艺的融资租赁公司则更少。

表8-10　融资租赁公司与文化相关的业务领域和细分方向

融资租赁公司简称	注册资金/亿元	业务领域	细分方向
平安国际融资租赁	132.41	教育文化	未披露
远东国际融资租赁	125.35	文化旅游	教育:高等教育、K-12教育、教育培训等;旅游:旅游景区、景区运营及服务等;文化传媒:广告、传统媒体、影院院线等;文化旅游其他
中垠融资租赁	70.60	教育文化	教育:高校、高中/中职、义务教育、培训机构等;文化:旅游景区、酒店等;传媒:广电、新闻出版、广告娱乐等
广州越秀融资租赁	66.00	旅游文化	未披露
招银金融租赁	60.00	健康文旅	健康:综合医院、专科医院、体检康复、养老、医药制造、医药流通、医疗器械制造;文化:文化产业、广电网络、电影电视、院线及影院、出版传媒、体育;旅游:景区、旅游集团、旅游资源整合

① 杨涛、金巍主编:《中国文化金融发展报告2019》,社会科学文献出版社2019年版,第40页。
② 排行榜以融资租赁公司的注册资金排序。
③ 由于部分融资租赁公司注册资金一致,所以30强排行榜的名单有41家融资租赁公司。

续表

融资租赁公司简称	注册资金/亿元	业务领域	细分方向
华夏金融租赁	60.00	文化	未披露
光大金融租赁	59.00	文化旅游	未披露
民生金融租赁	50.95	新兴产业	智慧城市、大数据、“互联网+”、三网融合、通信网络建设、卫星和北斗导航系统应用、智能机器人、金融电子、影视传媒、旅游设施等行业

③缺乏专业人才与团队

无形资产的评估和风险把控是文化企业融资租赁开展的难点之一。文科租赁为推动无形资产融资租赁业务的发展,成立由多名具有法律、会计、评估和行业背景的专业人员组成的无形资产评估工作小组。对于大多数的融资租赁公司来说,内部缺乏专业的人才与团队,难以成立这样的无形资产评估小组来审核文化企业融资租赁项目。除无形资产标的物的问题外,融资租赁公司对文化产业的了解不够,且缺乏既懂金融又懂文化的人才和团队,因此使文化企业融资租赁项目难以推进。

(3)融资租赁成本相对较高

相较银行贷款,文化企业融资租赁的利息率较高。笔者根据表8-2、表8-3和表8-4承租人的资料,整理与计算出12个承租人①融资租赁的利息率、银行贷款各期限的平均利息率和总平均利息率(见表8-11)。这些承租人中,只有2个承租人的融资租赁利息率低于银行贷款的总平均利息率,其余的均高于银行贷款的总平均利息率;其中,绝大多数承租人的融资租赁利息率比银行贷款总平均利息率高出0.82%~2.55%。从银行贷款各期限的平均利息率来看,也仅有2个承租人的融资租赁利息率低于或等于银行贷款1~2年的平均利息率。

融资租赁的利息率除比银行贷款要高外,其在文化企业间也有所差异。表8-3和表8-4的数据显示,上市公司及其全资子公司、“新三板”挂牌公司和中小企业的融资租赁利息率是不同的,在这些企业类型中,上市公司及其全资子公司的平均利息率是最低的,中小企业是最高的,其平均利息率比上市公司及其全资子公司的平均利息率高出4.28%。

---

① 由于上市公司的年报未披露承租人银行贷款的利率,且中小企业不公开年报,所以表8-10整理的12个承租人均为“新三板”挂牌公司。

表8－11　承租人融资租赁与银行贷款的利息率

承租人简称	融资租赁利息率/%	银行贷款			
		1年以内(含1年)的平均利息率/%	1～2年(含2年)的平均利息率/%	2～3年(含3年)的平均利息率/%	总平均利息率/%
永乐文化	6.50	5.71	6.50	5.14	5.68
太平盛世	4.14	5.28	—	—	5.28
传视影视	12.00	5.75	6.17	—	5.79
长江文化	7.50	5.36	—	—	5.36
太平盛世	8.00	5.45	—	—	5.45
英田影视	8.00	5.66	—	—	5.66
A公司	5.97	3.55	—	—	3.55
盛天传媒	8.00	6.81	—	—	6.81
新安传媒	11.00	—	17.00	—	17.00
星座魔山与全资子公司星座国际	9.00	6.53	9.50	—	8.01
锐风行	7.60	6.31	5.51	—	6.04
时代电影	9.00	6.67	—	—	6.67

文化企业融资租赁项目的融资成本不仅只有利息，还包括保证金、财务顾问费、咨询服务费和租赁手续费等，其中，保证金在承租人正常履行合同的情况下，可用以抵销对应金额的租金。表8－3和表8－4中部分承租人的公开资料显示，其融资租赁的保证金占融资租赁金额的5%～18.53%（见表8－12）；咨询服务费方面，太平盛世2018年和2019年融资租赁的咨询服务费分别为15,000元和5100元，占融资租赁金额的1.5%和1.02%。由此可以看出，文化企业融资租赁的融资成本相对较高。

表8－12　承租人融资租赁的保证金占融资租赁金额的比例

年份	承租人简称	融资租赁金额/万元	保证金/万元	保证金占融资租赁金额的比例/%
2018	捷成股份	10,000	500	5.00
	吉翔影坊与吉翔影视	5000	250	5.00

续表

年份	承租人简称	融资租赁金额/万元	保证金/万元	保证金占融资租赁金额的比例/%
2018	北京艺鼎与橙子映像	5000	250	5.00
	岭南股份	10,000	500	5.00
		12,000	1500	12.50
2017	大业传媒与杭州漫奇	8000	400	5.00
2015	西安华大	600	111.2	18.53

(三)小结

近年来,我国文化产业和融资租赁业在积极推动文化企业融资租赁的发展。从政策层面来看,北京、广东、上海、天津、山西等地区在国家相关政策的基础上,结合融资租赁、文化金融与知识产权的实践,提出探索与试点文化企业融资租赁。

文化企业融资租赁的业务模式主要包括直接租赁和售后回租。笔者根据文化企业融资租赁现状、文科租赁和远东租赁的数据,整理与计算出文化企业融资租赁的平均融资金额为5886.35万元,平均期限为2.38年,平均利息率为7.76%,其中,上市公司及其子公司获取的金额较高、期限较长且利息率较低;业务模式上,融资租赁公司更倾向采用售后回租业务模式;标的物方面,文科租赁以无形资产为主,远东租赁则选择固定资产。

基于上述文化企业与融资租赁公司的相关资料,笔者认为,文化企业融资租赁是一种能满足文化企业资金需求、盘活文化企业现有资产、助力文化企业发展建设和促进文化企业设备更新的融资方式,其具有融资与融物相结合、使用权和所有权分离、融资金额高期限长、还款方式灵活、项目审批速度快、直接租赁融资成本低以及可指定设备和供应商的特点。

目前,文化企业融资租赁存在一定的不足,具体表现为无形资产融资租赁法律模糊与规章排斥、融资租赁公司业务模式较单一、业务较少涉足文化领域与缺乏专业人才及团队和融资租赁成本相对较高等,这些因素制约文化企业融资租赁的发展。

三、A公司融资租赁案例解析

(一)A公司简介

A公司是2000年9月于北京市大兴区市场监督管理局登记成立的一家综合性文化机构,注册资本为14,589万元。截至2019年上半年,总资产为235,132.29万元。公司以智能化制造与专业化服务为核心,集舞台剧场、实景演出和文化系统集成等业务于一身,致力开拓中国文化产业新领域。近年来，该公司发展较快，并在现有业务的基础上，积极开拓新业务与新客户，且通过增设演艺文化、旅游文化、融媒体和文创等事业部，提升公司整体运营能力。

1. 业务领域

A 公司的业务领域涉及科技、文化和旅游，提供演艺活动策划与执行、设备系统集成及配套服务。公司自成立以来，一直作为各级政府部门和大型国有企事业单位的文化综合供应商，在内容制作、创意设计、设备研制和系统集成上拥有丰富的资源与实践经验。其中，在演艺活动策划与执行上，公司曾向全运会、世博会和中博会开幕式提供活动执行服务；在设备系统集成方面，承接过中央电视台演播室、国家话剧院舞台灯光、上海迪士尼部分剧场舞台机械及舞美道具等多个项目。

目前，公司下设多家子公司，业务涉及文化旅游投资开发、灯光舞美和音视频设备等细分领域，以科技创新为引领，不断开拓新的产业模式。

2. 融资情况

公开资料显示，A 公司主要的融资方式为银行贷款、融资租赁和"新三板"定向增发。2013～2018 年，A 公司每年通过银行获得的短期借款均超过 32,281.00 万元，其中涉及抵押、质押、保证和信用贷款，利息率大多为中国人民银行基准利率，或在基准利率的基础上上浮 5%～15%。银行长期借款方面，A 公司于 2014 年取得中国建设银行股份有限公司北京大兴支行和工商银行股份有限公司北京大兴支行最高额度达 65,000 万元的 8 年期银团贷款。

2015 年 12 月，A 公司成功在"新三板"挂牌，原始股每股面值 1 元，股票总量 140,625,000 股，采用做市转让方式。为推动企业持续发展，A 公司在 2018 年定向发行"新三板"普通股股票（见表 8－13），发行对象均以现金方式认购，募集金额达 5800 万元，主要用于补充公司现金流和股权收购，缓解公司资金压力。2020 年 2 月，因自身经营发展需要，以及减少挂牌维护成本，A 公司决定股票在全国中小企业股份转让系统终止挂牌。

表 8－13　A 公司"新三板"普通股股票发行情况

转让日期	发行方式	发行价格/元	发行数量/股	募集金额/元
2018 年 3 月 8 日	定向发行	11.00	5,272,728	58,000,008.00

（二）A 公司融资租赁概况

据不完全统计，A 公司及其全资子公司 2017～2018 年在 3 家融资租赁公司融资租赁 3 笔（见表 8－14），融资金额总计 8756.65 万元，租赁期限均超过 24 个月，采用的业务模式为直接租赁和售后回租。

表 8－14　A 公司及其全资子公司 2017～2018 年融资租赁情况

年份	租赁金额/万元	租赁期限/年
2017	5000.00	2
	2109.98	3
2018	1646.67	2

1. 融资租赁业务模式

(1) 直接租赁

A 公司直接租赁项目以设备为融资租赁的标的物，其基本模式如见图 8－5 所示：

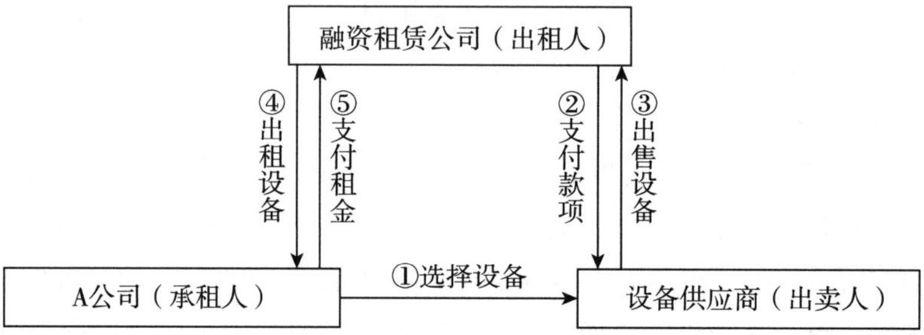

图 8－5　A 公司直接租赁项目基本模式

(2) 售后回租

在售后回租中，承租人和出卖人均为 A 公司及其全资子公司，出租人为融资租赁公司。A 公司及其全资子公司有形动产售后回租项目的基本模式如图 8－6 所示：

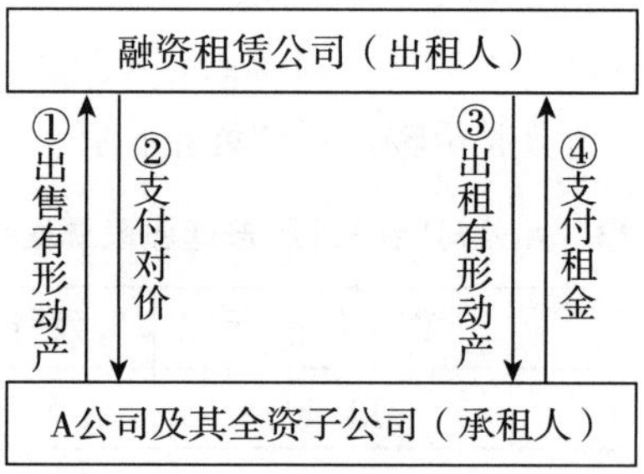

图 8－6　A 公司及其全资子公司有形动产售后回租项目基本模式

2. 融资租赁标的物

A 公司 2017～2018 年融资租赁中标的物的选择均为有形资产。租赁期内，公司可正常使用直接租赁和售后回租业务模式的标的物。

公开资料显示，A 公司融资租赁的额度低于标的物的价值，如 2017 年第 1 笔融资租赁中，其标的物选取了公司合法拥有的有形动产，该动产原始价值为 7698 万元，净值为 6485 万元,经 A 公司与融资租赁公司双方协商后,这笔融资租赁的融资金额调整至 5000 万元。

(三)A 公司融资租赁分析

1. 融资租赁动机分析

A 公司通过融资租赁获取设备与资金的动机主要与其经营现状、业务发展和融资方式有关,下文将从这三方面来分析。

(1)经营现状

A 公司于 2017 年开始使用自有设备进行融资租赁交易,通过分析该公司 2013 ~ 2016 年的资产负债表、利润表和现金流量表,可看出公司融资租赁前的经营现状,进而从中分析其选用融资租赁方式进行融资的动机。

①资产与负债

根据资产负债表(见表 8 - 15),可以看出 A 公司总资产规模在逐年上升,2013 ~ 2016 年总资产平均增长率达 26.61%,这反映出公司资产经营规模扩张速度较快,发展实力较强。从资产结构来看,2016 年变动明显的科目主要有流动资产中的应收账款和非流动资产中的固定资产与投资性房地产。流动资产方面,2016 年应收账款为 68, 846.75 万元,相较 2015 年增长了 14, 017.26 万元,与之对应的坏账准备计提增多了 2307.45 万元。截至 2016 年年底,A 公司非流动资产 129, 955.88 万元,同比增加 35, 237.03 万元,大幅增长的原因是 A 公司将在建工程中部分生产研发基地一期项目转为固定资产和投资性房地产。

表 8 - 15　A 公司 2013 ~ 2016 年资产负债表主要数据

单位:元

项目	2013 年	2014 年	2015 年	2016 年
货币资金	196, 329, 741.97	225, 223, 659.12	180, 771, 941.23	201, 851, 261.38
应收账款	541, 738, 188.64	460, 309, 037.47	548, 294, 964.85	688, 467, 541.64
预付款项	52, 920, 558.90	59, 957, 696.80	39, 932, 632.42	56, 363, 447.34
存货	153, 920, 808.01	156, 811, 259.80	123, 433, 411.66	127, 904, 008.57
流动资产合计	998, 709, 721.43	997, 461, 416.95	947, 204, 883.91	1, 134, 221, 170.79
投资性房地产	7, 513, 541.96	6, 787, 032.32	58, 716, 022.77	270, 297, 028.42
固定资产	93, 843, 485.21	78, 707, 358.42	101, 987, 884.11	449, 744, 433.86
在建工程	2, 410, 902.75	351, 322, 895.97	656, 165, 064.79	453, 665, 673.56
非流动资产合计	204, 374, 262.33	563, 637, 876.39	947, 188, 491.62	1, 299, 558, 812.43
资产总计	1, 203, 083, 983.76	1, 561, 099, 293.34	1, 894, 393, 375.53	2, 433, 779, 983.22
短期借款	330, 432, 192.23	342, 987, 044.83	377, 867, 879.36	371, 119, 744.22

续表

项目	2013 年	2014 年	2015 年	2016 年
应付票据	—	718, 484.45	7, 603, 835.50	18, 263, 693.40
应付账款	224, 213, 111.73	228, 628, 126.54	273, 561, 610.75	342, 004, 041.56
流动负债合计	601, 069, 583.48	659, 946, 141.75	751, 271, 308.05	865, 119, 581.33
长期借款	—	231, 000, 000.00	394, 950, 000.00	623, 500, 000.00
其他非流动负债	—	—	—	109, 622, 641.51
非流动负债合计	498, 666.67	231, 410, 666.67	395, 272, 666.67	735, 916, 742.34
负债合计	601, 568, 250.15	891, 356, 808.42	1, 146, 543, 974.72	1, 601, 036, 323.67
所有者权益合计	601, 515, 733.61	669, 742, 484.92	747, 849, 400.81	832, 743, 659.55

注：表 8 – 15、表 8 – 16、表 8 – 17、表 8 – 18、表 8 – 19、表 8 – 20、表 8 – 21、表 8 – 22、表 8 – 23、表 8 – 24 和表 8 – 25 的数据来源：A 公司财务报表和审计报告。

A 公司 2016 年资产负债率 65.78%，负债总额 160, 103.63 万元，较 2015 年增长 39.64%。从负债构成上看，流动负债占 54.03%，非流动负债占 45.97%。其中，变动科目较大的是流动负债的应付账款和非流动负债的长期借款与其他非流动负债。在长期借款上，同比增长 57.86%，占总负债的 38.94%，其增长的原因主要是 A 公司在与中国建设银行股份有限公司北京大兴支行和中国工商银行股份有限公司北京大兴支行的银团贷款最高额度下新增了借款。而其他非流动负债较上年增加 10, 962.26 万元，这是因为 A 公司定向增发的股权登记手续仍在办理，因此将未来预计筹集的资金数额先行计入该科目。

整体来看，在 2016 年虽然 A 公司流动资产大于流动负债，但其流动资产中存在大额的应收账款和存货，这部分资产占到流动资产的 71.98%，会对资金形成较大的占用，减缓公司资金回笼的速度，增加公司的资金压力。另外，尽管公司流动性最强的货币资金有 20, 185.13 万元，但流动负债中短期借款、应付票据和一年以内的应付账款达 71, 123.47 万元，由此可以看出，公司面临一定的资金压力。由于 A 公司近几年短期借款的数额变动不大，所以其可通过融资租赁增加长期贷款，以满足业务增长的需求。

②利润

利润表（见表 8 – 16）显示，A 公司 2013 ~ 2016 年营业收入快速增长，2013 ~ 2016 年营业收入平均增长率为 3.8%，这说明企业有持续性的盈利能力和市场扩张能力。2016 年，公司营业收入中 96.53% 源于其主营业务，其中文化产业装备系统集成类收入 72, 808.02 万元。利润总额方面，营业利润占 88.21%，该数值反映了公司的业务能给其日常经营活动带来较稳定的营业利润，营利性强。

表8-16　A公司2013~2016年利润表主要数据

单位:元

项目	2013年	2014年	2015年	2016年
营业收入	770,858,697.86	796,621,810.14	833,317,724.33	861,256,204.61
营业成本	561,632,048.80	580,470,250.94	604,239,360.96	593,337,377.11
营业利润	90,757,417.38	100,539,964.76	110,797,911.82	101,522,100.94
利润总额	95,078,988.14	102,671,825.85	114,985,419.42	115,096,921.67
净利润	81,904,247.14	89,082,335.72	98,399,940.18	96,706,274.09

2013~2016年,公司净利润呈现先上升后下降的波动趋势,其中,2014年和2015年净利润增长率分别为8.76%和10.46%。虽然2016年的净利润只是出现小幅下降,但在该年的业务中,迪士尼项目的收入超1亿元,其35%的毛利率拉高了整体的毛利率,而这一项目现已完成,2017年的毛利率可能会有所下降,使得公司的净利润进一步降低。对此,A公司可选取融资租赁这种还款期限较长的融资方式,增加企业的货币资金,使公司在业务拓展的过程中有足够的资金保障。

③现金流量

根据现金流量表(见表8-17),A公司自2015年起,虽然经营活动的现金流量净额持续减少,但数额仍为正值,这表明企业通过经营活动所带来的现金流入量足以支付经营活动所产生的现金支出,具有持续经营的能力。其中,2016年A公司经营活动产生的现金流量净额相较上一年减少26.79%,减少的原因主要为客户付款期限延长,以及暂付(收)款和支付保证金(备用金)的金额增加了2393.70万元。投资活动产生的现金流量净额方面,A公司已连续4年为负值,处于"入不敷出"的状态,且2014~2016年亏损的金额均超过33,840万元。2013~2016年投资支出之所以这么高,是因为A公司购置了大批固定资产,以及生产研发基地处于建设期,投入较大。由于2017年该生产研发基地仍在建设的后期阶段,所以A公司短期内还没能从该投资中获取收益。

表8-17　A公司2013~2016年现金流量表主要数据

单位:元

项目	2013年	2014年	2015年	2016年
经营活动产生的现金流量净额	-39,774,255.80	192,166,705.05	137,172,673.43	100,423,293.53
投资活动产生的现金流量净额	-144,679,700.22	-374,775,089.19	-338,409,609.99	-360,192,738.13

续表

项目	2013 年	2014 年	2015 年	2016 年
筹资活动产生的现金流量净额	134, 070, 386. 80	211, 575, 176. 14	156, 956, 264. 62	272, 565, 521. 99
现金及现金等价物净增加额	-50, 625, 690. 04	28, 900, 356. 23	-41, 146, 441. 44	12, 910, 780. 68
加:期初现金及现金等价物余额	237, 430, 597. 23	186, 804, 907. 19	215, 705, 263. 42	174, 558, 821. 98
期末现金及现金等价物余额	186, 804, 907. 19	215, 705, 263. 42	174, 558, 821. 98	233, 892, 167. 17

公司 2016 年现金及现金等价物净增加额为 1291. 08 万元,虽然同比增加了 131. 38%,但由于生产研发基地仍处于建设期,还需要持续投入资金,且公司现有的业务中应收账款持续增多,现金流量回收存在一定的滞后性,所以可预见公司未来短期内存在一定的现金压力。在此情况下,A 公司可采用融资租赁的方式补充现金,缓解现金压力,推动企业经营活动持续扩大与发展。

(2)业务发展

近年来,A 公司不断地转型和突破自身发展的壁垒,增强市场竞争力。为淘汰以前较为低端的文化设备生产模式,A 公司自 2013 年起,投资建设生产研发基地。该基地建成后,A 公司将实现文化设备研制智能化、数字化和高端化,为文化企业提供高科技、高质量和高品质的设备系统集成及配套服务,进一步提升主营业务的营利能力。由于生产研发基地建设周期较长,所以需要投入大量的资金。从 2013 ~2016 年资产负债表(见表 8 - 15)可以看出,A 公司每年短期借款在 33, 043. 21 万 ~37, 786. 79 万元,金额较稳定。长期借款方面,A 公司已从中国建设银行股份有限公司北京大兴支行和中国工商银行股份有限公司北京大兴支行两家银行获得最高额度达 65, 000 万元的 8 年期银团贷款。近些年来,由于新建基地的建筑面积约 20 万平方米,且建设周期可能持续至 2019 年,所以 A 公司一直需要为建设预算达 110, 780. 56 万元的基地筹集资金,以及维持企业的日常生产经营。在这种情况下,若 A 公司继续向银行借贷,首先,贷款数额增长的空间不大,且会存在一定的贷款难度;其次,会加重公司短期内的还款负担。如果 A 公司选择通过融资租赁获取资金,那么其将获得一笔融资额度较高的长期借款,从而可以满足企业的资金需求,缓解当前的资金压力。

与此同时,由于 A 公司在主营业务发展的过程中,同步投资建设基地,所以资金方面存在一定的压力。如果公司在经营时需要新增设备,可选择融资租赁的直接租赁模式,以"融资 + 融物"的方式获取其所需的设备,加快项目的推进,缓解基地建设所需的资金压力。

另外,据 2016 年资产负债表(见表 8 - 15),公司固定资产中 37, 051. 09 万元的房屋及建筑物均已用于银行抵押贷款。对于剩余的 7923.35 万元固定资产，A 公司可考虑将其中部分的设备作为融资租赁中售后回租的标的物，即在设备使用权不受影响的情况下，盘活现有设备的资产，为公司获取更多的资金，提高企业经营活动的现金流。

对于 A 公司来说，融资租赁属于长期借款，通过其获取资金，一方面短期内偿债压力较小，另一方面将有助于公司补充流动资金，不断发展业务与扩大市场。

(3)融资方式

2013～2018 年，A 公司主要通过银行贷款、融资租赁和"新三板"定向增发获得融资，接下来将通过对比银行贷款、融资租赁和"新三板"定向增发来分析该公司融资租赁的动机。

①还款期限与方式

2016 年，A 公司通过银行新增短期借款的笔数占其当年银行借款新增笔数的 87.5%，短期借款的平均期限为 6.19 个月，长期借款方面，除 2014 年的银团贷款外，并无新增。相较于银行短期借款，融资租赁属于长期融资方式，若公司选择融资租赁进行融资，其还款期限将多于 1 年。在公司实际的融资租赁中，每笔的租赁期限均超过 2 年，平均期限 2.33 年，最长达 3 年。还款方式上，公司向银行新增短期借贷的资金到期便需要一次性还本，融资租赁则可采用等额本息或等额本金的方式，按月、季或半年进行支付，具体将根据企业经营情况与项目灵活调整。在 A 公司 3 笔融资租赁中，其还款方式均为按季度还款。对于 A 公司来说，融资租赁还款期限长将减轻企业的还款压力，有助于企业资金周转，在一定程度上缓解企业资金紧张的问题。

②融资成本

A 公司的直接租赁项目需要购置一批设备，若其选择融资租赁中的直接租赁模式获取设备，其将可在融资租赁的本金和利息部分抵扣 13% 的增值税，降低融资成本，而如果公司选择银行贷款获取资金后购买设备，那么将没办法享受这部分的增值税抵扣。

由于不同银行和融资租赁公司办理业务时差距较大，即贷款中的附加条款，如保证金、手续费等，所以接下来的内容将忽略保证金和手续费，仅计算利息。2016 年，A 公司向银行长期借款中有一笔金额为 3305 万元，还款期限 6 年，年利息率为 5.65%，经计算公司这笔贷款前 2 年的利息为 373.47 万元，前 3 年的利息为 560.20 万元。2017 年，公司通过融资租赁的售后回租业务模式获取了 5000 万元，还款期限 2 年，总利息为 359.23 万元；以融资租赁的直接租赁业务模式取得 2109.98 万元，还款期限 3 年，总利息为 140.90 万元。但在实际操作的过程中，融资租赁公司除利息外，还会收取其他费用。因此，这两种融资方式最终的融资成本还需 A 公司和金融机构洽谈与商定。虽然上述的计算忽略了保证金和手续费等相关费用，但从中仍能看出，如果 A 公司融资时选择融资租赁，那么其融资所支付的利息可能会比银行贷款支付的利息要低。

上述的两种融资方式均为债务融资，而"新三板"定向增发属于股权融资。债务融资与股权融资二者间最大的区别为债务融资需要还本付息,而股权融资无须还本付息。A公司自2015年“新三板”挂牌后,仅在2018年成功定向发行了一次“新三板”普通股股票。虽然“新三板”定向增发不需要还本付息,但公司此次定向增发历时2.19年,过程较曲折,期间产生了不少的发行费用,以及挂牌维护、时间和人力成本。

③融资+融物

以A公司直接租赁项目为例,如果公司选择在融资租赁公司融资,其将能以“融资+融物”的方式获取项目所需的设备,而采用银行贷款或“新三板”定向增发方式,则得在获取资金后再购置设备。此外,在实际的操作过程中,融资方式的审核和放款时间亦存在差异,从公司“新三板”定向增发的情况来看,该模式流程烦琐,办理的时间较长。对A公司来说,获取资金和设备所花费的人力、物力及时间均是项目的成本,尽快地获取设备能减少一定的支出,并有助于项目尽早投入建设与运营,实现项目的盈利。

2. 融资租赁风险分析

(1)承租人所处行业

A公司所处的行业为文化产业,其主营业务主要涉及两个文化细分产业,分别为广播影视业和演艺业。近年来,我国高度重视文化产业的发展,出台了一系列的政策。相关的文件表明,文化产业未来有广阔的发展空间,其是国家鼓励发展的行业。然而,由于文化产业的核心为创意,能否成功取决于市场,所以其中存在的不确定性也导致文化产业的产品呈现高风险性的特征。

广播影视业作为我国文化产业重要的组成部分,在数字化技术的推动下,发展迅速。随着演艺业不断地发展,其市场呈现多元化的格局。从产业发展现状来看,演艺业的风险主要体现在以下几个方面:第一,创排剧目投入高、周期长且回报缓慢,大多数作品首演后难以实现常态化演出;第二,演出容易受政治、环境、天气和技术等因素的影响;第三,演艺院团转企改制后,组织机构和管理机制尚未完善,容易引起经营管理风险及财务风险等。

(2)承租人主体状况

①基本情况

A公司是合法设立的企业,其在“新三板”挂牌13年前已经将企业类型从有限责任公司变更为股份有限公司,并根据相关规定,完善了企业法人治理结构和内部管理制度,制定相应的章程与细则。因此,A公司出现治理不规范的风险较小。在资产上,A公司独立拥有企业的完整资产,不存在他人占有或与他人共有的情况,主要财产权属关系清晰,暂不存在权属纠纷及潜在的权属纠纷。2014年,A公司获得中国工商银行和中国建设银行两家大型上市银行的银团贷款,表明该公司商业信用程度高,有较强的清偿能力。

公司股权方面,A公司实际控制人直接及间接的控股比例超过40%,虽然公司内部建立了相关的制度,并已对控股股东的行为进行约束,但仍存在实际控制人控制不当的风险。目前，A 公司实际控制人为 1 家企业的股东、4 家企业的法定代表人和 5 家企业的高管，其控股的企业经营情况正常，没有从事高风险的业务。

公司治理层面，A 公司与实际控制人、控股股东及其控制的企业不存在同业竞争的情况，其在机构、业务、人员和财务上均独立和分开，不存在相关企业利用地位影响公司经营管理和共用银行账户的现象。

②业务情况

a. 营业收入

A 公司在 2013 ~ 2016 年业务经营的过程中，营业收入不断提升，连续 3 年的增长率超过 3.34%。其中，2016 年受迪士尼项目毛利率较高的影响，A 公司项目总体的毛利率同比增长 3.62%；由于迪士尼项目对公司整体毛利率影响较大，且其已于当年完成，所以该公司 2017 年项目总体的毛利率和营业收入可能会有所降低。

另外，由于 2016 年公司的应收账款达 68,846.75 万元，同比增长 25.57%，已占到流动资产的 60.70%，数额较大，所以 A 公司存在应收账款难以收回形成坏账的风险。对此，A 公司除加强应收账款的管理外，还计划减少承接回款慢且垫付金额大的业务，而这可能会使公司的业务收入进一步出现下降，给公司未来的经营发展及融资租赁偿还租金带来一定的风险。

b. 客户集中

从 A 公司 2013 ~ 2016 年主营业务前五大客户的销售额占比（见表 8 - 18）可以看出，公司的业务收入在一定程度上依赖前五大客户。其中，2016 年前五大客户占营业收入的比率为 32.76%，相较上一年增加了 17.52%，存在客户集中的风险。如果客户经营状况发生变化或减少对 A 公司业务的需求，那么将会给 A 公司主营业务收入和经营稳定性带来不利的影响。同时需注意，相较前 3 年，2016 年第一大客户的占比有较为明显的上升，其他四大客户的比率出现小幅度波动，客户集中的风险趋于增加。

表 8 - 18　A 公司 2013 ~ 2016 年主营业务前五大客户占营业收入的比率

单位：%

客户	2013 年 占营业收入比率	2014 年 占营业收入比率	2015 年 占营业收入比率	2016 年 占营业收入比率
年度销售占比第一的客户	4.94	7.60	3.32	13.36
年度销售占比第二的客户	4.44	7.48	3.18	7.09
年度销售占比第三的客户	3.95	4.88	3.03	4.67
年度销售占比第四的客户	3.88	4.14	2.98	4.15
年度销售占比第五的客户	3.22	4.04	2.73	3.49
合计	20.43	28.14	15.24	32.76

根据 A 公司主营业务应收账款的相关数据(见表 8 - 19),公司自 2014 年起,应收账款逐年增多,2015 年和 2016 年应收账款的增长率分别为 19.11% 和 25.57%,增幅较大。其中,2016 年前 5 名欠款方的应收账款总额占应收账款期末余额 26% 以上,存在一定的应收账款客户集中风险。虽然前 5 名欠款方多为大型的国有企事业单位,但如果宏观环境或客户的经营形势出现恶化,依旧会使回收款项出现难以收回的风险,以致对公司经营、收入、资金周转与融资租赁还款产生不利的影响。

表 8 - 19　A 公司 2013 ~ 2016 年主营业务应收账款主要数据

时间	应收账款总额/元	前五名欠款方应收账款总金额/元	占应收账款期末余额的比例/%	相应计提坏账准备的总金额/元
2013 年	541,738,188.64	133,093,069.50	23.46	未披露
2014 年	460,309,037.47	130,986,986.37	26.68	未披露
2015 年	548,294,964.85	92,551,241.39	15.72	2,558,851.19
2016 年	688,467,541.64	199,661,311.45	26.56	2,151,535.86

③资金用途

A 公司 2013 ~ 2017 年从银行贷款所得的资金均用于业务发展和建设生产研发基地,且按时偿还。“新三板”挂牌期间,A 公司 2018 年定向发行普通股股票所获取的资金主要用于补充流动资金和股权收购,以及向子公司缴纳注册资本,不存在资金使用的违规行为。融资租赁方面,A 公司直接租赁项目和有形动产售后回租项目的资金均用于公司的经营。从上述情况可以看出,A 公司融资所获得的资金均用于合法合规的活动,暂不存在资金使用不当的风险。

④租赁标的物

《融资租赁企业监督管理办法》和《融资租赁暂行办法》均指出,融资租赁的租赁物应当权属清晰、真实存在且能够产生收益权。A 公司直接租赁项目和售后回租项目选取的标的物均为有形动产,可确定是真实存在的,且标的物能产生收益。标的物权属上,融资租赁公司在租赁期内对标的物享有所有权,A 公司则拥有设备的使用权,权属清晰。

⑤担保措施

A 公司向银行贷款的过程中,主要以公司应收账款作为质押,以公司房屋及建筑物和土地使用权作为抵押,以及由企业实际控制人作为担保。其中,公司用于抵质押的资产共计 1,140,860.01 万元,占资产总额的 46.88%,若公司流动资金紧张,周转出现困难,可能会存在资产所有权变动的风险。实际控制人担保方面,对外的借款担保已达 36,201.97 万元,数额较高,但因其本人暂无失信信息和被限制消费,且公司之前没有逾期未偿还的重大债务,所以 A 公司实际控制人作为直接租赁项目和有形动产售后回租项目的担保方,暂不存在重大风险的特征。

(3)承租人财务状况

①营运能力

根据A公司2014~2016年营运的相关数据(见表8-20),公司2015年流动资产周转速度小幅提升,周转的天数缩短30.98天,营业收入增长4.61%,表明企业流动资产的使用效率有所提高,营利能力得到加强,该比率虽在2016年出现下降,但下降幅度较缓。2016年存货周转天数相较上一年减少6.77天,周转速度加快,有助于增强企业的偿债能力。

表8-20 A公司2014~2016年营运情况的主要数据

项目	2014年	2015年	2016年
流动资产周转率/次数	0.80	0.86	0.83
流动资产周转天数/天	451.04	420.06	435.01
应收账款周转率/次数	1.59	1.65	1.29
应收账款周转天数/天	226.42	218.18	279.07
存货周转率/次数	5.13	4.31	4.69
存货周转天数/天	70.18	83.53	76.76
总资产周转率/次数	0.57	0.47	0.39
总资产周转天数/天	636.93	770.58	937.11

应收账款方面,2016年A公司的周转率下滑,周转天数达279.07天,增加了60.89天,这说明公司资金营运效率有所降低。从应收账款的账龄来看,30.19%的应收账款在一年以上,其中6.05%的应收账款在3年以上,存在一定的坏账损失风险,其可能会对A公司未来正常的生产经营、资金周转和偿还融资租赁本息产生不利影响。

总资产周转率上,A公司近3年呈现逐年下降的态势,周转天数越来越长。2016年我国文化产业总资产周转率的均值①为0.5次,A公司与之相比略低了一些,这反映出企业当年资产的管理质量和利用效率较低,其营运能力在行业不占优势。而在A公司资产中,虽然有账龄3年以上的应收账款、其他应收款及预付款项,但所占的比例并不高,所以资产的不良风险较低。

②盈利能力

A公司2014~2016年的毛利率(见表8-21)逐年上升,而净利率和营业利润率呈现先上升后下降的波动趋势。其中,销售利润率方面,相关数据显示,2016年我国文化产业销售利润

① 数据源于前瞻数据库,载https://d.qianzhan.com/。

率的均值①为 8.9%,A 公司明显高于行业的均值,表明企业经营盈利能力较强。

表 8-21　A 公司 2014~2016 年盈利情况的主要数据

单位:%

项目	2014 年	2015 年	2016 年
毛利率	27.13	27.49	31.11
净利率	11.18	11.81	11.23
销售利润率	12.89	13.80	13.36
总资产报酬率	8.91	7.81	6.69
净资产收益率	14.11	14.42	12.41
资本保值增值率	111.34	111.66	111.35

在资产盈利上,A 公司虽然总资产报酬率逐年下降,但 2016 年的数值仍比我国传播与文化业总资产报酬率的均值高出 3.19%,这说明该公司资产获取收益的能力较强,且在市场经营中具有一定的优势。2014~2016 年,A 公司净资产收益率呈现波动趋势,2015 年同比上升 0.31%,2016 年则下降 2.01%,从行业均值②来看,虽然 A 公司自有资本的盈利能力有所下降,但其在行业中仍较强。而资本保值增值率方面,A 公司 2014~2016 年较稳定,比率均高于 100%,即企业的资本在生产经营的过程中能实现增值。总体而言,A 公司具备较强的营利能力,融资租赁公司无法按时收回本息的风险较小。

③偿债能力

从 A 公司 2016 年相关的财务指标(见表 8-22)可以看出,流动比率和速动比率均出现小幅上升。虽然其速动比率的数据略高于行业均值,③但由于流动比率仍低于 200%,故表明企业财务状况不太稳定,仍可能存在无法按时还款的风险。现金流量比率方面,尽管 2016 年的数值比我国传播与文化业现金流量比率的均值④高出 1.01%,但 A 公司已连续 3 年呈下降的趋势,这说明 A 公司经营活动产生的现金对流动负债的保障程度有所降低,短期偿债能力出现下降。

---

① 数据源于前瞻数据库,载 https://d.qianzhan.com/。

② 2016 年我国传播与文化业净资产收益率的均值是 4.2(数据来源:国务院国资委考核分配局《企业绩效评价标准值》)。

③ 2016 年我国传播与文化业速动比率的均值是 101.5%(数据来源:国务院国资委考核分配局《企业绩效评价标准值》)。

④ 2016 年我国传播与文化业现金流量比率的均值是 10.6%(数据来源:国务院国资委考核分配局《企业绩效评价标准值》)。

表 8-22　A 公司 2014~2016 年偿债情况的主要数据

项目	2014 年	2015 年	2016 年
流动比率/%	151	126	131
速动比率/%	103.89	97.53	103.03
现金比率/%	34.13	24.06	23.33
现金流量比率/%	29.12	18.26	11.61
资产负债率/%	57.10	60.52	65.78
利息保障倍数	5.07	3.46	3.13

2014~2016 年,A 公司的资产负债率呈上升趋势,2015 年和 2016 年同比增长 3.42% 和 5.26%。其中,2016 年的资产负债率已超过行业均值,①这说明 A 公司筹资取得的资产增多,长期经营的风险增加,长期偿债能力有所减弱。但由于 A 公司的利息保障倍数仍大于 1,表明其具有一定的偿债能力和负债经营能力,无法偿还融资租赁本金及其利息的风险较低。

④发展能力

2014~2016 年,A 公司的营业收入增长率和净利润增长率(见表 8-23)呈先上升后下降趋势,而营业利润增长率则逐年下降。虽然 2015 年 A 公司的营业利润增长率相较上一年降低了 0.58%,但其仍高于行业均值②;而在 2016 年,该比率却出现负值,同比下降 18.57%,且比行业的均值③低了 12.77%,这反映出 A 公司营业利润减少,收益降低。

表 8-23　A 公司 2014~2016 年发展情况的主要数据

单位:%

项目	2014 年	2015 年	2016 年
总资产增长率	29.76	21.35	28.47
营业收入增长率	3.34	4.61	3.35
净利润增长率	8.76	10.46	-1.72
营业利润增长率	10.78	10.20	-8.37

公司总资产增长率方面,尽管 2015 年出现了下降,2016 年的数值低于 2014 年,但这 3 年的比率均高于我国传播与文化业总资产增长率的优秀值,其中,2014 年和 2016 年分别比行业

① 2016 年我国传播与文化业资产负债率的均值是 65.0%,较低值为 75.0%(数据来源:国务院国资委考核分配局《企业绩效评价标准值》)。

② 2015 年我国传播与文化业营业利润增长率的均值是 2.0%(数据来源:国务院国资委考核分配局《企业绩效评价标准值》)。

③ 2016 年我国传播与文化业营业利润增长率的均值是 4.4%(数据来源:国务院国资委考核分配局《企业绩效评价标准值》)。

优秀值①高出3.06%和2.47%。由此可见,A公司正处于成长期,发展能力较强,发展前景比较乐观,未来在融资租赁业务中违约的风险较低。

(四)A公司融资租赁的效果与作用

A公司在直接租赁项目和有形动产售后回租项目中,主要的效果与作用为获取到其所需的设备、盘活企业的资产和补充流动资金。

1.盘活承租人的资产

在A公司2016年的资产中,投资性房地产、无形资产的土地使用权和在建工程的生产研发基地已全部作为银行借款的抵押,而固定资产中所有的房屋和建筑物也均用于银行抵押贷款,只剩下7923.35万元的运输工具、机械设备、办公设备、租赁设备和模具等还未抵押。对此,A公司将剩余的部分固定资产作为有形动产售后回租项目的标的物,有效盘活了这批固定资产,为公司筹集到了经营所需要的资金。

2.补充承租人的流动资金

根据A公司2017~2019年半年度资产负债表(见表8-24),其流动资产占总资产的比例呈持续下降趋势。在流动资产中,流动性最强的货币资金逐年减少,其中,2018年同比下降35.47%。而在应收账款和存货方面,2017年占流动资产的72.69%,2018年同比增加3.38%,2019年半年度占比增长至86.58%。由此可以看出,A公司垫付了大量的资金,现金流入的速度延缓,资金流动性下降,若其进行合理的融资安排,则可补充一定的流动资金,缓解企业的资金压力,使生产经营更加顺畅。

表8-24 A公司2017~2019年半年度资产负债表主要数据

单位:元

项目	2017年	2018年半年度	2018年	2019年半年度
货币资金	240,920,125.27	74,271,407.70	155,462,518.24	59,753,093.43
应收账款	732,183,598.66	758,805,361.79	653,356,168.23	660,193,005.94
预付款项	46,365,326.85	61,447,221.09	39,245,411.00	39,474,718.97
存货	154,565,162.43	139,346,305.81	138,558,115.90	172,632,064.79
流动资产合计	1,219,872,871.43	1,080,812,944.69	1,041,028,971.31	961,917,667.10
投资性房地产	264,370,678.14	261,642,973.50	280,406,608.30	758,237,674.60
固定资产	435,352,853.08	435,412,918.94	469,664,169.59	464,561,181.80

① 2014年我国传播与文化业总资产增长率的优秀值是26.7%,2016年我国传播与文化业总资产增长率的优秀值是26.0%(数据来源:国务院国资委考核分配局《企业绩效评价标准值》)。

续表

项目	2017年	2018年半年度	2018年	2019年半年度
在建工程	511, 490, 859. 43	549, 426, 367. 61	490, 708, 301. 53	11, 297, 329. 17
非流动资产合计	1, 346, 847, 389. 04	1, 405, 542, 564. 77	1, 394, 185, 029. 63	1, 389, 405, 238. 84
资产总计	2, 566, 720, 260. 47	2, 486, 355, 509. 46	2, 435, 214, 000. 94	2, 351, 322, 905. 94
短期借款	343, 842, 022. 00	338, 529, 719. 65	322, 810, 000. 00	329, 200, 000. 00
应付票据	12, 633, 754. 00	9, 439, 820. 00	17, 720, 859. 97	13, 994, 451. 77
应付账款	398, 711, 639. 86	371, 709, 603. 04	392, 260, 104. 13	352, 779, 733. 58
流动负债合计	1, 075, 692, 132. 95	1, 094, 992, 029. 02	1, 003, 082, 890. 18	918, 426, 979. 02
长期借款	444, 500, 000. 00	431, 200, 000. 00	439, 700, 000. 00	433, 450, 000. 00
其他非流动负债	109, 622, 641. 51	—	—	—
非流动负债合计	581, 803, 549. 91	452, 519, 059. 59	446, 543, 413. 32	434, 592, 007. 63
负债合计	1, 657, 495, 682. 86	1, 547, 511, 088. 61	1, 449, 626, 303. 50	1, 353, 018, 986. 65
所有者权益合计	909, 224, 577. 61	938, 844, 420. 85	985, 587, 697. 44	998, 303, 919. 29

2017年,A公司主要通过银行贷款和融资租赁两种融资方式获取资金。银行贷款方面,公司取得了35, 371. 05万元的款项,其均为短期借款,贷款的平均期限为8. 87个月。而在融资租赁上,公司通过直接租赁项目和有形动产售后回租项目获得了7109. 98万元,租赁的平均期限为2. 5年,这部分的资金有助于公司在银行贷款的基础上,进一步补充企业日常生产经营所需的流动资金。

A公司2017~2019年半年度现金流量表(见表8-25)显示,其筹资活动产生的现金流量净额自2017年第一次出现负值后,2018~2019年半年度也接连为负值。其中,在2017年筹资活动的现金流出中,用于偿还债务的现金达45, 798. 82万元,多于当年在银行贷款和融资租赁中取得的现金。经分析,筹资活动现金流入减少的原因主要为2017年取得的银行贷款少于2016年。上述表明,A公司有大量的债务需要偿还,在银行贷款数额减少的情况下,若不采用其他融资方式,则筹资活动现金流入会更少,而通过融资租赁获取资金,在一定程度上可以增加企业的流动资金。

表8-25 A公司2017~2019年半年度现金流量表主要数据

单位:元

项目	2017年	2018年半年度	2018年	2019年半年度
经营活动产生的现金流量净额	211, 126, 606. 31	-22, 201, 892. 28	214, 865, 348. 60	5, 831, 147. 52

续表

项目	2017 年	2018 年半年度	2018 年	2019 年半年度
投资活动产生的现金流量净额	-76,416,239.93	-65,735,741.11	-88,482,855.38	-47,912,718.42
筹资活动产生的现金流量净额	-87,804,077.99	-76,692,688.77	-214,184,838.1	-49,605,915.02
现金及现金等价物净增加额	46,422,564.51	-164,599,070.25	-87,722,326.39	-91,690,181.39
加:期初现金及现金等价物余额	187,469,602.66	233,892,167.17	233,892,167.17	146,169,840.78
期末现金及现金等价物余额	233,892,167.17	69,293,096.92	146,169,840.78	54,479,659.39

(五)小结

A 公司是一家以演艺活动策划与执行、设备系统集成及配套服务为主营业务的综合性文化机构,其于 2017~2018 年在 3 家融资租赁公司融资租赁 3 笔,融资金额达 8756.64 万元。

A 公司的融资租赁项目采用了直接租赁和售后回租业务模式,其标的物均为有形资产。笔者根据 A 公司的经营现状、业务发展和融资方式,分析出 A 公司融资租赁的动机主要为:第一,盘活公司现有的有形动产,满足公司经营所需的资金需求;第二,获取公司所需的设备,加快项目的建设,降低项目融资成本,推动项目尽快投入建设与运营,实现营利;第三,增加长期贷款,提高公司经营活动的现金流,缓解公司资金紧张的问题,减轻公司的短期偿债压力;第四,维持公司的日常生产经营,扩大公司的业务市场,增强公司的可持续发展能力。

融资租赁的风险方面,笔者基于 A 公司所处行业、主体状况和财务状况,发现其存在营业收入下降、应收账款难以收回形成坏账、客户集中和短期流动性的风险,这将对 A 公司偿还融资租赁租金产生不利的影响。

在上述的融资租赁项目中,A 公司成功地获取到了所需的设备,盘活了企业的资产,并为其日常生产经营补充了流动资金。

四、文化企业融资租赁的构想

我国文化企业融资租赁发展至今,已取得了一定的成果和成效,其融资与融物相结合、使用权与所有权分离、融资金额高、融资期限长、还款方式灵活、项目审批速度快和直接租赁融资成本低以及可指定设备与供应商的特点，可以有效地帮助文化企业解决更新设备、满足资金需求、盘活资产和发展建设，缓解文化企业融资难、融资贵和融资慢等问题。在文化企业A公司的案例中，融资租赁不仅使A公司顺利获得了设备，还帮助A公司有效地盘活了企业的资产，为其经营补充了流动资金。

通过分析文化企业融资租赁的现状和文化企业A公司融资租赁的项目，可以看出文化企业融资租赁仍存在一定的不足和风险，如法律规章不完善、融资租赁公司业务模式单一、业务较少涉足文化领域、缺乏专业人才与团队和融资租赁成本相对较高，以及文化企业自身所处行业、应收账款较多、收益不确定性和短期偿债等风险。对此，笔者认为，可以从融资租赁公司和政府政策与措施两方面着手，解决文化企业融资租赁现存的问题，推动文化企业融资租赁更好地发展。

（一）融资租赁公司

1. 提高直接租赁业务比例

近些年，"融资租赁公司如何回归租赁本源"是融资租赁业内专家和从业人员探讨的热点之一，其中，提高融资租赁公司直接租赁业务比例是常被提及的观点。犀牛之星和中国外资租赁委员会的数据显示（见表8－26），2017～2021年在我国上市公司及其子公司与"新三板"挂牌公司的融资租赁项目中，售后回租业务模式占比均高于77%，而直接租赁业务模式仅为4.79%～18.00%，由此表明，目前我国融资租赁在业务模式上，售后回租占比较高，直接租赁占比较低。针对此现状，中国银行业协会金融租赁专业委员会在《中国金融租赁行业自律公约》提出，逐步降低售后回租的业务比例。部分地方政府对此也颁布了相关的政策，如广东省人民政府办公厅《关于加快融资租赁业发展的实施意见》提到，融资租赁公司的业务在符合法律法规规定的情况下，以直接租赁业务模式为主。

表8－26　2017～2021年我国上市公司及其子公司与"新三板"挂牌公司融资租赁业务模式占比

时间	企业类型	融资租赁笔数/笔	直接租赁业务模式占融资租赁笔数的比例/%	售后回租业务模式占融资租赁笔数的比例/%
2017年	284家"新三板"挂牌公司	351	7.12	89.46
2018年	77家上市公司及其子公司	148	8.78	88.51
2019年	120家上市公司及其子公司	188	4.79	88.83
2020年	128家上市公司及其子公司	242	18.00	81.00
2021年	181家上市公司及其子公司	340	13.00	77.00

在文化企业融资租赁中,上述两种业务模式比例失调的问题也较严重,从表 8 - 2、表 8 - 3 和表 8 - 4 可以看出,超过 97% 的文化企业采用售后回租业务模式。虽然目前直接租赁业务模式用得较少,但从 A 公司的直接租赁项目来看,其并不是不适用于文化企业。随着科技的高速发展,以 5G、大数据、区块链、人工智能、云计算、多媒体为代表的新技术不断取得突破,文化企业升级改造设备的需求将变得更强烈和迫切。融资租赁公司可抓住文化企业设备更新的机遇,探索适合作为文化企业直接租赁的标的物,提高直接租赁的业务比例,拓展自身的服务市场。

当融资租赁公司面向文化企业开展直接租赁业务时,可选择那些需要超高清设备拍摄与制作广播影视作品、新型演出(如沉浸式、VR、AR、全息投影、无人机等技术)设备创作舞台剧目、数字化设备开发线上内容和短视频直播设备的文化企业,也可以选择具有影响力、企业入驻率高的影视、演艺产业园、产业集群和产业基地,有针对性地集中人力为其开发适用的文化企业融资租赁产品。在相关的实践中,文科租赁曾与北京电影学院文创园签订协议,给予园区 2 亿元的融资租赁额度购买其建设所需的设备,以及向园区内 500 多家中小企业提供融资租赁服务。

2. 探索无形资产直接租赁

美国设备租赁与金融基金会(以下简称美国租赁基金会)曾提到,无形资产和知识产权相对于有形资产的重要性与日俱增,融资租赁行业需要开发创造性的新产品,以利用知识产权的增长及其在龙头企业和一般经济中日益核心的作用,其还曾表示技术部门及其相关的知识产权资产是融资租赁行业新的增长机会。① 无形资产直接租赁在国外已有一定的实践,据美国租赁基金会《设备租赁与金融业地平线报告》,2018 年企业购买设备和软件最常用的付款方式为融资租赁,占比达 24%。美国无形资产中软件的直接租赁业务模式与设备直接租赁的区别在于,软件的直接租赁业务模式中的标的物为软件的许可。英国方面,白橡树公司的软件租赁业务与美国的软件直接租赁业务模式相似,其业务的优势在于,能在 4 小时内审核承租人的业务申请,且于当天向出卖人支付款项,使那些一次性负担不起软件购买的承租人快速地获取到所需的软件。

目前,我国融资租赁公司尚未通过直接租赁业务模式来开展无形资产项目。笔者认为,无形资产直接租赁业务较难开展的原因主要是版权法仍不健全,在未来版权及相关法律法规完善后,可逐步探索广播影视作品与演艺作品版权及相关权利的直接租赁业务模式,即融资租赁公司根据文化企业创作广播影视作品与演艺作品所需剧本的需求,向剧本方(作品供应商)购买作品版权及相关权利的许可,提供给文化企业拍摄与制作电视剧、电影、节目和创排演出剧目等(见图 8 - 7)。具体的业务操作如下:租赁期内,融资租赁公司拥有作品版权及相

① Equipment Leasing & Finance Foundation, *Intellectual Property Leasing and Its Implications for the Leasing Industry*, Washington, DC: Equipment Leasing and Finance Foundation, p. 4 - 5 (2002).

关权利的定期许可，文化企业享有作品版权及相关权利的定期使用权；租金支付方面，采用分期付款，具体方式由文化企业和融资租赁公司商定；租赁期届满后，融资租赁公司按合同规定继续向文化企业提供作品版权及相关权利的许可或将其还至剧本方。这种业务模式对文化企业而言，不仅能使其尽快获取作品版权及相关权利并投入创作，而且分期支付版权及相关权利费用的方式，能大大减轻其资金压力。

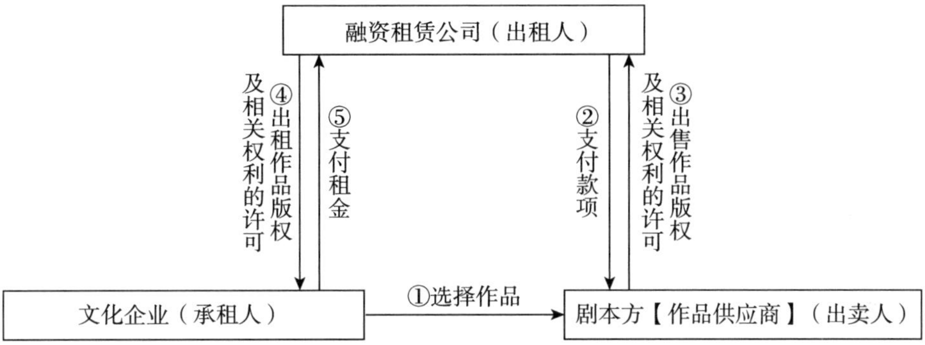

图8－7　文化企业无形资产直接租赁基本模式

众所周知，优秀的剧本存在较大的增值空间。对于这部分有较好预期收益的广播影视或演艺作品版权项目，融资租赁公司可以结构化共享式租赁的业务模式为基础，设计具体的文化企业融资租赁方案。上述的业务模式与设备直接租赁业务模式的区别在于，其融资租赁的租金是根据标的物产生的收益来计算的，即融资租赁公司与文化企业共享项目的收益。对融资租赁公司来说，若投资到好的剧本结构化共享式租赁项目，那么其从中获取的收益将远高于直接租赁和售后回租业务模式下所收取的租金。

文化企业的无形资产直接租赁除可以作品版权及相关权利为标的物外，还可以结合设备所需的软件开展业务。参与美国租赁基金会知识产权租赁研究的融资租赁公司认为，设备租赁业务与无形资产租赁业务密不可分，如租赁电脑设备的企业必须租赁相应的软件及其他软成本（布线、安装和培训等）。① 当前，部分文化企业的设备需结合配套的软件使用，对此，融资租赁公司可探索在同一笔文化企业融资租赁项目中，同时开展设备与无形资产的直接租赁业务。

3. 发展文化企业厂商租赁

目前，厂商租赁主要有两种：第一种，融资租赁公司与设备供应商签订合作协议，以设备供应商的设备为标的物向承租人开展融资租赁业务；第二种，设备供应商自己专门设立融资租赁公司，即厂商系融资租赁公司。笔者认为，这两种厂商租赁均适用于文化企业融资

---

① Equipment Leasing & Finance Foundation, *Intellectual Property Leasing and Its Implications for the Leasing Industry*, Washington, DC: Equipment Leasing and Finance Foundation, p. 16(2002).

租赁。

为挖掘文化企业潜在的融资租赁市场与满足文化企业设备更换的需求,融资租赁公司可主动与文化企业中设备制造类的公司发展文化企业厂商租赁。具体的操作为融资租赁公司与文化设备制造类公司签订合作协议,双方在业务开展的过程中,设备制造类公司向客户推荐使用融资租赁公司的直接租赁业务模式购买设备,融资租赁公司向承租人推荐设备制造类公司作为融资租赁项目的出卖人。对融资租赁公司来说,这种厂商租赁不仅能有效地帮助其拓展文化企业融资租赁业务,降低文化企业融资租赁项目的风险,而且有助于其深入了解文化企业的需求,更好地设计融资租赁产品服务文化企业,以及寻找更适合的设备供应商合作。对于文化设备制造类公司来说,厂商租赁能为公司的客户提供设备分期付款、购买先进设备及还款期限长等便利,在一定程度上提高公司的业务吸引力,促进公司设备的销售,提升收益,且对于那些租赁期届满后由公司回购的设备,公司可在维修和翻新后投放到二手市场出售,以增加设备再销售的利润。对于文化企业来说,厂商租赁能缓解企业短期内资金不足的问题,使企业实现设备的升级改造,提高文化产品的市场竞争力。

文化企业除与融资租赁公司合作开展厂商租赁外,还可以通过设立自己的厂商系融资租赁公司来发展文化企业厂商租赁。当前,我国文化企业下设厂商系融资租赁公司的有晨鸣租赁①和保利融禾租赁②等。其中,晨鸣租赁依托母公司的主营业务开展融资租赁项目,截至2019年年底,晨鸣租赁资产规模达170.74亿元,营业收入为18.67亿元,占母公司营业收入的6.14%;保利融禾租赁以艺术品融资租赁业务为主,其融资租赁业务不仅有力地支持着母公司的艺术品拍卖业务,还为母公司积累了优质的客户资源及藏品。从上述的两个文化企业厂商系融资租赁公司可以看出,厂商租赁对文化企业和融资租赁公司均有好处:文化企业通过旗下的融资租赁公司拓宽产品的销售渠道,探索与开展金融业务,形成集生产、销售、租赁和融资于一体的产业链;融资租赁公司作为文化企业的子公司,可借助文化企业的资源与专业的人才及团队开展融资租赁业务。

4.推动投租联动模式运用

顾名思义,投租联动模式即融资租赁债权与股权投资相结合的一种融资租赁创新模式,其与直接租赁业务模式的不同点是承租人除支付租金外,还需要按合同规定给予出租人一定比例的股权认购权。投租联动模式的承租人主要是成长性高的初创期企业,这些企业在急需资金发展时,往往难以获得银行和传统融资租赁业务模式的贷款,而在该模式中,承租人通过让渡股权的方式,不仅能获取所需的设备,还能有效解决现金流不足的问题,从而降低融资成

① 晨鸣租赁是晨鸣纸业的全资子公司,晨鸣纸业是一家以制浆和造纸为主营业务的上市公司,其主要产品属于文化及相关产业分类(2018年)的文化辅助用品制造。

② 保利融禾租赁是保利文化的子公司,保利文化是一家以演出与剧院管理、艺术品经营与拍卖、影院投资管理为主营业务的上市公司。

本,缓解企业的还款压力。对于出租人来说,投租联动模式能使其获得较高的收益,且有助于发展其创新融资租赁业务,挖掘新的融资租赁市场,推动公司转型升级。

20世纪80年代,美国便开始将投租联动模式用于融资租赁项目。当时,爱贵特租赁公司已通过有限合伙形式向多家高风险企业提供总值3亿多美元的融资租赁业务。[①] 在有形资产投租联动模式的成功经验下,美国的融资租赁公司逐步探索无形资产投租联动模式。1993年,阿柏林资本管理风险租赁公司与罗姆公司开展了专利投租联动项目(融资租赁金额100万美元,租赁期限3年,利息率15%),该项目采用售后回租业务模式,租赁期内,罗姆公司需支付本金、利息和10%股权认购权,租赁期届满后,罗姆公司将以1美元的价格回购专利。[②]

近年来,国内部分融资租赁公司也有在尝试使用投租联动模式,其采用的方式主要为"先租后投""先投后租""投租并行"等。其中,中关村科技租赁股份有限公司通过设立股权投资基金的方式来开展投租联动业务,其具体的操作模式为"先租后投",即先通过融资租赁业务了解承租人后再进行股权投资,截至2020年6月,股权投资基金已在现有的融资租赁承租人中成功投放5个项目,金额达4840万元。

基于国内外投租联动模式的相关实践,文化类专业融资租赁公司可率先推动投租联动模式在文化企业融资租赁项目中运用。在探索文化企业投租联动模式的前期,文化类专业融资租赁公司可优先选择现有承租人中成长性高的文化企业开展有形资产投租联动模式,也可与文化产业投资基金和文化金融专营银行等金融机构组建有限合伙租赁公司,共同展开合作。考虑到无形资产的风险性较高,文化类专业融资租赁公司可在文化企业有形资产投租联动模式成功推行后,再逐步探索文化企业无形资产投租联动模式。

5. 创新融资租赁担保方式

担保即保障债权实现的方式,[③]其主要方式为保证、抵押、质押、留置和定金。笔者根据表8-2、表8-3和表8-4承租人的资料,整理出29个承租人的融资租赁担保方式(见表8-27)。从表格可以看到,较多的承租人以母公司、公司实际控制人与公司关联自然人(包括董事长、总经理、董事、股东等)连带责任保证和股权、股票与股份质押作为融资租赁的担保方式,其中,上市公司及其子公司的担保多由上市公司(母公司)提供,"新三板"挂牌公司及其子公司和中小企业多为公司实际控制人提供连带责任担保。

---

① 兰宇宁:《"投租联动"经营模式的发展现状、问题及建议》,载《华北金融》2018年第3期。

② Equipment Leasing & Finance Foundation, *Intellectual Property Leasing and Its Implications for the Leasing Industry*, Washington, DC: Equipment Leasing and Finance Foundation, p. 13 (2002).

③ 程翔、房燕主编:《担保理论与实务》,北京邮电大学出版社2014年版,第11页。

表 8－27 承租人的融资租赁担保方式

时间	承租人简称	担保方式
2020 年	慈文传媒与全资子公司北京慈文	上海慈文(全资子公司)提供连带责任保证担保
2019 年	方向传媒	公司实际控制人提供连带保证担保
	华谊环球、华谊哈尔滨与华谊沈阳	华谊兄弟(母公司)、全资子公司华谊投资及 4 位关联自然人提供连带责任保证,以下属 4 家影院的票房收入应收账款提供质押担保
	西安映尚	当代文体(母公司)提供担保
	太平盛世	公司实际控制人提供个人无条件不可撤销连带责任保证担保
	永乐文化	公司 2 位股东提供 80 万股股权质押担保,公司实际控制人及其配偶、公司总经理及其配偶提供无限连带责任信用保证担保,公司提供 1 项软件著作权(永乐剧院场馆票区管理系统 V1.0)的质押担保
2018 年	太平盛世	公司实际控制人提供无条件不可撤销个人连带责任保证
	捷成股份	企保和股权质押
	吉翔影坊与吉翔影视	吉翔股份(母公司)提供连带责任保证
	北京艺鼎与橙子映像	个保、企保和股权质押
	时代电影	公司 2 位实际控制人提供连带责任保证,其中 1 位提供 300 万股股票质押担保
	锐风行	公司实际控制人提供不可撤销的连带责任保证
	英田影视	公司实际控制人提供个人无限连带责任保证担保
	岭南股份	公司实际控制人和上海恒润(子公司)提供担保
2017 年	A 公司	公司实际控制人提供担保,并以 6254.00 万元应收账款作为质押
	大业传媒与杭州漫奇	个保和房产抵押
	英田影视	公司实际控制人提供无条件不可撤销连带责任保证担保
2016 年	盛天传媒	公司实际控制人提供 888 万股股份质押担保及无限连带责任保证担保,公司提供部分电视剧剧本著作权质押担保
	新安传媒	1 家控股股东提供 110 万股公司股权质押担保,2 位关联方提供连带保证责任
	锐风行	公司股东提供 1000 万股股权质押担保
	东方飞云	公司实际控制人提供无限连带责任担保
	时代电影	公司 2 位实际控制人提供连带责任保证担保,其中 1 位提供 286 万股股份质押担保

续表

时间	承租人简称	担保方式
2016年	星座魔山与全资子公司星座国际	公司控股股东及其配偶提供连带责任保证
	普乐方	公司控股股东、实际控制人、董事提供不可撤销连带责任担保
	重庆华昕与芜湖华昕	华昕文化(母公司)及3位公司股东兼董事提供连带责任担保
2015年	中视精彩	捷成股份(母公司)提供连带责任保证担保
	成都华大	华昕文化(母公司)及3家子公司提供保证担保,华昕文化(母公司)提供其对子公司的50万元非限售流通股股权质押担保
	西安华大	
	扬州华大	

表8-27中除上述的几种常用担保方式外,有3个承租人的担保方式值得引起注意:华谊环球、华谊哈尔滨与华谊沈阳提供下属4家影院票房收入应收账款的质押担保;永乐文化提供1项软件著作权(永乐剧院场馆票区管理系统V1.0)的质押担保;盛天传媒提供部分电视剧剧本著作权的质押担保。当前,在银行的文化企业融资项目中,也有以应收账款和无形资产作为担保的,如井冈山旅游①公司与多个银行的贷款以旅游门票收入为质押担保,欢瑞影视与中国银行东阳支行的流动资金贷款以电视剧《我在北京等你》销售协议中8625万元的收款权为质押担保,盛天传媒与中国银行东阳支行的贷款以电视剧《极品男女日记》的播映权为质押担保。基于现有融资租赁公司与银行的相关实践和《民法典》的规定,融资租赁公司可在文化企业融资租赁项目中创新担保方式,如采用广播影视作品与演艺作品的著作权、票房收入及相关权利等作为担保。对融资租赁公司和文化企业来说,融资租赁担保方式的创新,一方面,能降低融资租赁公司文化企业融资租赁项目的风险,解决其因缺乏专业人才与团队难以把控风险及审批项目和放款意愿较低的问题,进而提高业务量;另一方面,能增加文化企业的担保方式,帮助文化企业获取资金。

6. 加强与金融机构的合作

当前,我国文化企业融资租赁存在融资租赁公司业务较少涉足文化领域和缺乏专业人才与团队的问题。针对这些情况,融资租赁公司可加强彼此间的交流与合作:第一,有意愿开展文化企业融资租赁业务的融资租赁公司可主动与已开展文化企业融资租赁业务的融资租赁公司展开学习与交流;第二,融资租赁公司探索文化企业投租联动模式时,可吸引已开展或有意愿开展文化企业融资租赁业务的融资租赁公司组建有限合伙租赁公司,以共同完成项目的方式加强沟通与合作,提升业务能力;第三,融资租赁公司可积极在文化产业投融资论坛、文化金融峰会和文化投融资业务培训班等讨论文化企业融资租赁的业务模式、无形资产标的物

① 井冈山旅游是一家以开发、经营和管理井冈山旅游资源为主营业务的公司。

及风险把控等。

融资租赁公司除彼此间合作外,还可加强与金融机构的合作。比如,银行系金融租赁公司或券商系融资租赁公司和母公司及其各子公司展开合作,协同系统内已有及潜在的文化行业客户开展融资租赁业务;融资租赁公司与金融机构(如银行、保险公司、风险投资公司和基金管理公司等)达成合作,共享文化行业客户的资源与信息。

(二)政府政策与措施

1. 完善无形资产融资租赁法律和规章

无形资产融资租赁在美国、法国、英国、日本、德国和西班牙等国家已开展多年,其中部分国家与协会对其制定了相应的法律和规章,如法国的法律规定商业和手工业的营业财产及无形资产的部分可用于融资租赁,①且法国《商法典》提出,企业转让资产、权利与合同维持经营活动或偿还债务时,需书面写清楚相关的信息,以及在偿清转让金额前,受让人不得转让租赁交易协议中所取得的有形或无形资产;英国税务及海关总署的《无形资产制度》指出,无形资产的出租原则上可被视为融资租赁;日本租赁协会在《租赁指南》中提到,几乎所有的设备或软件都可作为融资租赁的标的物,该协会还专门针对软件租赁颁布了《程序租赁合同》的范本供融资租赁公司参考。

原世界租赁大会主席苏迪尔·阿曼波曾在其提出的融资租赁四大支柱学说中谈到,融资租赁业需要法律、行政法规、直接税和金融会计的支持。随着文化企业融资租赁的发展,完善无形资产融资租赁的法律和规章变得越发重要。对此,相关部门应在2021年6月1日施行的《著作权法》基础上,尽快推进无形资产融资租赁的法律建设,对无形资产是否能作为融资租赁标的物、无形资产融资租赁项目的合同是否有效、无形资产标的物的权属分配、相关登记以及信息查询系统等作出明确的规定。在无形资产融资租赁规章方面,相关协会可参照日本租赁协会的《程序租赁合同》范本,围绕无形资产标的物的交付、使用、保管和承租人、出租人及出卖人的义务与权利等制定无形资产融资租赁交易的规则。

2. 出台文化企业融资租赁政策

融资租赁业的发展离不开政府的扶持,综观西方国家,如美国、俄罗斯、英国等国家的融资租赁政策主要是鼓励金融机构进入融资租赁业、对部分行业的融资租赁采取优惠措施以及给予资本补贴等。当前,由于文化企业融资租赁在我国仍属于新生事物,且文化产业涉及领域较多,文化企业及文化项目的风险较大,所以融资租赁公司对文化企业融资租赁业务多处于观望的状态。在这种情况下,文化企业融资租赁需要政府在现有试点与探索政策的基础上,进一步出台相关的政策及相应的措施,鼓励融资租赁公司拓展与开展文化企业融资租赁业务。

---

① 吕苏榆、刘晓焕:《融资租赁对中国技术引进的影响分析——以高新技术产业发展为例》,载《工业技术经济》2016年第1期。

为推动融资租赁更好地帮助文化企业解决融资难、融资贵和融资慢等问题,政府可出台以下的政策:第一,鼓励南京、广州、深圳和上海等文化金融发展得较好的城市成立文化类专业融资租赁公司;第二,对开展文化企业融资租赁业务的融资租赁公司给予补贴,奖励金额可结合融资租赁公司当年新增的业务规模或实际交易额;第三,推出"文化企业融资租赁发展专项资金",具体可参考北京市财政局的做法,即以无利率和无股权回报的资金扶持方式,支持融资租赁公司在约定的期限内向一定数额的文化企业开展融资租赁业务以及完成规定的业务规模;第四,引进既懂融资租赁又懂文化的复合型人才,并对开展文化企业融资租赁业务的高级管理人员予以奖励;第五,向通过融资租赁获取资金的文化企业提供"贴租"补助。

3. 加大融资租赁税收优惠力度

融资租赁的税率差别理论认为,当出租人和承租人在融资租赁中获取的税收利益越大时,其越有可能开展融资租赁业务和采用融资租赁融资。美国租赁基金会 2019 年《设备租赁与金融业地平线报告》的数据显示,47% 的企业通过融资购买设备和软件是因为其能享受税收优惠。目前,我国文化企业融资租赁税收优惠主要为文化企业通过融资租赁购入设备可抵扣 13% 的增值税,融资租赁公司开展有形动产融资租赁和融资性售后回租业务的,增值税超过 3% 的部分可予以退税。

在美国、俄罗斯、瑞士、英国、西班牙、芬兰和日本等国家,其为了推动融资租赁的发展,向出租人和承租人给予了如下的税收优惠:俄罗斯的出租人可在融资租赁业务中抵扣 18% 的增值税;芬兰的出租人则可抵扣 22% 的增值税;日本的承租人通过直接租赁获取设备可扣除"租金总额 ×60% ×7%"的税额,当其对软件进行租赁或购置时,可扣除"租金总额 ×42% ×10%"的税额①;英国无形资产融资租赁的承租人可抵免租赁相关款项的应纳税额。直接租赁业务模式下设备加速折旧方面,美国的承租人设备折旧年限可为法定的 75% ~90%,瑞士的承租人可在 1 ~2 年内计提设备的折旧,西班牙的承租人最多可按国家的规定缩短 33% ~50% 的折旧年限。

我国文化企业融资租赁的税收优惠力度较低。税收优惠对文化企业来说,不仅能降低文化企业融资成本和纳税负担,缓解文化企业的短期资金压力,还能鼓励文化企业主动采用融资租赁融资;对融资租赁公司来说,有助于其拓展文化企业融资租赁业务。对此,相关部门应加大文化企业融资租赁税收优惠的力度,在现有抵扣额度的基础上,通过扩大抵扣范围或允许直接租赁租入设备加速折旧等方式,支持融资租赁公司和文化企业开展融资租赁项目。

4. 建立融资租赁风险补偿金

风险补偿金是一种金融类的准公共产品,②主要由政府出资建立,其通过给予金融机构一

---

① 李鲁阳主编:《融资租赁立法若干问题研究和借鉴》,当代中国出版社 2007 年版,第 297 页。

② 康彦华、赵映光:《金融类准公共产品供给的制度设计与有效性分析——青岛市小企业贷款风险补偿金案例》,载《金融发展研究》2011 年第 11 期。

定比例的贷款损失补偿,从而加大对企业贷款的支持,降低金融机构的风险与成本,进而激发金融机构开展业务的积极性,是一项解决企业融资难问题的有益探索。在国内的文化金融实践中,南京市建立了文化信贷风险补偿机制,政府与银行按 8:2 的比例共同承担文化企业贷款的风险,宁波市的文化产业信贷风险补偿资金则以政府 40%、保险公司 40% 与银行 20% 的比例分担贷款的实际损失。

国外在推动文化企业融资的过程中,也有建立类似的机制,如欧盟委员会在 2014 ~ 2020 年的"创意欧洲"计划中设立了 1.21 亿欧元(人民币 9.37 亿元)的文化创意产业担保基金,该基金将向选定的金融机构(信贷、租赁和基金公司)提供免费的担保与反担保,以支持金融机构贷款给文化企业;当文化企业贷款发生信用风险时,其将弥补金融机构 70% 的损失;截至 2020 年 9 月,基金已向 16 个国家提供了 19 份担保和 8 份反担保,文化企业预计能获取到 15.87 亿欧元(人民币 122.85 亿元)的融资。

在国内,北京市有针对文化企业融资租赁建立风险补偿金。2014 年,北京市为文化无形资产融资租赁和融资担保设立了 1.5 亿元的风险补偿金,其中,7500 万元提供给当年成立的文科租赁。2020 年,《北京市文化产业"投贷奖"风险补偿资金管理办法(试行)》提到,对融资租赁公司的不良贷款项目给予 40% ~50% 的风险补偿。基于上述风险补偿金的实践与作用,各地可在推动文化企业融资租赁时,建立融资租赁风险补偿金,以共担风险的方式给予融资租赁公司一定的试错成本,减少其业务开展的损失。

5. 加强中介服务体系建设

良好的金融中介服务是中小企业融资的基础。① 北京市为解决文化企业融资难与无形资产评估难的问题,成立了北京文化产权交易中心、北京市文化科技融资担保有限公司、北京市文创金融服务网络平台和第三方文化无形资产评估机构等,以上这些中介机构所构成的中介服务体系为文科租赁开展文化企业融资租赁业务创造了有利的条件。

当前,大多数融资租赁公司难以开展文化企业融资租赁业务的原因是其缺乏专业人才与团队、不了解文化产业、文化市场与文化企业以及无形资产标的物难以评估与处置等。对此,相关部门应加强中介服务体系的建设,借助成立与完善文化金融服务中心、文化金融中介服务平台、文化担保公司、无形资产评估机构和文化产权交易中心等中介机构,举办文化和旅游投融资业务培训班、文化金融峰会、文化和旅游产业投融资对接活动以及文化旅游金融路演等活动,使融资租赁公司在其中能更好地对接到合适的文化企业,拓展文化企业融资租赁业务,解决与文化企业间信息不对称的问题,加强文化企业担保措施,评估和处置文化企业的无形资产标的物。

① 王淑梅、董梦瑶:《辽宁省中小企业融资现状与政策支持》,载《地方财政研究》2016 年第 2 期。

五、结语

文化企业融资租赁是文化产业的新兴融资方式，笔者认为，融资租赁可作为未来文化企业融资的主要方式之一。从文化企业融资租赁的现状与A公司这一个案，可以看出融资租赁不仅拓展了文化企业的融资渠道，还有助于融资租赁公司在文化产业中开拓新的业务市场。近些年，文化企业融资租赁在中央和地方政府相关政策的鼓励与支持下，取得了一定的成果与成效，但其中存在的不足与风险也将制约和影响文化企业融资租赁的发展。

案例9

企业基金会艺术资助项目现状及其策略研究

随着我国政府越发重视社会力量参与艺术资助,越来越多的企业基金会开始关注艺术资助领域。在新时代的背景下,鼓励企业基金会积极参与艺术资助,优化其艺术资助策略,能为我国艺术资助注入强大的新兴力量。由此,笔者选取了中国和德国的两家企业基金会艺术资助典型个案进行比较分析,研究二者的艺术资助项目及资助策略,以期为我国正在进行艺术资助或对艺术资助感兴趣的企业基金会提供参考和借鉴。

笔者采用了文献研究法、实地考察法、定性分析法和比较分析法这几种分析方法进行研究。首先,从宏观层面分析我国和德国企业基金会的发展脉络及艺术资助现状,发现德国企业基金会十分重视艺术资助推动社区和城市发展,资助对象多元化。其次,从微观层面分析西门子基金会和时代基金会的使命宗旨、组织架构、财务状况、艺术资助项目方面归纳了两种不同运营情况下所制定的艺术资助策略。最后,从我国企业基金会的角度出发,对其艺术资助策略提出构想:在微观层面,笔者提出企业基金会应加强党建工作,为艺术资助策略引领方向。企业基金会在制订艺术资助策略时要进行多方面综合考量,促使策略品牌差异化,实施策略时应加强社区关联性,以及适时调整策略。在宏观层面,企业基金会要努力争取政府的支持,呼吁政府完善和出台相关法律法规,并加大对艺术资助的税收优惠政策力度,为我国企业基金会艺术资助策略打造良好的实施环境。

一、研究背景与研究现状

(一)研究背景

随着人们对于精神文明生活的需求急速增长,以及政府鼓励社会力量积极参与公共文化服务,越来越多的企业设立企业基金会,为我国公共文化服务贡献力量。企业基金会具有稳定的资金来源、抗风险能力,以及能把公益与企业资源相结合、注重企业效率等优点。由此可见,研究企业基金会艺术资助策略将有助于我国公共文化事业发展。

近年来,我国企业基金会发展趋势稳步上升。2008～2017年,企业基金会增长率为27.46%,截至2017年12月31日,数量达1188家,占基金会总量的18.29%(见图9-1)。在我国政府呼吁社会力量参与文化艺术建设的背景下,由企业基金会进行艺术资助将为文化艺术发展提供有力支持。

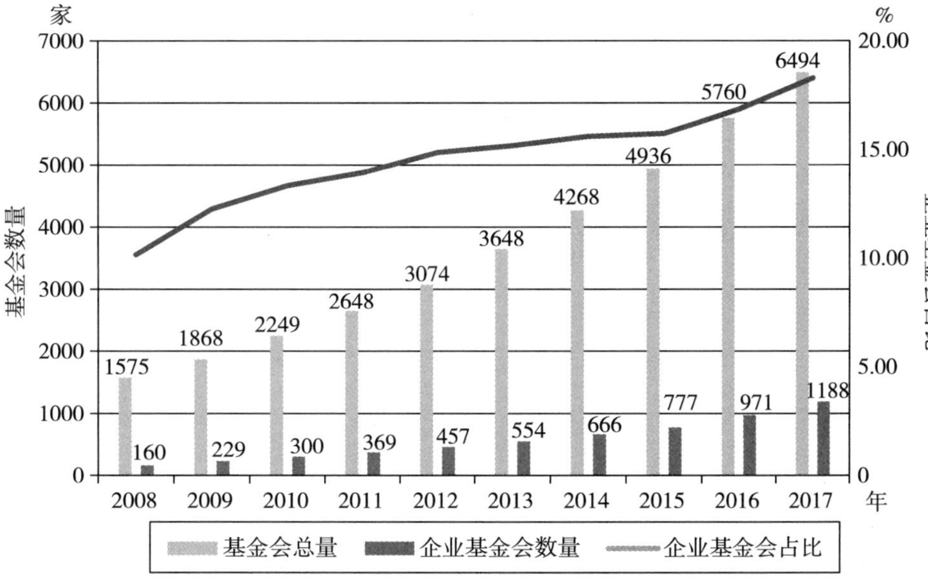

图9-1　2008～2017年企业基金会占比增长情况①

然而,在我国整个基金会领域中,艺术文化资助领域仍亟须关注。如图9-2所示,基金会项目主要集中在教育、扶贫助困、公共服务和医疗救助4个领域,其中文化领域为5.34%、艺术领域为3.21%。

① 基金会中心网、浙江大学社会治理研究院主编:《中国基金会发展独立研究报告(2019)》,北京联合出版社2020年版,第5页。

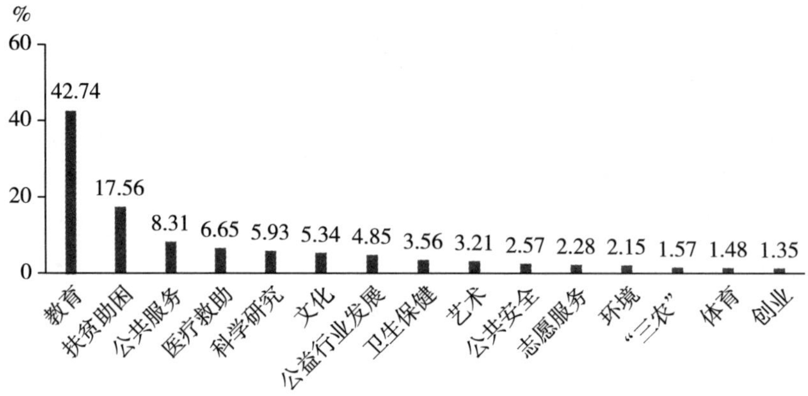

图 9-2 2020 年我国基金会各项目领域占比①

综观全国基金会发展情况,广东的基金会总数位居全国第一。基金会中心网数据显示,2019 年广东省基金会共计 1197 家,数量占全国基金会总数的 15%(见图 9-3)。其中,企业型基金会增长迅速,占比 22.72%,位居第二(见图 9-4)。

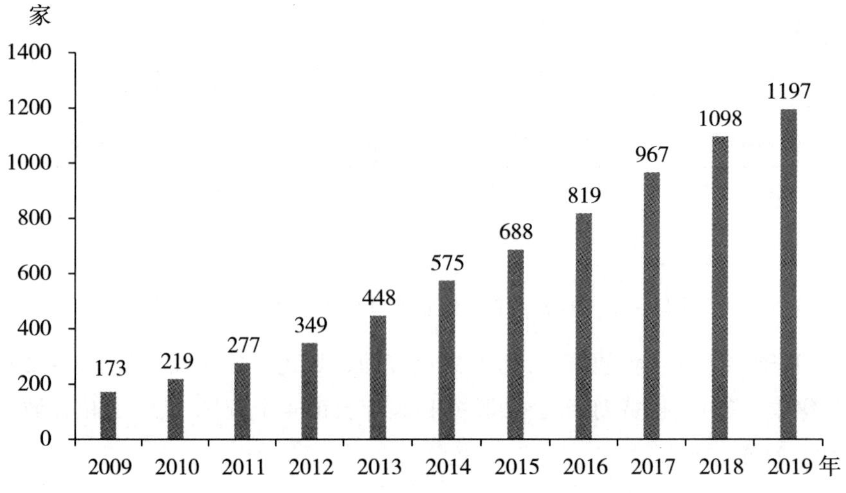

图 9-3 2009~2019 年广东省基金会数量增长情况②

① 《广东省基金会概况(2019)》,载基金会中心网,http://www.foundatio-ncenter.org.cn/report/content? cid = 20201224172439,最后访问日期:2020 年 9 月 10 日。

② 《广东省基金会概况(2019)》,载基金会中心网,http://www.foundatio-ncenter.org.cn/report/content? cid = 20201224172439,最后访问日期:2020 年 9 月 10 日。

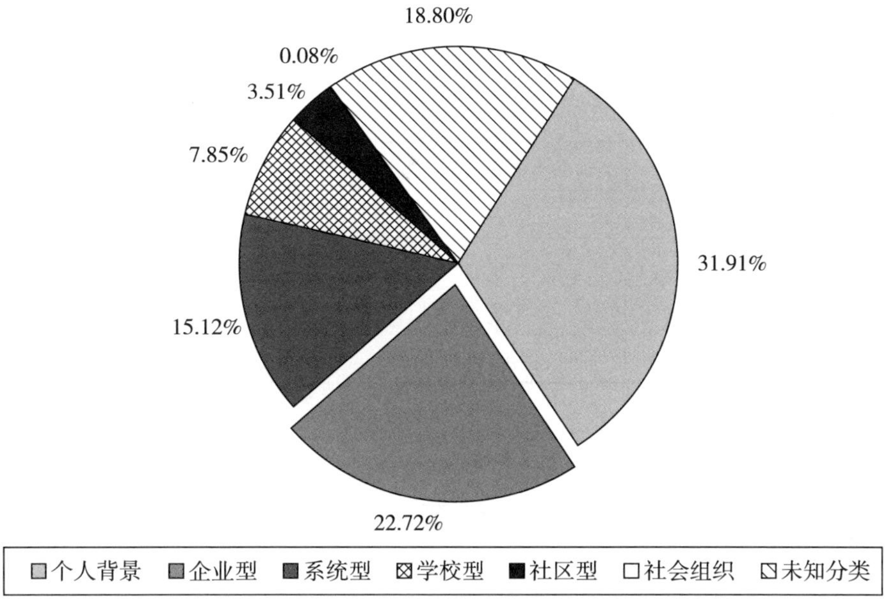

图 9－4　2019 年广东省基金会类型分布占比①

由此，笔者把国内的企业基金会案例选定在广东省。在广东省多家企业基金会中，经过多番考察和筛选，笔者最终确定以广东省时代公益基金会（以下简称时代基金会）为国内企业基金会研究个案。时代基金会为广州市时代发展企业集团有限公司（以下简称时代集团）设立的企业基金会，该集团是我国房地产 50 强的企业，其雄厚的财力和资源为时代基金会提供了良好的资金和资源支持。在艺术资助领域中，该基金会自 2003 年资助广东时代美术馆，2018 年启动了时代中国"田埂花开"计划（以下简称"田埂花开"）作为品牌项目，旨在为贫困乡村儿童提供艺术教育。

此外，笔者经过网络搜集大量外文资料，发现德国基金会具有悠久历史，法律体系和框架建设相对健全。并且德国企业基金会十分重视艺术资助的作用，这有助于促进社会进步和可持续发展。相较之下，我国企业基金会艺术资助起步较晚，因此，在发展过程中应该博采众长，借鉴国外企业基金会艺术资助的优秀经验，探索符合我国国情的企业基金会艺术资助策略。

（二）研究现状

笔者通过查阅"知网检索"，以"企业基金会""艺术资助""基金会的艺术资助""企业基

① 《广东省基金会概况（2019）》，载基金会中心网，http://www.foundatio-ncenter.org.cn/report/content? cid = 20201224172439，最后访问日期：2020 年 9 月 10 日。

金会艺术资助”为搜索字段,搜索结果如表 9 – 1 所示。

表 9 – 1　中国知网文献搜索统计①

单位:篇

搜索字段	“主题”搜索	“篇名”搜索	“关键 词”搜索
企业基金会	104	278	36
艺术资助	498	525	46
基金会艺术资助	30	0	7
企业基金会艺术资助	0	0	0

通过检索各类文献发现,企业基金会和艺术资助有较丰富的研究成果,而基金会艺术资助只获得少数学者的关注,企业基金会的艺术资助领域仍待进一步研究。在下文的研究分析中,笔者将阅读的国内外文献分为企业基金会研究、艺术资助研究和基金会的艺术资助研究三大类。

1. 企业基金会

虽然各国国情、法律法规不一样,学者关于“企业基金会”这一概念却不谋而合,具有相互补充的趋势。褚湛指出,企业基金会,是指由企业出资发起成立的、日常运作的主要资金源于企业的基金会。② 有学者认为,企业基金会,是指由企业出资成立,并承担独立民事责任的非营利机构。③ 此外,赵聪补充了企业基金会还应具有公益性的观点,他提到企业基金会是公司为参与慈善公益活动设立的基金会,公司每年拨出一定的预算额支持财团的社会活动。④ 关于企业基金会的定义和特征,国外学者马尔塔雷伊 · 加西亚(Marta Rey Garcia)等人的观点更全面,他们将来自公司的受公司控制和/或从公司获得大部分资源的基金会(具有非营利地位、拥有法人资格且无成员的组织)归类为企业基金会。企业基金会这一概念拥有以下不同的特征:公司基金会对公司有着超越货币资源的复杂关联,具有混合组织性质,以及由资源依赖而产生的工具作用。⑤ 我国对于企业基金会并没有明确的法律界定,而本案例所研究的企业基金会,是指由企业或企业创始人,利用企业资源所成立或从企业获取大部分资源的基金会。

① 搜索文献截至时间为 2021 年 4 月 27 日。

② 褚湛:《论我国企业基金会管理体制的建构》,载《现代管理科学》2017 年第 8 期。

③ Petrovit'C. M. , *Corporate-sponsoered Foundations and Earnings Management*, Journal of Accounting and Economics, Vol. 41(3), p. 355 – 362(2006).

④ 赵聪:《中国大陆企业基金会独立性现状分析》,载《中国商界》2012 年第 3 期。

⑤ Marta Rey-Garcia, María José Sanzo-Perez & Luis Ignacio Álvarez-González, *To Found or to Fund? Comparing the Performance of Corporate and Noncorporate Foundations*, Nonprofit and Voluntary Sector Quarterly, Vol. 47 (3) (2018).

由于企业基金会具有公益性质和服务私利的双重特殊性，是其创始企业进行慈善捐助行为的载体，因此，有必要明确企业慈善捐助的动机。学者研究发现，慈善捐助能为企业带来多方面的益处。有人认为，企业慈善能提高企业绩效，包括提升产品竞争力、顾客忠诚度、企业创新等。从产品市场竞争的视角出发，慈善捐赠可以提升企业在产品市场的竞争强度，特别是在企业有新产品上市时、产品与消费者直接接触的企业，慈善捐赠更具有产品市场战略效应。[①] 就顾客忠诚度影响而言，企业慈善捐赠树立的企业形象中的社会责任形象与能力形象均对顾客忠诚度有影响。[②] 企业慈善有利于企业创新创出，慈善捐赠已成为企业与高校等科研机构建立及维持合作关系的重要手段之一。[③]

企业慈善捐赠能为企业树立良好的企业形象，有利于企业获取外部关联，进行资源互换，以及提高公司绩效。就企业是否应该建立企业基金会进行慈善捐赠，高勇强等学者提出，在其他条件相同的情况下，企业基金会有更大的能力，以较低的人力和财政投入为慈善目的提供资源。但企业基金会的志愿性、外部资源资助性、承担风险的能力或接触不同社会群体的能力比非企业基金会要弱。[④] 并且，通过建立基金会，能更好地融合社会目标与企业战略目标，以提高企业的经济效益。[⑤] 此外，董洁以路易威登基金会为例，提出企业基金会能享受相应的税收优惠、建立良好企业文化、建设良好企业形象和信誉。[⑥]

除企业基金会的定义、建立基金会的动机研究外，还有学者就企业基金会的管理与发展进行研究。褚湛认为，企业基金会管理体制的优势在于资金来源相对稳定，以及能将企业优势和企业基金会运作相结合；而其不足之处在于带有“私利”色彩，以及基金会缺乏内部监督。[⑦] 对于企业基金会的内部管理和发展，学者从不同角度提出各自的观点。沈慎认为，企业基金会应提高自身独立性，将企业特长与公益专业性结合起来，从资源提供者向社会创新的推动者和引领者转变，注重研究和评估[⑧]。有学者以南都公益基金会为案例，提出基金会的决策权与管理权的两权分离非常必要的观点。[⑨] 李新天和易海辉从法律角度出发，提出应强制

---

① 胡珺、王红建、宋献中：《企业慈善捐赠具有战略效应吗？——基于产品市场竞争的视角》，载《审计与经济研究》2017 年第 4 期。

② 买生、王春梅、肖永根：《企业慈善对顾客忠诚的影响：企业形象的中介作用》，载《上海经济研究》2017 年第 9 期。

③ 徐莉萍、刘亦姝、张淑霞：《企业慈善捐赠、校企关联与创新绩效——基于企业与校研机构资源交换的视角》，载《技术经济》2020 年第 7 期。

④ 买生、王春梅、肖永根：《企业慈善对顾客忠诚的影响：企业形象的中介作用》，载《上海经济研究》2017 年第 9 期。

⑤ Mateusz Rak, *Corporate Foundation as a Corporate Philanthropy Tool in the Light of Research*, Scientific Journal of the Military University of Land Forces, Vol. 195:1, p. 183 – 199(2020).

⑥ 董洁：《以路易威登基金会为例分析企业基金会的利与弊》，载《当代经济》2020 年第 8 期。

⑦ 褚湛：《论我国企业基金会管理体制的建构》，载《现代管理科学》2017 年第 8 期。

⑧ 沈慎、阳慧颖：《企业基金会：期待将企业特长与公益专业性结合起来》，载《中国社会组织》2014 年第 13 期。

⑨ 北京沃启公益基金会课题组：《资助的价值初探：资助型基金会案例述评》，知识产权出版社 2018 年版，第 92 ~ 114 页。

信息披露,促使企业基金会公益慈善更加公开、透明,以及健全内外监控机制,突出第三方监督。① 笔者认为,上述学者提出的观点注重企业基金会的局部建设。相较之下,李维安的观点更能抓住问题本质。他在宏观层面上分析了企业基金会的内外部治理方向,提出要破解企业基金会发展难题,首先要逐步“去企业化”,建立和完善社会组织治理机制,然后对企业基金会进行分类治理,最后创新和完善相关法律法规。②

企业基金会是受企业控制和/或从企业获取大部分资源的基金会,并具有非营利性和独立法人资格。企业基金会与企业有着超出货币资源以外的复杂关联;其属于混合组织性质,即除具备公益性外,其还具有一定“私利性”色彩。笔者认为,企业基金会的主要问题在于企业和企业基金会都应该清晰地认识企业基金会的性质是社会组织,而非某一企业的私营部门。也就是说,企业应提高其独立性、专业性和公益性。

2. 艺术资助

艺术是人们创造的一种表达人类本质及其存在意义、体现人类对世界掌握方式的符号体系。③ 谢大京在《艺术管理》一书中提到了艺术的具体门类,他认为,艺术,是指音乐、戏剧、戏曲、舞蹈、绘画、雕塑、建筑、文学、电影、摄影、服饰、工艺品等,是社会意识形态的一部分,它以生动的、可感觉的形象或声音来反映现实、创造现实,并以此提高人们认识、把握美的能力。④ 由此看来,艺术是人类用于表达情感、反映现实的方式。

笔者在查阅论文文献时,发现学者除研究“艺术资助”外,还有不少学者研究“艺术赞助”“艺术捐助”。黄玉蓉对“捐助”“赞助”二词进行了解释。她认为,“赞助”可以看作一种利益交换行为,而“捐助”则是一种单向的不求回报的非交易行为。《现代汉语词典》对“资助”的解释是“用财物帮助”。此解释基本可涵盖“赞助”和“捐助”的义项。⑤ 广义的“艺术资助”(arts funding)即对艺术作品、艺术家及其相关的艺术机构进行资助⑥。本文所研究的艺术资助是指企业基金会对于艺术机构、艺术家、艺术品的资助,包括资金、技术、人力、知识等方面的支持。而艺术资助项目,包括音乐、戏剧、歌剧、舞蹈、电影、诗歌等艺术形式的表演、展示、教育或普及项目。

在西方艺术史上,艺术资助体系大致可分为3类:一是从中世纪到18世纪末由教堂、君主、贵族组成的私人赞助体系;二是自17世纪至19世纪欧洲国家相继形成了艺术品自由买

① 李新天、易海辉:《公益慈善中的代理问题及其治理——以企业基金会为视角》,载《浙江工商大学学报》2015年第4期。

② 李维安:《破解企业基金会发展难题:重在治理转型》,载《南开管理评论》2015年第5期。

③ 黄玉蓉:《被资助的文化:中外文化资助体系及制度设计》,社会科学文献出版社2018年版,第15页。

④ 谢大京:《艺术管理》(第4版),法律出版社2021年版,第1页。

⑤ 黄玉蓉:《被资助的文化:中外文化资助体系及制度设计》,社会科学文献出版社2018年版,第19页。

⑥ 任珺:《艺术资助政策:关于资源配置及可持续性发展议题》,载《福建论坛(人文社会科学版)》2017年第4期。

卖的开放性市场体系；三是20世纪以来政府津贴结合慈善捐赠、商业赞助的艺术体制。[①] 从以上经历可以看出，艺术资助由来已久，并且艺术长期依赖外来的经济资助。

艺术具有生产滞后性，虽然不属于必需品，但却是一个备受社会特殊关注的行业。艺术的生产滞后性带来了两个不利的影响：一是导致了现场表演艺术门票价格不断上升，从而，想要吸引那些低收入水平或中等收入水平的观众观看演出就变得越来越困难。二是它使从事现场表演艺术的非营利性公共机构处于持续不断的财政困境当中。[②] 艺术成本与一般制造业产品的生产成本不同，其除与一般的经济规律相关联外，还有更复杂的影响因素。在20世纪60年代，美国经济学家威廉·鲍莫尔（William J. Baumol）就提出了“艺术成本病”观点。他认为，科学技术的进步可以提高一般物质的生产力，从而提高工人的工资，但是，这不适用于艺术的无形资产生产，艺术创作和生产的成本还有更为复杂的因素。有学者提出，艺术创作生产本身具有复杂性和不确定性，其需经历一个缓慢的、不确定的、充满风险的生长周期。[③] 笔者认为，把艺术创作生产比作物质生产是不恰当的，把艺术创作生产和物质产品研发进行比较会更加恰当。虽然都是从无到有的过程，但是“研发”和“生产”是两种概念。物质产品的研发和艺术创作的研发其实都是一个缓慢的、不确定的过程，而其不同之处在于：第一，物质研发成功后，其后面的生产可以实现规模化、市场化，而一部艺术作品创作出来后，根据不同的制作团队、舞台环境、现场气氛、演员等，会呈现不一样的效果；第二，物质研发过程中，其所需要的物料的价格都已经规范化、标准化，而且有许多公式可以套用，但艺术作品的创作需要的是创作团队的主观审美、灵感。与物质研发相比，艺术创作涉及更多主观和不确定因素。

不同资助主体所进行的资助具有一定的偏向性，从而导致艺术资助变成一种文化筛选机制的问题。学者对于艺术资助的不同资助主体进行了研究。艺术资助的资助方包括政府、市场和私人。[④] 而企业则是市场的代表，它们以金融财产交换文化价值进行艺术资助，则具有一定的市场偏向。18世纪60年代，大卫·洛克菲勒在筹建艺术商业委员会（Business Committee for the Arts，BCA）时提出：“可以宣传公司、提高名望、改善企业形象、建立良好客户关系、使客户认可产品质量、加强客户对公司产品的接受度，以及有助于改善员工精神面貌，吸引优质员工的作用。”[⑤]私人资助则具有私人意愿和目的。文艺复兴时期，美第奇家族用赞助艺术的方式获得地位和权利，通过赞助艺术宣传家族、提升其影响力，以及通过艺术品进行投资，达到得到赦免的美好意愿。[⑥] 同时，15世纪佛罗伦萨艺术风格的发展也深受其影

---

① 黄玉蓉：《被资助的文化：中外文化资助体系及制度设计》，社会科学文献出版社2018年版，第1页。

② ［美］詹姆斯·海尔布伦、［美］查尔斯·M. 格雷：《艺术文化经济学》，詹正茂等译，中国人民大学出版社2007年版。

③ 韩子勇：《艺术的成本——以国家艺术基金资助项目为例》，载《中国文艺评论》2019年第12期。

④ 黄玉蓉：《被资助的文化：中外文化资助体系及制度设计》，社会科学文献出版社2018年版，第25页。

⑤ Mark W. Rectanus, *Culture Incorporated*, University of Minnesota Press, 2002, p. 26.

⑥ 马躏非：《美第奇家族艺术赞助的心理动机与15世纪佛罗伦萨艺术》，载《美术观察》2019年第5期。

响。因此,资助谁和谁应该得到资助的问题最后将演变成这些机构决定什么值得艺术家生产和什么值得公众观看的问题,资助机构则成为艺术和公众之间的屏障或“过滤器”。①

面对艺术资助所产生的问题,不同国家根据自身国情和传统制定了不同的艺术资助政策。有学者认为,从西方国家来看,法国有以艺术荣耀国家和政体的历史,这直接促使了政府积极干预的现代公共资助制度的建立;英国有重商主义传统,艺术事务通常是社会共建;德国历史上长期处于封建割据状态,最终完成的是分权型联邦制国家,形成的是多级多元的艺术治理传统;美国的社会集体互助传统则促进国家建构了依靠税收激励社会捐赠和艺术赞助的制度。② 也有学者把艺术资助分为:以基金会为主要艺术赞助力量的美国模式;以政府主导的文化福利的欧洲模式,包括法国、荷兰;以及以借鉴和本土化欧美模式的其他地区模式,如巴西艺术赞助机制的发展,就具体地表现出“基金会—非营利组织”与“政府—文化部门”模式在本土环境的借鉴、反思、创新过程。③ 从上述观点看出,无论是哪种艺术资助模式,都离不开政府这一资助主体。

为此,学者从宏观角度提出了许多不同的观点和建议。李康化和周凤认为,艺术自身的有益性与政府职能转变、国家治理模式创新之间存在耦合,为政府赞助艺术提供了双向理论依据,因此政府仍然是艺术赞助的第一候选人;并提出艺术彩票既是继承旧传统又是创新性的一种艺术赞助,其开创了以政府主导、社会监督、公民参与的艺术赞助新格局。④ 笔者认为,一方面,艺术彩票涉及许多部门,如国务院、文旅部、市文广新体局等,实施起来具有复杂性;另一方面,还需要出台相关政策以防范艺术彩票的公平性滑向彩票业的逐利性。因此,发行艺术彩票具有一定的风险性和难度,艺术彩票的确属于另辟蹊径,但不一定符合我国目前的国情。单世联和刘述良提出改革以政府资助或补贴为中心的文化政策主体。⑤ 第三种观点更重视社会力量的参与,该学者提出重点扶持政府财政引领、社会资金积极参与的新型艺术赞助机制⑥。

艺术资助即由艺术资助主体向艺术作品、艺术家和艺术机构进行资助。艺术是人类的精神文明成果,能提高人们的审美情操,丰富人们的精神生活。但由于其自身的特殊性,导致其十分依赖外来的经济支持。由于不同的资助主体都具有其偏向性,资助多元化可以确保艺术的繁荣与多元,还可以平衡偏向性问题。由此,我们需重视社会力量,多元化艺术资助渠道。

---

① 孙冰:《艺术资助与文化保护》,载《中国比较文学》1999 年第 4 期。

② 任珺:《艺术资助政策:关于资源配置及可持续性发展议题》,载《福建论坛(人文社会科学版)》2017 年第 4 期。

③ 陶小军、侯力:《艺术赞助机制与政策研究:兼论艺术赞助政策的若干建议》,载《东南大学学报(哲学社会科学版)》2019 年第 1 期。

④ 李康化、周凤:《艺术彩票作为赞助:旧传统与新形态》,载《山东大学学报(哲学社会科学版)》2018 年第 5 期。

⑤ 单世联、刘述良:《政府资助艺术:支持与反对》,载《上海财经大学学报》2016 年第 1 期。

⑥ 孙冰:《艺术资助与文化保护》,载《中国比较文学》1999 年第 4 期。

3. 基金会的艺术资助

2004年国务院颁布的《基金会管理条例》对基金会含义作了如下界定：基金会，是指利用自然人、法人或者其他组织捐赠的财产，以从事公益事业为目的，按照本条例的规定成立的非营利性法人。我国基金会在实际运行中与其他国家的基金会一样都具有以下特征：第一，以一定数额的独立资金和一定的成员作为成立的基础；第二，非营利性的组织性质，不进行盈余分配；第三，以公益为组织运营的目的；第四，法律地位上是正式登记的独立法人①。

基金会在艺术资助领域的作用渐渐获得学者的关注。黄玉蓉提出，“政府—文化艺术类基金会—市场”新型关系的确立，能有效跨越体制障碍，促使政府与市场的关系由紧密型向松散型演进，为我国文化艺术创新提供宽松的多样化发展环境，符合我国文化创新战略目标要求。② 万笑雪认为，艺术基金会是一个区别于一般艺术机构的中介组织，有其自身的独特性，是一个双向互动的艺术机构，它能够最大限度地让艺术家、艺术机构与各种社会资源有效结合，通过整合社会资源来让艺术发展得到更多样的社会支持，从而在资金上对艺术机构、艺术项目的推行和发展发挥保障与促进作用。③ 梁丽珍从剧院建设和艺术教育的角度提出，从公共参与感与社会建设领域来看，剧院艺术基金会的出现有助于提升公众对艺术的关注度与参与感，组建一个具备权威的艺术教育基金会，更可转变公众的角色，使公众从艺术教育的受惠者转变为艺术教育的施行者，实现两者的统一。④

作为推动艺术发展和传播的中坚力量，文化艺术类基金会已经有超过半个世纪的传统历史。并且，美国在长期的社区治理过程中，形成了政府—基金会—个人、企业—其他金融服务机构共同组成的资助体系，其中社区基金会、社区其他金融服务机构成为社区文化治理的关键资助部门，为美国社区文化活动的开展提供了丰富的资金支持。⑤ 德国政府在提供和资助德国文化景观方面仍发挥着重要作用，而德国基金会正从国家导向转为公共社会导向。德国艺术和文化领域的基金会类型具有多元化特点，既有公共部门，也有私人机构经营和支持文化机构，并且基金会受合作联邦制原则进行宽松管理。⑥ 德国文化艺术基金会作为政府资助的补充，其专注公共和私人文化产品领域，对文化基础设施进行融资、扩大和维护⑦。

在我国，随着2009年两会期间“建立公益型文化艺术类基金会”议题的提出及2010年

---

① 谢大京：《艺术管理》（第3版），法律出版社2016年版，第351页。

② 黄玉蓉：《被资助的文化：中外文化资助体系及制度设计》，社会科学文献出版社2018年版，第146页。

③ 万笑雪：《探析我国非营利艺术机构的资金来源》，载《美与时代（城市版）》2016年第7期。

④ 梁丽珍：《舞台之外：剧院艺术教育》，花城出版社2019年版，第288页。

⑤ 杨楠：《美国社区文化治理的资助体系及对中国的启示》，载《同济大学学报（社会科学版）》2018年第1期。

⑥ Helmut K. Anheier, Sarah Förster & Janina Mangold, *Foundations in Germany: A Portrait*, American Behavioral Scientist, Vol. 62(12)(2018).

⑦ Helmut K. Anheier & Clemens Striebing, *Foundations in Germany: Culture and the Arts*, American Behavioral Scientist, Vol. 62(12)(2018).

“艺术基金会国际论坛”的召开,我国文化艺术类基金会建设逐步兴起。[①] 有学者对民营企业基金会进行研究并提出,民营企业基金会资金充裕、规模增长快速;其集中地域为经济和政治中心,行业为综合行业、制造业、金融业和房地产;领域除教育、医疗、扶贫、救灾外,也开始关注科技、文化、艺术等新兴领域[②]。由上述可知,艺术作为民营企业基金会的新兴领域,具有一定的潜在发展空间。因此,我们亟须重视民营企业基金会的资助力量。

面对我国基金会艺术资助现状,有学者从艺术基金会运营管理的角度出发,提出我国艺术基金会缺乏焦点关注意识、创新意识、交流合作意识、社区服务意识,并建议我国艺术基金会应以主动性为基础,实施艺术资助;对关注焦点进行资助;同政府和大型机构合作,扩大自己的影响;运作适合公众参与的项目,把艺术融入社区。[③] 杨楠提出,我国应少层级、多部门投入,并大力发展社区基金会和社区金融机构,以此促进社区文化治理的发展。[④] 学者对于基金会艺术资助的研究,均提出重视社区的关联性。因此,笔者认为,企业基金会具有较强的本土性和社区性,其艺术资助天然自带社区关联性。

我们要重视基金会在艺术领域的资助作用,尤其要重视企业基金会,将其作为艺术领域资助的新兴力量,鼓励和引导其发挥作用。

4. 综述小结

综上所述,笔者通过阅读国内外文献,对企业基金会、艺术资助和基金会的艺术资助有了更全面的了解。国内外文献均侧重研究企业基金会对企业的作用关系,二者的研究方法多采用数据样本进行实证研究,并得出企业基金会与企业之间存在从属关系的结论,还起到提升企业绩效、树立良好企业形象、增加顾客忠诚度、换取外部资源等作用。在企业是否应该设立企业基金会进行慈善捐赠方面,学者均持肯定态度,并认为企业基金会具有企业效率、稳定资金来源、抗风险能力等优势。在企业基金会管理运营方面,学者认为,应加强对企业基金会的监管,提高其透明度,并提高其公共性、专业性和独立性。企业基金会的艺术资助策略需依据各自运营管理情况制定。良好的运营管理体系能为企业基金会的艺术资助策略保驾护航。这部分文献为本文在企业基金会的运营管理方面获得启发。

在艺术资助研究方面,国内外文献侧重公共艺术资助,国内文献从宏观角度分析我国艺术资助体系存在的问题并提出建议。学者提出了艺术需要外来经济的支持,而不同的资助主体具有一定的偏向性。因此,我国需要结合自身国情与特色,采取“重点扶持政府财政引领、社会资金积极参与”的新型艺术赞助机制。本案例研究基于上述文献,提出发挥企业基金会

---

① 黄玉蓉:《被资助的文化:中外文化资助体系及制度设计》,社会科学文献出版社 2018 年版,第 146 页。

② 张楠、林志刚、王名:《民营企业家战略慈善新模式:民营企业(家)基金会发展特征及影响因素分析》,载《湖北社会科学》2020 年第 6 期。

③ 岳晓英:《如何使艺术资助更具社会影响力——我国艺术基金会实施艺术资助的问题和对策研究》,载《艺术学界》2017 年第 2 期。

④ 杨楠:《美国社区文化治理的资助体系及对中国的启示》,载《同济大学学报(社会科学版)》2018 年第 1 期。

的优势,重视企业基金会作为社会力量的作用。

在基金会资助领域的分类中,文化艺术类基金会,是指专门资助文化艺术领域的基金会。国内外文献在基金会的艺术资助方面,都突出了文化艺术类基金会对于艺术资助领域的作用和定位。其中,国外文献从国家层面宏观分析基金会的特点;国内文献侧重以单个具体的基金会为个案,以小见大,提出我国文化艺术类基金会的内外部存在问题及建议。

总而言之,上述文献在笔者梳理思路方面奠定了良好的理论基础。笔者将从宏观层面分析我国和德国企业基金会艺术资助现状,从微观层面剖析时代基金会和西门子基金会的艺术资助策略和艺术资助项目,并对我国企业基金会的艺术资助策略提出构想。

二、中德企业基金会艺术资助现状

(一)我国企业基金会的发展脉络及艺术资助现状

1. 我国基金会艺术资助的发展脉络

我国基金会的探索阶段始于改革开放初期,至今仅经历了 40 多年的发展。1981 年,我国成立了第一家基金会——中国儿童少年基金会,这是一家由政府下属机构全国妇联推动发起的全国性公募基金会。新中国成立以来,中国文化事业方面的管理体制是在公有制和"社会主义计划经济"这个大框架内形成的。① 我国基金会的艺术资助也始于改革开放后。1984 年,我国第一家艺术基金会——潘天寿基金会成立。

2004 年国务院《基金会管理条例》颁布之后,我国基金会开始正式进入发展阶段。按照《基金会管理条例》的规定,基金会分为面向公众募捐的基金会(公募基金会)和不得面向公众募捐的基金会(非公募基金会)。②《基金会管理条例》第一次明确提出了鼓励发展非公募基金会的意见,此后非公募基金会增长势头迅猛:数量从 2004 年的 176 家发展到 2020 年年底的 6868 家,③而企业基金会的数量也在短短 16 年期间,从 16 家发展到 1188 家。④ 自《基金会管理条例》颁布后我国基金会的数量突飞猛进,从图 9 - 5 可见,自 2004 年起,我国基金会数量由原来的平缓发展转向加速增长趋势。

---

① 谢大京:《艺术管理》(第 4 版),法律出版社 2021 年版,第 42 页。

② 《基金会管理条例》,载中国政府网,http://www.gov.cn/zhengce/content/2008-03/28/content_6434.htm,最后访问日期:2021 年 9 月 15 日。

③ 《这是 2020 年基金会数据的一些小观察》,载基金会中心网,http://www.foundationcenter.org.cn/report/content?cid=20210108171436,最后访问日期:2021 年 9 月 15 日。

④ 基金会中心网、浙江大学社会治理研究院主编:《中国基金会发展独立研究报告(2019)》,北京联合出版社 2020 年版,第 115 页。

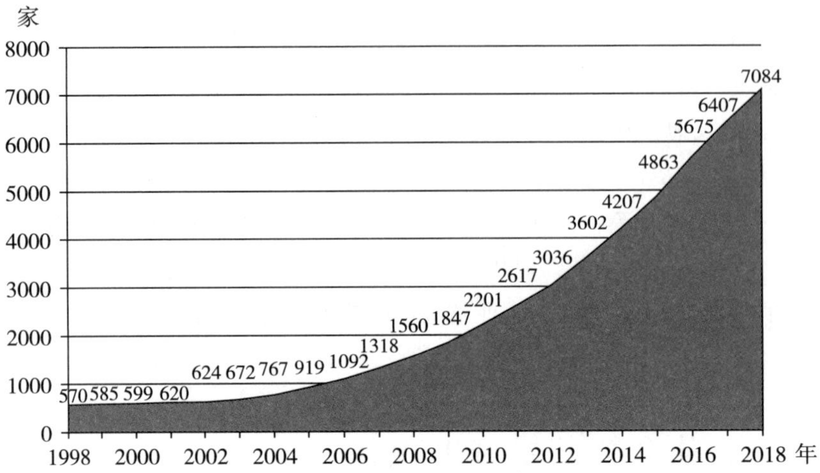

图9－5　1998～2018年我国基金会数量增长趋势①

随着互联网的发展,网络众筹成为慈善捐赠的新兴方式之一。近年来还出现了由互联网公司成立的基金会,如腾讯公益慈善基金会等。在募款方式、社会环境发生变化的背景下,政府于2016年颁布了《慈善法》,此举加大了企业资助艺术的税收优惠,并促进了企业基金会艺术资助的发展。《慈善法》出台后,《企业所得税法》也相应作出了修改,企业发生的公益性捐赠支出超过其年度利润总额12%的部分,修改为"准予结转以后三年内在计算应纳税所得额时扣除"。此外,《慈善法》将促进文化事业发展视为慈善活动,企业基金会在进行艺术资助时可享受免税地位,这有效地提高了企业基金会艺术资助的积极性。

进入21世纪后,分别在党的十六大、十七大报告中强调,文化建设的重要性,提倡社会协同与公众参与。2013年,文化部牵头成立了国家艺术基金,此举标志我国艺术资助进入发展迅猛期。然而,相较教育、扶贫资助领域,我国基金会对艺术资助领域的关注度仍亟须提升。

2. 我国企业基金会艺术资助现状

目前,我国进行艺术资助的企业基金会仍是凤毛麟角,企业基金会的艺术资助仍处于初级发展阶段。在2020年《财富》世界500强榜单中,中国企业有133家上榜。笔者根据这133家中国企业,查询并整理出涉及文化艺术资助领域的企业基金会名录。如表9－2所示,艺术资助项目大多以文化保护和艺术教育为主,例如,广东省保利地产和谐文化基金会和江苏省苏宁公益基金会,均以贫困儿童的素质教育为目的,致力偏远地区儿童的全面发展。

---

① 《广东省基金会概况(2019)》,载基金会中心网,http://www.foundationcenter.org.cn/report/content?cid=20201224172439,最后访问日期:2020年9月10日。

表9－2　2020年《财富》世界500强涉及文化艺术资助的中国企业基金会目录①

序号	企业名称	2020年《财富》世界500强排名	基金会名称	资助领域	所在地市
1	碧桂园控股有限公司	147	广东省国强公益基金会	教育、科学、文化、卫生、体育、扶贫救灾	佛山
2	中国保利集团	191	广东省保利地产和谐文化基金会	文化、艺术、环境保护、扶贫救灾	北京
3	腾讯控股有限公司	197	腾讯公益慈善基金会	扶贫救灾、教育、文化	深圳
4	万科企业控股有限公司	208	万科公益基金会	扶贫救灾、教育、文化艺术、环境保护、体育事业	深圳
5	招商局集团	235	招商局慈善基金会	扶贫、教育、文化交流、社区、行业支持等	香港特别行政区
6	雪松控股集团	296	雪松公益基金会	乡村振兴、社会帮扶、文化保育、教育	广州
7	美的集团股份有限公司	307	广东省和的慈善基金会	教育、养老、体育、文化艺术、扶贫赈灾、环保等	佛山
8	苏宁易购集团	324	江苏省苏宁公益基金会	扶贫救灾、公共卫生，教育科学、文化、卫生、体育等事业	南京

相对其他类型基金会而言，企业基金会通常具有稳定的资金来源，以及能够结合企业资源的优势。腾讯集团被誉为“中国互联网三巨头”之一，其企业特长是能提供优质的数字化服务。腾讯公益基金会于2020年启动的“故宫数字化建设”项目，利用企业资源为故宫博物院提供数字化建设支持。该基金会为文物的数据采集及图像精修处理提供了技术支持，同时建立了一个包含采集、加工、展示、对外服务等一条龙智能化创新实验室。此外，其还向北京故宫文物保护基金会捐赠1500万元。该项目致力打造数字化故宫，推进文物信息资源开放共享，打造能让广大社会观众近距离观赏、互动式体验的文物数字平台。相对于互联网企业的

① 《2020年〈财富〉世界500强排名榜》，载财富中文网，https://www.fortunechina.com/fortune500/c/2020－08/10/content_372148.htm，最后访问日期：2021年10月10日。

数字化建设,房地产企业则能为项目的房屋搭建提供资源。2016 年,广东省保利地产和谐文化基金会开展了"梦想艺术课堂"项目,利用保利地产公司资源免费为偏远地区的中小学搭建艺术教室和配备培训教材、书籍、乐器,并为其组织志愿者艺术支教队伍。

虽然企业基金会具有稳定的资金来源,以及能结合企业资源的优势,但企业基金会的专职员工人数不多,通常面临人力资源问题。因此,与第三方合作进行捐赠支持艺术发展的项目在我国企业基金会中十分常见。例如,2016 年,万科公益基金会与故宫博物院、故宫文物保护基金会通过三方合作,以捐赠的方式支持故宫文化遗产保护和事业发展。

综上所述,德国企业基金会艺术资助相对成熟,重视艺术对促进社会进步的作用,并在艺术资助领域中发挥补充作用,其艺术资助对象范围更广,更多元化。德国企业基金会通过艺术资助发展城市文化。另外德国企业基金会具有国际性特点,即除了资助本国艺术项目,还支持世界其他国家和地区的艺术发展。

相较之下,我国企业基金会的艺术资助发展时间较短,目前数量上,我国涉及艺术资助领域的企业基金会仍较少,艺术资助项目类型以运作型项目为主,项目内容以艺术教育为主。

德国企业基金会具有法律地位,享有税收减免优惠。德国法律倾向支持企业基金会的发展,其规定,企业资助基金会产生的经济效益及其他收益都须用于基金会的发展。

(二)德国企业基金会发展脉络及艺术资助现状

1. 德国基金会艺术资助的发展脉络

德国基金会历史悠久,是欧洲基金会数量最多的国家之一。德国基金会的起源可以追溯到 13 世纪甚至更早,当时基金会事务已经正式成为教会法的组成部分,而后逐渐出现世俗基金会。[①] 到了 19 世纪,德国基金会发展迅速,在工业化革命后完成了巨大的财富积累,且当时德国政府在社会治理、教育和文化艺术方面参与较少,各类基金会成为德国社会治理的主力军。

1900 年,德国《民法典》正式赋予基金会明确的法律地位,为德国基金会的规范化和法制化发展奠定了重要基础。德国《民法典》规定了建立基金会的 3 个必要条件:第一,章程中有特定目的;第二,具有能维持目的持续性的可用资产;第三,具有法律认可地位的基金会法定代表人。该法典将基金会分为公法基金会、民法基金会,以及教会基金会。其中,民法基金会是根据德国《民法典》第 80 条至第 88 条规定所设立的私人基金会,这类基金会由个人或企业出资,并以具体的公益目的为宗旨。作为联邦制国家,各联邦法律法规有所异同,德国《民法典》只是对基金会的必要条件和分类作出了规定,并没有对基金会的具体运营管理进行详细

---

① 廖鸿等:《德国基金会发展管理考察报告》,载《中国社会组织》2017 年第 2 期。

规定。具体的法律制定和实施由各州根据实际情况，自行制定基金会法（财团法）的相关规定，并负责审查其合法地位，以及监督基金会的运作。经历了几个世纪的发展和变迁，21 世纪的德国基金会正式步入成熟稳定发展阶段，其中，德国的民法基金会是数量最多、最典型的基金会形式。图 9－6 显示，20 年来，德国民法基金会保持稳定增长，数量从 2001 年的 1 万多家持续增长到 2020 年的 2 万多家。

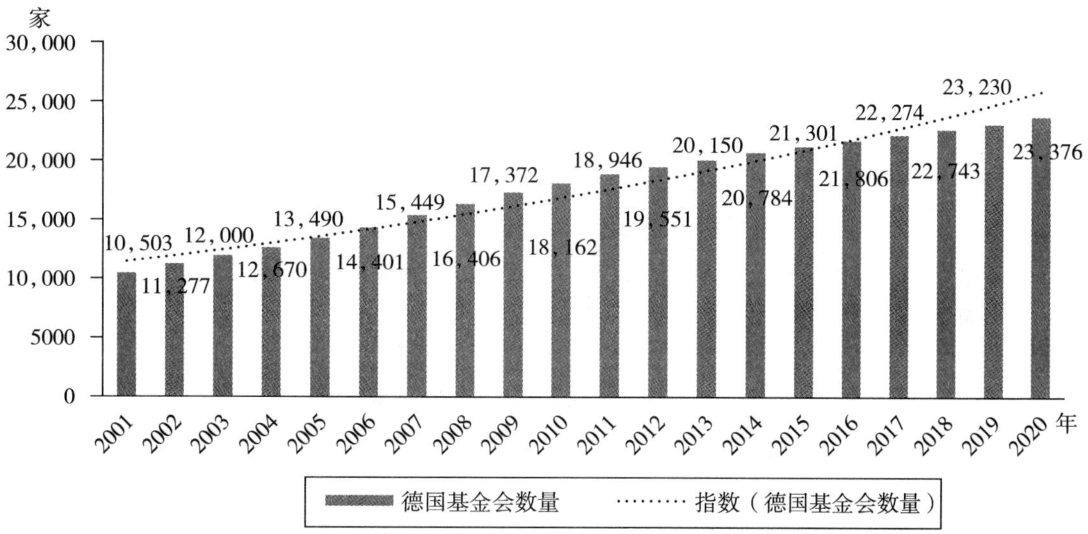

图 9－6　2001～2020 年德国民法基金会数量增长①

在德国，艺术资助具有免税地位，德国《税法》第 52 条规定，促进艺术和文化属于慈善目的，能享受税收减免政策。② 此外，资助文化事业或者在公共领域投资被认为是公民及其地方性共同体的责任。③ 由于受到宗教的影响，文化艺术一直是德国基金会的资助领域。根据前文可知，早在 19 世纪，发展迅速的德国基金会就已经开始资助文化艺术。德国基金会充当政府资助文化艺术的补充作用，主要专注于公共和私人文化产品的利基地，对文化艺术基础设施进行融资、扩大和维护。图 9－7 显示，2020 年德国基金会对于文化艺术的占比排第三，仅次于社会和教育领域。德国基金会非常注重公民参与，并为公民参与提供了良好的平台。

---

① 《德国民法基金会数量增长图》，载德国联邦基金会协会网，https://stiftungssuche.de/，最后访问日期：2021 年 8 月 12 日。

② Bundesministerium der Justiz, Bundesamt für Justiz, Accessed Dec. 1, 2021, https://www.gesetze-im-internet.de/ao_1977/_52.html.

③ 谢大京：《艺术管理》（第 4 版），法律出版社 2021 年版，第 28 页。

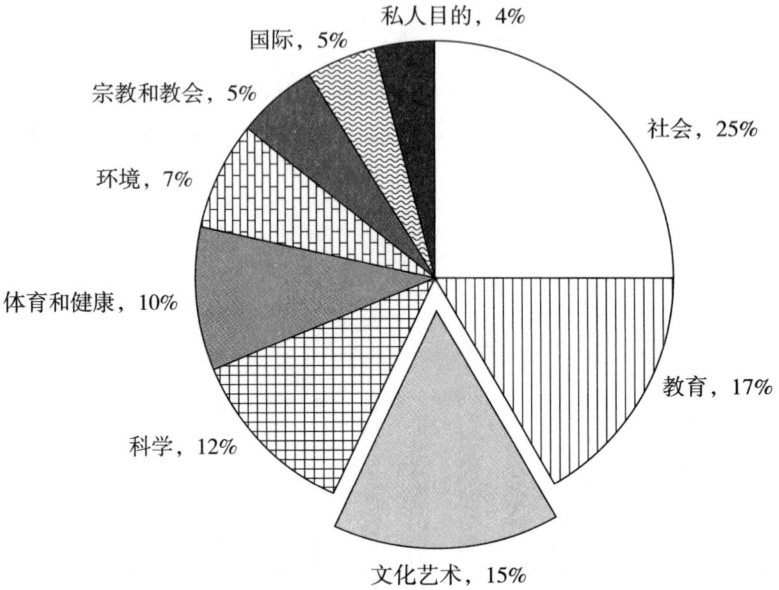

图 9－7　2020 年德国基金会各项目领域占比①

2. 德国企业基金会的艺术资助现状

在德国,企业基金会是民法基金会的类别之一,具有明确的法律地位。德国企业基金会的资产来自企业资助,因而大部分企业基金会都肩负其创始企业的社会责任。德国企业基金会可以将企业资助所产生的收益以及基金会资产管理所获得的收入用于基金会的可持续发展。德国法律规定,企业资助所产生的经济效益只能返回基金会,用于实现基金会的目标,最大限度地保护了企业基金会的可持续性。因此,许多德国企业家都愿意设立企业基金会,这样既能进行慈善事业,还能享受税收减免优惠。

众所周知,德国管弦乐在世界中有重要地位,其成功离不开德国对于管弦乐人才培养的重视度。德国企业基金会在德国文化景观中发挥着重要作用。自 1996 年起,德国青年音乐协会每两年举办一次全国性青少年管弦乐团比赛,该比赛在德国具有举足轻重的地位,其主要资助方之一是德意志银行基金会(Deutsche Bank Stiftung)。除资助德国青年管弦乐团比赛外,德意志银行基金会的资助项目还包括柏林人剧团、克朗伯格音乐学院、法兰克福歌剧院、德国梅克伦堡·前波莫瑞音乐节、莱茵高音乐节等。可见,德意志银行基金会有效促进了德国多样化的文化生活。

此外,德国的企业基金会艺术资助项目具有国际性、全球性特点。它们不仅聚焦德国的艺术领域,还关注欧洲以及世界上其他国家的艺术发展。例如,德国安联保险集团设立的安

---

① 《德国基金会各项目领域占比》,载德国联邦基金会协会网,https://www.stiftungen.org/stiftungen/zahlen-und-daten/grafiken-zum-download.html,最后访问日期:2021 年 8 月 12 日。

联保险文化基金会,其艺术资助项目之一就包括资助希腊奇奥斯音乐节的举办。奇奥斯音乐节是在希腊奇奥斯岛举行的跨界音乐节,该艺术节为所有希腊岛民,包括长期居民和临时居民,举办各种音乐会形式、音乐剧表演,以及由著名艺术家授课的讲习班。2021年奇奥斯音乐节还邀请了柏林国家音乐学院参加,以促进希腊和德国的艺术文化交流。而作为世界500强德国企业的基金会——西门子基金会的艺术资助项目"非洲音乐网站"是非洲最大的音乐门户之一,为非洲音乐发展作出了巨大贡献。

总而言之,德国基金会具有悠久的历史,其起源可以追溯到13世纪,到21世纪德国基金会已步入成熟稳定阶段。在德国提倡公民参与的背景下,德国联邦法律有力地支持着德国企业基金会的可持续性。在文化艺术资助方面,德国企业基金会充当政府艺术资助的补充功能,通过多样的艺术资助项目,促进德国及世界各地文化生活的丰富性和多样性。

三、企业基金会艺术资助策略案例分析

(一)时代基金会艺术资助策略分析

1. 基金会基本情况介绍

时代基金会成立于2007年,根据该基金会章程,其发起单位是广州市时代发展企业集团有限公司,该集团是我国知名房地产企业,其业务范围覆盖住宅开发、城市更新、社区服务、未来教育等领域。时代基金会初始设立阶段为企业下属的社会责任部,其设立意愿是保障企业的员工利益,实行员工救助,以及承担企业的社会责任。2007年,集团创始人岑钊雄夫妇以集团的300万元作为原始基金正式在广州市民政局注册登记成立基金会。2017年,该基金会由"时代地产公益基金会"正式更名为"广东时代公益基金会"。

时代基金会以"让更多人有能力选择自己的人生"为使命。自成立以来,其积极投身公益事业,活跃在公益一线,其资助领域包括教育、艺术传播、医疗卫生及扶贫救灾四大板块。在艺术资助领域中,时代基金会于2003年出资建立了时代美术馆,该馆通过展览、公共文化教育等活动提供公共文化服务。2018年,基金会启动了"田埂花开"计划,致力于开展贫困乡村儿童的美育工作。

(1)组织架构

时代基金会的组织架构分为3层(见图9-8),最高层为理事会(9人)和监事会(3人),其分别具有决策和监督职责。中间层为秘书处(2人),其负责向理事会汇报工作并管理执行层,是整个指挥链的中部枢纽。最基层为各职能部门(共8人),负责项目执行和日常运营事务。

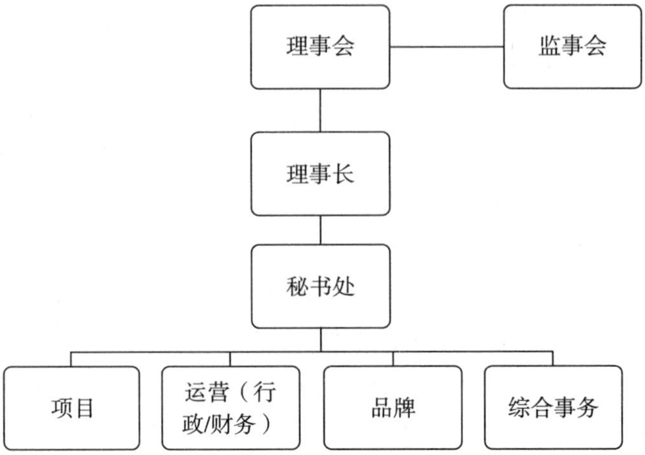

图 9－8　时代基金会组织架构

表 9－3 显示，该基金会理事会和监事会成员大多由企业高层管理人员兼任，从理事会成员的文化背景看，除美术馆馆长具备相关经验外，其他理事会成员皆缺乏与基金会或其资助领域相关的专业知识，这意味着基金会的最高决策层整体缺乏专业性。依据该基金会章程关于理事的规定，并无对理事会成员有相关专业知识背景要求。而同为企业基金会的西门子基金会，其决策管理层与母企业也有较密切的关联。不同之处在于，西门子基金会的章程规定了理事会成员必须具备与基金会或资助领域相关的专业知识，重视决策层的专业性，其理事会成员由西门子股份公司的文化和赞助部主任兼艺术计划项目艺术总监、法律总顾问和首席人力资源官构成，他们具备与基金会运营及资助领域相关的专业知识。因此，保证理事会的专业性能为基金会的决策和运营管理提供重要保障。

表 9－3　2021 年时代基金会董事会成员信息

在基金会的职务	在企业的职务
理事长	时代集团党委书记
副理事长	时代集团创办人，执行董事、董事会主席及行政总裁
秘书长	时代集团行政中心总经理
理事	—
	时代集团执行董事，主要负责集团战略资源的开拓与整合事务
	—
	时代集团执行董事、东莞公司总经理，主要负责东莞公司各项事务
	时代集团副总裁
	时代美术馆馆长
监事长	时代集团执行董事，主要负责集团工作标准的制定与改良、信息化建设事务
监事	时代集团执行董事、集团高级副总裁，主要负责集团审计、监察、法务以及产品与服务品质管理事务
	时代中国广州公司（南区）总经理

在时代基金会的执行层中，有8名专职员工分别负责项目管理、运营（行政/财务）、品牌建设以及综合事务。大部分专职员工不具有与教育、艺术、医疗及扶贫救灾方面有关的专业知识。总体而言，时代基金会缺乏相应的专业人才。笔者认为，加强党组织建设能为其艺术资助策略引领方向，并发挥党员的先锋作用，最大限度地弥补基金会缺乏相应专业人才的短板。此外，《“十四五”社会组织发展规划》中提出要“加强社会组织党的建设”。2021年，时代基金会积极响应政府号召，成立了时代基金会党支部。其党支部自成立以来，积极动员企业党员员工主动参与基金会的资助项目，如“公益季”“田埂花开”等，这有助于企业文化建设，同时也有助于基金会项目的开展。但是，其理事会和监事会只有理事长和一名监事为党员。如何有效实现党建全覆盖，将党建工作结合基金会运行和发展全过程，这是一个值得深思的问题。笔者将就这个问题在第四部分进行探讨。

（2）财务状况

从净资产情况分析（见图9－9），时代基金会2016年的净资产为718万元，截至2020年12月31日，其净资产为792万元。2020年西门子基金会的净资产为4.32亿欧元，折合成人民币为35.63亿元。

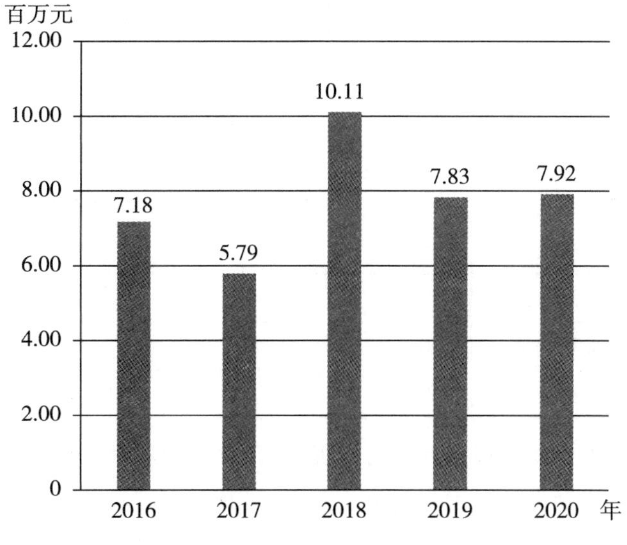

图9－9　时代基金会2016～2020年净资产情况①

表9－4为2019年福布斯中国慈善榜前100中涉及文化艺术捐赠的企业基金会名录，据笔者统计，该名录中共有14家企业基金会涉及文化艺术捐赠。其中，按照净资产排名，腾讯公益基金会以144,760万元位居第一，时代基金会以783万元位居第十二。在收入来源方面，

① 广东省时代公益基金会：《年度工作报告》，载广东省时代公益基金会网，http://www.timescharity.cn/projects/work，最后访问日期：2021年10月24日。

14 家企业基金会均以捐赠收入为主,其中一半的基金会(7 家)有投资收入,按照捐赠收入排名依次为广东省国强公益基金会(2041 万元)、浙江敦和慈善基金会(1039 万元)、万科公益基金会(574 万元)、和的慈善基金会(124 万元)、泛海公益基金会(74 万元)、江苏省苏宁公益基金会(24 万元)和北京百度公益基金会(5 万元)。从捐赠收入的金额看,这 7 家基金会的捐赠收入差距悬殊。

表 9－4　2019 年福布斯中国慈善榜前 100 中涉及文化艺术捐赠的企业基金会①

序号	企业基金会名称	排名	2019 年净资产/万元	2019 年捐赠收入/万元	2019 年投资收入/万元
1	广东省国强公益基金会	2	111,727	111,055	2041
2	腾讯公益基金会	4	144,760	85,149	0
3	泛海公益基金会	5	20,685	5064	74
4	北京百度公益基金会	6	2796	6974	5
5	万科公益基金会	16	27,051	8669	547
6	和的基金会	17	64,072	29,305	124
7	浙江敦和慈善基金会	22	32,600	2980	1039
8	广东省雅居乐公益基金会	26	1008	12,466	0
9	上海复星公益基金会	31	2404	7379	0
10	顺丰公益基金会	35	2643	9618	0
11	江苏省苏宁公益基金会	38	1177	791	24
12	湖北省当代公益基金会	52	172	984	0
13	天津市融创公益基金会	68	174	166	0
14	广东省时代公益基金会	69	783	11,442	0

时代基金会的艺术资助领域主要以时代美术馆和“田埂花开”项目为主。图 9－10 显示,其艺术资助领域在总资助占比呈增加趋势。其中,“田埂花开”项目资助占比与基金会艺术资助领域的占比成正相关关系。另外,时代基金会的艺术资助占比和西门子基金会的艺术资助占比相接近。

① 《2019 年福布斯中国慈善榜》,载福布斯中国网,https://www.forbeschina.com/lists/1718,最后访问日期:2021 年 10 月 24 日。

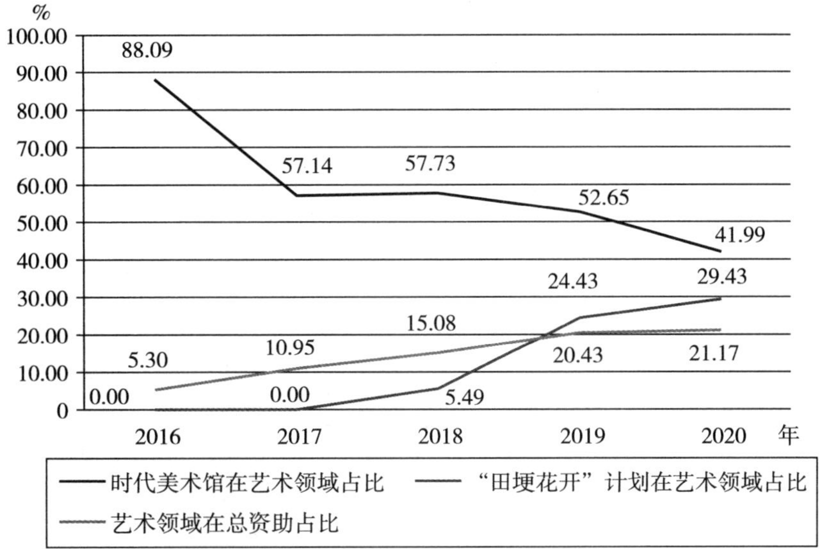

图9-10 时代基金会艺术领域主要项目资助情况①

2. 艺术资助策略的探索与转型

自成立以来,时代基金会在其艺术资助领域中,一直以资助型项目广东时代美术馆为主,该馆每年通过展览、展演、开设公共教育课程等方式,向社会传播文化艺术。直至2018年,该基金会转变其资助策略,以自主设计并运作的"田埂花开"作为其品牌项目,该项目致力于乡村艺术素质教育。笔者将就其艺术资助策略转型进行阐述。

(1)"紧扣艺术特色,助力企业非营利机构发展"的资助策略

①项目介绍

广东时代美术馆作为华南地区有名的民营性美术馆之一,时代基金会在其发展中发挥着重要的资助渠道作用。广东时代美术馆的前身为广东美术馆时代分馆,是时代集团与广东美术馆合作成立的。2010年,在时代基金会的资助下,广东美术馆时代分馆注册成为独立的艺术机构,并更名为广东时代美术馆。截至2021年,时代基金会已资助广东时代美术馆11载,其在时代基金会艺术资助板块中勾勒下浓墨重彩的一笔。

目前,广东时代美术馆至少每年筹备4~6个展览,并以不同的活动形式邀请上百位来自不同国家和地区的艺术家与社会对话。2018年,广东美术馆在德国创办了时代艺术中心(柏林),以在欧洲传播其理念和亚洲文化艺术。

① 《年度工作报告》,载广东省时代公益基金会网,http://www.timescharity.cn/projects/work,最后访问日期:2021年10月24日。

②资助项目之具体执行

笔者根据时代基金会2016～2020年工作报告整理得出，时代美术馆在时代基金会的艺术资助领域占比在41.99%～88.09%（见图9－10）。其中，2019年该基金会对时代美术馆的资助金额最高，数目超过700万元（见图9－11）。可见，时代美术馆在该基金会的艺术领域中占有重要地位。

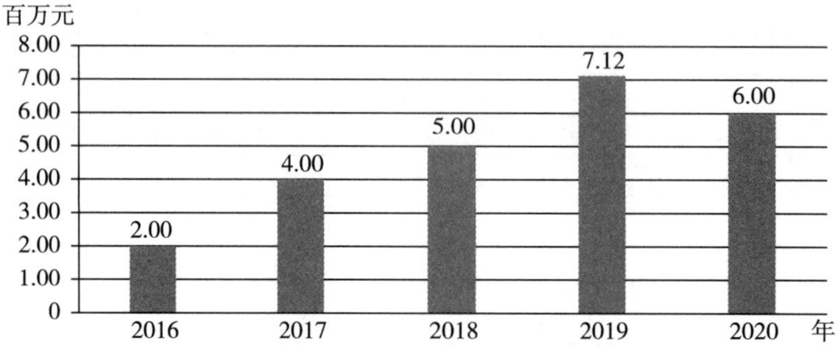

图9－11　时代基金会2016～2020年对时代美术馆资助金额①

时代美术馆是一个独立的非营利机构，有着完整的指挥链和组织架构。见图9－12，时代美术馆最高决策机构为理事会和学术委员会，馆长为连接决策层混合执行层的纽带，执行层由策展及研究部、公共项目部、媒介实验室、社区实验室、运营管理部和战略发展部，共6个部门构成。可见，时代美术馆从学术探讨、战略部署、策展运营及实验研究等有完整的组织架构及专业人员支持。从人力、专业知识和技术支持而言，时代基金会并无给予其更多支持。

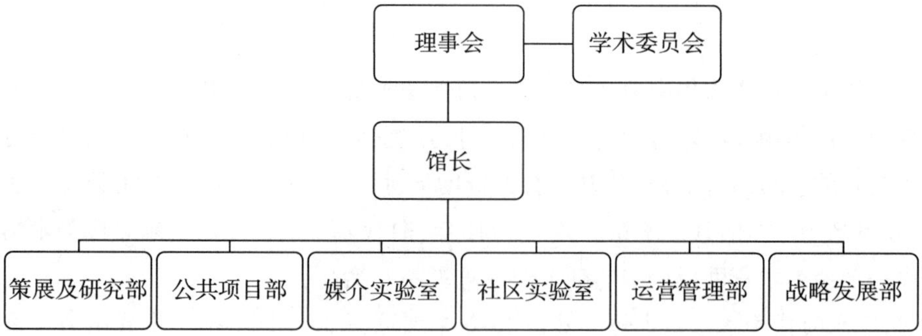

图9－12　时代美术馆组织架构

③项目成果

广东时代美术馆打破了艺术边界，其除美术展览及展览周边活动外，还举办读书会、舞蹈

① 《年度工作报告》，载广东省时代公益基金会网，http://www.timescharity.cn/projects/work，最后访问日期：2021年10月24日。

表演、戏剧表演、音乐展演等文化艺术活动。根据其2019年年度工作报告得知，时代美术馆在该年共举办了8个展览，以及86项公共活动，具体包括城市实验室系列讲座、忘忧草音乐疗愈工作坊、爵士即兴音乐展演2019、英国VR沉浸式作品《蛙人》和《新娘》；开展了2个榕树头艺术驻地项目，支持本土艺术家以及保护和传承广州本土文化艺术；出版了《影像三角志》等。据统计，全年超过17,738位观众参与了该美术馆的活动。①

（2）转型"深耕细作，品牌化运作"资助策略

①项目介绍

2018年，时代基金会把"田埂花开"计划作为其品牌项目，该项目作为基金会的自主设计与运作项目，搭建了地教师孵化、支教志愿者招募、艺术教室3个核心板块，以及作为延伸板块的艺术节和出版计划。其中，在地教师孵化和支教志愿者招募旨在为乡村美育提供师资保障，同时为艺术教室运营提供人才保障。艺术教室则是从硬件设施方面入手，为乡村美育提供场地和教育设施保障。艺术节和出版计划为整个项目提供展示窗口，其作用是为乡村学校的学生提供展示平台，并成为连接社会大众和乡村学生的纽带。

"田埂花开"项目负责人透露，该项目启动的原因有三个方面：第一，积极响应国家号召，推动乡村振兴。2017年，习近平总书记在党的十九大报告中提出乡村振兴战略，次年，时代基金会与专业调研团队经过社会调研，并深入了解了广东乡村艺术教育资源的稀缺情况。项目团队希望能通过发展乡村艺术教育的方式，助力乡村振兴。第二，契合企业理念，发挥企业资源优势。时代集团的理念是"做生活的艺术家"，其产品具有艺术特色。而该项目十分契合企业理念，致力推动乡村艺术素质教育的进步。第三，结合了创始人的个人意愿和个人经历。有学者提出，民营企业（家）基金会的资助领域往往与企业家的个人经历与偏好密切相关。②基金会的创始人是艺术爱好者，其还与致力乡村教育的非营利组织——美丽中国进行过深度合作。受该机构影响，创始人希望把艺术与乡村教育相结合，以解决乡村艺术教育资源稀缺的问题。

②项目资助策略之具体执行

在艺术教室搭建方面，项目团队充分发挥了其背靠企业的优势，从艺术教室的设计、装修、施工、工程队、物料采购和物料运输等，都结合了企业资源。时代集团设计研发中心按照"田埂花开"资助学校的实际需求进行设计。为了适应当地情况，设计团队在场地有限的情况下设计了多功能艺术教室，该教室能在同一空间内灵活切换音乐、舞蹈、美术、合唱等场景。项目团队还通过与企业合作伙伴进行合作、认捐等方式筹款，来搭建艺术教室，以及配备舞蹈

① 《2019年度工作报告》，载广东时代美术馆网，https://content.timesmuseum.org/media/pages/about/information-disclosure/3638753879-1623743396/2019.pdf，最后访问日期：2022年1月23日。

② 张楠、林志刚、王名：《民营企业家战略慈善新模式：民营企业（家）基金会发展特征及影响因素分析》，载《湖北社会科学》2020年第6期。

镜、钢琴、教材、体育器材、多功能桌椅等配套设施。更值得一提的是，时代基金会在其15周年庆典上共募得724.81万元善款，与此同时，时代集团向时代基金会等额配捐了724.81万元，与所募资金一同用于在乡村开展艺术支教、捐建多功能艺术室等。①

根据“田埂花开”计划项目负责人介绍，师资问题是制约整个项目发展的主要因素之一。为了给乡村学校输送艺体教师，2018年项目启动初期，时代基金会通过广东省青少年发展基金会招募了首批22名大学生支教老师。但是，这个数量与该项目已搭建完成的近百间多功能艺术教室相比，仍然严重不足。这批支教老师虽然基本上都是全日制专科及以上学历的艺体类专业应届生，但是由于大部分是非师范生，其教学水平方面存在先天不足。此外，这批支教老师是通过广东省青少年发展基金会招募并管理的，对于时代基金会的感知度较低，并且对“田埂花开”计划项目的认同感和归属感不足，这不利于发挥支教老师的主观能动性。2019年，针对支教老师教学水平有待提升和与项目团队连接不足的问题，项目团队通过拓宽招募渠道、搭建支教老师管理体系和荣誉体系，以激活支教老师板块的内生动力。招募渠道方面，增强了学校宣讲会的力度，拓宽了直播平台等线上渠道。支教老师的管理体系包括项目指引、督导机制、参与式管理，项目指引即在支教老师招募工作结束后，由时代集团旗下的时代教育集团的专业老师通过岗前培训、在岗培训和职业培训的方式，对支教老师进行指导，以提高支教老师的教学基本能力、学科教学技能、班级管理能力和教务工作能力。具体方法包括由专业老师上示范课并指导支教老师做线上调研、支教老师能力评估、开展美育行业专家座谈会等。在督导机制方面，支教老师进入乡村学校展开支教工作后，项目负责人与专家组分别在学期初、学期中和学期末进行访校活动，通过听课的方式了解支教老师的教学情况，并与当地校长和教育局进行沟通，以了解整个项目对学校的帮助和存在的问题。与此同时，项目团队鼓励支教老师进行参与式管理，开展内部交流、异地互访、年度聚会，以及组织当届支教老师和往届支教老师的交流活动，充分发挥社群力量。在荣誉体系方面，支教老师能成为广东省“五星志愿者”，并享受相关激励政策。

笔者采访项目负责人得知，截至2020年年底，项目团队招募了3批支教老师，第一批22人，第二批30人，第三批36人，共88人。这些支教老师相对已经搭建成功的多功能艺术教室数量而言，仍是杯水车薪。而且，每批支教老师支教年限为一至两年，流动性强。这意味着其多功能艺术教室的使用率不高。项目团队经过调研后发现了艺术教室使用率不高的两个主要原因：首先，本地师资缺乏。其次，仅有的这些本地师资中，还存在教师教学理念相对滞后、音体美教学被边缘化的问题。针对本地师资缺乏的问题，项目团队在2020年开辟了在地教师孵化板块，通过培训和资助相结合的方式增加师资来源。在地教师孵化的培训对象主要为资助乡村学校的当地乡村教师，项目团队通过线上课程和线下集中培训的方式，短期多次地

---

① 《时代基金会十五周年公益之夜圆满落幕》，载搜狐网，https://www.sohu.com/a/290241764_250840，最后访问日期：2021年10月25日。

推动当地乡村教师的成长。在地教师孵化的培训方式具体包括线上讲座、在线教学、线下工作坊、沙龙、小组学习等,其培训老师和课程开发由项目团队的合作伙伴21世纪教育研究院提供。在培训结束后,项目团队为这些乡村教师提供小额资助,提供专业、全面、持续的发展支持。针对支教师资缺乏的问题,项目团队尝试组织短期支教活动以补充支教师资。2021年8月,时代基金会与华南师范大学合作,组建了由音乐学院、美术学院、体育科学学院、教育科学学院共25名本硕博学生组成的团队,通过哔哩哔哩平台开启了为期10天的线上支教之旅。该支教团队为广东省阳春市三甲镇中心小学三甲圩分校的学生提供美育课程教学。

③项目成果

"田埂花开"计划自2018年启动至今取得了一定的成果。时代基金会2020年度工作报告显示,截至2020年年底,"田埂花开"项目足迹遍布全国3省17地市41县,共搭建139间多功能艺术教室。项目团队已为学校输送了3批(共计近百名)支教志愿者老师,共开展超过20,000节艺术素质教育课,为15,000万乡镇中小学艺体教师提供超过线上线下培训,项目直接受惠学生超过40万人。① 同年,时代基金会联合广东时代美术馆,出版了一系列乡村风格的绘本,绘本中展示了许多"田埂花开"项目成果展中的优秀作品。其还与21世纪教育研究院合作出版《乡村教育蓝皮书》,为我国乡村美育工作提供了一定的借鉴。

(二)西门子基金会艺术资助策略分析

1. 基金会基本情况介绍

西门子基金会(Siemens Stiftung)位于德国慕尼黑。2008年,西门子股份公司成立了西门子基金会,并向该基金会捐赠了30,900万欧元作为其创始基金。西门子基金会的使命是促进可持续性社会发展,其聚焦促进非洲、拉丁美洲地区、德国以及其他欧洲国家的基本服务、高质量教育、文化理解。

西门子基金会所依靠的企业——西门子股份公司是一家专注于工业、基础设施、交通运输和医疗保健的科技公司。目前,西门子股份公司在全球成立了7家独立的西门子基金会。除在德国成立的西门子基金会(德国总部)外,还在阿根廷、巴西、哥伦比亚、丹麦、法国和美国设立了西门子基金会。这7家基金会侧重领域有所不同,它们通过跨国和跨界合作、交流经验的形式,共同形成了西门子基金会全球联盟。作为基金会总部,位于德国的西门子基金会注重搭建伙伴关系,其采用一体化的管理方法让各基金会在多个项目领域中进行合作,并推动其联盟在当地和国际上产生协同效应。具体而言,德国西门子基金会负责国际性工作业务,而美国及其他地区的6个基金会主要负责当地的业务:西门子基金会(美国)成立于1998年,其致力促进科学、技术、工程和数学领域的教育外联,推动劳动力和教育发展;西门子基金

① 《广东省时代公益基金会2020年度工作报告》,载广东省时代公益基金会官网,http://timescharity.cn/#/openMsg/AnnualReport。

会(法国)成立于2002年,其侧重通过保健和住房方案帮助有困难的人融入社会;西门子基金会(哥伦比亚)成立于2006年,其从支持改善人们的基本需求、支持科学、技术、工程和数学的教育等方面,促进哥伦比亚的可持续发展;西门子基金会(巴西)成立于1986年,其侧重改善巴西教育制度和促进创新的技术使用;西门子基金会(阿根廷)成立于2009年,其主要支持教育、基本需求、艺术、文化、社会福利援助和环境领域的项目;西门子基金会(丹麦)成立于1964年,其为自然科学和工程的学士和硕士奖学金而设立。

在本案例中,笔者将以位于德国总部的西门子基金会为案例,研究其运营方式及艺术资助策略。

(1)组织架构

如图9-13所示,西门子基金会的组织架构分为3层,顶层为受托人理事会,中间是常务理事会,最后是各职能部门。根据西门子基金会的章程规定,其受托人理事会通常为5~6人,由创始人任命,并且应包括财务、法律和基金会等方面的专业知识人才。目前,该基金会的受托人理事会为5人。作为最高决策部门,受托人理事会负责任命常务理事会成员和指定常务理事会主席和副主席,并对基金会的管理运营提供支持、建议和监督,包括制定和实施可持续性发展战略。此外,受托人理事会成员在理事会的工作是无偿劳动。

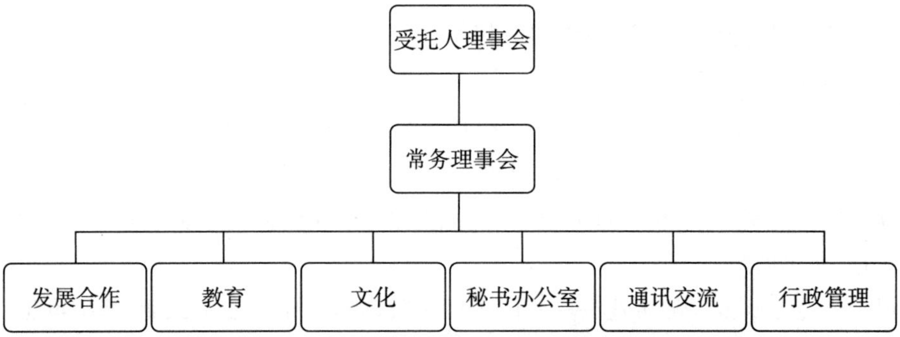

图9-13 西门子基金会组织架构

根据表9-5显示,从其现任基金会受托人理事会成员背景中可以得知,西门子基金会的受托人理事会与西门子股份公司有密切联系,其成员在西门子股份有限公司曾经担任或现任高层管理人员。他们在企业的职责与艺术、法律和人力资源管理的专业知识背景具有紧密联系。可见,其章程对于理事会成员的规定确保了决策层的专业性。

表9－5　2021年西门子基金会理事会成员信息①

在基金会的职务	在企业的职务
理事会主席	曾任西门子股份公司监事会成员
理事会副主席	梅塞尔集团股份有限公司、西门子股份公司、西门子医疗保健股份有限公司、TUV南德意志集团的监事会成员
理事会成员	西门子公司文化和赞助主任，西门子艺术项目艺术总监
	TUV南德意志集团、西门子股份公司法律总顾问
	西门子股份公司董事会成员兼首席人力资源官

根据该基金会的章程规定，常务理事通常为3～5人。目前，该常务理事会共有3名常务理事成员，分别为常务理事长、常务理事和财务总监。常务理事会负责贯彻实施该基金会的宗旨和基金会的管理运营，包括制定基金会的年度预算、年度财务报表和工作计划并交由受托人理事会审查。该基金会下属团队成员共52名，其团队分为3个领域的项目团队，包括发展合作（17人）、教育（19人）、文化（2人），以及3个不同职能的办公室，包括秘书办公室（2人）、传播部门（7人）、行政管理部门（5人）。此外，不同资助领域及办公室均有1名负责人主管。其中，传播部门的职责包括数字平台的维护和信息发布、客户关系管理、内容编辑、图片、出版物等；而行政管理部门的职责涉及商业项目管理与控制、法律、项目控制、档案、企业管理等。

（2）财务状况

根据西门子基金会年度财务报告显示，其2015年期末总资产为4.3亿欧元，2020年期末总资产为4.32亿欧元。② 从图9－14可见，其主要依靠资产管理收入。

① 《理事会介绍》，载西门子基金会网，https://www.siemens-stiftung.org/en/foundation/board-of-trustees/，最后访问日期：2021年8月12日。

② 《年度财务报告》，载西门子基金会网，https://www.siemens-stiftung.org/en/foundation/financial-report/，最后访问日期：2021年8月15日。

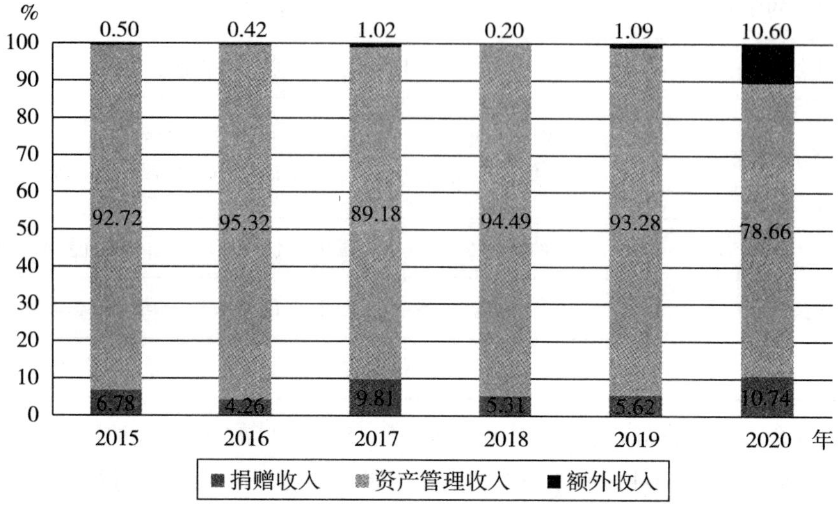

图 9－14　西门子基金会 2015～2020 年各收入占比情况①

西门子基金会在艺术资助具有一定的成果。2010 年，其启动了“SUR 学院”项目，在拉丁美洲建立了艺术家网络，这对艺术界产生了积极影响；2011 年，其发起“非洲音乐网站”项目，该网站目前已成为非洲影响最广泛、最活跃的音乐信息交流平台；2014 年，其启动了“城市空间的艺术对话”项目，用艺术填补拉丁美洲的城市空白空间，同时给艺术家提供展示机会。如图 9－15 显示，西门子基金会 2015～2020 年的艺术资助占比平均为 12.30%。该基金会的艺术资助金额最高峰出现在 2017 年，艺术资助金额为 198 万欧元，占比 18.84%，该年其启动了“拉丁美洲与欧洲的艺术对话”项目，该项目支持艺术家居住、与当地艺术家交流，以及拉丁美洲和欧洲艺术家的合作项目。2017～2020 年，该基金会艺术资助金额不断下降，直至 2020 年，其艺术资助金额为 103 万欧元，占比 9.56%。笔者认为，这是由于基金会停止对已稳定项目的支持所致。

① 《年度财务报告》，载西门子基金会网，https://www.siemens-stiftung.org/en/foundation/financial-report/，最后访问日期：2021 年 8 月 15 日。

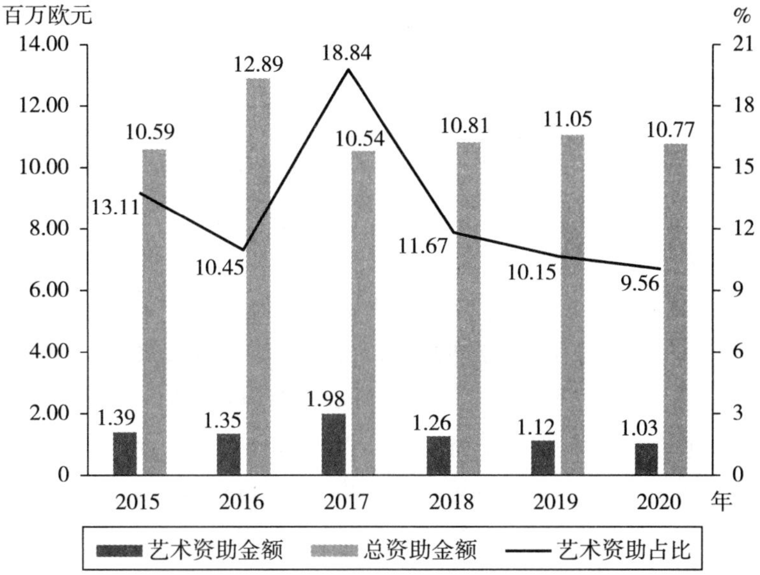

图9－15　西门子基金会2015～2020年文化项目资助占比①

2.“赋能型运作,促进项目可持续发展”的资助策略

(1)项目介绍

“非洲音乐网站”项目是一个关于非洲音乐的免费在线平台,该项目计划覆盖54个非洲国家,为整个非洲大陆提供可靠且最新的音乐信息。

非洲音乐网站的内容编辑来自非洲南部、东部、西部和中部。除固定的内容编辑外,还委托如研究人员、音乐教育工作者和专业编辑等专业人员,定期撰写相关内容。该网站的内容为英语和法语两个版本,以保障用户能更方便地获取信息和知识。非洲音乐网站不仅是一个信息平台,更重要的是,它为音乐家提供了网络连接和持续教育的机会;所有音乐家都可以在这个网站上创建自己的账号,并与歌迷、音乐会推广人等进行直接联系。非洲音乐网站开展了“非洲音乐直播”活动以支持音乐家进行线上音乐会直播,还制定了营销策略向线上观众推销这些音乐家的音乐。此外,该网站还开辟了新的合作路径——2017年开始每年举办“非洲音乐连接”活动,将整个非洲大陆的音乐专业人士连接起来。在音乐教育方面,该网站定期举办音乐和文化管理、乐器建造和维修等主题的研讨会和讲习班。

非洲音乐网站的官方网站显示,截至2019年6月,该网站每月有50万名用户,接近3万

① 《年度财务报告》,载西门子基金会网,https://www.siemens-stiftung.org/en/foundation/financial-report/,最后访问日期:2021年8月15日。

名艺术家和机构的注册用户,20 万个音乐标题,以及 3 万多位订阅者。① 可见,非洲音乐门户网站在非洲音乐交流和传播中发挥着越来越重要的作用。目前,该项目已经处于其战略计划中的第七阶段,即扩大该网站的覆盖面,将其扩展到非洲的 54 个国家。另外,非洲音乐网站还将推出线下"泛非音乐移动"计划、乐器构建和修复计划,通过举办活动吸引更多合作伙伴和捐赠人,促使项目资金更具多样化,以增强项目的自我维持能力。随着非洲的音乐产业迅速发展,该项目团队也持续不断地更新其网站平台功能和内容。

(2)艺术资助策略分析

西门子基金会以促进社会可持续发展为使命,其重视项目的可持续性。在资助策略方面,西门子基金会采取"赋能型运作,促进项目可持续发展"的资助策略,以项目的可持续性和社会影响力为目的进行项目规划和实施,并在确保项目能够自我维持后退出作用。2011 年,西门子基金会和歌德学院在来自非洲以及其他国家的 100 多位专业音乐家、学者、记者、经理和教育工作者的帮助下,创立了非洲音乐网站。2013 年,该项目团队在南非成立了非营利性的非洲音乐基金会,以确保项目的可持续性。目前,非洲音乐基金会共有 15 人,其在约翰内斯堡、金沙萨、达喀尔、拉各斯和内罗毕设有区域办事处,这 5 个办事处负责非洲音乐网站的发展和运营。

在项目启动初期,西门子基金会为非洲音乐基金会提供财政援助和专业知识,还为其制定了可持续发展战略。西门子基金会的具体工作范围包括为非洲音乐基金会搭建组织架构、员工发展、寻找内容编辑和其他合作伙伴,以及解决相关法律问题。非洲音乐网站项目的指导原则为"当地领导优先",即以该组织的发展为主。除提供资金支持外,该项目团队还需应对许多超越技术和组织问题的挑战。譬如,发生战争、暴力和疾病等紧迫性问题。该项目启动后,西门子基金会退居幕后,且逐渐减少其多年以来的支持作用。

相比许多历史悠久的企业基金会而言,西门子基金会发展时间较短,处于发展阶段。在资金稳定、经验和人力等资源相对有限的情况下,选择了资助和运作相结合的混合型项目。西门子基金会在资助和运作项目时,注重赋予项目可持续性,其在确认项目能自我维持后逐渐退出作用。"赋能型运作"的优点在于,在保证项目可持续性的前提下,基金会能不断将有限的资源和重心作用于新开发的项目,周而复始地促进社会可持续发展。具体而言,西门子基金会根据 I-O-O-I 原则(Input-Output-Outcome-Influence,投入—输出—结果—影响)进行项目资助。

如图 9 - 16 所示,具体流程:在启动项目之前,西门子基金会会仔细分析社会挑战和目标群体的需求,以确定影响指标,方便项目后续评估。项目启动后,基金会投入资金、人力和其他资源进行运作。在运作过程中,项目团队始终秉承"不直接参与"和"当地领导优先"的方

① 《非洲音乐门户》,载西门子基金网,https://www.siemens-stiftung.org/en/projects/music-in-africa/,最后访问日期:2021 年 10 月 23 日。

针,培养项目独立能力。在项目运作一段时间后,项目团队从知识、行为和环境方面,评估该目标群体的变化。最终,项目团队对该项目的成果及社会层面影响进行评估。该项目结束后,项目团队再依据评估结果仔细分析社会挑战和目标群体的需求,形成一个良性循环。这种资助策略不仅可以为基金会的资助累积经验和知识,还充分履行了其促进社会可持续发展的宗旨使命。此外,西门子基金会十分重视项目评估的透明性,其将评估结果展示在官网的项目页面中。

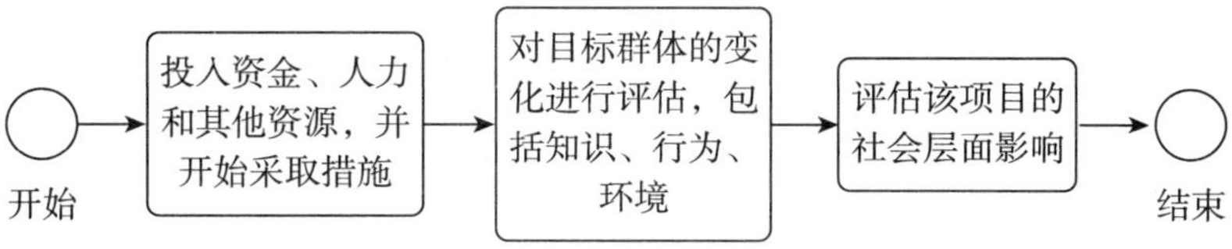

图9－16　西门子基金会项目规划流程

(三)小结

两个基金会的组织架构均为直线—职能型,其不同之处在于管理层以及职能分布的不同。西门子基金会的组织架构着重突出专业性,且与西门子股份公司有着密切的联系,决策层为受托人理事会,其章程规定理事会成员需具备基金会、法律、艺术等相关专业知识。常务理事会负责运营管理,执行层为各职能部门,职能部门除秘书办公室、传播和行政管理外,还包括根据其资助领域划分的教育、发展合作和文化部门。西门子基金会的职能部门分工有助于对不同资助领域的有效落实。时代基金会的组织架构也分为3层,决策层为理事会,秘书处负责运营管理,各职能部门为执行层。相较前面而言,时代基金会应提升其专业性,适当增加投资、法律以及与其资助领域相关的专业人才。在新时代的背景下,加强我国企业基金会的党建工作更符合我国的国情:一方面,党建工作能为企业基金会艺术资助提供正确引领;另一方面,发挥党员的先锋模范作用,能有效弥补人力资源匮乏的缺陷。

基金会的财产状况方面,时代基金会的体量与西门子基金会相比差距较大,但二者的艺术资助占比相接近。西门子基金会2015～2020年的艺术资助占比平均为12.30%,时代基金会2016～2020年的艺术资助平均占比为14.59%。此外,我国企业基金会财产收入主要依赖企业捐赠,其需提高财产增值保值意识。

在艺术资助策略方面,时代基金会和西门子基金会都根据实际情况制定了不同的资助策略。两个基金会相对较年轻,都正处于发展阶段。西门子基金会在有限的经验和人力资源下,采取"赋能型运作,促进项目可持续发展"的策略,该基金会以"促进社会可持续发展"为使命,注重项目的可持续性和社会影响力;其确保项目自身的可持续性后逐渐退出作用,最后评估资助项目的社会影响。时代基金会在探索了一段时期后,其资助策略由"紧扣艺术特色,助力企业非营利机构发展"转向以"深耕细作,品牌化运作"的资助策略;品牌化管理模式使基金会的艺术资助更具聚焦性,有益于其扩大社会影响力。

四、我国企业基金会艺术资助策略构想

(一)党建引领艺术资助策略方向

我国企业基金会艺术资助在发展过程中,需要有明确的指引方向助力其摸索出符合我国国情的道路。习近平总书记在党的二十大报告中强调,坚持党的全面领导是坚持和发展中国特色社会主义的必由之路。坚持党的全面领导,有助于我国企业基金会发展符合我国国情的艺术资助事业。

党的十九大报告中,提出“党是领导一切的”,把社会组织党建工作提高到了空前高度。2018 年,民政部下发了《关于在社会组织章程增加党的建设和社会主义核心价值观有关内容的通知》,明确规定了社会组织应加强党建工作,需按照中国共产党章程设立中国共产党的组织,开展党的活动,并为党组织的活动提供必要条件。2019 年,中共中央办公厅印发《关于加强社会组织党的建设工作的意见(试行)》,指出社会组织是我国社会主义现代化建设的重要力量,是党的工作和群众工作的重要阵地,是党的基层组织建设的重要领域。2021 年,民政部关于印发《“十四五”社会组织发展规划》的通知中,主要任务就包括“加强社会组织党的建设”。上述观点皆表明,加强社会组织党建工作刻不容缓。中共中央组织部数据显示,截至 2021 年 6 月 5 日,全国共有机关基层党组织 74.2 万个,事业单位基层党组织 93.3 万个,企业基层党组织 151.3 万个,社会组织基层党组织 16.2 万个,基本实现应建尽建①。在这样的背景下,作为社会组织的企业基金会需重视党建工作,发挥其引领作用。

1. 企业基金会党建的作用和意义

从学理上分类,企业基金会的艺术资助和党建属于不同的学科范畴,企业基金会艺术资助属于艺术管理范畴,而党组织建设属于政治学范畴,二者的理论背景和研究对象有所不同。但是,二者都同存于中国特色社会主义制度背景下,党的领导可以更好地为社会组织指引方向。企业基金会是非营利性社会组织,具有公益性,其艺术资助最终目的是推动社会主义文化艺术繁荣发展,为社会提供公共文化服务;而中国共产党作为执政党,其最终目的是带领全国人民走向共产主义。有学者在研究中表明,基层党组织建设能够改善基金会的运作质量,促使基金会获得社会组织等级管理机关的更高评级,还能推动基金会的运作效率。② 我国企

---

① 石光辉:《中国共产党党内统计公报》,载共产党员网,https://www.12371.cn/2021/06/30/ARTI1625029938331844.shtml,最后访问日期:2022 年 1 月 3 日。

② 周婷婷、常馨丹:《社会组织党建是否推动了慈善事业的发展?——基于上市公司公益基金会的实证研究》,载《外国经济与管理》2021 年第 12 期。

业基金会艺术资助在发展过程中,遇到许多困难,如经验缺乏、内外部环境有待改进、资源有限等问题,而企业基金会积极进行党建工作能支持其解决上述问题。

第一,企业基金会党建工作能发挥政治引领作用。党的路线方针政策代表着最先进、最有前瞻性的发展方向。在中国特色社会主义公民体系中,企业基金会确定艺术资助项目时,必须深入理解党的路线方针政策。近年来,随着国情的变化,中共中央办公厅、国务院办公厅于2020年联合印发了《关于全面加强和改进新时代学校美育工作的意见》,由此,越来越多的基金会开始关注"美育"项目。例如,长江公益基金会的"苔花开"乡村儿童美育计划、上海梦想成真公益基金会"美育专项基金"、北京阳光未来艺术教育基金会的"爱的启蒙"儿童美育实践公益项目等。企业基金会在使艺术项目资助实现社会效益最大化的道路中,其要资助什么艺术项目、如何获得政府的支持资助,都需要发挥党组织的政治引领作用。企业基金会的决策层领导也能在加强党的建设过程中,深刻领悟党的路线方针,进而制定具有社会主义特色的艺术资助政策。

第二,党组织可以帮助企业基金会优化外部发展环境。自2004年《基金会管理条例》颁布以来,我国企业基金会数量不断增长,但企业基金会的艺术资助方面缺乏经验,面临资源和专业性不足等问题,需要寻求其他合作伙伴和资源,如艺术场馆、艺术机构、专业艺术教师等。对此,其党组织能够及时向上级党组织反馈企业基金会在发展中的问题,寻求政府相关部门的政策扶持,从而优化基金会外部发展环境。

第三,党建可以帮助企业基金会完善内部制度建设。基金会的成功离不开其良好的治理结构,决策权与管理权的两权分离非常必要。① 一般而言,企业基金会的决策权在理事会,而秘书处身处项目一线,其对项目会有自己的想法。因思考的角度不同,二者之间容易出现矛盾冲突和相互不信任,从而导致决策层将决策和管理一手抓的问题。在这方面,党组织能够发挥其政治组织经验,起到"总揽全局、协调各方"的作用,为冲突双方解决矛盾。

第四,发挥党员先锋模范作用,形成积极工作氛围。党组织通过理想信念教育,组织开展各项活动,激发员工的敬业精神和工作热情。与此同时,党员的先锋模范作用能带动全体成员积极工作,从而形成积极的工作氛围。在企业基金会的资助项目中,经常涉及前往条件艰苦的地区进行实地调研的情况。比如,时代基金会"田埂花开"的项目团队经常要到穷村僻壤调研,以争取获得乡村村民和学校对项目的支持和理解。在面对艰苦的环境和心理压力的双重压力下,项目团队中的党员就能够发挥先锋模范作用,弘扬不怕苦、不怕累的党员工作精神为团队作出表率,从而保障项目更好地进行。

2. 企业基金会组织架构及党组织落地设想

近年来,虽然我国越来越多涉及艺术资助的企业基金会设立了党支部,如万科公益基金

---

① 北京沃启公益基金会课题组:《资助的价值初探——资助型基金会案例述评》,知识产权出版社2018年版,第92~114页。

会、TCL公益基金会和时代公益基金会等，但其党组织在实际操作中并没有充分发挥其作用。为了让党建工作更好地落地，笔者为企业基金会组织架构及党组织落地提出以下构想。

首先，企业基金会应依据实际情况和相关规定成立党支部、党小组或党委，并让党组织充分渗透到其组织架构中。如图9－17所示，党组织对理事会起引领作用，对企业基金会的艺术资助项目管理、艺术资助策略等决策提出指导意见。领导班子建设上，应提倡党员基金会负责人担任党支部书记；如基金会负责人不是党员，可从理事会或监事会中选拔党支部书记。并且，秘书处需聘用党员干部。从基金会决策层中选拔党支部书记，并在管理层聘用党员干部能更加有效促进党建工作与业务工作相融合，同时保证基金会的决策权和管理权分离。

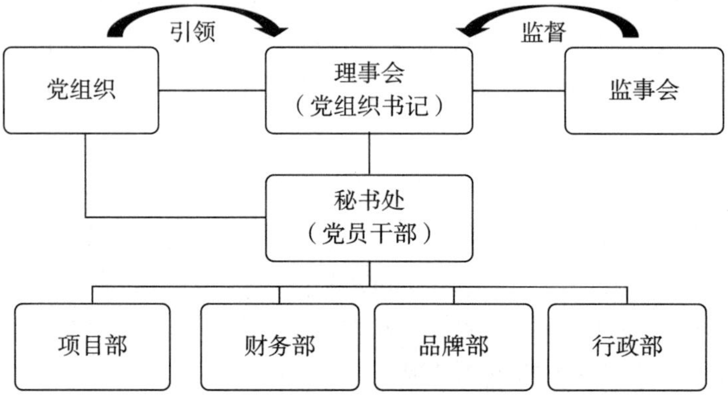

图9－17　企业基金会组织架构构想

其次，在企业基金会章程中充分体现党组织对艺术资助的引领作用。在我国大部分企业基金会的章程中有关党建工作的表述为“本基金会坚持中国共产党的全面领导，根据中国共产党章程的规定，设立中国共产党的组织，开展党的活动，为党组织的活动提供必要条件”。这样的表述并没有体现出党组织对企业基金会艺术资助的引领作用。在这方面，上海文化发展基金会的章程具有借鉴价值，其除“坚持中国共产党的全面领导外”的表述外，还添加了“本基金会邀请党组织负责人参加或列席本基金会管理层会议。党组织对本基金会重要事项决策、重要业务活动、大额经费开支、接收大额捐赠、开展涉外活动等提出意见”①这一表述。我国企业基金会应借鉴上海文化发展基金会的章程，在章程中明确规定党组织负责人参与管理层会议，并确保党组织能帮助其制定艺术资助政策，发挥其对企业基金会艺术资助的引领作用。

最后，使命宗旨是基金会的立足之本，企业基金会的党建工作除与艺术资助业务相结合外，还应与其使命和人才培养相结合，打造出具有该基金会特色的党建风格。此外，我国企业

① 《上海文化发展基金会章程》，载上海文化发展基金会官网，https://www.shcdf.org.cn/shwhfzjjh/jgzc/jgzc.html，最后访问日期：2023年11月10日。

基金会艺术资助存在经验少且缺乏艺术资助的专业人才的问题,因此,企业基金会党建工作应结合实际情况,运用其优秀的组织经验,一方面,积极吸收优秀的艺术资助专业人才;另一方面,为专职员工进行系统培训,以提高企业基金会的专业性,加强企业基金会艺术资助的人才队伍建设。

(二)企业基金会艺术资助策略的制定与实施

1. 艺术资助策略的制定

(1)两种艺术资助策略的选择

企业基金会拥有各自不同的资源,其使命、经验、体量等实际情况也各有不同。笔者将所归纳出的两种艺术资助策略所适用的情况作出以下具体阐述,以供企业基金会在制定艺术资助策略时参考。

第一种艺术资助策略为“深耕细作,品牌化运作”,即将所有资源只用于一个项目中,以保证该项目深入开展。这种策略适合正处于初始阶段或尝试探索艺术资助的企业基金会,当基金会受人力、知识、经验等多方面限制时,致力项目的深度或许是不错的途径。以时代基金会为例,其围绕基金会使命,紧扣了企业的艺术特色,自主设计并运作“田埂花开”项目。“深耕细作”的体现在于项目团队将项目足迹从广东省延伸到甘肃省和贵州省,并希望将项目在全国深入推进,通过艺术教育让贫困乡村的孩子拥有更多改写命运的可能。此外,“品牌化运作”的优势在于能将项目的资源配置最优化,以弥补经验、资源不足等短板。例如,项目团队不具备与艺术教育相关的专业知识,且专职员工人数较少,人力资源不足和专业性不足成为该项目团队的“痛点”。为了让品牌项目更好地推进,项目团队联动母企业为该项目提供了资源以解决其痛点,具体做法包括其企业品牌部门为基金会品牌化建设提供建议,企业教育部门为艺术教师培训提供人力资源和专业知识等支持。

第二种艺术资助策略为“赋能型,促进项目可持续发展”,该策略致力项目的可持续能力,在项目具备自我运营能力后退出作用,并投身于新的资助项目。这种策略对于基金会专业知识的多元性要求较低,适用于那些具有特定领域专业知识、一定财务能力和足够人力资源,并处于经验积累和发展阶段的企业基金会。以西门子基金会为例,其成立时间不长,目前仍处于发展阶段。该基金会在资源有限的条件下,积极寻求合作伙伴的支持,积累了多个项目的资助经验。2010 年,其与拉丁美洲剧院协会以及相关组织合作启动了“SUR 学院”项目,在拉丁美洲建立表演艺术网络。2011 年与歌德学院合作启动“非洲音乐网站”项目,建立了线上非洲音乐交流、教育和传播平台。2017 年,与马德里当代艺术创作中心合作启动“拉丁美洲与欧洲的艺术对话”项目,内容包括支持艺术家驻留和当地艺术家交流等。

上述两种艺术资助策略适用于不同发展方向或理念的基金会艺术资助,二者的共同点在于必须紧密围绕基金会的使命,这一点至关重要。

(2)艺术资助策略的品牌差异化

企业基金会在制定艺术资助策略时不能全盘模仿上述两种资助策略,而应根据自身情况进行品牌差异化。“品牌”这一概念源于西方,在中世纪时期,欧洲的手工匠人在自己的工艺品中打上烙印,以便让顾客更容易辨识自家产品。对于非营利组织的企业基金会来说,艺术资助策略的品牌差异化能将其艺术资助项目与其他竞争对手区分开来,并具有提高该组织的辨识度、优化资源整合、促使艺术资助策略更符合自身的作用。

艺术资助策略的品牌差异化,首先,要紧密围绕基金会使命,进行品牌定位。所谓品牌定位,即基金会对外所要塑造的社会形象,以及对内所要塑造的品牌文化。品牌定位的核心在于要紧密围绕基金会的使命,或者也可以理解为基金会的使命就是其品牌定位。西门子基金会的使命是“促进社会可持续发展”,其品牌定位即“成为致力于社会可持续发展的基金会”。该基金会在开发艺术资助项目方面十分重视项目的可持续性,还通过发挥基金会联盟的协同效应,使联盟中的各基金会都能专注于不同的领域,以全面促进社会可持续发展。在时代基金会的案例中,其以“让更多人有能力选择自己的人生”为使命,并在品牌化建设过程中,将品牌定位为“成为能让更多人选择自己人生的基金会”。该基金会最终确定以促进乡村艺术教育事业发展的方式,通过艺术教育对农村贫困学童产生积极性影响。

其次,资助项目需充分结合企业特长。自我国提出乡村振兴战略和大力提倡美育教育开始,“乡村建设”和“美育”即成为热频词汇。许多企业基金会都聚焦乡村美育项目,譬如,TCL公益基金会的“小小音乐+”项目、友成企业家扶贫基金会资助的“益教室”艺术教育项目、时代基金会的“田埂花开”计划项目等。企业基金会想要在众多乡村美育项目中脱颖而出,关键还需艺术资助策略的品牌差异化,即根据企业的特点、优势和自身实际情况,突出该基金会的核心竞争力。TCL科技集团股份有限公司的主营业务之一是电子产品及通信设备,其企业基金会——TCL公益基金会充分结合了这一资源,在“小小音乐+”项目推出了小雪音乐机器人。该机器人内置了100首世界名曲以及搭配“小雪”儿童Q版声音进行赏析,项目团队于2020年将其投放在全国5省6所学校30个班级,效果良好。此外,艺术教育类资助项目存在短期内难以进行量化成果统计的问题,因此这类资助项目只能以投入比作为其效益评估的量化考量。而从量变到质变的过程,需要项目团队长时间投入大量人力、物力、财力。艺术资助策略的品牌差异化有助于企业基金会优化资源整合,并制定更符合自身情况的艺术资助策略。以时代基金会“田埂花开”项目为例,项目在艺术教室搭建、师资培养、教学配套设施方面都结合了企业资源,弥补了其资源不足的短板,并形成了“乡村艺术教育”的鲜明特色形象。

最后,资助方式的差异化。时代基金会和西门子基金会的资助方式各有不同。时代基金会和西门子基金会都处于发展阶段,其均以项目运作方式进行资助。其中,西门子基金会的特点为持续不断地开发和运作不同的可持续项目,时代基金会的特点为致力运营特定的项目,并将该项目做深、做广。

总而言之,企业基金会的实际情况和所拥有的资源都存在各自差异,因此在制定艺术资助策略时需客观审视自身,综合考量使命、财务能力、人力资源、专业知识背景等方面,并结合自身品牌进行差异化,以提升其辨识度,并制定出更符合其实际情况的艺术资助策略。

2. 艺术资助策略的具体实施

(1)加强社区关联性

企业基金会艺术资助策略的具体实施应加强其资助项目的社区关联性,充分发挥社群力量,引领社区公众参与,以促使该艺术资助项目的社会效益最大化。笔者在研究所述两个案例后,发现二者都重视艺术资助项目的社区关联性,以推动项目的发展。

德国在艺术文化景观方面,更倾向以各州、市、镇为社区进行文化自治,并十分重视公民参与。在此背景下,德国企业基金会的艺术资助项目也具备与社区的紧密联系,支持各社区的文化建设,如支持当地社区的管弦乐团、合唱等艺术发展。德国企业基金会在支持其他国家的文化建设时也十分重视社区关联性。以西门子基金会资助的"非洲音乐网站"项目为例,该项目计划在非洲 54 个国家打造一个交流和学习非洲音乐的网络社区,通过线上和线下活动增加公众的参与感。此外,该基金会的"城市空间的艺术对话""拉丁美洲与欧洲的艺术对话"等项目还通过展览、艺术家交流等形式,以城市为社区进行文化建设。

我国的文化艺术资助更多是以国家政府为主导,是从上至下的一种文化资助体系,"社区"概念不足。近年来,随着我国城市化进程的发展,以及在政府呼吁社会参与文化艺术建设的背景下,"社区"这一概念逐渐在国内引起重视。企业基金会背靠的企业具有很强的本土性,相比其他社会组织更具社区关联性。例如,美的控股有限公司创始于佛山,其设立的"和的基金会"以佛山为社区进行文化建设,包括资助 4A 级景区和园项目。和园是非营利性的古典园林博物馆,佛山户籍居民可免费进入参观。该基金会还设立了和艺术基金,专用于资助珠江三角洲的各社区艺术项目,包括中山市"三乡木偶戏复兴计划"、深圳市"807 社区创新实验室"、东莞市"当代艺术家逗留计划"等,这些项目均以展演形式支持城镇艺术文化建设。社区的意义除指代在同一地理区域的社区外,也可指代在同一项目空间相互关联的共同体组成。时代基金会的"田埂花开"项目也十分重视社区的关联性,该项目以受资助的贫困乡村学校为目标打造了一个美育社区,一方面,打造连接新旧支教老师之间的网络平台,促进其相互交流经验;另一方面,通过举办艺术节的形式鼓励学生积极参与,促进学生交流。

(2)艺术资助策略的实施步骤

艺术资助策略的实施应包括确定资助对象、制定策略、实施、项目评估以及策略调整 5 个步骤,具体如图 9－18 所示。

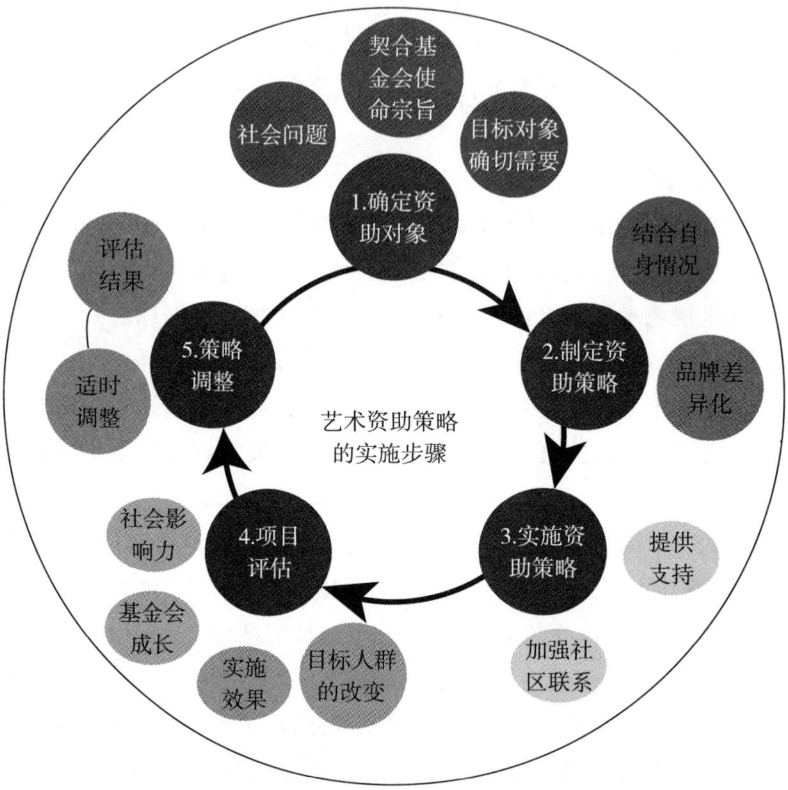

图 9－18　企业基金会艺术资助策略的实施步骤

第一步应确定资助对象,在确定资助方向并确保资助对象契合基金会的使命宗旨后,进行社会调研,深入了解社会问题和目标对象的确切需要,以及收集相关数据为评估工作做准备。第二步应结合自身财务能力、人力资源、经验、专业知识和技术等方面制定资助策略,突出策略的品牌差异化。第三步是资助策略的具体实施,为项目提供资金、人力、专业知识和技术等支持,项目团队还应寻求政府、行业机构等合作伙伴的支持,加强社区关联性。第四步是项目评估,从项目的实施效果、目标人群的改变、社会问题的解决程度、社会影响力、自身经验积累、基金会自身成长等方面进行评估。策略具有阶段性、连续性、灵活性特点。因此,第五步即企业基金会在项目评估结束后,应针对具体情况适当调整资助策略,形成良性闭环发展。

对于艺术资助策略的选择和制定,在此不再赘述。但需要注意的是,策略调整伴随企业基金会持续成长的整个过程,在这个过程中,发展成熟的企业基金会应倾向资助型的艺术资助策略。基金会的本质是一个拥有专用于公益事业财产的法人主体,其着力点在于为公益事业进行资金支持。术业有专攻,在健康的公益生态链中,应由资金方和运营方相互配合、合理分工,基金会负责资金支持,相关专业组织负责具体项目运营。拥有稳定资金来源是企业基金会得天独厚的优势,而良好的资产管理,能为企业基金会艺术资助策略的实施提供资金保障。我国企业基金会仍十分依赖母企业的捐赠,笔者在前文整理了2019年福布斯中国慈善榜中14家涉及文化艺术捐赠的企业基金会,得知其大多数仍以捐赠收入为主,少数企业基金会有小额的投资收入。在这种情况下,一旦企业运营不好或遭遇财务危机,企业基金会就有可能陷入资金不足的困境,从而导致艺术资助策略无法实施。因此,企业基金会应提高增值保值意识,为艺术资助策略实施提供良好的资金储备,并降低对母企业捐赠的依赖性,从而更具独立性地制定其艺术资助策略。

(三)积极争取政府支持,为其艺术资助策略实施保驾护航

目前,我国文化领域资助方式正在从单一的直接财政投入,向政府采购、专项拨款、补助补贴等多种直接投入和艺术基金、税收优惠等间接方式转型,从单一类型向多种组合类型方向发展。[①] 企业基金会作为新兴社会力量之一,具有稳定的资金来源和高效的企业理念等先天优势,这些优势使其在众多社会组织中脱颖而出。然而,随着企业基金会对艺术资助的关注度越来越高,不少企业基金会发现它们在进行艺术资助时,存在各种困难和障碍。为此,笔者从企业基金会的角度出发,提出以下两点建议。

1. 呼吁有关政府部门出台和完善相关法律法规

(1)关于明确企业基金会法律地位的法律法规

我国并没有出台相关法律法规赋予企业基金会明确的法律定义。目前,我国基金会的管理规定仍以2004年出台的《基金会管理条例》为准。按照《基金会管理条例》规定,基金会分为有资格面向公众募捐的基金会(以下简称公募基金会),以及不能面向公众募捐的基金会(以下简称非公募基金会)。基金会中心网根据基金会发起方的背景将全国基金会分为5种类别:个人背景基金会、企业基金会、学校基金会、社区基金会和系统基金会。一般而言,企业基金会属于非公募基金会的范畴。2004年颁发的《基金会管理条例》距今已经将近20年,在这期间我国产生的互联网的发展、信息透明化、公众意识进步等社会变化,显得《基金会管理条例》已跟不上时代的步伐。在众多类型基金会中,我国企业基金会在慈善事业中已经崭露头角,比如,腾讯集团成立的企业基金会——腾讯公益基金会已成为我国最大的互联网募捐平台,该基金会联合了数百家组织、企业、明星和媒体共同发起并推出了“99公益日”项目,呼吁公众用声音捐赠、步数捐赠、小额捐赠等。2021年,“99公益日”捐款人数超过了6800万人次,捐款金额为25亿余元,[②]其中,有许多艺术资助项目通过该平台获得资助。随着公众各界呼吁修订《基金会管理条例》的声音越来越响亮,2016年,民政部对《基金会管理条例》进行了修订,但是,该修订方案并没有具体落实。根据民政部通知,目前我国基金会管理仍以2004

---

① 任珺:《文化艺术资助机制及政策研究》,中国社会出版社2020年版,第76页。

② 《超1.25亿人次小红花共襄善举,99公益日助力全民共建共富》,载腾讯网2021年1月7日,https://new.qq.com/omn/TEC20210/TEC2021091000248000.html。

年的《基金会管理条例》为准。

在德国，企业基金会有明确的相关法律规定。德国法律将基金会分为公法基金会、民法基金会和教会基金会。其中，企业基金会属于民法基金会。德国法律则倾向保护企业基金会的可持续性，并规定德国企业捐赠资金所产生的经济效益只能返回基金会，并用于实现基金会的目标。

具体的分类能更好地细化不同类别基金会的法律规定。明确企业基金会的法律地位，能为我国企业基金会艺术资助提供有力的法律保障，并给予其针对性的政策支持。因此，我国企业基金会应努力呼吁有关政府部门出台相关法律，赋予其明确的法律地位，以支持企业基金会艺术资助事业发展。

(2)关于明确非营利组织的法律界定

德国文化艺术资助领域虽然是以德国政府发挥主要作用，但是，德国企业基金会通过多样化的艺术资助对象，在德国文化艺术资助领域发挥着重要的补充作用。例如，德国三大银行之一的德国商业银行基金会所设立的企业基金会——德国商业银行基金会的资助对象包括慕尼黑犹太室内乐团、汉堡美术馆、法兰克福历史博物馆、不莱梅美术馆、法兰克福剧院等。

我国企业基金会存在"数量少，资助对象单一"的情况，其艺术资助范围聚焦艺术教育，缺乏对艺术舞台表演作品、剧院、剧团等的支持。我国许多文艺院团经过转企改制后，由经营性文化事业单位转成了文化企业单位，以致我国的一些剧院和剧团在想要获得企业基金会资助时，由于其文化企业单位的性质无法享受非营利组织的免税地位，因而无法获得企业基金会的支持。就文化企业单位的性质而言，其属于企业性质，即营利性组织；然而，这些转企改制的文化企业单位，仍致力于公共文化服务，注重社会效益。例如，转企改制后的广东歌舞剧院的剧院理念为繁荣文艺创作，继承、发掘和发展具有岭南特色的文艺作品，将剧院打造成为国内最具代表性、示范性和导向性作用的重点艺术院团。此外，地方剧院作为文化地标，通常也肩负公共文化服务的义务。例如，广州大剧院提供公共艺术教育活动，独创了"课堂 × 舞台"模式，培养了大批优秀的青少年艺术人才。上述两个例子的服务/产品都具有公共性，并肩负公共文化服务的使命。但由于它们的"企业"属性，使其无法成为企业基金会的资助对象，同时，也间接地造成了企业基金会资助对象单一的情况。

我国《民法典》第 87 条关于非营利法人的表述为为公益目的或其他非营利目的成立，不向出资人、设立人或者会员分配所取得利润的法人，为非营利法人。非营利法人包括事业单位、社会团体、基金会、社会服务机构等。① 但该法典并没有明确指出，那些致力提供公共文化服务的文化企业单位属于非营利组织范围。德国与我国同为大陆法系，其关于非营利组织相关规定或许能为我国企业基金会艺术文化资助提供一定的借鉴意义。根据德国联邦法律规

---

① 《中华人民共和国民法典》，载中国人大网，http://www.npc.gov.cn/npc/c30834/202006/75ba6483b8344591abd07917e1d25cc8.shtml，最后访问日期：2022 年 1 月 23 日。

定,协会、基金会和企业都可以组建非营利组织。其中,企业的形式包括有限责任公司(Gesellschaft mit beschränkter Haftung)或股份有限公司(GmbH),并根据特定法律注册和监管。此外,非营利组织企业必须无偿提供服务。同时,德国《财政法典》《公司税法》《财政法》等法律也详细规定了非营利组织中不同资金收入的免税和各种税收优惠的规定。因此,从我国企业基金会的角度出发,相关政府部门可根据我国文化体制改革情况,就特定文艺院团、剧院等文化企业单位出台相应法律法规,将这批提供公共文化服务的文化企业纳入企业基金会的公益性资助对象中,以鼓励其艺术资助对象多元化。

2. 呼吁政府加大艺术资助的税收优惠政策力度

加大艺术文化税收优惠力度,能鼓励企业基金会积极参与艺术文化资助领域。

德国的文化艺术资助税收优惠政策为该国的文化自治提供了良好环境。德国《财政法典》第二小节第 52 条列出了包括艺术文化在内的 25 项用于公益目的可享受税收优惠的科目。德国所得税法还详细规定了关于非营利组织的免税收入,包括捐款收入、资产管理产生的收益收入、与其组织目的相关的经济活动所得的收入均可免税。在德国重视公民参与以及自治氛围浓厚的环境中,包括企业基金会在内的非营利组织自愿担负起城市中公益性剧院演出和公共文化设施的运营事务。例如,罗伯特 · 博世基金会(Robert Bosch Stiftung)资助的艺术与游戏项目,该项目联合了曼海姆国家剧院、波恩艺术博物馆、不莱梅博物馆、德意志电影博物馆、埃尔朗根剧院等艺术机构,向德国幼儿园和小学的学生们进行艺术教育,旨在促进儿童的认知和语言等方面的发展。可以看出德国通过强有力的文化艺术资助税收优惠政策,提高社会对艺术资助的积极性,同时也提高了企业基金会对艺术资助的关注。

近年来,我国政府虽然加大了有关企业公益捐赠的税收优惠,但关于艺术文化资助的税收优惠力度仍有待提高。根据我国相关税收规定,企业和个人捐赠的税收优惠都是在税前扣除。其中,准许企业在计算应纳税所得额时,扣除其年度总利润 12% 范围以内的用于公益事业的捐赠支出,而超过 12% 的部分,准予其结转以后 3 年内在计算应纳税所得额时扣除。此外,我国艺术文化的税收政策仍需完善。德国的文化艺术资助具体税收优惠按照各州实际情况而定,并对非营利组织的免税条款作出了详细的规定。我国《慈善法》将以促进文化事业发展纳入慈善活动范围,但具体相关的艺术资助规定仍需明确,譬如,经过转企改制的、致力于公共文化服务的文化企业单位是否应具有免税地位,这一点仍需有清晰的界定。

总而言之,企业基金会应积极争取政府的有力支持,呼吁相关政府部门出台和完善相关法律法规,并加大捐赠文化艺术资助的税收优惠力度,为其艺术资助策略提供良好的实施环境。

五、结语

通过分析了我国和德国企业基金会艺术资助的现状,研究了时代基金会和西门子基金会艺术资助策略的具体实施情况和效果。笔者经研究发现,我国企业基金会艺术资助处于初级发展阶段,存在涉及艺术资助的企业基金会数量少、艺术资助对象单一、缺乏经验、缺乏专业人才等问题。为此,笔者从企业基金会的角度,从其组织架构、艺术资助策略的制定和实施,以及争取政府支持3个方面提出了构想。

首先,企业基金会应在其组织架构中添设党组织,并以党建引领艺术资助策略方向。加强企业基金会党建工作,发挥党组织在其艺术资助策略中的引领方向,能有效促进其艺术资助事业的发展。为此,笔者提出企业基金会的党建工作应与艺术资助工作相融合、与章程相融合、与使命和人才培养相融合的观点充分发挥党组织的优势,让其为企业基金会艺术资助项目的开发、运作、艺术资助策略等重大决策提出指导意见,并解决和支持企业基金会在艺术资助中遇到的困难,以助力我国企业基金会艺术组织探索出一条符合我国国情的道路。

其次,企业基金会在制定和实施艺术资助策略时要综合考量,进行资助策略的品牌差异化。笔者以时代基金会和西门子基金会为案例,归纳出两种艺术资助策略,以适用于处在不同情况的企业基金会。第一种艺术资助策略为"深耕细作,品牌化运作",适用于受人力、知识、经验等资源限制,且处于初始阶段的企业基金会。第二种艺术资助策略为"赋能型运作,促进项目可持续发展",适用于具有与基金会资助领域相关的专业知识、一定财务能力和足够人力资源,并处于经验积累和发展阶段的企业基金会。上述两种艺术资助策略各具特色,适用于不同情况,但无论在任何情况下,企业基金会在制定艺术资助策略时都必须注意3点:其一,必须契合使命,以充分发挥该基金会的价值和社会影响力;其二,必须重视项目评估,以进行经验累积,形成良性循环;其三,必须重视策略的品牌差异化,无论企业基金会选择何种艺术资助策略,都应重视资助策略的品牌差异化,结合企业特长打造品牌特色。在艺术资助策略的具体实施中,应重视社区关联性,加大公众参与度。为此,企业基金会应适时借助外部力量,通过加强党建、积极争取政府支持,以及与专业艺术组织合作的方式寻求强有力的合作伙伴。艺术资助策略的具体实施步骤为确定艺术资助对象、制定艺术策略、实施资助,以及项目评估,又因策略具有阶段性、灵活性和连续性特点,项目团队可根据评估结果适时调整自身资助策略。

最后,在我国鼓励社会力量积极参与公共文化服务的背景下,企业基金会在进行艺术资助时应努力争取政府的支持。企业基金会应呼吁有关政府部门出台和完善相关法律法规,以明确企业基金会的法律地位和非营利组织的法律界定。随着社会的进步,企业基金会的作用也日渐突出,社会上出现了以腾讯公益基金会为首的互联网企业基金会。时过境迁,2004 年出台的《基金会管理条例》并不完全适用于当今基金会的管理。企业基金会应呼吁政府将其细分为一类具有法律地位的基金会,为其艺术资助提供更具针对性的政策扶持。我国企业基金会在艺术资助时,还面临另一局面。在理论上,企业基金会的潜在资助对象还包括一些经过转企改制,但致力公共文化服务的剧院和院团。而事实上,由于企业基金会难以资助这些不能享受非营利组织免税优惠的公共文化单位,继而间接性地造成其艺术资助对象单一的情况。为此,企业基金会应呼吁政府将这些经过转企改制,但仍提供公共文化服务的特殊文化单位纳入非营利组织范围,为我国企业基金会的艺术资助对象多元化提供支持。此外,企业基金会还应呼吁政府加大艺术资助税收优惠政策的扶持力度。企业基金会艺术资助策略的实施需要得到政府的有力支持,并为其提供良好的实施环境。